中国年鉴资源全文数据库

CHINA YEARBOOK DATABASE

核心年鉴

北京工业年鉴

BEIJING INDUSTRY YEARBOOK

2019

（总第29卷）

北京市经济和信息化局　编

北京出版集团
北京出版社

图书在版编目（CIP）数据

北京工业年鉴. 2019 / 北京市经济和信息化局编. — 北京 : 北京出版社，2019.12

ISBN 978-7-200-15138-1

Ⅰ. ①北… Ⅱ. ①北… Ⅲ. ①地方工业经济—北京—2019—年鉴 Ⅳ. ①F427.1-54

中国版本图书馆CIP数据核字（2019）第201494号

策　　划　白　珍

责任编辑　白　珍

特约编辑　杨秀珍

装帧设计　云伊若水

责任印制　陈冬梅

北京工业年鉴 2019

BEIJING GONGYE NIANJIAN 2019

北京市经济和信息化局　编

*

北　京　出　版　集　团　出版
北　京　出　版　社

（北京北三环中路6号）

邮政编码：100120

网　址：www.bph.com.cn

北京出版集团总发行

新　华　书　店　经　销

北京华联印刷有限公司印刷

*

889毫米×1194毫米　16开本　22.25印张　插页20　700千字

2019年12月第1版　2019年12月第1次印刷

ISBN 978-7-200-15138-1

定价：280.00元

质量监督电话：010-58572393

本书附同版本 CD-ROM 一张，光盘内容以书面文字为准

《北京工业年鉴》编辑部

《北京工业年鉴》组稿人员

（按姓氏笔画排序）

于凌燕（女）	马　晓	王　锦（女）	王善高
尹亚昌	尹志东	代　蓉（女）	邢　蕊（女）
朱宝刚	朱紫辰	刘　莉（女）	李　婕（女）
李童谣（女）	杨　帆	杨　婷（女）	宋慧宇（女）
张　旭	张　辰（女）	张一鸣	张增惠（女）
陈　超	陈　静（女）	陈宗河	范正廷
周燕平	庞　婉（女）	郑　雪（女）	郑　鑫（女）
赵　宏	赵　浚（女）	赵　赟	胡晓琳（女）
姜学坤	常　江（女）	葛　冰	魏立童

编辑说明

一、《北京工业年鉴 (2019)》由北京市经济和信息化局主办，北京市产业经济研究中心承办。

二、本年鉴编纂坚持以马克思列宁主义、毛泽东思想、邓小平理论、“三个代表”重要思想、科学发展观、习近平新时代中国特色社会主义思想为指导，全面贯彻落实中共十九大精神，遵循实事求是的原则，科学、客观地反映实际情况。

三、本年鉴是一部反映北京工业经济发展情况的资料性年刊。通过大量文字、数据、图片，较全面、系统、客观地记录了上年度北京工业经济发展的基本情况以及年度新发展、新成就、新亮点，为了解和掌握新动态，服务于政府科学决策，指导下年度经济工作提供借鉴和依据。

四、本年鉴采用文章和条目两种体裁，以条目体为主。辟有总述、特载、专文、大事记、产业、区工业、开发区、企业、协会组织、产品、人物、改革开放亲历者心声、法规政策文件、工业数据、附录共 15 个一级栏目。为方便读者阅览，卷首设有中英文目录，卷尾设有主题词索引，后附光盘。

五、本年鉴选用资料的时限为 2018 年 1 月 1 日至 12 月 31 日 (个别内容根据实际情况略做调整)。刊载文字内容由相关部门和企业提供，经主管负责人审核。刊载数据为市统计局提供。

六、本年鉴彩色插页除署名外，均由市经济和信息化局提供。随文图除需要说明外，不再附图注。凡 2018 年事项，除概况外，均直书月、日，不再另写年份。

七、因北京市机构改革，北京市经济和信息化局 11 月 8 日挂牌。本年鉴刊载内容涉及 11 月 8 日前的，统一记载市经济信息化委；刊载内容涉及 11 月 8 日（含当日）后的，统一记载市经济和信息化局。各栏目涉及机构名称，第一次出现用全称，再次出现用规范简称或习惯俗称。

八、本年鉴行文规范严格按国家、地方标准，如遇特殊事项，形式服从内容，局部统一。

九、《北京工业年鉴》自 1991 年起编辑出版，本年鉴为第 29 卷。一直得到全市工业系统及参编单位各级领导和编辑工作者的大力支持，我们深表感谢。

十、欢迎广大读者继续关注年鉴、收藏年鉴、使用年鉴，并对年鉴的不足之处给予指正，帮助我们进一步改进年鉴编纂工作，更好地为读者服务。

综　述

Overview

2018 年，北京市经信系统在北京市委、市政府的领导下，坚持以习近平新时代中国特色社会主义思想为指导，深入贯彻中共十九大，十九届二中、三中全会精神，深入贯彻习近平总书记对北京重要讲话精神，贯彻新发展理念，落实高质量发展要求，迎难而上、奋发作为，努力推动高精尖产业大发展、信息化建设大提升，完成全年各项任务目标。

创新驱动发展，深入落实北京加强全国科技创新中心建设重点任务分工；高精尖产业发展，制定出台北京市 5G、智能网联汽车、医药健康等产业发展行动计划和方案；产业协同发展，立足“一核两翼”联动发展，研究北京支持雄安新区产业发展路径；疏解退出 656 家一般制造业企业；智慧城市建设，统筹推进大数据工作机制；服务保障，有序推进各项工作完成。

2018

北京经信大事

Events of Beijing Economy&Information Technology Industry

微信公众号

2018 年 11 月 8 日，北京市经济和信息化局在北京市朝阳区惠新东街 6 号办公区挂牌

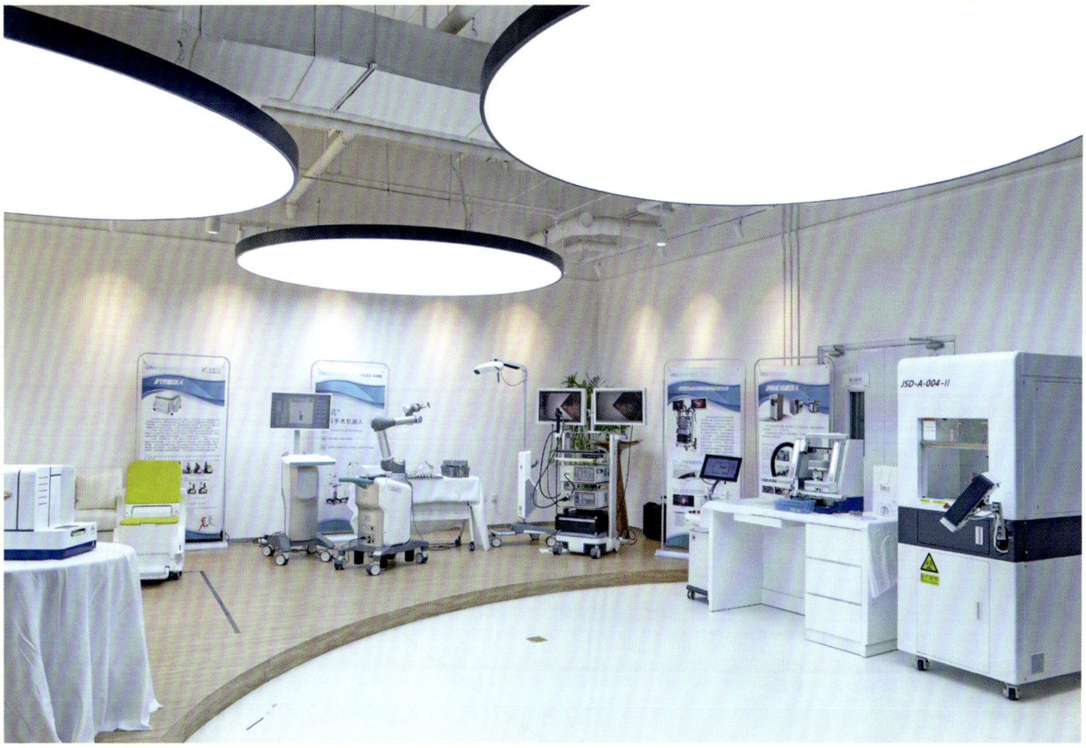

9 月 21 日，北京市医疗机器人产业创新中心在北京挂牌（内部全景）

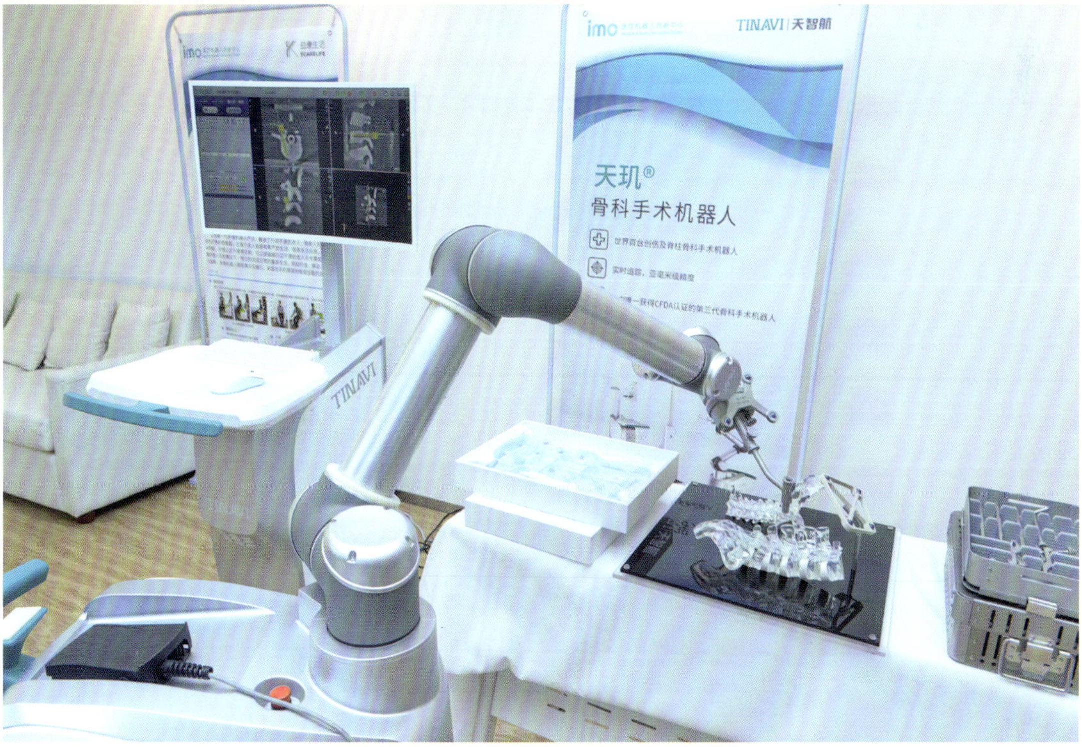

北京市医疗机器人产业创新中心展示的“天玑”骨科机器人（2018 年摄）

协同发展

Collaborative Development

5 月 29 日，北京市经济和信息化委员会领导莅临京和玉器厂（和田市玉石雕刻培训学校）揭牌仪式

京和玉器厂（和田市玉石雕刻培训学校）学员工作场景（2018 年摄）

8 月 22 日，2018 京津冀产业转移系列对接活动签约仪式在河北省雄安新区举行

11 月 27 日，2018 · 京津冀产业协同发展招商推介会——北京国资公司专场在北京举行

12 月 14 日，曹妃甸战略性新兴产业招商推介会签约仪式举行

12 月 19 日，2018 锡林郭勒盟（北京）产业合作投资洽谈会召开

高精尖

Advanced Technology

4 月，北京高精尖产业发展基金获得第 12 届中国投资年会年度峰会中国最佳有限合伙人 TOP20

9 月 26 日，《北京新增产业的禁止和限制目录(2018)》发布会现场

11 月 8 日，中投论坛 2018 北京推介会举办

11 月 29 日，《北京工业互联网发展行动计划（2018-2020 年）》印发

8 月 15 日至 19 日，2018 世界机器人大会在北京召开

10 月 18 日至 21 日，2018 世界智能网联汽车大会现场

2018 世界机器人大会现场

2018 世界智能网联汽车大会北京智能网联汽车创新集群展台

2018 年世界机器人大会展示的研究成果

2018 世界智能网联汽车大会成果展示——京东无人机

展览展示

Exhibition and Display

9月15日至22日，2018北京时装周举办

10月10日至13日，第15届中国国际中小企业博览会召开。图为北京展台

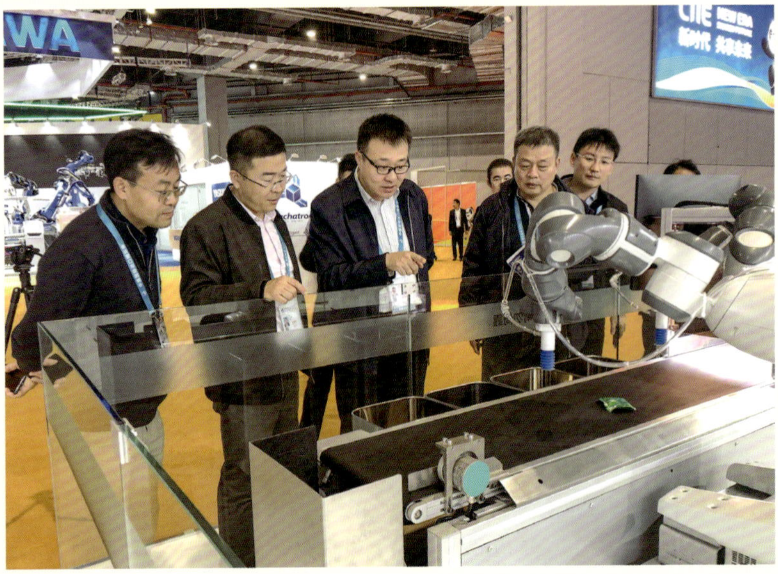

11月5日至10日，首届中国国际进口博览会召开。图为北京市经济和信息化局领导莅临会场

目 录

总 述

特 载

专 文

大事记

产 业

区工业

开发区

企 业

协会组织

产 品

人　物

改革开放

法规政策文件

工业数据

附　录

索　引

彩色插页

Contents

Overview

Special Issues

special article

Chronicle Events

Industry

District Industry

Development Zones

Enterprises

Association and Organizations

Product

Personages

Reform and opening-up

Regulation and Policy Documents

Industrial Data

Appendix

Index

Catalog of Color Inserts

2019

总 述

北京工业年鉴
BEIJING GONGYE NIANJIAN

本栏目主要记述高精尖产业发展、产业疏解、京津冀产业协同、科技创新及机构职能与调整等内容。

2018 年北京工业发展综述

2018 年，北京工业坚持以习近平新时代中国特色社会主义思想为指引，贯彻中共十九大，十九届二中、三中全会精神，贯彻习近平总书记对北京的重要讲话精神，贯彻新发展理念，落实高质量发展要求，迎难而上、奋发作为，努力推动高精尖产业大发展，完成全年各项任务目标。全市规模以上工业实现总产值 19212.9 亿元，同比增长 4.4%；全市工业实现增加值 4464.6 亿元，同比增长 4.5%；全市规模以上工业高技术制造业、战略性新兴产业增加值分别增长 13.9% 和 7.8%。万元增加值能耗同比下降 2.5%。全年工业固定资产投资累计完成 497.8 亿元，同比下降 44.4%。工业建安投资累计完成 284.9 亿元，同比下降 27.1%。工业重点产业固定资产投资 223.7 亿元，同比下降 41.7%。工业重点产业建安投资 105.7 亿元，同比下降 16.1%，完成年度任务的 117.4%。

高精尖产业发展态势良好。落实高精尖产业发展系列指导意见，北京市经济和信息化局会同市科委等部门，制定出台北京市 5G、智能网联汽车、医药健康等产业发展行动计划和方案。编制创新型产业集群建设规划及制造业高质量发展规划，修订出台新增产业禁限目录，制定发布十大高精尖产业登记指导目录，进一步完善了高精尖产业发展政策体系。统筹利用高精尖资金和基金支持产业发展，安排高精尖资金支持项目 84 个，新设立高精尖子基金 4 支。建立项目分级分类推进机制，推动康弘国际医药等 42 个项目实现落地、八亿时空液晶材料等 24 个项目竣工。

创新驱动发展基础夯实。围绕推动科技创新与产业发展双向互促，落实北京加强全国科技创新中心建设重点任务分工。加强产业协同创新载体建设，推动机科国创轻量化材料成形技术及装备创新中心升级为国家级制造业创新中心，新设 8 家市级产业创新中心，创建 10 家高精尖产业设计中心，推动 5 家企业认定为国家技术创新示范企业。推动成立北京光学系统公司，支撑国家科技重大专项建设。开展创新型企业“管家式”服务，坚持“一企一策”为重点企业量身定制综合“服务包”。支持中小企业创新发展，发挥中小基金创新引领作用，合作创业投资机构对中小企业进行了 101 项股权投资。推进技术创新工作，北京碧水源科技股份公司的“膜集成城镇污水深度净化技术与工程应用”项目和北京康普锡威科技有限公司的“球形金属粉末雾化制备技术及产业化”项目分别获得国家科学技术进步奖二等奖；北京金隅琉水环保科技有限公司的水泥窑协同处置飞灰技术入选环境保护部印发的《国家先进污染防治技术目录（固体废物处理处置领域）（2017 年）》。推进质量提升工作，小米等 5 家企业获评全国质量标杆企业。深化对外开放，高水平举办 2018 世界机器人大会。年底，北京市的企业技术中心共计 756 家，其中国家级企业技术中心 84 家、市级企业技术中心 672 家。

产业发展新动能成长壮大。推动互联网、大数据、人工智能与实体经济深度融合，加快培育新兴产业。推动成立北京前沿国际人工智能研究院。印发《北京工业互联网发展三年行动计划》，启动工业互联网标识解析国家顶级节点（北京）建设。支持企业智能化升级，组建智能制造产业联盟，12 个项目获工业和信息化部智能制造综合标准化和新模式应用项目立项，标准化立项数量居全国首位。推进企业绿色化改造，10 家企业入选国家绿色工厂，45 种产品入选国家绿色设计产品。大力开展“三品”创建工作，引导三元等都市企业开发新产品和高端产品。统筹推进军民融合和央企服务，推动顺义航天产业园、房山石墨烯种子园等重点项目落地发展。稳步推进大兴国家军民融合产业基地、海淀军民融合“一体三园”、顺义哈工大军民融合创新产业园建设。推动国家重点型号军用轮式装甲车生产线在北京建设，协调北京民营企业取得全国第一张商业航天发射许可，商用航天产业加快发展。

产业疏解依法依规推进。落实疏解整治促提升专项行动，疏解退出 656 家一般制造业企业，完成全年任务量的 131%。退出企业主要集中在机械制造与加工、建材、金属制品、家具和木制品加工、包装印刷、化工等行业。市经济和信息化局、市发展改革委、市环保局、市质量监督管理局、市安全监管局共同印发《北京市关于利用综合标准依法依规推动企业退出工作方案》，通过利用综合标准，加大执法检查力度，依法依规促进能耗、环保、质量、安全等方面不达标企业调整退出。

产业协同持续深化。立足“一核两翼”联动发展，组织 20 余家优秀企业赴雄安新区对接，研究推动城市副中心与北三县产业联动发展。加强京津冀产业园区共建，北京（曹妃甸）现代产业发展试验区中冶瑞木新材料项目建成投产。北京·滦南大健康产业园6家企业开工建设，入园企业获得首张保健品异地监管许可证。北京·深州家具产业园累计入驻企业30余家。北京·张北云计算产业园阿里数据中心二期2个项目竣工。组织“京津冀产业转移‘1+N’系列对接活动”，签约项目20余个。以产业扶贫协作为重点，推动对口支援合作，制订印发推动产业扶贫协作3年行动计划，累计签约合作项目30余个。

智慧城市建设体系逐步完善。实施北京大数据行动计划，形成“四梁八柱深地基”的大数据平台体系总体架构。完成40个市级部门714类政务数据汇聚工作，涉及数据9.4亿条。朝阳、东城等区编制了区级大数据发展行动计划。推进大数据立法，探索社会数据“统采共用”机制落地，开展城市规划建设运行管理等重点领域大数据试点应用。

安全生产有序推进。市经济和信息化局按照“党政同责、一岗双责、齐抓共管、失职追责”的要求，贯彻落实《中共中央 国务院关于推进安全生产领域改革发展的意见》，不断健全完善市、区经济信息化部门安全生产工作体系，有序推进并完成各项工作任务。年内，制定《全市经信系统进一步推进安全生产领域改革发展的落实方案》《市经济信息化委2018年度安全生产目标任务分工》和《关于安全生产“党政同责、一岗双责、齐抓共管”的工作制度》，推进相关行业领域安全生产条件的改善，提升企业本质安全水平。开展安全生产专项行动。其中，一线指导工业企业安全生产工作200家次，监督检查全市民爆物品企业安全工作13次。落实安全生产责任，搭建市、区经济信息化部门安全工作交流平台，明确安全生产工作思路，解决安全生产工作突出问题。开展民爆领域安全监管工作，全年全市民爆物品生产、销售领域未发生生产安全死亡事故，与上年同期持平。举办民爆安全与反恐联合应急演练活动，分“库区火情扑灭”和“运输反恐处置”两个典型场景，达到“练组织、练指挥、练程序、练协同”的目的。开展安全生产教育，制定《2018年度安全生产月活动方案》，举办市经济和信息化局科级干部能力提升培训班、领导班子集中学习《地方党政领导干部安全生产责任制规定》、全市经济信息化系统安全生产业务培训班等活动。

党政建设向纵深推进。落实全面从严治党主体责任，实现中共十九大精神学习全覆盖。严肃执纪问责，努力营造风清气正的政治生态。按照市机构改革实施方案，组建市经济和信息化局，加挂市无线电管理局、市大数据管理局、市国防科学技术工业办公室牌子。组织第18届工业和信息化职业技能竞赛，市人力社保局为2300多名人才办理引进落户手续。

深化“放管服”改革。推进“互联网+政务服务”，市经济和信息化局政务服务事项网上可办率达到100%，压减工业和信息化领域核准事项超过90%，精简服务事项约50%。全面推进依法行政，落实民爆、军工领域相关安全监管职责，加强工业和软件信息服务业领域安全生产指导，全系统安全管理水平显著提升。

落实提案办理与折子工程。年内，市经济和信息化局收到的人大建议、政协提案共136件，其中市人大建议49件、市政协提案84件、全国人大建议1件、全国政协提案2件。与2017年相比，总量增加15%，其中，主办件29件，包括市人大建议10件、市政协提案19件。市经济和信息化局承办的建议提案显著特点是涉及信息化和信用的建议提案数量大幅上升，占到全年建议提案总量的50%；主办件达23件，占主办件总数的80%。主要集中体现在“智慧城市建设”“大数据”“基础数据公开”“信用体系建设”“工业互联网”“数字经济”等方面。截至6月29日，市经济信息化委承办的136件建议提案，均已及时答复代表委员，按期办复。年内，市经济和信息化局共承担北京市折子任务25项，涉及一般制造业企业退出、推进京津冀协同发展、推进全国科技创新中心建设、实施北京大数据行动计划、完善社会信用体系、推进智慧城市建设、全面加强政府自身建设等方面。

（市经济和信息化局）

市级工业主管部门调整与职能变化

11月8日，根据《北京市机构改革实施方案》，北京市经济和信息化局正式挂牌。作为市政府组成部门，市经济和信息化局将市经济信息化委、市无线电管理局的职责进行了整合，加挂市无线电管理局、市大数据管理局、市国防科工办牌子。市经济信息化委及其管理的市无线电管理局不再保留。市经济信息化委的信息化推进、网络安全协调等职责划入市委网络安全和信息化委员会办公室。北京市副市长、市政府党组成员殷勇出席挂牌仪式，市经济和信息化局主要领导主持挂牌仪式。

按照《北京市机构改革实施方案》精神，市经济和信息化局、市无线电管理局、市大数据管理局、市国防科工办主要职责是起草北京市相关地方性法规草案、政府规章草案，并组织实施。研究拟定并组织实施北京市工业、软件和信息服务业发展规划和产业政策，推进产业布局调整和产业结构优化升级。监测分析北京市工业、软件和信息服务业、信息化的运行态势；统计并发布相关信息，协调解决产业运行和发展中的有关问题，并提出政策建议。按照规定权限，核准、备案和上报北京市规划内和年度计划内工业和信息化领域固定资产投资项目；会同有关部门研究提出工业、软件和信息服务业方面利用外资和境外投资的重点领域和促进政策。指导北京市工业、软件和信息服务业、信息化技术创新和技术进步，推进企业技术改造；组织实施国家及北京市工业、软件和信息服务业、信息化科技重大专项，推进相关科研成果产业化；指导相关行业质量管理工作。拟定北京市高技术创造业、软件和信息服务业、新兴产业中重点领域的发展规划、实施方案、配套政策及行业标准，并组织实施；参与推进相关领域文化创意产业的发展。承担振兴北京市装备制造业组织协调的责任，组织拟定重大技术装备发展和自主创新规划、政策；依托国家及北京市重点工程建设推进重大技术装备国产化，指导引进重大技术装备的消化创新。拟定并组织实施北京市工业、软件和信息服务业、信息化领域的能源节约和资源综合利用、清洁生产促进政策；参与拟定能源节约和资源综合利用、清洁生产促进规划；组织协调相关重大示范工程和新产品、新技术、新设备、新材料的推广应用。指导和促进北京市中小企业发展；会同有关部门拟定促进中小企业发展和非国有经济发展的相关政策和措施，协调解决有关重大问题；建立和完善中小企业服务体系；负责城镇集体企业清产核资相关工作。指导和协调北京市工业开发区的建设与发展，促进工业产业基地建设；负责镇村产业生产集中地（农民就业产业基地）建设；指导镇村产业发展。指导北京市工业、软件和信息服务业安全生产管理工作；负责拟定北京市工业控制系统网络与信息安全规划、政策、标准，并组织实施。组织协调北京地区武器装备科研生产的重大事项，保障军工核心能力建设，推进军民融合；协调推进北京市航空航天产业发展。承担北京市核应急指挥部的具体工作。开展北京市工业领域对外合作与交流。负责北京市工业领域人力资源的合理配置，会同有关部门拟定人才队伍建设规划和有关政策措施，组织相关人才培训。完成市委、市政府交办的其他事项。

（市经济和信息化局）

特　载

本栏目刊载2019年北京市经济和信息化工作报告。

保持战略定力 聚焦高质量发展 奋力开创全市经济和信息化工作新局面

——2019年北京市经济和信息化工作会报告

（2019年1月24日）

今天会议的主要任务是总结2018年全市经济和信息化发展情况，分析把握新形势新要求，部署2019年重点工作，动员全系统干部凝心聚力、真抓实干，奋力开创全市经济和信息化工作新局面。一会儿，殷勇副市长还要做重要讲话，请大家认真领会落实。下面，我代表市经济和信息化局报告工作。

一、2018年工作回顾

2018年以来，在市委、市政府的坚强领导下，全市经信系统坚持以习近平新时代中国特色社会主义思想为指导，深入贯彻党的十九大，十九届二中、三中全会精神，深入贯彻习近平总书记对北京重要讲话精神，贯彻新发展理念，落实高质量发展要求，努力推动高精尖产业大发展、信息化建设大提升，圆满完成全年各项任务目标。全市工业实现增加值4464.6亿元，同比增长4.5%，软件和信息服务业实现增加值3859亿元，同比增长19%。工业和软件信息服务业增加值合计占全市GDP比重27.4%，同比提高0.8个百分点。全市规模以上工业高技术制造业、战略性新兴产业增加值分别增长13.9%和7.8%。万元增加值能耗同比下降2.5%。截至11月底，规模以上工业全员劳动生产率同比提升12.5%，从业人员同比减少6.2%。

（一）高精尖产业发展态势良好

深入落实高精尖产业发展系列指导意见，围绕促进政策管用、好用，会同市科委等部门，制定出台5G、智能网联汽车、医药健康等产业发展行动计划和方案。编制创新型产业集群建设规划及制造业高质量发展规划，修订出台新增产业禁限目录，制定发布十大高精尖产业登记指导目录，进一步完善了高精尖产业发展政策体系。深入全市各区160家企业（单位）集中调研，明确了各区主导产业和重点培育产业方向。配合落实配套支持政策，组织第18届工业和信息化职业技能竞赛，市人力社保局为2300多名人才办理引进落户手续，房山区、顺义区和北京经济技术开发区制定了高精尖产业发展实施办法等细化政策，实现16宗工业用地弹性出让供地。统筹利用高精尖资金和基金支持产业发展，安排高精尖资金支持项目84个，新设立高精尖子基金4支。国家网络安全产业园建设取得阶段性进展。建立项目分级分类推进机制，推动康弘国际医药等42个项目实现落地，八亿时空液晶材料等24个项目竣工。百度全球首款L4级自动驾驶巴士“阿波龙”量产下线，寒武纪等9家企业成为年度全球新进独角兽创业公司，全球首条智能网联汽车潮汐试验道路加快建设。

（二）创新驱动发展基础进一步夯实

围绕推动科技创新与产业发展双向互促，深入落实北京加强全国科技创新中心建设重点任务分工。加强产业协同创新载体建设，推动机科国创轻量化材料成形技术及装备创新中心升级为国家级制造业创新中心，新设8家市级产业创新中心，创建10家高精尖产业设计中心，推动5家企业认定为国家技术创新示范企业。推动成立北京光学系统公司，支撑国家科技重大专项建设。开展创新型企业“管家式”服务，坚持“一企一策”为重点企业量身定制综合“服务包”。支持中小企业创新发展，积极发挥中小基金创新引领作用，合作创业投资机构对中小企业进行了101项股权投资。大力推进质量提升工作，小米等5家企业获评全国质量标杆企业。着力深化对外开放，高水平举办2018世界机器人大会、第22届中国国际软件博览会，首次举办世界智能网联汽车大会，加强前沿技术和产业国际交流合作，营造以会引才、以会促产的良好氛围。

（三）产业发展新动能加速成长壮大

大力推动互联网、大数据、人工智能与实体经济深度融合，加快培育新兴产业。推动成立北京前沿国际人工智能研究院。印发北京工业互联网发展3年行动计划，启动工业互联网标识解析国家顶级节点（北京）建设。支持企业智能化升级，组建智能制造产业联盟，12个项目获工业和信息化部智能制造综合标准化和新模式应用项目立项，标准化立项数量居全国首位。推进企业绿色化改造，10家企业入选国家绿色工厂，45种产品入选国家绿色设计产品。大力开展“三品”创建工作，引导三元等都市企业开发新产品和高端产品。统筹推进军民融合和央企服务，积极推动顺义航天产业园、房山石墨烯种子园等重点项目落地发展。稳步推进大兴国家军民融合产业基地、海淀军民融合“一体三园”、顺义哈工大军民融合创新产业园建设。推动国家重点型号军用轮式装甲车生产线在京建设，协调我市民营企业取得全国第一张商业航天发射许可，商用航天产业加快发展。

（四）产业疏解与产业协同持续深化

深入落实疏解整治促提升专项行动，疏解退出656家一般制造业企业。立足“一核两翼”联动发展，组织20余家优秀企业赴雄安新区对接，研究推动城市副中心与“北三县”产业联动发展。加强京津冀产业园区共建，北京（曹妃甸）现代产业发展试验区中冶瑞木新材料项目建成投产。北京·滦南大健康产业园6家企业开工建设，入园企业获得首张保健品异地监管许可证。北京·深州家具产业园累计入驻企业30余家。北京·张北云计算产业园阿里数据中心二期2个项目竣工。组织“京津冀产业转移‘1+N’系列对接活动”，签约项目20余个。以产业扶贫协作为重点，推动对口支援合作，制订印发推动产业扶贫协作3年行动计划，累计签约合作项目30余个，全方位助力受援地打赢脱贫攻坚战。

（五）智慧城市建设统筹推进体系逐步完善

把智慧城市建设作为推动政府决策科学化、城市管理精细化、公共服务便利化的重要手段。大力实施北京大数据行动计划，形成“四梁八柱深地基”的大数据平台体系总体架构。完成40个市级部门714类政务数据汇聚工作，涉及数据9.4亿条。朝阳、东城等区编制了区级大数据发展行动计划。大力推进大数据立法，探索社会数据“统采共用”机制落地，开展城市规划建设运行管理等重点领域大数据试点应用。编制城市副中心数字生态城市建设方案，协调推动基站选址和无线信号覆盖，积极推进有线政务专网升级改造，为市级机关搬迁提供网络支撑。加快5G试点，积极推动5G基站规划建设。继续推动“提速降费”，北京固定宽带平均可用下载速率达到27兆，同比提高37%。不断深化“北京通”服务体系建设，新增发卡634.9万张。圆满完成中非合作论坛北京峰会等重要会议、重大活动网络通信和无线电安全保障工作。

（六）信用北京建设实现新突破

积极发挥社会信用体系建设对提高城市管理水平、优化营商环境的重要作用，出台实施北京市公共信用信息管理办法，启动信用立法工作，落实国家联合奖惩备忘录46个，联合出台环境保护等10个重点方向的政策文件。完善全市统一的公共信用信息服务平台，为60个市级部门及16区开通使用。联合出台限制失信被执行人参与小客车摇号的工作意见，自4月执行以来，共限制3.1万人次参与小客车摇号。在联合惩戒机制的威慑下，2.9万人次“老赖”自动履行义务。支持信用服务机构开展中小企业、金融等24个惠民便企信用应用试点。怀柔、密云等区制定了区级社会信用体系建设行动方案，市区协同工作体系进一步完善。

（七）全面从严治党和自身建设向纵深推进

严格落实全面从严治党主体责任，实现党的十九大精神学习全覆盖。严肃执纪问责，努力营造风清气正的政治生态。按照市机构改革实施方案，组建市经济和信息化局，加挂市无线电管理局、市大数据管理局、市国防科学技术工业办公室牌子。深化“放管服”改革，推进“互联网+政务服务”，我局政务服务事项网上可办率达到100%，压减工业和信息化领域核准事项超过90%，精简服务事项约50%。帮助516家软件企业享受税收优惠政策。全面推进依法行政，积极落实民爆、军工领域相关安全监管职责，加强工业和软件信息服务业领域安全生产指导，全系统安全管理水平显著提升。

一年来，面对错综复杂的国内外形势和转型升级的艰巨任务，取得这样的成绩实属不易。

我们也要看到，工作中还存在不少困难和挑战。主要有：一是高质量发展基础有待进一步巩固，高精尖产业发展的整体生态环境竞争优势还需要提高，“缺大少新”局面还未得到根本扭转，重大活动、重点工程对产业的拉动作用还不够，存量产业技改升级力度亟须加大，高精尖产业发展后劲仍需增强；二是产业创新水平有待提升，支持重点企业突破关键核心技术并实现产业化的力度还不够，各类产业创新载体对产业发展的支撑引领作用还不足，以企业为主体的创新体系还不健全；三是智慧城市和信用北京建设仍需增强，建设新型智慧城市的顶层设计还不完善、统筹力度还需要加强。运用大数据和社会信用等方式支撑超大城市治理、促进公共服务流程再造、提升市民获得感等方面仍需下更大功夫。针对这些发展中的问题，全系统要认真研究，采取有效措施，切实加以解决。

二、2019 年重点工作安排

2019 年是新中国成立 70 周年，是全面建成小康社会关键之年，大事多、喜事多，做好首都经济和信息化工作意义重大。当前，我国发展仍处于并将长期处于重要战略机遇期，北京正处在城市更新、高质量发展的关键阶段，全市经济和信息化工作正步入转型发展的快车道。我们要积极应对新形势新挑战，坚定不移地抓住机遇、用好机遇、创造机遇，支撑市委、市政府抓好“三件大事”，打好三大攻坚战，推动形成高质量发展的新优势。

今年工作的总要求是：坚持以习近平新时代中国特色社会主义思想为指导，深入贯彻党的十九大和十九届二中、三中全会精神，深入贯彻习近平总书记对北京重要讲话精神，坚持稳中求进工作总基调，坚持新发展理念，坚持推动高质量发展，贯彻落实好推动高精尖产业发展系列指导意见、创新型产业集群建设与制造业高质量发展两个规划，继续推进高精尖产业大发展、信息化建设大提升，奋力开创全市经济和信息化工作新局面，以优异成绩庆祝中华人民共和国成立 70 周年。

主要预期目标是：保持经济平稳运行，力争规模以上工业增加值增长 3% 左右，软件和信息服务业营业收入增长 12% 左右。大数据共享开放取得实质性成效，市级政务网络系统实现安全平稳运行。中小企业公共服务平台网络的综合能力持续提升，信用体系建设等实现新突破。

（一）坚定不移发展高精尖产业，促进经济高质量发展

进一步抓好高精尖产业发展系列政策的落地实施，不断稳固高质量发展的基础。

加强重点产业前瞻布局和项目建设。抢抓机遇，推动新一代信息技术产业发展，组织编制 5G 关键产品发展路线图，推动第三代半导体芯片关键工艺和平台等一批重大项目建设。加快推进国家网络安全产业园区建设，推进国家级重大基础设施项目立项入园。加紧布局智能网联汽车产业，推动北京奔驰新能源汽车项目竣工投产。超前布局下一代动力电池，谋划燃料电池产业发展。推动经开区、顺义区自动驾驶封闭测试厂建设。强化医药健康创新成果的本地转化和产业化能力，完善医药外包生产（CMO）项目产业布局。加快发展新一代人工智能产业，推进北京前沿人工智能研究院建设，打造人工智能产业创新基地。加快推动京东方柔性屏、阿里北京中心、孚能科技新能源动力电池等一批重点高精尖产业项目落地建设。

持续打造产业发展优良环境。统筹用好产业资金和基金政策，引导各类社会资本参与支持我市高精尖产业发展。加快设立先进制造业与信息产业发展基金、体育产业基金，推动落地一批子基金支持项目。制定高精尖产业专项人才支持政策，继续举办推动高端产业发展专题研讨班，开展职业技能竞赛获奖选手提升培训，为高质量发展提供人才支撑。实施好十大高精尖产业登记指导目录，为符合高精尖方向的企业快速登记注册提供便利。引导各类创新要素围绕创新型企业发展需求优化配置，培育一批全球性科技领军企业和行业隐形冠军企业。

推进政策创新和对外开放。完善高精尖产业发展统筹推进机制，探索建立以“揭榜制”为核心的重大项目信息公开与要素匹配协调推进机制，推动建立跨区利益评估共享机制、重大产业项目全市土地保障机制。发布实施扩大和升级信息消费持续释放内需潜力的实施意见，激发新一轮消费升级潜力。鼓励引导我市企业积极参与“一带一路”建设，加快推动“数字丝绸之路”等领域产业合作。突出展会聚才促产实效，办好 2019 世界机器人大会、2019 世界智能网联汽车大会、第 23 届中国国际软件博览会、第 10 届中国卫星导航年会等产业盛会。

（二）坚定不移推动产业创新，支撑科技创新中心建设

坚持把创新作为发展的第一动力和唯一出路，着力推动产业链和创新链双向贯通，努力打造国际一流的产业创新环境。

完善产业创新体系建设。构建开放、协同、高效的共性技术研发平台，强化以产业创新中心为重点的创新载体建设，争取再创建 1 ～ 2 个国家级制造业创新中心，布局 3 ～ 5 个市级产业创新中心，创建 20 家企业技术中心，建设一批高精尖产业设计中心和产业技术基础公共服务平台。支持集成电路工程技术创新中心建设，推动 5G 中高频射频器件产业创新中心建设，弥补我国制造工艺短板。继续推动轻量化材料成型技术装备、机器人等领域创新中心建设，增强智能制造装备供应能力。

推动科技成果转化落地。深入落实创新型产业集群建设规划和制造业高质量发展规划，聚焦增量发展，以北京经济技术开发区、顺义区、大兴区为重点，

打造承接科技成果转化平台。聚焦转型提升，着力打造“三城一区多点三轴”的空间格局。建立新产品创制基金，支持高精尖产品顺利进入样品试制、小试、中试及产业化阶段。发挥城市副中心、冬奥会、世园会、新机场建设等提供的应用场景优势，加快5G、人工智能、节能环保、纯电动汽车等领域科技成果示范应用，促进5G示范应用向工业互联网、智能网联汽车、健康医疗等典型场景延伸，积极推动我市新产品和新技术推广应用。

支持中小企业创新创业。发挥好全市中小企业发展工作领导小组协调服务作用，继续做好中小企业促进法宣贯工作。强化对金融服务机构及中小企业公共服务体系的支持力度，不断创新面向小微企业的金融产品和服务。全面推动中小基金高效运转，引导社会资本共同助力中小企业创新发展。持续完善中小企业服务体系建设，积极创建国家级中小企业公共服务示范平台和小型微型示范基地。

（三）坚定不移加快产业升级，培育新产业、新模式、新业态

以深入推进两化融合和军民融合发展为主线，推动新产业、新模式、新业态成为产业升级的重要力量和经济增长的新引擎。

推动新技术与制造业融合发展。大力推进工业技术软件化，推动国家数字化设计与制造创新中心（北京中心）落地。加快工业互联网标识解析国家顶级节点（北京）部署和行业二级节点建设。建成国家顶级节点运营指挥中心。持续推动工业互联网平台建设应用，扶持企业上云上平台，组建北京工业互联网技术创新和产业发展联盟，建立市区协同工作机制，合力推动制造业与互联网深度融合，打造工业互联网生态体系。

加快存量优势企业转型升级。探索建立市级技术改造专项资金，积极争取国家技术改造资金。深入实施“智造100工程”，推进实施10个左右智能制造应用示范项目，评选15个左右智能制造标杆企业，推动制造业智能化转型升级。实施中医药与新一代信息技术协同创新发展工程。推动节能环保制造业和服务业融合发展，推动建设10家绿色工厂、1～2家绿色园区、1～2家绿色供应链示范企业。紧抓保障民生和城市运行的食品企业转型升级和技术改造，支持龙头都市企业及老字号品牌传承和创新发展。统筹推进标准创制和质量品牌建设，不断优化知识产权创制运营。

统筹推进军民融合和央地合作。加快推动我市高精尖产业领域军民融合发展工作计划落地实施。制定军民融合特色园区认定管理办法，开展军民融合专业机构目录管理。遵循市场配置资源下的军民融合路径与流程，以太空、网络空间、人工智能等六大新兴领域为突破，研究支持政策措施，对接军民双向需求信息，建立军民融合项目发布渠道，为高精尖产业发展注入新动能。

（四）坚定不移推动疏解整治促提升，加快京津冀协同发展

落实习近平总书记考察北京城市副中心和在京津冀协同发展座谈会上的重要讲话精神，更加注重疏解整治与优化提升同步推进，推动京津冀地区成为引领高质量发展的重要动力源。

稳步推进疏解整治促提升工作。贯彻实施新版新增产业禁限目录，指导各区严格执行淘汰退出目录。稳步推进300家以上一般制造业企业疏解退出。会同市生态环境局指导各区加强涉污“散乱污”企业清理整治工作，发现一家、整治一家，实现“动态清零”；细化完善工业领域空气重污染预警期间强制性应急减排措施，对工业企业实施“一厂一策”清单化管理 。在巩固产业疏解成果的同时，推动疏解腾退空间的管理和使用，积极盘活存量空间资源发展高精尖产业。

推动京津冀产业协同发展。支持龙头企业在京津冀范围内优化布局，加快形成良好的产业生态体系。支持雄安新区与北京错位发展、协同发展，促进城市副中心与北三县在智能制造、电子信息等领域联动发展。推进京津冀数字生态园建设，助力大数据企业在城市副中心聚集发展。支持北京（曹妃甸）现代产业发展试验区、北京·张北云计算产业园等园区建设，推动阿里中都草原数据中心等项目投产运营。加快京津冀大数据综合试验区建设，推动京津冀北斗卫星导航区域示范应用，打造区域工业互联网协同发展示范区。

强化产业帮扶和对口支援合作。创新北京产业扶贫协作的路径机制，搭建京津冀产业协同及区域扶贫协作平台，引导北京企业到扶贫协作与支援合作地区投资兴业，支持对口地区来京对接洽谈和招商推介。深化智力扶贫，积极开展受援地干部人才来京培训，为受援地提供多方位人才保障。

（五）坚定不移推进智慧北京和信用北京建设，支撑超大城市治理

充分发挥新一代信息技术和社会信用服务城市发展功能，提高城市科学化、智能化、精细化管理水平。

继续实施好北京大数据行动计划。加强大数据基

础研究和关键技术研发，推动大数据技术产品、应用模式、商业模式创新发展，培育一批大数据产业的龙头企业。持续开展政务数据汇聚共享，着力推动底层基础数据互联互通，支撑重点领域数据应用。深入推进社会数据“统采共用”，推动政务数据和社会数据融合共享。不断完善大数据平台技术体系和业务应用体系建设，开展“筑基工程”建设和大数据重点应用试点示范。加快研究制定政务云技术规范，加快市级机关信息化系统入云。

加强信息基础设施建设和信息惠民服务。持续推动5G基站规划建设工作，加快5G商用步伐。继续实施电子政务网络升级改造，确保网络安全稳定运行。进一步支持好城市副中心信息化建设，加快建设通州政务云，推进城市大数据平台、领导驾驶舱等行政办公区智慧应用工程建设。探索推动副中心数字生态城市建设。优化“北京通”服务体系建设，加强基础能力向各区、各行业输出。做好新中国成立70周年庆祝活动、“一带一路”国际合作高峰论坛等重大活动的应急通信、政务信息和无线电安全保障工作。

完善社会信用体系建设。推进信用数据融合，制定全市统一的信用信息采集和分类管理标准。完善公共信用信息服务平台功能，实现与市级单位的“嵌入式”无缝对接。推进信用监管协同，探索利用信用承诺、公示、评价等方式，提升政务服务效能。推动信用应用创新，出台促进信用服务业创新发展政策。鼓励企业运用人工智能、区块链等新技术，强化信用产品开发与创新应用。推进信用惠民便企，开展“个人诚信分”建设。持续推进京津冀联合守信激励一体化建设。

（六）坚定不移加强党的建设，深化“放管服”改革

坚持以全面从严治党为统领，深入推进重点领域改革，提升精准服务能力水平，不断推动自身建设取得新成就。

将全面从严治党向纵深推进。坚持以政治建设为统领，深入学习贯彻习近平新时代中国特色社会主义思想和党的十九大精神，积极主动抓好意识形态工作，坚决做到在思想上、行动上同党中央和市委、市政府保持高度一致。紧抓党务工作与中心工作融合推进，持续推动基层党组织规范化建设，为全局中心工作提供坚强的思想和组织保证。着力加强党风廉政建设，持续改进工作作风。

深化“放管服”改革。深化“互联网＋政务服务”，推动服务事项全程网上可办。完成责任清单编制，推进政务服务事项告知承诺制。当好工业和软件信息服务业领域重点企业的“服务管家”，为企业量身定制综合“服务包”，提供支持企业发展的普惠性政策集成和个性化服务措施。加大减轻企业负担和清理拖欠民营企业中小企业账款工作力度，为民营企业发展营造良好发展环境。

不断加强自身建设。落实新的局“三定”方案，有序推动机构改革方案平稳落地。进一步完善选人用人机制，加强干部教育培训。大兴调查研究之风，加强宣传引导，深入解读重要政策。加快信用和大数据立法，加强执法规范化建设。依法依规推动工业和软件信息服务业安全生产指导，加强军工与民爆领域的安全生产监管，督促企业落实主体责任，保障安全稳定。

同志们，新时代是奋斗者的时代、更是追梦人的舞台。我们要在市委、市政府的坚强领导下，紧抓机遇、开拓创新、勇于担当、真抓实干，为北京率先全面建成小康社会、建设国际一流的和谐宜居之都，贡献更大力量，以优异成绩迎接新中国成立70周年。

2019

北京工业年鉴

BEIJING GONGYE NIANJIAN

专 文

本栏目刊载2018年各区、开发区企业主要领导的讲话和文章。

勇当先行先试改革的排头兵

中关村科技园区管理委员会主任 翟立新

2018年是我国改革开放40周年。40年前，我国开启了改革开放的伟大历史进程，全国科学大会胜利召开，迎来了“科学的春天”。在中关村这片热土上，以陈春先为代表的科技人员率先突破传统观念和计划经济体制束缚，以“四自原则”“下海”创办民营科技企业，开始了以促进科技与经济结合为核心的科技体制改革探索，逐步集聚形成“中关村电子一条街”，得到中央调研组的充分肯定，为中关村改革发展奠定了基础。自那时起，一代又一代的中关村创业者百折不挠、奋勇争先，在PC机、互联网、移动互联网、人工智能等各个发展阶段，都涌现出一批引领我国信息技术产业发展的优秀企业。2018年，中关村示范区已有高新技术企业2.2万家，其中上市公司330多家，2017年实现总收入5.3万亿元，贡献税收2600亿元，成为北京高精尖产业发展的骨干力量和核心支撑。

2018年是中关村科技园区创办30年周年。30年前，国务院批复同意建设北京市新技术产业开发试验区，掀开了我国创办高新区、发展高新技术产业的新篇章，之后中关村先后建设我国第一个科技园区、第一个国家自主创新示范区。中关村始终以“发展高科技、实现产业化”为使命，勇做科技体制改革的实验田和探路者，在全国率先开展了高新企业认定、企业股份制改造、科技与金融融合、科技成果转化、人才特区建设等改革试点，近年来先后有20多项改革政策推向全国。中关村也从最早的海淀园，发展到覆盖全市的“一区十六园”创新格局，与外省市共建了26个科技园区，中关村企业在京外设立分支机构1万多家，2017年企业技术合同交易额3549亿元，成为引领辐射全国的技术源头和创新高地。

2018年是习近平总书记视察中关村5周年。5年前，习近平总书记指出，“中关村已经成为我国创新发展的一面旗帜，面向未来，要加大实施创新驱动发展战略力度，加快向具有全球影响力的科技创新中心进军”。5年来，中关村坚持技术创新与制度创新“双轮驱动”，在新一代信息技术、生物医药、高端装备、节能环保、新材料等领域取得一批原创成果和关键技术，中关村企业有效发明专利拥有量突破9万项，主导创制标准7858项，其中国际标准330项。创新创业日趋活跃，2017年天使与风险投资发生额达1550亿元，占全国1/3以上，日均创办科技型企业90多家，培育独角兽企业70家，聚集跨国公司地区总部和研发中心300余家，上市公司在境外设立分支机构逾千家，在海外建立了10个中关村联络处。中关村成为北京靓丽的“创新名片”和全球著名的创新创业活跃区。

中关村之所以能取得这样的成效，一是得益于党中央国务院和市委、市政府的坚强领导，在每个阶段都对中关村发展做出重大决策部署，使中关村始终在国家和北京重大科技战略中担当重要使命。二是得益于各类创新主体的协同互动，通过深化改革，打通了从科学研究、技术开发到市场应用的创新链条，形成了要素集聚、互动融通的创新生态。三是得益于各类优秀人才的集聚合作，众多科学家、企业家、投资人和专业服务人才汇聚在中关村，形成人才聚合效应，培育出以求真务实、追求卓越、百折不挠、开放包容为主要特征的中关村创新创业文化。

进入新时代，中关村肩负新使命。踏上新征程，中关村要有新作为。我们将以习近平新时代中国特色社会主义思想为指导，深入落实市委、市政府推进科技创新中心建设的决策部署，扎实推进中关村示范区创新引领高质量发展行动计划，打造改革开放先导区、创新创业引领区和高质量发展示范区，努力为建设创新型国家和世界科技强国做出新贡献。

一是在深化改革上要有新作为。以最大限度释放科教人才资源潜力为重点，在促进科技成果转化、加强知识产权保护、促进科技金融结合、支持新技术新产品进入市场等方面深化改革试点，建立适应创新驱动发展的政策体系，完善政策落实落地机制，形成更多可复制可推广的改革经验。

二是在自主创新上要有新作为。以科技工作“三个面向”为主攻方向，实施颠覆性技术创新支持计划，推进中关村重点产业关键核心技术攻关行动，促进产学研用深度融合和大中小企业融通创新，加快国产替代和变道超车，培育创新型领军企业和隐形冠军企业，加快形成具有技术主导权和国际竞争力的创新型产业集群。

三是在开放合作上要有新作为。以落实京津冀协同发展战略为重点，打造创新互动、产业协同的科技园区链，优化提升京外园区合作模式。以全球视野谋划和推进科技创新，引进顶尖科学家和优秀创新团队，加快企业走出去步伐，提升园区国际化水平，办好中关村论坛等活动，将中关村建设成为链接全球创新网络的关键枢纽。

面向未来，中关村的发展愿景是：到2022年，初步建成具有全球影响力的科技创新中心；到2035年，建成世界一流的科技创新园区；到2050年，成为世界主要科学中心和创新高地。

（摘自12月10日在中关村改革开放40周年座谈会上的讲话）

不忘初心 牢记使命
努力建设世界一流的电子信息产业集团

北京电子控股有限责任公司董事长 王 岩

党的十九大郑重宣告，中国特色社会主义进入了新时代，标定了我国发展新的历史方位。站在今天回顾过去，在全系统各单位的共同努力下，历经数十年积累沉淀，通过“十二五”的夯基垒台和“十三五”前半程的巩固提升，电控经济规模和效益实现了历史性飞跃，企业面貌发生了深刻变化，以科技创新为引领支撑的发展体系基本成型，专心专注专业的产业发展平台基本搭建完成，历史遗留问题基本得到化解，战略管控型的集团管理架构基本到位，具有电控特点的管党治党工作格局基本形成。在我们推进产业高质量发展的关键时期，去年9月份，蔡奇书记莅临电控调研指导工作，对我们取得的成绩给予高度评价，充分肯定了电控的战略定位和发展思路，明确要求电控多培育几个像京东方一样具有国际竞争力的企业，打造一支高新技术产业的“航母战斗群”。这是市委、市政府赋予电控的重大责任，也是各级领导干部肩负的历史使命，为我们指明了方向、提供遵循，标志着电控改革发展迈入了新的阶段、开启了新的征程。

新使命激发新担当，新征程召唤新作为。在新的发展阶段，我们要着眼于构建“一个千亿级平台为牵引，两至三个百亿级平台为支撑，若干十亿级平台为基本”的产业格局，打造高新技术产业的“航母战斗群”，必须把主要任务和工作重心从解决历史问题、夯实产业发展基础转到提升核心竞争力、实现产业高质量发展上来，深化落实“一二二一”核心战略和打好“三大战役”，确保全面完成“十三五”战略目标。在此基础上，通过一代代电控人的接续奋斗，到2025年，电控的综合实力要进入世界500强，成为具有全球影响力、国内领先的高科技产业集团。到2030年，电控整体的创新能力、盈利能力和运营管理能力要达到同行业国际领先水平，基本建成世界一流的电子信息产业集团。

实现这个中长期规划，要坚持把高质量发展作为根本要求，坚持转型发展、创新发展、融合发展、开放发展，实施科技兴企、改革活企、人才强企、管理优企、党建立企“五大行动”，推动电控走上一条内涵集约发展的新路子，真正实现有核心竞争力的发展、有经济效益的发展、健康可持续的发展。

第一，大力实施科技兴企行动，持续推进产业高质量发展。科技是第一生产力，科技创新能力是企业核心竞争力的重要标志，也是企业兴衰成败的决定性因素。习近平总书记曾在全国科技创新大会上强调，科技是国之利器，国家赖之以强，企业赖之以赢，人民生活赖之以好。电控要实现中长期发展目标，必须把科技创新摆在发展全局的核心位置，整合优势资源，加大投入力度，加快推进技术创新和重大产业项目，积极发展科技服务业，努力打造国际一流、国内领先的创新型产业集群。持续加快技术创新。高度关注全球电子信息产业技术发展趋势，以市场为导向推进技术创新，开发满足客户需求的新产品新应用，持续提高市场占有率和行业影响力；瞄准5G通信、人工智能等新兴领域，加大技术创新力度，培育符合首都战略定位的新技术新业务；运用机器人、数字化等先进制造技术，推进传统制造向智能制造转型，持续构建“产品+服务”发展模式。持续加大创新资源投入。学习借鉴跨国先进企业的创新模式，围绕产业链、创新链完善资金链，统筹好企业内部资源，积极争取政策性资源支持，着力解决创新投入不足的问题。持续推进科技服务业发展。围绕国家和北京市支持的产业方向，充分利用电控相关技术、空间和品牌资源，围绕人工智能、物联网、大数据等新兴产业领域，搭建定位明确的专业化科技服务平台，整合业界优秀的创业团队和创新企业，培育符合电控发展战略的新项目新产业。

第二，大力实施改革活企行动，进一步激发企业发展活力、效率和竞争力。深化改革是解决企业深层次问题的总钥匙，对推动产业高质量发展具有十分关键的作用。党的十九大对深化国有企业改革提出了明确任务和新的要求，2017 年 10 月召开的全国国有企业改革座谈会指出，当前国企改革正处在一个行动胜过一打纲领的关键阶段。电控要实现中长期发展目标，必须遵循市场竞争规律和产业发展规律，准确把握国企深化改革的政策导向，大力推进体制机制创新，在股权多元化改造、完善现代企业制度、解决历史遗留问题等方面实现新突破。着力推进股权多元化改造。着眼于推动产业平台提升技术创新能力、增强市场竞争优势、拓展延伸产业链，在产业定位明确、格局清晰、产权明晰的基础上，鼓励和支持企业积极引进战略合作伙伴，在保证电控相应控制权的前提下，力争用 3 年时间基本完成二级产业平台的股权多元化改造。着力完善现代企业制度。进一步健全公司法人治理结构，理顺党委会、董事会、监事会和经理层等治理主体的职能定位和关系，构建全级次、规范化的决策管理体系。着力深化调整保障平台建设。要深化“一个中心、两个平台”的管理体系，围绕管人管事管资产，进一步完善专心专注专业的管理格局。着力解决历史遗留问题。近年来，电控下大力气解决了一批重大历史遗留问题，但还有部分复杂难题没有根本解决。今明两年要在控制改革成本的前提下，创新方式方法，争取彻底解决制约深化改革的重点难点问题。

第三，大力实施人才强企行动，建设高素质专业化的人才队伍。人才是企业发展的第一资源，是科技创新最活跃的因素，也是产业高质量发展的决定性力量。习近平总书记在全国组织工作会议上强调，千秋基业，人才为本。当今时代的竞争归根到底是人才的竞争。电控要实现中长期发展目标，必须把人才工作放在优先发展的战略位置，坚持全球视野、高端引领，创新人才开发管理机制，不断吸引和聚集各类人才，打造一支高素质、专业化的人才队伍。进一步明确人才发展战略。着眼于实现电控中长期发展规划，巩固拓展“砺剑工程”成果，启动实施“2030 人才工程”，在完成电控第三次党代会确定的“四个基本实现”目标基础上，持续加强 4 支人才队伍建设，努力打造一支世界一流的市场化、职业化、国际化创新型人才队伍。进一步加大人才培训培养力度。围绕人才发展战略，学习国外先进的人才培训理念，借鉴领先企业的人才培训培养经验，以培训质量和效果为中心，构建一套符合产业发展特点的培训组织管理和考核体系。进一步创新人才管理机制。紧密结合电控深化改革的进程，突出战略导向、责任导向、价值导向和结果导向，完善人才开发管理和考核激励机制，真正实现干部能上能下、员工能进能出、收入能增能减。

第四，大力实施管理优企行动，不断提升集团管理能力和水平。加强管理是企业发展永恒的主题，是有效防范风险、推动产业高质量发展的重要基础。国家和北京市出台的全面推进法治国企建设的意见，着重强调在企业全球化发展过程中，提升管理能力和水平，努力成为治理完善、经营合规、管理规范、守法诚信的法治国企。电控要实现中长期发展目标，必须按照战略控股型产业集团的定位，主动对标国际优秀企业，推动管理方式从粗放向集约化、精细化转变，管理手段从传统向现代化、信息化转变，不断提升管理质量和效率。注重加强集团化建设。在明确电控和企业职责定位的基础上，建立完善上下衔接的责任执行体系。二级产业平台首先要履行好制定产业发展战略的职责，担当起谋划和推动产业发展的主体责任。电控总部平台要以组织架构调整为契机，加快理顺管理职能，优化总部管理体系和运行机制，充分利用现代企业管理工具，不断提升专业化、精细化管理水平。注重完善考核评价体系。学习借鉴国外先进的考核评价模式，借助平衡计分卡等现代管理工具，建立全方位的综合考评机制，全面考核评价企业的经营业绩和管理绩效。注重增强风险管控能力。进一步完善两级决策管理体系，严格执行决策过程在线规范管理，加强全流程的法律监督，发挥总法律顾问的决策事前把关作用，有效规避决策风险。注重提升信息化管理水平。抓住互联网、大数据与实体经济深度融合的发展机遇，坚持“两级建设、协同联动”的思路，打造横向业务全覆盖、纵向管控全级次的“智慧电控”。

第五，大力实施党建立企行动，为电控改革发展提供坚强保证。加强党的建设既是落实全面从严治党的政治要求，也是推进产业高质量发展的现实需要。习近平总书记多次强调，坚持党的领导是国有企业必须坚守的政治责任和政治原则，任何时候都不能动摇。电控要实现中长期发展目标，必须按照中央和市委关于全面从严治党的新要求，融入中心、服务大局，深化落实电控党委“三讲一严”的总体要求和“十六字”工作方针，把各项工作抓细抓实抓到位，开创电控从严管党治党的新局面。始终把政治建设摆在首位。旗帜鲜明讲政治，主动把工作放到国家发展大局和首都发展全局中谋划和推进，确保电控系统政令畅通，不折不扣贯彻落实中央大政方针和市委、市政府、市国资委决策部署，高质量推动中长期发展规划的落实落地。始终强化思想理论武装。按照学懂弄通做实的要求，紧密结合产业发展实际，认真抓好两级党委理论中心组学习，切实用习近平新时代中国特色社会主义思想武装头脑、推动工作。始终注重抓“关键少数”。落实中央新修订的《干部任用条例》，坚持正确的选人用人导向，规范干部选拔任用程序，提高干部工作制度化水平。始终抓牢基层党组织建设。坚持建强基层党组织不放松，认真落实《中国共产党支部工作条例（试行）》，深化落实电控“两个规范”，严格执行“三会一课”等组织生活制度，提高党支部建设质量。始终突出正风肃纪。坚持把纪律挺在前面，以新修订的《中国共产党纪律处分条例》为主要内容，加强对党员干部的纪律教育，使大家知敬畏、存戒惧、守底线。始终抓好企业文化建设。相关单位要坚持继承创新、与时俱进的原则，持续加强企业文化建设，不断丰富企业文化的内涵和外延；要探索推进集团文化建设，围绕电控中长期发展规划，进一步明确使命愿景，倡导和弘扬“担当、创新、包容、务实”的企业精神，建立集团整体理念、行为和视觉识别体系，塑造良好市场形象。

千里之行，始于足下。建设世界一流的电子信息产业集团，是我们电控中长期的发展愿景，但前进的道路不可能一帆风顺，蓝图不可能一蹴而就。人间万事出艰辛。越是美好的未来，越需要我们付出艰苦努力，落实好“科技兴企、改革活企、人才强企、管理优企、党建立企”五大行动，一件事接着一件事办，一年接着一年干，积小胜为大胜，努力取得最终的成功。

围绕隆达控股高质量特色发展新要求
努力夯实企业转型升级与可持续发展新动力

——深入学习中央经济工作会议精神体会

北京隆达轻工控股有限责任公司总经理 张德华

2017年年底召开的中央经济工作会议深刻阐述了以新发展理念为主要内容的习近平新时代中国特色社会主义经济思想，明确提出了2018年经济工作的总体要求、主要目标和重点任务。会议做出“我国经济已由高速增长阶段转向高质量发展阶段”的判断，提出“推动高质量发展是当前和今后一个时期确定发展思路、制定经济政策、实施宏观调控的根本要求”。隆达控股公司要深刻认识习近平新时代中国特色社会主义经济思想对推进国家经济发展的重大意义，坚决用这一重大思想武装头脑、指导实践、推动工作；深刻认识我国经济转向高质量发展阶段的重大意义，进一步坚定长期立足首都高精尖经济结构并可持续发展的信心，突出隆达特色企业发展理念，统一思想，凝聚力量，认真谋划企业转型升级各项工作，推动企业实现更高质量的发展。

一、准确把握高质量发展新要求

1. 准确把握中央高质量发展新要求。中央指出，高质量发展，就是能够很好地满足人民日益增长的美好生活需要的发展，是体现新发展理念的发展，是创新成为第一动力、协调成为内生特点、绿色成为普遍形态、开放成为必由之路、共享成为根本目的的发展。高质量发展，就是坚持质量第一、效益优先。

推动高质量发展，首先要学懂弄通并贯彻好习近平新时代中国特色社会主义经济思想。

一是要坚持加强党对经济工作的集中统一领导。作为国有企业，重大经营管理事项必须经党组织研究讨论，进行把关定向后，再由董事会或经理层做出经营决策。要进一步理顺向党组织报告经营事项的程序和范围，认真落实党委对重大经营事项的意见要求，确保企业党组织在国有企业中的领导作用真正得到发挥。

二是要适应经济发展主要矛盾变化，坚持问题导向部署企业经营发展新战略。坚持正确工作策略和方法，要准确把握国家“创新、协调、绿色、开发、共享”的发展理念，准确把握北京市未来一段时期的发展思路和当下任务要求，紧密结合隆达企业“企业老、摊子大、负担重”的公司特点，“小、散、弱”的企业布局，资源质量总体处于中低端的现实情况，有针对性地推进企业经营布局和发展。

三是要坚持稳中求进的工作总基调，该稳的要稳住，该进的要进取，把握好工作节奏和力度。隆达控股要争取保持每年过亿元的利润总额，净资产收益率保持不低于全国同行业平均水平，要保持企业在安全、稳定、环保上不出事。加大审计整改力度，提高企业依法依规经营的能力和水平。要抓住北京疏解整治、老厂区发展、非经资产移交、农租房腾退等政策机遇，全力推动企业高质量发展。

2. 准确把握首都发展新形势。北京市第十二次党代会提出了北京未来发展的总体思路，即深入贯彻习近平总书记系列重要讲话精神和治国理政新理念、新思想、新战略，统筹推进“五位一体”总体布局和协调推进“四个全面”战略布局，坚持稳中求进的工作总基调，牢固树立新发展理念，牢牢把握首都城市战略定位，深入实施京津冀协同发展战略，全面推动各项事业迈上新台阶，奋力谱写中华民族伟大复兴的北京篇章。提出了“七新”具体目标，即首都功能实现新提升、城市发展形成新骨架、经济发展汇聚新动能、生态环境取得新改善、人民生活实现新提高、文明和谐展示新风貌、党的建设开创新局面。作为北京市属国有企业，要努力提高政治站位，登高望远，看清北京市未来发展趋势，深入把握“四个中心”战略定位，深入理解构建高精尖经济结构的新要求。从2017年开始，北京市开展“疏解整治促提升”专项行动，全力推进拆除违法建设，疏解一般制造业和“散乱污”企业治理，中心城区重点区域整治提升，加快疏解低端业态。这促使我们必须加快推进产业结构调整和企业结构调整，坚决退出低端产品和低端业态。同时要坚决统筹好“安全、环保、稳定、整改”4件大事，确保稳中求进，大局稳定。

二、推进隆达控股高质量特色发展的总体思路

在推动中国经济高质量发展与北京减量发展新形势下，隆达控股必须准确把握北京减量发展的根本要义，以疏解整治促提升专项工作为着力点，结合自身发展实际，做好战略统筹与经营管理两个层面的精心安排。

在战略统筹上，要按照中国经济高质量发展与北京减量发展要求，站在长期立足高精尖经济结构并可持续发展的战略高度，坚持做稳、做实、做优、做出特色、做出可持续发展路径，坚持“两个健康”经营理念，推动企业向高新技术·创意服务特色产业转型，向“五高”特色企业升级，不断夯实隆达高质量特色发展思想基础。

在经营管理上，要坚持依法依规依程序工作方向，紧密结合隆达“十三五”规划与企业发展实际，以北京疏解整治促提升专项工作为着力点，合理设定年度经济目标，抓住经济责任审计与巡视整改新机遇，统筹好“安全、环保、稳定、整改”4件大事，打好“控风险、保安全、疏低端”三大攻坚战，完成好“补短板、促提升、增业绩”3项工作，有序夯实隆达高质量特色发展工作基础。

按照隆达控股高质量特色发展的总体思路，如何实现隆达控股高质量发展，就要以质量建设为总的出发点，一是在营业收入上要把资金安全放在首位。资金是企业的血液。必须从确保国有资产安全的高度，研究高新技术企业和物业企业营业收入的规模与增长；以研究客户经营状况为重点，把经营管理过程中的资金风险控制在合理范围内。坚决限期停止融资性贸易收入，坚决有序退出低端业态与低端客户，坚决控制高应收与高风险客户，坚决退出连续3年亏损业务。二是在利润总额上要把健康盈利放在首位。以做稳做实总原则，合理设定盈利目标，明晰利润构成结构。在疏解整治促提升专项工作力度不断加大的过程中，要认真理解健康盈利的具体含义。在企业健康盈利能力上，要体现服务首都功能和民生（“4+1”服务）的盈利能力，体现向高新技术·创意服务特色产业转型的盈利能力，体现向“五高”特色企业升级的盈利能力；体现经济责任审计与巡视整改的盈利能力。三是在净资产收益率上以不低于全国同行业平均值为工作目标。要按照市国资委的有关规定，有序规范企业合并口径，加强对国有及控股、参股、集体企业的分类指导与管理。要以国有及国有控股企业为主体，不断做实企业净资产基础。要按照市国资委的规定，加大劣势企业退出力度。要加强参股企业管理，不断提高投资收益。要加强与集体企业的协同发展能力。2018年，要围绕国有资产的保值增值，在确保净资产收益率不低于3%的基础上，努力达到

4.3% 的经营目标。

三、实现隆达控股高质量发展的具体措施

党的十九大指出，我国经济已由高速增长阶段转向高质量发展阶段，实现高质量发展，是保持经济社会持续健康发展的必然要求，是适应我国社会主要矛盾变化和全面建设社会主义现代化国家的必然要求。推动高质量发展是一项系统工程，在协调推进各项工作的同时，更要着力抓好重点工作，蹄疾步稳地向前推进。

（一）努力创造增利因素

创造增利因素就是向市场要效益、向政策要支持、向管理要效率、向整改要能力，要结合隆达控股实际，明确攻坚方向和增利目标，群策群力，千方百计取得成效。

在主业经营上，要站在长期立足北京高精尖经济结构并可持续发展的战略高度，推动企业向轻资产方向转变。高新技术企业要把高质量发展、减量发展与创新发展有机结合起来，着力于稳中求进，在技术创新、产品经营、开拓高端客户上选准工作重点，积极开展工作。

在物业经营上，以老厂区上高端为重点，瞄准“4+1”服务方向，努力实现转型升级。要按照合同规定，加强过程管理，稳定物业收入，为有序疏解低端客户和业态争取时间和创造条件。运筹好到期项目的业态定位、客户选择、市场比价。

在结构调整上，通过产品结构、员工结构、物业客户结构、资产结构等方面的调整，提高企业的增利能力。努力增加活化资金持有量，提高企业的整体稳定能力。在保障职工合法权益的前提下，以提高效率和工作质量为重点，主动加大人员结构优化力度。加大市场宣传力度，努力拓展物业客户优化空间。

在政策利用上，国有及国有控股企业，要成为利用有关政策的主力军。在物业转型升级、农租房、非经营性资产移交、退休人员移交上，要积极争取政策。采取战略合作、政策支持等多种方式，使老旧厂区成为区域规划中的靓丽风景线，为街区修补添光彩，为发掘存量资源价值夯实基础。

在成本管理上，要抓住车改、审计和巡视整改的契机，以二级企业财务集中管理为切入点，下功夫理顺企业的成本结构，从点点滴滴控制好成本，提高效率降低人工成本，加强协同努力提高闲置资金收益水平，用实实在在的数据来证明企业成本管理成果。

在亏损控制上，亏损或微利企业要按照市国资委的工作要求，用改革调整的办法，加大劣势企业退出力度，想方设法减少亏损，固化亏损。

（二）积极化解减利因素

减少物业空置。在疏解整治促提升过程中，应积极寻求市场与政策支持，对空置厂房进行升级改造，使其发挥更大的价值。

统筹闲置资金。要加强银行保本理财的调研与市场比价，通过资金集中管理与协同使用等多种方式，努力提高资金使用率，降低企业财务成本和化解资金风险。

推动产业升级。在疏解非首都功能与空气质量控制力度不断加大的过程中，主业企业要主动适应开机时间不足的问题。按照有关要求，加快环保升级，积极推动企业向高新技术·创意服务特色产业转型，向“五高”特色企业升级。

掌握投资节奏。在疏解整治促提升过程中，稳中求进至关重要。主业设备投资和物业升级投资要把握政策要求，严格手续报批，掌握好投资节奏。

加强参股管理。要按照市国资委下发参股企业管理规定，全面掌握企业运行情况，规范股权、债权管理，确保国有资产安全。

（三）坚决控制经营风险

中央经济工作会议确定，按照党的十九大的要求，今后 3 年要重点抓好决胜全面建成小康社会的防范化解重大风险、精准脱贫、污染防治三大攻坚战。结合隆达控股实际，控制经营风险是各级企业首要的长期任务。

在资金风险方面，要严控投资大、见效慢、周期长的项目投入，不断提高资金运用效率。2018 年限期停止融资性贸易，加大应收账款清收力度，按照账龄和客户企业信誉水平进行分类，对应收账款增长较快企业实施预警。

在安全风险方面，物业经营中的低端客户，以及日常管理中的因小失大、因熟失大、管理递减、厂区住人等引发的风险较大，要制定企业安全管理与检查手册；有计划、有步骤地疏解物业经营中的低端业态，低端客户，切实控制住安全风险。

在停产风险方面，要坚决落实北京市大气污染停产限产要求，在疏解整治过程中，在做好企业自身生产的前提下，要对外部突发事件产生的影响，有周密的工作预案。

在合同风险方面，各企业要严格按照隆达控股批准的合同履约。任何补充合同、协议、备忘录等，只有经隆达控股批准后方可对外签约。在固定资产投资、厂房租赁、产品购销、老厂区改造升级等全过程，要严格按照合同办事，避免违规投资经营而造成国有资产损失的发生。

在推进落实隆达控股高质量发展中，还要积蓄高质量发展能力。抓住经济责任审计与巡视整改的契机，解决好经营管理工作中各种惯性思维问题；要按照现代企业管理制度，推动经营管理工作走上正确的轨道。

2018 年是贯彻党的十九大精神的开局之年，是改革开放 40 周年，是决胜全面建成小康社会、实施“十三五”规划承上启下的关键一年。让我们以习近平新时代中国特色社会主义思想为指导，坚持稳中求进工作总基调，坚持新发展理念，沿着高质量发展之路开拓进取，书写新时代隆达控股发展的新篇章。

（摘自 2018 年 9 月 14 日第 5 版刊登的《首都建设报》）

坚持党的领导 加强党的建设 引领北化集团改革发展不断向前

北京化学工业集团有限责任公司董事长 刘文超

2018 年是中国改革开放 40 周年，是化工集团成立 60 周年。40 年来，化工集团的发展与改革开放保持着同频共振。60 年来，化工集团党委在市委和市国资委党委的坚强领导下，认真学习贯彻落实中央、市委精神，不断加强和完善党的领导，加强和改进党的建设，深入推进全面从严治党；不断解放思想、与时俱进、审时度势、抢抓机遇，团结带领集团各级党组织、全体党员和广大职工，充分发挥基层党组织的战斗堡垒作用和党员的先锋模范作用，为化工集团的改革发展提供了坚强保障。

一、坚持党的领导，加强党的建设，走出化工特色的发展之路

60 年前，伴随着共和国全面建设的脚步和首都发展改革的脉搏，北京市化学工业局的成立，开启了北化一甲子的征程。在 60 年艰苦拼搏的历史进程中，北化人始终与时俱进、敢于担当，跨过一道又一道沟坎，创造一个又一个奇迹，为中国和首都的化工事业做出了巨大贡献！

1978 年 12 月，经市委批准，北京市化学工业局恢复局长领导体制，成立党组。1984 年 4 月，市委、市政府决定，北京市化学工业局改建为北京市化工总公司，并成立党委。1991 年 5 月，市政府决定撤销北京市化学工业总公司，组建北京化学工业集团公司。1991 年 11 月，召开中共北京化学工业集团公司第一次代表大会。1996 年 3 月，北京化学工业集团公司改为北京化学工业集团有限责任公司后成立党委。2002 年 8 月，召开中共北京化学工业集团有限责任公司第一次代表大会，确立了适应首都经济发展要求，振兴现代化工制造业的发展战略。在市委、市政府提出建设“世界城市”“优化一产、做强二产、做大三产”的新形势下，2010 年 9 月，召开了化工集团第二次党代会，明确一个主业定位，发展都市特色化工产业，形成五大板块支撑的发展思路。2016 年 11 月，召开化工集团第三次党代会，全面落实“十三五”发展规划，加快产业疏解转型，新时代迈出新步伐。

在化工集团的发展历程中，化工集团党委始终认真学习贯彻党的路线方针政策，始终坚决同党中央保持高度一致，始终坚决贯彻历届党代会精神，始终不断加强基层党组织建设，始终不断推进党建工作创新。为化工集团的改革发展提供了坚强的政治保障、思想保障和组织保障。

二、坚持党的领导，加强党的建设，为化工集团改革发展提供了坚强保障

党的建设历来同党领导的事业紧密相连。化工集团成立 60 年来，之所以能够不断驾驭复杂的困难局面，得益于扎根基层、分布广泛、具有光荣传统、组织力和号召力很强的党的各级组织，得益于我们有一支受党教育多年、忠诚于党的事业、顾全大局、勇于奉献、具有较高素质和自强不息奋斗精神的党员和骨干队伍，得益于始终不断坚持党的领导、加强党的建设，充分发挥两级党委的政治核心作用，筑牢集团公司改革发展事业的领导基础，有力地保证和促进各项工作的顺利进行。

（一）通过强化理论武装，加强思想建设，形成了推动化工集团改革发展的活力源泉

一是充分发挥党组织的政治引领作用。化工集团党委始终坚持正确的政治引领，围绕中心工作，在不

同历史时期着力创新、锐意改革。把“在学习中进步、在创新中发展”的共同理念根植于化工集团广大党员、全体职工的一致行动中。

二是思想理论建设不断深入。多年来化工集团党委坚持用科学的理论武装党员头脑。特别是近10多年来，根据中央的统一部署，按照市委、市国资委党委的安排，先后开展了“三讲”教育、保持共产党员先进性教育活动、深入学习实践科学发展观活动、党的群众路线教育实践活动、“三严三实”和“两学一做”学习教育活动，促进了党建和生产经营的进一步融合。

（二）通过加强党的组织建设、干部队伍和人才队伍建设，为推动化工集团改革发展提供了坚强保障

一是党的组织建设不断强健。化工集团党委通过加强党的组织建设，不断完善党建工作机制，促进党建工作创新，坚持每3年左右修订一次《党群工作制度汇编》，推进基层党建工作规范化、标准化，严格落实市委要求，做到了“四同步、四融合、四对接”，不断研究新情况、解决新问题、总结新经验，落实党建长效机制，巩固党建制度成果。化工集团党委严格落实基层党建工作责任制，坚持每年签订《基层党建工作目标责任书》。

二是领导班子和干部队伍建设不断加强。化工集团党委始终坚持党管干部原则，把领导班子和干部队伍建设作为引领企业发展的一项根本任务来抓。化工集团领导班子的新老交替进一步加快，结构不断优化，班子力量得到加强；二级单位主要负责人基本实现了党政分设和“交叉任职”，班子结构明显改善，逐步打造出了一支“政治上靠得住、工作上有本事、作风上过得硬、职工群众信得过”的领导班子和干部队伍。

化工集团党委坚持改革创新，不断完善选人用人机制。通过组织调整、公开选拔、社会招聘、“X+1”等多种方式选聘干部。加大干部教育培训力度，坚持每年开展领导班子和领导人员“双评”工作，通过轮岗、交流、挂职等方式，不断加大年轻干部的培养选拔使用力度，中级领导干部的知识结构和年龄结构得到有效改善，为推动化工集团各项事业的长远发展打下了基础。

三是人才队伍不断优化。化工集团坚持党管人才原则，实施人才强企战略。研究制定不同时期化工集团人才发展规划，实施“三年千人”等培训计划，在“选、用、育、留”4个方面下功夫，努力打造了一支数量充足、结构合理、专业配套、梯次衔接、创新力强的新型人才队伍。

加大各种形式的人才培养，近10年来，通过合作培养、委托培养等模式，培养MBA、工程硕士等高端人才70多名，目前已经在各领域发挥引领作用；利用集团职业培训资源大力开展技能人才建设，通过承接世界技能大赛培训工作，打造了一大批高端技能人才，并且多次在被称作“技能界的奥林匹克”的世界技能大赛上斩获殊荣，多人受到李克强总理的亲切接见。

（三）通过加强基层党组织建设，不断增强党建工作生机活力，提升了基层党组织的凝聚力和战斗力

一是推进了党建工作的融合融入。化工集团党委以企业改革发展成果检验党组织的工作和战斗力，着力落实党建工作总体要求进章程，持续完善“双向进入、交叉任职”的领导体制，推进董事会建设、职业经理人选聘等试点工作，指导企业处理好党组织和其他治理主体的关系，明确党组织在决策、执行、监督各环节的权责边界和工作方式，完成党委会议事规则和“三重一大”决策制度的修订、完成了党建进章程工作和党委前置讨论等相关内容的修改。

二是夯实了基层党建工作基础。进一步规范基层党组织设置，实现党的组织和党的工作全覆盖。努力建设一支善于围绕企业生产经营开展党建工作的高素质、复合型的党支部书记队伍。注重从优秀一线党支部书记中选拔企业领导人员。加强党员教育管理，坚持每年开展党内主题教育实践活动和“创先争优”活动，保证基层党建工作的系统流转和顺畅运行。

三是坚持了基层党建工作的从严从实。严格落实党建工作责任制。严格落实党组织书记党建工作第一责任人的职责；行政主要领导要按照“双向进入、交叉任职”的要求，认真履行党建责任，全面参与党建工作；党组织班子其他成员切实履行“一岗双责”，结合业务分工抓好党建工作。

（四）通过加强党风廉政建设，严明党的纪律，为改革发展营造了风清气正的良好环境

一是党风廉政建设成效显著。充分发挥了党委的主体责任和纪委的监督责任，认真贯彻《国有企业领导人员廉洁从业若干规定》《中国共产党廉洁自律准则》《中国共产党问责条例》和《中国共产党纪律处分条例》，强化“三重一大”决策制度执行的监督检查。全面推进了廉政风险防范与内部控制管理工作，党风廉政建设不断强化，为企业改革发展、经营管理的健康运行营造了风清气正的良好环境。

二是领导干部作风不断转变。化工集团党委严

格执行党风廉政建设责任制，把党风廉政建设任务同生产经营、改革管理任务结合起来，做到同部署、同检查、同考核、同奖惩，落实“一岗双责”。集团主要领导每年都与集团班子成员、二级单位主要领导人员和总部部门负责人签订《党风廉政建设责任书》，并向下进行了延伸。

（五）通过团结和调动一切积极因素，凝聚各方力量，形成了推动化工集团事业发展的强大合力

一是意识形态建设不断加强。化工集团党委利用好《北京化工》报纸这个主阵地，集团官网和微信公众号，倡导主旋律，牢牢把握意识形态宣传阵地。集团历年来开展的“唱响发展主旋律、打好发展攻坚战”“强化职业理念、塑造职业精神”“五算清、五精细”“百姓衣食住行、化工情系其中”等一系列主题鲜明、形式多样、时代感强的形势任务教育活动，已经成为统一认识、凝聚力量、促进工作的有效途径，并使广大党员和职工进一步认清了企业发展的方向与前景，增强了信心和责任。

二是企业文化建设持续提升。企业文化是企业发展最为关键的“软实力”。历经60年的历史积淀与传承创新，化工集团已形成了深厚的企业文化，这是几代北化人不断实践的总结凝炼。通过不断挖掘和拓展“百姓衣食住行、化工情系其中”的集团文化内涵，继续弘扬“讲忠诚、负责任，干事业、有追求，肯奉献、顾大局”的团队价值观，全方位打造“华腾”主品牌，塑造统一企业形象，充分发挥文化引导塑魂作用，为集团改革发展提供强有力的精神动力。今年是北化事业发展60周年，我们举行系列庆祝活动，就是要进一步挖掘企业文化理念，统一思想，凝聚力量，讲好我们自己的故事，谋划好北化的未来，继续前行，走好我们自己的路。

三是群团、老干部工作不断丰富。化工集团党委认真贯彻落实中央《关于加强和改进党的群团工作的意见》。教育引导工会、共青团等群众组织，围绕中心，服务大局，不断适应新形势。广泛开展了“当好主力军，建功新化工”“号、手、队”等丰富多彩的主题实践活动和体育文化活动，在调整改革和创新发展中发挥出了不可替代的作用。确保老干部政治待遇、生活待遇的落实，为老干部做好服务。

三、坚持党的领导，加强党的建设，形成了具有化工特色的党的工作方法和经验

一是必须坚持党的领导、不忘初心讲政治。不论是在快速发展时期还是在改革调整阶段，化工集团始终坚持党的领导不放松，不忘初心讲政治，在各个历史时期都体现了首都国企的政治担当。“六五”到“八五”时期，化工集团上缴利税约占北京市当期的财政收入10%左右（据北京市统计局数据），辉煌时期我们不骄傲。1997年开始，乙烯工程划转，重大资产重组(220亿资产,430万平方米土地被划转，8万多职工的安置)，疾风暴雨般的企业搬迁（全市首轮大规模工业结构调整），低谷时期毫无怨言，为了通州副中心绿心工程，我们积极组织了东方厂区（化工集团所属部分）拆除工作，保质保量完成了这项政治任务，特殊时期我们不讲条件。

坚持党的领导、加强党的建设，是我国国有企业的光荣传统，是国有企业的“根”和“魂”，是我国国有企业的独特优势。作为首都国有企业更应该理直气壮地坚持党的领导，把国有企业独特的政治优势转化为企业改革发展的核心竞争力。

二是必须坚持全面从严治党、落实整改、抓好巡察。化工集团党委高度重视市委巡视，把巡视作为改进自身工作的重要契机。积极配合市委巡视组在化工集团的巡视工作，全力进行整改，深入推进“疏解整治促提升”工作任务，围绕疏解转型、生产经营、改革发展、科技创新、强化管理等任务，落实好集团公司京外布局的新举措新手段、京内转型的新思路新办法，加快建设一个国内知名的创新型企业集团。

按照市委、市纪委及市国资委党委有关部署要求，集团公司党委及时构建了巡察工作体系，设立巡察工作领导小组、成立巡察办、组建巡察组、建立健全巡察工作机制。积极开展对二级单位党组织的巡察工作，明确巡察工作全覆盖，用实际行动落实化工集团党委全面从严治党的主体责任。

三是必须坚持建设高素质的干部队伍。化工集团党委始终坚持党管干部原则，保证党对干部人事工作的领导权和对重要干部的管理权，保证人选政治合格、作风过硬、廉洁不出问题。让年轻干部在工作一线摸爬滚打、锻炼成长，把在实践中成长起来的良将贤才及时选拔到企业领导岗位上来。对企业领导人员，既要从严管理，又要关心爱护，树立正向激励的鲜明导向，让他们放开手脚干事、甩开膀子创业。化工集团党委坚持每年组织中层干部培训班，通过内部选拔、外部竞聘选拔人才，开展干部交流等多种方式抓好干部的培养选拔使用，通过开展教育活动增强干部的宗旨意识、公仆意识，加强社会主义核心价值观教育，强化干部实践锻炼，让干部在实践锻炼中增强党性、改进作风、磨炼意志、陶冶情操、提升境界、增长才干。

四是必须坚持抓基层打基础。化工集团党委同步建立党的组织，动态调整组织设置。把党员日常教育管理的基础性工作抓紧抓好。通过开展示范党支部“三会一课”观摩常态化制度化等活动，抓好基层党支部“三会一课”，让支部成为团结群众的核心、教育党员的学校、攻坚克难的堡垒。

总结历史经验，是为了指导今天的工作。化工集团党委将在习近平新时代中国特色社会主义思想的指引下，认真贯彻落实新时代党的建设总要求，在北京“四个中心”城市功能定位、疏解非首都功能、京津冀协同发展的大形势下，不忘初心、牢记使命，以北化事业发展60周年为契机，进一步坚持党的领导，加强党的建设，为实现化工集团第三次党代会确定的“建设国内知名的创新型企业集团”的发展目标提供坚强的政治保障、思想保障和组织保障！

（摘自2018年化工集团“北化事业发展60周年庆祝大会”上的讲话）

加强党的建设 深化改革创新
谱写百年首钢发展新篇章

首钢集团有限公司董事长、总经理 张功焰

2018年是贯彻党的十九大精神开局之年、步入我国改革开放40周年，是首钢推进“十三五”规划、迎接建厂百年承上启下的关键一年。集团党委坚持以习近平新时代中国特色社会主义思想为指导，深入学习贯彻党的十九大精神，围绕“五个聚焦”加快推动首钢改革发展，大力弘扬改革创新精神，团结带领广大党员和干部职工开拓进取、真抓实干，各方面工作展现了新气象，取得了新成效。全年实现营业收入2055亿元，在解决部分历史遗留问题后盈利26亿元，主要经营指标创出停产搬迁以来最好水平，企业发展质量和经营效益稳步提升。

集团党委着眼工作大局，重点抓了以下几件大事：

第一，深入学习贯彻习近平新时代中国特色社会主义思想和党的十九大精神。坚持以上率下、步步深入，努力做到学懂弄通做实。集团党委理论中心组集中学习24次，举办3期领导人员专题研修班，组织党员干部撰写学习体会文章，组织出席党的十九大的首钢代表深入基层宣讲，把重点内容作为应知应会融入党员日常教育。坚持联系实际、学以致用。召开党委扩大会，着眼新时代、新坐标、新矛盾、新使命、新作为，明确了“五个聚焦”的工作思路。召开“三创”交流会，全面总结首钢改革40年辉煌历程、巨大成就和宝贵经验，对深化改革再谋划、再动员，坚定改革再出发的信心和决心。各单位党委紧密结合实际，采取多种形式抓好学习宣传贯彻，推动习近平新时代中国特色社会主义思想和党的十九大精神在首钢落地生根、开花结果，形成生动局面。

第二，服务首都核心功能，圆满完成国际奥委会平昌冬奥总结会等重大活动服务保障。这一年冬奥进入“北京周期”，国际奥委会平昌冬奥总结会、市政府外国驻华使节招待会等重大活动在首钢园区举办。这些活动层次高，影响大。我们把做好服务保障作为重大政治任务和推动园区转型的集中演练。坚持首善标准，扎实做好会务、餐饮、交通、维稳、安保等工作，向世界展示了底蕴深厚、充满活力的首钢风采，同时锻炼了队伍，积累了重大活动常态化服务保障经验，得到市委、市政府的充分肯定。

第三，落实供给侧结构性改革要求，统筹推进首秦产线迁移转型和京唐二期建设。着眼于京津冀协同发展以及秦皇岛城市功能定位，按照集团总体发展战略，统筹谋划首秦产线迁移转型与京唐二期建设，系统研究停产搬迁、职工安置、产业转型和工程建设等重大问题。首秦公司精心组织、周密安排，实现了全流程安全稳定经济停产、3550人平稳分流，京唐公司等单位坚持以人为本、妥善安置，转移人员快速融入新集体。及时启动“秦皇岛首钢赛车谷”项目，成功举办京津冀赛车节等系列活动，做到当年停产、当年转型、当年运营。充分利用首秦停产设备，全力推进京唐二期工程，参战人员密切协作、日夜奋战，主体项目按进度顺利推进，4300毫米中厚板产线按期点火热试。

第四，强化战略引领，精心组织实施“十三五”规划中期评估。把实施“十三五”规划中期评估作为集团战略管理的重要抓手，客观总结分析规划执行情况，根据内外部环境变化提出了进一步推动规划实施的目标和举措。对中期评估报告常委会进行专题研究，董事会进行审议，并在“三创”交流会上深入解读。大家认识到，集团党委确定的战略方向是正确的，符合国家战略导向，符合首都城市战略定位，符合首钢发展实际，必须坚持“一根扁担挑两头”战略不动摇，必须坚持聚焦主业，形成合力，推动高质量发展不动摇。

第五，认真贯彻全市领导干部警示教育大会精神，深入开展全面从严治党突出问题专项整治。成立自查自纠领导小组和工作小组，结合实际制定工作方案，聚焦“两个责任”落实、巡视反馈问题整改、基层党组织建设、“三重一大”制度执行等13类31个方面，深入剖析自身问题，强力推动问题整改。集团党委自查8个方面19个问题，完成整改16个，持续整改3个；基层党委自查10个方面225个问题，完成整改211个，持续整改14个。通过层层开展自查自纠，进一步压实管党治党责任，解决了一批难题，将治理效能转化为管理优势和发展优势。在抓好几件大事的同时，集团党委坚持把方向、管大局、保落实，统筹推进全集团各项重点工作。

（一）着力打造城市复兴新地标

深刻理解打造新时代首都城市复兴新地标的重大意义和“四个复兴”的核心内涵，推动北京首钢园区开发建设取得重大突破。加强与政府相关部门对接，大力推进各项工作。规划建设进度加快，园区北区规划获全国优秀城乡规划设计一等奖。冬奥办公区、冬训中心、首钢工舍等重点场馆设施高标准交付使用，为办好北京市首届冬运会的一系列重要赛事在园区成功举办。生态环境明显改善，三高炉秀池区域美轮美奂，石景山景观公园与永定河山水交融。招商引资初见成效，星巴克、洲际酒店入驻园区，与联通合建首个5G示范园，与中关村共建人工智能创新应用产业园，城市科技服务为老工业区转型升级注入活力。首钢成为北京冬奥会和冬残奥会官方城市更新服务合作伙伴。首钢转型发展的生动实践被央视、北京卫视等媒体重点报道，刘博强从炼钢工转型为制冰师成为“网红”。国际奥委会主席巴赫称赞首钢园区是一个“让人惊艳”的城市规划和更新范例，首钢荣获“奥林匹克主义在行动”奖杯，这是国际奥委会设立年度奖杯以来首次授予中国企业。

在加快北京园区建设的同时，坚持稳妥有序推进曹妃甸园区开发。与地方政府密切配合，加大招商引资力度，全年签约23个产业项目、投资额177亿元。“首堂·创业家”项目成为国内最大的被动式住宅示范工程，建成全国首座零能耗被动式幼儿园。

（二）加快推动企业高质量发展

进一步明确钢铁业作为首钢主业要不断做优做强。持续推进“制造+服务”战略，钢铁业延续向好势头，为集团效益增长做出重要贡献，为集团转型发展奠定基础。板块利润大幅提升，经营现金流等主要指标达到近年最好水平。外埠企业盈利能力增强，特别是通钢、长钢进步更大。经营意识明显增强，紧盯财务“三张表”“两金”管理水平不断提高，“三个跑赢”取得突破，铁成本多年来首次跑赢行业平均水平，原燃料采购、钢材销售跑赢市场。产品结构不断优化，三大战略产品产量创历史新高，日系汽车板供货量实现新突破，电工钢累计供货量超过1000万吨，镀锡板进入国内先进行列。科技创新取得新成果，股份公司、冷轧公司等6家企业被认定为国家级高新技术企业，“超大型水电站用金属结构关键材料成套技术开发应用”项目获国家科学技术进步奖二等奖，股份公司高炉炉顶料罐煤气及粉尘全回收、零排放技术填补冶金行业空白，京唐公司转炉低温出钢技术达到国际先进水平。重点工程顺利推进，马城铁矿、水曹铁路按计划实施，秘铁二期扩建项目竣工，创造了首钢海外工程建设新模式。

大力推动新产业发展。进一步明确定位、聚焦主业、整合资源，把握市场机遇，培育竞争优势。环境产业“垃圾焚烧发电”在山西长治复制推广，门头沟鲁家山餐厨垃圾收运处一体化项目投入运营，建筑垃圾移动式处置应用于北京城市副中心。静态交通承揽和签约管理车位3万余个，国内首个公交立体停车楼完成设备安装。房地产业对标先进房企，推进标准化管理，贵阳、重庆、成都、秦皇岛等地区的项目开发效果良好。进一步推动股权平台内部协同，整合技术、设计、建设、装备等资源优势，拓展海外工程、市政设施、智慧城市等市场。

深入推进产融结合。围绕转型发展和重大项目建设，不断提高金融服务和资本运作能力。发挥财务公司金融服务作用，加强资金池、票据池建设，实现境内外资金双向融通，为成员单位降低财务费用9.7亿元。研究制定首钢基金发展规划，打造新产业投控平台，助力园区和新产业发展。蔡奇书记批示“首钢基金办得好”，令人鼓舞。充分利用境内外上市平台开展资本运作，推动香港首控对旗下上市公司进行中长期布局。

（三）持续推进全面深化改革

以入选国务院国企改革“双百行动”企业和北京市国企改革综合试点为契机，明确了三大类20项重点任务，将改革向纵深推进。

完善集团化管控体系。以加强资本运营、公司治理等能力建设为重点，进一步完善集团总部职能。持续优化集团管控权力清单，权力事项精简47%，进一步下放权力、做实平台。权力清单、规章制度、风控三位一体的制度体系基本形成。以信息化倒逼组织优化和流程变革，年度预算、投资计划实现全集团在线编制，财务共享实现集团公司业务全部上线，钢铁业产销一体化项目进入全面集成测试阶段。

推进基层深化改革。系统研究改制企业问题，制定颁发《改制企业进一步深化改革指导意见》，推进实业公司深化改革试点。首钢医院改制方案获职代会通过，水钢医院重组全面完成。股份公司采购和营销体制、京唐公司多元化激励机制、通钢和水钢事业部制等基层改革实践不断深入，推动了管理创新，增强了内生动力。

推进工效挂钩分配机制改革。制定《首钢集团完善工资总额决定机制实施方案》，强调以效益为中心的激励导向，建立与劳动力市场基本适应、与企业效益效率挂钩联动、收入能增能减的长效机制。强化工资总额预算管理，实现单位、人员全覆盖，推行核准制和备案制。改进管理方式，考核分配权下放给二级单位，注入动力、激发活力，进一步调动了各单位面向市场多创多超多得的积极性。

坚持瘦身健体不松劲。持续推进转型提效，钢铁主业实物劳产率比4年前提高82%，超过行业平均水平。实施企业退出3年计划，全年退出企业72家，相当于“十二五”以来7年退出数量的总和。连续2年被评为市国资委专项工作优秀企业和工作成绩突出单位。完成北京地区75个小区非经营性资产移交，协调推进京外企业“三供一业”移交工作，受到市国资委通报表扬。各单位特别是外埠企业积极利用当期经营成果处理历史遗留问题，全年处理18.7亿元，水钢、长钢的历史遗留问题得到解决，为企业良性发展打下基础。

（四）切实履行企业社会责任

深刻认识安全生产极端重要、永无止境，必须“严”字当头。深刻汲取水钢“1.31”事故教训，在全集团开展警示教育。常委会专题听取安全工作汇报，大力开展燃气系统安全专项整治，进一步完善集团事故隐患排查治理体系，扎实推进本质化安全管理。强化责任体系和队伍建设，在涉及“五高危”行业的11个单位设置安全总监。广大干部职工严守“红线”“底线”意识不断增强。

深刻认识环保事关企业生存发展，积极推动绿色行动计划。在资金非常紧张的情况下投入26亿元，完成环保项目107项。持续提升环保设施的精细化、规范化管理水平，股份公司被评为唐山市秋冬季差异化错峰生产污染排放绩效评价唯一一家A类钢铁企业，京唐公司被评为第3批国家级绿色工厂。

高度重视信访维稳工作。召开年度工作会议进行全面部署，定期听取汇报，审议社会稳定风险评估报告，对重大信访问题及时研究、采取措施。确定了石景山铸造村14号楼原拆原建化解方案，112户居民全部签约。困扰贵钢多年的群体访问题得到有效解决，持续十余年的迁安矿区问题得到有效稳控。一些多年的极端个体访问题得到化解，维护了企业稳定。

坚持以人为本，切实维护职工权益。完善以职工代表大会为基本形式的民主管理，制定厂务公开制度及实施细则。深入开展“送温暖”活动，筹集拨付资金1408万元。募集捐款379万元，为732名困难职工子女发放助学金。组建“携手同行·首钢温暖基金”，构建困难职工多层次帮扶救助服务体系。组织劳动模范疗养，开展丰富多彩的文化体育活动，增强了职工队伍凝聚力、向心力。

（五）全面加强党的建设

认真落实全面从严治党主体责任。全年召开常委会16次，研究议题90项，其中研究党建议题50项，占总数55.6%。严格执行常委会带头落实全面从严治党主体责任的实施意见，当好“七个表率”。完善首钢党建工作责任体系，逐级签订党建工作责任书，开展党委书记、党支部书记党建述职评议。集团领导班子成员带队，围绕全面从严治党主体责任落实情况进行深入调研。集中开展党建工作专项检查，对18家单位党委进行督导，把领导班子成员及所在党支部列为必查对象，突出关键少数，体现监督无例外。

坚持把政治建设放在首位。坚决贯彻“看北京首先要从政治上看”的要求，教育引导广大党员干部职工牢固树立“四个意识”，坚定“四个自信”，做到“两个维护”。把贯彻党中央和北京市重大决策部署作为政治纪律，围绕落实北京城市新总规、京津冀协同发展、冬奥筹办承担的重点任务，强化责任落实，增强政治担当。把加强对意识形态工作的领导作为政治责任，研究制定集团党委意识形态工作责任制实施细则，加强舆论引导，针对重大时间节点和敏感问题及时开展分析研判。把统一思想、凝聚力量作为宣传思想工作中心环节，持续开展“首钢之星”评选，讲好“首钢人的故事”，组织“不忘初心跟党走、圆梦首钢谱新篇”职工巡讲和话剧《实现·使命》巡演，凝聚满满正能量。

坚持党管干部、党管人才原则，加强领导班子和干部、人才队伍建设。深化干部人事制度改革，在领导人员任免权限、职业经理人管理、高校毕业生招聘等方面进行积极探索。适应首钢改革发展需要，调整配备领导人员165人次、基层单位领导班子16个。加强青年干部培养，举办特训班、海外研修班，初步建立青年干部选拔培养和跟踪考察工作机制。实施高端人才培养工程，遴选推荐一批专业技术和高技能人才参加各级各类人才评选，与清华大学共建首钢高层次人才教育培训基地。加强高技能人才队伍建设，成功承办“首钢杯”钢铁行业和“首钢矿业杯”冶金矿山行业职业技能竞赛，首钢和矿业公司代表队分获团体第一名。

切实加强基层党组织建设。开展基层党委、党支部换届选举工作，选强配齐基层“两委”班子和党支部班子。强化新修订的17项党组织专业制度宣贯工作。对支部书记集中轮训，从支部工作手册、党小组工作记录、党员学习笔记等基础工作抓起，推动党支部规范化建设，实现网上监督检查，“一规一册一表一网”有效应用。强化“学”“做”贯通，推进“两学一做”学习教育常态化制度化。基层党组织持续推进党建工作创新，广泛开展各类主题实践活动，不断提升组织力；广大党员立足岗位创先争优，在企业改革发展中发挥了先锋模范作用。

深入推进党风廉政建设和反腐败工作。召开党风廉政建设工作会议，制定反腐倡廉主要任务分工方案，集团领导班子成员带队开展检查考评，推动任务落实。实施21项联合监督计划，突出抓好“5合1”监督检查，开展党建和财务“公共题”检查，以问责追责促整改。市委巡视反馈的7个方面20个问题，完成整改18个，持续整改2个。内部监事会完成对重点监管企业首轮检查，问题整改计划兑现率98.6%。内审问题整改完成率97.9%，首钢内审质量被中国内审协会核准为“AAA”评级，是钢铁行业首家获此评级的单位。建立巡察制度，成立巡察机构，完成首轮巡察，运用监督执纪“四种形态”，加强党员干部纪律约束。

切实加强党的群团工作。常委会专题研究工会改革方案，听取工会、共青团工作汇报，持续推进党建带工建、带团建。工会、共青团组织坚持抓基层、打基础，完善工作制度，健全工作机制，创新方式方法，努力创特色、树品牌，影响力不断增强。

2019年，对首钢人来说是一个特殊的历史年份，在迎来新中国成立70周年的同时，也迎来了首钢建厂100周年华诞。回望过去，我们走过千山万水；面向未来，我们仍需跋山涉水。续写百年传奇，使命更光荣、任务更艰巨、挑战更严峻、工作更伟大，世纪圆梦、就在今朝，不忘初心、砥砺奋进。我们要大力弘扬首钢精神，勠力同心，奋发有为，以优异成绩庆祝新中国成立70周年，谱写百年首钢发展新篇章！

（摘自2019年1月24日中共首钢第十八届委员会第四次全体（扩大）会议上的报告）

坚持党的全面领导 全面深化改革创新 打造市管企业高质量发展价值高地

北京金隅集团股份有限公司董事长 姜德义

改革开放是当代中国最鲜明的特色，也是中国共产党最鲜明的旗帜，这场中国第二次革命推动国家前所未有接近伟大复兴目标。乘着改革东风，首都国企破浪前行，在北京“四个中心”建设中勇担责任使命。改革开放40年，金隅集团始终坚持党的全面领导，全面加强党的建设，引领企业深化改革、开拓创新，沿着正确方向持续发展。改革开放40年，金隅历经企业化、集团化、股份化、证券化等重大改革改制，由传统单一的建材产品生产企业发展成为以“新型绿色环保建材制造、贸易及服务，房地产开发经营、物业管理”为主业的市属大型国有控股产业集团和A+H整体上市公司，规模位列中国企业500强第188位，品牌价值位列中国建材行业第2位。改革开放40年，金隅主动作为，勇当探索者、实践者，通过解放思想、锐意改革，走出了一条不平凡的发展之路。

一、金隅发展实践充分说明，坚持和加强党的领导，坚持和深化改革创新，是国企做强做优做大的根本保证

党建兴则国企兴，党建强则国企强。作为市管企业，金隅集团党委始终与党中央保持高度一致，坚决贯彻市委、市政府战略意图，带领全体干部党员勇当创业实干家、改革促进派，推动金隅在市管企业深化改革和创新发展中走在前列。

一是始终坚持党的领导，确保国企改革沿着正确道路前进不偏离。把国企政治属性和经济属性统一起来，一以贯之推进党的建设，一以贯之完善现代企业制度。金隅集团创始于1955年成立的北京市建材工业局，改革开放初期主业仍为传统的“砖瓦灰砂石”，以“苦脏累穷远”为显著特征。在改革春风拂动下，金隅人不甘落后，不等靠要，解放思想，实事求是，与时俱进推进改革。1984年组建北京市建材工业总公司，1992年成立北京建材集团总公司。坚持“发展是硬道理”，按照“三个有利于”科学论断，走集团化整体发展道路，在市场竞争中实现自我发展、自我壮大。于1994年和1999年两次扩大国有资产授权经营范围，构建“以产权联结为纽带，以多级法人分层管理为特征，以集团整体发展为目标”的母子公司管理体制，2000年更名为北京金隅集团。进入21世纪，大力实施“走出去”战略，走产业扩张、科技兴企、资本助推“多轮驱动”发展之路，2005年12月发起设立金隅股份，2009年7月在香港H股主板上市，2011年3月回归A股，2016年12月在市管企业中率先实现集团整体上市。

二是始终加强党的建设，确保企业发展贯彻上级战略部署有定力。在改革发展过程中，集团党委扛起主责主业，深化管党治党，政治、思想、组织、作风、纪律、制度建设常抓不懈，持续推动党组织发挥作用组织化、制度化、具体化。推动党的建设工作与时俱进，在实践上探索创新，建立起较为完备的组织体系、运行体系和考核体系，“三个体系”实践做法被选入“党旗耀京华”北京市基层党建工作创新案例汇编。通过党建引领，集团将自身发展融入京津冀协同发展国家战略，在相继重组多个市管企业和行业企业的基础上，又于2016年4月战略重组河北冀东集团，2018年5月成功参与天津建材集团混改，率先实现了京津冀建材行业的协同发展，打造了京津冀协调发展的国企样板。集团党委坚持首善标准，落实首都要求，发扬首创精神，引领京内外广大党组织和党员干部勇担当、做先锋，在推动企业发展、服务地方建设中走在前、做表率。目前集团党员达1.2万人、党组织600余个，分布于25个省区市，各级党组织统揽全局、协调各方，牢牢把握工作主动权，战胜艰难险阻，争当抓落实的标杆。

三是始终坚持理念创新，以思想建设新成果引领企业变革有方向。在由政府工业局向建材集团转制的过程中，创造性地提出“统一规划、统一土地开发、统一对市政府承包、统一经营战略、统一管理国有资产”的“五统一”管理原则，奠定了集团整体化发展的基础。在市场经济向纵深发展过程中，凝练总结出了“重实际、重创新、重效益、争一流”的“三重一争”集团精神，以及“信用、责任、尊重”的核心价值观，推动集团建立完善现代法人治理结构和市场化运营管理模式。在“走出去”发展过程中，先后提出“共融、共享、共赢、共荣”的发展理念和“八个特别”金隅人文精神，团结凝聚金隅人敢于争先、勇攀高峰。中国特色社会主义市场经济步入新时代，与时俱进提出“想干事、会干事、干成事、不出事、好共事”的金隅干事文化，高度概括几代金隅人积淀总结，引领广大干部职工奋发有为、干事创业。

四是始终服从服务大局，推动干事创业融入首都工作全局有方位。金隅人秉承改革创新精神，主动担当，积极作为，勇于实践，将履行3个责任与产业发展融为一体。在疏解产能和转型升级上争当“排头兵”，主动关停和疏解在京重点企业25家，腾退土地面积31万平方米；优化资源配置构建高精尖产业结构，实现腾笼换鸟与转型升级有机结合。在为政府分忧和造福社会上争当“实干家”，仅在北京就承担了85%的飞灰、90%的危废、25%的污泥等处置任务，主动承担保障性住房建设、核心区街巷修缮改造、涵养区生态保护、废弃矿山修整复绿、民生设施建设等，探索推动科技文创、养老健康、现代服务等，更好地融入广大群众对美好生活的向往追求。在服务首都“四个中心”建设上争当“领头雁”，为城市副中心、雄安新区、冬奥场馆、新机场等重点项目提供绿色产品和优质服务，在“一带一路”建设上当“开拓者”，赢得广泛赞誉。在干事创业过程中，集团的行业位置由追随变为引领，并进入国务院国资委国企改革“双百行动”计划。

五是始终坚持创新创造，推动体制机制变革促进整体发展有成效。在管理创新方面，充分发挥各产业板块互为支撑、相互促进的优势，形成独特的纵向一体化核心产业链，增强协同效应；以“突出主业、强化专业”为导向，打造7个二级集团法人实体平台，提升组织能效，增强核心能力，形成了“扁平化、区域化、专业化、信息化”高效管控模式；在完成领导体制改革的基础上，推动区域党建与区域管控一体实施、紧密结合，探索出了适应规模化发展的高效组织管控路径。在科技创新方面，构建“1+N”体系，形成以国家重点实验室、国家认定企业技术中心和省市、行业重点工程研究中心、工程技术中心等为骨干的创新平台；调动创新活力，激发创造动力，推动水泥企业转型为城市环保基础设施；注重在生态建材、绿色家居、现代服务等领域创新发力，提升核心技术和产品线、服务链，推动主业向价值链的高端环节不断攀升。

二、贯彻新时代党的建设总要求，以高度政治责任感抓党建强引领筑牢根魂，着力构建中国特色现代国企治理体系

党的十八大特别是党的十九大以来，金隅集团以习近平新时代中国特色社会主义思想为指引，深入贯彻习近平总书记关于国企党建和改革的重要论述精神，坚定深化管党治企，把各级党组织建设得更加坚强有力，为建立中国特色现代国企治理体系和深化改革发展提供了坚强保障。

一是传导责任压力不衰减，完善党建“大格局”。牢固树立“四个意识”，高扬党建之“帆”，掌好国企之“舵”。推动强化党建统领。集团成立党建工作领导小组，加强对基层党建的谋划，牵头专题研究党建工作，出台配套制度，部署重点任务，组织实施京外党建和“加强区域党委领导力与组织力建设”调研。每年底，召开集团党建工作研讨会，进一步把思想统一到新时代党的建设总要求上来。推动强化党的领导。按期召开集团党员代表大会，领导群团组织同步召开工代会、团代会。重大事项一律由党委常委会前置研究，切实把方向、管大局、保落实。调整57家二级管理单位领导体制，实现党委书记、董事长“一肩挑”，推动强化党建责任。着力落实好基层党建工作重点任务，制订所属企业“坚持党的领导、加强党的建设”重点任务责任清单100项。推动将党建工作总体要求纳入公司章程，321家所属企业完成“党建入章”，同步完善“三重一大”决策制度、健全配套议事规则。进一步强化了党建责任，传导了党建压力。

二是抓住重点领域不放松，构建系统“一盘棋”。金隅党委紧扣新形势新任务，大力推进党的工作全覆盖。以“新思想”引领改革。牢牢把握深入学习贯彻习近平新时代中国特色社会主义思想和党的十九大精神这条主线，谋划和实施全系统学习宣贯工作，在学懂、弄通、做实上下功夫。在新思想指引下，7个二级集团公司同步成立党委，健全党务机构，对各板块党员和党组织进行统筹管理，促进京内外党建密切融入中心工作。以“火车头”带动基层。把党组织负责人队伍建设摆在重要位置，以抓关键少数带动绝大多数，为原冀东企业配备63名党委（总支）书记，选优配强239名党支部书记，调整和组建“两委”班子54个。沿着国有资本管理链条抓京外党建，开展党建督查和盲点排查，确保京外党组织应建尽建、党员应管尽管。以“考实绩”压紧责任。修订“基层党组织工作目标管理考评细则”，形成79个考核项目、200个评价要点，每年组织10多个考评组，对京内外党组织实施全覆盖考评。用好考评结果，表彰先进、帮扶后进，纳入班子分析研判，有效促进京外党组织落实首善标准。

三是融入首都大局不停步，争做服务“排头兵”。深入学习习总书记对北京工作指示精神，牢固树立“看北京首先从政治上看”的意识。围绕专项行动抓党建。自觉把抓党建融入首都城市建设、发展和治理工作大局，坚定“做菜心、不做白菜帮子”的信心。各级党组织发挥领导作用，扛起疏解硬任务、打好升级主动仗，发挥优势打造一批动能“转换器”，在京津冀协同发展上创新实践，2017 年绿色建材主业同比增利 20.7 亿元，2018 年同比又大幅度提升。融入城市治理抓党建。推动党组织建在项目和网点上，让党旗在一线高高飘扬，将传统产业转型升级为城市基础设施，打造“城市净化器”守护首都碧水蓝天；大力支持科技文创、养老健康和现代服务业，与广大群众对美好生活的向往追求相适应。坚持联建共创抓党建。推动 10 余个写字楼项目党支部与街道党工委联建商务楼宇党建工作站，帮助其他省市在京机构建立流动党组织，实现“离乡不离党、流动不流失”。坚持“资源共享、阵地共用、活动联搞”助力区域共建，开展村镇结对、选派第一书记，履行国企责任，发挥带动作用。

四是扭住关键环节不动摇，建强支部“主阵地”。切实把党支部作为最重要的基本建设，突出政治功能，增强组织力。把思想政治工作落到支部。强化支部对党员的直接教育管理监督，推动“两学一做”常态化制度化。领导人员直接联系到基层党支部，指导规范执行党的制度、严格党内政治生活，检查党组织主体责任和党建重点任务落实情况，将责任链条压实在最基层。深化支部规范化建设。按照市国资委党委统一部署，2017 年选择 114 个支部进行试点，2018 年全面推进“B+T+X”体系、“四个一”载体向京内外延伸和落地，党支部普遍落实“两个一”主题党日制度，“三会一课”逢建党日必开、重要议事必开、发展党员必开、评议党员必开、学习贯彻重大精神必开。强化基层工作保障。每年组织开展党支部书记轮训，平均 500 余人参训；开展专项督导检查，促进基层党务机构应设尽设、党务人员配置到位、党组织工作和活动经费划拨使用到位。推进党支部活动阵地全覆盖，确保有活动场所、有会议条件、有学习平台。每年谋划开展基层先进巡回宣讲、送文化下企业、媒企联合调研采访等，基层党建呈现新气象新成效。

五是坚持问题导向不手软，烧旺党性锤炼“大熔炉”。坚决落实市委和蔡奇书记对国企要求，聚焦全面从严治党，落实好两个责任。狠抓巡视整改提高。把推动解决问题作为落脚点，紧紧围绕新一届市委第一轮巡视反馈问题，细化制定 28 项整改措施，组织全系统警示教育大会，召开班子专题民主生活会，组织多批次的专项督查整改，领导人员到一线指导破难题、啃硬骨头。通过强化整改落实和结果运用，做好巡视“后半篇文章”，基层党建工作更显活力。推动深化制度安排。注重顶层设计，将主体责任落实纳入党组织工作考评，细化执行党建工作责任制实施办法。建立纪委书记述职制度，编印配发全程纪实手册。进一步加强廉政风险防控，部署开展多个专项治理，全面开展巡察工作，为企业发展营造了风清气正的干事环境。

三、新时代要有新担当新作为，坚持以改革创新精神奋力走好新时期长征路，实现金隅整体更高质量跨越式发展

新时代要有新气象，首都国企要成为承担新历史使命的先锋队，成为解决不平衡不充分新矛盾的突击队。金隅上下坚持解放思想不停步，弘扬改革精神和干事文化，勇当做强做优做大的主力军，争当行业一流企业的领跑者。

一是提高政治站位，牢牢把握国有企业改革发展正确方向。把深入学习习近平新时代中国特色社会主义思想作为重中之重，学思践悟，融会贯通，让这一思想成为企业发展的主心骨和定盘星，转化为政治自觉、思想自觉和行动自觉，推动企业开启新征程、续写新篇章。始终把政治建设作为根本性建设，引领广大党员干部做“两个坚决维护”忠实践行者，牢固树立“四个意识”，不断增强“四个自信”，对党忠诚、听党指挥、为党尽责，不折不扣落实中央、市委决策部署。始终把企业发展置于党和国家的伟大事业之中、放到北京“四个中心”大局中去认识和把握，在深化供给侧结构性改革、促进高质量发展中发挥主力军作用。始终把“两个一以贯之”作为建设中国特色现代国有企业制度的基本原则，推动党的领导与完善法人治理相统一，融入公司治理各环节。

二是加强党的建设，把新时期党建总要求落到改革全过程。推动各级党组织增强落实主体责任的政治自觉、行动自觉，持续加强基层党的建设，把最广泛的力量组织起来，提高服务中心的能力水平。夯实党建基础，持续推进党支部规范化建设，促进 500 多个党支部切实担负好直接教育党员、管理党员、监督党员的职责，担负好组织群众、宣传群众、凝聚群众、服务群众的职责，引导党员发挥先锋模范作用，引领职工投身发展改革。认真落实党建工作责任制，沿着国有资本管理链条加强党的建设，进一步完善有自身特色的组织、运行、考评三大体系，以首善标准抓京外企业党建，推动党建基础不断进步。深入推进巡视巡察反馈整改落实，健全完善制度，严肃执纪问责，增强警示教育作用。坚定不移走好群众路线，把正确主张变为职工自觉行动，全心全意依靠职工办企兴业，在发展企业中实现人的全面发展，让发展改革成果更好地惠及广大干部职工。

三是贯彻新发展理念，打造支撑高质量发展的动能体系。努力破除妨碍科学发展的思想观念和机制弊端，建设现代化发展体系，将改革创新进行到底。全面完成集团整体上市后续工作，完善二级集团法人实体管控设计，建设管控一体的信息化平台，推进“扁平化、区域化、专业化、信息化”创新实践，深化职业经理人试点，以管理变革压缩层级、缩短链条、提高效率、释放活力。着眼于提高竞争力和发展能力，优化产业结构，放大产业优势，深化资源整合和文化融合，进一步消化吸收重大战略重组成果。紧跟变革前沿方向和产业发展需求，推进自主创新、集成创新和产学研用联合创新，以新技术、新产品、新服务为集团产业升级提供技术支持、服务保障和资本金融支撑，推动科技型产业集团建设。

四是抓好干部人才，增添新时代新担当新作为的推动力量。坚持党管干部、党管人才，打造忠诚干净担当的队伍。树立选人用人的正确导向，把“五个过硬”特别是政治过硬作为首要标尺，识别把握干部的政治忠诚、政治定力、政治担当、政治能力和政治自律，坚决把好政治关、品行关、廉洁关，切实作为“硬杠杠”。树立选人用人的实绩导向，大力使用那些敢于负责、善于作为、实绩突出，想干事、能干事、干成事的干部人才，在工作中不断培养专业能力、弘扬专业精神。树立选人用人的创业导向，坚持“三个区分开来”，旗帜鲜明地为敢于担当、踏实做事、不谋私利的干部撑腰鼓劲，推动形成允许改革有失误、但不允许不改革的浓厚干事氛围。激发和保护企业家精神，努力栽好“梧桐树”，实行更加积极、更加开放、更加有效的人才政策，支持和鼓励企业干部队伍勇担使命、主动作为、敢为人先、砥砺奋进。

五是坚持正确方法论，以“钉钉子”精神狠抓改革落实。习近平总书记指出，中华民族伟大复兴绝不是轻轻松松、敲锣打鼓就能实现的。金隅迈向世界500强的任务艰巨、使命光荣，需要驰而不息、接续奋斗。要坚持问题导向，制定方案奔着问题去，部署工作聚焦关键环节，督促落实突出重点难点。要坚持实事求是，一切从实际出发，广泛开展调查研究，具体问题具体分析，使制度决策和方案举措符合现实情况、解决实际问题。要树立底线思维，强化风险意识，守住法律、纪律、政策、道德、责任“五个底线”，守土有责、守土负责、守土尽责。要善于牵牛鼻子，抓主要矛盾和矛盾的主要方面，把局部利益放在全局利益中去把握，把眼前需要与长远谋划统一起来。要聚精会神抓落实，强化责任担当，拧紧责任螺丝，因势而谋、应势而动、顺势而为，不断增强工作的科学性、系统性、预见性，推动改革发展不断迈向前进。

牢记使命，不忘初心。新时代是一个充满机遇、大有可为的伟大时代。在市委和市国资委党委的坚强领导下，金隅集团将高举习近平新时代中国特色社会主义思想伟大旗帜，汇聚起改革创新、共襄伟业的磅礴力量，解放思想、自强不息、奋勇拼搏，推动集团持续做强做优做大，不断实现高质量跨越式发展，为首都“四个中心”功能建设做出新的更大贡献！

大事记

本栏目以月为序，主要记载北京工业领域发生的大事、要事。

1月

4日 北京金隅节能保温科技有限公司生产的第一批金隅星岩棉开始运往雄安新区首个建设项目——雄安市民服务中心施工现场，助力雄安新区建设。

5日 北京市化学工业研究院有限责任公司发明的《一种高保温保墒可降解农用地膜材料制备方法》获国家知识产权局发明专利证书。

8日 北京碧水源科技股份公司的“膜集成城镇污水深度净化技术与工程应用”项目、北京康普锡威科技有限公司的“球形金属粉末雾化制备技术及产业化”项目，在国家科学技术奖励大会上分别获得国家科学技术进步奖二等奖。

同日 北京金隅琉水环保科技有限公司的“水泥窑协同处置飞灰技术”入选环境保护部印发的《国家先进污染防治技术目录（固体废物处理处置领域）(2017年)》。

16日 中国道路运输网主办的题为“品牌的力量”——2018货运产业链年度盛典在北京举行。福田戴姆勒汽车获货运产业链最具人气品牌奖、最具社会责任品牌奖和最佳营销创新品牌奖3项大奖；欧曼EST超级卡车510马力6×4牵引车获干线物流推荐车型奖。

17日 工信部、中国工业经济联合会共同发布第2批制造业单项冠军企业名单和单项冠军产品名单，北京市2家企业和1个产品入选。其中，同方威视技术股份有限公司、北京大豪科技股份有限公司2家装备领域企业入选单项冠军企业名单，北京碧水源科技股份有限公司（装备企业）生产的“组合式污水处理设备”入选单项冠军产品名单。

23日 北京市经济和信息化委员会主任张伯旭走进两会“市民对话一把手”直播间，介绍北京发展高精尖产业、打造智慧城市的最新情况，回答市民提出的问题。

24日 在北京举行的以“中国经济新时代”为主题的第2届人民财经高峰论坛上，碧水源、京东等16家企业与人民网共同启动“中国质量品牌计划”。

同月 北京金隅加气混凝土有限责任公司生产的第1批加气板材运抵雄安新区市民服务中心施工现场，供货2000余立方米。

同月 北京市工业和软件服务业企业16个项目获2017年国家科学技术奖。其中，科学技术进步奖特等奖1项、科学技术进步奖一等奖2项、科学技术进步奖二等奖9项、技术发明奖二等奖4项。获奖项目主要分布在北京市鼓励发展的新一代信息技术、节能环保、智能装备、软件服务等高精尖产业领域和公共事业领域。

2月

9日 “国家智能汽车与智慧交通（京冀）示范区海淀基地”正式启用，为北京市首个自动驾驶车辆封闭测试场。

12日 北京京仪集团有限责任公司与中航国际新能源发展有限公司、民生银行北京分行战略合作协议签约仪式在北京举行。

26日 国家发展和改革委员会、科技部、国土资源部、住房城乡建设部、商务部、海关总署会同各地区修订形成的《中国开发区审核公告目录》(2018年版)，将北京林河经济开发区、北京天竺空港经济开发区分别调整为北京顺义科技创新产业功能区和北京临空经济核心区。

同日 北京碧水源科技股份有限公司入选工信部、科技部联合制定并发布第1批“国家鼓励发展的重大环保技术装备（2017）依托单位”。成为“超低压选择性纳滤膜（DF膜）”的唯一依托单位。

3月

15日 福田戴姆勒汽车＆建华物流第2批200台牵引车交付仪式在北京超级卡车培训体验中心举行，标志着北京福田戴姆勒汽车有限公司实现从单一卖产品向为用户提供整体解决方案转型。

同日 在中国消费经济高层论坛组委会、消费日报社联合主办的“新时代 新思路 新举措——2018第11届中国消费经济高层论坛·峰会暨‘3.15中国消费市场行业影响力品牌’品牌推广活动”上，北京英茂药业有限公司获中国医药十大影响力品牌称号。

21日 中国医学科学院病原生物学研究所新址落地大兴区生物医药基地。国家全额投资3.6亿元，建设规模4.31余万平方米，包括科研大楼、行政办公楼、公寓等建筑。

22日 北京市首批自动驾驶测试试验用汽车临时号牌发放，获得首批试验用临时号牌的百度网讯科技有限公司5辆自动驾驶车辆正式上路测试。

25日 中国国际时装周（2018/2019秋冬系列）开幕式、“汉帛奖”第26届中国国际青年设计师作品大赛决赛及颁奖典礼在北京举行。

同日 梅赛德斯—奔驰中国国际时装周（2018/19秋冬系列）在北京举行。

28日 北京市化工职业病防治院研制的《一种呼吸性粉尘个人测量装置》和《便携式氡钍射气检测装置》均获发明专利权证书。

31日 二七机车公司实现停产退出现有制造业务，其研发技术、市场份额与售后服务由中车股份下属相关子公司承接，剩余业务以及所属控股、参股公司的其他业务，随股权转让到中车集团。8月23日，二七机车公司正式转入中车集团。

4月

3日 北京碧水源科技股份公司在2018年第16届水业战略论坛上，再度获2017年度水业十大影响力企业，为连续8年获得该奖项的民营水业企业。

9日 北京金隅加气混凝土公司签约中建八局亚投行总部大楼项目，向亚投行建筑项目供货工作正式启动。

11日 2018中国生物医药产业国际投资合作大会在上海召开。中关村大兴生物医药产业基地获中国生物医药最佳园区、中国生物医药园区最佳人气奖。

23日 北方华创科技集团股份有限公司第100台氮化铝PVD设备交付客户。该产品是北方华创在LED领域第3个突破百台大关的单系列产品，实现与国际同行同时发布。

24日 在投中信息、投中网主办的“第12届中国投资年会·年度峰会”上，投中2017年度投资机构榜揭晓，北京市中小企业创业投资引导基金获“投中2017年度中国最佳有限合伙人TOP20”。

27日 金隅集团与冀东发展集团资产重组方案经中国证监会上市公司并购重组审核委员会审议通过。金隅集团持有冀东发展集团55%的股权成为其控股股东，并间接控制冀东水泥和冀东装备两家上市公司。

28日 在海淀区总工会主办的“庆祝‘五一’国际劳动节暨表彰大会”上，碧水源设计研究中心获“全国工人先锋号”集体荣誉称号，该公司已连续两年获国家级集体荣誉称号。

同月 同方威视技术股份有限公司、北京本草方源药业集团有限公司、富智康精密组件（北京）有限公司等机械、医药、电子、纺织、建材、汽车行业企业等北京市40家企业入选工信部评审的两化融合管理体系贯标试点企业。

5月

3日 北京金隅集团股份有限公司与包头钢铁（集团）有限责任公司在北京环球贸易中心签订战略

合作协议。双方以深化包钢冀东的合作为基础，在环保产业、新型建材等方面开展更广领域、更深层次的合作。

4 日 在天津市建筑材料集团（控股）有限公司混改项目签约仪式上，金隅集团收购天津建材 55% 股权成为其控股股东。

8 日至 10 日 在四川省什邡市 5·12 大地震灾后重建 10 周年之际，市经济信息化委应邀并组织修正药业、以岭药业、北京聚星材料等企业赴什邡市与当地的华磷科技、美大康药业、玉鑫药业等企业进行对接交流，双方就产品研发、生产、销售及发展思路进行探讨，寻找合作切入点。

10 日 是第 2 个“中国品牌日”。北京电视台联合市经济信息化委等 7 家委办局举办首次中国品牌日“北京诚品论坛”活动，同仁堂、三元食品、北汽集团、北辰集团、联想集团、北新建材等企业负责人围绕“三个转变”“北京标准”“北京创造”和“北京服务”进行交流，讲述品牌故事。

14 日 中国轻工业联合会主办的第 7 届中国工艺美术大师评选工作发布公告，新评出 89 名中国工艺美术大师。其中，北京市推荐参加评选的满建民（雕漆）、李志刚（雕漆）、刘永森（景泰蓝）、万紫（金漆镶嵌）、赵春明（花丝镶嵌）、陈烈汉（陶瓷）6 人被确定为中国工艺美术大师。

17 日 北京华腾橡塑乳胶制品有限公司研发投产“复兴号”国产高速列车专用最新型橡胶风挡产品。

17 日至 20 日 由科技部、国家知识产权局、中国贸促会和北京市人民政府共同主办，北京市贸促会承办的第 21 届中国北京国际科技产业博览会在北京举行。京津冀三地以宣传片、图片等多种形式展示 2014 年以来贯彻落实《京津冀协同发展规划纲要》推动产业协同发展的总体成效，包括产业整体进展、出台产业政策、共建园区成果等，其中市经济信息化委推荐的 4 家园区作为京冀共建园区参与重点展示，并赠阅《京津冀产业协同发展政策选编》《京津冀产业协同发展案例集锦》和《京津冀产业协同发展大事记》。

19 日 颐寿园（北京）蜂产品有限公司在 2018 年中国蜂产业品牌盛典上获中国蜂产品行业影响力十大品牌和中国蜂王浆行业领军品牌称号。

24 日 北京华腾新材料股份有限公司生产的“耐苛刻条件的复合软包装聚氨酯胶粘剂”通过中国石油和化学工业联合会组织的科技成果鉴定，技术达到国际先进水平。

6 月

5 日 北京 2022 年冬奥会和冬残奥会官方城市更新服务合作伙伴签约仪式举行，首钢正式成为北京 2022 年冬奥会和冬残奥会官方合作伙伴、北京冬奥组委最高级别赞助商，是奥运会赞助史上首次出现城市更新服务商类别。

7 日 北京金隅砂浆有限公司第 1 批产品运往国家高山滑雪中心（延庆），启动为北京冬奥会场馆供货项目。

12 日 北京化工集团与河北省沧州冀春集团共同出资组建的华腾冀春科技有限公司注册成立。

14 日 金隅集团取得北京市国有资产监督管理委员会颁发的一级企业《国家出资企业产权登记证》。

同日 北京市经济和信息化委员会在中关村军民融合产业园组织召开第 20 批企业技术中心工作会，为第 20 批 74 家企业技术中心授牌。

21 日 2018 第 2 届“北斗 +”创新创业大赛启动仪式在北京航空航天大学举办。

27 日 “第 10 届 APEC 中小企业技术交流暨展览会”开幕。北京代表团的 9 家参展企业集中展示了在人工智能、新一代信息技术、智慧园区等高精尖产业发展和服务体系建设方面，具有创新驱动发展和示范作用的北京市科技创新成果和“双创”服务新成绩。

同日 北京市经济和信息化委员会与浙江省经济和信息化委员会就共建国家级石墨烯制造业创新中心开展会商，落实工信部国家制造业创新中心建设规划，通过模式创新，开展联合申报，强化区域协同、优势互补，共同推动国家级石墨烯制造业产业创新中心建设。

同月 由北京市经济和信息化局主编的第 2 轮《北京志 · 工业志（1999—2010)》终审稿编印完成。终审稿共 9 篇 38 章 152 节，以及概述、大事记、首钢搬迁调整专记、附录和志补，版面字数约 153 万字。同年 9 月通过市地方志办组织的终审评议。

7月

5日 北京市经济和信息化委员会会同北京市环保局组成联合督查组，对东城区、朝阳区、顺义区、昌平区、平谷区、怀柔区、密云区、延庆区开展疏解一般制造业“散乱污”企业治理专项任务的中期督查。截至6月底，全市累计退出一般制造业企业461家，完成全年任务量的92.2%；排查“散乱污”企业163家，完成清理整治85家。

6日 北京化工大学生命科学与技术学院与医药基地人才培养实践基地授牌仪式在大兴区生物医药基地举行。

10日 北京市化学工业研究院有限责任公司的《一种尼龙基导热复合材料及其制备方法》获发明专利证书。

同日 《财富》中国500强榜单发布，北京金隅集团股份有限公司排名提升了22位，在北京国资上市公司中排名第3位。

19日 北京化工厂完成改制，单位名称变更为北京化工厂有限责任公司。

26日至27日 北京市经济和信息化委员会组织22家北京企业、软件和信息服务业协会、医药行业协会赴河北省张家口市调研，对接产业扶贫协作和协同发展工作。大数据、光伏、生物医药等行业领域的11个项目举行签约仪式。

同月 首钢秘铁1000万吨精矿扩建项目竣工，是“一带一路”落地拉美的第1个项目——1000万吨精矿扩建项目。

8月

1日至3日 北京市经济和信息化委员会组织首农食品集团、大北农科技集团、美康中药材有限公司等11家企业以及通州区经济和信息化委员会、海淀区经济和信息化办公室、房山区经济和信息化委员会、中关村海新联新兴产业促进会、北京医药行业协会的负责人赴内蒙古自治区兴安盟开展产业考察和对接活动。首农食品集团与乌兰浩特市科沁万佳食品公司、北京医药行业协会与科右前旗等分别就大数据产业初步达成合作意向。

2日 河北省唐山市曹妃甸区在北京举办京冀曹妃甸协同发展示范区招商推介会。首钢建设集团投资2.18亿元的曹妃甸装备制造加工基地建设工程等16个项目签约，总投资329.48亿元。

3日 北京东兴堂有限公司的中药产业化基地建设项目举行开工奠基仪式。项目注册资金6000万元，占地面积1.36万平方米，总建筑面积1.98万平方米。

16日 北京市经济和信息化委员会与科大讯飞股份有限公司在北京签署战略合作协议。双方围绕北京打造全国科技创新中心总目标，将合作推进人工智能、大数据及相关产业的融合发展，促进产业转型升级，携手打造“1+1+ N”合作创新计划。

18日 燕东公司投资四川省广义微电子有限公司签约仪式在四川省遂宁市举行。燕东公司将从设备资金、生产技术、经营管理和市场开发等方面对广义微电子有限公司提供资源支持，共同打造国内产能最大的6英寸集成电路芯片生产线。

20日 北京市经济和信息化委员会、北京市人民政府国有资产监督管理委员会联合召开市管企业座谈会，安排部署重要活动期间空气质量保障工作。首钢集团、北控集团、北汽集团、金隅集团等重点市属国企及燕山石化负责环保工作负责人参加会议。

21日 第18届北京市工业和信息化职业技能竞赛在北京奔驰汽车有限公司启动。竞赛以“争做新工匠，助力高精尖”为主题，设置信息安全员、工业机器人操作调整工、3D打印造型师等54个项目。本次竞赛首次公布技能竞赛官方标识。

22日 工信部产业政策司与京津冀三地工业信息化主管部门，在雄安新区共同举办“2018京津冀产业转移系列对接活动”，主题是“精准对接、协同创新”，采取“1+N”组织形式，即“1”个系列活动启动仪式，“N”是指分行业、分主题在京津冀有关城市陆续举办5～8场专题对接活动，旨在深入推进京津冀协同发展，推动区域产业转移合作，实现区域间产业、技术、人才、资本有序合理流动，加快区域产业转型升级。

28日 北京建兴医疗健康产业股权投资基金启

动仪式在大兴区生物医药基地举行，北京工业和信息化产业服务中心、北京电子商务中心区投资有限公司、建银国际财富管理有限公司、北京新航城基金管理有限公司共同签约。

9 月

1 日至 2 日 “2018 中国 500 强企业高峰论坛”在陕西省西安市举行，会上公布中国 500 强企业和中国制造业 500 强榜单，金隅集团位列 2018 中国企业 500 强第 188 位，比上年的 204 位上升 16 位；位列 2018 中国制造业企业 500 强第 79 位，比上年的 86 位上升 7 位。

6 日 北京市经济和信息化委员会组织举办北京食品工业企业诚信管理体系建设培训会。各区经济信息化委食品工业主管部门相关负责人、北京食品协会诚信评价机构人员、食品工业企业质量安全管理人员等共计 110 余人参加培训。

6 日至 8 日 第 21 届农产品加工业投资贸易洽谈会在河南省开幕，共评定“金质产品”59 个。红螺食品有限公司的“红螺”牌脆马蹄和御食园食品股份有限公司的“御食园”牌大黑豆均获“金质产品”称号。

8 日 第 5 届中国国际新材料产业博览会闭幕。北京展团的中铝材料应用研究院有限公司参评的轻量化全铝车身等 15 件产品获金奖。

13 日 兆维集团被北京市科学技术委员会认定为“机器视觉装备北京市国际科技合作基地”。

同日 工信部产业政策司委托部工业和文化发展中心工作人员及专家对申报国家工业遗产项目的原国营第 751 厂与北京有线电厂（国营第 738 厂）进行现场核查，听取两个工业遗产项目的历史沿革和保存现状、相关工作机制和利用措施情况汇报，并对遗产核心物项保存状况及保护利用措施落实情况和相关证明及文件资料进行现场核查。

14 日 “世界智能网联汽车大会”新闻发布会在北京召开。工信部装备司副司长瞿国春、市经济信息化委副巡视员姜广智、顺义区副区长支现伟出席并讲话，中国电子信息产业发展研究院院长卢山、中国国际贸易促进委员会机械行业分会副会长周卫东分别介绍大会总体安排及会议展览部分的筹备情况。100 余家海内外知名媒体与会。

21 日 北京市医疗机器人产业创新中心主办的“首届国际医用机器人创新发展论坛”在海淀区中关村东升国际科学园举行，由北京市经济和信息化委员会指导设立的北京市医疗机器人产业创新中心正式挂牌成立。

22 日 2018 北京时装周闭幕会在方恒国际中心举行。2018 北京时装周举办有开闭幕盛典、品牌流行趋势发布、北京时尚高峰论坛、时尚北京展、专业赛事等近 50 场官方活动，30 余万观众到场观摩。其中，流行发布品牌数近 50 个，汇聚国内外 150 余位设计师的作品，参与模特 1400 余名，参与造型妆发人数近 600 人。

26 日 北京市人民政府公布《北京市新增产业的禁止和限制目录（2018 年版）》。其中，制造业部分的修订主要体现在做好与高精尖产业发展系列政策的衔接，保障群众生活需要、城市基本运行和服务国家战略，注意区分制造业与制造环节，对不同区域采取差异化管理措施 3 个方面。

27 日 第 4 届国家高新区生物医药产业集群协同创新工作会、2018 中国生物医药产业高质量发展论坛暨中国医药健康创新创业直通车项目路演活动在大兴区同时开幕。

10 月

15 日 2018 年全国“大众创业万众创新”活动周北京会场“重大项目发布及签约”活动在中关村国家自主创新示范区展示中心举行。北京市经济和信息化委员会介绍了重大签约项目情况，并举行十大项目签约仪式。其中，落地在北京市经济开发区的项目有 4 个、顺义区 3 个、房山区 2 个、大兴区 1 个，项目涉及生物医药、汽车交通、电子信息、智能装备、软件、能源等多个领域。

17 日 北京化工集团与辽宁恒利集团组建混合所有制企业北京华腾大搪设备有限公司。

18日至21日 2018世界智能网联汽车大会在北京国家会议中心举办，是中国政府首次批准举办智能网联汽车类别的世界性大会，也是全球最大规模的以智能网联汽车为主题的国际会议。会上发布《北京市智能网联汽车产业白皮书（2018年）》，阐述了智能网联汽车定义、内涵和产业范畴，并对智能网联汽车产业发展趋势做出了整体判断。

20日至21日 工信部消费品工业司在武汉市举行"纺织服装创意设计试点园区（平台）"第3批授牌仪式。北京市有依文纺织服装创意设计平台等10家园区被授牌。

22日 市经济信息化委与工信部对接石墨烯产业创新中心、智能网联汽车产业创新中心建设情况，推动2家产业创新中心升级为国家制造业创新中心。

29日至31日 由北京医药行业协会举办的"2018第3届北京国际医药健康创新展览会"在国家会议中心举行,展览会以"开放、创新、发展"为主题，同仁堂集团、悦康药业、亚东生物、华润双鹤等200余家医药健康领域企业集中展示了近年创新成果。

31日 北京电子控股有限责任公司和中国电子进出口北京公司重组大会在北京电控总部召开。北京市人民政府国有资产监督管理委员会将所持中电北京产权无偿划转至北京电控，北京电控通过无偿划入、有偿受让的方式接受中国电子进出口有限公司持有的中电北京产权，中电北京保留独立法人地位，成为北京电控全资子公司。

同月 北京市经济和信息化委员会公布的2018年北京市绿色制造名单中，绿色工厂14家、绿色园区1家。北京福田戴姆勒汽车有限公司获评绿色工厂，是怀柔区唯一一家获此殊荣的企业。

同月 工信部组织开展第3批绿色制造名单评定工作，确定第3批绿色制造名单。其中，绿色工厂402家、绿色设计产品483种、绿色园区34个。北京市共有26家企业、1家园区入选绿色制造名单。其中，绿色工厂22家、绿色设计产品4家、绿色园区1家。

11月

1日 北京智能制造联盟和中国电子技术标准化研究院在北京经济技术开发区共同组织召开2018中国智能制造系统解决方案大会。北京市经济和信息化委员会作为支持单位参加会议。会上为北京智能制造联盟暨智能制造系统解决方案供应商北京分盟等4家单位代表授牌。

2日 生物医药创新园工程启动仪式在大兴区生物医药基地举行，生物医药产业创新园工程是创新中心二期项目，占地10.77万平方米。

6日 北京市化工产品质量监督检验站被评为2018年产品质量Ⅰ类检验机构。

8日 根据《北京市机构改革实施方案》，北京市经济和信息化局正式挂牌，加挂市无线电管理局、市大数据管理局、市国防科学技术工业办公室牌子。

13日 由河北省工业和信息化厅、北京市经济和信息化局、天津市工业和信息化委员会共同主办的2018京津冀机器人产业对接会在河北省唐山市召开。北京市遨博智能、珞石科技、中技克美等5家机器人企业代表参加会议并进行产业对接。

19日 中船海洋装备科技创新产业基地（一期）奠基仪式在大兴区生物医药基地举行，项目占地面积4.73万平方米，总投资约7亿元。建设内容分别为海洋装备配套产业园区、通用航空产业园区、全球运营服务产业园区。

20日 金隅涂料有限责任公司为世界园艺博览会中国馆内外墙涂料供货项目正式启动。

同日 中国建筑材料联合会召开2018年全国建材行业科技标准创新发展论坛暨建材行业大气污染防治与节能先进技术交流会，北京金隅琉水环保科技有限公司的水泥窑协同处置垃圾焚烧飞灰工程化技术与应用项目获科技进步类二等奖。

21日 工信部公布第2批国家工业遗产项目名单，国营738厂、国营751厂获国家工业遗产认定。

同日 北京市经济和信息化局联合北京市通信管理局、顺义区政府和中国信息通信研究院共同举办的工业互联网标识解析国家顶级节点（北京）签约仪式暨启动会在顺义区中国航信产业园召开。会上启动东方国信、北汽福田、航天云网、中车集团、北京江河、国家气象信息中心等首批针对行业应用的北京工业互联网标识解析二级节点（服务节点）。

22日 北京市经济和信息化局联合工信部产业政策司、河北省工信厅、邯郸市政府共同在北京举办京冀（邯郸）食品医药行业对接洽谈会。会上，5 个项目签署合作协议，10 余家企业达成初步合作意向。

26 日 京东方科技集团股份有限公司研制成功中国首款采用喷墨打印技术的 55 英寸 4K OLED 显示屏，为打印 OLED 技术领域一项重要突破。

27 日 北京化工实验厂有限责任公司将持有的华腾远通综合管业公司全部股权，在北京产权交易所进行挂牌转让。

同日 2018 京津冀石墨烯大会暨北京石墨烯产业创新中心成果展示、北京房山新材料产业创新发展推介在房山区召开。会上，举办北京先进碳材料产业促进会、北京石墨烯种子企业孵化加速器等重点项目的揭牌仪式。

同日 北京市经济和信息化局联合津冀经信部门主办、北京国资公司承办的 2018 京津冀协同发展招商推介会——北京国资公司专场在北京国家体育场召开。河北省承德市、张家口市、保定市等东西部扶贫协作地区与北京国资公司旗下相关企业在园区建设、智慧城市、融资租赁、再担保、文化产业等领域签署 5 个项目的合作协议。

29 日 《北京工业互联网发展行动计划（2018—2020 年）》印发。《行动计划》立足首都城市战略定位和京津冀协同发展布局，以打造工业互联网可控核心技术为突破，加快推进从“在北京制造”向“由北京创造”转变，使北京成为引领中国制造向中国创造转变的先行区域和战略高地。

同月 工信部围绕“双创”平台＋要素汇聚、“双创”平台＋能力开放、“双创”平台＋模式创新、“双创”平台＋区域合作 4 个方向 9 个领域，组织开展 2018 年制造业与互联网融合发展试点示范征集。北京市宝沃汽车（中国）有限公司、北京东方国信科技股份有限公司、北京德威特电气公司等 20 家企业的 24 个项目被评为 2018 年制造业“双创”平台试点示范，全国占比 16%。

12 月

1 日 0 时 北京市启动空气重污染黄色预警。预警期间，北京市经济和信息化局 9 个处室赴分管区进行检查，共计检查企业 30 家。据统计，各区工业主管部门和街乡镇政府累计出动 636 人次，检查企业约 720 家次。其中，朝阳区、海淀区、丰台区、房山区、顺义区、昌平区、平谷区、密云区、北京经济技术开发区开展了夜查工作。被检查企业均按预案要求落实了停限产措施。12 月 3 日 8 时，北京市解除预警。

12 日 北京金隅琉水环保科技有限公司与北京金隅北水环保科技有限公司等 16 家单位，同时被中国水泥协会授予中国水泥行业科技标准创新贡献奖。

13 日 第 11 届中国国际卡车节油大赛颁奖典礼在北京举行。欧曼 EST 超级卡车 6×4 510 马力牵引车在标载 49 吨情况下，凭借百公里综合油耗 29.75 升的成绩，获中国商用车行业最具权威性节油赛事评选活动的冠军，创造了欧曼重卡夺得中国国际卡车节油大赛“十连冠”的纪录。

18 日 北京企业技术中心创新服务联盟揭牌仪式暨服务平台与联盟标准发布活动在中关村国家自主创新示范区展示中心举行。会上，北京市经济和信息化局解读最新发布实施的《北京市企业技术中心建设管理办法》和《北京市企业技术中心建设管理告知承诺制实施细则（试行）》等相关政策文件。

21 日 大兴生物医药产业基地与北京石油化工学院共建“产学研合作教育基地”签约揭牌仪式举行。签约合作内容包括产学研合作基地的建设、人才联合培养、科研合作等方面。

27 日 京津冀三地工业和信息化主管部门与天津市河北区政府共同主办，北京八大处控股集团承办的 2018 京津冀产业转移系列对接活动暨天津新经济产业论坛在天津市河北区举行。旺海国际、首钢产业园、河北省沧州渤海新区有关负责人，分别代表京、津、冀地区进行新经济项目对接。

28 日 中车集团有限公司印发《关于二七车辆、二七机车公司（厂）未来发展初步定位的通知》，其中明确二七机车公司企业初步定位为综合性物业服务公司。

同日 北京北汽鹏龙汽车服务贸易股份有限公司与湖北天龙石墨碳业有限公司在北京共同签署《十堰生态石墨循环高效利用开发项目对口协作共建协议》。

月底 北京航洋科技有限公司滦南分公司蜂胶提取车间竣工，通过北京市食品药品监督管理局的验收，成为北京保健品行业第 1 家取得京津冀疏解项目异地监管生产许可证的企业。

同月 北京市加快科技创新发展高精尖产业系

列政策出台，分别为《北京市加快科技创新发展新一代信息技术产业的指导意见》《北京市加快科技创新发展集成电路产业的指导意见》《北京市加快科技创新发展医药健康产业的指导意见》《北京市加快科技创新发展智能装备产业的指导意见》《北京市加快科技创新发展节能环保产业的指导意见》《北京市加快科技创新培育新能源智能汽车产业的指导意见》《北京市加快科技创新发展新材料产业的指导意见》《北京市加快科技创新培育人工智能产业的指导意见》《北京市加快科技创新发展软件和信息服务业的指导意见》《北京市加快科技创新发展科技服务业的指导意见》。

同月 北京市经济和信息化局主编的《北京工业年鉴（2018)》，由北京出版集团公司、北京出版社出版发行。该书16开本，25.25印张，810千字，彩色插页28面。

同月 为纪念改革开放40周年，北京市经济和信息化局离退休干部党总支和局离退休干部处联合编印《亲历者的心声》，该书分为纪念回忆文章、座谈书画笔会、活动纪实3部分并附光盘一张。

同年 巴斯夫旗下Innofil3D与北京太尔时代签署战略合作协议，致力于推动3D打印产业在中美两地的进一步发展。根据协议，北京太尔时代将负责在中美两国经销优质Innofil3D线材。

同年 百度公司在国内率先实现城市、环路及高速道路混合路况下的全自动驾驶，全球首款L4级自动驾驶巴士“阿波龙”量产下线。

同年 北京企业建设全球首条智能网联汽车潮汐试验道路，开发的低速无人环卫车服务于河北省雄安新区，累计测试超过30万千米。

同年 北京北一机床股份有限公司研制完成国内首台自动送丝和激光层积增材技术的增减材复合机床，参加第10届中国数控机床展览会并获春燕奖。

2019

北京工业年鉴

BEIJING GONGYE NIANJIAN

产　业

本栏目主要记述电子信息产业、汽车与交通设备制造业、智能制造和装备工业、生物医药产业、都市产业、基础与绿色环保产业、国防科技工业、中小企业、镇村工业、民政工业、私营个体工业、校办产业发展情况。

综 述

2018年，北京市规模以上工业实现总产值19212.9亿元，同比增长4.4%；工业实现增加值4464.6亿元，同比增长4.5%；实现出口交货值1221.9亿元，同比增长21%。全市规模以上高技术制造业、战略性新兴产业增加值分别增长13.9%和7.8%，万元增加值能耗同比下降2.5%。工业重点产业呈现“四升两降”态势：电子、医药、基础和都市产业同比分别增长15.8%、15.3%、9.5%和0.89%；汽车和装备产业分别下降8.7%和0.6%。北京奔驰增长14.2%，小米通讯增长43.7%，京东方增长21.8%，中芯国际增长7.7%，拜耳医药增长8.7%。

减量发展成果明显，质量效益持续提升。年内，北京市疏解退出一般制造业企业656家，完成全年任务量的131%。能源结构不断优化，规模以上工业万元增加值能耗同比下降2.5%，能耗中天然气占比64%，比上年同期提高2.8个百分点。规模以上工业从业人员降至89.7万人，比上年同期减少6.1万人，同比减少6.3%；全员劳动生产率达45.6万元/人，比上年同期提高4.7万元/人。

高端产业引领增强，产业结构持续优化。年内，北京市规模以上工业增加值同比增长4.6%，其中高技术制造业和战略性新兴产业增加值同比分别增长13.9%和7.8%，高于规模以上工业增加值增速9.3个百分点和3.2个百分点，继续发挥引领作用。智能电视、锂离子电池和集成电路等新兴产品产量分别增长180%、25%和35.4%，小米手机年出货量突破1亿台，京东方发布中国首款55英寸打印4K OLED显示屏。高精尖产业发展政策体系进一步完善，制订出台5G、智能网联汽车、医药健康等产业发展行动计划和方案，编制创新型产业集群建设规划及制造业高质量发展规划，制定发布十大高精尖产业登记指导目录。资金和基金支持作用进一步提升，安排高精尖资金支持项目84个，带动社会投资约36亿元；新设立高精尖子基金4支，累计确认合作子基金17支，认缴总规模172.8亿元。

研发投入不断加大，创新动能持续集聚。年内，北京市工业大中型企业研发投入176.8亿元，同比增长9.6%；年底，有效发明专利数为2.37万件，同比增长21.5%。机科国创轻量化材料成形技术及装备创新中心升级为全市第2家国家级制造业创新中心，新设北京医疗机器人等8家市级产业创新中心，创建北汽福田等10家高精尖产业设计中心，高能时代等5家企业认定为国家技术创新示范企业。北京人工智能企业数量约400家，专利数量达8000余件，均居全国第一。

（市经济和信息化局）

电子信息产业

【概况】2018年，电子信息产业稳定增长、重大项目扎实推进、产业结构持续优化、创新领域成效明显。全行业完成现价产值2516.3亿元，比上年增长15.8%，增加值增速15.2%；完成固定资产投资77.4亿元，建安投资35.16亿元。小米集团、京东方集团、联想集团等行业重点支撑企业在夯实存量的基础上，利用总部优势，创新运营模式，抓住产品设计龙头委外代工，为产业增长贡献新动能。中芯国际、北方华创等集成电路企业进一步扩大产能、拓宽产品线，为产业贡献新的增长点。

推进重点项目建设。年内，中芯北方项目第1条产线月产可达3.3万片，接近满产；第2条产线厂房及洁净间建设已完成，累计总投资超200亿元。燕东8英寸生产线项目资本金已落实，厂房已完成封顶，部分设备已采购入库。集成电路标厂、8英寸MEMS生产线、小米互联网电子产业园等重大项目进展顺利。推动北京新岸线科技集团有限公司以“1+N”方式落地，即在1个集团公司之下设立N个业务子公司。持续跟踪协调5G研究院建设和产业基金设立工作。支持6英寸SiC、GaN芯片工艺平台项目建设，建设6英寸SiC、GaN月加工1000片的芯片工艺平台。争取整合国内资源建设微纳电子国家实验室（北京），开展国际领先的新材料技术、新器件结构与制造技术研究。

开展配套政策创新。年内，市经济和信息化局开展道路测试配套政策研究，发布《北京市自动驾驶车辆道路测试能力评估内容与方法（试行）》《北京市自动驾驶车辆封闭测试场地技术要求（试行）》和《北京市自动驾驶车辆测试路段道路要求（试行）》。文件明确了对自动驾驶测试车辆、场地、道路的有关要求，从交通法规遵守性、操控精准性、人机交互及时性、综合驾驶能力有效性等4个方面进行自动驾驶车辆能力评估，是全国唯一的车辆能力规范化评估方法。

推动全市5G产业发展。年内，按照市领导关于加快推动5G产业发展的指示精神，市经济和信息化局系统梳理全市5G产业链资源，牵头研究编制《北京市5G产业发展行动方案（2018—2022年）》，按照网络先行、产用协同、高端发力的策略，推动全市5G产业发展，打造5G国际领先城市。成立市5G工作专班，印发《5G产业与应用发展2018年重点任务表》，明确33家责任单位24项年度重点任务。结合世园会科技展示需求，梳理“5G+自动驾驶”“5G+无人机”“5G+机器人”等示范场景，制定《北京2019年世园会5G示范应用实施方案》，并着手组织实施。会同市通信管理局启动5G基站站址规划编制，推进通信基站与社会塔（杆）资源实现双向开放共享，完成5G示范项目组网方案编制工作。

发展智能网联汽车产业。年内，“北京未来车联网产业基金”（一期）设立规模8.62亿元，完成基金拟投资项目储备。结合国家战略部署和北京市特点，市经济和信息化局牵头编制《北京市智能网联汽车产业创新发展行动方案（2019年—2022年）》，发布《北京市智能网联汽车产业白皮书（2018年）》。实施自动驾驶产业创新扶持“星火计划”，提供多种测试与技术评估特惠服务，支持全市自动驾驶产业创新，加速技术研发与人才培养。推动“场—路—区”测试评估环境搭建，建成并投入使用占地面积约13.33万平方米的国家智能汽车与智慧交通（京冀）示范区海淀基地，推动北京经济技术开发区43.33万平方米封闭试验测试场地动工建设。自动驾驶示范区示范板块建设有序推进，智慧路网板块及4G基础网络环境一期项目已建设完成，智能驾驶板块实现无人驾驶研发车辆实地运行示范，初步完成自动驾驶安全测评体系架构以及测评环境设置一期建设工作，并用于全市自动驾驶测试评估；智慧管理板块正在开展基于车联网和自动驾驶技术的控制策略及仿真工作。截至年底，8家自动驾驶测试企业35辆自动驾驶测试车辆得到自动驾驶车辆道路测试许可，自动驾驶测试道路已达到44条123千米，累计安全测试里程超过6.3万千米。北京成为全国道路测试里程最长、开放测试道路最多、测试号牌发放量最大的城市。

推动8K高清显示产业发展。年内，市经济和信息化局制订《北京市8K超高清行动计划（2019—2022年）》，推动超高清视频（北京）制作技术协同中心组建，整合全市乃至国内超高清显示产业和创新资源，力争将北京打造成全国超高清显示产业创新中心，带动全国广播电视技术向8K超高清迈进。实施国内首台8K转播车集成创新项目，完成车体、8K视频系统、三维声音频系统等核心系统以及全车各细分系统的技术和集成方案设计。推动超高清应用展示方案编制工作，初步确定世园会开幕式8K定向转播和园区内8K终端显示实施方案。

（市经济和信息化局）

【小米新产品亮相世界移动通信大会】2月26日，世界移动通信大会（MWC）在西班牙巴塞罗那正式开幕，三星、索尼、LG等厂商新机陆续亮相，小米在本次展会上展出自家产品。红米Note 5 Pro采用了5.99英寸2160×1080显示屏，首发“高通骁龙636”处理器，提供4/6GB LPDDR4X内存+64GB存储，后置1200万+500万像素双摄像头，前置摄像头为2000万像素，电池容量为4000毫安时。

（海淀区经信办）

【北京电控与中电北京实施重组】10月31日，北京电子控股有限责任公司和中国电子进出口北京公司重组大会在北京电控总部召开。市国资委将所持中电北京产权无偿划转至北京电控，北京电控通过无偿划入、有偿受让的方式接受中国电子进出口有限公司持有的中电北京产权，中电北京保留独立法人地位，成为北京电控全资子公司。

（北京电控）

【国营两厂获得国家工业遗产认定】11月21日，工业和信息化部发布通告，公布第2批国家工业遗产项目名单，“国营738厂”“国营751厂”获得国家工业遗产认定。“国营738厂”是北京电控兆维集团的前身，建成于1957年，是国家第1个五年计划期间156项重点工程之一，是新中国自动交换机的发源地，也是新中国电子计算机工业的发源地。“国营751厂”已成为北京电控正东集团，始建于1954年，也是国家第1个五年计划期间156项重点工程之一，曾经多年从事传统动力生产，遗存下许多珍贵的工业设施。

（北京电控）

【京东方发布首款55英寸打印4K OLED显示屏】11月26日，京东方科技集团股份有限公司成功研制出中国首款采用喷墨打印技术的55英寸4K OLED显示屏，成为打印OLED技术领域一项重要突破。京东方55英寸4K OLED显示屏采用领先的RGB全打印技术，对比度达1000000∶1，高色域为NTSC 96.8%。京东方采用喷墨打印技术生产OLED显示屏材料利用率能达到90%，在设备和耗材成本控制方面具有明显优势。

（北京电控）

【项目资金管理】年内，市经济和信息化局组织完成4项高精尖专项资金项目、2项电子发展基金项目验收/评估。配合相关部门对2017年13个高精尖项目，以及2015年至今的4个工业强基项目进展情况进行跟踪、督查。按照工信部要求，对6个工业强基项目执行进度进行跟踪调度。配合审计局，组织创新型产业集群与“2025”示范区建设项目审计工作。征集、组织申报各类专项资金项目逾百项。会同市民政局、市卫生健康委组织北京地区智慧养老产品及服务推广目录申报，推荐36家企业60项智慧健康养老产品、70项智慧健康养老服务；组织第2批智慧健康养老应用试点示范申报、调研、初评，推荐3家示范企业。开展2018年物联网集成创新与融合应用项目征集工作，向工信部推荐40个项目。

（市经济和信息化局）

汽车与交通设备制造业

【概况】2018年，受全国产业整体发展影响，北京汽车与交通产业发展出现波动，企业发展出现两极分化。全年实现产值4277.6亿元，同比下降8.7%。其中，高端乘用车和新能源增势较好，商用车、自主品牌下滑较大。

新能源汽车产业快速发展。年内，北京市已经形成较为完整的新能源汽车整车及零部件供应链体系，基本掌握电池、电机、电控等三大关键核心技术及系统集成技术。产品覆盖乘用车、商用车两大类别和轿车、多功能乘用车、大客车、轻客等产品系列。整车方面，北京新能源汽车股份有限公司、北京长安汽车有限公司、北汽福田汽车股份有限公司、北京现代汽车有限公司、北京汽车股份有限公司北京分公司等企业在新能源领域进一步发展布局；关键零部件方面，大力推动动力电池及其材料产业布局发展，先后推进孚能电池、国能电池、普莱德电池、盟固利电池、当升科技、北大先行、海博思创等电池产业企业和燃料电池系统（北京亿华通）、电机（精进电动、大洋电机、北京大郡、北京电驱动）、智能网联（百度、乐视、千方科技）等环节的核心产业链布局；空间上，围绕三大整车企业布局关键零部件，推动形成了大兴（东南部）、顺义（北部）和房山（西南部）等三大新能源汽车产业基地。

传统汽车企业转型升级。年内，北京市全面促进传统整车生产转型，北汽集团调整产品结构，北京奔驰建设新能源项目，北京现代投放高附加值和新能源产品，北汽福田发展高端重卡，做大新能源商用车业务，北京长安生产新能源智能网联汽车，扶持长安研究院建设。统筹规划京津冀范围内零部件产业发展，保留部分高精尖产品，合作共建产业园。

开展通航产业发展研究。年内，北京市组织开展《北京地区民用航空产业创新资源及发展研究》《北京地区通用航空创新定位与政策研究》，通过调研北京通用航空产业链在研发、设计、制造、应用等主要环节和技术发展，在充分听取领域专家意见和建议的基础上，针对飞行汽车的发展现状与趋势，提出北京市应以抢占制高点的战略思维积极跟踪、以产业跨界融合的协同创新积极促进、以促进发展的政策角度积极探索等3点思考建议。

推动无人机技术创新发展。年内，北京市按照市领导关于加快研究推动北京市无人机产业发展相关工作的指示，市科委与市经济和信息化局共同牵头，编制形成《北京市关于促进无人机技术创新及产业发展的实施方案》。联合中国航空学会、中国航空研究院，会商联参作战局、空军研究院、中部战区空军航管处等部门和航空、人工智能等领域的专家，调研重点企业和研发机构，从打通技术链，产业链、资金链、政策链的角度提出促进无人机产业发展的思路，为《实施方案》提供依据。

（市经济和信息化局）

【北汽“无人驾驶”项目落户北京】1月3日，北汽集团“无人驾驶”运营项目落户北京，成为北京市出台国内首部自动驾驶新规以来，全市首个开展“无人驾驶”试运营的项目。该项目位于顺义区奥林匹克水上公园，全长7千米，属于半开放实景道路，能使市民充分体验北汽无人驾驶运营。

（市经济和信息化局）

【首个自动驾驶车辆封闭测试场启用】2月9日，北京市首个自动驾驶车辆封闭测试场——国家智能汽车与智慧交通（京冀）示范区海淀基地正式启用。本次启用的自动驾驶封闭测试场由北京智能车联产业创新中心携手北京海淀驾校共同打造，是全国首个面向自动驾驶车辆研发测试、能力评估而建设的封闭测试场地，占地面积约13.33万平方米，符合T1–T3级自动驾驶车辆研发测试与能力评估场地要求。该自动驾驶封闭测试场的建设，是工信部、北京市与河北省共同建设的“基于移动宽带互联网的智能汽车与智慧交通应用示范”项目的重要组成内容。

（市经济和信息化局）

【福田第2批200台牵引车交付仪式举行】3月15日，福田戴姆勒汽车 & 建华物流第2批200台牵引车交付仪式在北京超级卡车培训体验中心举行，标志着福田戴姆勒汽车秉承“精准洞察客户需求、创新提供解

决方案、为客户创造最大价值”的营销方针，以高出勤率、TCO最佳的重卡产品为核心，实现从单一的卖产品向为用户提供整体解决方案转型，推动用户降本增效，助力客户成功。作为福田戴姆勒汽车打造的全新换代产品，本次交付的200台新欧曼ETX牵引车，基于ETX成熟平台，采用戴姆勒模块化技术，实现20项全新优化设计，依托超级卡车工厂智能制造体系，具有更节油、更安全、更可靠、更舒适的优势。

（王 伟）

【福田汽车绿色智能建设装备交付雄安】3月27日，以“助力京津冀协同发展 共建高质量雄安新区”为主题的福田汽车 & 福田戴姆勒汽车“绿色高效的新区建设整体解决方案”交车仪式在雄安新区举行。此次首批欧曼绿色智能渣土车的正式交付，标志着从渣土运输到砂石料、水泥、混凝土泵车运输再到重型工程机械等欧曼成套绿色智能建设装备正式挺进雄安。

（王 伟）

【北京奔驰战略重组项目签约】5月12日，北京奔驰战略重组项目签约仪式在顺义北汽研发基地举行。北京奔驰战略重组项目投资总额119亿元，旨在打造全球最先进生产工艺标准的奔驰高端新能源汽车生产基地，项目一期年产能15万辆。

（顺义区经济和信息化局）

【世界智能网联汽车大会】10月18日至21日，世界智能网联汽车大会在北京国家会议中心举办，这是中国政府首次批准举办智能网联汽车类别的世界性大会，也是全球最大规模以智能网联汽车为主题的国际会议。会议以“开启汽车新时代”为主题，设有开幕式、主论坛、未来之夜、专业论坛、国际合作圆桌会议、院士大讲堂、未来汽车开发者大会、展览和自动驾驶试乘体验等14场活动，得到全球多个国家和地区的16个行业组织、高校和科研院所的支持，6100多名专业人士参加会议，180余家国际知名企业携带最新技术成果参加展览，累计参观人数超过8万人次。

（市经济和信息化局）

【国际卡车节油大赛颁奖典礼在京举行】12月13日，第11届中国国际卡车节油大赛颁奖典礼在北京举行。

欧曼EST超级卡车6×4 510马力牵引车在标载49吨的情况下，凭借百公里综合油耗29.75升的优异成绩，获得中国商用车行业最具权威性节油赛事评选活动的冠军，创造了欧曼重卡夺得中国国际卡车节油大赛“十连冠”的纪录。

（王 伟）

【北汽鹏龙与湖北企业在京签署石墨项目】12月28日，北京北汽鹏龙汽车服务贸易股份有限公司与湖北天龙石墨碳业有限公司在北京共同签署了《十堰生态石墨循环高效利用开发项目对口协作共建协议》。北汽鹏龙是北汽集团旗下汽车服务贸易业务平台，是中国汽车制造集团下属服务贸易企业中规模最大、产业链最完整的企业之一。湖北天龙石墨碳业有限公司，

是湖北省石墨行业产品较广的国家高新技术企业。

（张　旭）

【全球首款 L4 级自动驾驶巴士量产下线】年内，百度在国内率先实现城市、环路及高速道路混合路况下的全自动驾驶，全球首款 L4 级自动驾驶巴士“阿波龙”量产下线。

（市经济和信息化局）

【“滴滴出行”接收全球 60% 网约车订单】年内，“滴滴出行”在 400 多个城市为 4.5 亿用户提供出行服务，日订单超过 2500 万，全球 60% 网约车订单来自“滴滴出行”服务平台。

（市经济和信息化局）

智能制造和装备工业

【概况】2018 年，北京市规模以上装备企业 1035 家，较上年减少 25 家，约占北京工业规模以上企业总数的 1/3。全年实现产值 2302 亿元，同比下降 0.6%，约占全市工业总产值的 1/8；出口产品 252 亿元，占工业总出口量的 1/5。现有上市企业 37 家，市值过百亿元的装备企业 8 家，新三板挂牌企业 70 余家。年产值 10 亿元及以上装备类企业 40 家，年产值超 50 亿元企业 4 家，80% 以上的企业分布于中关村一区十六园。

基本形成“1+2+N”的产业格局。北京装备产业经过多年不断推动产业转型升级及结构优化，为适应创建全国科技中心的战略定位要求，基本形成“1+2+N”的产业格局，即以智能制造装备为核心，以能源装备、节能环保装备为支撑，大力培育智能专用成套装备发展。高端装备实现产值 1515 亿元，同比增长 2.4%，占规模以上装备产业总量的 66%。其中，智能制造装备产业实现产值 590 亿元，同比增长 6.8%；高端能源装备实现产值 340 亿元，同比下降 17.1%；特色智能专用装备实现产值 352 亿元，同比增长 15.0%；节能环保装备实现产值 143 亿元，同比增长 8.3%；其他装备实现产值 90 亿元，同比增长 3.4%。

项目建设进展情况。年内，星网宇达“海洋智能装备系统”、森特士兴“金属屋面智能管理系统”等项目获得市经济和信息化局高精尖产业资金支持。智能装备产业园、煤科天玛综采自动化产业基地项目基本完工，全面开展搬迁和试生产工作。森特士兴总部及研发中心、经纬纺织新能源汽车电池电机电控产品产业化、宜化时代大兴智能化成套控制设备生产基地等项目全面开工建设。中化岩土工程技术、设备研制基地，岳氏安防装备研制基地、龙源智能配电设备产业基地项目取得项目用地。

（市经济和信息化局）

【3 家企业入选工信部第 2 批制造业名单】1 月 17 日，工业和信息化部、中国工业经济联合会共同发布第 2 批制造业单项冠军企业名单和单项冠军产品名单。同方威视技术股份有限公司、北京大豪科技股份有限公司两家装备领域企业入选单项冠军企业名单，北京碧水源科技股份有限公司生产的“组合式污水处理设备”成为北京市唯一入选的单项冠军产品名单产品。“制造业单项冠军企业”是指长期专注于制造业某些特定细分产品市场，生产技术或工艺国际领先，单项产品市场占有率位居全球前三的企业。

（市经济和信息化局）

【北京装备企业与沈阳企业开展合作对接】6 月 28 日，市经济信息化委会同沈阳市经济信息化委共同举办高端装备制造业交流座谈会。北京京城机电控股有限责任公司、北京北一机床股份有限公司、北京京

城长野工程机械有限公司、北京京城环保股份有限公司、京东方科技集团股份有限公司考察了沈阳富创精密设备有限公司，并初步达成合作意向；北京京城机电控股有限责任公司与沈阳东管电力科技集团股份有限公司进行了合作洽谈；北京中科国信科技股份有限公司考察了沈阳软件园并进行深度交流；北京瑞风协同科技股份有限公司考察了沈阳飞机设计研究所并开展合作对接。

（市经济和信息化局）

【开展疏解一般制造业“散乱污”企业治理】7月5日，市经济信息化委会同市环保局组成联合督查组，对东城区、朝阳区、顺义区、昌平区、平谷区、怀柔区、密云区、延庆区开展疏解一般制造业“散乱污”企业治理专项任务的中期督查。上半年全市累计退出一般制造业企业461家，完成全年任务量的92.2%；排查上账“散乱污”企业163家，完成清理整治85家。

（市经济和信息化局）

【2018世界机器人大会举办】8月15日至19日，2018世界机器人大会在北京亦创国际会展中心举办。大会以“共创智慧新动能，共享开放新时代”为主题，设置论坛、博览会、大赛、地面无人系统活动四大板块，集学术、博览、竞技、科普和交易等功能于一体。中共中央政治局委员、国务院副总理刘鹤出席开幕式并作重要讲话，中共中央政治局委员、北京市委书记蔡奇，全国政协副主席、中国科协主席万钢等领导同志出席开幕式。大会展出了160余家企业的500余件展品，参会观展人数累计达28.2万人次。

（市经济和信息化局）

【机器人产业合作对接】8月17日，市经济信息化委举办2018世界机器人大会主题活动——北京机器人产业合作对接会。市发展改革委、市科委、市经济信息化委、市财政局、市人力社保局、市规划国土委等委办局全面解读北京市加快科技创新、构建高精尖经济结构以及优化营商环境的政策措施。50余家参会企业就产业政策以及企业发展中的相关问题进行了交流对接。18日，为推进大会成果在北京转化落地，助推北京市机器人科技创新及产业发展，市经济信息化委在亦创国际会展中心组织北京机器人产业对接合作活动，中关村管委会、顺义区政府、北京经济技术开发区管委会等单位相关负责人对各区的产业发展政策和营商环境进行了宣讲和推介。

（市经济和信息化局）

【4个项目入选2018年智能制造项目名单】9月27日，工业和信息化部公布2018年智能制造试点示范项目名单，涉及99家企业申报的99个项目。其中，北京有4个项目入选，分别是曲美家居集团股份有限公司的“家具大规模个性化定制试点示范”项目、悦康药业集团有限公司的“无菌注射剂数字化车间试点示范”项目、北京宝沃汽车有限公司的“汽车多车型智能化柔性制造试点示范”项目和北京石油机械有限公司的“顶驱装置智能制造试点示范”项目。

（市经济和信息化局）

【北京10家企业入选绿色工厂名单】年内，工信部组织开展了第3批绿色制造名单评定工作。北京市10家企业入选绿色工厂，分别为北京北汽模塑科技有限公司、北京黎明文仪家具有限公司、美巢集团股份公司、北京燕京啤酒股份有限公司、北京江河幕墙系统工程有限公司、北京汽车动力总成有限公司、北京中卓时代消防装备科技有限公司、北京福田戴姆勒汽车有限公司、北京燕山石化橡塑化工有限责任公司和甘李药业股份有限公司。4家企业的45种产品入选绿色设计产品名单，分别为北京绿伞化学股份有限公司、北京智米科技有限公司、北京鼎一通远科技发展有限公司、小米通讯技术有限公司。北京经济技术开发区入选绿色园区。

（市经济和信息化局）

生物医药产业

【概况】2018 年，北京生物医药产业完成工业总产值 1281.5 亿元，其中医药制造业完成工业总产值 1129.6 亿元，同比增长 15.3%，增加值同比增长 12.1%，医疗仪器设备及器械制造业完成工业总产值 151.9 亿元，同比增长 12.3%。

国有企业运行平稳。年内，同仁堂集团全年完成产值约 84 亿元；华润医药集团在京企业完成工业总产值约 29.5 亿元。外资企业保持较快增长，拜耳医药产值突破 180 亿元；赛诺菲糖尿病大产品本地化程度不断提升，产值达到 70 亿元；诺华在治疗心衰新产品带动下全年产值 60 亿元。民营企业发展出现分化，悦康药业 A 股上市，全年增速超过 40%，嘉林、舒泰神重点产品受价格和使用管控影响，产值同比出现较大下滑。

产业政策。9 月，为落实《北京市加快科技创新发展医药健康产业的指导意见》，市政府办公厅印发《北京加快医药健康协同创新行动计划（2018—2020 年）》，从政策层面加强各类创新主体和产业主体间的协同发展，完善创新体系，推动产业升级。年内，市经济和信息化局会同市食药局、市中医局编制发布《北京市中药产业智能绿色发展示范工程实施方案》，打造标杆示范企业，实施全行业技术改造示范，引领中药生产领域智能绿色化改造升级。成立中医药智能绿色发展专业委员会，负责专项工程的组织推进和跟踪。

产业布局。年内，医药健康产业重点相关区制定产业发展战略规划，明确新增空间，加快产业集聚发展。海淀区、昌平区发挥中关村科学城在医药健康基础研究和前沿技术方面的科研优势，形成对产业发展的有力支撑；北京经济技术开发区、大兴区加强对医药健康产业发展的用地保障，引导企业和项目集中布局，进一步提升高端制造聚集优势。

重点项目。年内，高精尖产业发展基金支持东方百泰、诺康达、悦康、华脉泰科等企业，推动其加大投资力度、加快产品上市。博奥生物组织开展的新一代健康诊疗与服务领域重大创新支撑项目，推动品驰医疗脑起搏器产业化项目落地。打造大兴医疗器械产业园和亦庄健康云基地等两大聚集区。

（市经济和信息化局）

【北京医药企业援助什邡市】5 月 8 日至 10 日，四川省什邡市 5·12 大地震灾后重建 10 周年之际，市经济信息化委应邀并组织修正药业、以岭药业、北京聚星材料等企业组成考察组，赴什邡市开展产业对接活动。考察组与什邡当地的华磷科技、美大康药业、玉鑫药业等企业进行了对接交流，双方就产品研发、生产、销售及下一步发展思路进行了探讨，共同寻找

合作切入点。修正药业表示可以在未来的工程建设项目中采购华磷科技的产品，并为美大康药业拓展全国市场提供帮助。以岭药业向美大康药业表达了共建中药材基地的愿望。

（市经济和信息化局）

【颐寿园获中国蜂产品荣誉称号】5 月 19 日，在“2018 年中国蜂产业品牌盛典”上，颐寿园（北京）蜂产品有限公司的“颐园”牌获得“中国蜂产品行业影响力十大品牌”和“中国蜂王浆行业领军品牌”

称号。

（王 伟）

【婴幼儿配方乳粉企业座谈会在京召开】7 月 23 日，部分婴幼儿配方乳粉企业工作座谈会在京召开。工信部消费品工业司、规划司、产业政策司、科技司相关

负责同志，9 省（自治区、直辖市）工业和信息化主管部门相关负责人及近 20 家婴幼儿配方乳粉生产企业负责人以及中国乳制品工业协会、中国食品工业协会等有关负责人共 50 余人参加了会议。

（市经济和信息化局）

【北京医药企业与张家口市开展对接】7 月 26 日至 27 日，市经济信息化委带领 22 家北京企业、软件和信息服务业协会、医药行业协会赴河北省张家口市调研，对接产业扶贫协作和协同发展工作。农产品采购和深加工、大数据、光伏、生物医药等行业领域的 11 个项目举行了签约仪式。北京医药行业协会向

张北县政府捐赠了川贝枇杷糖浆、同仁堂感冒清热颗粒等药品 36 箱，价值总计 310 万元，支持贫困地区信息化建设和医疗卫生服务。

（市经济和信息化局）

【医疗健康产业股权投资基金启动】8 月 28 日，由大兴区政府主办，中关村国家自主创新示范区大兴生物医药产业基地、中关村医疗器械园有限公司、建银国际、新航城等单位承办的“北京建兴医疗健康产业股权投资基金启动仪式”在中关村医疗器械园举办。该基金由建银国际财富管理（天津）有限公司和大兴区国有基金管理公司及北京新航城基金管理有限公司共同发起设立。基金目标规模 12.5 亿元，其中首期拟募集资金 6 亿元，高精尖基金和北京兴产基金管理中心参与首期出资。该基金是贯彻国家创新驱动发展战略，落实加强北京全国科技创新中心建设总体方案，推进南部科技创新中心区建设，发挥科技创新引领和高精尖产业支撑作用，由市经济信息化委、市财政局联合大兴区政府，在北京高精尖产业发展基金试点设立区域型产业发展专项基金。

（市经济和信息化局）

【医疗机器人产业创新中心挂牌】9 月 21 日，北京市医疗机器人产业创新中心主办的“首届国际医用机器人创新发展论坛”在北京市海淀区中关村东升国际科学园举行。由市经济信息化委指导设立的北京市医疗机器人产业创新中心正式挂牌成立。北京市医疗机器人产业创新中心由北京水木东方医用机器人技术创新中心有限公司联合国内外顶级高校院所、一流科研机构、知名临床医院、行业协会联盟、产业基金和社会资本等创新资源组建，致力于打造医疗机器人产

业协同创新平台，旨在深入落实创新驱动发展战略，提升北京市高端医疗装备创新能力和产业化水平。创新中心坐落于中关村东升国际科学园，总规模 5000 余平方米，配套标准化实验室、产品展示中心等区域，提供有利于医疗机器人产业创新发展的服务平台。

（市经济和信息化局）

【同仁堂粹和康养首个生活馆开业】10 月 26 日，同仁堂粹和康养天坛生活馆正式营业，标志着北京同仁堂健康养老全国战略落地实施。生活馆按照“同城协同，异地联动，全国布局”的战略规划，以“疗程 + 课程 + 旅程”的服务形式，为客户带来一站式、多层级、连续性、全周期的定制化健康养老服务。

（同仁堂集团）

都市产业

【概况】2018年，北京都市产业围绕工信部、市委、市政府的重大战略部署，围绕全市经济和信息化核心工作，坚持稳中求进工作总基调，积极、稳妥、有序开展各项工作。全年累计完成产值1534.6亿元，同比增长0.89%，完成全年任务。

跟踪重点项目进展。年内落实全市工业稳增长、促投资、增效益相关要求，重点对顺义区、怀柔区、大兴区、房山区、通州区等项目进行调研，做好跟踪指导，推进固定资产投资，筛选符合条件的项目逐渐纳入重点跟踪项目库。

加强“老字号”发展政策研究。年内，市经济和信息化局与市商委等相关委办局协调配合，起草《关于促进北京都市产业老字号品牌保护和创新发展的工作建议》，支持企业在原址进行技术改造、产品生产工艺创新和绿色环保升级，提升核心竞争力和创新能力，通过增品种、提品质、创品牌，向高精尖迈进，实现示范引领效应。对于无法在原址进行技术改造升级的老字号企业，引导企业在食品生产加工环节向北京相关开发区集聚，通过技术改造升级和科技创新，提升生产工艺，做大做强老字号品牌。

开展“三品”创建。年内，市经济和信息化局推进北京食品企业诚信管理体系建设，在2017年度食品药品安全工作评议考核中获得A级；引导重点企业开发新产品和高端产品，促进增品种、提品质，三元食品推出历时4年研发、专门针对中国儿童营养健康需求的奶酪新产品——珍芯芝士，是国内第1款夸克风味的奶酪，不含增稠剂、稳定剂、甜味剂、香精和色素；玛氏食品新推出桶装麦提莎巧克力，旗下德芙品牌推出蓝莓小巧粒、抹茶小巧粒等新口味产品，旗下士力架品牌推出燕麦、辣花生等新口味产品，成为巧克力全网销售额第一品牌；可口可乐在消费者追求低脂低糖产品和多样化饮料选择的背景下，调整产品组合，推出新产品，开发饮用水、果汁、咖啡茶饮等新的业务领域；和路雪旗下的梦龙系列冰激凌位居高端冰激凌产品网络销量第1位，推出可爱多系列冰激凌、好多圈冰激凌等多种新产品。

（市经济和信息化局）

【中国国际时装周开幕式举行】3月25日，中国国际时装周（2018/2019秋冬系列）开幕式在北京举行，“汉帛奖”第26届中国国际青年设计师作品大赛决赛及

颁奖典礼同时举行。同日，梅赛德斯—奔驰中国国际时装周（2018/19秋冬系列）在京举行。此届中国国际时装周强化了时尚与商业的链接、时尚与跨界艺术的链接以及时尚与整个纺织服装产业链的链接。

（市经济和信息化局）

【首届“北京诚品论坛”举办】5月10日，是第2个“中国品牌日”。北京电视台联合市经济信息化委等7家委办局举办了第1次中国品牌日“北京诚品论坛”活动，同仁堂、三元食品、北汽集团、北辰集团、联想集团、北新建材等企业负责人围绕“三个转变”以及“北京标准”“北京创造”和“北京服务”进行交流，讲述品牌故事。以信用奖惩推动北京市诚信品牌发展，积极建立红榜和黑名单制度。

（市经济和信息化局）

【新增6名中国工艺美术大师】5月14日，由中国轻工业联合会主办的第7届中国工艺美术大师评选工作从2017年9月开始，历时半年多的推荐及评选后发布公告，全国共新评出89名中国工艺美术大师。北京市推荐12名大师参加评选，满建民（雕漆）、李志刚（雕漆）、刘永森（景泰蓝）、万紫（金漆镶嵌）、赵春明（花丝镶嵌）、陈烈汉（陶瓷）6人被确定为中国工艺美术大师，入选率高于全国平均水平。截至年底，北京市拥有中国工艺美术大师41名、市级工艺美术大师312名，继续保持在全国工艺美术高端人才数量上的领先优势。

（市经济和信息化局）

【“龙徽1910文创园”项目签约】5月28日，北京龙徽国际酒文化创意产业有限公司、北京鸿运置业股份有限公司和北京龙徽酿酒有限公司联手打造的文化创意产业——“龙徽1910文创园”项目合作签约仪

式在北京龙徽酿酒有限公司举行。该项目以葡萄酒文化为主题，依托海淀区的科技与文化优势，将建设集商务办公、酒文化展示、葡萄酒主题餐厅、葡萄酒主题酒店、科技文化融合产业办公、特色综合服务等多业态于一体的综合性服务园区。

（一轻控股）

【“一带一路”国礼系列夺得榜首】5月，北京工美集团受邀参加由国家发展改革委、中宣部、工信部等联合举办的“首届中国自主品牌博览会”，携“双国礼”景泰蓝《友谊之船》、“一带一路”国际合作高峰论坛“国礼”《丝路绽放》雕漆赏盘、《和合》捧盒参展，向观众全方位、多角度展现了北京工美品牌风采和“国礼造办”的高端形象，受到广泛关注和好评。“一带一路”国礼系列夺得2017北京文化消费品牌榜——“十大文化创意产品”榜首，北京工美集团独获第8届“北京影响力”评选“一带一路”特别贡献大奖。

（市经济和信息化局）

【中关村科技园区东城园天坛体育文化园揭牌】6月13日，中关村科技园区东城园天坛体育文化园揭牌仪式在东城区天坛东路66号举行。仪式上，中关村科技园区东城园管理委员会、北京丽源有限公司、北京春景健康文化发展公司签署战略合作协议，未来

三方将在“中关村科技园区东城园天坛体育文化园”规划、招商、政策支持等方面进行战略合作。

（一轻控股）

【北京胶印厂改造项目获金奖】9月12日，2018年亚洲建筑师协会建筑奖颁奖礼于日本东京举行，中国共获3项金奖、3项荣誉提名奖、1项提名奖。其中，77文创美术馆暨原北京胶印厂改造项目获金奖，77文创园区内都市实践主持设计的五龙庙环境整治项目获荣誉提名奖。77文创园坐落于东城区美术馆后街77号，其所在地前身为北京胶印厂，整个园区占地6000多平方米，建筑面积1.2万平方米。从2011年年底开始，企业为了破解自身发展困境，在隆达控股、印包集团的支持下，启动北京胶印厂调整转型工作。后经与合作方——北京市东城区政府及其直属北京东方文化资产经营公司达成战略共识，促进胶印厂由传统印刷企业转型升级为文化创意型企业，联手打造高端文化创意产业园区，并以此为契机实现北京胶印厂的整体转型。

（印包集团）

【北玻集团六零八文创园揭牌】10月31日，一轻控股所属北玻集团六零八文创园正式揭牌。六零八文创园是北玻集团继天坛体育文化中心、永定门文创园、红桥文创园之后第4个挂牌的文创园，其仿古设计与

传统国企深厚的历史积淀、丰富的文化底蕴和鲜明的厂区特色相得益彰，精致的装修、整洁的环境，吸引了以新京报社为龙头的一批文化传媒企业和以中国汽车摩托车运动联合会为代表的一批体育运动企业入驻。

（一轻控股）

【京冀（邯郸）食品医药行业对接洽谈会在京举行】11月22日，市经济和信息化局联合工信部产业政策司、河北省工信厅，邯郸市政府共同在京举办京冀（邯郸）食品医药行业对接洽谈会，工信部产业政策司、河北省工信厅，邯郸市政府，京冀（邯郸）两地食品医药领域百余家企业、行业协会代表参会。会上，

5个项目签署合作协议，10余家企业达成初步合作意向。

（市经济和信息化局）

【推进京津冀协同发展】 年内，市经济和信息化局加强对2017年北京·滦南大健康产业园已签约企业跟踪服务，继续推进保健品产业京津冀协同发展。新增同仁堂兴安盟、同仁堂国药、章光101等多家企业与北京·滦南大健康产业园签署征地建厂意向协议，加入疏解转移的行列。截至10月19日，首批疏解转移保健食品生产企业中已有13家在当地取得分公司或子公司营业执照，6家已办好相关手续正式破土动工。北京家具产业疏解转移成效明显，深州家具产业园已初具规模。截至10月底，共计30家企业入驻深州家具产业园，其中购买土地的企业10家，占地总面积超过80万平方千米，总投资30余亿元，开工建设项目10个，竣工项目2个。

（市经济和信息化局）

【巴斯夫旗下 Innofil3D 与北京太尔时代签署战略合作协议】 年内，巴斯夫旗下Innofil3D与北京太尔时代签署战略合作协议，致力于推动3D打印产业在中美两地的进一步发展。根据协议，北京太尔时代将负责在中美两国经销优质Innofil3D线材。

（王　伟）

基础与绿色环保产业

【概况】 2018年，基础产业工业总产值7447.9亿元，同比增长9.5%；主营业务收入7904.3亿元，同比增长9.8%；利润484.3亿元，同比下降41.1%；工业固定资产投资完成19.6亿元，其中建安投资11.4亿元。全年材料产业主要行业中，石油加工、炼焦及核燃料加工业主营业务收入695.8亿元，同比增长9.4%；利润26.7亿元，同比下降24.3%；化学原料和化学制品制造业主营业务收入345.7亿元，同比增长4.1%；利润19.9亿元，同比下降18.9%；黑色金属冶炼及压延加工业主营业务收入107.3亿元，同比下降1.8%；利润0.1亿元；非金属矿物制品业主营业务收入542.5亿元，同比增长7.6%；利润17亿元，同比下降12.3%。

协调推进重大项目建设。年内，有序推进总投资7亿元的微纳星源碳纳米材料应用产品及其自动化装备产业化项目、总投资3.4亿元的有研亿金高性能功能材料及其制品项目、总投资4.9亿元的中航复材顺义航空产业园复合材料二期项目等。

（市经济和信息化局）

【金隅新型建材产品助力雄安新区建设】 1月4日，北京金隅节能保温科技有限公司第1批金隅星岩棉运往河北省雄安新区首个建设项目——雄安市民服务中心施工现场，助力雄安新区建设。同月，北京金隅加气混凝土有限责任公司第1批加气板材产品运抵雄安新区雄安市民服务中心施工现场，供货2000余立方米。

（金　隅）

【金隅集团收购天津建材55%股权】 5月4日，天津市建筑材料集团（控股）有限公司混改项目签约仪式举行。金隅集团参与天津市管企业集团层面混改取得标志性成果，金隅集团收购天津建材55%股权，成为其控股股东。

（金　隅）

【首钢成为冬奥会官方合作伙伴】6月5日，北京2022年冬奥会和冬残奥会官方城市更新服务合作伙伴签约仪式举行。首钢正式成为北京2022年冬奥会和冬残奥会官方合作伙伴，跻身北京冬奥组委最高级别赞助商，这是奥运会赞助史上首次出现城市更新服务商类别。

（首　钢）

【首钢秘铁精矿扩建项目竣工】7月，作为“一带一路”落地拉美的第1个项目，首钢秘铁1000万吨精

矿扩建项目竣工。首钢秘铁年产能可达2000万吨以上，成为首钢海外发展战略的重要支撑点。

（首　钢）

【北京15件参评产品获得第5届新博会金奖】9月8日，第5届中国国际新材料产业博览会在哈尔滨闭幕。经第5届新博会展品金奖评审专家组初评，国家新材料产业发展领导小组专家咨询委复评，从159项参评产品中，评选出60个展品金奖。北京展团的中铝材料应用研究院有限公司等参评单位的15件产品获得金奖。经第5届新博会组委会审定，市经济和信息化委员会获得优秀组织奖和优秀布展奖。

（市经济和信息化局）

【2018京津冀石墨烯大会召开】11月27日，2018京津冀石墨烯大会暨北京石墨烯产业创新中心成果展示、北京房山新材料产业创新发展推介会在房山区召开。此次大会以“高端、求实、重效”为主旨，邀请了来自国内外石墨烯领域的顶级专家、学者、重点石墨烯应用企业家代表、政府主管领导和有关机构700余位嘉宾。大会为期3天，举办了北京先进碳材料产业促进会、北京石墨烯种子企业孵化加速器等重点项目的揭牌仪式。

（市经济和信息化局）

【一般制造业企业退出】年内，市经济和信息化局、市发展改革委、市环保局、市质量监督管理局、市安全监管局共同印发《北京市关于利用综合标准依法依规推动企业退出工作方案》，通过利用综合标准，加大执法检查力度，依法依规促进能耗、环保、质量、安全等方面不达标企业调整退出。北京市共退出一般制造业企业565家，超额完成年度工作任务。退出企业主要集中在机械制造与加工、建材、金属制品、家具和木制品加工、包装印刷、化工等行业。

（市经济和信息化局）

【推进绿色制造体系建设】年内，14家企业入选市级绿色工厂，其中10家同时入选国家级绿色工厂；北京经济技术开发区入选国家级开发区。市级和国家级绿色工厂累计达到26家和22家。

（市经济和信息化局）

国防科技工业

【概况】2018年，在市委、市政府的决策指导下，北京市国防科技工业系统坚持高标准、严要求，监管和服务并行，完成全年工作任务。坚持质量第一，确保在京军品科研生产任务圆满完成；加强综合协调，保障重点型号武器装备科研生产；坚持管理与科学技术防范并重，研究改进监管方式，进一步落实安全监管责任；履行政府职责，严格按照标准和程序，公平公正地开展军工资质受理和审查；编制和出台军民融合相关政策措施，推进军民融合高精尖项目发展，做好军民融合服务工作。

（市国防科工办）

【军工科研生产运行协调保障】10月，应四川省国防科工办商请，完成某重点型号在京交通运输的保障任务。年内，全力协调一批国防重大任务条件保障工作，加强综合协调，保障重点型号武器装备科研生产。配合国家天文台、密云地面站、密云供电局和探月工程中心，掌握探月工程嫦娥四号任务保障工作需求，协调无线电管理局掌握相关区域无线电信号干扰和监测情况，做好应急保障工作。

（市国防科工办）

【军品市场准入与市场监管】年内，市国防科工办受理、审查二类武器装备科研生产许可申请52家，参与保密资格认定现场审查100余家，为不同主体进入国防领域提供了有力的服务保障。组织对北京地区二类许可持证单位近200家进行监督检查，坚持重大事项报告制度，对资产重组、承担的军品科研生产任

务发生重大变化事项及时进行上报处理，并组织对科研生产场所发生重大变化的16家企业进行现场检查；为30余家单位办理许可证书变更。开展"双随机"工作，全年对北京地区60家取得武器装备科研生产许可单位进行保密抽查。

（市国防科工办）

【军工及民爆安全】 年内，北京民爆行业落实安全生产"一岗双责"、主体责任，按照《中华人民共和国安全生产法》要求，健全安全生产责任体系，强化"按岗定责"，进一步明确各岗位的责任人员、责任范围和考核标准，层层签订责任状，确保责任落实到位。全年开展各类安全生产检查49次，检查频次达每周1次以上，检查范围全面覆盖在京从事生产经营活动的民爆和监控化学品企业。其中，全年组织军工系统安全生产检查指导24次；推动并完善军工系统安全生产标准化达标评审，本年度作为军工系统安全生产标准化第2轮达标周期，部分军工集团对考核细则进行了修订。落实企业安全生产主体责任，办理军工系统安全生产标准化申请45项，并对其中14家企业的现场评审进行监督。按照首都城市功能定位，支持辖区内民爆生产企业——北京京煤化工有限公司的产能转移疏解。组织专家按照《民用爆破器材报废生产线安全管理规程》（WJ–9068–2010）的有关规定，对该公司报废生产线的销爆处理方案进行评审，基本拆除了生产线的主要设备，完成全部销爆处理工作。

（市国防科工办）

【核应急管理】 年内，推进核应急法规制度建设，完成《北京市核应急管理办法》初稿编写；颁布《北京市核应急预案》，该预案自2014年启动修订，2017年1月通过国家核应急办组织的专家评审，2018年4月通过北京市应急办组织的评审，6月5日，北京市突发事件应急委员会颁布执行；按照市应急办《关于做好全市应急专家队伍组建相关工作的通知》要求，以及《北京市核应急预案》中相关规定，拟制《北京市核应急专家顾问组管理办法（初稿）》；开展《"十三五"国家核应急工作规划》中期评估工作，形成《北京市〈"十三五"国家核应急工作规划〉中期自评估报告》。开展核应急宣传和演练。8月，市国防科工办与中国原子能科学院、中国核工业科技馆、房山坨里中学、新镇街道办事处以及核应急相关成员单位联络员，共同开展"2018年核应急公众沟通及宣传活动"；根据2018年度核应急工作计划，在延庆区某地，与陆军防化第5旅举行"北京市核事故去污洗消专项应急演练"。

（市国防科工办）

【军工项目管理】 年内，市国防科工办完成68项军工固定资产投资项目竣工验收。协助地方民口企业争取国家项目资金支持，北京瑞普北光电子有限公司和北京七一八友晟电子有限公司两家单位申报军工建设项目已经国家国防科工局立项；北京七一八友益电子有限责任公司军工固定资产投资项目竣工验收。进一步优化科研项目指南发布，服务科研项目申报工作，受国家国防科工局委托组织专家对工信部一所、四院、北京航空航天大学、北京玻璃研究院、北京理工大学等5家单位承担的30余个科研项目进行验收。为地方民口企业争取政府补贴，北京北冶功能材料有限公司获国防科工局奖励400万元。

（市国防科工办）

【军工技术基础】 年内，北京市完成计量最高标准器复查共30家单位186项；完成国防计量三级技术机构和监督检查13家单位；委托技术机构集中培训3次；完成计量检定人员培训考核700余人次；组织召开北京地区国防计量三级技术机构培训宣贯会；组织修订《三级计量技术机构工作指南》和《北京市国防计量检定人员考试题库》；配合中央军委装备发展部、国防知识产权局对北京地区6家单位的30项国防专利进行密级和保密期限确认。

（市国防科工办）

【航空航天产业发展】 年内，市国防科工办以核心项目和园区建设，推动军工央企高精尖项目集群化发展。支持航天科技在大兴区建设航天精密光机电产业园，在顺义区建设飞行器姿轨控核心技术产业园；支持航天科工在房山区建设长阳产业园；支持中国航发在顺义区建设航空发动机创新基地，在海淀区建设石墨烯产业创新中心；支持中航工业在顺义区建设中航产业园。支持商业航天产业发展，零壹空间、蓝箭航天、星际荣耀、九州云箭、星途探索、零重空间、九天微星、千乘探索、银河航天等从事运载火箭总体、液氧甲烷发动机研制、可回收火箭技术、小卫星研发的民营企业，已在大兴—亦庄、海淀—中关村形成国内领先的商业航天产业发展集聚区。发挥军工集团科技、产业优势，协同推进航天科技项目落地。智能装备产业化、信息技术产业化项目已在顺义区开工建设，飞行器姿轨控系统新项目、精密光机电与先进信息技术产业化项目正在办理规划调整、土地征收相关手续。围绕中国航发业务发展，海淀区推动财务公司及其他总部形态落地，顺义区将航发研究院、高温合金叶片示范线、发动机燃油控制系统优异中心项目纳入“2025”示范区航空航天产业板块，推动汉飞航空叶片加工智能制造生产线等项目建设，积极创造航空航天领域军民协同创新的有利条件。

（市国防科工办）

中小企业

【概况】2018 年，北京市新修订的《中华人民共和国中小企业促进法》（以下简称《促进法》）实施以来，依托公共服务平台网络，充分聚合调动资源，不断夯实“政策+服务+资本+载体”四位一体、协调互促的生态服务体系，进一步加强部门联动，促进政策协调，增强工作合力，在全市范围内深入推进《促进法》的贯彻落实，不断优化全市中小企业发展环境，推动北京市中小企业高质量发展。

（市经济和信息化局）

【北京代表团参展第 10 届 APEC 中小企业展览会】6 月 27 日，“第 10 届 APEC 中小企业技术交流暨展览会”开幕。北京代表团的 9 家参展企业在人工智能、新一代信息技术、智慧园区等高精尖产业发展和服务体系建设方面，具有创新驱动发展和示范作用，集中展示了北京市科技创新成果和“双创”服务新成绩。其中，司马大大（北京）智能系统有限公司是一家以人工智

能为基础的专注于计算机视觉的高新技术企业；北京牡丹电子集团是一家以工业互联网为基础的集数字技术研发、科技产业孵化、园区综合运营于一体的现代生产性服务业企业，是北京市重要的产业科技聚集区和集散地。

（市经济和信息化局）

【惊艳亮相第 15 届中博会】10 月 10 日，由工业和信息化部、国家市场监督管理总局、广东省人民政府联合主办，阿联酋经济部（阿联酋中小企业委员会）、联合国工业发展组织联合主办的第 15 届中国国际中小企业博览会在广州拉开帷幕。市经济和信息化局围绕科创中心、“三城一区”建设、高精尖领域，组织开展“创客中国”创新创业大赛工作，北京赛区被正式列入“创客中国”分赛区序列。大赛设置了车库咖啡、腾讯众创空间等 8 个分赛点，共计 450 多个项目报名参赛，涵盖智能制造、消费升级、医疗健康、文创领域等四大行业领域。50 个优秀项目被推荐参加全国总决赛，并在第 15 届中国国际中小企业博览会上展览展示。北京展团在人工智能、机器人、智能芯片、大数据等高精尖产业发展和服务体系建设方面，集中展示了北京市全国科技创新中心建设的新成果和“大众创业、万众创新”服务工作的新成绩，受到各方的广泛关注。展会上，2018 年度“创客中国”创新创业大赛也迎来了全国总决赛，来自全国各地的 24 个优质项目齐聚一堂，其中 4 个项目来自北京市。经过激烈角逐，北京市的氢芯智造氢松生活项目获得企业组三等奖，基因测序服务以及动态基因测序的研发项目、微波无电极氙灯项目获得创客组三等奖，Alpha 砼 go 项目获得企业组优胜奖。市经济和信息化局获得由工业和信息化部信息中心颁发的优秀组织奖。

（市经济和信息化局）

【4 家基地成为国家小微企业示范基地】11 月 19 日，北京市组织申报国家小型微型企业创业创新示范基地和国家中小企业公共服务示范平台，成功推荐北大医疗产业园科技有限公司、北京云基地云计算科技发展有限公司、北京金丰和科技企业孵化器有限责任公司、北京中关村软件园孵化服务有限公司等 4 家基地成为 2018 年度国家小型微型企业创业创新示范基地。

（市经济和信息化局）

【5 家平台成为国家公共服务示范平台】11 月 29 日，北京市成功推荐北京知呱呱科技服务有限公司、北京中科卓信软件测评技术中心、北京市计算中心、北京长风信息技术产业联盟、北京东方嘉诚文化产业发展有限公司等 5 家平台成为 2018 年度国家中小企业公

共服务示范平台。

（市经济和信息化局）

【加强宣传引导】新《促进法》实施后，北京市促进中小企业发展工作领导小组及各成员单位认真贯彻落实《促进法》的宣贯工作，对各区中小企业主管部门、中小微企业及相关服务机构开展了系列宣贯和培训活动，并邀请相关专家进行权威的法律解读。截至年底，已在全市举办《促进法》宣贯活动13场，累计培训人员1300余人次，实现全市16区全覆盖。授课专家结合《促进法》修订背景，详细解读新促进法的立法亮点，以及在中小企业财税融资政策、企业权益保护、解决融资难题、优化创业环境、落实创新驱动方面的举措，《促进法》的宣贯和培训取得了良好的效果。

（市经济和信息化局）

【完善政策体系】年内，市委、市政府制定了《关于认真贯彻落实习近平总书记民营企业座谈会重要讲话精神　开展到民营企业大走访活动的通知》，印发《关于健全政策机制　进一步促进民间经济发展的若干措施》《关于进一步深化北京民营和小微企业金融服务的实施意见》《关于进一步优化营商环境　提高企业开办效率的通知》等一系列扶持中小企业发展的新政策。7月，北京市编制出台了进一步优化营商环境行动计划，形成298项具体任务清单，着力打造北京效率、北京服务、北京标准和北京诚信“营商环境四大示范工程”，通过走访、座谈、上门送信息送政策送服务等多种方式，优化服务环境，把服务科创、民营、小微企业作为践行服务实体经济、防范化解金融风险的重要抓手，解决企业发展中遇到的困难和问题，持续推动科创、民营、小微企业更好地发展。同时，依托市中小企业公共服务平台，建立在线政策信息库，收录国家及北京市的中小企业相关政策信息近2300条，初步建成“线上＋线下”的综合政策服务网络。

（市经济和信息化局）

【增强发展资金的引导作用】年内，市经济和信息化局针对中小企业，特别是小微企业融资难问题，着力发挥中小企业发展资金的引导作用，带动融资担保机构、融资租赁机构加大对小微企业的融资支持。全年中小资金通过以奖代补方式支持融资担保机构11家、融资租赁机构1家，支持金额共计3000万元，引导担保机构支持中小企业986家，涉及担保金额约24.42亿元；引导租赁机构支持中小企业59家，涉及租赁金额约3亿元。同时，鼓励金融服务机构降低中小企业收费标准，中小企业融资担保费率控制在2%以内，切实减轻了中小企业融资负担。

（市经济和信息化局）

【发挥发展基金的创新引领作用】年内，北京市中小企业发展基金是按照“政策性导向、市场化运作”原则设立，重点支持科技创新、新兴服务业等首都特色产业，以及因市场失灵或市场配置资源不足而影响中小企业发展领域的政策性基金。截至年底，北京市中小企业创业投资引导基金已签订投资协议且实缴出资的参股子基金共10批45家，子基金协议总规模约82亿元。创投引导基金以16.2亿元的财政出资规模，撬动社会资本参与子基金的设立，实现5倍放大。中小基金投资的项目绝大多数为符合首都城市功能定位的高精尖企业，90%以上的企业拥有重要专利技术或基于互联网的商业模式创新。被投企业中，初创期早中期企业数量合计占比超过98%，较好地解决了早期企业难以获得银行贷款的融资困难，起到了扶小助微的作用。中小基金运行以来，积极支持和服务北京市及全国各产业领域专家人才创新创业，目前已累计支持了全国30余位院士、千人计划、海聚工程等各类专家在光学、人工智能、电子信息、生物制药、医疗健康等高科技领域进行创新创业，取得了较好的创新引领效应。

（市经济和信息化局）

【构建中小企业服务体系】年内，中小企业公共服务枢纽平台开展各类公共服务活动196场，参加企业12734家次，服务15788人次。依托中小企业公共服务平台网络开展活动，累计服务中小企业5万家次，其中政策服务10260家次。通过全方位、多层次的服务活动为中小企业成长壮大提供有力支持。

（市经济和信息化局）

【推进平台基地认定管理工作】年内，市经济和信息化局认定第2批北京市小型微型企业创业创新申报示范基地20家、北京市中小企业公共服务示范平台20家。

（市经济和信息化局）

【增强中小企业对外交流合作】年内，市经济和信息化局为展现北京“四个中心”战略定位和全球科技创新引领地位，组织北京市中小企业公共服务平台及优质企业组成北京代表团参加第10届APEC技展会。组织高精尖领域企业组成北京展团参加第15届中国国际中小企业博览会，在人工智能、机器人、智能芯片、大数据等高精尖领域产业发展和服务体系建设方面，集中展示了北京市全国科技创新中心建设的新成果和“大众创业、万众创新”服务工作的新成绩，得到各方的广泛关注。

（市经济和信息化局）

镇村工业

【概况】2018年，北京市镇村企业在市委、市政府的正确领导下，按照首都城市功能定位要求，全力疏解非首都功能，加大工业大院清理整治力度，稳步推进京津冀一体化协同发展，持续深化供给侧改革，主动适应增速趋缓、结构优化、效益提高、质量提升的经济发展“新常态”，努力克服国内外经济发展环境中诸多不利因素的影响，调整产业结构和空间布局，坚决淘汰落后产业，大力压缩过剩产能，着力转变经济增长方式，努力实现产业转型升级，加快发展高精尖产业，培育新的经济增长点，在经济总量和总体规模大幅缩减的前提下，实现了企业提质增效，创新能力和市场竞争能力有所提升，可持续发展能力有所增强。

年内，北京市镇村企业82791家，比上年减少12764家，同比下降13.4%。其中，规模以上企业1265家，比上年减少199家，同比下降13.6%；规模工业企业805家，比上年减少193家，同比下降19.3%。从业人员577466人，比上年减少111006人，同比下降16.1%。完成营业收入4114.04亿元，比上年下降6.2%；完成利润总额216.92亿元，比上年下降6.6%；实现增加值730.45亿元，比上年下降7.7%；实现工业增加值390.92亿元，比上年下降10.4%；完成出口产品交货值71.00亿元，比上年增长2.1%；上缴税金180.18亿元，比上年下降10.4%；提供劳动者报酬323.92亿元，比上年下降8.0%；人均劳动者报酬5.61万元，比上年增长9.7%；私营以上企业资产总额9653.41亿元，比上年增长8.6%；私营以上企业负债总额7784.85亿元，比上年增长28%；私营以上企业资产负债率80.6%，比上年升高12.1个百分点。

（市经济和信息化局）

【举办创新创业导师培训】7月11日至13日，市经济和信息化局组织各区中小企业主管部门、小企业创业基地、中小企业公共服务平台的有关人员40余人举办创新创业导师培训班，经考试合格，均获得由人社部颁发的《全国专业技术人员岗位能力（创新创业导师）证书》，实现了小微企业创业管理服务工作的持证上岗。

（市经济和信息化局）

【助力农加工企业市场开拓】9月，市经济和信息化局组织7个区13家农加工龙头骨干企业参加“第21届中国农产品加工业投资贸易洽谈会”，取得丰硕成果。北京团被评为“优秀组织奖”，4家企业产品获得“金质产品奖”，1家企业产品获得“优质产品奖”；联合国世界粮食计划署代表参观了北京团，驻马店电视台现场进行了采访报道。11月，组织“农洽会”获奖企业产品，开展“京郊特色农产品加工品进社区”活动，探索优质特色农产品加工品直接为市民服务的营销途径，京郊日报、人民网等媒体进行了报道。

（市经济和信息化局）

【创投引导基金协议出资总额83亿元】截至年底，北京市已签订投资协议的中小企业创业投资引导基金参股创业投资公司共10批45家，创投引导基金协议出资总规模约83亿元，财政资金实现近5倍的放大效果。中小企业创业投资引导基金合作创业投资机构对中小企业进行了719项股权投资。所投项目全部为中小企业，民营企业占比超过99.4%，符合首都城市功能定位的新一代信息技术、生物医药等高精尖产业领域，98%投资于初创期和早中期，近80%投资于北京地区。

（市经济和信息化局）

【经济总量持续下降】年内，北京市按照首都城市功能定位要求，大力疏解非首都功能，坚决淘汰落后产能，加速退出一般制造业企业。全年京郊镇村企业经济总量继续呈现负增长态势，各项主要总量指标持续下降。全市镇村企业累计完成营业收入4114亿元，比上年下降6，2%，其中工业营业收入2163.4亿元，比上年下降8%；实现增加值730.4亿元，比上年下降7.7%，其中工业增加值390.9亿元，比上年下降10.4%。

（市经济和信息化局）

【经济效益稳中有升】年内，京郊镇村企业创新发展、提质增效，经济效益总体呈现企稳回升趋势，其中，工业企业实现了利润总额和利润率双双止跌回升，经济效益稳中有升。全年镇村企业累计实现利润总额 216.9 亿元，比上年下降 6.6%；镇村企业利润率为 5.3%，与上年持平。镇村工业企业实现利润总额 106.9 亿元，比上年增长 9.1%；镇村工业利润率为 4.9%，比上年提高 0.7 个百分点。

（市经济和信息化局）

【产业结构继续优化】年内，京郊镇村企业主动适应经济发展“新常态”，着力转变增长方式，积极调整产业结构，产业结构继续优化。北京镇村企业（私营以上）全年完成增加值 652.4 亿元，其中一产增加值 5.7 亿元，占 0.9%，所占比重比上年降低 0.1 个百分点；二产增加值 402.3 亿元，占 61.7%，所占比重比上年降低 2.7 个百分点；三产增加值 244.4 亿元，占 37.4%，所占比重比上年提高 2.8 个百分点。与上年相比。一产、二产比重下降，三产比重上升，产业结构有所优化；除企业个数外，二产各项主要经济指标所占比重均超过 50%，仍然保持着较为显著的主体地位。

2018 年北京镇村企业（私营以上）主要经济指标产业分布情况

单位：个、人、亿元、%

	增加值	企业个数	职工人数	营业收入	利润总额
合计	652.4	14135	396049	3746.6	181.5
一产	5.7	387	10513	28.7	−1
比重	0.9	2.7	2.7	0.8	−0.5
二产	402.3	5071	234353	2330.1	105.3
比重	61.7	35.9	59.2	62.2	58
三产	244.4	8677	151183	1387.8	77.2
比重	37.4	61.4	38.1	37.0	42.5

（市经济和信息化局）

【镇村企业布局趋于合理】年内，随着首都城市功能布局调整的不断深化，京郊镇村企业向城市发展新区集聚发展，北京镇村企业空间布局和区域结构更加趋于合理。城市发展新区（通州区、顺义区、大兴区、昌平区、房山区）作为全市镇村经济的主体，镇村企业营业收入、利润总额、增加值、工业增加值和出口产品交货值分别为 3231 亿元、160.8 亿元、514.6 亿元、331.7 亿元和 62.8 亿元，分别占全市镇村企业的 78.5%、74.1%、70.5%、84.9% 和 88.4%，各项主要经济指标所占比重均在 70% 以上，主体地位明显，主导作用突出。

2018 年京郊镇村企业主要经济指标区域分布情况

单位：亿元、%

	营业收入	利润总额	增加值	工业增加值	出口产品交货值
合　计	4114	216.9	730.4	390.9	71
城市功能拓展区	394.8	33.1	124.2	8.9	0.3
所占比重	9.6	15.3	17.0	2.3	0.4
城市发展新区	3231	160.8	514.6	331.7	62.8
所占比重	78.5	74.1	70.5	84.9	88.4
生态涵养区	488.2	23.0	91.6	50.3	7.9
所占比重	11.9	10.6	12.5	12.8	11.2

（市经济和信息化局）

【镇村工业比重下降】年内，北京市稳步推进京津冀一体化协同发展，大力疏解非首都功能，加大工业大院清理力度，镇村工业规模大幅缩减，在镇村企业中所占比重有所降低。京郊镇村工业企业 8979 家，比上年减少 2184 家，同比下降 19.6%；职工人数 241467 人，比上年减少 68069 人，同比下降 22%；完成营业收入 2163.4 亿元，比上年下降 8%；实现增加值 390.9 亿元，比上年下降 10.4%；实现利润总额 106.9 亿元，比上年增长 9.1%。镇村工业企业数、职工人数、营业收入、增加值和利润总额分别占镇村企业总量的 10.9%、41.8%、52.6%、53.5% 和 49.3%，除利润总额所占比重提高 7.1 个百分比外，其余各项主要经济指标占比均有所降低，企业数、职工人数、营业收入和增加值所占比重分别比上年降低 0.8%、3.2%、1.0% 和 1.6%，镇村工业在镇村企业产业结构中的主体地位有所下降。

2018 年北京镇村工业企业主要经济指标完成情况

单位：个、人、亿元、%

	企业个数	职工人数	营业收入	增加值	利润总额
私营以上	4431	206715	2020.1	362.4	97.1
个体户	4548	34752	143.3	28.5	9.8
合　计	8979	241467	2163.4	390.9	106.9
所占比重	10.9	41.8	52.6	53.5	49.3

（市经济和信息化局）

【固定资产投资下滑】年内，北京市疏解非首都功能和清理整顿“工业大院”力度加大，京郊镇村企业固定资产投资大幅下滑，各项指标大幅下降。全年施工项目335项，比上年减少103项，同比下降23.5%；全年新开工项目116项，比上年减少39项，同比下降25.2%；全年投产项目118项，比上年减少62项，同比下降34.4%；全年完成投资额101.6亿元，比上年下降60.4%；全年新增固定资产价值59.4亿元，比上年下降60.2%。

（市经济和信息化局）

【节能减排成效显著】年内，镇村工业企业转变经济增长方式，调整产业结构，淘汰落后产能，推进产业升级，发展资源节约型和环境友好型的绿色低碳产业，节能减排工作取得显著成效，能源结构趋于合理，资源消耗量明显下降。全市805家镇村规模工业企业消耗水资源1638.3万吨，比上年减少52.1%；消耗电能10.5亿千瓦时，比上年减少27.6%；消耗原煤8.2万吨，比上年减少50.9%；消耗天然气11814.4万立方米，比上年减少14.9%。

（市经济和信息化局）

【镇村工业园区清理整治】年内，北京市加快非首都功能疏解，继续加大疏解整治力度，大力清理郊区镇村工业大院，取得显著成效。全年镇村工业园区数由上年的40个减少到30个，降幅为25%；园区内年末实有企业2201家，比上年减少172家，降幅为7.2%；园区内企业年末从业人数82271人，比上年减少22227人，降幅为21.3%；园区内企业完成总产值648.4亿元，比上年下降17.1%。

（市经济和信息化局）

【工资收入持续增长】年内，北京市镇村企业在全力疏解非首都功能，企业总数和职工人数大幅下降的背景下，全年支付劳动者报酬323.9亿元，比上年下降8%；人均劳动者报酬56094元，比上年增长9.7%。镇村企业职工人均工资收入持续增长，镇村企业增加农民工资性收入，带动农民增收的作用更加凸显。

（市经济和信息化局）

【外贸出口企稳回升】年内，京郊镇村企业外贸出口持续下滑趋势初步扭转，外贸形势企稳回升。全市镇村出口企业261家，比上年减少20家，同比减少7.1%。其中，年出口交货值500万元（含）以上企业150家，比上年减少22家，同比减少12.8%。全年累计完成出口产品交货值71亿元，比上年增长2.1%。其中，年出口交货值500万元（含）以上企业出口交货值65.7亿元，比上年下降4.4%。出口产品交货值占营业收入的比重为1.7%，比上年提高0.1个百分点。

（市经济和信息化局）

【外向型经济长足发展】年内，北京市镇村企业实施“走出去”战略，外向型经济得到长足发展。截至年底，京郊镇村企业境外办企业单位数26家，比上年增加19家，同比增长2.7倍；境外办企业累计投资额2.8亿元，比上年增长1.2倍。

（市经济和信息化局）

【完成镇村企业统计工作】年内，市经济和信息化局按统计监测工作计划，完成2017年北京市镇村企业统计年报的数据汇总和2018年经济运行分析工作。编撰印制了2017年《北京市镇村企业统计资料》；完成了郊区镇村企业主要经济指标每月月报、季度季报统计汇总工作，完成全市镇村企业季度经济运行情况分析报告；完成与工信部监测企业数据库的对接；编写完成了《北京市镇村企业统计工作手册》及《北京市工业志》（1990年—2010年）乡镇工业部分。

（市经济和信息化局）

【职业技能提升成效显著】年内，市经济和信息化局进一步加强职业技能鉴定考评员、督导员队伍建设，技能鉴定基地建设及职业技能能力提升工作，累计完成职业技能能力提升5400人，合格率92.7%；完成等级职业技能鉴定5245人，合格率92.5%。

（市经济和信息化局）

【促进就业和精准帮扶有机结合】年内，市经济和信息化局完成了怀柔区北房地区、顺义区南彩地区、平谷区东高村地区3场精准帮扶专场招聘会和朝阳区王四营地区农民就业专场招聘会。3场精准帮扶招聘会共提供工作岗位4000余个，现场达成就业意向1100余人，签约成功率高于40%，有力促进了京郊经济薄弱地区农村劳动力转移就业。怀柔区、平谷区的精准帮扶专场招聘会活动被电视台“北京新闻”栏目、京郊日报、北京参考网等媒体报道，收到很好的社会效应。

（市经济和信息化局）

民政工业

【概况】北京市民政工业总公司（以下简称总公司）是市直属福利企业的管理部门。按照北京市政企分开的要求，2002 年以来，市民政局所办经济实体与市局实现脱钩，所属福利企业全部由总公司管理，总公司代行国有资产出资人的各项权利和职能，承担福利企业管理、国有资产保值增值、集中安置残疾人就业和保障残疾人生活的社会责任。2006 年 12 月，北京市社会福利事务管理中心成立后，总公司及所属企事业单位由市民政局划归中心直接管理。截至 2018 年底，总公司共有企业 62 家，其中正常经营的企业 41 家。全系统职工总数 7766 人，其中在职职工 1777 人、离退休职工 5989 人、残疾职工 2970 人（占职工总数的 38%）。全系统各单位经营状况平稳，完成营业收入 4.3 亿元，利润 1250 万元。

（庞　婉）

【推进重点改革工作】年内，总公司完善《公司章程》、搭建董事会、经理办公会等组织架构，初步组建完成集团公司的决策机构。制定、完善了《北京市民政工业总公司整体转制工作方案》，细化了改制内容。明晰产权关系，开展产权登记，完成了 55 家企业的分级产权梳理，办理了 34 家企业国有资产产权登记证、4 家“僵尸”企业的注销和 6 家企业的疏解退出，加快推进大宝日化、红叶齿科 2 家股份合作制企业的改制工作。逐步开展“僵尸”企业清理工作，“僵尸”企业清理工作小组拟订注销 5 家企业方案。完成非凡制药厂关停后，157 名全部职工的妥善安置工作，妥善完成市民政局机关事业单位所办企业清理规范工作，已将北京普德宾馆划归北京市三露厂管理，制定《北京市民政工业总公司关于市民政公共服务设施建设事务中心所属企事业单位和社团组织整体划转接收方案》，为下一步做好划转接收工作奠定扎实基础。

（庞　婉）

【打造产品发展平台】年内，总公司推动与八宝山殡仪馆和东郊殡仪馆的业务合作，签订了为期 3 年的销售合同，极大地改善了企业的销售形势。京海公司 2018 年销售纸棺 19823 只，同比增长 67%，实现销售收入 655 万元，同比增长 246.9%；销售木棺 1207 只，实现销售收入 273 万元；销售骨灰盒 305 只，实现销售收入 38 万元。建立企业产品展示场所，让客户有直观的感受，印制产品宣传手册并配备 iPad。为增加企业的产品销售，京海公司通过工商增项，扩大了经营范围。

（庞　婉）

【企业整治】年内，总公司加大资源整合力度。10 月，火化设备厂整建制划归定福庄园艺场管理，完成了京海公司和火化设备厂的资源整合，并成功举办了总公司殡葬产品推介会，京海公司加快纸棺、木棺、骨灰盒、产品二维码标识及火化设备等产品的技术研发，不断提高市场占有率。

（庞　婉）

【增强企业内动力】年内，总公司通过开拓新思路、尝试新媒体，大力宣传与推广大宝日化“贝贝熊”、亚美日化“迷奇”品牌，狠抓产品质量，拓宽销售渠道，提升产品竞争力和知名度。北科厂坚持新产品的研制及推行，依靠产品的信誉和良好的服务成功出口印尼 6 台测厚仪，真正做到让企业产品“走出去”，促使自身产品不断更新适应行业发展。红叶齿科厂继续加强与德国 Kulzer 公司的合作，强化产品质量管理，产品质量逐年提高。都安同信公司加强平台化运营业务体系管理，推行混合车辆保险，强化实操精细化和经营数据化管理。

（庞　婉）

【推进安全稳定工作】年内，总公司与各直属企业主要领导签订《2018 年度目标管理责任书》，严格执行安全责任制度，认真履行安全职责，层层压实安全生产主体责任。开展安全教育培训，提高安保队伍业务能力，共计 53 家租赁单位 158 人参加。持续开展三大专项行动，整治重大安全隐患，总公司系统共清除“三合一、多合一”场所 5 处，建筑面积 3074.3 平方米，拆除泡沫彩钢板涉及所属企业 8 家 41 处，建筑面积约 5.1 万平方米，定福庄园艺场场区道路修缮、消防喷淋改造等工作成绩显著。

（庞　婉）

【推进安全生产标准化建设】年内，总公司部署和开展安全生产月和防汛工作，做好重大节日和敏感时期安全稳定工作，详细排查不稳定因素，全年收到信访 27 件，化解率 100%。进一步加强总公司系统车辆管理，严格实行派车制度，杜绝违规使用车辆。民福公司接收安置非凡制药厂关停后86名离退休职工，充分发挥了兜底作用，确实担负起了确保一方平安的社会责任。

（庞　婉）

私营个体工业

【概况】 2018年，北京市工商业联合会（以下简称市工商联）引导广大非公经济人士深入学习贯彻党的十九大精神，认真学习贯彻习近平总书记11月1日在民营企业座谈会上的重要讲话精神。10月19日，召开2018北京民营企业百强发布会。发布了2018北京民营企业百强、2018北京民营企业科技创新百强、2018北京民营企业文化产业百强、2018北京民营企业社会责任百强榜单和调研分析报告。成立了市工商联军民融合发展工作领导小组，市工商联被吸纳为北京市军民融合发展工作领导小组成员单位。市工商联光彩事业办公室获得首都民族团结进步先进集体称号。建立48个党政部门特邀顾问制度，成立市工商联经济、文化、国际联络、法治环境建设和新型政商关系5个专门委员会和13个参政议政智库基地。与市法治宣传办公室等19个部门联合印发了《关于在全市开展"疏解整治促提升法律十进'七五'行"主题法治宣传活动的通知》，制定下发了《北京市工商联法治宣传教育工作要点》。与北京电视台合作创办"北京品牌"主题宣传活动，拍摄录制《北京品牌故事》专题片。在市工商联官网宣传优秀企业和企业家典型事迹50余篇，官网累计点击率达170万次；设立北京市工商联今日头条政务号，半年阅读量达4万余次。制定下发《北京市工商联"万企帮万村"精准扶贫行动方案》及考核办法，386家民营企业与638个深度贫困村签订"村企结对帮扶协议"，产业项目签约20亿元，参与企业近千家。北京圣火集团被评为全国"万企帮万村"优秀民营企业。与市农委联合下发《关于开展"百企联百村"结对帮扶低收入村工作实施方案》，鼓励引导35家民营企业与29个低收入村签订帮扶协议，全力助推北京市低收入村脱低增收。扎实推进支持驻村第一书记开展对密云区不老屯镇燕落村的对口帮扶工作，建立"一企帮一组""一组一品牌"帮扶模式。

（市工商联）

【举办第2届民间投资发展论坛】 1月28日，在京召开以"新时代、新理念、新发展"为主题的"第2届中国民间投资发展论坛暨科技文化金融创新年度峰会"。论坛由北京投融资商会主办，北京国际金融博览会组委会协办，市工商联、海淀区政府、市文资办支持举办，市工商联等相关部门领导及百余位首都金融、科技和文化界人士出席活动。论坛期间，首都金融服务实体经济综合平台正式发布，整合包括北京投融资商会、北京首创融资担保有限公司、北京市国通资产管理有限责任公司、北京市方圆公证处、深圳市世联土地房地产评估有限公司、北京人民在线网络有限公司等在内的合作单位，充分发挥各自的业务能力和资源优势，实现金融服务实体经济和中小企业的目标。会上，北京投融资商会还分别与北京国通资产管理公司、天津津融资产管理公司、河北资产管理公司等京津冀三地国有资产管理公司联盟就助力京津冀协同发展、资源共享、业务协同达成战略合作协议，与中国专利保护协会就推进依法保护工商企业和企业家知识产权创新权益达成战略合作协议，与中关村并购促进会、北京创业投资协会就推动组建中关村创新并购基金达成战略合作协议。会上举行了中关村金融科技创新中心的揭牌仪式。

（市工商联）

【举办文创产业"投贷奖"政策解读会】 1月30日，由市工商联主办，市文资办支持，朝阳区工商联、北京文化产业商会协办的北京市文化创意产业"投贷奖"政策解读会召开。市工商联、有关区工商联、商会及部分会员企业200余人参加了本次活动。与参会代表进行了互动交流，现场解答了文创企业和融资服务机构申报"投贷奖"过程中遇到的具体问题。为参会代表印发了《北京市实施文化创意产业"投贷奖"联动推动文化金融融合发展管理办法（试行）》、北京市文创金融服务网络平台宣传册等相关资料。

（市工商联）

【开展促进民间投资专项调研】 1月，市工商联、市发展改革委联合开展专项调研，了解北京民间投资的现实情况、存在问题及困难障碍，并就下一步优化首都营商环境、促进民间投资征求首都民营企业意见建议。本次专项调研历时2个月，采用问卷调查、专题座谈、实地调研等形式，围绕医疗养老、房地产与基础设施建设、民办教育、互联网等不同领域，邀请近40家企业参与了4场专题座谈会，对首都民营企业投资情况认真摸底、深度座谈。调研组明确了工作重点：拓宽民间投资领域，鼓励、支持民间资本进入基础设施、生态环境治理、高端服务业等领域以及城市副中心、北京冬奥会等重大项目，不断激活市场主体活力；继续推进要素市场化改革，加强政府对投资方向的引导，多措并举提升融资服务，增强金融服务实体经济力度；继续深化“放管服”改革，加强部门联动“把脉、问诊、出方”，进一步完善政策、放宽准入、强化监督、提升服务，优化首都营商环境；弘扬企业家精神，鼓励更多社会主体投身创新创业，加强政企沟通、对接和政策评价反馈，努力构建新型政商关系；突出首善标准，积极搭建服务平台，加快培育行业领军企业和高端品牌，推动首都非公有制经济向高质量发展阶段迈进。

（市工商联）

【举办创新创业思想分享会】 2月1日，市工商联组织企业家走进利亚德集团参观和体验了利亚德的LED和虚拟现实产品，并从经营模式创新、未来发展趋势和加强合作共赢等方面进行交流讨论，分享创业经验、共享发展成果。利亚德集团创立20余年来，先后参与完成了2008年奥运会开幕式、国庆阅兵、APEC会议、“一带一路”峰会等重要政治文化任务。利亚德凭借自身产品和技术创新优势，成长为一家由国内外40余家科技文化企业组成的跨国集团，在全球拥有7个国际营销中心和9个生产基地，共有员工3600人，其中外籍员工600余人，集团海外收入占比超40%。近年来，利亚德快速发展，利润连续3年实现倍增，市值5年增长30多倍，超过300亿元。

（市工商联）

【组织爱心企业赴燕落村送温暖】 2月8日，市工商联组织爱心企业赴密云区不老屯镇燕落村开展“两节送温暖”活动，看望慰问低收入群众，与镇村干部座谈交流，共商帮扶大计，共谋燕落村的发展。市工商联党组成员、副主席郑勇男，密云区委常委、统战部部长蒋学甫，以及北京光彩公益基金会、北京明伦公益基金会、中加集团、新京集团、惠尔轮胎等企业参加了活动。为村里1650户低保户、低收入户和有80岁以上老人、癌症重大疾病患者、军烈属、残疾人、在校高中学生的村民，赠送了价值近50万元的年货，并到家里看望了80多岁的老党员、军烈属王仕福和低收入户王云龙。北京光彩公益基金会、北京明伦公益基金会、北京新京集团、北京惠尔轮胎有限公司分别与燕落村签署了合作帮扶协议和项目合作框架协议。走访慰问期间，市工商联会员企业大业漫奇妙动漫文化发展有限公司还在燕落村开展了系列暖心活动，向全村173位8岁及以下的孩子赠送了洛宝贝新春大礼包，中国书法家协会和中国国家画院张公者、刘宝民等书法家也来到村里现场泼墨，为乡亲们送来了祝福的春联。

（市工商联）

【启动助力脱贫攻坚行动】 2月10日，由市工商联、光彩事业促进会牵头组织的“冬奥情·张家口行”助力脱贫攻坚行动启动仪式在中国扶贫志愿服务促进会召开。中国光彩事业促进会副秘书长、光彩事业指导中心主任余敏安，中国扶贫志愿服务促进会副会长王家华，中国中小企业协会副会长马彬，北京市工商联副主席郑勇男，河北省工商联副主席张京红，张家口市委副书记刘宝岐，以及市商会、联盟和民营企业家代表400余人出席启动仪式。在仪式上，圣火集团、万龙集团等300余家企业发起成立了京津冀民营企业家扶贫联盟，并现场进行了100家民营企业携手张家口市12个县的100个贫困村，在产业扶贫、就业扶贫、消费扶贫、教育扶贫以及光伏扶贫等方面签订了帮扶合作框架协议。

（市工商联）

【9部门解读优化营商环境政策】 4月2日，市工商联组织召开优化营商环境政策解读会，邀请市发展改革委、市规划国土委、市住房城乡建设委、市财政局、市国税局、市工商局、市城市管理委、市商务委、市金融局等部门，集体为600余家民营企业解答北京市新出台的优化营商环境9项主要政策及N项配套措施（“9+N”政策），提升政策措施的知晓度和应用度。

（市工商联）

【调研燕落村帮扶点】 4月12日，市政协副主席、工商联主席燕瑛率领10余位民营企业家，来到市工商联帮扶点密云区不老屯镇燕落村，考察精准扶贫进展情况，推进对口帮扶的项目落实。燕落村是密云区最大的行政村，全域都在水源保护区。市工商联与密云区政府组织民营企业家，结合当地的开发特点，产业政策，采取“输血”和“造血”等多种方式，帮助农民脱低增收。

（市工商联）

【京津冀非公经济产业对接】 5月29日，京津冀非公经济产业对接交流会暨津冀重点园区推介会在京召开。天津市、河北省的5个承接机械装备、高端制造、商贸服务等13项产业的重点园区开展产业承接推介。来自京津冀三地工商联、商会组织负责人、民营企业家及有关园区负责人近400人参加产业对接洽谈会。此次活动目的是对民营企业开展“疏转促”的政策指导，促进京津冀三地产业对接。京津冀非公经济产业对接交流会是三地促进协同发展战略、服务企业健康发展的务实举措，是民营企业促进京津冀三地合作、产业对接的重要平台，至今已成功举办3次。本次对接交流会延伸了服务领域，搭建起企业与园区之间的对接交流平台，邀请津冀两地具有发展潜力和特色的经济园区在会上进行推介。本次活动中还安排了专家对《河北雄安新区规划纲要》进行解读，市发展改革委有关负责人做民企参与京津冀协同发展辅导报告，天津鼎泰丰企业孵化器、天津港保税区、河北清苑经济开发区、河北海兴经济开发区、张家口市商务局做产业承接推介。

（市工商联）

【启动三大工作新平台】6月1日，市工商联特邀顾问聘任暨专门委员会和参政议政智库基地成立大会召开，标志着市工商联做好非公经济领域统战工作的三大新平台正式启动。建立特邀顾问制度，成立专委会和参政议政智库基地，是市工商联与党委政府部门和社会各界良好的工作沟通机制制度化的具体举措。会上，市发展改革委等48个党政部门、13个参政议政智库基地，以及经济、文化、国际联络、法治环境建设和新型政商关系等5个专委会应邀受聘。市工商联（商会）领导班子、特邀顾问、专委会和智库单位成员等200余人参加了会议。

（市工商联）

【民企参加2018北京国际民间友好论坛】5月27日至31日，“2018北京国际民间友好论坛”在京举行。来自中国、美国、阿根廷、新加坡、日本、韩国等近30个国家的民间团体、北京国际友好城市代表，以及外国专家、留学生等300余人出席开幕式和主论坛。市工商联组织40名民营企业家代表出席论坛活动，并与市友协、市青联共同举办第2届“民间友好·启迪未来——中日韩青年交流会”。作为中日韩青年交流会的一项重要组成部分，市工商联负责举办《青年企业家如何推动中日韩友好》分论坛。会上，市工商联秘书长周立明做了题目为《发挥商会桥梁作用　促进中日韩青年企业家交流互鉴》的致辞。市工商联常委、北京青年企业家创新发展协会会长、北京正德恒生投资有限责任公司董事长宋巍做了题为《以邻为伴创新发展共同推动中日韩青年友好合作》的发言。市工商联常委、北京知诚民营企业财税与金融服务促进会会长任壮做了题为《汇聚中日韩青年企业家的梦想与力量　诚信担当携手奋进打造亚洲命运共同体新典范》的发言。交流会上，来自日本东京都日中友协、日本创价学会、日中经济协会北京事务所、韩中文化青少年协会（未来林）、“一带一路”东亚智库、韩国MICE策划公司的负责人分别介绍了推动中日、中韩青年友好交流的工作情况和对未来的展望。

（市工商联）

【赴张家口对接脱贫攻坚】5月30日至31日，市政协副主席、市工商联主席燕瑛，市扶贫协作和支援合作办公室主任马新明，带领京东集团、新发地市场、商鲲教育集团等10余家民营企业，组团赴河北省张家口市调研，对接脱贫攻坚工作。河北省工商联主席刘劲松和张家口市市委书记回建、市长武卫东等参加了座谈交流。市工商联一行实地考察了北京市民营企业盛诺金投资基金管理有限公司投资建设的融精准扶贫与文旅康养于一体的海坨山谷项目，深入调研了该项目帮扶4个村1300余人脱贫致富的具体模式。燕瑛一行还现场走访了崇礼区清三营乡南窑村、石窑子乡坝顶村和小西湾村，仔细询问3个贫困村的基本情况和产业发展，并看望、慰问了3户建档立卡贫困户家庭，了解他们的困难和需求，安排企业与他们对接帮扶措施。在与张家口市主要领导及相关委办局、重点产业项目负责同志座谈交流中，双方围绕扎实推进产业扶贫、加快实现精准脱贫、全力做好冬奥会筹办等相关工作交换了意见，在建立完善扶贫机制、抓好扶贫项目落实、多种形式精准脱贫等问题上达成了共识。利亚德集团、东长安集团、戎威远安全等民营企业家结合企业自身优势和资源，提出了符合张家口地区特点的产业扶贫建议，并与张家口市相关委办局进行了对接。

（市工商联）

【助学助医燕落村】6月14日，市工商联党组书记赵玉金和市工商联副主席林为民参加了北京明伦公益基金会在燕落村举行的助学助医捐助发放仪式，对明伦公益基金会大力帮扶燕落村给予充分肯定，并表示要高度关注、大力支持明伦公益基金在燕落村建设的传统文化大讲堂、爱心超市等项目。密云区委副书记刘颖、区统战部常务副部长李海林和市民政局基金管理处、区民政局、区工商联、不老屯镇相关领导参加捐助发放仪式。北京明伦公益基金将连续3年捐助燕落村在校贫困高中生和重大疾病患者。这次为24名重大疾病患者每人捐助5000元，42名在校贫困高中生每人捐助1500元，共计捐助19.3万元。

（市工商联）

【全市“万企帮万村”大会】6月29日，北京市召开“万企帮万村”大会，市政协副主席、市工商联主席、市扶贫协作和支援合作领导小组副组长燕瑛，国务院扶贫办巡视员曲天军，北京市扶贫协作和支援合作工作领导小组46家成员单位、北京市派驻受援地前方指挥部及挂职干部团队主管负责人，北京20家各个行业领域的协会、商会、联盟和近百家企业代表参加了大会。会上发布了《关于推进“万企帮万村”精准扶贫行动的指导意见》，号召北京国有企业、民营企业以北京市对口帮扶地区贫困村为帮扶对象。北京圣火集团公司董事长王丰、北京天恒置业集团有限公司党委书记刘海涛分别交流了参与“万企帮万村”行动的经验。截至年底，全市共有186家民营企业与受援地区的388个贫困村签署了帮扶协议，企业已经通过产业落地、吸纳就业、教育医疗救助等方式积极帮助贫困村脱贫攻坚。

（市工商联）

【赴内蒙古通辽市开展扶贫协作】7月18日至20日，市政协副主席、市工商联主席燕瑛带队，赴内蒙古通辽市开展扶贫协作对接工作，来自东城区、朝阳区、丰台区、顺义区、怀柔区、房山区的民营企业家20余人参加了扶贫协作考察对接工作。考察组一行先后考察了科左后旗、科左中旗、库伦旗、奈曼旗4个国家级贫困旗，深入了解当地产业发展、资源禀赋、脱贫攻坚工作情况，慰问了4户建档立卡贫困户。在考察中，各企业与当地旗、村进行深入交流，达成多项帮扶意向。北京互联网金融安全示范产业园拟通过建立“互联网+党支部+金融扶贫”的模式，在库伦旗进行产业帮扶；北京博龙阳光新能源公司在科左后旗建工厂，进行就业帮扶；韵海投资有限公司拟利用侨商、央企、外资企业资源，帮助奈曼旗进行蒙药市场开发；商鲲教育集团、华博创科技公司拟为建档立卡贫困户孩子提供免费职业教育培训，帮助解决就业。考察后，召开了市工商联与通辽市扶贫协作座谈会。

（市工商联）

【推进中毛经贸合作】9月3日，由全国工商联主办，北京市工商联和毛里求斯经济发展局共同承办的中国民营企业与毛里求斯代表团座谈会在北京举行。会议旨在落实中毛两国领导人关于加强双方经贸合作达成的共识，配合2018年中非合作论坛北京峰会，落实习近平主席提出的“一带一路”倡议，搭建中国民营企业赴毛投资、扎根非洲的交流沟通平台。毛里求斯总理贾格纳特、全国工商联副主席王永庆出席座谈会并致辞，市政协副主席、市工商联主席燕瑛主持会议，中国驻毛里求斯大使孙功谊、市工商联秘书长周立明，以及毛里求斯政府有关部门、中国驻毛里求斯大使馆、全国工商联、北京市工商联有关部门人员出席座谈会。座谈会上，来自91科技集团、水岩科技（北京）有限公司、北京中航智科技有限公司、中商惠民（北京）电子商务有限公司、ofo小黄车、北京东方雨虹防水技术股份有限公司、浙江宇视科技有限公司、汉能薄膜发电集团的8位企业家代表分别就金融服务、电子商务物流中心、无人机、特色产品销售、共享交通、防水系统、公共安全和智能交通系统、移动能源等方面合作进行座谈。会上，毛里求斯经济发展局执行总裁弗朗索瓦·吉博特介绍了毛里求斯投资优势。中毛双方嘉宾围绕相关领域合作进行了交流探讨。此次活动是市工商联积极配合国家外交开展的一次重要活动，为首都民营企业搭建了与毛里求斯政府首脑、部门面对面交流、共商经贸合作的沟通平台。

（市工商联）

【精准扶贫西藏行】9月6日至8日，市政协副主席、市工商联主席燕瑛率市工商联人员赴拉萨参加全国工商联系统对口援藏工作座谈会暨精准扶贫西藏行活动。燕瑛代表北京市在大会上做了交流发言，北京市工商联与拉萨市工商联签订了对口支援合作协议。在拉萨期间，市工商联一行考察了西藏宁算信息科技集团有限公司和碧水源两家企业，举办了北京市工商联与拉萨市工商联对口援藏工作座谈会。拉萨市委副书记、北京援藏指挥部领队肖志刚，拉萨市委常委、常务副市长暴剑，拉萨市委常委、统战部部长阿努次仁出席。座谈会上，北京市工商联表示将在开展援藏工作中从扶持拉萨特色产业发展、扶持拉萨小微企业发展、开展消费扶贫、协助招商推介方面、“万企帮万村”精准扶贫向拉萨倾斜、实施精准扶贫公益项目、人才援藏等7个方面给予支持。西藏宁算信息科技集团有限公司、北京青年企业商会、京东集团、北京开金有限公司、北京东方园林生态集团投资公司等10

余家企业围绕企业发展、行业前景、持贫工作等情况进行了交流发言。

（市工商联）

【西藏北京商会成立】9月9日，西藏北京商会正式成立。西藏自治区政协副主席、工商联主席阿沛·晋源，拉萨市市长果果，北京市工商联副主席王报换出席活动。西藏北京商会是由部分在藏发展的北京籍企业家联合发起的，已落实在藏投资超百亿元。国家开发银行西藏分行与西藏北京商会签署了战略协议，双方将在融资和战略投资等领域共同促进企业发展，并与北京青年企业商会达成了合作共识。

（市工商联）

【参与内蒙古国贫旗产业合作（北京）推介会】9月11日，内蒙古国贫旗产业合作（北京）推介会在京召开，11家区工商联和部分商会组织民营企业家90余人出席会议。市工商联为进一步落实北京市与内蒙古自治区《全面深化扶贫协作三年行动框架协议》，以光彩事业为抓手，推进“万企帮万村”行动向内蒙古深度贫困地区倾斜，先后与内蒙古自治区工商联、通辽市工商联、兴安盟工商联进行了扶贫工作对接。市工商联主要领导带队，率10余家民营企业赴内蒙古通辽对接扶贫项目、看望困难群众。16区工商联也展开行动，累计组织500余家民营企业到内蒙古20余个贫困旗县开展精准扶贫工作。

（市工商联）

【赴青海省玉树州对接脱贫攻坚】9月13日至17日，北京市委统战部副部长、市工商联党组书记赵玉金，带领蓝调庄园文化发展有限公司、北京中和珍贝科技有限公司、商鲲教育集团、东华软件股份公司、东方园林、纳通医疗集团、北京王府学校、中关村智慧环境产业联盟，组团赴青海省玉树州对接脱贫攻坚工作。玉树州援青指挥部副指挥马晨参加调研考察工作。市工商联一行实地考察了囊谦县北京援建农牧民住房项目，囊谦县饲草料加工基地及高标准温室大棚等项目，深入乡、村调研贫困牧民脱贫致富的具体模式。在与玉树州前指座谈中，双方围绕扎实推进产业扶贫、教育脱贫、医疗扶贫等相关工作交换了意见。其中，北京中和珍贝科技有限公司向玉树市隆宝镇捐款10万元，用于当地教育帮扶工作；王府教育集团与玉树州达成远程教育合作意向；商鲲教育集团与玉树州教育局达成职业教育和就业帮扶合作意向；纳通医疗集团与玉树州卫生局达成捐助合作意向，考察团还针对当地的资源禀赋、民族文化特色等提出了促进玉树文化旅游产业发展的建议。

（市工商联）

【参加“中国光彩事业怒江行”】10月12日，由中国光彩事业促进会、云南省人民政府共同举办的“中国光彩事业怒江行”活动在云南省怒江州举行。北京市委统战部副部长、市工商联党组书记赵玉金带领7位北京民营企业家参加活动。赵玉金率北京团考察了怒江特色产品展销，并参加了产业投资项目签约和公益捐赠仪式。其中，北京中和珍贝科技有限公司捐资120万元支持教育扶贫，北京博龙阳光新能源高科技开发公司捐赠价值25万元太阳能路灯设备用于贫困山区和农户照明，北京中资投资有限公司出资100万元、北京新世纪东方集团出资20万元、北京圣火科技公司出资20万元参与消费扶贫。北京中视创客文化传媒有限公司为怒江企业与东部省市民营企业合作提出“光彩事业企业帮扶计划”。

（市工商联）

【首次发布北京民营百强企业】10月19日，2018北京民营企业百强发布会在雁栖湖国际会展中心召开。发布会上，北京市工商联发布了2018北京民营企业百强榜单和专项调研报告。位居北京民营企业百强前三甲的公司分别是京东集团、联想控股股份有限公司和国美控股集团有限公司，营业收入总额均超过3000亿元，并以此跻身全国民营企业500强前十强。年内，北京民营企业百强中有15家企业入围全国民营企业500强。民营企业百强调研与发布活动受到全国工商联、北京市委、市政府高度重视，北京市23个委办局形成联席会议制度，通力支持本次活动。会上，除发布“北京民营企业百强”榜单外，还发布了“北京民营企业科技创新百强”“北京民营企业文化产业百强”“北京民营企业社会责任百强”榜单，以及《2018北京民营企业百强调研分析报告》《2018北京民营企业科技创新百强调研分析报告》《2018北京民营企业文化产业百强调研分析报告》和《2018北京民营企业社会责任百强调研分析报告》。北京民营科技创新百强企业研发投入持续走高，软件和信息服务、新一代信息技术和医药健康产业，累计占比超过60%，均属于北京市十大高精尖产业。文化产业百强坚持将社会效益放在首位，通过“文化+”的多种形式，推动文化跨界融合、多元化发展。从北京民营企业社会责任百强中则可以看出，精准扶贫已成为北京民营企业履行社会责任的重要抓手。

（市工商联）

【首都民族团结进步表彰大会】 10 月 23 日，第 8 届首都民族团结进步表彰大会在北京会议中心召开。北京市委书记蔡奇、市政协主席吉林、中央统战部副部长侍俊、国家民委副主任赵勇和北京市有关领导出席。市委常委、统战部部长齐静宣读了表彰决定，138 个先进集体和 245 名先进个人获得表彰，其中，市工商联光彩事业办公室和光彩办副主任车向宇同志分别获得首都民族团结进步先进集体和先进个人称号。

（市工商联）

【赴和田地区开展扶贫协作】 10 月 23 日至 26 日，市委统战部副部长、市工商联党组书记赵玉金，带领民营企业家赴和田地区开展扶贫协作产业对接工作。市工商联一行实地考察了 224 团大枣种植基地、昆仑枣业公司、红枣文化馆、洛浦县考察京洛小微产业园、工业园区、墨玉县服装纺织产业园、扶贫车间、和田县考察巴格旗镇核桃市场、和田市考察服装纺织产业园、扶贫车间。在与援疆和田指挥部的座谈中，双方围绕扎实推进产业扶贫、教育脱贫等相关工作交换了意见。其中，北京博龙阳光新能源高科技开发有限公司向和田市捐赠太阳能路灯 400 盏，商鲲教育集团与和田地区教育局达成职业教育和就业帮扶合作意向，依文服饰股份有限公司、北京巴比龙时装有限公司、北京靓诺派时装有限公司对和田地区服装纺织产业和扶贫车间提出了专业发展建议并初步达成订单合作意向。考察团还针对当地的资源禀赋、民族文化特色等提出了促进和田地区文化旅游产业发展的建议。

（市工商联）

【开展“扶贫协作十堰行”】 10 月 30 日至 11 月 2 日，市政协副主席、市工商联主席燕瑛带领 40 余位非公有制经济代表人士赴湖北省十堰市开展“扶贫协作十堰行”，市工商联一行先后实地考察了郧西县城关镇小河村产业扶贫基地、张湾区西城高端装备产业园、丹江口工程展览馆、城市黑臭水体综合治理马家河示范段、东风越野车有限公司、东风商用车总装工厂等，深入贫困村看望慰问建档立卡贫困户，了解“万企帮万村”产业扶贫项目，调研十堰市经济社会发展、服务南水北调中线工程等工作情况，并召开了北京市非公有制经济人士扶贫协作十堰行座谈会。座谈会上，北京市工商联与十堰市工商联签订了对口协作协议，北京市汽车物流商会、中关村智慧环境产业联盟、北京临空惠民文化传播有限公司等分别与十堰市直商会、区工商联、贫困村共签订结对合作协议 8 个，北京国素生态科技公司等企业分别与十堰市区政府签订投资合作项目 3 个，协议总金额 13 亿元，北京圣林工艺品有限公司、利亚德集团等分别捐赠公益广告宣传、智慧教室系统、智慧电气系统、LED 显示屏等物资，价值总金额达 524.31 万元。十堰市工商联向北京市工商联赠送了“共饮一江水、京十心连心”锦旗。

（市工商联）

【第 22 届京港会开幕】 10 月 24 日，第 22 届北京 · 香港经济合作研讨洽谈会（以下简称京港会）在京开幕。此届京港会以“携手‘一带一路’建设，谱写京港合作新篇章”为主题，共安排 15 项活动，包含 3 项重要活动、10 项“机遇、合作、发展”专题活动以及 2 项展示与投资咨询洽谈活动。其中，10 项专题活动聚焦“一带一路”建设和扩大开放合作、科技和文化创新合作、重大工程建设合作、城市治理合作四大板块，全面对接京港两地发展战略，拓展和深化两地在各领域的高质量合作。市工商联作为京港会主办单位之一，参与并广泛动员，在各区工商联的大力配合下，突出行业重点，组织保福集团、东方美亚投资有限公司、北京志起未来营销咨询集团、北京法政实业集团有限公司、北京互联网金融安全示范产业园、吉野家餐饮有限公司、北京陶瓷商会、东城区青创会等 38 位商会或企业代表参加了京港会，涉及领域包括金融、投资、地产、法律、保险、科技、餐饮、文化等诸多行业。与会代表分别参加了京港会开幕式、北京城市副中心推介会、“京港科技创见未来”中关村专场活动、京港科技创新合作专题活动、京港文化创意产业授权发展论坛、京港高精尖产业合作专题活动、参观中关村智造大街等专场活动，与香港企业进行了对接交流，共商合作发展新模式。活动期间，市工商联副主席、小米集团董事长兼CEO雷军作为特邀嘉宾，在京港携手共建“一带一路”专题活动中做题目为《深化科技与金融合作，共创京港两地新经济的美好未来》的主题演讲。市工商联非公经济发展服务基地东方美亚投资有限公司（北京文化产业商会）、北京融商“一带一路”法律与商事服务中心、四达时代、江泰保险、德威集团共5家企业作为积极参与“一带一路”建设、促进地区经济发展典型入选《京港携手共建“一带一路”》专刊，在京港会上予以推介。

（市工商联）

【帮助民企破解融资难】11月22日，市工商联与市金融监管局、工商银行北京分行召开民营企业金融服务对接会，听取了中商惠民（北京）电子商务有限公司、北京中航智科技有限公司企业发展及融资问题情况，工商银行北京分行副行长张展指出，将推进主办行制度，通过银行牵头，畅通多种融资渠道，加大金融服务力度，助力民营企业发展。市金融监管局党组书记、局长霍学文指出，将与市工商联开展战略合作，开辟多种渠道，建立综合服务平台，针对不同类型民营企业开展精准定向金融服务。市政协副主席、市工商联主席燕瑛指出，市工商联将积极发挥桥梁纽带作用，深入开展调研，了解民营企业需求，与相关部门和金融机构对接，切实帮助民营企业解决融资问题。

（市工商联）

【第9届非公经济金融服务推进会召开】12月14日，由市工商联、市地方金融监督管理局联合主办，大兴区工商联、北京市工商联经济专委会、北京投融资商会、北京金融安全产业园协办的“2018年首都非公经济金融服务推进会”召开，此会已连续举办9届。市工商联、市金融监管局等有关部门领导和商协会、民营企业负责人等近500人参加了此次活动。此届推进会整合北京银行、“京投网”普惠金融平台、北京金融安全产业园等各类金融服务资源，发布特色化金融定制服务方案。同时，工商银行、北京银行与民营百强企业拉卡拉集团、中航智科技成功签订专属金融服务协议，给予民营企业实实在在的金融支持。

（市工商联）

【参与中国国际进口博览会】年内，市工商联动员各区工商联和有关商会，积极组织民营企业加入北京交易团，推动民营企业以中国首届进口博览会为重要平台，充分利用全球资源，积极开拓国际进口渠道，全面助力“一带一路”建设。中国国际进口博览会期间，北京交易团举办专场主题活动1场、专题签约仪式9场、各交易分团配套活动58场，就符合北京产业发展方向的品牌产品、前沿技术、优质服务等领域开展深入交流、洽谈、签约，达成预期目标。据不完全统计，北京交易团赴上海参观首届进口博览会的民营企业有3000余家，6天内有近1万人次入场参观。其中，民营采购企业共达成1年期以内的意向成交额约30亿美元，主要涉及高端制造装备、食品、健康医疗等民生领域、新技术合作、跨境电商、服务贸易等领域。

（市工商联）

校办产业

【概况】年内，市教委所属133家企业参加市财政局、市国资委年终决算及统计工作。根据2017年度国有资产统计情况，企业年末资产总额51亿元，负债总额11亿元，所有者权益40亿元，实现国有资产保值增值102.65%。企业营业总收入18亿元，净利润1.54亿元，上缴税费1.45亿元。截至年底，来自不同高校的科技成果推广最终入库科技成果173项，涵盖符合北京市关于加快科技创新构建高精尖经济结构重点发展方向的各产业领域。其中，校产中心科技成果转化服务平台项目数据库项目150项、众筹联盟科技成果转化项目储备库项目23项。入库科技成果数量较上年提高73%，成果新颖程度、资料翔实程度、与国家产业化政策的契合度等质量指标也获得较大提升。科技成果已全部录入北京市校办产业管理中心网络数据库，并向社会发布。在此基础上完成《智库（2019）》的编辑出版工作。

（宋慧宇）

【产城融合项目集中签约】1月18日，遵义国家经济技术开发区（汇川区）与北大资源等七大集团11个产城融合项目集中签约仪式在遵义市汇川区行政办公中心隆重举行。

（宋慧宇）

【全球首个跨国海关查验系统交付使用】1月，由同方威视实施的全球首个跨国海关集装箱图像互联查验系统在波罗的海三国交付。

（宋慧宇）

【打造产城融合典范】2月4日，北大资源与拉萨市堆龙德庆区政府签订战略合作协议，共同打造“梦想城”产城融合典范。北大资源成都公司总裁潘娟娟与拉萨市堆龙德庆区区长杜江分别代表双方在协议上签字。2月13日，北大资源集团携手五矿信托，与青海省国家高新技术开发区在青海省西宁市举行会谈，三方就共同建设青海省高新区进行商讨并达成共识。7月19日，北大资源集团与上饶县人民政府在北京举行会谈并签署战略合作协议，双方就共同推进上饶县科创产业落地及产城融合发展达成一致。

（宋慧宇）

【制定应急信息交互领域国家标准】2月6日，由清华大学公共安全研究院、国家预警信息发布中心、辰安科技等参与制定的国家标准《应急信息交互协议第1部分：预警信息》和《应急信息交互协议第2部分：事件信息》获准发布，填补了应急信息交互领域关键性国家标准的空白。

（宋慧宇）

【4项国家标准获准颁布】2月6日，博奥生物主导制定的国家标准——《微阵列生物芯片反应仪技术要求》《微阵列生物芯片清洗仪技术要求》获准颁布。5月14日，博奥生物主导制定的国家标准《基于微阵列芯片的遗传性耳聋基因检测方法》《结核分枝杆菌耐药基因芯片检测基本要求》获准颁布。

（宋慧宇）

【1家公司被认定创业创新示范基地】2月28日，根据《北京市中小企业公共服务示范平台管理办法》《北京市小型微型企业创业创新示范基地管理办法》，经评审和公示，北京北化大科技园有限公司被认定为北京市小型微型企业创业创新示范基地。

（宋慧宇）

【血脂康胶囊荣登榜单】2月，北大维信血脂康胶囊荣登代谢类中药大品种科技竞争力榜单首位，血脂康自2016年连续2年上榜代谢类中药大品种科技竞争力榜单，科技因子从第2位跃升至首位。

（宋慧宇）

【第7届储能国际峰会召开】4月2日至4日，第7届储能国际峰会暨展览会2018（ESIE）在国家会议中心（北京）召开。华北电力大学资产公司组织学校自主研发、达到国内领先水平的“华电芯”及“华电智”等创新产品参加了本次展会。华北电力大学飞轮储能系统关键技术研究成果参加了本次峰会的“国际储能创新大赛”并成功晋级总决赛。

（宋慧宇）

【中国首批自主研发芯片年内量产】4月11日，由紫光集团联合国家集成电路产业投资基金等投资建设的国家存储器基地项目芯片生产机台进场安装，中国首批拥有完全自主知识产权的32层三维NAND闪存芯片年内量产。

（宋慧宇）

【“世界首套转炉煤气制甲酸”项目开工】4月17日，“世界首套转炉煤气制甲酸”项目在山东阿斯德科技有限公司开工，该项目采用北京北大先锋科技有限公司的“钢厂尾气创新利用4.0”技术，将山东石横特钢集团有限公司的转炉煤气用于20万吨/年甲酸生产，创造经济效益的同时减少二氧化碳排放30万吨/年，开创了国内“钢化联产”模式的先河。

（宋慧宇）

【世界首套光子矿石快速品位分析系统】5月7日，同方威视与澳大利亚科学家共同研发、独立生产的世界首套光子矿石快速品位分析系统剪彩仪式举行，同方威视高能X射线技术首次应用于矿产领域。

（宋慧宇）

【北大资源双创园入驻天竺镇】6月4日，北大资源天竺双创园项目签约仪式在顺义天竺镇政府举行，北大资源旗下文化艺术传播公司携手天竺镇政府共同构建顺义“文创产业带”。

（宋慧宇）

【启迪之星首个加拿大孵化基地开业】 6月11日，启迪之星在加拿大的首个孵化器第89区·埃德蒙顿孵化基地开业暨启迪之星——TEC埃德蒙顿加速项目举行启动仪式。

（宋慧宇）

【业务模式创新升级】 6月27日，北大资源集团与浪潮集团在北京举行会谈并签署战略合作协议，双方在科技园区、产业孵化、智慧城市、大健康、大数据、云服务等多个领域达成全面深度合作意向，共同推动业务模式的创新升级。

（宋慧宇）

【成立先进材料研究院】 7月21日，先进材料研究院成立大会成功举办，华北电力大学资产公司邀请了北京市科委、条件平台各工作站及北大基地、清华基地、石化新材料科技产业基地、装备领域中心等负责人参加了活动。资产公司执行董事金海燕兼任研究院战略咨询委员会秘书长。

（宋慧宇）

【整理完成高校科技成果】 7月，华北电力大学资产公司响应北京市校产管理中心启动了科技成果收集整理工作；8月，完成北京高校科技产业协会科技成果转化服务分会（众筹联盟）路演项目整理工作；9月中旬，完成并提交共计21项科技成果及项目。

（宋慧宇）

【北大资源获多项业界大奖】 7月，北大资源收获“2018年度中国科创服务领军企业”“2018中国年度科创服务商”大奖，北大资源集团CEO曾刚在论坛中亦获“2018年度中国创新杰出人物”“2018中国年度创新力人物”两项殊荣。

（宋慧宇）

【智能电表项目落地】 7月至8月，华电智连公司取得了国网智芯的芯片授权；7月至9月，华电智连公司成功地将智能电表项目在太原高铁站、通辽高铁站落地。

（宋慧宇）

【转炉煤气项目开工建设】 8月7日，采用北京北大先锋科技有限公司的“钢厂尾气创新利用4.0”技术的世界首套“转炉煤气＋焦炉煤气制乙二醇”项目在山西沃能化工有限公司开工建设。

（宋慧宇）

【中国自主研发项目于海外开工】 8月19日，采用清华大学开发的具有中国自主知识产权的喷雾干化回转窑焚烧技术，以及由北京国环清华环境工程设计研究院有限公司负责设计和施工的孟加拉国达舍尔甘地污水处理厂项目正式开工。

（宋慧宇）

【“智慧能耗装置”项目获特等奖】 9月19日至23日，华电智连信达科技（北京）有限公司参展的“基于电力物联网芯片的智慧能耗装置”项目获得第20届中国国际工业博览会中国高校展区特等奖。

（宋慧宇）

【欧洲最大安检设备生产基地开业】 9月25日，同方威视华沙公司举行新工厂开业庆典，厂房面积5800平方米，建设和运营均达到欧洲最新职业健康安全标准和环境保护标准，投产后将成为欧洲最大的专业安检设备生产基地。

（宋慧宇）

【京津冀协同发展】 9月28日，京津冀大学科技园联盟与承德市开展合作对接。大学科技园与地方政府间搭建了大学科技园与承德市政府的合作平台，建立了有实效的促进科技创新成果产业化落地的服务平台。10月25日，华北电力大学百家企业千名校友资智返保峰会暨京津冀创新券工作交流活动在河北省保定校部一校区成功举办。北京技术交易促进中心、顺义工作站、房山工作站、北大基地、清华基地、北邮基地、北工大基地、中科院基地、北科大基地、北京交通大学基地、北京农学院基地等领导和台友们受邀参加了此次活动，活动后华电基地组织开展了京津冀创新券工作交流。

（宋慧宇）

【启迪之星首个非洲孵化基地开业】 10月14日，启迪之星（开罗）开业仪式举行。这是启迪之星在非洲的首个孵化基地，开启中国—埃及创新合作新通道。

（宋慧宇）

【清华首艘千吨级试验母船交付】 10月29日，由同方江新承担的清华大学首艘千吨级海洋工程试验母船——“清研海试 1”号船正式交付。

（宋慧宇）

【两产品获得医疗器械注册证】 11 月 9 日，博奥晶典发布智能中医检测平台——眼象健康成像仪、基因分型平台——IMAP 系统 LuxScan ™ 10K–D 型微阵列芯片扫描仪，以及个体化用药分子检测产品——抗栓治疗用药相关 6 个基因位点多态性检测试剂盒 3 款产品，其中眼象健康成像仪和抗栓治疗用药相关检测试剂盒均已获得医疗器械注册证。

（宋慧宇）

【国内首创核酸分析仪入选产品目录】 12 月 5 日，科技部社会发展科技司发布《创新医疗器械产品目录(2018)》公示，博奥生物国内首创恒温扩增微流控芯片核酸分析仪 [包括呼吸道病原菌核酸检测试剂盒(恒温扩增芯片法）] 入选。

（宋慧宇）

【埃及启迪 BUE 科技园开园】 12 月 8 日，启迪控股与埃及 BUE 大学合作的埃及启迪 BUE 科技园正式开园，启迪北非中心同期揭牌成立，成为启迪全球创新网络中的重要节点之一。

（宋慧宇）

【方正宽带获得中国专利优秀奖】 12 月 25 日，由国家知识产权局和世界知识产权组织评选的第 20 届“中国专利奖”公布了评审结果，方正宽带申报的专利获得“中国专利优秀奖”。

（宋慧宇）

【北工大公司获批技术转移平台建设支持项目】 年内，北京北工大投资管理有限公司获批北京市科委技术转移平台建设支持项目，获得 77.3 万元技术转移转化工作专项支持建设经费。

（宋慧宇）

【自主研发节能环保方法及系统】 年内，北京中石大能源技术服务有限公司自主研发石油固体废弃物资源化无害化方法及系统，可 99% 的回收石油烃危、固废中的原油，目前接触的石油固体废弃物石油烃含量在 12% ～ 30% 不等，以 1000 吨石油危废为计算单元，可资源化回收的原油为 119 ～ 297 吨，按原油市场价 2800 元 / 吨计算，则经济价值为 33.3 万～ 83 万元。

（宋慧宇）

2019

北京工业年鉴

BEIJING GONGYE NIANJIAN

区工业

本栏目主要记述东城区、西城区、朝阳区、海淀区、丰台区、石景山区、门头沟区、房山区、通州区、顺义区、大兴区、昌平区、平谷区、怀柔区、密云区、延庆区16个区工业发展情况。

综 述

2018 年，北京市规模以上工业企业总产值 19212.9 亿元。其中，首都功能核心区工业总产值 1422.0 亿元，城市功能拓展区工业总产值 3559.2 亿元，城市发展新区工业总产值 9040.2 亿元，生态涵养发展区工业总产值 1204.1 亿元。全市规模以上工业企业单位个数 3197 家。其中，首都功能核心区 73 家，城市功能拓展区 860 家，城市发展新区 1776 家，生态涵养发展区 486 家。全市规模以上工业企业资产总计 48009.5 亿元，主营业务收入 21435.7 亿元，利润总额 1530.0 亿元，应缴税金合计 1230.9 亿元，从业人员平均人数 89.7 万人。

（市经济和信息化局）

东城区工业

【概况】2018 年，面对错综复杂的外部环境以及调整转型年的诸多挑战，东城区紧紧围绕京津冀协同发展战略，严格执行《东城区产业指导目录》，抓好产业调整疏解，推动产业经济提质增效和转型升级，工业运行稳增长和调结构兼顾，全年规模以上工业企业累计实现工业总产值 174.9 亿元，同比增长 2.3%。

（市经济和信息化局）

【软件信息服务业】截至年底，东城区软件信息服务业限额以上单位 240 家，从业人员平均人数 42994 人，较上年同期增长 0.5%。累计实现增加值 396 亿元，同比增长 19.4%，增速在主导产业中位列第 1 名；占地区总产值的 16.3%，位列金融业之后，排名第 2 名；从业人员平均产值 92.16 亿元，排名各主导产业之首，已经成为全区发展最为活跃、增长贡献最高的产业。年内，软件信息服务业实现营业收入 734 亿元，较上年增长 12.1%，利润总额 148.2 亿元，同比增长 23.2%。年内，软件信息服务业实现税收 8 亿元，比上年减收 9500 万元，减收的主要原因是市联通新时空通信有限公司于 2017 年 8 月被中国联通吸收合并，2018 年无入库税金。

（市经济和信息化局）

【促进信息服务业发展】年内，东城区对接北京市高精尖“10+3”系列政策和“9+N”一揽子政策要求，在全市范围内率先出台《东城区促进信息服务业发展的若干意见》。该意见共 10 条，年资金规模为 500 万元，从贡献突出、快速成长、获奖奖励、企业入驻奖励、房租补贴等方面对新成立、新迁入的重点企业和高成长老企业给予扶持，全方位促进东城区信息服务业做大做强。

（市经济和信息化局）

西城区工业

【概况】2018 年，西城区规模以上工业企业保持良好的发展态势，生产、销售等均呈现上升趋势。年内，西城区规模以上工业企业累计完成工业总产值 1247.1 亿元，同比增长 9.3%；累计完成工业销售产值 1247.2 亿元，同比增长 9.3%；工业产销率为 100%，产销衔接良好。

（市经济和信息化局）

【加强科技项目过程管理】年内，西城区组织实施财政科技专项项目管理工作。按照工作节点，西城区完成年度财政科技专项前补助项目首批资金拨付工作和部分项目的结题验收工作，后补助项目一次性拨付全部财政支持资金。申报期内共征集项目 140 项，通过两次专家评审，共有 58 个项目拟予立项（草案）并通过政府常务委员会批准。其中，可持续发展类项目 15 个、科技创新类项目 43 个。支持资金总额 3070.28 万元。

（市经济和信息化局）

【编制 2017 版技术交易统计年报】年内，西城区完成《北京市西城区技术交易统计年报 2017》编制。年报从综述、输出技术、吸纳北京市技术、战略性新兴产业技术交易现状、中关村西城园技术交易现状、西城区辐射津冀技术交易现状等几个方面对西城区技术市场进行了全面的剖析。

（市经济和信息化局）

【加强知识产权公共服务体系建设】年内，西城区继续推进普天德胜孵化器、金丰和孵化器知识产权服务指引试点建设。组织普天德胜、金丰和孵化器有限公司申报市知识产权局“中小企业知识产权集聚发展示范区”，进一步提升创新创业载体知识产权服务水平。

（市经济和信息化局）

【推进优势企业培育】年内，西城区对2017年申报获得国家知识产权示范企业、北京市专利示范单位、北京市专利试点单位的10家企业单位给予财政资金专项资助，资助经费总额95万元。开展北京市知识产权试点示范单位申报初审工作。对2017年前认定的北京市专利试点示范单位进行集中确认。

（市经济和信息化局）

朝阳区工业

【概况】2018年，朝阳区规模以上工业企业累计实现工业总产值741.6亿元，同比增长3.0%。产值总量排名前五的支柱行业累计实现产值536.5亿元，同比增长8.4%，占区域产值总量的72.3%，拉动全区工业总产值增长5.7个百分点，是全区工业生产向好的有力支撑。其中电力、热力生产和供应业累计实现产值208亿元，同比增长15%，开采专业及辅助性活动累计实现产值106.9亿元，同比增长17.3%，医药制造业累计实现产值87.5亿元，同比降低9.1%，电气机械和器材制造业累计实现产值75亿元，同比增长5%，非金属矿物制品业累计实现产值59.1亿元，同比增长6.5%。

（区发展改革委）

【京东方加强创新技术应用】年内，京东方布局8K业务。加强与中国联通“8K+5G”合作，推出8K超高清系统解决方案，包括110英寸8K超高清显示、65英寸8K裸眼3D显示、8K影像服务云平台等。创新物联网产品。在2018世界集成电路大会展出46英寸X-ray平板探测器件，支持全身扫描，可进行一次性无拼接摄影成像，达到国际领先水平。推出智能家居创新解决方案。推出搭载21英寸大屏幕的智能冰箱，通过触控和语音操作，实现管理食材、查阅菜谱、在线购物等功能。京东方智慧零售解决方案在柏林国际电子消费品展览会（IFA）上获“2018IFA产品技术创新大奖物联网应用创新金奖”。

（区发展改革委）

【开展蓝天保卫战2018年行动】年内，朝阳区制定“1+2”方案，明确“25+40”项重点任务。出台行动计划和机动车排放管理、扬尘污染治理2项强化措施，聚焦PM2.5污染治理，强化移动源排放监管，突出扬尘污染精细化管理，深度治理挥发性有机物污染。加强能力建设精准治污。建设覆盖全区600个点位的细颗粒物自动监测网络；组织污染源调查，重点开展挥发性有机物专项调查；对重点区域开展监测溯源及靶向治理。完善工作机制压实责任。实施“月排名、月通报、季调度”调度机制，将行动落实纳入区政府重点督查任务，实施年度绩效考核。加强宣传动员多元共治。开展环保科普宣传，加大信息公开，引导公众理性对待、科学认知、共同参与大气污染治理。

（区发展改革委）

【4家企业入选两化融合贯标试点企业】年内，朝阳区360安全、东方国信、安东石油、石化工程4家企业入选工业和信息化部“2018年国家级信息化和工业化两化融合管理体系贯标试点企业”。

（区发展改革委）

【推出“完全自主可控”国产CPU芯片】年内，北京中电华大电子设计公司采用杭州中天微系统公司嵌入式CPU内核CK802，成功研发出完全自主可控的国产双界面金融卡SoC芯片，为国产金融芯片增加“双重保险”，扭转中国金融IC卡依靠国外嵌入式CPU内核的被动局面，对加快国产自主可控嵌入式CPU内核发展和建立稳固的市场地位具有重要作用。

（中关村朝阳园管委会）

海淀区工业

【概况】2018 年，海淀区规模以上工业企业延续高速增长态势，实现工业总产值 2311.2 亿元，位列城六区第 1 名、全市第 2 名；同比增长 11.9%，高于全市 7.5 个百分点，位列全市第 2 位。规模以上工业总产值中高技术制造业产值占比 71.2%，同比增长 5.4 个百分点。六大产业的工业总产值同比增速三升三降，电子信息、生物医药、能源生产和供应产业上升，装备、基础与新材料和消费品产业下降。工业总产值排序在行业首位的是电子信息产业，实现工业总产值 1439.1 亿元，占海淀区工业总产值的比重为 62.3%，同比增长 22.4%，拉动海淀区工业总产值提升 13.9 个百分点。排序第 2 位的是装备产业，实现工业总产值 616.6 亿元，同比下降 6.2%。排序第 3 位的是基础与新材料产业，实现工业总产值 103.8 亿元，同比下降 2.2%。排序第 4 位的是生物医药产业，实现工业总产值 77.2 亿元，同比增长 56.8%。排序第 5 位的是消费品产业，实现工业总产值 57.9 亿元，同比下降 8.7%。排序第 6 位的是能源生产和供应产业，实现工业总产值 16.6 亿元，同比增长 16.1%。

（郑　雪）

【滴滴收购巴西最大共享出行服务商】1 月 4 日，中国滴滴出行公司宣布收购巴西共享出行服务商 99 公司。据巴西媒体预计，99 公司估值约为 10 亿美元。成功收购 99 意味着滴滴将巴西视为在拉美地区与优步开展竞争的重要一环。

（郑　雪）

【百度发布 Apollo2.0 版本】1 月 8 日下午，百度在美国拉斯维加斯举行的发布会上，正式发布了 Apollo（阿波罗）2.0 版本。Apollo 已成为全球最具活力的自动驾驶开放平台，目前 Apollo 2.0 版本总共有 16.5 万行代码。硅谷自动驾驶创业公司 Autonomou Stuff 在一周内就将 Apollo 1.0 车辆升级为“Apollo 2.0 版本”，实现了昼夜简单城市道路自动驾驶，充分体现 Apollo 2.0 的灵活性和易用性。

（郑　雪）

【中国企业参加 2018 国际消费电子展】1 月 9 日，第 51 届国际消费类电子产品展览会（CES）在美国拉斯维加斯开幕，人工智能、智能家居、电动汽车等成为此届 CES 关注的热点，而虚拟现实、增强现实、智能穿戴、机器人、无人机及各种黑科技则是展览会重要的组成部分。在此次 CES 上，中国企业强势且抢眼，参展商多达 1551 家，占展商总数的 1/3。来自北京的参展企业近 100 家，核心区企业以各种形式参与 CES——百度、京东、联想、美团、旷视等大企业自行参展；中关村海外科技园公司组织搜狗、准儿翻译机、因时机器人等 16 家企业参与集中展示，展示面积达 230 平方米；海淀园第 11 次组团参加 CES 展，组织了佰才邦、同方股份、网易有道、灵境世界、清锋科技等 15 家园区企业集中展示。参展企业中，百度展示了无人驾驶 APollo 2.0；科大讯飞和咪咕在 CES 上联合发布了全语音人工智能耳机——莫比斯；联想发布了全球首款 Daydream VR 一体机 Mirage Solo 以及让用户能够轻松制作虚拟现实内容的 Mirage Camera 等多项新技术。

（郑　雪）

【小米 MIX2 手机获人民匠心产品奖】1 月 15 日，中国质量提升高峰论坛暨 2017 人民匠心产品奖颁奖盛典在人民日报社新媒体大厦举行。继小米 MIX2 手机作为中国消费电子产品首次被法国蓬皮杜中心收藏，以及在央视《消费主张》栏目中小米 MIX 被力挺为全球首款全面屏手机后，小米 MIX2 再次荣获 2017 人民匠心产品奖。

（郑　雪）

【小米 MIUI9 正式上线“刷门卡”】1 月 19 日，小米 MIUI 官方微博正式公布，小米手机新增加一项功能——“刷门卡”功能。“刷门卡”功能指的是，只要经本人授权后，就可以把门卡模拟到手机中，用手机代替门卡，让出行更方便。在 MIUI（米优）系统中，用户只要进入“小米钱包”，根据系统的提示即可快速完成门卡添加操作。

（郑　雪）

【联想开全球首家智生活店】1 月 28 日，联想全球首家新零售店——联想智生活直营店在北京金源燕莎开业。过去 30 余年，联想从创建代理分销制，到建立“1+1”特许专卖店体系，再到电商营销，一直引领全球 IT 零售新变革。全球首家智生活店的运营，标志着联想正式开启了第 4 次零售模式的变革。

（郑　雪）

【小米推出新一代 AI 语音助手】1 月，小米公司在其小米社区中发布一款语音助手智能音箱。这个设备搭载两种语音助手，一个基于小米人工智能技术为中国家庭设计打造的；另一个则类似亚马逊 Alexa 专门针对西方市场打造的，这种双 AI 人工智能支持功能能够让其同时打开中西方市场的大门。

（郑 雪）

【联想之星完成基金募集】2月1日，联想之星宣布完成8亿元三期基金募集，这是联想之星成立10年来首次吸收外部LP。此前，联想控股是联想之星唯一的LP。在三期基金的LP构成中，新增LP有国科控股、香港鼎珮投资集团（周大福集团）、宜信母基金、弘毅投资等主流母基金和家族财富基金，而联想控股仍是最大出资LP。截至三期基金募集完成，联想之星目前共管理5支、总额约25亿元的天使投资基金，已投资200个项目。

（郑 雪）

【人工智能研究院成立】2月8日，北京前沿国际人工智能研究院在海淀区宣布成立。该研究院由创新工场、北京集成电路设计园有限公司、旷视科技、商汤科技、臻迪科技、中科院计算机网络信息中心、金山云共同发起，按照“1个研究院+N个创新中心+N个科研条件平台”的3层开放式组织架构组建。创新工场CEO李开复任研究院首任院长。第1批将设立3个创新中心，均为独立运营的企业，分别为创新工场牵头发起的北京人工智能基础研究创新中心，商汤科技牵头发起的北京智慧社会创新中心，臻迪科技牵头发起的北京人工智能专利创新中心。另外，由中科院计算机网络信息中心牵头，会同商汤科技、旷视科技、金山云搭建人工智能计算及数据应用服务平台。

（郑 雪）

【首个自动驾驶车辆封闭测试场启用】2月9日，北京市首个自动驾驶车辆封闭测试场——国家智能汽车与智慧交通（京冀）示范区海淀基地正式启用。百度、北汽新能源、北汽福田、恒润经纬、禾多科技等企业的自动驾驶车辆正式启动在海淀基地内的研发测试。

（郑 雪）

【小米授权店在菲律宾开业】2月19日，菲律宾第1家小米授权店开业，当天2000多人前往购买。小米授权店作为国外版的小米之家，是小米公司加快国际化步伐，进军国际市场的战略布局之一。

（郑 雪）

【小米手机新产品亮相世界移动通信大会】2月26日，世界移动通信大会（MWC）在西班牙巴塞罗那开幕，三星、索尼、LG等厂商新机陆续亮相，小米公司也在本次展会上展出了自家产品。红米 Note 5 Pro 采用5.99英寸2160×1080显示屏，首发高通骁龙636处理器，提供4/6GB LPDDR4X内存+64GB存储，后置1200万+500万像素双摄像头，前置摄像头为2000万像素，电池容量为4000毫安时。

（郑 雪）

【碧水源中标48亿元水环境治理项目】2月，碧水源与旗下全资子公司北京久安建设投资集团有限公司组成的联合体，中标江苏扬中市水环境综合整治工程PPP项目，金额达48.4亿元，这是截至目前碧水源中标数额最大的一个涉水项目。碧水源以丰富的水环境综合治理经验，以及PPP项目的运作优势，赢得了此项目的青睐。

（郑 雪）

【小米公司供应链金融资产支持证券发行】3月2日，小米公司供应链金融资产支持证券100亿元储架发行取得上交所无异议函，成为国内首单支持新经济企业供应链金融的资产支持证券，首期拟发行规模5亿元。

（郑 雪）

【联想位列3·15PC厂商售后暗访结果第1名】“3·15国际消费者权益日”前夕，中关村在线电脑事业部针对联想、惠普、戴尔、华硕、雷神、机械师、机械革命、神舟、炫龙、宏基十大PC厂商的售后服务情况，开启为期1个月的售后暗访行动。3月15日，中关村在线发表文章《凭良心说话 十大PC厂商售后暗访横评出炉》，对暗访情况进行了综合介绍，同时公布10家厂商售后暗访的综合打分表，联想以98分（总分为100分）的高分位列第1名。

（郑 雪）

【同方威视连续11年担当“两会”安全卫士”】3月，全国“两会”期间，同方威视承担了人民大会堂、代表委员下榻宾馆、首都国际机场和西郊机场的安保任务，实现了“全方位”布防，“全过程”参与，“全天候”保障。这已是同方威视连续11年为全国“两会”保驾护航。

（郑 雪）

【中关村人工智能双创基地亮相】3月，坐落在知春路上、总面积2万平方米的中关村人工智能创新创业基地投入试运行，着力打造人工智能领域的创新创业生态系统，形成以“人工智能＋传统产业提升”为主题的人才培养与产业集聚的创新应用示范基地。基地已入驻人工智能项目20余个，拟入驻项目50余个。基地首创了AI矩阵服务，包括“一平台、四体系、五支撑”。“一平台”即中关村人工智能创新创业服务平台；“四体系”包括创新孵化、人才培养、成果转化、市场推广体系；“五支撑”涵盖政策支持、空间运营、科研院所、金融服务、创新企业等。中关村人工智能创新创业基地还与北京航空航天大学软件学院、中科院计算机网络信息中心、百度、腾讯、英伟达等共建人工智能领域联合实验室。

（郑　雪）

【紫光展锐与英特尔达成5G全球战略合作】3月，紫光展锐与英特尔宣布达成5G全球战略合作，联合开发搭载英特尔5G调制解调器的全新5G智能手机平台，并计划于2019年推向市场。

（郑　雪）

【旷视科技获评智能建筑行业最具影响力品牌】3月，凭借新一代人脸抓拍摄像机MegEye–C3S，旷视科技Face++获评“2018中国智能建筑行业最具影响力品牌”。这一奖项是由国家住建部主管、中国建筑协会主办的国家级权威建筑杂志《智能建筑》组织评选的，是智能建筑行业重要的评选之一。新一代人脸抓拍摄像机MegEye–C3S是旷视科技Face++全新的AI系列产品。旷视科技将人脸识别、视频结构化等人工智能技术嵌入MegEye–C3S之中，使它具备强大的人像捕捉和智能分析能力。它可以在前端即完成对视频流中人员的检测、抓拍及数据分析，从而减少数据回传量，减轻后台服务器的计算压力。实际应用中，它主要服务于安防人像卡口业务应用，特别适用于人流密集的通道、出入口等场景，实现对人群中人脸的精准捕捉。

（郑　雪）

【自然交互体验联合实验室成立】4月3日，清华大学与阿里巴巴宣布共同成立清华大学—阿里巴巴自然交互体验联合实验室，双方将在情感认知计算、实体交互、多通道感知等领域开展研究，探索“下一代人机自然交互”的未来。

（郑　雪）

【小米公司在印度再开3家手机工厂】4月9日，小米公司在印度举办首届供应商投资峰会，宣布将在印度新开3家手机工厂。同时，小米公司在印度合作运营一家移动电源工厂也将开启手机制造。至此，小米公司在印度的手机工厂数量达到6家。小米公司已经成为印度市场份额第1名的智能手机厂商。根据IDC数据，小米公司2017年第4季度的市场份额已达26.8%。在2018年中国智能手机寒冬的形势之下，小米公司在印度新设工厂也意味着将继续加大在印度等国际市场的投入。小米公司在印度已拥有每秒生产1部手机的强大生产能力，75%以上的小米手机已实现在印度本土化生产。

（郑　雪）

【商汤科技完成6亿美元C轮战略融资】4月9日，商汤科技（SenseTime）对外宣布完成6亿美元C轮战略融资，再次创下全球人工智能领域融资纪录，公司估值超过30亿美元。

（郑　雪）

【科大讯飞与国际电信联盟签署战略合作协议】4月17日，科大讯飞股份有限公司与国际电信联盟在日内瓦国际电信联盟总部签署战略合作协议。双方将以开放的态度发挥各自优势，共同开展国际电联智能语音和人工智能技术的研究与应用。

（郑　雪）

【联想控股成全国首家H股全流通试点公司】4月20日，中国证监会宣布，联想控股股份有限公司成为全国首家开展全流通试点的公司。自中国证监会2017年12月29日宣布开展全流通试点后，各项准备工作已基本就绪。

（郑　雪）

【众清科技荣获2018年德国红点设计大奖】4月，素有国际工业设计界“奥斯卡”之称的德国红点奖设计大奖（Red Dot Award: Product Design）结果揭晓，海淀创业园在孵企业众清科技的CoClean离子塔·骑士凭借卓越的设计品质和科技创新，从59个国家（地区）、6000余件参赛作品中脱颖而出，获得红点产品设计奖，并入选成为德国Essen红点博物馆展出作品，进行全球巡回展。

（郑　雪）

【小米集团投资孵化超210家公司】5月2日，小米集团正式向香港交易所递交招股书，联席保荐人为中信里昂证券、高盛和摩根史丹利。截至5月2日，小米共投资或孵化超过210家公司，包括90余家专注于发展智能硬件及生活消费产品的公司。

（郑　雪）

【寒武纪发布新款AI芯片】5月3日，智能芯片设计公司寒武纪科技正式对外发布新款AI芯片，其合作伙伴曙光公司也同步推出搭载寒武纪云端智能芯片MLU100的服务器产品系列“PHANERON”。PHANERON是全球首款基于寒武纪芯片的AI专用云端服务器，可以支持2～10块寒武纪MLU处理卡，可灵活应对不同的智能应用负载。以升级版PHANERON–10为例，单台专用服务器可集成10片寒武纪人工智能处理单元，能为人工智能训练应用提供 832T 半精度浮点运算能力，为推理应用提供 1.66P 整数运算能力，相当于将一个 200 台以上的普通计算集群提供的计算能力，压缩到一个 4U 的计算节点中，而实际能耗只有 1.2 ～ 1.3 千瓦，能效提升 30 倍以上。

（郑　雪）

【联想集团成立智能设备业务集团】5 月 8 日，联想集团董事长兼 CEO 杨元庆通过内部信宣布正式成立全新的智能设备业务集团（Intelligent Devices Group，简称 IDG）。组织升级后，联想原个人电脑和智能设备业务集团（PCSD）、移动业务集团（MBG）将整合成智能设备业务集团，与原数据中心业务集团(DCG)协同发力"智能设备 + 云"和"基础设施 + 云"，共同迎战智能变革时代。

（郑　雪）

【小米 MIUI 与雀巢怡养联合】5 月 16 日，小米 MIUI 与雀巢怡养正式宣布强强联合，以科技为健康赋能，开启智能营养新时代。在当天双方举办的"健康即未来"智能营养健康战略合作发布会上，雀巢和小米 MIUI 表示，将紧密合作，把膳食营养建议的科学算法与智能科技物联技术相结合，为膳食营养真正插上科技的翅膀，真正惠及和助力国民健康。这不仅是互联网和国民营养健康产业在全球范围内的第 1 次联手，也是实现"国民健康无龄化"的重要一步。

（郑　雪）

【小米公司登陆法国】5 月 22 日，小米公司在巴黎举行发布会，宣布进入法国市场。位于巴黎的法国首个小米授权店和法国小米官方网上商城当天同步开业。

（郑　雪）

【出门问问发布国内首款"问芯"】5 月 24 日，出门问问信息科技有限公司发布了国内首款已经量产的 AI 语音芯片模组"问芯"Mobvoi A1，赋能 IoT 产业。出门问问的 AI 语音芯片模组"问芯"Mobvoi A1 是中国首个已经量产的 AI 语音芯片模组，它可以帮助传统家电厂商获得远场语音交互的能力。未来人们在家中只需要动动口便可通过语音指令操控电视、扫地机器人、音箱、灯泡等大小家用电器。

（郑　雪）

【紫光与 360 达成战略合作】5 月 28 日，紫光集团与 360 集团达成战略合作，将成立"360- 紫光"联合安全实验室，利用双方软硬件安全领域技术优势，合力打造全面覆盖芯片、终端、网络和云的安全生态链，并在智能家居安全、车联网安全、AI 硬件安全及手机安全等领域展开合作，构建客观权威的安全评估机制，提升整体生态安全性和信任度。

（郑　雪）

【商汤科技 C+轮融资 6.2 亿美元】5 月 31 日，商汤科技 SenseTime 宣布完成 C+ 轮 6.2 亿美元融资，联合领投方包括厚朴投资、银湖投资、老虎基金、富达国际等，深圳市创新投资集团、中银集团投资有限公司、上海自贸区基金、全明星投资基金等跟投，高通创投、保利资本、世茂集团等作为战略投资人参与。截至 5 月底，商汤科技总融资额超过 16 亿美元，估值超过 45 亿美元。

（郑　雪）

【小米 7 款高性价比新产品发布】5 月 31 日，小米公司在深圳召开了年度旗舰产品发布会，会上发布了 MIUI 10 系统，小米 8、小米 8 探索版、小米 8SE 三款手机，小米电视 75 寸版、小米 VR 一体机和小米手环 3 共 7 款高性价比新产品。

（郑　雪）

【全球 AI 芯片排行榜发布】5 月，市场研究公司 Compass Intelligence 发布了最新研究报告，公布了全球 AI 芯片排行榜。在全球前 24 名的 AI 芯片企业排名表中，英伟达（Nvidia）、英特尔（Intel）、IBM 分别位列前 3 名；中国公司占据 7 个席位，分别是华为海思（HiSilicon）位列第 12 名、联发科（MediaTek）第 14 名、Imagination 第 15 名、瑞芯微（Rockchip）第 20 名；芯原（Verisilcon）第 21 名；海淀区寒武纪（Cambricon）第 23 名，地平线（Horizon）第 24 名。

（郑　雪）

【大唐电信与美国高通公司共建合资公司】5 月，大唐电信科技股份有限公司对外正式发出公告，将与美国高通公司设立合资公司的方案，已经被商务部批准通过。经过大唐董事会批准，同意公司全资子公司联芯科技有限公司以下属全资子公司全部股权作为出资额，参与设立中外合资企业瓴盛科技（贵州）有限公司。高通跟大唐这次合作在国内建厂，主要生产低端处理器。

（郑　雪）

【中科院与紫光集团签约】6 月 6 日，中科院计算机网络信息中心与紫光集团旗下新华三集团、紫光云数技术有限公司签约，宣布共同成立"中国科技云技术发展研究院"，加速推进中国科技云的技术发展和突破。

（郑　雪）

【阅微基因与境外大学签署合作协议】6 月 7 日，哈萨克斯坦共和国纳扎尔巴耶夫大学与北京阅微基因技术有限公司在公司总部正式签署战略合作协议。此次合作，是纳扎尔巴耶夫大学第 1 次与中国企业开展实质性的合作，也是国内企业首次在“一带一路”沿线国家投资建设基因检测的项目。

（郑　雪）

【商汤科技进军新加坡】6 月 29 日，人工智能领域领军企业商汤科技与新加坡南洋理工大学、新加坡超级计算中心及新加坡电信签订战略合作备忘录，未来将会与 3 家合作伙伴共同在新加坡及亚洲地区加快人工智能研究，推动大型企业及中小企业数码化，根据行业及社会机构需求打造人工智能解决方案。

（郑　雪）

【联想成为超级计算机全球最大供应商】6 月，在法兰克福举行的国际超级计算大会（ISC）上，联想延续其全球强劲态势，成为 TOP500 榜单上全球最大的超级计算机供应商（以系统数量来衡量）。进入 TOP500 榜单的 500 台最强大的超级电脑中有 122 台是联想装置，占市场份额的 23.8%。

（郑　雪）

【大唐与腾讯签署 5G 战略合作框架协议】6 月，大唐电信集团与腾讯公司签署了关于 5G 战略合作框架协议，为推进 5G 产业化加速。据 C114 中国通信网信息，鉴于 5G 网络高度，其研发、运营呈现出不同于以往 1G 到 4G 时代的特点，大唐和腾讯将发挥各自的优势，加快基于 5G 技术的互联网全新业务合作。双方将以 5G 技术、设备及业务为主线，在核心网、移动边缘计算、网络切片、云平台方面充分展开合作，同时在网络智能化、创新应用、5G 外场试验和应用示范中合作开发和验证 5G 车联网等业务，将 IT 和 CT 技术在 5G 中联合探索应用。

（郑　雪）

【联想控股收购卢森堡国际银行】7 月 2 日，联想控股发布公告宣布，已取得包括来自于卢森堡金融业监管委员会和欧洲中央银行的所有监管及相关审批，并完成了国家发改委的项目备案，成功完成收购 Precision Capital 持有的卢森堡国际银行（BIL）89.936% 股权，耗资约 15.34 亿欧元（约相当于 117.41 亿元人民币）。

（郑　雪）

【旷视科技成立联合实验室】7 月 3 日，旷视科技宣布与上海科技大学共同成立上海科技大学—旷视科技联合实验室，旨在围绕计算机视觉、大数据、人工智能等方面开展合作。旷视科技将充分发挥自身行业技术优势，结合科大的研究力量与条件，将联合实验室发展成为双方科技攻关、人才引进和培养的重要平台，并最终将其打造成为具有世界级影响力的产学研用合作机构。

（郑　雪）

【小米平衡车推出“卡丁车”改装套件】7 月 11 日，小米九号平衡车在官方微博上表示，九号平衡车推出“卡丁车”套件，即将上市。它可以让小米九号平衡车秒变卡丁车，改装套件具有双重防撞保护，内层为钢制主梁，采用“电子刹车 + 机械式手刹”双重制动设计，并内置了有线和蓝牙无线两种通信方式和免充气防爆胎设计。

（郑　雪）

【小米公司与中国移动签订战略合作协议】7 月 13 日，小米与中国移动在京举行战略合作协议签约仪式。双方已经在 4G+ 终端、渠道新零售、智能硬件和 IOT、联合营销、政企和云服务、探索 5G、跨境业务、投资合作等九大领域开展了合作探索。此次小米与中国移动签署战略合作框架协议，对于进一步加强双方合作共赢、构建运营商与互联网企业融合新生态具有重要意义。

（郑　雪）

【小米公司发布区块链产品“米粒”】7 月 18 日，在小米金山云 2018 智能加速网络发布会上，小米公司发布了 2B 的米路通平台和 2C 的小米 Wi–Fi 链，用户可以获取“米粒”作为奖励。针对大型内容供应商，小米的米路通平台能够帮助其更精准地诊断包括连通性在内的多种问题，让内容供应商能够迅速找到网络问题，提升自身网络服务质量。

（郑　雪）

【小米、金山云联合发布新智能网络】7 月 18 日，小米与金山云联合举办“基于边缘计算的下一代智能网络”发布会，双方发布了“1KM 边缘计算”解决方案。方案结合了小米路由器连接上亿台设备带来的优势，融合金山云智能调度、双边加速、内容安全技术，利用边缘计算技术，解决长期困扰业界的从 CDN 节点到 Wi–Fi 终端之间最后一公里的网络速度和安全等问题，相比于传统 CDN 网络，能够将全网整体速度提升 30%。

（郑　雪）

【联想获中国 IT 生态 20 年贡献奖】7 月 26 日，以“技术驱动生态创新”为主题的 2018 中国 IT 生态大会在京召开，会上公布了 2018 中国方案商 500 强榜单，联想凭借在生态领域的卓越成绩，获得“中国 IT 生态 20 年贡献大奖”。联想数据中心业务集团中国区渠道总经理石德楷作为领奖嘉宾参会，与众多行业专家、管理精英一起共议新技术变革下的中国 IT 生态的创新与变革。

（郑 雪）

【联想无人商店开始试运营】7 月 27 日，联想宣布，此前低调上线的无人商店已经进入试运营状态，首家店设立在其自家联想园区当中。无人商店目前可以提供不排队、无收银、无等待的购物体验。若用户在注册时开通免密支付的功能，则在购物时连手机都不用带，直接刷脸即可。

（郑 雪）

【旷视科技获评“人工智能商业价值 TOP100”】7 月，由中国电子信息产业发展研究院、人工智能产业创新联盟、四川省经济和信息化委员会、四川省科学技术协会、四川省贸促会共同主办的 2018 中国人工智能国际合作大会在成都召开。旷视科技公司作为国内最大的人工智能原创技术企业，受邀出席此次大会，并荣获“人工智能商业价值 TOP100”奖项，成为行业商业化探索标杆。

（郑 雪）

【全球健康药物研发中心落户中关村核心区】7 月，由清华大学、比尔及梅琳达·盖茨基金会和北京市政府共同发起成立的全球健康药物研发中心正式落户中关村东升国际科学园。该中心是盖茨基金会在全球首个直接参与创办的实体机构，已在结核病、疟疾等领域开展 10 余个项目的研发工作。

（郑 雪）

【移动端 3D 感知全栈解决方案发布】8 月 8 日，在以“实感世界——真·3D 就现在”为主题的 3D 视觉产业先锋研讨会上，旷视科技首次发布“软硬一体”的移动端 3D 感知全栈解决方案，从算法创新、应用开发、设备制造到解决方案打造 4 个层面，阐释旷视“AI+3D”的发展脉络。

（郑 雪）

【京东小米达成战略合作】8 月 14 日，京东与小米共同发布“京米计划”，双方将结合京东的电商能力与小米的 MIUI 系统级能力，打造更为精准、高效的营销生态体系，赋能京东平台上的品牌商家，为用户提供更好的服务体验。

（郑 雪）

【商汤科技首个海外医疗实验室成立】8 月，商汤科技宣布在美国新泽西成立智慧医疗实验室，这是商汤科技在海外成立的首个医疗研究实验室。该实验室邀请到了人工智能医疗领域的国际专家 Dimitri Metaxas 教授加盟，并担任实验室医学影像分析首席科学家。

（郑 雪）

【小米与日本 NTT 达成全球授权协议】9 月 11 日，日本最大移动运营商 NTT Docomo 已与小米达成一项全球授权协议，该协议覆盖了 NTT 的标准必要无线专利。据悉，“标准必要专利”指的是某些公司研发的专利技术被纳入了行业技术标准，比如全球的 4G、5G 技术标准中就包括了许多公司研发的专利。而根据国际惯例，标准必要专利的持有人，必须公平公开、以合理的费用向所有的企业提供这些专利授权。

（郑 雪）

【旷视科技与亚太电信达成战略合作】9 月 11 日，旷视科技公司宣布与亚太电信达成战略合作，双方将携手开拓中国台湾市场，布局金融业、物流业、制造业等领域。与此同时，亚太电信也将引进旷视科技的人脸识别技术和 FaceID 身份核验服务，实现快速、精准辨别身份，提升工作效率，优化用户体验。

（郑 雪）

【小米在土耳其开设首家授权店】9 月 14 日，小米公司在土耳其伊斯坦布尔开设了首家授权店。这家授权店位于伊斯坦布尔的 Vadi 购物中心，门店销售包括智能手机、配件、电脑和家用设备等超过 160 种的小米产品。小米的新款智能手机 Mi 8 也在土耳其上市销售。

（郑 雪）

【商汤成为第五大国家人工智能开放创新平台】9 月 20 日，科技部正式宣布，依托商汤集团建设智能视觉国家新一代人工智能开放创新平台。商汤集团成为继阿里云公司、百度公司、腾讯公司、科大讯飞公司之后的第五大国家人工智能开放创新平台。

（郑 雪）

【联想 4 家企业进入 AI 企业百强榜】9 月，以“AI 赋能，驱动未来”为主题的 2018 中国人工智能峰会（CAIS 2018）在南京盛大召开。在峰会组委会协同硬科技产业媒体镁客网联合发布的“2018 中国最具商业价值 AI 企业百强”榜单中，联想集团旗下的投资公司联想创投投资的 4 家 AI 创新创业企业榜上有名，分别为蔚来汽车、寒武纪、旷视科技、Aibee。

（郑 雪）

【联想与中科院共建 HPC 平台】9 月，联想宣布与中科院共建高性能计算中心，提供整体 HPC（高性能计算机群）解决方案，为基因测序科学研究赋能，可满足未来 3 ～ 5 年的科研需求。

（郑 雪）

【联想 PC 重获全球销售第 1 名】10 月 11 日，IDC 和

Gartner 两大研究机构发布的数据显示，联想 PC（个人电脑业务）第 3 季度超过惠普，重新夺回全球 PC 销售第 1 名。

（郑 雪）

【东陶入选市绿色制造名单】10 月，市经济信息化委公布 2018 年北京市绿色制造名单，14 家绿色工厂、1 家绿色园区入选，其中海淀区北京东陶有限公司入选绿色工厂。

（郑 雪）

【小米发布面向智能家居的开放平台】11 月 7 日，第 5 届世界互联网大会“世界互联网领先科技成果发布活动”在乌镇互联网国际会展中心乌镇厅举行。大会上，小米公司发布了面向智能家居的人工智能开放平台。小米人工智能开放平台，是一个以智能家居需求场景为出发点，深度整合人工智能和物联网能力，为用户、软硬件厂商和个人开发者提供智能场景及软硬件生态服务的开放创新平台。

（郑 雪）

【小米进军英国市场】11 月 8 日，小米公司在伦敦召开发布会，宣布正式进军英国市场。小米系列手机红米 6A、小米 8、小米 8 Pro 将成为首批上市的机型。旗舰产品小米 8 Pro 手机实际上就是国内的小米 8 屏幕指纹版，支持压感屏下指纹，搭载骁龙 845 移动平台，8GB+128GB 存储组合，1200 万像素变焦双摄，3000 毫安时电池，支持 QC4+ 快充。小米 8 Pro 最终定价 499.99 英镑（约合人民币 4537 元）。同时小米还提供了小米 8 标准版可选，取消了屏幕指纹，电池增至 3400 毫安时。

（郑 雪）

【小米成为全球最大的 IoT 平台】11 月 28 日，小米在京召开首届小米 IoT（物联网）开发者大会。雷军在会上给出了小米在物联网领域发展的最新成绩单：小爱同学累计激活设备约 1 亿台，累计唤醒次数达 80 亿次，9 月月活达 3400 万，小米 IoT（物联网）已支持的设备近 2000 款，连接的设备达 1.32 亿台（不含手机和笔记本电脑）。数据显示，小米在 IoT 方面的发展在国内已处于领先地位。

（郑 雪）

【“科技冬奥”专项课题获批】11 月，同方股份有限公司与清华大学科研团队合作申报的“十三五”国家重点研发计划——“科技冬奥”重点专项课题下的“跳台滑雪助滑道动感照明技术”科研项目，获得国家科技部审核批准。

（郑 雪）

【新西兰首家小米旗舰店开业】11 月，新西兰首家小米旗舰店在奥克兰开业。该店出售的电动踏板车深受消费者欢迎。开业当天，超过 1500 名消费者购买了 400 辆电动踏板车，销售额逾 25 万美元。

（郑 雪）

【紫光集团与中国移动签署战略合作协议】12 月 6 日，以“5G 连接新时代”为主题的 2018 年中国移动全球合作伙伴大会在广州保利展馆举行。活动期间，中国移动与紫光集团举行战略合作协议签约仪式，双方将在 5G、智能硬件终端产品、物联网等多个方面深入合作，共同培育良好的行业生态环境，推动产业持续发展。

（郑 雪）

【中国石油大学成立人工智能学院】12 月 12 日，中国石油大学（北京）举行人工智能学院揭牌仪式。来自中国石油、中石化、延长石油、北京大学等公司和高校的领导、专家，与石油大学师生共同见证了人工智能学院的成立。

（郑 雪）

【清华紫光与中国电信签署战略合作协议】12 月 17 日，紫光集团有限公司与中国电信集团有限公司在京签署战略合作协议，宣布全面深化双方合作关系。双方将在以云计算为代表的 DICT、网络智能化重构、5G、IP 数据通信与数字化创新、手机及物联网芯片与终端业务、大容量 SIM 卡产品、存储等多个领域开展深度业务合作，依托信息技术创新驱动，助力推进数字产业化和产业数字化进程，为中国数字经济发展提供更为优质的数字基础设施与服务。

（郑 雪）

【碧水源获全国净水行业两项大奖】12 月 18 日，中国净水行业发展年会暨金鼎奖颁奖盛典在北京举行。北京碧水源净水科技有限公司凭借先进的技术、多样化的产品、优质的服务揽获“2018 年度全国净水行业技术创新品牌”和“2018 年度全国净水行业突出贡献企业”两项大奖，充分彰显净水行业标杆企业的品牌实力和创新能力。

（郑 雪）

【联想与腾讯合作打造“极速计划”】12 月 24 日，腾讯与联想在联想总部举行“极速计划”SIoT（智慧物联网）云服务战略合作签约仪式，双方将通过联想的 SIoT 众多智能终端产品与腾讯 QQ 浏览器、应用宝、企鹅号等互联网平台进行深度的合作，布局 5G 时代。

（郑 雪）

【12 个案例入选北斗卫星导航系统】12 月 27 日，北

斗三号基本系统建成及提供全球服务情况发布会在国务院新闻办公室新闻发布厅召开。中国卫星导航系统管理办公室正式发布《北斗卫星导航系统应用案例（2018 年 12 月）》。本次案例征集中，市经济和信息化局推荐的 12 个应用案例入选，展示了北京在北斗创新应用方面的成果。其中，海淀区有 9 个应用案例入选，包括北京远特科技有限公司、和芯星通科技（北京）有限公司的北斗乘用车前装导航系统；北京京东尚科信息技术有限公司的北斗物流应用；北京北斗星通导航技术股份有限公司的泰国仓储物流应用、北斗公务车管理应用、北斗桥梁健康在线智能检测应用；北京合众思壮科技股份有限公司的北斗农机自动驾驶应用、北斗禁毒作战指挥应用、巴基斯坦机场信息系统授时系统应用、俄罗斯电力巡检应用。

（郑 雪）

【汉天下项目获中国电子学会科技进步奖】 12 月，汉天下电子与中科院微电子研究所联合申报的项目“射频功率放大器芯片关键技术及应用”获得 2018 年度中国电子学会科技进步奖三等奖，研发能力和创新先进性再获肯定。

（郑 雪）

【商汤科技打造产学合作协同育人新模式】 年内，北京市商汤科技开发有限公司响应教育部高教司号召，共同公开征集 2018 年产学合作协同育人项目。项目包含新工科建设、实践条件和实践基地建设两大类，面向全日制本科院校的计算机、软件工程、电子信息、人工智能等相关院系开放申请。发挥商汤科技在原创技术、创新理念和实际应用等方面的积累和优势，通过提供一定的技术支持、平台资源和研究经费，与各高校共同探索在人工智能领域的人才培养和学科建设新模式，更好地培养兼备创新思维和实践能力的科技领军人才。

（郑 雪）

【联想 E-Health 入选中国人工智能 TOP100】 年内，联想研究院人工智能实验室开发的“E-Health 肝肿瘤智能辅助诊断系统”在中国人工智能产业发展联盟（AIIA）组织的“人工智能技术和应用案例征集活动”中，在 82 家单位报送的 164 个案例中，成功入选 TOP100 优秀案例名单。E-Health 集成前沿的深度学习算法，依托于拥有强大计算能力的联想云平台，凝聚众多医学专家的诊疗经验。在使用中，一方面能够智能分析医疗图像自动为医生提供辅助诊断意见，另一方面可以减轻医生工作量，避免由于医生疲劳等因素而产生的误诊情况。

（郑 雪）

丰台区工业

【概况】 2018 年，丰台区 123 家规模以上工业企业实现工业总产值 297.71 亿元，同比增长 0.5%，完成全年任务的 101.6%。在全市 16 个区及开发区中，丰台区工业总产值居全市第 11 位，增速居第 8 位。全年工业企业实现工业销售产值 293.09 亿元，同比下降 2.5%。其中，实现内销产值 282.75 亿元，同比下降 2.9%，实现出口交货值 10.34 亿元，同比增长 9.9%。全区现代制造业企业实现工业总产值 152.23 亿元，同比下降 4.8%。高技术产业实现工业总产值 105.02 亿元，同比上升 17.8%。

丰台区前十大行业总产值 259.62 亿元，占全区总产值比重为 87.2%。前十大行业呈现“八增二降”态势。其中，印刷和记录媒介复制业，医药制造业，非金属矿物制品业，计算机、通信和其他电子设备制造业，专用设备制造业，有色金属冶炼和压延加工业，电力、热力生产和供应业，仪器仪表制造业分别增长 82.4%、31.1%、27.2%、10.7%、8.3%、4.4%、4.2% 和 0.7%。

（王 蕾）

【疏解非首都功能】 年内，丰台区疏解退出北京亚新科天纬油泵油嘴股份有限公司等 33 家一般制造业企业，完成全年任务量的 110%。涉及土地面积约 43.6 万平方米，建筑面积约 19.6 万平方米，人口 2461 人。

（王 蕾）

【落实产业限制政策】 年内，丰台区落实北京市及区内有关新增产业的禁止和限制目录相关规定，控制不宜发展的产业增量。全年共完成固定资产投资备案 10 个，其行业均不属于禁限目录的范围。

（王 蕾）

【清理整治违法违规企业】 年内，按照“三类违法行为、两类企业”的要求，累计完成涉污“散乱污”企业“动态清零”30 家。完成 8 次空气污染预警任务，累计开展空气预警检查 40 天，出动检查人员 88 人次。

（王 蕾）

【服务中小企业发展】年内，推荐丰台区企业优秀人员申报第13批“北京市有突出贡献的科学、技术、管理人才”；推荐1家企业申报第3批制造业单项冠军培育企业，2家企业成功申报2018年两化融合管理体系试点企业，1家企业申报2018年度北京高精尖产业设计中心；推荐4家企业认定为市级企业技术中心，兑现奖励资金200万元；大力推进“助保贷”创新融资产品，累计为17家科技型企业发放贷款2.3亿元；积极推荐企业申请市级高精尖专项和中小企业专项资金约3000万元；科学使用区级专项资金718.1万元，支持企业18家。

（王　蕾）

石景山区工业

【概况】2018年，石景山区经济信息化委紧紧围绕“三区定位、两大机遇、创城牵引”的总体工作思路，主动担当，攻坚克难，统筹推进经信各项工作全面提升。坚持以构建高精尖经济结构为主线，加快疏解功能谋发展；加快“智慧城市”建设，全面实施石景山大数据行动计划；加快完善服务体系，推进诚信体系建设，全力打造一流营商环境。全年工业和软件信息服务业生产经营总产值633.6亿元，实现增加值合计178.3亿元，占全区GDP的比重为30.6%。其中，工业总产值完成208.8亿元，同比下降4.4%；软件信息服务业营业收入完成4240.0亿元，同比增长4.4%。全区在保持工业和软件信息服务业稳定运行同时，前沿布局新一代信息技术。年内新一代信息技术营业收入357.3亿元，同比增长35.7%，占第三产业比重的10.7%。

（代　蓉）

【疏解非首都功能】年内，石景山区严格落实《北京市新增产业的禁止和限制目录》和《北京市工业污染行业生产工艺调整退出及设备淘汰目录（2017年版）》，按照《关于组织开展“疏解整治促提升”专项行动（2017—2020）的实施意见》和《2018年石景山区“疏解整治促提升”专项行动工作方案》要求，全年关停退出一般制造业企业8家，影响人口503人，涉及面积7.6万平方米。搭建疏解转移平台，引导支持有发展需求的企业向津冀地区转移，与河北、天津开发区等对口产业园区进行对接，推进京津冀协同发展。实现3家企业在津冀地区经营发展：北京菱拓电源设备有限公司已疏解的企业已将生产地搬迁至天津市工业区、北京特冶工贸有限责任公司已转移至河北省衡水市景县地区、北京众生博大工贸有限公司企业已转移至河北省保定市涞水县。

（代　蓉）

【保障空气质量提升】年内，石景山区落实《北京市空气重污染应急预案》要求，对区内相关工业企业停限产应急措施落实情况进行监督检查，并根据实际情况督促企业及时调整修订应急预案，确保重污染期间各项应急减排措施能执行到位。按照空气重污染预警预案，共出动检查小组88人次，检查工业企业65家次，确保空气重污染期间各项应急减排措施落实到位。

（代　蓉）

【工业企业安全生产】年内，石景山区树牢“党政同责、一岗双责、齐抓共管”的安全管理理念，坚持“管行业必须管安全”的原则，制定并下发《石景山区2018年工业和软件信息服务业安全生产工作要点》，加强本区工业企业安全生产指导。按照统一部署，与上级业务主管机关对接协调，对辖区生产企业定期下达更新《工业企业安全生产指导记录表》，明确主体责任，强化安全意识，督导企业自查自纠。开展“三大专项行动”“城市隐患排查治理”“双百行动”、安责险推广及安全业务培训等工作，坚持每周每月实地查看。全区工业企业安全生产零事故。

（代　蓉）

【获首批市级示范基地授牌】年内，市经济和信息化局召开北京市中小企业公共服务平台网络2018年度工作交流会。大会为首批北京市小型微型企业创业创新示范基地和北京市中小企业公共服务示范平台授牌，石景山区的北京创业公社投资发展有限公司和北京瑞克博云科技有限公司名列其中。区中小企业服务体系进一步完善，优化“双创”服务环境。

（代　蓉）

门头沟区工业

【概况】2018年，门头沟区规模以上工业企业累计完成总产值75.1亿元，同比下降10.3%；实现主营营业收入80.9亿元，同比增长9.9%;实现利润14亿元，同比增长92%；完成出口交货值19.8亿元，同比增长4.2%。软件和信息服务业实现收入3.6亿元，同比减少24.7%。

（贾岩琦）

【固定资产投资】年内，门头沟区完成办理北京市非政府投资工业和信息化固定资产投资项目备案18件，涉及总投资合计53491.77万元。

（魏立童）

【疏解一般制造业企业】年内,门头沟区严格落实《北京市工业污染行业生产工艺调整退出及设备淘汰目录(2017年版)》，综合运用法律法规、标准、经济、市场等手段，完成2家一般制造业企业整体退出和1家一般制造业企业环节退出。

（魏立童）

【工业领域空气重污染应急】年内，门头沟区按照《2018年门头沟区工业领域空气重污染应急预案》要求，确定2018年至2019年工业领域空气重污染停限产企业15家，其中区级6家、镇级9家。在空气重污染期间，及时启动并严格落实应急预案，督促停限产企业严格执行“一厂一策”工作方案，减少污染物排放，并加大现场检查力度，确保空气重污染应急工作落实到位。

（魏立童）

【采暖期工业企业错峰运输】年内,门头沟区按照《北京市2018年至2019年秋冬季重点工业企业错峰运输实施方案》要求，确定2家企业开展采暖期错峰运输工作。采暖期期间，督促2家错峰运输企业按照“一厂一策”要求制定并落实秋冬季错峰运输实施方案。

（魏立童）

【中小企业服务】年内，门头沟区组织举办中小企业相关政策培训会、专项法规解读、小微课堂等多种形式培训服务，组织企业参加相关政策法规培训7次。组织企业申报第2批北京市中小企业公共服务示范平台认定和第2批北京市小型微型企业创业创新示范基地认定，北京德山科技有限公司成功申报北京市小型微型企业创业创新示范基地。利用“中小企业之友”微信公众平台，共发布159余条政策、融资、就业等信息。

（贾岩琦）

房山区工业

【概况】2018年，在房山区委、区政府的领导下，区经济信息化委、园区办立足《北京城市总体规划》和《促进城市南部地区加快发展行动计划》，围绕全国科技创新中心和“一区一城”新房山建设，在稳定经济增长中调结构、转方式、促改革、抓创新，在创新中追求更好、更快发展，各项工作实现了稳中求进，进中求新，较好地完成了年度主要任务目标。年内，规模以上工业企业实现总产值995.5亿元，同比增长10.9%，在城市发展新区中总量排名第3名，增速排名第1名；中关村科技园区房山园规上企业实现总收入374.5亿元，同比增长30.5%，在一区十六园中增速排名第2名；实缴税费16.9亿元，同比增长18.1%。工业固定资产投资快速增长，全年完成23.12亿元，完成区级任务的136%，工业建安投资完成14.78亿元，完成市级任务的295.6%。

（陈　超）

【市领导调研】3月8日，市委常委、副市长阴和俊带领市发展改革委、市经济信息化委、市科委等多部门相关负责人到房山区调研。区委书记陈清、区长郭延红陪同调研。阴和俊一行先后到北京八亿时空液晶科技股份有限公司、北京卫蓝新能源科技有限公司、北京海博思创科技有限公司、北京天仁道和新材料有限公司、北京达闼科技有限公司等地调研，详细了解企业发展及重点项目建设情况，询问企业需求。实地调研后召开座谈会，听取房山区关于“加快科技创新构　建高精尖经济结构”的汇报，并与部分区内企业代表、区直部门负责人座谈，听取企业的意见建议，研究解决企业发展面临的困难与问题。

（陈　超）

【举办小微企业政策宣讲会】 3月21日，中关村科技园区房山园在高教园区开展小微企业政策解读宣讲会，共19家企业负责人参加会议。

（陈　超）

【8家企业代表签订入园意向协议】 3月22日，中关村新兴产业前沿技术研究院二期项目开工暨企业入园签约仪式在北京高端制造业基地举行。从事无人驾驶汽车设备及智能驾驶系统研发的奥特贝睿科技、从事自动驾驶智能汽车整体解决方案的智行者科技、从事新型非量液体燃料技术研发的碳能科技、从事骨传导助听器产业化的美尔斯通等8家智能制造及智能网联汽车领域企业代表签订了入园意向协议。

（陈　超）

【京燕奥得赛项目取得施工许可证】 4月26日，新材料基地京燕奥得赛项目（北京石墨烯产业创新中心种子企业孵化加速器项目用房）取得施工许可证，并实现开工建设。

（陈　超）

【中小企业政策宣讲会】 5月9日，市经济信息化委中小企业处、北京市中小企业服务中心专家为全区28个乡镇（街道）、重点开发区100家中小企业开展《中小企业促进法》政策解读，进一步维护房山区中小企业合法权益，支持、引导和促进房山区中小企业健康发展。

（陈　超）

【举办中关村先行先试政策宣讲活动】 8月14日，房山区园区办在区委党校举办中关村先行先试政策宣讲活动。中关村房山园内企业负责人、区内众创空间及入孵企业、各园区（基地）管委会负责同志及区工商、区税务、区财政相关负责同志100余人参加宣讲会，现场共发放政策汇编200余本。

（陈　超）

【14项展品获第5届新博会金奖】 9月6日至8日，第5届新博会在哈尔滨国际会展体育中心举行。在此届新博会中，北京代表团共有14项展品获金奖。其中，新材料基地入驻企业北京八亿时空液晶科技股份有限公司的“显示用液晶材料”、北京燕山石化高科技术有限责任公司的“中空纤维压力式膜组件”、北京国能电池科技有限公司的“180Wh/kg磷酸铁锂电池”、北京普凡防护科技有限公司的“芳纶无纬布”4项展品获得此届大会展品金奖。

（陈　超）

【首个5G自动驾驶示范区落户房山】 9月19日，国内首届5G自动驾驶峰会在房山区窦店镇的北京高端制造业基地举行。峰会是由房山区与中国移动联手举办，峰会上发布在北京高端制造业基地建设的中国首条5G全覆盖的自动驾驶车辆测试道路，5G自动驾驶联盟成立。同时，国内首个5G自动驾驶示范区落户房山区，标志着自动驾驶产业在5G技术的推动下，进入新时代。

（陈　超）

【区政府与京东方集团签署合作协议】 11月8日，房山区政府与京东方科技集团股份有限公司签署合作协议，双方将共同打造京东方生命科技产业基地项目。区委书记陈清，区长郭延红，京东方集团公司董事长王东升、首席执行官陈炎顺出席签约仪式。

（陈　超）

【3家企业获市级平稳发展奖励】 11月，房山区中煤北京煤矿机械有限责任公司、北京远大九和药业有限公司、北京国能电池科技股份有限公司获得市级工业及软件信息服务业平稳发展奖励，共获得奖励资金4600万元。

（陈　超）

【京津冀石墨烯产业国际峰会召开】 11月27日，在房山区新材料基地正式落成1周年之际，北京石墨烯产业创新中心专家委员会与北京先进碳材料产业促进会、中国国际石墨烯资源产业联盟、北京大学创业训练营、中国石化燕山石化公司、北京石化新材料科技产业基地管理委员会携手，以“总结、创新、发展”为主题，隆重举办2018京津冀石墨烯大会暨北京石墨烯产业创新中心成果展示、北京房山新材料产业创新发展推介会。来自国内外石墨烯领域的700余位专家、学者参加会议。2010年诺贝尔物理学奖获得者、英国皇家科学院院士、曼彻斯特大学教授康斯坦丁·诺沃肖洛夫，中国科学院院士刘忠范教授，市经济和信息化局、市科委、中关村管委会、市投资促进局、市科协有关领导，房山区委副书记、区长郭延红，副区长刘兵，燕山石化公司副总经理李刚等有关领导出席了论坛并讲话。

（陈　超）

【规划编制】 年内，房山区编制完成《中关村南部（房山）科技创新城发展规划》和《房山区工业发展规划》，明确了房山区“2+2+1”的高精尖产业发展方向，即重点发展现代交通和新材料产业，积极培育智能装备和医药健康产业，重点推动科技金融、会展等产业。编制完成房山区高精尖产业用地的实施方案，研究制定房山区重点产业项目准入标准。着手开展《中关村国家自主创新示范区房山园空间优化调整方案》《中关村国家自主创新示范区房山园发展规划》的编制工作。

（陈　超）

【疏解整治】年内，房山区疏解退出一般制造业企业63家，完成目标任务的118.8%。完成工业和信息化固定资产投资项目备案63件，工业和信息化固定资产投资项目核准1件；制定《房山区新增产业的禁止和限制、工业污染行业调整退出目录》，确保禁限项目“零准入”；制定并出台《房山区“疏解整治促提升”一般制造业疏解退出和“散乱污”企业清理整治奖励资金管理办法（暂行）》；搭建房山区“散乱污”企业监管平台，实现普查数据的联通共享。

（陈　超）

【改善营商环境】年内，房山区成立优化营商环境工作领导小组，全面统筹部署营商环境工作。实施全程网络备案流程，行政审批事项由3项减少至1项。成立5支先锋队，建立企业联系机制，打通政策落地“最后一公里”。全年组织集中培训10余次，召开企业负责人座谈会4次，并对规模以上80余家重点企业进行走访，发放政策汇编700余本。年内，区经济信息化委多措并举改善营商环境，成立优化营商环境工作领导小组，并设立5支区经济信息化委先锋队，制定了改善营商环境工作方案，明确了工作任务。重点针对规模以上工业企业、众创空间和重大项目集中举行“9+N”“10+3”及房山区支持企业发展的系列政策沟通解读会，对179家重点企业开展服务企业上门走访座谈，及时把政策支持带下去，把企业的意见建议带上来；建立“5+1”工作机制，“5”即分5组与企业建立联络机制，主动为企业服务；“1”是指一个设在服务企业专厅的备案窗口，把政策落实落细落地；建立重大项目专班，在企业落地的过程中全程服务，以新时期的“店小二”精神树立房山服务形象；在房山信息网首页和区经济信息化委网站首页增设“优化营商环境‘9+N’政策”专栏；利用微信群推送市、区各项优惠政策，并进行项目征集和政策答疑。

（陈　超）

【重点项目】年内，京东方生命科技产业基地正式签约落地，国家“智慧广电”产业园、国能电池、石墨烯种子企业孵化加速器、长安汽车研发及创新中心等一批项目在谈或在建，国内首个5G自动驾驶示范区落户房山区。加强高校和科研院所创新要素聚集，与北航合作共建医工交叉创新研究院，与北理工合作建设先进材料与结构制造技术产学研融合研究院等多个研发机构。成立重大项目专班，推进重点项目办理。

（陈　超）

【众创空间】年内，房山区24家众创空间中，包括国家级众创空间5家、北京市众创空间7家、中关村特色产业服务孵化平台4家、中关村海创园2家、中关村创新型孵化器1家、中关村硬科技孵化平台1家。24家众创空间已累计入驻企业1850家，实现收入66亿元，上缴税金5.6亿元。

（陈　超）

通州区工业

【概况】2018年，在通州区委、区政府的坚强领导及市经济和信息化局等部门的指导支持下，区经济信息化委认真贯彻落实中央和市委、市政府建设北京城市副中心等工作的会议精神和要求，全面落实区委、区政府的决策部署，攻坚克难，扎实推进工业经济和信息化领域的各项工作。年内，通州区工业完成总产值631.7亿元，同比下降11.0%；营业收入812.4亿元，同比下降6.2%；增加值188.5亿元，同比增长3.3%；利润总额50.8亿元，同比下降9.2%；上缴税金51.4亿元，同比增长1.2%。其中全区规模以上工业企业完成总产值602.4亿元，同比下降4.4%，占区域工业总产值的比重为95.4%。

（金绍光）

【经济运行特点】年内，高技术制造业持续良好的发展态势。其中生物与医药产业持续表现良好，增速较快，全年完成产值73.8亿元，同比增长14.2%，拉高规模工业产值增速1.5个百分点。区域工业主要经济指标持续回落。受近几年停产、退出企业较多的影响，规模以下工业形成较大减量，全年产值增速同比下降11.0%。个别支柱行业持续低迷对全区影响较大。作为全区行业产值总量第1名的汽车制造业，自2017年下半年以来持续下行，2018年产值增速同比下降 11.0%，拉低全区规模工业产值增速 2.0 个百分点。

（金绍光）

【固定资产投资项目管理】截至年底，通州区完成非政府投资工业和信息化领域固定资产投资项目备案 77 个，总投资 44.3 亿元。其中，新建项目 75 个、技术改造项目 2 个。

（鲁云乐）

【高精尖产业发展】年内，通州区贯彻落实习近平总书记视察北京时关于“北京要发展，而且要发展好”和“腾笼换鸟，构建高精尖的经济结构”重要指示精神，加快构建高精尖经济结构。把好入口关，建立高精尖产业准入标准。编制《通州区高精尖产业项目准入管理实施方案》，研究提出通州区高精尖产业准入条件，建立评分指标体系与评分方法，明晰操作流程，形成规范全区产业准入管理的纲领性文件。紧扣产业链，建设高精尖产业发展服务体系。编制《建设通州区高精尖产业发展服务体系工作方案》，力求打造“高精尖企业 + 科技创新 + 金融服务 + 产业人才”四位一体服务平台，建设具有示范和带动作用的高精尖产业发展服务体系。规范资金链，加强高精尖产业发展资金管理。编制《通州区高精尖产业发展资金管理办法（试行）》。高精尖资金采用拨款补助、贷款贴息、融资租赁补贴、以奖代补等支持方式，发挥引导和带动作用。建强人才链，吸引高精尖人才创办企业。成立引进知名专家领导小组，采取“专家 + 团队 + 产品 + 资本”的四维体系对项目进行评价，已有 7 位知名专家在通州创办企业，涉及大数据、激光芯片、新能源、生物医药等多个前沿产业。

（鲁云乐）

【疏解整治】年内，通州区加快不符合首都功能定位和北京城市副中心定位的产业疏解退出，优化区域发展空间布局，加快构建高精尖经济结构。以奖促退，超额完成疏解一般制造业工作。编制《通州区 2018 年疏解一般制造业企业工作方案》，严格落实《北京市工业污染行业生产工艺调整退出及设备淘汰目录（2017 年版）》，依法依规，持续推进不符合首都功能定位的一般制造业企业退出。全区疏解一般制造业 116 家，完成市区级任务的 141.5%，居全市第 3 名。同时认真抓好《通州区疏解一般制造业企业奖励暂行办法（试行）》政策的落实，严格按照奖励办法将奖励资金及时兑现给相关企业。动态清零，保持对散乱污企业的高压监管态势。区经济信息化委会同区环保局在巩固近年“散乱污”企业清理整治工作成果基础上，重点针对存在环境违法问题的家具制造、印刷、工业涂装、食品饮料生产、汽修等行业进行清理整治，采取升级改造、关停取缔等措施，实现“动态摸排、动态清零”，严防“散乱污”企业反弹回潮。通州区纳入“散乱污”涉污企业台账的企业共计 39 家，完成关停取缔 38 家，完成整改 1 家。部门联动，全面清理整治工业大院。利用“通州区企业信息管理系统”，对全区范围内的工业企业进行全面摸底，经摸排，全区现存工业大院 3 家，分别为漷县镇马头村、漷县镇黄厂铺村和宋庄镇都市农民就业基地，共有 37 家企业。10 月 26 日，3 家工业大院内的 14 家企业的整治工作通过验收，完成全年工业大院整治工作任务。

（刘书标）

【工业领域空气重污染应急】年内，通州区按照《通州区空气重污染应急预案（2017 年修订）》及《北京市通州区空气重污染应急工业分预案（2017 年修订）》要求，空气重污染期间每天派出督查组进行实地督查，确保停限产措施的有效落实。共出动人员 46 人次，车辆 18 台次，对全区 81 家企业停限产措施落实情况进行了抽查和督查；全区各乡镇、街道办事处共出动人员 6792 人次、车辆 1454 车次，检查企业 4654 家次。

（廉　威）

【减轻企业负担】年内，通州区制订《2018 年通州区减轻企业负担工作实施方案》。宣传北京市关于减轻企业负担的相关政策，促进区减负工作的开展。组织企业参加《第七届全国减轻企业负担政策宣传周》活动，用多种形式开展政策宣传，帮助企业了解有关惠企减负政策，营造社会关心支持实体经济发展的舆论氛围。

（张桂明）

【社会信用体系建设】年内，通州区推动政务诚信建设，展现信用通州形象。事前纠偏，构建政府机构失信事件的沟通机制。建立政府机构失信惩戒前信息沟通机制，采取措施及时纠正、修补、消除失信行为，使通州区 26 起政府机构失信案件得到及时处理。打造通州区与北京城市副中心地位相称的营商环境和信用环境。事后惩戒，开展政府机构信用修复。依据年内发布的第 5 期、第 6 期通州区诚信“红黑名单”，加大失信行为惩戒力度，共产生 257 起联合惩戒案例，有力促进了联合奖惩落地。组织了第 1 期信用修复培训，79 家失信主体签订了信用承诺书，积极推进北京城市副中心诚信文化建设。做好双公示，推进公共信用信息公开。制发《通州区社会信用体系建设联席会议办公室关于推进行政许可和行政处罚信息归集共享工作的通知》，实现行政许可和行政处罚等信息7个工作日内通过区政府网站双公示专栏全量公示。全年双公示信息数量达11827条，其中行政许可信息7178条、行政处罚信息4649条。

（魏永刚）

顺义区工业

【概况】2018年，顺义区经济信息化委深入学习贯彻党的十九大精神和习近平新时代中国特色社会主义思想，深入把握中央“六稳”总要求，围绕北京“四个中心”建设，全面落实“疏整促”行动计划，深入推进顺义区创新型产业集群和制造业高质量发展示范区建设，聚焦构建和发展三大创新型产业集群；加大产业项目调度服务力度，推动以北京奔驰新能源车、车和家总部、滴滴出行智能驾驶为代表的重大项目落地，着力稳增长、调结构、促转型，持续推进顺义经济高质量发展。

（杨　帆）

【主要指标持续下滑】年内，顺义区357家规模以上工业企业完成工业总产值1807.1亿元，同比下降12%，减量247.4亿元。实现销售产值1825.6亿元，同比下降12.6%。实现出口交货值109.7亿元，同比下降26.9%。

（杨　帆）

【产值增速三升三降】年内，顺义区生物医药产业、装备产业、都市产业同比分别增长21.6%、6.1%和3.9%；电子信息产业、汽车与交通产业、基础与新材料产业分别下降32.6%、20.8%和4.8%。规模以上汽车与交通设备企业55家，累计完成工业总产值881.9亿元，同比下降20.8%，减量231.1亿元，拉低工业增长11.2个百分点；产值占全区总量的48.8%，比上年同期占比降低5.4个百分点；实现销售产值900.1亿元，同比下降21.4%；累计出口1.7亿元，同比下降48.7%。规模以上电子信息产业7家，累计完成工业总产值82.6亿元，同比下降32.6%，减量40亿元，拉低工业增长2个百分点；产值占全区总量的4.6%，比上年同期占比降低1.4个百分点；实现销售产值79.3亿元，同比下降36.5%；累计出口43亿元，同比下降49.5%。规模以上装备产业115家，累计完成工业总产值244.9亿元，同比增长6.1%，增量14.1亿元；产值占全区总量的13.6%，比上年同期占比提高2.4个百分点；实现销售产值247.9亿元，同比增长5.2%；累计出口46.1亿元，同比增长17.0%。规模以上都市产业105家，累计完成工业总产值295.7亿元，同比增长3.9%，增量11亿元。产值占全区总量的16.4%，比上年同期占比提高2.5个百分点；实现销售产值299.7亿元，同比增长6.0%；累计出口8.8亿元，同比下降23.8%。规模以上基础与新材料产业59家，累计完成工业总产值241亿元，同比下降4.8%，减量12.2亿元。产值占全区总量的13.3%，比上年同期占比提高1个百分点；实现销售产值240.9亿元，同比下降4.5%；累计出口10亿元，同比下降5.8%。规模以上生物医药产业16家，累计完成工业总产值61.1亿元，同比增长21.6%，增量10.9亿元；产值占全区总量的3.4%，比上年同期占比提高1个百分点；实现销售产值57.6亿元，同比增长19.4%；累计出口1077万元，同比增长3.1倍。

（杨　帆）

【疏解整治】年内，顺义区累计完成130家一般性制造业企业疏解退出，完成市级任务的236%，排名全市第1名。共腾退土地205万平方米，地上建筑物约83万平方米，产值24亿元，涉及包装印刷、服装加工、机械制造、家具木制品、建材、金属制品加工、食品加工、塑料化工等多个行业。

（杨　帆）

【优化营商环境】年内，顺义区围绕重大产业项目和中小企业发展，对全区19个镇、4个功能区，组织专题宣讲会10场，共计500家企业参加。扎实开展“创响中国”系列活动，做好对区域中小企业的政策普及工作。中小企业服务政策日臻完善。贯彻落实《顺义区促进产业结构调整和中小企业发展资金管理办法》，严格标准条件和程序步骤，对征集的125个项目进行筛选，确定支持项目62个，发放资金4951万元，促进区域中小企业发展壮大。持续推进顺义社会信用体系建设。开展社会失信问题专项治理，推进“双公示”信息归集公开，促进企业健康有序发展。推荐企业入选绿色制造名单。9月底公布的北京市首份绿色制造企业14家，顺义区入选4家。

（杨　帆）

【重点项目】年内，北京奔驰新能源汽车项目的土地、房产过户手续完成。车和家总部及研发基地项目立项审批完成。滴滴智能硬件及自动驾驶研发产业化项目落地协议草拟完成。富电科技智能充电桩项目土地入市前期手续完成。地平线自动驾驶研发总部项目装修完工。物华新能源动力电池正极材料项目厂房设计初步方案完成。

（杨　帆）

【服务入区产业项目】年内，顺义区简化前期审批环节、完善调度服务程序，建立完善产业项目调度促进与信息服务平台。在批在建产业项目102个，协议总投资856亿元，实现竣工项目11个。修订完善和不断深化产业项目全要素综合评价，完成评价3批次，评审通过3个项目，屏蔽项目50个。

（杨　帆）

【聚焦创新型产业集群】年内，顺义区成立创新办，明确聚焦构建和发展三大创新型产业集群的发展目标，深入推进顺义区创新型产业集群和制造业高质量发展示范区建设。制定完善《顺义区促进高精尖产业发展实施意见》，重点聚焦新能源智能汽车、第三代半导体、航空航天三大创新型产业集群，推动智能制造在全区产业提质增效、转型升级中的应用示范。

（杨　帆）

大兴区工业

【概况】2018年，大兴区规模以上工业企业337家，实现产值754.8亿元，同比增长0.2%。四大主导产业完成工业产值494.2亿元，同比增长2%。高技术产业实现产值137.9亿元，同比增长24.8%。

（李淑敏　刘莉）

【重点项目】年内，大兴区实现百奥赛图（北京）生物工程有限公司模式动物应用与产业化基地、北京东兴堂蜂产品有限公司中药产业化基地等13个项目开工，总投资133.3亿元。华润医药产业发展（北京）有限公司医药产业园项目（一期）、北京一诺康生物药业有限公司生产基地项目等22个项目竣工，总投资48.5亿元。全年完成工业固定资产投资42.3亿元。

（李淑敏　刘莉）

【疏解整治】年内，大兴区完成41家一般制造业企业疏解退出任务，并通过市、区两级验收。开展“散乱污”企业清理整治。按照依法治理，实现“动态摸排、动态清零”的要求，发现6家“散乱污”企业，均已完成整治并通过验收。

（李淑敏　刘莉）

【抽查企业排污情况】年内，大兴区对2018年前已退出的企业进行抽查，共抽查49家一般制造业企业、135家“散乱污”企业、236.5蒸吨的工业燃煤锅炉，均未发现反弹情况。全年共启动空气重污黄色以上预警6次，12支检查组共检查企业315家次。

（李淑敏　刘莉）

【京津冀协同发展】年内，大兴区推进京津冀协同发展和对口帮扶工作。与河北省、天津市、湖北省等30余个地区的招商部门进行对接，引导不符合首都功能定位企业转移外迁。组织区内企业与对口帮扶地区对接合作。

（李淑敏　刘莉）

【对口帮扶协作】年内，大兴区组织区内50余家意向企业，采取召开对接会、座谈会、到对口扶贫地区对接调研等方式，与对口扶贫地区进行对接，多渠道协调解决企业落户过程中的问题。其中，15家企业分别在扶贫地区注册、投资，带动当地380余人实现脱贫。

（李淑敏　刘莉）

【园区规划】年内，大兴区加强中关村科技园在大兴区园区的规划，编制《产业发展空间布局规划》；提出四大组团——新媒体产业组团、医药健康产业组团、临空服务组团、中国制造2025示范区组团；明确“1+3”产业方向，即以医药健康产业为主导，重点培育新一代信息技术、新能源智能汽车、科技服务业；搭建公共技术服务平台，鼓励企业和机构建设市场化运营的公共技术服务平台，为产业链上企业提供专业服务。

（李淑敏　刘莉）

【推进“1+4”政策体系落地】年内，大兴区生物医药基地、采育经济开发区成功申报中关村特色产业园区项目；中关村医疗器械园成功申报中关村生态园区项目；奥宇大厦空间资源盘活改造、威克多制衣中心改造、纸箱厂老旧厂房升级改造成功申报中关村存量盘活改造项目；三元基因、万生人和等19家企业成功申报中关村技术创新能力建设项目；奥宇等12个项目获得1500余万元2018年度中关村现代服务业扶持资金支持；九州众创科技孵化器、华卫天和生物科技、奥宇科技企业孵化器等5家创业服务机构纳入中关村示范区创业服务支持体系；北京五和博澳药业有限公司、北京热景生物技术股份有限公司等5家企业获批2018年中关村示范区分园高精尖产业培育项目支持。博辉瑞进生物科技的董事长赵博获得中关村高聚工程创业领军人才。中关村高端医疗器械产业园、奥宇科技英巢等4家企业申报特色园区和创新社区项目。

（李淑敏 刘莉）

【促进医药健康产业集群发展】年内，大兴区建立6亿元规模的北京建兴医疗健康产业股权投资基金，将聚焦医药健康产业，促进大兴区医药健康产业的集群发展。

（李淑敏 刘莉）

【筹建高精尖产业引导基金】年内，大兴区筹建高精尖产业引导基金，产业引导基金采用股权、准股权等多种方式投资于符合大兴区定位和相关产业导向的科技型、创新型、平台型企业。

（李淑敏 刘莉）

【服务中小企业】年内，大兴区制订《大兴区2018年促进中小企业工作方案》，支持中小企业发展。推荐北京星光拓诚投资有限公司、北京奥宇科技企业孵化器有限责任公司等4家企业的5个项目申报北京市支持中小企业发展资金服务体系建设项目，拟申请资金846万元。

（李淑敏 刘莉）

【企业投资项目在线备案管理系统启用】年内，大兴区非政府投资工业固定资产投资核准、备案事项实现网上办理，启用企业投资项目在线备案管理系统，取消备案的所有前置条件，实现网上申报、在线备案。全年通过在线平台备案项目76件。

（李淑敏 刘莉）

【社会诚信体系建设】年内，大兴区按照市级相关文件的工作要求，完成大兴区2017年社会信用体系建设的自查工作，印发《2018年大兴区社会信用体系建设工作方案》，规范区各部门“双公示”信息归集工作。

（李淑敏 刘莉）

【两化融合工作】年内，大兴区落实市经济信息化委关于两化融合管理体系贯标的相关工作要求，共组织推荐符合北京市两化融合贯标试点企业13家。

（李淑敏 刘莉）

昌平区工业

【概况】2018年，昌平区284家规模以上工业企业完成产值1039.3亿元，同比下降3.4%。工业经济总量位列5个城市发展新区第2位，增速位列第3名。完成销售产值1017.5亿元，同比下降4.8%，实现产销率97.9%；主营业务收入完成1160.7亿元，同比下降2.9%；实现利润总额88.8亿元，同比下降15.1 %。完成工业固定资产投资36.5亿元，同比下降15.7%。工业出口交货值同比增长5.4%。装备产业完成产值266亿元，同比增长7.1%。生物与医药产业完成产值112亿元，同比增长9.2%。汽车与交通设备产业、基础与新材料产业、都市产业、电子信息产业产值同比下降。其中，汽车与交通设备产业完成产值431.8亿元，同比下降9.9%；基础与新材料产业完成产值152亿元，同比下降5.3%；都市产业完成产值61.5亿元，同比下降5.7%；电子信息产业完成产值16.1亿元，同比下降19.4%。

（于凌燕 赵星）

【举办企业家座谈会】2月5日，昌平区举办企业家座谈会，18家职能部门的主要负责人以及2017年度全区纳税大户前30名企业和部分驻昌平区大型国有企业主要负责人等共110人参会。会议通报了2017年昌平区经济社会发展情况，听取了8位企业负责人围绕如何进一步改善投资环境、创新融资渠道以及目前企业存在的问题提出的意见和建议。会议要求职能部门加快“放管服”改革力度，改善企业融资环境，搭建企业服务平台以及创造适合企业发展的服务环境。

（于凌燕 赵星）

【举办高精尖系列政策宣讲会】4月11日，昌平区举办了“北京市加快科技创新构建高精尖经济结构系列政策宣讲会”，200余家企业代表参加会议。邀请市经济信息化委经济运行处对高精尖产业内涵和选择依据、节能环保、智能装备、生物医药、科技服务四大产业发展现状和政策，以及促进高精尖产业发展的重点举措等内容进行详细解读。

（于凌燕 赵星）

【举办科技创新政策与质量管理培训会】4月18日，昌平区组织召开企业科技创新政策与质量管理培训会。会议就当前国家工信部、市经济信息化委产业创新中心、企业技术中心和全国“质量标杆”等相关政策进行解读，讲解利用质量管理、标准化等手段实现企业提质增资等内容。

（于凌燕 赵星）

【举办企业所得税专题培训班】 4月24日，昌平区举办“企业所得税汇算清缴专题”培训班，针对新政变化点及有关问题邀请财税专家为企业财务人员解读企业所得税最新政策，并详细讲解申报表变化与填制。中小微企业财务人员190余人参加了培训。

（于凌燕 赵星）

【与中铁股份签署战略合作框架协议】 6月1日，昌平区与中国铁塔股份有限公司北京市分公司签署了战略合作框架协议，标志着双方将建立深入紧密的政企战略合作关系。

（于凌燕 赵星）

【举办安全生产培训会】 6月29日，昌平区举办规模以上工业企业和镇级工业区企业安全生产培训会。260余家企业的300余人参加培训。市经济信息化委经济运行处解读了中共中央、国务院关于推进安全生产领域改革发展的意见，要求各企业严格落实企业安全生产主体责任。安全行业专家结合新安全生产法，就如何加强安全生产管理，建立健全安全生产责任制和安全生产规章制度，改善安全生产条件，推进安全生产标准化建设，提高安全生产水平，确保安全生产做了详细讲解。会后，与企业签订了2018年度安全生产工作指导记录表。

（于凌燕 赵星）

【召开小微企业政策培训会】 7月6日，昌平区召开北京市小微企业创业创新示范基地和示范平台政策培训和申报辅导工作会。会议就申报条件、申报流程及材料要求进行了讲解辅导，科技企业孵化器、创业创新空间载体共22家企业的有关人员参加了培训。会上进行了企业问题答疑，就双创基地建设、小微企业双创政策支持、服务活动开展工作进行了通报。

（于凌燕 赵星）

【举办2018年“创业昌平”大赛】 12月13日，2018年“创业昌平”创新创业大赛10强项目进行路演，围绕项目的特色化差异、竞争点、领域技术壁垒、团队情况、融资状况、中国市场的发展机遇、优势劣势、市场发展规划等方面进行了专业的点评与提问。北方天途航空技术发展（北京）有限公司的工业级无人机智能制造及物联网服务平台、北京华颉基因医疗技术有限公司的基因测序服务以及动态基因测序的研发、北京昆仑隆源石油开采技术有限公司的油气开采用超低密度复合支撑剂以及北京镁伽机器人科技有限公司的智能协作机器人及自动化解决方案4个项目获得一等奖。大赛自6月启动以来，共计报名项目167家，涵盖航天科技、生物医药、大数据、人工智能、新能源材料等领域。经过导师辅导、专家筛选、复赛评审、总决赛等多个环节，最终决出一等奖4名、二等奖6名、三等奖10名，以及若干优秀奖。

（于凌燕 赵星）

【科技创新】 年内，昌平区推荐4家企业申报认定国家技术创新示范企业，北矿新材科技有限公司获得工信部认定，使全区国家技术创新示范企业达到6家。推荐企业申报2018年国家高端装备制造业标准化试点。推荐福田、康明斯参与质量管理诊断企业和对标达标提升专项行动暨申报北京市人民政府质量管理奖。推荐福田汽车公司申报认定2018年度北京高精尖产业设计中心。组织区内企业申报全国质量标杆，开展2018年“质量月”宣传活动。开展2018年支持创新型企业人才引进专项计划需求调查。举办“北京市加快科技创新构建高精尖经济结构系列政策宣讲会”，200余家企业代表参加培训。组织召开企业科技创新政策与质量管理培训会，推动企业技术创新。

（于凌燕 赵星）

【重点企业】 年内，北汽福田完成产值299.8亿元，同比下降7.5%，减量24.1亿元，拉动全区规模工业产值下降2.2个百分点。三一公司完成产值94.8亿元，同比增长31%，增量22.4亿元，拉动全区规模工业产值增长2.1个百分点。康明斯发动机完成产值83.9亿元，同比下降16.6%，减量16.7亿元，拉动全区规模以上工业产值下降1.6个百分点。诺华制药完成产值58.8亿元，同比增长13.2%，增量6.8亿元，拉动全区规模以上工业产值增长0.6个百分点。

（于凌燕 赵星）

【重点项目】 年内，昌平区严格落实《北京市新增产业的禁止和限制目录》（2018年版）。重点抓好康明斯发动机有限公司技术中心等19个投资在3000万元以上的重大产业项目建设，总投资102.74亿元。截至年底，6个项目竣工并投入使用，4个项目开工建设，其他9个项目正在办理各项手续。做好非政府投资的工业项目备案核准工作，全年共办理备案项目67个，总投资61亿元，其中固定资产投资51.45亿元。

（于凌燕 赵星）

【工业大院清理整治】 年内，昌平区全面推进工业大院清理整治和一般制造业疏解工作，修订完善了《工业大院清理整治补助资金管理办法》。列入全年清理整治计划的13个工业大院，累计签约348家，搬家

132 万平方米，拆除 128.6 万平方米。崔村西辛峰等 11 个工业大院已经基本拆除完毕。扩拆地块涉及 11 个镇 14 个地块，累计签约 205 家，搬家 115.54 万平方米，拆除 110.84 万平方米。城南北郝庄等 13 个地块已经基本完成清理整治。

（于凌燕 赵星）

【产业疏解退出】年内，昌平区疏解退出一般制造业企业 124 家，完成全年任务的 102.48%。推进非涉污“散乱污”企业清理整治，会同区环保局组织开展“散乱污”企业清理整治统筹协调、督查检查、调度考核等工作。加强工业企业安全生产的宣传和指导，共宣传指导企业 512 家次。做好空气重污染防治相关工作，89 家企业在空气重污染应急期间实施停限产，2 家企业实施错峰运输。加大对疏解企业的政策宣传和指导，搭建对接交流、产业信息平台，为疏解企业寻找转产或升级迁建的机会，引导不符合首都产业功能定位的一般制造业企业向津冀等地区转移。

（于凌燕 赵星）

【服务中小企业】年内，昌平区加强中小企业公共服务平台建设，形成网络、微信同步服务模式。全年平台线上共注册关注企业 810 家，发布政策动态、会议通知等 2000 余条，解决企业咨询约 3000 件，开展法律咨询等服务企业 1500 余家。开展助力中小企业发展系列服务活动。举办了企业财税管理培训、小微企业普惠金融等政策培训，培训 2000 余人次。举办 2018 年“创客中国”创新创业大赛活动，16 个项目进入北京市 50 强，2 个项目获全国三等奖。创建双创基地和平台。制定小微企业创业创新年度任务，指导和培育双创平台（基地）建设，北大医疗产业园获批国家级双创基地。发挥政策资金引导作用，为小微企业申请贷款贴息 1385.34 万元。研究制定了昌平区社会信用体系建设方案，开展政府失信专项治理。开展调研走访，领导班子成员分组带队，对全区 80 家亿元以上工业企业进行实地调研，建立企业问题清单，研究解决问题的机制和办法。

（于凌燕 赵星）

【中关村科技园区昌平园】年内，昌平园实现总收入 4286.3 亿元，同比增长 8.4%，占示范区总收入的 7.3%，实现利润 324.8 亿元，同比增长 48.7%。实缴税费 223.6 亿元，同比增长 52.3%，实现出口 70.1 亿元，同比下降 20.2%。

（魏清华）

【优化营商环境】年内，昌平区建立区领导“一对一”服务重点企业工作机制和昌平区服务企业上市工作机制，加强对重点企业的跟踪服务。已集中走访、座谈、电话联系企业 105 家，开展重点企业“服务包”上门送服务活动，帮助解决企业实际问题 201 项。组织开展 28 家拟上市企业专项调查，收集整理企业上市相关需求并逐项开展对接工作。建立领导班子联系企业微信群和网上“企业服务直通车”对接机制。已建立 14 个“班子联系企业微信群”，直接服务企业数量 1200 家，共发布各类通知、活动信息 200 余项，解决企业需求同时助推银企合作及企业间合作。“企业服务直通车”覆盖园区所有企业，设有“每周一策”政策解读栏目，已发布分类政策近百项，热点推送 20 项。精准开展政策解读宣传和培训工作。全年共召开企业培训会 30 余场，举办了“第 18 届北京生命科学领域学术年会”“2018 北京中美生命健康产业创新峰会”“中国生物医药产业发展的机遇和挑战高端论坛暨 2018 SAPA 中国分会年会”等多场高水平高峰论坛、国际峰会、双创活动等 16 场，累计 2000 余人参与。

（魏清华）

【构建高精尖经济结构】年内，昌平区完善产业发展政策体系。确定昌平园培育构建“2+3+N”高精尖产业结构发展思路，研究起草了《昌平区促进高精尖产业发展的若干措施》《昌平园“高精尖”企业名录》《关于落实加快科技创新构建高精尖经济结构用地政策的意见（试行）实施方案》《昌平园存量空间资源管理办法》等系列政策，健全高精尖产业结构建设保障机制。推进重大项目落地工作。梳理在谈、在途、在建“三个项目清单”，实行分类指导、闭环管理。推进北京脑科学中心、诺华创新药品流通中心、小米、新东方等企业重大项目落户昌平。对接洽谈中移动信息技术公司和瑞康医药北京总部项目入驻昌平。今年新增企业 376 家，入园企业总数达 4318 家，国高新企业数量将突破 1200 家。协调推进在建项目，加快博晖创新综合研发基地二期项目开工建设。完成固定资产投资约 14.7 亿元，其中建安投资 13.8 亿元。落实生命园品质提升方案。梳理生命园管理机制，建立生命园创新创业服务中心。草拟了《生命园产业准入及空间资源管理办法》，严把产业准入，提高空间利用效率。推进生命园研发创新成果中试及产业化基地建设，推进三一存量工业土地建设生物医药创新成果产业化基地，承接园区创新源头成果落地。研究推动污水排放、绿化、停车无序等问题解决，优化园区配套环境。加强空间资源管理，拓展高精尖产业发展空间保障。起草了《昌平园政策区空间范围局部优化调整方案》，优化配置土地资源。起草《北京市昌平区人民政府关于落实北京市人民政府关于加快科技创新构建高精尖经济结构用地政策的意见（试行）实施方案》，分类梳理重点功能区存量土地、闲置土地、土地利用效率低的土地情况，制定昌平园低效闲置土地清单台账，持续推进“腾笼换鸟”工作，提高存量空间利用效率。开展空间资源调查工作，启动政策区产业用地档案建设，摸清底数，全面掌握园区空间现状。

（魏清华）

【推进双创城市示范建设】年内，昌平区完善双创政策体系，加强支持小微企业力度。新出台了《小微企业房租补助暂行办法》，全面落实双创支持政策，降低小微企业创新创业成本。启动小微企业房租补助项目、双创服务平台、产业转型升级平移政策、专项支持办法等项目，全年共计约1230余家小微企业和孵化器平台获得双创资金支持。持续打造双创空间载体，完成双创示范城市绩效考评工作。累计建成各类双创空间220万平方米，年内新增60万平方米，新增国家级双创载体1家、市级双创载体13家、区级双创载体13家。按照财政部和市财政局相关文件要求，组织绩效考评自评工作，完成3年双创示范城市建设自评。推动中小企业创新创业升级。以打造大中小企业融通型特色载体推动中小企业创新创业全面升级为切入点，成功申报国家“大中小融通型”特色载体项目，获得财政部、工信部、科技部双创升级项目支持资金5000万元。

（魏清华）

【乡镇工业】年内，昌平区乡镇工业企业个数315个，职工人数25259人，实现增加值33.50亿元，实现总产值193.30亿元，营业收入227.79亿元，利润总额35.01亿元，上缴税金8.68亿元，资产总额694.89亿元。

（于凌燕　赵星）

平谷区工业

【概况】2018年，平谷区116家规模以上工业企业，完成工业总产值163.7亿元，同比下降13.7%；实现主营业务收入193.6亿元，同比下降11.4%；实现利润总额8611.3万元，同比亏损10448.1亿元。全年共组织实施工业投资项目23个，共完成固定资产投资5.3亿元，完成建安投资2.2亿元，分别超出年度投资任务2.8亿元和1.1亿元。

（区科信局）

【产业构成】年内，平谷区工业主要由装备产业、汽车与交通运输设备制造业、生物和医药产业、基础和新材料产业、都市产业、电子信息产业6个产业构成。

（区科信局）

【都市产业】年内，平谷区有规模以上工业企业38家，完成工业产值46.5亿元，比上年增长0.4%，占规模以上工业企业的比重为28.4%，比上年提高3.9个百分点。其中，食品饮料业完成工业产值33.4亿元，比上年下降0.3%，占规模以上工业企业的比重为20.4%，比上年提高了2.7个百分点；服装纺织业完成工业产值3.9亿元，比上年下降7.3%，占规模以上工业企业的比重为2.4%，比上年提高了0.2个百分点。

（区科信局）

【基础与新材料产业】年内，平谷区有规模以上工业企业16家，完成工业产值13.4亿元，比上年下降14.7%，占规模以上工业企业的比重为8.2%，比上年降低了0.1个百分点。

（区科信局）

【装备产业】年内，平谷区有规模以上工业企业20家，完成工业产值16.4亿元，比上年下降9.6%，占规模以上工业企业的比重为10%，比上年提高了0.4个百分点。

（区科信局）

【汽车与交通设备产业】年内，平谷区有规模以上工业企业31家，完成工业产值72.9亿元，比上年下降23.6%，占规模以上工业企业的比重为44.6%，比上年降低了5.8个百分点。

（区科信局）

【生物医药产业】年内，平谷区有规模以上工业企业8家，完成工业产值10.9亿元，比上年增长21.5%，占规模以上工业企业的比重为6.7%，比上年提高了1.9个百分点。

（区科信局）

【电子信息产业】年内，平谷区有规模以上工业企业3家，完成工业产值3.4亿元，比上年下降29.8%，占规模以上工业企业的比重为2.1%，比上年降低了0.4个百分点。

（区科信局）

【园区经济】年内，平谷区工业园区内规模以上工业企业有69家（包括兴谷开发区、马坊开发区），全年完成工业总产值133.3亿元，比上年下降15.1%，占规模以上工业企业的比重为81.4%，比上年降低了1.5个百分点。其中，兴谷开发区完成工业总产值107亿元，比上年下降13.9%，占规模以上工业企业的比重为65.4%，比上年降低了0.2个百分点；马坊开发区完成工业总产值26.3亿元，比上年下降19.9%，占规模以上工业企业的比重为16%，比上年降低了1.3个百分点；城区内规模以上工业企业共有14家（包括平谷镇和区办工业），完成工业总产值13.7亿元，比上年下降10.8%，占规模以上工业企业的比重为8.4%，比上年提高了0.2个百分点；密三路沿线工业带规模以上工业企业共有10家（包括马昌营和峪口2个镇），完成工业总产值5.8亿元，比上年增长1.7%，占规模以上工业企业的比重为3.5%，比上年提高了0.5个百分点；京平高速沿线工业带规模以上工业企业共有10家（包括东高村和夏各庄2个镇），全年完成工业总产值6亿元，比上年下降6.3%，占规模以上工业企业的比重为3.7%，比上年提高了0.3个百分点；城区周边规模以上工业企业共有11家（包括大兴庄、山东庄、王辛庄和独乐河4个镇），完成工业总产值4.1亿元，比上年增长7.9%，占规模以上工业企业的比重为2.5%，比上年提高了0.5个百分点；山区乡镇规模以上工业企业共有2家（包括刘店、金海湖2个镇），完成工业总产值7221.8万元，比上年下降36.9%，占规模以上工业企业的比重为0.4%，比上年降低了0.2个百分点。

（区科信局）

【规模以上企业构成】年内，平谷区116家规上企业中，有大型企业2家，分别是北京星宇车科技有限公司、北京大旺食品有限公司。2家实现工业总产值19.7亿元，比上年下降17.9%；中型企业24家，实现总产值75.4亿元，比上年下降17.9%；小型企业90家，实现总产值68.4亿元，比上年下降7%。在平谷区116家规模以上企业中，工业总产值突破亿元的企业有47家，共完成总产值135.1亿元，比上年下降12.5%，占规模以上企业工业总产值比重为82.5%，比重较上年同期提高了1.1个百分点。在产值超亿元企业中，有汽车配件企业16家、食品饮料企业7家、装备产业企业10家、造纸及纸制品2家、医药3家、基础与新材料产业9家。

（区科信局）

【战略新兴企业】年内，平谷区规上战略新兴企业共有17家，完成工业总产值20.6亿元，同比增长4%；占规模以上工业企业的比重为12.6%，同比提高了2.2个百分点。其中，产值过亿的有9家，完成产值16.5亿元，占战略新兴企业总量的80.1%，比上年提高了1.9个百分点。

（区科信局）

【高新技术企业】年内，平谷区规上高新技术企业共有15家，完成工业总产值20.7亿元，同比增长4.4%；占规模以上工业企业的比重为12.6%，同比提高了2.2个百分点。其中，产值过亿的有8家，完成产值16.8亿元，占高新技术企业总量的比重为81.2%，比上年提高了1.5个百分点。

（区科信局）

【工业固定资产投资】年内，平谷区加快培育工业经济发展新动能，以提高发展质量。推进供给侧结构性改革为主线，深入抓疏解、调结构、促协同。全年共组织实施工业投资项目23个，完成固定资产投资5.3亿元，完成建安投资2.2亿元，分别超出年度投资任务2.8亿元、1.1亿元。

（区科信局）

【优化营商环境】年内，平谷区制定《关于2018年平谷区推动工业转型升级改革工作方案》《平谷区支持中小企业发展专项资金管理办法》《平谷区高精尖产业支持资金管理暂行办法》《平谷区一般制造业退出资金办法》《北京市平谷区关于落实〈北京市人民政府关于加快科技创新构建高精尖经济结构用地政策的意见（试行）〉的实施方案》及《北京市平谷区工业项目履约监管协议书（模板）》等促进产业发展的政策文件。组织编制《平谷区工业发展规划》《中关村平谷园产业发展规划》《平谷区信息化建设与信息产业发展规划》《平谷区通信工程专项规划》等长期规划。提高项目引进质量，整理汇总全球高端生物医药和涉农企业前100强名单。多次与市经济和信息化局等部门主动对接，积极协调“生态桥”项目解禁，为相关产业发展奠定基础。推进重点项目建设，办理非政府投资工业和信息化固定资产投资项目备案11件，推动中纺联创、幸福益生等一批重点项目落地。走访调研汽配企业，鼓励引导企业创新发展扩展市场。

（区科信局）

【节能减排】年内，平谷区提前超额完成年度市级一般制造业企业调整退出任务（名单上8家企业和名单外1家企业已完成退出及验收）。1家重点行业计划调整退出企业已变更营业执照生产经营范围并签订永久停产承诺书。组织属地政府摸排辖区企业，制定工业领域重污染应急预案，定期包镇包企下沉检查。按要求制定错峰生产企业名单，自11月15日起，错峰生产企业按照“一厂一策”要求实施停限产。开展洵泇河中下游工业企业“废水治理回头看”行动，对本辖区内新增的未纳入市政管网的涉污工业企业进行摸排治理，洵河流域6家污水直排工业企业通过验收。制订《工业企业土壤污染防治工作方案》，对全区可能造成污染的重点行业企业进行分类调查，分类管理可能涉及土壤污染的企业。强化工业企业安全生产工作，及时完成市级安全生产督察组反馈问题整改。加强工业企业消防检查，建立工作台账，落实安全生产责任书，开展消防安全隐患“回头看”，按时完成隐患点位核查。

（区科信局）

【提升综合服务水平】年内，平谷区提高办事效率，做好集中办公区入驻企业服务工作，定期向各级中小企业服务平台报送数据。组织开展涉企培训12场，参会企业300余家次，涉及人员600余人次。按照区政协委员提案要求，联合区总工会和区工商联共同主办，中关村健源技术创新战略联盟承办首届企业家发展论坛。截至年底，信用促进会共发放信用贷款25笔，额度2530万元，帮助5家会员企业解决短期资金需求难题。推荐味食源等4家企业申报北京市2018年高精尖产业发展重点支撑项目。

（区科信局）

【创新资源利用方式】截至年底，中关村平谷园共有高新技术企业129家（实地79家、注册50家），其中，国高新企业70家（实地40、注册30家）、村高新59家。共有38家新证和换证企业（换证13家、新证25家。其中，国高新11家、规上7家、实地16家）。截至11月底，平谷园完成总收入109.4亿元，同比下降6.3%；技术收入3.6亿元，实缴税收10亿元，利润5.8亿元，从业人员14153人，科技人员2043人，同比分别增长1.4%、31.6%、49.9%、2.9%、12.3%。园区现有展翼企业4家、瞪羚企业31家。利用中发展集团平台资源和平谷园自身优势，探索重资产投入、轻资产运营模式，建设中关村农业科技创新示范中心。强化项目申报跟踪服务，为富乐科技等10家企业申请中关村管委专利、商标、标准扶持共计37项。友晟电子等2家企业通过重大前沿原创技术成果转化和产业化项目申报并获得资金扶持。

（区科信局）

【产业帮扶共建】年内，平谷区成立对口支援领导小组，制定工作方案，建立重点企业台账，推动全区企业开展产业合作。组织协调中关村健源食品微生物技术产业创新战略联盟优质企业到受援地区建立扶贫车间，完成注册手续。

（区科信局）

【推进对口支援工作】年内，平谷区组织相关部门和企业，赴商都县就荣涛食品有限公司在商都投资建厂进行对接，已完成内蒙古自治区荣涛农业科技有限公司注册及选址工作，这是平谷区第1家落地商都的实体工业企业。加强部门联动，提高资源利用效率，组织开展考察对接并与当地签订战略合作协议。制作宣传图册，下沉企业进行宣传。提高帮扶层次，组织帮扶地区挂职干部走访平谷区重点企业。

（区科信局）

怀柔区工业

【概况】2018年，怀柔区工业企业实际从事生产经营活动的约600家，其中规模以上企业166家。全年规模以上企业完成总产值610亿元，同比下降3.2%；销售收入735.2亿元，与上年同期持平，利润总额35.3亿元，同比增长4.8%；上缴税金33.7亿元，同比下降3.5%。

（王　伟）

【错峰生产企业抽查】3月11日，中央环保督察组到怀柔区检查工业企业错峰生产情况，区经济信息化委、区环保局、庙城镇、杨宋镇、北房镇相关部门负责人陪同。针对2018年供暖季区域企业停限产落实情况，督察组对京永鑫伟业建材、凯得隆工贸、华特汽配、长远兴达汽配、怀航水泥制品等5家企业进行抽查，并针对企业停产方案制定、停产执行情况及停产后安全值守维护3项内容进行了重点检查，被检查的5家工业企业均严格按要求执行停产规定，顺利通过督察组抽查。

（王　伟）

【中小微企业政策培训会】4月10日，区经济信息化委联合北京市中小企业服务中心在怀柔区举办“怀柔区企业所得税汇算清缴培训会”和“怀柔区关于《中华人民共和国标准化法》宣贯会”，来自全区工业、信息化产业、商业等领域的135家企业216名工作人员和部分镇乡的企业办负责人参加培训。区经济信息化委已连续7年举办企业所得税汇算清缴方面的政策解读和培训，涉及企业达900余家次，对中小微企业了解政策变化、掌握申报方法，防范税务核算风险，降低成本，提高企业竞争力起到了引导和推动作用。

（王　伟）

【8家企业大比武决赛】 5月4日，由区经济信息化委、区安委会联合举办的“2018年怀柔区工业和信息化系统有限空间作业大比武”落幕。比武活动历时24天，设理论培训、考试、现场演练、决赛等环节。怀柔区六必居食品厂、雷力海洋、红螺食品、统一饮品、碧水源膜科技、玛氏食品6家工业企业和移动、联通2家通信企业进入决赛。最终，雷力海洋获工业组第1名，移动、联通均在城市运行组取得优异成绩。

（王　伟）

【“精准帮扶专场招聘”活动】 6月14日，怀柔区为落实扶贫攻坚工作，帮助贫困人口就业，在北房镇文化广场举行“精准帮扶专场招聘”活动。市农委、区经济信息化委、区农委、区人力社保局、公安分局、北房镇政府、邮储银行怀柔支行等部门负责人出席。此次招聘会上，40余家知名企业提供了170余个就业岗位，1000余人参加应聘，其中463人与招聘企业达成初步就业意向。

（王　伟）

【节能宣传周拉开序幕】 6月15日，怀柔区工业系统“节能降耗 保卫蓝天”节能宣传周活动在宣传主会场福田戴姆勒汽车拉开序幕。红牛饮料等多家工业企业参加，分别在企业内设立节能减排宣传分会场，全力倡导全国节能宣传周和全国低碳日活动。福田戴姆勒公司通过悬挂条幅标语、电子屏展播、发放宣传册等方式，推广普及节能知识、节能理念和节能方法，营造节能、低碳、环保的生产、生活氛围。同时，百余名福田戴姆勒员工参与了节能问答，并承诺在日常工作和生活中广泛传播绿色生活、绿色发展方式。

（王　伟）

【银企对接共赢发展】 7月18日，区经济信息化委携手中行怀柔支行业务部，分别与北京雁阳汽车配件有限公司、北京斯普乐电线电缆有限公司进行实地对接交流，倾听企业融资需求，为企业量身定制融资解决方案。区经济信息化委发挥中小企业服务平台优势服务资源优势，陆续开展9次此类银企对接活动，以特色服务帮助企业解决融资需求7000余万元，成功搭建怀柔区银企沟通的桥梁，促进了银行和企业共同发展。

（王　伟）

【企业退出奖励资金政策解读会】 8月9日，区经济信息化委召开2018年一般制造业退出奖励资金政策申报解读会，各镇街、科学城筹备办及23家企业负责人参加。会上，区经济信息化委相关工作领导全面解读了怀柔区一般制造业奖励资金政策，并通报了上半年全区一般制造业退出情况；由第三方审计公司对申报材料中营业执照变更、土地性质确权、票据收集、完税证明、职工社保情况等诸多事项进行了一一说明。参会企业针对财务存单有效性、在产证明、设备拆除等问题进行了现场咨询。9月中旬，组织第三方评审公司对申报材料进行评审，经审计合格后，企业注销或核减营业执照中生产、制造、加工项目，完成变更营业执照后进行资金拨付，11月底将资金

全部拨付到位。

（王　伟）

【中小企业促进法宣贯会】8月17日，区经济信息化委为全面有效推动《中华人民共和国中小企业促进法》的贯彻落实，组织召开宣贯会。怀柔区促进中小企业发展工作领导小组各成员单位、各乡镇、科学城筹备办、在怀柔区的金融机构等55家单位负责人参加。培训特别邀请工信部赛迪智库中小企业研究所所长对《中华人民共和国中小企业促进法》修订前后的变化、重点亮点和法律条文的内涵等内容进行了全面解读，并结合当前北京市中小企业发展形势，对如何进一步促进区域中小企业发展指明了方向。区经济信息化委将继续深入做好新中小企业促进法的宣贯工作，在全区范围内形成学法、懂法、用法的浓厚氛围，为中小企业持续健康发展保驾护航。

（王　伟）

【社会信用信息服务平台培训会】9月3日，区经济信息化委为推进区内社会信用信息体系建设工作，组织区卫计委、区科委、区发展改革委等30余家机关单位参加社会信用信息服务平台培训会。会上，区经济信息化委介绍了社会信用信息服务平台的建设进展，二期工程更新的功能，以及后台管理系统的基本操作方法，并针对各部门提出的上传方式、上传信息审核机制等问题进行了沟通讲解。怀柔区社会信用信息服务平台在二期建设过程中加入了自然人模块、食药监模块、安监模块、旅游模块等一系列针对专门业务领域的定制化模块，并针对各领域信息的不同需求进行差别化定制，进一步完善社会信用信息在生活中的推广和应用。

（王　伟）

【促进中小企业发展工作会】9月12日，为全面贯彻落实《中华人民共和国中小企业促进法》和《北京市促进中小企业发展条例》，促进区中小企业发展，怀柔区召开促进中小企业发展工作会，副区长李志遂、区经济信息化委等18家区直机关主管领导及9家银行领导参会。会上，区经济信息化委汇报了法规政策、财税融资、创业创新、市场开拓、服务保障、权益保护及监管共6个方面中小企业促进工作的落实情况。随后，区经济信息化委与银行代表正式签订战略合作框架协议，全力落实促进中小企业发展工作。

（王　伟）

【市督察组对区工业系统安全生产工作展开督查】9月18日，为全面贯彻落实《中华人民共和国安全生产法》《中共中央国务院关于推进安全生产领域改革发展的意见》，市委、市政府安全生产第8督察组到怀柔区开展工业系统安全生产延伸督查工作。座谈会上，区经济信息化委汇报了工业系统安全生产工作运行情况，安全生产责任制、党政同责、一岗双责的落实情况以及安全培训、专家指导、安全生产大检查等重点工作的开展情况。年内共实地指导企业224家次，出动人员896人次、车辆224台次，发现隐患1247条，整改完成率达到98%。随后督察组来到杜邦营养食品配料有限公司、北京雷力海洋生物新产业股份有限公司、波尔亚太金属容器有限公司3家工业企业进行实地检查。针对安全生产责任制度、员工安全意识培训、安全生产投入、特种作业人员档案、生产现场安全保障等情况进行检查。

（王　伟）

【开展节前企业安全生产督查】9 月 29 日，怀柔区经济信息化委携第三方专家一同至北京刮拉瓶盖有限公司和北京森根比亚生物工程技术有限公司指导安全生产工作。督查中，发现企业存在库房配电箱被遮挡、操作人员防护用品穿戴不符规等 6 条安全隐患，专家现场开具安全隐患整改意见。区经济信息化委督察组要求企业加强员工自身安全教育培训，特别是节假日前的安全教育培训，提高安全意识，平安过节；要求企业负责人要高度重视安全生产工作，做到效益、安全两手齐抓，切实落实安全生产主体责任制度；要求针对专家提出的安全隐患要尽快落实整改，营造良好安全意识的同时，全力保障生产环境安全可靠。

（王　伟）

【召开怀柔通项目研讨会】10 月 23 日，为落实智慧怀柔设计规划，全面推进怀柔通项目建设，副区长李志遂主持召开怀柔通项目研讨会，区经济信息化委、区财政局、区发展改革委、区公安局等 7 家单位领导参会。会上，思源公司技术负责人从政务办公、绩效、督查、民生服务等领域详细介绍了项目建设情况和未来规划。针对政府与市场的边界把控、身份登录认证等问题，与各单位领导进行了深入讨论。领导要求尽快实现各单位政务数据的汇聚、治理、共享。加快制定项目进度日程表，明确政务办公、绩效、督查等功能的上线时间顺序，完善项目管理流程，细化方案设计，保障项目及时上线运行。

（王　伟）

【落实产业帮扶协作】10 月 25 日，区经济信息化委为深入推进京冀东西部扶贫协作工作，进一步落实《怀柔区助力怀安县打好精准脱贫攻坚战三年行动计划》相关内容，带队到怀安经济开发区实地考察，博萨汽车配件、春风药业、红螺食品、蓝天白鸽土特产品和怀胜城市建设开发有限公司 5 家怀柔区优质企业负责人参加考察对接活动。区经济信息化委主任马天彪一行人首先来到南山汽车产业园区考察吉利领克汽车生产基地，实地考察园区建设和驻区企业发展情况。座谈会上，怀安县领导介绍了怀安经开区发展情况及招商引资政策，区经济信息化委领导介绍了怀柔经济发展概况及随行的重点企业基本情况，随行企业负责人结合两地实际情况，就各自关心的园区建设运营、怀安中草药种植发展和农产品加工合作等情况进行了深入、细致的沟通交流。

（王　伟）

【落实空气重污染应急预案】11 月 14 日，区经济信息化委领导带队检查太平洋制罐、健力宝等 6 家企业，企业均按“一厂一策”要求落实应急措施，没有发现问题。空气重污染黄色预警期间，区经济信息化委会同镇乡、科学城筹备办每日出动 22 人次检查企业 11 家，现场填写督查确认单，拍照留存，企业均按要求落实各项措施。加强组织领导，区经济信息化委成立空气重污染应急工作领导小组，负责组织工业领域开展空气重污染应急工作，并对应急措施落实情况进行督查检查；完善配套措施，区经济信息化委制定保障民生、城市正常运行、重大活动的重点制造业企业名单，并动态更新，及时报市经济信息化委和区空气重污染应急指挥部办公室备案。街镇级部门制定分预案和制造业保障名单，细化工作措施和工作台账，完善工作流程，不断健全空气重污染应急工作制度；加强应急值守，进一步完善应急值守制度，保证应急值守系统顺畅。黄色预警时，各单位保持备班备勤。橙色预警时各单位要加强在岗值守，确保 24 小时联络畅通。红色预警时,各单位全天（含节假日）值守；严格督查考核，区经济信息化委负责空气重污染应急预警期间列入停限产名单内的工业企业应急措施落实情况的检查工作，在黄色、橙色、红色预警期间对列入空气重污染停限产名单内企业进行检查。

（王　伟）

【开展政银企对接】11 月 14 日，为贯彻落实市、区普惠金融工作精神，拓宽中小企业多层次、多渠道的融资，助力企业解决融资困难，推进企业持续健康发展，区经济信息化委携农行怀柔支行与北京绿摇饲料科技有限公司、北京广盛源生物科技有限公司两家企业开展政银企对接，协商银企合作契机。听取了两家企业负责人关于企业原材料储备方面资金缺口困难后，农行表示将针对企业实际情况，制定切实可行的融资方案。区经济信息化委也将加强银企对接工作搭建沟通桥梁和纽带，帮助企业解决融资困难，给予中小微企业更多的关注和支持，形成相互促进的健康发展局面，为怀柔区经济建设做出更大贡献。

（王　伟）

【开展生产安全检查专项行动】 11月29日，区经济信息化委为全面贯彻落实市、区两级安全生产工作的指示精神，结合近期危险化学品安全事故频发情况，委主管领导带领专职安全员和第三方安全生产专家，对怀柔区有研粉末新材料有限公司和北京恒源天桥粉末冶金有限公司安全生产工作进行监督和指导。在检查过程中，检查人员发现企业存在库房内违规使用取暖设备、危险化学品台账识别不全、消防器材缺少、危险化学品技术说明书不全等安全隐患，第三方专家对企业存在的安全隐患给予整改意见。企业表示整改，区经济信息化委将安排专职安全员针对整改情况进行跟踪督查。

（王　伟）

【汽车产业】 年内，怀柔区在北京福田戴姆勒汽车有限公司的影响下，汽车产业主要指标均呈现同比下降的趋势。全年完成工业总产值356.1亿元，同比下降5.2%；销售收入368.7亿元，同比下降4.0%；利润总额5.9亿元，同比下降31.3%；上缴税金5.7亿元，同比下降22.4%。2018年是福田戴姆勒汽车第3个产量突破10万辆的年份，此前为2010年、2017年。当年生产重卡10.1万辆，比2017年少1.73万辆，下降了14.6%，是全区工业经济总量快速收窄的主要原因。

（王　伟）

【食品饮料业】 年内，怀柔区42家规模以上单位已有30家成长为亿元以上企业，其中20亿元以上企业有3家。在这些重点企业的领衔带动下，主要指标呈小幅增长态势。全年整个产业完成工业总产值134.6亿元，比上年增长0.9%；销售收入220.4亿元，比上年增长4.3%；利润总额17.9亿元，比上年增长48.8%；上缴税金18.7亿元，比上年下降2.0%。

（王　伟）

【包装印刷业】 年内，怀柔区在奥瑞金制罐的带动下，包装印刷业全年完成工业总产值28.9亿元，比上年增长8.7%；销售收入35.3亿元，比上年增长3.3%；上缴税金2.2亿元，比上年下降8.8%。

（王　伟）

【生物医药产业】 年内，怀柔区规模以上生物医药产业增长迅速。14家规上企业，全年实现工业总产值13.6亿元，比上年增长46.9%，实现收入14.4亿元，同比增长47.6%，产值、收入分别占规模总量的2.2%和2.0%。北京祥瑞生物制品有限公司、北京红林制药有限公司等企业带动作用凸显。

（王　伟）

【重点项目】 年内，区经济信息化委与各职能部门加强联动，力促重大项目实施。与项目建设单位协调沟通，定期深入现场了解情况，全程跟踪服务。福田戴姆勒验证车间项目和红星怀柔厂区联合厂房、立体库、安全改造及勾兑车间项目，两个重点大项目顺利实施。其中，福田戴姆勒验证车间项目，验证车间装修工作完成89%，密封固化剂地面完成85%，外厂地下管线完成98%，道路施工完成98%，累计完成投资27180万元。红星怀柔厂区联合厂房、立体库、安全改造及勾兑车间项目，联合厂房主体结构完成65%，立体库主体结构完成70%，并向施工单位按照合同支付完首付款加工程量进度款共计3153万元。

（王　伟）

【加强企业退出风险管控】 年内，区经济信息化委根据市级部门对一般制造业退出工作要求，通过资料调查、现场走访、民意调查以及向相关职能部门和属地政府征询意见等方式，对区内一般制造业企业退出工作中可能引发的社会、法律和舆情进行全面监测和评估，识别出多个风险因素、风险原因、责任主体，并制定相应解决措施。针对年内拟退出的31家企业，逐一进行评估风险等级，对中等以上风险企业，将会同各镇乡、街道、科学城制定具体管控措施、密切关注企业情况、及时发现风险隐患并妥善解决，全力确保退出工作顺利实施。

（王　伟）

【疏解整治】 年内，区经济信息化委发挥牵头部门作用，协调各方力量，开展一般制造业退出、工业大院清理整治工作。年初计划退出一般制造业企业31家，全年共完成39家企业退出，完成计划任务总量的125.8%，合计占地46.27万平方米，建筑面积17.7万平方米，所有退出企业主要设备已拆除完毕，“一企一档”资料已汇总完成，全部通过市、区相关部门现场核查验收。全区按计划完成北房镇梨园庄建材大院清理整治工作，涉及企业、商户40余家，建筑面积约5000平方米。"腾笼换鸟"工作持续进行，杨宋镇、庙城镇等7个镇乡和雁栖开发区，共计18个项目正在进行。

（王 伟）

【优化营商环境】年内，区经济信息化委为切实贯彻北京市《关于率先行动改革优化营商环境实施方案》精神，落实"9+N"政策体系工作要求，根据怀柔区工业和信息化产业发展现状以及产业结构转型升级需求，认真研究，多措并举，全力做好优化怀柔区营商环境相关工作。继续抓好放管服工作。定期检查改革事项开展情况深入研究《北京市政府核准的投资项目目录》内容，为企业做好正确的政策指导。推进在线审批工作，推广"北京市工业和信息化投资项目在线备案管理系统"，压缩企业审批时限、减少审批环节，让企业少跑腿、好办事；做好中小企业服务工作。充分发挥区中小企业公共服务平台各项服务功能，为企业量身定制精准服务；推进区域高精尖经济结构建设。举办全区高精尖产业政策培训宣讲会，为区域实现"腾笼换鸟"、构建高精尖经济结构做好政策引导，组织各部门开展深入研讨，加快起草"怀柔区高精尖产业发展政策"；培育安全稳定的企业生产环境。深入企业开展安全生产体检工作，对安全生产制度建设、事故应急预案及演练、设施维护、现场管理、人员培训等方面进行指导，组织专家对企业进行安全培训，提高企业安全生产管理水平。

（王 伟）

【服务中小微企业】年内，怀柔区经济信息化委充分依托中小企业服务平台，集聚服务资源，创新服务形式，不断提高服务产业发展的能力水平。帮助中小微企业解决融资难题，做好中小微企业贷款贴息项目，多渠道多角度鼓励中小微企业持续健康发展。共组织各类服务活动16次，联合市中小处举办培训6期；开展融资对接10余次，累计帮助企业融资1.6亿元；为怀柔区1545家企业5813个岗位发布招聘信息1176期，发布企业专场招聘30场，解决企业招聘岗位302个，就业人数1386人次。

（王 伟）

【开展"携手奔小康行动"】年内，区经济信息化委全力开展"携手奔小康行动"，促使在区内有市场、有活力但发展受限的企业能够扩大产能，开拓新市场。区经济信息化委与丰宁县、怀安县、卢氏县等地开展对接合作，通过招商座谈、实地考察、政企洽商等多种形式，推动怀柔区与受援地在产业领域进一步实现共赢。截至年底，已有北京宏亭汽车部件等6家工业企业与丰宁县签订投资协议书，其中5家企业开工建设，共占地32.4万平方米，总投资10.3亿元，带动就业1450人。

（王 伟）

【应急通信保障工作】年内，在怀柔区举办了第8届北京国际电影节开闭幕式、魅力中国城等重要活动，区经济信息化委完成活动现场通信保障工作。其中，4月在北京国际会展中心召开的第8届北京国际电影节开闭幕式，筹备期区经济信息化委专门制订了各项应急预案，完成了场地通信基础设施建设与协调、人证车证办理、应急通信车部署与协调，演练了开闭幕式当天应急通信保障，在各通信公司及各相关单位支持配合下，确保了第8届北京国际电影节开闭幕式及电影嘉年华活动期间网络安全平稳、信息传递顺畅。

（王 伟）

【严把安全生产关】年内，怀柔区特聘请专业第三方安全生产服务机构，为企业提供专业的安全生产指导，按照"规上企业每年检查一遍，规下企业每两年检查一遍"工作原则，落实工业和信息化系统安全生产责任，截至年底，共指导企业安全生产工作402家次，出动检查人员1608人次，查出隐患2081条。针对所查隐患，专家给予企业合法的整改建议并进行后续跟踪，督促企业整改完成。市委、市政府安全生产第14督察组反馈的督查意见中涉及怀柔区16家工业企业154条安全隐患，区经济信息化委组织专职检查组进行了全面复查，督促企业完成整改并形成整改报告。

（王 伟）

【加强"两会"期间安全生产检查】年内，区经济信息化委为全力做好"两会"期间工业企业安全生产管理工作，加大组织检查力量，对全区工业企业安全生产工作进行监督和指导，确保会议期间全区社会环境稳定、城市运行有序。区经济信息化委共出动检查人员54人次，检查工业企业27家，查出安全隐患138条，检查人员当场进行指导督促，并限期完成整改。

（王 伟）

【社会信用体系建设】年内，怀柔区编制印发了《怀柔区2018年社会信用体系建设工作方案》，完善了信用体系建设工作机制。5月，召开了全区社会信用体系联席会议，详细解读了《北京市公共信用信息管理办法》。全力打造社会信用信息服务平台，完成项目二期自然人数据库的建设，作为全区统一的信用信息共享平台，要求全区各单位按照"共享为常态、不共享为例外"原则，加强信用信息归集上传工作。以用促建，构建守信激励和失信惩戒的社会环境，推动各行业主管单位制定本领域的红黑名单制度，开展守信激励、失信惩戒工作，实现信用信息在食品药品安全领域、工程招投标、政府采购和政府奖励等方面的探索应用，提高社会信用在社会治理方面的使用效率和应用范围。同时，组织法院、桥梓镇、沙峪口村召开协调会，妥善解决了桥梓镇沙峪口村关于债务纠纷的失信事件。针对北京信用月报具体情况，组织开展社会信用体系建设总体规划编制工作，加快完成社会信用体系建设的顶层设计；大力推进数据归集及应用工作。加快推进垂管系统数据、非垂管系统数据的归集工作，尽快实现各单位的数据实时更新和共享；建立镇村两级政府债务监控平台。定期召开会议，研制债务风险，研究制定债务防范的规章制度，化解存量，严控债务增量，建立法院与信用信息平台数据的分享机制；推动完善信用奖惩机制。完善信用奖惩机制标准和联合奖惩机制，推动黑名单与工商局“异常名录”对接。定期公布红黑名单，充分发挥社会信用信息的惩恶扬善功能，营造良好的社会发展和营商环境。

（王　伟）

【5 家企业入驻怀丰产业园】年内，怀柔区为深入贯彻京津冀协同发展战略，促进区域经济协调可持续发展和跨区域产业协同联动，有序调整和疏解部分生产制造环节向河北省丰宁县等产业园区转移。截至年底，雁阳汽配、宏亭汽车部件等 5 家汽车配件企业签约落户丰宁“怀丰产业园”，其中雁阳汽配丰宁部件公司已正式开工建设，其他 4 家企业也将完成项目落地审批手续。怀柔、丰宁两地的顺利对接，推进了两地工业产业发展合作和企业异地转移，在实现疏解非首都功能的同时，也为两地间开展深度、长期合作奠定了坚实基础。

（王　伟）

【5 项措施推进社会信用建设】年内，区经济信息化委针对“北京市关于发布区域信用环境状况监测”情况，结合全市区域信用环境状况监测信息来源和评价内容，认真研究怀柔区社会信用建设工作实际情况，通过 5 项措施，全力推进区域社会信用建设工作。进一步完善信用体系建设，督促相关部门规范食品市场准入标准，完善食品质量安全追溯体系，确保百姓“舌尖上的安全”。同时强化工程建设安全生产检查，督促企业落实主体责任，做好风险防范措施，防范事故发生，保障生产安全顺利进行；贯彻国家社会诚信发展政策，完善各专题领域的信用制度。要求各部门加快建立健全信用制度体系，加强信用事件的诚信宣传与失信披露。重点开展交通运输管理、电子商务、工程建设、价格、税务、旅游、医药卫生、文体科教、法院检察院公信等领域信用制度建设；增加信用信息透明度，深入推进工作，在政务诚信、商务诚信、社会诚信和司法公信四大重点领域开展诚信管理建设，逐步建立诚信奖惩机制，推进“双公示”工作，依托社会诚信管理平台，完善企业信用信息归集与失信企业联合惩戒机制，推行诚信“黑红名单制度”，引导约束企业守法守信；预防重大失信事件发生弘扬重大诚信事件。会同各部门开展形式多样的诚信文化教育宣传活动，不断增强法人、自然人诚信守信的自觉性。开展各类诚信法制教育活动，营造良好的诚信法制环境。推动公民诚信意识和社会诚信水平不断提升；提高信用事件文化宣传教育力度，加大信用信息公信力度。引导诚信文化宣传教育，开展形式多样的宣传活动，不断增强法人、自然人诚信守信的自觉性。开展各类诚信法制教育活动，营造良好的诚信法制环境。制定公民诚信守则，推动公民诚信意识和社会诚信水平不断提升。

（王　伟）

密云区工业

【概况】2018 年，密云区工业经济从年初开始，一致处于低位运行态势，距全年指标任务相距甚远，调结构与保增长的双重压力仍在延续。密云区 136 家规模以上工业企业实现工业总产值 269.8 亿元，同比下降 11.1%；主营业务收入 289.78 亿元，同比下降 12.9%；利润总额 −5.6 亿元（汽车制造业同比减少 19 亿元，其中宝沃减少 16.5 亿元），同比减少 18.4 亿元。开发区 78 家企业完成产值 214.1 亿元，同比下降 14.3%，乡镇 45 家企业完成产值 23.3 亿元，同比下降 15.5%，区属 13 家企业除 2 家停产外，11 家实现正增长，10 家增速在两位数以上，合计完成产值 32.4 亿元，同比增长 23.4%，上拉规上产值 3.3 个百分点。汽车及交通设备业、都市产业、装备制造业、生物与医药产业、基础与新材料业、电子与信息产业六大产业中除汽车制造业外，其他 5 个产业均不同程度增长，其中装备制造业、生物与医药产业、电子与信息产业3个产业增速在两位数以上。

2018年密云区产业经济指标完成情况表

产业名称	产值（万元）	增速%	占比%	同期占比%
汽车及交通设备业	997408	−34.0	37.0	49.8
都市产业	555979	6.6	20.6	17.2
装备制造业	530210	11.2	19.7	15.7
生物与医药产业	307758	34.2	11.4	7.6
基础与新材料业	270770	2.3	10.0	8.7
电子与信息产业	35804	12.8	1.3	1.0

（区经济和信息化局）

【节能宣传周】6月14日，中国第28个节能宣传周期间，密云区举办“节能降耗 保卫蓝天”暨工业绿色低碳发展政策宣讲。邀请市经济信息化委和第三方相关机构分别从绿色制造方案和绿色制造体系建设方面进行讲解。通过培训，引导企业自觉参与节能低碳行动，提高资源利用效率，促进企业完成绿色改造升级，降低能耗。重点用能、生物医药高端智能制造等120余家工业企业参加活动。发放节能宣传材料近200份。

（区经济和信息化局）

【帮扶库伦旗】6月19日，密云区召开扶贫协作和对口支援工作会。区经济信息化委第一时间召开专题会议部署，制定《2018年扶贫协作和对口支援工作实施方案》，并成立领导小组。党组书记带领班子成员赴库伦旗开展对口帮扶工作。经过座谈交流、实地走访工业园区和贫困村，区经济信息化委与内蒙古通辽市库伦旗经济和信息化局、密云区北京诚信制衣有限公司、北京渔阳服装厂2家服装企业与库伦旗2个贫困村分别建立对接关系并签署《对口帮扶框架协议》。同时，区经济信息化委为库伦旗经济和信息化局捐款10万元用于扶贫车间建设，2家企业在“万企帮万村”活动中为贫困村捐款6万元。2家服装企业分别向京蒙合作扶贫车间捐赠了30套制衣设备，共计60套，并新注册成立2家公司。自9月份试运行以来，第1批订单已完成，共安置劳动力就业86人，其中建档立卡贫困户30人，人均月工资收入2000～3000元。

（区经济和信息化局）

【规模工业企业发展】年内，密云区136家规模以上工业企业实现工业总产值269.8亿元，同比下降11.1%。密云区规模以上工业总产值增速指标在全市排名第15位（含亦庄开发区）；5个生态涵养区中，总量居第2位，增速居第4位。

2018年北京市生态涵养发展区规模以上工业总产值对比表

区域	工业总产值（亿元）	排位	同比速度（%）	排位
怀柔	608	1	−4.0	2
密云	270	2	−11.1	4
平谷	164	3	−13.7	5
延庆	87	4	10.6	1
门头沟	75	5	−10.3	3

（区经济和信息化局）

【重点企业情况】年内，密云区亿元以上企业从2017年底的46家增加至52家。其中，增加12家，减少6家；10亿元以上企业增加1家，为北京科勒有限公司；5亿元以上企业增加1家，为北京博恩特药业有限公司。

2018年密云区产值增加亿元以上企业统计表

企业名称	工业产总值（万元）			
	完成	同期	同比±额	同比±%
合 计	749635	531394	218241.1	41.4
今麦郎饮品股份有限公司	215198	169191	46007.3	27.2
北京科勒有限公司	111688	87046	24642.5	28.3
北京康辰药业股份有限公司	96847	58037	38810.5	66.9
北京合纵实科电力科技有限公司	88206	71766	16439.4	22.9
北京北陆药业股份有限公司	71380	53734	17645.5	32.8
北京燃气密云有限公司	48480	30229	18250.7	60.4
首云矿业股份有限公司	37979	26282	11697.3	44.5
北京汉典制药有限公司	32973	20937	12036.2	57.5
北京杰利阳能源设备制造有限公司	23997	5544	18453.3	332.8
高频美特利环境科技（北京）有限公司	22886	8627	14258.3	165.3

2018年密云区产值减少亿元以上企业统计表

企业名称	工业产总值（万元）			
	完成	同期	同比±额	同比±%
合 计	844791	1131242	−286451	25.3
北京宝沃汽车有限公司	340189	500341	−160152	−32.0
万都（北京）汽车底盘系统有限公司	308141	348384	−40243.2	−11.6
北京裕罗电器装配有限公司	64988	82143	−17155.7	−20.9

（续表）

企业名称	工业产总值（万元）			
	完成	同期	同比 ± 额	同比 ±%
赛龙（北京）汽车部件有限公司	40194	52850	−12655.9	−23.9
北京波尼陀世元电子有限公司	36735	48789	−12054.4	−24.7
大世（北京）汽车附件有限公司	34041	52100	−18058.6	−34.7
内蒙古伊利实业集团股份有限公司北京乳品厂	20503	46635	−26131.2	−56.0

（区经济和信息化局）

【工业固定资产投入】年内，密云区完成工业固定资产投入项目 21 个，累计投入 8.5 亿元，同比下降 62%。建安投资 1.95 亿元。

（区经济和信息化局）

【优化营商环境】年内，密云区建立工作专班，召开动员部署会，制定 2018 年工作任务目标，并将年度涉及的任务目标细化落实到具体的工作和项目上，按月自查落实情况。落实“放管服”改革政策要求。进一步优化企业投资项目核准、备案办理流程，将平台登录、注册登录、信息填报、在线提交等全流程以图文结合方式提供给企业，为企业提供便捷服务；重新设计申报模板，取消企业提交纸质申请等环节，节省企业办理时间；通过部门网站、服务大厅窗口、业务培训等多渠道介绍办理工作。企业满意率 100%。2018 年完成备案项目 3 个，备案投资额 6700 万元。项目建设跟踪工作扎实推进。对备案项目实施台账式管理，定期了解项目建设情况、投资完成情况和相关手续办理情况，对 15 个备案项目每月跟踪。建立在建项目跟踪推进机制，设置专项台账，安排专人负责与开发区等部门对接，及时掌握项目手续办理进度；对重点项目实地走访，了解建设情况，确保按期推进。15 个备案项目中，9 个已开工建设，总体建设进展良好；6 个正在办理后续手续。认真开展企业减负工作。组织有关部门开展减负工作；组织 60 余家企业开展涉企收费调查，未发现违反规定行为；联合区财政局下发《关于进一步落实涉企保证金清理规范工作的通知》，确保相关部门严格执行涉企保证金有关制度。做好点对点、一对一精准服务。筛选重点企业 30 家，安排专人逐一走访，建立台账。掌握企业发展情况和投资进度，及时了解企业需求和困难，协调相关部门做好服务。根据市级高精尖产业发展政策，结合北京市十大产业发展方向，对企业投资项目分析研究，策划项目，争取市级政策资金支持。根据企业需求聘请专家、金融机构与企业一对一对接，共开展 43 次帮扶活动，走访企业 72 家次，帮助企业解决实际困难。具体任务清单全面完成。共涉及一般制造业疏解退出、“散乱污”企业清理整治、社会信用体系建设、推进企业上市、中小企业融资对接服务、提高政务服务质量等十大项目，均按年度计划全面完成。

（区经济和信息化局）

【超额完成企业退出任务进度】年内，市级退出任务 15 家。密云区完成对 21 家一般制造业企业的退出验收，其中市级台账内企业 15 家、台账外企业 6 家，完成市级任务进度 140%，涉及退出人口 570 人，退出企业产值 1.26 亿元。

（区经济和信息化局）

【清理整治工作动态清零】年内，密云区统筹协调开展涉污“散乱污”企业清理整治，累计上账企业 27 家，全部通过市环保局验收。对 2017 年“散乱污”企业清理整治工作和 2015 年至 2016 年污染企业退出工作开展“回头看”，共出动 72 人次，检查 140 家次，96 家“散乱污”企业中，50 处存在复工、清理不彻底、新增加工企业等问题，已全部整改。

（区经济和信息化局）

【产业基地提质改造】年内，密云区围绕“关于产业基地调整转型的调查与思考”，按照“情况清、底数明、数据实”的目标要求，提出调整思路和建议。即根据区域规划、土地性质、企业发展情况分类处理，充分利用好现有资源，按照有保有退、分步实施、稳妥推进原则，逐步实现转型发展。其中，密云镇、溪翁庄、太师屯农民就业产业基地转型，巨各庄、穆家峪、河南寨、十里堡农民就业产业基地提质改造。在此基础上，制定《密云区农民就业产业基地结构调整方案》。

（区经济和信息化局）

【推进企业上市服务】年内，密云区多渠道宣传上市政策，征集拟上市企业，2 家企业正式递交申请。向 18 家“新三板”挂牌企业兑现上市扶持资金 720 万元。针对企业需求，开展专题培训 3 次，共 200 余人参加，邀请相关专业人士就产业发展、融资业务和财务管理等进行讲解，组织新三板和四板挂牌企业代表“现身说法”，分享发展经验。

（区经济和信息化局）

【发布新版上市政策】年内，在密云区第 2 届经济发展大会暨优化营商环境大会上，密云区出台《关于进一步支持企业上市发展的意见（2018 版）》。相对于 2011 年政策，新政策在助力企业发展、鼓励企业登陆多层级资本市场、构建更加良好营商环境方面突出四大亮点：①实现了支持板块全覆盖，在原有主板、中小板、创业板等基础上，新增新三板、四板、五板支持条款，对登陆更高资本市场的企业实施差额补齐，成为全市首个涵盖所有板块的支持政策；②加大了支持力度，对企业在主板、中小板上市企业支持由470万元调整为600万元，对三板挂牌企业支持由40万元调整为80万元，对四板、五板挂牌企业择优给予政策支持；③完善了监管内容。企业获得支持后在密云经营须满6年，并配套监督考核条款，提高支持作用的充分发挥；④深化了服务机制，增加鼓励募投项目落地、中介开展金融服务、强化梯队建设、开展业务培训等内容，在办公用房、人才引进、工作对接、产业支持等方面优先支持上市企业。

（区经济和信息化局）

【累计110家企业上市】年内，密云区推进康辰药业主板上市，推进1家企业登陆新三板。截至2018年底，密云区累计上市挂牌企业110家，其中上市2家、新三板挂牌企业26家、四板挂牌和展示企业82家。根据市金融局统计，密云区新三板、四板挂牌企业数量居5个生态涵养区首位。

（区经济和信息化局）

【宣贯中小企业促进法】年内，密云区开展2期《中华人民共和国中小企业促进法》宣贯活动，并利用微信平台发布新法解读与政策解析等相关文章，推进新法实施。

（区经济和信息化局）

【中小企业融资服务】年内，大力宣传推广创新融资，3家企业成功募集私募债资金2.2亿元；促使2家企业获得设备融资租赁资金0.12亿元。分别组织邮储银行、工商银行、顺义银座村镇银行、北京银行等，与区内企业进行融资洽谈，81家企业获得银行贷款1.19亿元。

（区经济和信息化局）

【中小企业专项培训】年内，密云360网通科技有限公司和开发区创业公社合作，开展创业辅导相关培训2期，培训100余人。紧跟新政、紧贴需求、紧盯不足、紧扣发展，以中小企业促进法宣贯、企业扶持政策项目资金申报解析、涉税新政以及报税技巧解读等为主题，开展专题培训7期，服务中小企业800余家。

（区经济和信息化局）

【一对一服务企业】年内，密云区邀请市级政策专家或市区级相关业务科室到企业走访，了解企业发展现状，帮助企业规划发展路线，宣传解读国家和北京市相关政策，助力企业发展。全年服务72家企业。组织区内百余家企业与银行金融结构对接，一对一了解企业资金需求，为企业推荐融资产品，帮助企业解决资金紧张难题。邀请中关村资本市场服务有限公司专家到檀州农业发展有限公司和北京雅迪力特航空新材料股份有限公司开展一对一精准服务。与企业负责人深入座谈，了解企业经营情况和发展规划，就企业上市流程、融资需求、发展方向等方面为企业出谋划策，普及资本市场专业知识，梳理企业发展脉络，帮助企业更好发展。筛选近30家重点企业，一对一深入分析增长点和不利因素，了解企业发展困难，及时沟通协调解决，确保完成年度指标任务。

（区经济和信息化局）

【非政府投资项目核准备案】年内，密云区严格执行国家产业政策和《北京市新增产业的禁止和限制目录（2015版）/（2018版）》，按照市经济信息化委统一标准做好项目审核，确保准入项目合法合规；对备案项目实施台账式管理，定期了解项目建设情况、投资完成情况和相关手续办理情况，并按照备案时间段和项目开工情况划分归类；为强化备案政策宣传，组织镇街、开发区和区内企业工作开展备案专题培训，详细讲解办理流程及相关产业政策；加强行政服务中心窗口管理，提高人员服务素质，企业满意率100%。共办理备案事项3项，备案投资总额6700万元。

（区经济和信息化局）

【减轻企业负担】年内，密云区出台《2018年密云区减轻企业负担工作方案》，开展“企业负担问卷调查”，对80余家企业在经营过程中涉及政府部门、行业协会等机构收费情况进行现场调查，未收到企业反映乱收费、乱摊派现象；贯彻落实工信部和市经济和信息化局要求，与区财政局联合向相关部门出具《关于进一步落实涉企保证金清理规范工作的通知》，确保相关部门严格执行涉企保证金有关制度，并及时反馈落实情况。

（区经济和信息化局）

【项目申报】年内，密云区协调开发区为企业申报项目做好服务，向企业宣传贯彻市级各项政策，根据企业实际情况策划项目申报工作，向市经济和信息化局推荐优质企业。先后推荐北京市凯利尔医疗科技有限公司申报“凯利尔”商标；推荐北京超同步伺服股份有限公司申报“智能装备核心功能部件数字化车间新模式应用项目”；根据北京制造业创新发展领导小组印发《关于开展消费品工业“三品”专项行动营造良好市场环境的实施意见》的要求，推荐北京鑫地酒业有限公司、名都酒业、北京京古酿酒厂、北京洪福金正酒业有限公司（密云三烧）、伊利等企业参加；按照《北京市经济和信息化委员会关于开展2017年第20批北京市级企业技术中心有关工作的通知》，积极申报北京汉典制药有限公司、雷蒙德（北京）科技股份有限公司、北京华源泰盟节能设备有限公司、中航建设集团有限公司；申报北京奥金达蜂产品专业合作社和北京金禾绿源农业科技公司参加2017年第20届中国农产品加工投资贸易洽谈会。

（区经济和信息化局）

【空气重污染应急】年内，密云区严格执行《密云区空气重污染应急工业分预案（2017修订）》，按照预警级别第一时间启动应急工作。对原28家企业逐一筛查，对停产、污染环节拆除等企业会同环保、镇街进行现场核实确认，最终确定了2018年至2019年市、区两级工业领域空气重污染预警期间停限产应急企业共27家，其中市级应急企业7家、区级应急企业20家。多次配合环保部及工信部、市经济和信息化局领导随机抽取检查地点，直奔现场开展检查；同时制定督查排班表，预警期间，全天下沉企业督查检查措施落实情况。共启动黄色预警2次、橙色预警3次，“两会”等重要时期污染防控3次，累计出动59人次，检查133家次；共有164家企业主动停限产，其中154家全部停产，10家企业减产50%，停限产措施全部落实到位。

（区经济和信息化局）

【错峰生产运输】年内，密云区不定期对11家错峰停产和停运企业进行9轮83家次督查检查及用电量监控，11家企业停产措施全部落实到位。

（区经济和信息化局）

【工业企业重型柴油车使用检查】年内，密云区9个乡镇及开发区共306辆登记在册车辆，检查企业78家次，检查重型柴油车、非道路移动机械240辆，未发现冒黑烟现象。

（区经济和信息化局）

【工业燃煤锅炉补助后续事宜】年内，密云区按照区大气办开展密云区燃煤锅炉拆除及清洁能源改造补助工作事前审核的要求，对2017年申请补助资金的173家企业基础资料按照“一户一册一档”要求进行整理报送；对符合条件的第1批工业燃煤锅炉清洁能源改造含拆除资金470.74万元已拨付至相关镇街。

（区经济和信息化局）

延庆区工业

【概况】2018年，延庆区规上工业企业产值87.3亿元，同比增长10.6%。其中，新能源和环保产业产值45.1亿元，同比增长5.5%，占规上工业总产值51.7%。全区规上工业完成税收4.4亿元，同比增长15.3%。建立工业运行月报制度及亿元以上重点企业领导负责机制，研判运行走势，推进急难问题解决，强化生产调度。推动产业绿色发展，构建高精尖产业结构：搭建启迪创新创业基地、91众创空间等，为创新创业企业提供服务载体。引入园艺、体育科技产业领域创新型企业。起草延庆区《加快科技创新发展绿色高精尖产业的指导意见》，明确主导产业发展方向，完善土地、人才、资金等配套政策，加快构建高精尖经济结构。对全区工业实体企业进行摸底分析，梳理本区高精尖产业领域企业目录。出台《工业闲置低效空间资源盘活利用的工作方案》，指导桑普新源、首科通达转型发展。鼓励传统企业转型升级。指导三吉利速凝技术工程研究中心建设，培育北玻、京城压缩机和恒阳电缆厂向研发中心转型。制定出台《疏解一般制造业和“散乱污”企业治理专项行动2018年实施方案》，引入第三方机构，建立“一企一档”，动态管理。疏解退出一般制造业企业17家，完成目标任务的170%。开展空气重污染应急保障，确定重污染预警期间18家制造业企业停限产名单。启动8次应急预警，出动人员131人次，检查企业221家次。固定资产投资3754万元，完成任务的188%。全区制造业禁限项目零准入，拒绝26个项目，备案9个项目，推动康斯特、国创智能项目前期手续办理。开展无人机试飞运行基地、无人机创新园、示范应用等工作，成立专家顾问委员会；举办无人机综合应用演示活动；推进氢能产业发展。通过实地指导、培训等方式，促进工业企业安全生产工作。优化营商环境，深化企业服务。年内，汇集市、区两级政策，制定《延庆区高精尖产业系列政策的宣传培训方案》。推进“一窗受理”“一网通办”工作，实现审批事项100%进驻窗口，100%上网。为凯宏鑫、光瑞机械等6家企业进行高新技术企业申报。与农行、建行签订战略协议，促成20家企业达成资金意向，贷款额度达到3000万元。11家企业取得环境认证；为23

家一般制造业退出企业申报资金；对52家企业重点建立分组走访联系；为16家企业制定个性服务包。开展《中华人民共和国中小企业促进法》宣贯培训、钉钉办公软件培训。对3家中小企业服务平台和孵化基地进行“北京市中小企业公共服务示范平台”申报辅导。完成40人的职工技能鉴定。深入推进与怀来、宣化、兴和对口帮扶工作。

（郑 鑫）

【签订战略合作框架协议】1月5日，延庆区人民政府与中国电力国际有限公司签订综合智慧能源投资项目战略合作框架协议。中国电力国际有限公司董事长余兵、总经济师杨玉峰，区委副书记、区长穆鹏，副区长罗瀛出席签约仪式。余兵、穆鹏代表双方签订战略合作框架协议。双方就延庆区综合智慧能源领域发展建设等方面开展深入合作。9月30日，中电智慧综合能源有限公司与兴和县政府正式签订战略合作框架协议。为落实京津冀协同发展战略，改善区域环境质量，推进京蒙对口帮扶工作，实施能源精准帮扶工程，延庆区入区企业中电智慧与兴和县政府就开发风力发电、电解制氢等项目正式签订框架协议。兴和县县委书记付海清，中电智慧党委委员、总经济师杨玉峰，区经济信息化委主任徐自成及区相关部门领导出席签约仪式。

（郑 鑫）

【落实优化营商环境“9+N”政策】年内，区经济信息化委为进一步落实关于优化营商环境“9+N”政策会议精神，切实承担责任，坚持问题导向，组织培训会10余次，进行政策宣贯，由业务科室组成的5个小组分头对延庆区50家重点工业企业实地走访，针对企业需求及问题进行梳理并现场解答，并将相关政策文件送到企业，确保“9+N”政策取得实效。

（郑 鑫）

【无人机专家顾问委员会成立】10月17日，延庆区政府联合零度智控（北京）智能科技有限公司在八达岭机场共同举办“延庆区无人机专家顾问委员会成立仪式暨2018年无人机综合应用演示活动”。市科委、中关村管委会、延庆区委书记、区相关部门领导，零度智控等企业代表出席。活动邀请了中国工程院钟山院士、北京航空航天大学王英勋教授等11位无人机产业领域专家，成立无人机专家顾问委员会，为延庆区无人机产业在规划、管理、技术和运行等方面提供智力持。演练活动中无人机对延庆区域内部分河道、公路、长城、林区进行了巡查。

（郑 鑫）

【组织构建高精尖经济结构政策宣贯会】年内，区经济信息化委组织园艺科技、体育科技、节能环保、医药健康、新材料等领域的中材叶片、美科尔、雪族科技等23家企业，召开加快科技创新构建高精尖经济结构系列文件的宣贯会。对北京市出台的《加快科技创新发展高精尖产业系列文件》《北京市引进人才管理办法（试行）》进行解读宣传，为企业创新发展指明“路线图”。与企业进行了座谈交流，指导企业主动与十大高精尖产业指导意见对标对表，结合自身的产业基础，加强科技研发，提升产品质量与效益，焕发企业发展新活力。

（郑 鑫）

【组织企业参加中小企业素质提升培训会】年内，延庆区为改善和提高中小企业劳动用工法律风险防范意识，掌握法律风险化解技巧，提高企业“事后事前防范”能力，减少因不规范行为给中小企业带来的法律风险。区经济信息化委组织区内59家企业，97人参加培训会。

（郑 鑫）

【中小企业促进法宣贯会】年内，区经济信息化委组织召开延庆区《中华人民共和国中小企业促进法》新法宣贯会。区经济信息化委党组副书记为新法宣贯做了动员讲话。来自区发展改革委、区旅游委等19家委办局和15个乡镇及59家企业负责人，共计135人参加。

（郑 鑫）

【银企座谈会】年内，区经济信息化委组织区企业发展促进会40余家会员单位先后来到建行延庆支行，开展题为“创营商环境 促企业发展”座谈会。活动拓宽了银企、政企对接的渠道，针对企业融资难问题提出了解决方案。通过座谈，进一步加深了银企之间的了解，对全区中小企业发展起到了极大的推动作用。

（郑 鑫）

【一般制造业疏解退出工作】年内，延庆区一般制造业疏解退出工作顺利通过市经济信息化委验收。市经济和信息化局利用4天时间对北京中惠通泰金属材料有限公司、北京龙安山印刷有限责任公司等17家一般制造业退出企业的主要生产设备拆除、工商营业执照注销或变更等情况进行实地核查。经检查，企业均按照要求完成了疏解退出工作，通过验收。

（郑 鑫）

【推进工业闲置低效资源的盘活再利用】年内，区经济信息化委结合延庆实际，深入研究起草的《延庆区工业闲置低效空间资源盘活利用工作方案》并于 11 月 24 日正式发布。方案作为延庆区落实“10+3”指导意见的系列政策措施之一，提出了引导企业自主盘活和政府主导盘活等多种盘活方式，同时对盘活再利用的管控进行了明确约定，文件的正式发布将为延庆区优化营商环境，构建符合区特色的绿色高精尖经济结构，推进延庆工业闲置低效资源的盘活再利用工作，提供指导及有效的政策依据。

（郑　鑫）

【产业结对帮扶】年内，区经济信息化委就结对帮扶、产业合作事宜到张家口宣化区、内蒙古兴和县实地调研。在宣化区，了解了当地产业发展历史、现状及未来发展意向；走访了王家湾乡，应邀对乡内旅游产业发展提出了建议，并对谢家湾村结对帮扶贫困户进行了慰问。在兴和县，双方达成一致意向：在产业合作上，结合各自优势，延庆区经济信息化委将引导“三城一区”外溢优质产业以及在延庆不具备扩大产能的北京市鼓励发展的高精尖产业到兴和投资建厂，基于此双方签定了产业合作框架协议。

（郑　鑫）

【安全生产检查】年内，区经济和信息化委为落实安全生产“一岗双责”要求，对 18 家企业，结合黄色预警雾霾停产限产检查工作，开展安全生产指导，重点要求企业在空气重污染黄色预警期间，对烟尘、粉尘进行严格管控，着重加强对相关作业环节、重点部位的安全管理，进行自排自查消除火灾隐患。区经济信息化委共印发各类安全生产文件 12 件、相关科室出动 306 余次，对 64 家工业企业开展至少 7 次安全生产指导，发放宣传材料 800 余份。春节、国庆、中非论坛前，组织安监、质监、消防等有关职能部门，对工业企业进行安全生产联合大检查 9 次，其中主管副区长带队检查 2 次。先后对 100 余家企业培训了《北京市安全生产信用体系建设管理办法》等内容。

（郑　鑫）

2019 开发区

北京工业年鉴
BEIJING GONGYE NIANJIAN

本栏目主要记述中关村国家自主创新示范区、北京经济技术开发区、北京天竺综合保税区3个国家级开发区以及北京天竺空港经济开发区等16个市级开发区发展情况，收录2018年北京市开发区土地开发，招商、入资，投资、生产情况表。

综　述

2018 年，北京市开发区主要经济指标持续增长，企业经济效益明显改善，开发区招商工作取得明显成效，土地集约利用水平进一步提高。

开发区经济规模稳步扩大。年内，北京市开发区实现总收入 7 万亿元。其中，中关村国家自主创新示范区实现总收入 5.9 万亿元；3 个市级开发区实现总收入 5605.5 亿元。北京市开发区实现工业总产值 13033 亿元，占全市工业总产值的 68%。北京市开发区实现利润总额 4916 亿元。其中，中关村国家自主创新示范区实现利润总额 4413.3 亿元，3 个市级开发区实现利润总额 370.2 亿元。

开发区创新引领能力不断增强。2018 年，北京市开发区规模以上国家高新技术企业数量为 1.2 万家，实现总收入 2.6 万亿元，占北京市开发区总收入的 37%，从业人员规模为 184.2 万人，占开发区从业人数的 60.2%。

招商引资工作取得丰硕成果。自开始至报告期，北京市开发区招商项目共计 82104 个，项目总投资 36427.6 亿元，注册资本 35652.1 亿元，其中三资企业注册资本 3850 亿元、外商实际投资 322 亿美元。中关村国家自主创新示范区招商项目 54655 个，项目总投资 23655.9 亿元，注册资本 22789.8 亿元，其中三资企业注册资本 3615.4 亿元、外商实际投资 247.4 亿美元。

土地开发建设进度逐步加强。年内，北京市开发区规划面积 496 平方千米。其中，3 个国家级开发区规划面积 466.8 平方千米。截至年底，全市开发区累计开发土地面积和累计供应土地面积分别为 350 平方千米和 315.6 平方千米，累计建成城镇建设用地面积 287 平方千米。全市开发区单位土地工业总产值产出率约为 155 亿元 / 平方千米。

（北京国际工程咨询有限公司）

中关村国家自主创新示范区

【概况】 2018 年，中关村国家自主创新示范区坚持以习近平新时代中国特色社会主义思想为指导，深入贯彻落实党的十九大和习近平总书记视察北京及中关村重要讲话精神，加大实施创新驱动发展战略力度，加强科技创新与制度创新“双轮驱动”，以创新引领高质量发展，加快建设具有全球影响力的科技创新中心，各项工作取得明显成效。

先行先试改革不断深化。中组部等部委与北京市联合印发中关村国际人才 20 条新政，多为全国率先提出。联合教育部、中科院完善高校院所成果转化机制，共同出台实施方案和工作措施，授牌支持首批 12 家高校技术转移办公室。推动天使创投税收试点、创投基金投资期与解禁期反向挂钩机制等政策实施，“新三板 +H 股”两地挂牌机制顺利落地。中关村生物医药国检试验区获批，中国（中关村）知识产权保护中心正式挂牌运行。研究提出的职务科技成果转化现金奖励个人所得税等政策建议成为国家政策。

高精尖经济结构加快构建。制定实施支持颠覆性技术创新指导意见，加强关键核心技术攻关，涌现出一批全球领先的技术和产品。设立中关村一区多园高精尖产业项目专项资金，支持各分园重点产业化项目、重点研发平台和创新型领军企业 158 个，支持金额超过 8 亿元。制定实施人工智能、智能机器人、虚拟现实、工业互联网等新兴产业政策，推动在海淀、亦庄、石景山、延庆等分园形成特色产业集聚区。牵头制订《北京市创新型企业服务行动工作方案》，出台支持中关村科技型企业融资发展的若干措施，促进民营科技企业健康发展。

创新创业生态持续优化。在全国率先发布实施科技型小微企业研发费用支持资金管理办法。制订支持中关村硬科技孵化平台工作方案和创业孵化机构评价指标体系，引导孵化器重视硬科技成果转化和在京落地。推动大企业创新创业平台建设，构建大企业生态圈，助力大中小企业融通发展。中关村已形成由 247 家大学科技园、硬科技孵化平台、创新型孵化器等创业孵化服务机构，近 600 家社会组织，以及上千家法律、会计、知识产权服务机构和产业联盟、行业协会、民办非企业单位组成的，覆盖企业成长全生命周期的服务体系。2018 年，新创办科技型企业近 3.2 万家，平均每天新设立约 90 家，涌现出 80 家独角兽企业。举办第4届“双创”周主题展。

一区多园协同发展有效推进。会同海淀区政府编制完成《中关村科学城规划》，推动一批重点项目落地建设。启动编制一区多园统筹发展规划，会同市规划自然资源委制定《分区规划编制中中关村示范区各分园内容要点和技术要求》，加强分园空间规划和产业布局统筹。印发《中关村示范区分园创新发展考核评价指标体系》，首次对分园创新发展情况进行考核评价。深化中关村管委会“一处一园”联系服务分园机制，研究改革完善分园管理体制，每季度召开一区多园工作交流会。

开放创新合作水平进一步提高。与河北省雄安新区管委会落实《共建雄安新区中关村科技园协议》，推动天津滨海—中关村科技园、保定·中关村创新中心等合作园区建设。加快国际化发展步伐，在以色列、美国等地设立中关村海外联络处，支持中关村企业和孵化机构到海外发展，累计在海外设立研发中心或分支机构千余家。举办2018年中关村论坛年会，国际影响力进一步提升。

改革开放40周年系列工作成效明显。举办“中关村改革开放40周年座谈会”“中关村改革开放40周年暨中关村园区设立30周年研讨会”和中关村创新成果展。联合科技部相关司局调研形成《关于中关村国家自主创新示范区创新发展情况的报告》，以市委、市政府名义报党中央、国务院。研究制定《中关村示范区创新引领高质量发展行动计划（2018—2022年）》，经市政府、市委常委会审议通过，以示范区领导小组文件印发。

（中关村管委会）

【共建可持续物资循环再生平台】 1月10日，联合国开发计划署与京东集团战略合作签约仪式在北京举行。京东公益基金会等机构的代表参加。北京京东世纪贸易有限公司与联合国开发计划署签订谅解备忘录。根据备忘录，双方将共同探索建立可持续物资循环再生平台，通过政府、企业、研究机构等跨部门合作，连接各行业参与方，整合供应链上下游合作伙伴，创新解决物资生产与消费链条中的浪费和污染等问题；共同开展“闲置物资回收”等绿色消费行动，提升线上、线下的绿色消费比例，让更多人加入可持续发展的建设中。同时，依托于联合国开发计划署全球创新网络资源及京东公司大数据、人工智能、云计算、区块链和物流等方面的技术，双方还将共同探索“可持续消费”中国创新模式，与政府、行业协会等相关方共同开发知识产品，包括回收案例研究和绿色包装技术指南，推动可持续消费领域的行业标准制定，并将中国的可持续消费创新案例与世界分享。

（中关村管委会）

【中关村国际人才20条政策发布】 2月27日，在市政府新闻办召开的新闻发布会上，发布由中央组织部、科技部、公安部、人力资源社会保障部、中国科协等5家中央和国家有关部门会同北京市委、市政府联合印发的《关于深化中关村人才管理改革 构建具有国际竞争力的引才用才机制的若干措施》，提出20条政策，主要包括4个方面：在便利国际人才出入境方面，提出5条政策，重点解决人才“进得来”问题，涉及外籍人才申请永久居留、便捷出入境以及长期居留许可等；在开放国际人才引进使用方面，提出6条政策，重点解决人才“留得下”问题，在外籍人才担任法人、承担科技项目以及提名政府奖项资格等方面实现突破，同时在“海聚工程”、海外人才聘任、企业博士后培养等方面开展试点探索；在支持国际人才兴业发展方面，提出4条政策，重点解决人才“干得好”问题，主要是通过营造更加开放高效的引才用才环境，加强中关村示范区国际人才的交流合作；在加强国际人才服务保障方面，提出5条政策，解决人才“融得进”问题，包括外籍人才住宿简化登记、便利体检、保险保障、子女教育和设立“一站式”服务平台等。

（中关村管委会）

【百度公司获北京首批自驾路测牌照】 3月22日，北京市自动驾驶测试管理联席工作小组向北京百度网讯科技有限公司发放北京市首批自动驾驶测试试验用临时号牌。临时号牌分为T1～T5共5个级别，百度公司取得5张T3级别牌照，代表自动驾驶汽车具有认知与交通法遵守、路线执行、应急处置等综合能力。按照北京市自动驾驶新规要求，所有申请自动驾驶试验牌照的自动驾驶汽车须通过5000千米以上的封闭测试场日常训练和相应等级能力评估，包括对交通法规的遵守能力、自动驾驶执行能力、紧急情况下人工接管能力等；测试安全驾驶员须通过不少于50小时的培训和训练，能够随时接管自动驾驶车辆，以确保自动驾驶车辆按规定时间、规定路段进行试验，并随时接受监督。取得牌照后，百度公司的自动驾驶汽车开始在大兴区亦庄周边的开放道路上进行公开测试。

（中关村管委会）

【中关村银行与摩贝公司达成战略合作】 3月28日，北京中关村银行股份有限公司、摩贝（上海）生物科技有限公司全面战略合作签约仪式在北京举行。双方相关负责人参加。根据协议，双方将本着“长期合作、优势互补、共谋发展”的原则，建立长期稳定的战略伙伴关系，在合作过程中发挥各自的作用和优势，共同服务中小微企业，实现互惠互利、协同发展。双方将基于摩贝平台上客户交易的频次、金额、数量等数据，结合中关村银行以数据驱动为核心的智能化、综合性创新金融服务，为化学品行业的中小微企业提供包括线上贸易结算服务、供应链金融服务、商票合作等在内的一系列精准化、个性化综合金融服务。

（中关村管委会）

【Apollo2.5 开放技术发布会举行】 4 月 19 日，由百度在线网络技术（北京）有限公司主办的 Apollo Meetup——Apollo2.5 开放技术发布会在北京竞园艺术中心举行。百度公司发布无人驾驶开放平台 Apollo2.5 版本。Apollo2.5 新增限定区域视觉高速公路场景的自动驾驶，并针对高速公路路况相对简单的特点，使用单目广角摄像头和毫米波雷达两种传感器，同时配合障碍物和车道线的多任务并行检测分类、相对地图、障碍物三维特性等技术，在保障安全系数的前提下，以 10% 的成本实现限定区域视觉高速自动驾驶。百度公司宣布成立 Apollo 汽车信息安全实验室。实验室的重点研究方向包括车端应用、车端网络、CAN、传感器四大类，涵盖数据隐私保护、IVI 及 T-BOX 安全防御、L3/L4 车脑信息安全软硬件参考设计、自动驾驶信号伪造对抗等 10 余个智能驾驶信息安全方向。

（中关村管委会）

【首次实现 25 个量子接口之间的量子纠缠】 4 月 20 日，清华大学段路明教授研究组在美国《科学 · 发展》杂志上发表题为“25 个可独立操控的量子接口之间纠缠的实验实现”的研究论文。该项研究首次实现 25 个量子接口之间的量子纠缠。研究组研发出新颖的二维量子接口阵列，可以方便地实现多个量子接口间的纠缠，并通过光束复分技术，独立寻址并相干调控 5×5 的量子接口阵列，制备多体量子纠缠态，在 25 个量子接口之间，实验利用纠缠判据以高置信度证明至少存在 22 体以上的真实纠缠，刷新量子接口纠缠数量的世界纪录。

（中关村管委会）

【凌云两轮电动汽车发布】 同日，北京凌云智能科技有限公司在北京达美中心举办百年磨一剑——两轮汽车全球技术发布会。凌云两轮电动车搭载自主研发的智能陀螺仪技术，在不通过任何外力的情况下实现自己平衡；采用全铝底盘和碳纤维材质车身，整车重量 400 千克，行驶 100 千米耗电量低于 5 度，实测速度 100 千米 / 小时。

（中关村管委会）

【洪流联盟成立】 4 月 24 日，北京小桔科技有限公司（滴滴出行）召开“洪流汇聚 共享智能出行”发布会，发起成立洪流联盟。联盟将以开放和赋能为核心，广泛与汽车全产业链合作，共建汽车运营商平台，推进新能源化、智能化、共享化的产业发展，协力建设面向未来出行用户与车主的服务平台。联盟将联合行业协会和企业互相赋能，协同创新，探讨共享新能源汽车的设计和标准制定，联合开发新一代为共享而设计的汽车，并推动大规模运营。北京汽车集团有限公司、北京四维图新科技股份有限公司等 31 家来自汽车制造、零配件制造、新能源、数字地图、车联网等领域的企业成为首批联盟成员。

（中关村管委会）

【自动驾驶处理器征程 2.0 架构发布】 4 月 26 日，2018（第 15 届）北京国际汽车展览会上，北京地平线机器人技术研发有限公司发布新一代自动驾驶处理器——征程 2.0 架构，以及基于 2.0 处理器架构的 L3 级以上自动驾驶计算平台 Matrix1.0。征程 2.0 架构处理器可以实现 L3/L4 级别的自动驾驶。Matrix 1.0 平台每秒可处理 30 帧 720P 视频，并支持 4 路视频同时输入和实时处理，实现 20 种不同类型物体的像素级语义分割；可以实现三维的车辆检测，识别场景中的深度信息，进行距离的识别和判断；还可以进行人骨骼识别，判断行人朝向，预测行人运动轨迹。开发者和研究人员可以基于 Matrix 平台部署神经网络模型，实现开发、验证、优化和部署。

（中关村管委会）

【翼辉信息公司与通号集团签约】 4 月 27 日，北京翼辉信息技术有限公司与北京全路通信信号研究设计院集团有限公司战略合作签约仪式在通号产业园举行。中国工程院院士倪光南等专家及双方相关负责人参加。根据协议，双方在高铁、机车、城铁等领域的信号控制、自动驾驶系统等方面展开合作。双方将基于翼辉信息 SylixOS 开发一款符合轨道交通安全要求的操作系统，从而保证轨道交通安全控制系统实现完全自主可控，这标志着国产高可靠嵌入式实时操作系统首次在轨道交通核心系统中得到实际应用。

（中关村管委会）

【中关村轨道交通新技术新产品供需对接会】 4 月 27 日，由中关村管委会主办的中关村轨道交通新技术新产品供需对接会在华夏幸福创新中心举办。市发展改革委等单位有关负责人和60余家中关村轨道交通企业，以及北京城建设计发展集团股份有限公司等相关单位的代表200余人参加。对接会以“汇聚中关村轨道交通优势资源，助力首都轨道交通产业转型升级”为主题，分为需求发布、项目推介、参观洽谈3个环节。北京城建设计发展集团等3家单位介绍各自的需求；北京北科天绘科技有限公司等3家企业围绕北京市轨道交通建设需求介绍轨道交通车辆无人驾驶、地下水处理、人脸识别等方面技术解决方案；51家中关村示范区轨道交通企业的100余项新技术新产品在现场展示。各参会单位与中关村示范区企业进行洽谈对接。

（中关村管委会）

【京东叮咚战略暨新品发布会举办】5月10日，北京京东世纪贸易有限公司举办声“视”浩大——2018京东叮咚战略暨新品发布会。京东公司发布叮咚PLAY和叮咚mini2两款智能音箱。叮咚PLAY集成视觉、听觉、图像、语言、触摸、AR/VR能力，形成多模态交互及情景感知，并配有8英寸触摸显示屏，搭载英特尔凌动®处理器和图像处理器，满足产品更复杂的人工智能计算和图像处理需求，让用户交互更流畅。叮咚mini2体积小巧，搭载叮咚6麦克风环形阵列的语音解决方案，具备个性化的自定义唤醒词功能、叮咚海量的服务和有声内容资源。

（中关村管委会）

【面向物联网的人工智能芯片UniOne发布】5月16日，在“匠芯 致物”发布会上，北京云知声信息技术有限公司发布面向物联网的人工智能芯片UniOne及其解决方案——雨燕（Swift）。芯片由云知声公司自主设计研发，采用其自主开发的人工智能指令集，拥有具备自主知识产权的DeepNet、数字信号处理器，支持DNN/LSTM/CNN等多种深度神经网络模型，性能比通用方案提升50余倍。雨燕采用异构非对称多处理低功耗架构，支持8/16比特向量、矩阵运算，结合片内存储器及内部互联网的高性能内部互联网络，片内总线带宽的利用效率提升20倍，可应用于智能家居、智能音箱、智能车载等领域的各个具体场景中。

（中关村管委会）

【香港人工智能实验室成立】5月21日，香港人工智能实验室成立仪式在香港科学园举行。香港特区行政长官林郑月娥出席。实验室由北京市商汤科技开发有限公司、阿里巴巴网络技术有限公司及香港科技园公司共建，是香港国际创新科技中心的重要载体，将扶持香港人工智能创业生态发展，与香港分享更多内地人工智能研发成果与应用场景经验。实验室宣布发起“初创公司加速器计划”，旨在为香港培育更多人工智能初创企业。

（中关村管委会）

【虹人系列产品发布】5月28日，在第16届中国国际防水展览会上，北京东方雨虹防水技术股份有限公司举办主题为“智能制造：虹人助力机械化施工新时代”发布会，发布虹人系列产品。东方雨虹公司自主研发的智能防水施工设备——虹人（HotterMan）智能型自动摊铺防水卷材机车，主要由自动摊铺系统、高效预混加热系统、智能控制系统三大部分和自动行走系统、燃烧系统、热能循环系统、压实系统、防护系统、防爆系统六小系统构成，集控制、行走、轨迹校正、卷材及地面加热、压实摊铺于一体，可提高施工速度和单卷卷材施工时间，并通过智能控制，使卷材烘烤不过度不欠缺，压实工序紧跟其后，弹性压板适应任何基层，实现满粘效果。虹人智能型热熔防水卷材摊铺车坦途（Zandra）是防水卷材施工的自动热熔摊铺设备，能够通过控制器对各部件实现智能控制。虹人智能型热熔防水卷材封边机骑行者（Spanker），是专门用于防水卷材搭接边施工的小型自动热熔焊接设备，能够通过控制器对各部件实现智能控制，可日施工进度2000平方米。

（中关村管委会）

【中关村现代园艺产业创新中心揭牌】5月30日，中关村现代园艺产业创新中心揭牌暨政策发布会在北京林业大学举行。中关村管委会主任翟立新等领导，中国农业科学院、中国科学院植物研究所等科研单位和园艺企业的代表等200余人参加。会上，中关村管委会与延庆区政府联合发布《关于促进中关村国家自主创新示范区现代园艺产业创新发展的若干措施》。中心是中关村示范区首个园艺产业方面的创新平台落户延庆园，由延庆园管委会和北京北林科技园有限公司合作建设运营，旨在打造政、产、学、研合作平台，开展花卉、蔬菜和苗木新品种研发培育引种与产业化，设施农业技术创新与产业化，集群园艺类科技创新资源，形成园艺创新高地。延庆区政府与中国花卉协会等9家科研院所、学会协会组织及现代园艺企业签订框架合作协议。

（中关村管委会）

【梦之墨公司发布液态金属完整解决方案】6月11日至15日，在2018德国汉诺威消费电子、信息及通信博览会上，北京梦之墨科技有限公司发布其自主研发制造的液态金属电子电路打印机及柔性电路。液态金属电子增材制造技术是由梦之墨团队首创的变革性电子制造技术，通过液态金属电子墨水在任意基材上直接快速制造出柔性可拉伸电子，其所见即所得的电子印刷模式为发展普惠型电子制造技术、重塑传统电子及集成电路制造规则提供变革性途径，且快速、绿色、节省、低成本。

（中关村管委会）

【电子城·WeWork 全球社区启动】 6月19日，“携手创新 引领科技服务新生态”电子城·WeWork 全球社区启动发布会在朝阳区召开。中关村管委会、朝阳区政府、朝阳园管委会等单位有关负责人及朝阳园部分企业、投资机构的代表等参加。社区由北京电子城投资开发集团股份有限公司与美国 WeWork 联合办公空间共建，旨在更好地优化升级电子城存量空间，为客户提供全方位的办公服务和社区体验，引领科技服务新生态。首个创新型电子城·WeWork 全球社区将落户于电子城集团的电子城·国际电子总部。

（中关村管委会）

【城市天眼2.0系统发布】 8月16日至18日，在第5届中国—亚欧安防博览会暨2018第14届新疆警用反恐技术装备博览会上，北京旷视科技有限公司发布城市天眼2.0系统。系统结合城市安防、城市治理、城市交通、虚拟化治理和社会化服务五大场景，运用人工智能与大数据分析技术和旷视科技公司自研的人脸识别技术和安防行业专用算法模型，帮助实现智能、高效的城市管控。在安防领域，系统可对监控区域的行人进行识别抓拍，并反馈性别、年龄、戴眼镜与否、戴口罩与否、背包与否、上下身衣服颜色等特征属性，对可疑人员可进行快速精准的识别比对，并可结合大数据技术生成人数统计、轨迹分析图表，为公安机关侦缉抓捕提供准确、全面、迅速的线索获取能力；在城市交通领域，可实现对各个交通卡口经过车辆及其驾驶员的违法违规信息进行智能识别和抓拍；在城市治理领域，可帮助城市管理者实现智能、高效的城市管理，基于行人识别、车辆识别、视频结构化等智能感知技术，自动判定流动摊贩的位置及轨迹、重点路段的车辆违规停放、垃圾违规倾倒、绿化带破坏等诸多违反城市管理规定的行为，帮助各部门提高城市治理的效率。

（中关村管委会）

【首个5G自动驾驶示范区落户房山园】 9月19日，由房山区政府、中国移动通讯集团有限公司联合主办的首届中国移动5G自动驾驶峰会在房山园举行。峰会上，房山区政府与中国移动公司联手在房山北京高端制造业基地建设的中国首条5G全覆盖的自动驾驶车辆测试道路发布，5G自动驾驶联盟成立。同时，国内首个5G自动驾驶示范区落户房山园。首期道路开放长度10千米，可同时容纳10辆自动驾驶汽车开展研发验证、测试工作；测试道路设有10个5G基站、4套智能交通控制系统、32个车路协同（V2X）信息采集点位、115个智能感知设备。5G自动驾驶示范区开放测试道路可满足企业高速边缘计算平台、高精度定位等研发和测试要求，可提供5G智能化汽车试验场环境，为自动驾驶汽车研发、生产企业提供近千种场景测试，还可提供智能汽车软件检测及雷达、摄像头等智能传感设备检测和整车检测等服务。

（中关村管委会）

【新一代人工智能开放创新平台建设】 9月20日，科技部宣布依托北京市商汤科技开发有限公司建设第五大国家人工智能开放创新平台——智能视觉国家新一代人工智能开放创新平台。平台基于深度学习的人工智能技术，聚焦于计算机视觉等领域，通过超算系统、训练系统、智能视觉工具链等核心基础的研发、数据系统的构建，在基础研究和核心技术上与国际保持同步研发水平；实现智能视觉底层关键技术和共性支撑技术的突破，促进智能视觉技术与多行业的快速结合、产业赋能；建立人工智能国际化人才体系和培养国际化人才；通过人工智能赋能，创造以众创空间、孵化器为代表的双创生态环境，促进新旧动能转换。

（中关村管委会）

【中关村示范区机构包揽计算机视觉大赛6项冠军】 同日，欧洲计算机视觉国际会议官网公布计算机视觉界的顶级竞赛之一——MS COCO 2018年竞赛的结果，全部6项冠军由中关村示范区内机构组成的中国团队包揽。其中，北京旷视科技有限公司获4项冠军，分别是实例分割（并列第1名）任务、场景分割任务、人体关键点检测任务，以及 Mapillary 街景场景分割任务；北京邮电大学自动化学院模式识别与测控技术实验室（BUTP-PRIV）获 DensePose 任务的冠军；滴滴团队（DiDi Map Vision）获 Mapillary 街景检测冠军。另外，微软亚洲研究院团队（MSRA）获人体关键点检测亚军，北京大学和北京奇虎科技有限公司组成的团队（PKU_360）获场景分割任务的亚军。

（中关村管委会）

【中关村新经济发展论坛在京召开】 10月19日，由中关村管委会联合市发展改革委、市经济信息化委和海淀区人民政府共同主办，中关村会展与服务产业联盟、中关村宽带无线专网应用产业协会、北京市长城企业战略研究所共同承办的“2018中关村新经济发展论坛”在中关村国家自主创新示范区展示中心召开。本次论坛以“新时代、新技术、新经济”为主题，旨在聚合各方创新资源集中研讨、交流，充分发挥中关村在大数据、互联网、人工智能和平台经济、分享经济、共享经济等新技术、新产业和新模式、新业态方面的示范引领和辐射带动的作用。会议邀请中关村管委会副主任曹利群、北京市长城企业战略研究所所长王德禄、京东集团执行副总裁蓝烨等就“新经济、新动能”主题发表了演讲，邀请阿里巴巴集团副总裁刘松、驭势科技创始人兼CEO吴甘沙、旷视科技总裁付英波等嘉宾就“新技术、新产业”主题进行演讲，邀请中文在线集团董事长兼总裁童之磊、创业黑马联合创始人郭海峰、小猪短租副总裁潘采夫、中国电子商务协会政策法律委员会副主任阿拉木斯等就“新业态、新环境”主题发表演讲。中关村管委会副主任曹利群在论坛上介绍了中关村新经济发展情况。在大会主论坛之后，会议设立“大数据＋智慧城市”“AI+智慧交通”“互联网＋医疗”“互联网＋教育”4个分论坛，让企业家、专家和相关政府官员就不同的行业进行纵深探讨。

（中关村管委会）

【京东集团成立区块链联合实验室】10月21日，京东集团·新泽西理工学院·中科院软件所——区块链联合实验室签约仪式在北辰世纪中心举行。区块链联合实验室将聚焦共识协议、抗量子密码算法、智能合约、可信计算等七大区块链底层技术的研究及应用，提高区块链技术的效率、稳定性和安全性，拓展更丰富的区块链创新应用场景，打造最易用的企业级区块链技术平台，围绕可信数据网络共建区块链应用生态，服务社会数字资产的高效流动与价值创造，并将研究成果应用于京东零售、供应链、金融等业务领域。京东集团副总裁裴健、新泽西理工学院唐强、中科院软件所副总工程师张振峰出任实验室的联合主任。

（中关村管委会）

【北京石墨烯研究院揭牌】10月24日至26日，北京石墨烯论坛2018暨北京石墨烯研究院揭牌仪式在海淀区举行。第12届全国政协副主席韩启德院士、北京市委常委齐静等领导及国内外石墨烯领域的专家学者和来自高校、科研机构、企业等相关单位的代表400余人参加。研究院由北京大学发起成立，位于中关村翠湖科技园，一期人员规模500人，10年规划总投资20亿元，由北京市政府、产业界和社会资本共同出资建设，致力于打造未来石墨烯产业的基石和核心竞争力，探索具有中国特色的政产学研协同创新机制。北京大学院士刘忠范担任研究院首任院长。与会代表交流石墨烯前沿技术成果，分享石墨烯产业的进展和发展建议。

（中关村管委会）

【中关村5G产业协同创新平台揭牌】10月31日，由中关村管委会、市经济信息化委和市通信管理局主办的2018年中关村5G创新应用大赛成果发布会在中关村示范区展示中心举行。中国信息通信研究院建设的中关村5G产业协同创新平台揭牌。平台构建测试验证、合作研究、应用创新、产业服务、国际交流5个子平台。5G测试验证：子平台提供5G应用试验环境，形成完整的应用测试验证体系；5G合作研究：子平台开展5G关键技术联合攻关，组织和发布中关村5G应用白皮书，推进5G应用规范和标准的研究和制定，定期组织开放日活动和研讨会；5G应用创新：子平台建设5G创新应用监测和分析系统，承办中关村5G创新应用大赛，收集和梳理中关村5G应用案例，组织优秀5G项目展览展示；5G产业服务：子平台开展5G知识产权产业战略布局研究，提供5G技术咨询服务，组织5G应用企业、行业用户单位、投资公司等开展5G产业需求对接，设立5G产业化专项基金，开展5G投融资服务；5G国际交流：子平台组织中关村示范区5G相关企业参加全球5G相关活动，在全球范围内宣传和推广中关村5G应用，对外展示中关村5G成果。

（中关村管委会）

【中关村5G创新应用大赛成果发布会举行】10月31日，在2018年中关村5G创新应用大赛成果发布会上，中关村管委会主任翟立新等领导及相关企业、科研机构的代表等参加。大赛以“发掘孵化5G创新应用，打造双创新引擎”为主题。大赛8月底启动，来自北京、河北、四川等8个地区的58个项目参赛，评出一等奖1名、二等奖2名、三等奖3名、优秀奖5名，项目涉及自动驾驶、健康医疗、工业互联网、智慧城市、超高清视频应用5个场景。其中，中关村示范区内新奥特（北京）视频技术有限公司的面向大型体育赛事5G超高清视频创新应用项目获一等奖；新石器慧通（北京）科技有限公司的新石器无人物流车（SLV11）等2个项目获二等奖；北汽福田汽车股份有限公司的面向汽车智造的5G工业互联创新应用等3个项目获三等奖；创新维度科技（北京）有限公司的智能抄表机器人的芯片解决方案等2个项目获优秀奖。中关村

5G 产业协同创新平台同时揭牌。

（中关村管委会）

【首个 AI 科技主题公园开园】 11 月 1 日，由百度在线网络技术（北京）有限公司与海淀公园联手共建的首个 AI 科技主题公园开园。AI 科技主题公园经海淀公园改造而成，主要智能设施包括健康跑道、智能灯杆、小度智能语音亭、智能钢琴步道、AR 太极教练、百度阿波龙自动驾驶小巴车等。在公园里，公众可以坐着阿波龙 L4 级量产自动驾驶巴士逛公园，跟着 AR 教练学打太极拳，并在智能步道上跑步，休息时可以与智能亭交流聊天、查询信息等。

（中关村管委会）

【百度人工智能专利申请量居国内榜首】 11 月 12 日，中国专利保护协会发布《人工智能技术专利深度分析报告》，人工智能领域专利申请量排名前 3 位的国家 / 地区依次为中国、美国、日本。其中，中国在人工智能领域的专利申请量 76876 件，位列榜首。在主要专利权人申请量方面，百度在线网络技术（北京）有限公司以 2368 件的申请量在国内申请人中位列第 1 名。除了申请总量的绝对优势，百度公司在自动驾驶、语音识别、自然语言处理、智能搜索和智能推荐四大 AI 关键技术领域，分别以 155 件、570 件、693 件、576 件的申请量在国内申请人中位列第 1 名。

（中关村管委会）

【关于支持颠覆性技术创新的指导意见印发】 11 月 12 日，中关村管委会印发《中关村国家自主创新示范区关于支持颠覆性技术创新的指导意见》（中科园发〔2018〕45 号）。《指导意见》是国内首个公开发布的鼓励颠覆性技术创新的专项政策文件，包括充分认识发展颠覆性技术创新的重要意义、支持颠覆性技术创新的基本原则、支持颠覆性技术创新的任务目标、建立颠覆性技术创新项目管理机制、加强颠覆性技术创新的组织实施 5 个方面的内容，围绕原始创新、前沿引领等方面的项目展开支持。《指导意见》有四大创新点，即建立广泛的项目征集渠道、探索非共识性项目评审方式、实施分阶段逐步加大力度的支持方式、建立基于项目专员制的新监管机制。

（中关村管委会）

【北京智源人工智能研究院成立】 11 月 14 日，在 2018 中国（北京）跨国技术转移大会开幕式上，北京智源人工智能研究院成立。研究院由人工智能领域代表性企业和社会资本联合发起成立，依托北京大学、清华大学、中国科学院、百度在线网络技术（北京）有限公司、北京旷视科技有限公司等人工智能领域单位建设，将按照国家新一代人工智能发展规划和北京智源行动计划的总体部署，致力人工智能基础研究，构建创新生态，推动原始创新，集聚高端人才，加强产学研合作，打造北京智源开放服务平台，支撑北京成为国际领先的人工智能创新高地和链接世界人工智能产业与学术资源的枢纽。北京大学计算机系主任黄铁军担任首任院长。

（中关村管委会）

【2018 京东数字科技全球探索者大会举行】 11 月 20 日，由北京京东世纪贸易有限公司、京东数字科技控股有限公司主办的 JDD–2018 京东数字科技全球探索者大会在中国国际展览中心新馆举行。来自政府部门、金融机构、投资机构、企业和科研院所的代表近 3000 人参加。京东数字科技公司发布“风控超脑”。“风控超脑”包含天启——风险运营监测、天盾——安全与反欺诈、天策——信用决策、云处——资产处置、银河——数据仓库、模盒——自动建模六大模块，组成覆盖数据、模型、策略、系统等全方位风控体系。京东农牧有限公司宣布成立京东农业研究院，将利用人工智能技术推动养猪业升级，通过与中国农业大学、中国农科院等机构合作，自主研发并推出京东智能养殖解决方案，并联合中国农业大学建设丰宁智能猪场示范点。智能养殖解决方案通过整合神农大脑、神农物联网设备和神农系统，利用研发的养殖巡检机器人、饲喂机器人、3D 农业级摄像头等先进设备，实现农牧产业的智能化、数字化和互联网化。会上，京东数字科技公司宣布成立京东智能城市研究院。

（中关村管委会）

【京东方 55 英寸打印 4K OLED 显示屏发布】 11 月 26 日，京东方科技集团股份有限公司宣布成功研制中国首款采用喷墨打印技术的 55 英寸 4K 有机发光二极管（OLED）显示屏。显示屏采用红绿蓝全打印技术，对比度 1000000 : 1，高色域为美国国家电视标准委员会制式 96.8%。京东方采用喷墨打印技术生产 OLED 显示屏材料利用率 90%，能够有效降低成本。

（中关村管委会）

【中关村改革开放 40 周年座谈会召开】 12 月 10 日，中关村改革开放 40 周年座谈会在中关村示范区展示中心召开。市委书记蔡奇，市长陈吉宁，市人大常委会主任李伟，市政协主席吉林等市领导及教育部、科技部、中国科学院、清华大学等单位有关负责人，以及中关村 40 年发展历程的见证者、建设者、企业家、创业者和高校、科研院所的代表参加。与会代表回顾中关村发展史，对中关村示范区未来发展建言献策。

蔡奇强调，进入新时代，中关村要有新气象、新作为。新一轮科技革命和产业变革正在快速兴起，科学技术从来没有像今天这样深刻影响着国家前途命运。要以中关村改革开放40周年为契机，汇聚更多创新要素，集成各方面力量，推动中关村发展迈上新台阶、再创新辉煌。

（中关村管委会）

【精准神经外科手术机器人通过国家审批】12月25日，由华科精准（北京）医疗科技有限公司研发生产的华科精准神经外科手术机器人通过国家药品监督管理局审批准产。手术机器人的技术源于清华大学，由清华大学与天坛医院、宣武医院等10余家医院合作研发，适用于癫痫、帕金森病、出血性脑卒中、颅内肿瘤活检、神经内镜等方面的神经外科手术机器人。产品采用无接触视觉定位病人注册技术，基于机械臂本体定位的方式，采用自动视觉扫描定位病人面部表面进行病人注册的方法，可同时适用于成人和儿童；应用基于多模态影像融合的颅脑血管三维可视化技术，可将颅内血管结构展现出来，帮助医生避开重要血管规划穿刺路径，形成安全的、有针对性的、个性化的、最优化的立体定向手术方案；包含立体定向手术计划系统、高智能视觉定位系统、高精度力传感系统及高稳定性机械臂系统，为神经外科立体定向手术提供可靠的精度保障，整体手术精度在1毫米以内，重复定位精度小于0.02毫米。

（中关村管委会）

北京经济技术开发区

【概况】2018年，北京经济技术开发区围绕首都“四个中心”建设，坚持稳中求进工作总基调，推进供给侧结构性改革，落实北京城市总体规划，有序疏解非首都功能，加快转变发展方式，实现经济社会平稳发展、民生民本和谐稳定的良好局面。全年开发区实现地区生产总值1509.5亿元，比上年增长10.6%；工业增加值完成960.3亿元，比上年增长11.6%；一般公共预算收入257.3亿元，比上年增长19.9%；税收收入完成595.5亿元，比上年增长11.2%；一般公共预算支出完成205.7亿元，比上年增长11.6%；规模以上工业总产值完成3841.2亿元，比上年增长12%；全社会固定资产投资实现335.6亿元，比上年下降6.4%。社会消费品零售额400.3亿元，比上年增长0.2%。PM2.5年均浓度53微克/立方米，比上年下降18.5%。四大主导产业中，汽车和交通设备产业产值1722.9亿元，电子信息产业产值851.7亿元，装备制造产业产值510.4亿元，生物工程与医药产业产值466.4亿元。

（开发区管委会）

【翎客航天RLV-T3首次火箭回收试验】1月4日，北京翎客航天科技有限公司可回收火箭验证机RLV-T3在山东龙口试验基地完成首次火箭回收试验。该火箭从地面起飞，经过定点悬停、平移飞行等动作后，完成从A点到B点的试验目标。该次试验全程未触发外界保护措施，飞行弹道精度小于0.15米，着陆点精度小于0.2米，标志公司成为全球第6家掌握火箭回收技术的民营创业公司，是国内通过单台火箭发动机矢量控制实现火箭回收技术的首个案例。

（开发区管委会）

【跨境电商智能一号机器人库投入使用】1月18日，北京亦庄保税物流中心在北京跨境电商网购保税进口业务启动新闻发布会上宣布全国首个跨境电商智能一号机器人库（简称智能一号）建成，北京跨境电商网购保税进口业务启动。智能一号位于北京亦庄保税物流中心园区内，库房面积1万平方米，设有机器人区、查验区、理货区、分拣打包区、人机交接区、待报关区等，安装视频监控设备，以及海关、国检X光查验设备和相关分拣设备。博大世通国际物流（北京）有限公司负责运营管理智能一号，制定适用于“1239”跨境电商业务的一系列标准化流程。6月，第1笔订单出区测试完成，从北京亦庄保税物流中心发出的进口商品送到消费者手中。截至2018年底，智能一号操作消费者订单57525件，业务量占全国“1239”跨境电商业务的50%。

（开发区管委会）

【**中金数据北京数据中心获评国家绿色数据中心**】1月24日，工信部、国家机关事务管理局、国家能源局联合发布国家绿色数据中心名单（第1批），49家数据中心入选。其中，中金数据系统有限公司北京数据中心凭借实用高效的节能技术手段、完善的综合统计分析体系、先进的技术管理措施、各项节能环保管理制度等，实现高能效、低污染、低排放的优势入选，成为首批国家绿色数据中心。中金北京数据中心位于开发区博兴八路1号，占地面积6.67万平方米，规划总建筑面积10.5万平方米，是国内最早建成的第三方专业化服务的高等级数据中心，参照ANSI/TIA/EIA-942的Tier-Ⅳ级别，符合国家GB50174-2008标准，绿色节能技术国内领先。国家绿色数据中心评选主要依据各数据中心在先进适用技术推广使用、运维管理体系建设、能效提升、水资源利用、有害物质控制、废弃电器电子产品处理、可再生能源和清洁能源应用等方面的工作开展情况进行评价。

（开发区管委会）

【**世纪金光实现碳化硅全产业链贯通**】2月1日，北京世纪金光半导体有限公司6英寸碳化硅器件生产线通线，实现碳化硅全产业链贯通，从产业链源头实现自主可控。碳化硅（SiC）与其他半导体材料相比，具有宽禁带宽度、高饱和电子漂移速度、高击穿场强，以及高热导率等优异物理特点，是新一代半导体电力电子器件领域的重要发展趋势。碳化硅器件以其固有的高频、大功率、高温和抗恶劣环境应用潜力，应用于航空航天、新能源汽车、轨道交通、高压输变电、分布式能源等领域。此次生产线通线，印证了国家对战略性新兴产业的发展扶持效果，是中国集成电路产业创新引领，实现国产化与自主可控道路上迈出的坚实一步，也是市政府在积极推进实施制造强国战略，重点扶持发展十大高精尖产业取得的重大成果。工信部电子信息司、市发展改革委、市经济信息化委、开发区、国家集成电路产业投资基金的有关领导，航空航天、新能源汽车等单位，以及科技界、金融界和行业协会等近百家单位代表出席活动。

（开发区管委会）

【**10项科研成果获市科学技术奖**】2月5日，在北京市科学技术奖励大会暨2018年全国科技创新中心建设工作会议上，开发区11家企业的10项科研成果获2017年度北京市科学技术奖。其中，京东方科技集团股份有限公司的“高性能内嵌式触控显示一体化技术研发与产业化”项目、北京新能源汽车股份有限公司的“C30平台纯电动乘用车关键技术集成开发与应用”项目和北京同仁堂科技发展股份有限公司的“中药生产过程控制可靠性工程理论与关键技术应用”获一等奖。

（开发区管委会）

【**悦康集团获批成为绿色工厂**】2月23日，工信部办公厅发布《关于公布第2批绿色制造名单的通知》（工信厅节函〔2018〕60号），公布绿色工厂208家、绿色设计产品53种、绿色园区22家、绿色供应链管理示范企业4家。其中，悦康药业集团有限公司成为北京市入选绿色工厂的4家企业之一。悦康集团在北京的项目建设均按照国家建设规划许可审批指标要求进行厂房、绿化用地、透水地面等建设，其中绿化面积占总占地面积的28.8%、室外透水地面面积占室外总面积的77%。悦康集团建立污水处理设施进行生产用水回收利用，将处理达标的废水用于绿化用地植被和树木的浇灌。

（开发区管委会）

【**8家企业获评市级示范平台或示范基地**】2月28日，市经济信息化委印发《关于公布第一批北京市中小企业公共服务示范平台和第1批北京市小型微型企业创新示范基地名单的通知》（京经信委发〔2018〕11号），35家企业入选示范平台、35家企业入选示范基地。开发区8家企业入选，其中北京云基地企业管理有限公司、北京博大万泰国际投资咨询有限公司、北京明漫克斯科技有限公司、中孵高科产业孵化（北京）有限公司4家企业被授予北京市中小企业公共服务示范平台称号；汇龙森国际企业孵化（北京）有限公司、北京经开投资开发股份有限公司、北京亦庄国际生物医药投资管理有限公司、锋创科技发展（北京）有限公司4家企业被授予北京市小型微型企业创业创新示范基地称号。

（开发区管委会）

【**两大封闭试验场地建成**】2月，智能车联技术创新中心建设完成国家智能汽车与智慧交通（京冀）示范区海淀基地、亦庄基地两大封闭试验场地。两大封闭试验场地分别为全国首个面向《北京市自动驾驶车辆道路测试能力评估内容与方法（试行）》中提供T1~T3和T1~T5级别自动车辆测试服务的测试场地。截至2018年底，中心为30余家厂商提供测试服务，测试基地测试里程超过7万千米，场景测试近百万次。

（开发区管委会）

【**国汽智联成立**】3月19日，国汽（北京）智能网联汽车研究院有限公司（简称国汽智联）成立。为践行“中国制造2025”关于制造业创新中心的战略布局，由中国汽车工程学会、中国汽车工业协会等行业机构牵头，中国第一汽车股份有限公司、东风汽车集团股份有限公司、重庆长安汽车股份有限公司等18家股东单位共同出资设立国汽智联，注册资本9亿元，位于开发区荣华南路13号院7号楼。国汽智联定位为国家级智能网联汽车创新中心，聚焦国家战略需求和引领行业发展的基础、共性问题，为中国智能网联汽车建设新型产业生态创新体系提供基础模块和共性平台。

（开发区管委会）

【星际荣耀首款固体运载火箭首飞成功】4月5日，北京星际荣耀空间科技有限公司研制的商用运载火箭——双曲线一号S火箭（Hyperbola-1S）在海南发射场发射升空，是公司研制的首款固体运载火箭的先行验证型号，也是美国以外第1枚取得飞行成功的民营火箭，标志公司基本以商业公司模式完成运载火箭设计、制造、试验、总装总测和发射的关键技术和相关流程。Hyperbola-1S基于航天系统工程研制原则，采用“科技创新+军民融合+产业生态+互联网式快速迭代”的新型研发模式，完成总体方案设计、电气与结构设计生产、火箭发动机研制配套，以及全箭总装与测试。火箭全长8.4米，重4.6吨，是一级固体亚轨道验证火箭，通过飞行实验实现星际荣耀固体火箭发动机的空中试车，验证先进固体火箭发动机、一体化结构设计、快速测试发射、虚拟试验应用等商业航天关键技术，最大飞行高度突破100千米，最大飞行速度超过1200米/秒。

（开发区管委会）

【中科晶电成立研发和产业化基地】6月5日，中科晶电信息材料（北京）股份有限公司与忻州市开发区通汇建设发展有限责任公司（简称通汇建设）共同投资成立忻州中科晶电信息材料有限公司，注册资本1.2亿元，其中中科晶电孙公司山西中科晶电信息材料有限公司认缴金额1.08亿元、通汇建设认缴金额1200万元。该公司由山西中科晶电信息材料有限公司控股经营，以研发、生产和销售砷化镓衬底为主，配套生产经营面积约1.7万平方米，建设2～6英寸砷化镓衬底规模化生产线，年产能折合4英寸砷化镓衬底约200万片。

（开发区管委会）

【京东“京鸿”大型货运无人机下线】6月18日，京东集团自主研发的第1架重型无人机——京东“京鸿”大型货运无人机在陕西省西安市下线。该无人机机身长7.01米，高2.64米，翼展10.12米，有效载重量40～60吨，巡航速度200千米/小时，巡航高度3000米，飞行距离超过6000千米，是国内首个基于物流运输场景需求研发的大型货运无人机，标志京东打造的“干线—支线—末端”三级无人机智慧物流体系在支线级布局进入落地阶段。

（开发区管委会）

【3家企业获2018年度红点设计大奖】7月9日，京东方科技集团股份有限公司的VUSION系列电子货架标签、北京ABB低压电器有限公司设计生产的首款无边框开关插座类产品“轩致”和哈尔滨工大特种机器人有限公司的HRGT5协作型机械臂获2018年度红点设计大奖。

（开发区管委会）

【国家新能源汽车技术创新中心落户开发区】7月，国家新能源汽车技术创新中心入驻开发区国盛科技园二期，办公面积3万多平方米，建设西门子电动汽车能效分析平台、燃料电池实验室、新能源汽车车规级元器件平台等。中心是科技部推动建设的第2个国家级技术创新中心，也是首个国家级新能源汽车技术创新中心。首批联合共建方包括北京汽车集团有限公司、浙江吉利控股集团有限公司、比亚迪股份有限公司、宁德时代新能源科技股份有限公司、清华大学、北京理工大学、中国科学院电工研究所等21家，囊括产、学、研各个领域，涵盖新能源汽车领域上下游产业链优势资源，包括整车制造企业、电池生产企业、互联网企业、科研机构，以及投资类企业。中心主张“共商、共建、共治、共享、共用”的开放运行机制，以打造一个世界级新能源汽车技术创新高地（策源地）为总体目标，力争打造一个“中心”（具有全球影响力的新能源汽车共性、前沿关键技术的集成创新中心）、两个“高地”（引领全球的新能源汽车研发、制造、服务的技术、标准、模式的输出高地，新能源汽车高端创新人才集聚高地）、三个“平台”（国际一流的新能源汽车科研成果转化与产业化平台，面向全球的新能源汽车学术交流、专业咨询、高端人才培养与交流平台，立足北京、面向全球的专注于新能源汽车科研转化的金融创投平台）。

（开发区管委会）

【4家企业入选中国医药工业百强榜单】8月4日，由中国医药工业信息中心主办的2017年度中国医药工业百强榜单发布，开发区拜耳医药保健有限公司、北京泰德制药股份有限公司、赛诺菲（北京）制药有限公司、悦康药业集团有限公司4家企业入选2017年度中国医药工业百强企业榜单，分别位列第7名、第

46 名、第 47 名和第 52 名。

（开发区管委会）

【富智康入选两化融合管理体系贯标试点企业】 8 月 31 日，工信部办公厅印发《关于公布 2018 年两化融合管理体系贯标试点企业名单的通知》（工信厅信软函〔2018〕281 号），全国 703 家企业入选。位于开发区的富智康精密组件（北京）有限公司入选。

（开发区管委会）

【2 家企业入选福布斯全球数字经济百强榜】 9 月 20 日，福布斯首次发布全球数字经济 100 强榜单（Forbes Top 100 Digital Companies），开发区京东集团、京东方科技集团股份有限公司 2 家企业入选，分别位列第 46 名和第 67 名。该榜单按照企业过去一年时间的股票表现、销售额、利润和资产增长等指标进行评分排名，榜单范围遍及 IT、硬件、媒体、数字零售和电信领域等 17 个国家和地区的上市企业。

（开发区管委会）

【开发区基建办公室获国际环境保护金奖】 9 月 25 日至 28 日，在第 7 届国际橡胶沥青大会（RAR2018）上，开发区基建办公室因创新性地使用废旧轮胎制成的橡胶沥青铺路，获国际橡胶沥青基金会和国际橡胶沥青大会组委会颁发的国际环境保护金奖，开发区获亚洲绿色环保 BR 道路示范区称号。开发区基建办公室在开发区荣华路、荣京街、西环路、经海一路、科创五街等 60 多条新建和改扩建道路大规模铺筑橡胶沥青路面面层，里程超过 100 千米，摊铺面积 150 万平方米，消耗废旧轮胎约 26 万条，节约标准煤能耗 7.5 万吨，减少二氧化碳排放 18.6 万吨，开发区成为亚洲首个大规模在城市道路推广运用橡胶沥青，面积超百万平方米的区域。

（开发区管委会）

【悦康集团项目入选智能制造试点示范项目】 9 月 27 日，工信部发布《2018 年智能制造试点示范项目名单的通告》（工信部装函〔2018〕343 号），全国 99 个项目入选，北京市有 4 个项目入选。其中，悦康药业集团有限公司无菌注射剂数字化车间试点示范项目是北京市唯一入选的医药企业类项目。同时，悦康集团凭借该项目获评国家智能制造试点示范企业。

（开发区管委会）

【10 家企业获评智能制造试点示范企业】 11 月 1 日，在 2018 中国智能制造系统解决方案大会上，开发区智能制造试点示范企业授牌仪式举行。其中，施耐德（北京）中低压电器有限公司、利亚德电视技术有限公司、博世力士乐（北京）液压有限公司、北京北方华创微电子装备有限公司、北京同仁堂健康药业股份有限公司、北京博大水务有限公司、北京金雨科创自动化技术股份有限公司、北京智飞绿竹生物制药有限公司、北京世纪金光半导体有限公司、北京中彩印制有限公司 10 家企业获评开发区智能制造试点示范企业。

（开发区管委会）

【8 家企业获第 20 届中国专利奖】 12 月 26 日，国家知识产权局印发《关于第二十届中国专利奖授奖的决定》（国知发运字〔2018〕36 号），评选出中国专利金奖 30 项，中国外观设计金奖 10 项；中国专利银奖 59 项，中国外观设计银奖 15 项；中国专利优秀奖 695 项，中国外观设计优秀奖 61 项。其中，开发区 8 家企业 10 个项目分别获中国专利金奖 1 项、中国外观设计银奖 1 项、中国专利优秀奖 8 项。

（开发区管委会）

【2 家企业入选北京高精尖产业设计中心】 12 月 28 日，市经济和信息化局印发《关于公布 2018 年北京高精尖产业设计中心名单》，10 家企业入选。其中，北京中电科电子装备有限公司和阿尔特汽车技术股份有限公司入选，成为最新入围的北京十大高精尖产业设计中心。

（开发区管委会）

【智飞绿竹生物项目获重大专项立项】 12 月，北京智飞绿竹生物制药有限公司的 15 价肺炎球菌结合疫苗的研究项目获国家“十三五”重大新药创制科技重大专项立项，是国际上首个研发可以预防由 15 种肺炎球菌血清型导致的传染性疾病的疫苗。该产品根据中国和亚洲流行肺炎情况，除包含辉瑞制药有限公司的 13 价肺炎结合疫苗产品选择的 13 种血清型外，另外增加 2 型和 12F 型。研究的血清型主要是导致亚洲地区肺炎球菌感染性疾病的前 15 种血清型，覆盖引起国内肺炎球菌感染的最主要血清型。该项目已获临床试验批件。

（开发区管委会）

【IPv6 公共 DNS 服务推出】 年内，下一代互联网关键技术创新中心宣布推出 IPv6 公共 DNS：240c：6666，通过免费提供性能优异的公共 DNS 服务，为 IPv6 互联网用户打造安全、稳定、高速、智能的上网体验，助力中国《推进互联网协议第六版（IPv6）规模部署行动计划》落实。同时，中心联合全球 IPv6 论坛（IPv6 Forum）启动 IPv6 公共 DNS 的全球推广计划，旨在为全球用户提供更优质的上网解析服务。中心在北京、广州、兰州、武汉、芝加哥、弗里蒙特、伦敦、法兰克福等地区部署递归节点，基于 IPv6 BGP Anycast 方式部署，让用户可以实现就近访问，使域名在解析到根服务器的访问时延明显缩小，在速度上可以得到保障。IPv6 公共 DNS 将通过主动同步 com/net 域名、缓存热点域名等举措，减少递归过程，以最大程度实现快速应答。

（开发区管委会）

【京东方显示屏季度出货量全球第 1 名】年内，北京群智营销咨询有限公司发布 2018 年第 1 季度全球液晶电视面板出货量排名，京东方科技集团股份有限公司生产的 55 英寸显示屏出货量比 2017 年增长 30%，65 英寸显示屏出货量比 2017 年增长 136%，4K 电视面板出货量比 2017 年增长 34%。京东方以 1250 万片的数量位列全球第一名。此次排名是京东方智能手机液晶显示屏、平板电脑显示屏、笔记本电脑显示屏、显示器显示屏四大领域出货量实现全球第 1 名，首次在电视显示屏细分领域出货量跃居全球第 1 名。

（开发区管委会）

北京天竺综合保税区

【概况】2018 年，北京天竺综合保税区完成固定资产投资 6.6 亿元；完成总收入 240.5 亿元，同比增长 9.2%；完成利润总额 12.6 亿元，同比降低 9.2%。自开始至报告期累计招商项目 435 个，项目累计总投资 479.7 亿元，外商实际投资累计完成 156689 万美元。

（北京国际工程咨询有限公司）

市级开发区

【概况】2018 年，全市市级开发区完成固定资产投资 1300.8 亿元；完成总收入 70269 亿元；完成利润总额 4915.7 亿元。自开始至报告期累计招商项目 82104 个，项目累计总投资 36427.6 亿元，外商实际投资累计完成 322 亿美元。

（北京国际工程咨询有限公司）

【北京临空经济核心区】由于北京市对天竺空港经济开发区进行了整合，统计报表进行了调整。2018 年，开发区完成固定资产投资 163.7 亿元；完成总收入 4037.7 亿元，同比增长近 19.5 倍；完成利润总额 279.1 亿元，同比增长 25.6 倍。自开始至报告期累计招商项目 3888 个，项目累计总投资 4612.7 亿元，外商实际投资累计完成 2.29 亿美元。

（北京国际工程咨询有限公司）

【北京通州经济开发区】2018 年，开发区完成固定资产投资 3.9 亿元；完成总收入 161.1 亿元，同比增长 2.3 倍；完成利润总额 34 亿元，同比增长 5.2 倍。自开始至报告期累计招商项目 89 个，项目累计总投资 300 亿元，外商实际投资累计完成 3.72 亿美元。

（北京国际工程咨询有限公司）

【北京兴谷经济开发区】2018 年，开发区完成固定资产投资 1.5 亿元；完成总收入 157.1 亿元，同比降低 1.1%；完成利润总额 1.9 亿元，同比降低 162.3%。自开始至报告期累计招商项目 236 个，项目累计总投资 96.3 亿元，外商实际投资累计完成 1570.05 亿美元。

（北京国际工程咨询有限公司）

【北京雁栖经济开发区】2018 年，开发区完成固定资产投资 1.4 亿元；完成总收入 443.3 亿元，同比增长 6.7%；完成利润总额 33.7 亿元，同比增长 26.5%。自开始至报告期累计招商项目 1738 个，项目累计总投资 343.3 亿元，外商实际投资累计完成 25.28 亿美元。

（北京国际工程咨询有限公司）

【北京密云经济开发区】2018 年，开发区完成固定资产投资 4.6 亿元；完成总收入 495.8 亿元，同比增长 13.5%；完成利润总额 11.4 亿元，同比下降 28.2%。自开始至报告期累计招商项目 262 个，项目累计总投资 314.1 亿元，外商实际投资累计完成 6.01 亿美元。

（北京国际工程咨询有限公司）

【北京永乐经济开发区】2018 年，开发区完成固定资产投资 8.9 亿元；完成总收入 7.7 亿元，同比降低 7.7%；亏损 0.6 亿元，同比降低 236.5%。自开始至报告期累计招商项目 101 个，项目累计总投资 44.9 亿元，外商实际投资累计完成 185 万美元。

（北京国际工程咨询有限公司）

【北京大兴经济开发区】2018 年，开发区完成固定资产投资 0.3 亿元；完成总收入 330.4 亿元，同比降低 2.1%；完成利润总额 14 亿元，同比降低 39.5%。自开始至报告期累计招商项目 3615 个，项目累计总投资 47.9 亿元，外商实际投资累计完成 9491 万美元。

（北京国际工程咨询有限公司）

【北京八达岭经济开发区】2018 年，开发区完成固定资产投资 17.2 亿元；完成总收入 126.6 亿元，同比增长 8.4%；完成利润总额 21.2 亿元，同比降低 17.4%。自开始至报告期累计招商项目 3656 个，项目累计总投资 996.1 亿元，外商实际投资累计完成 688 万美元。

（北京国际工程咨询有限公司）

【北京延庆经济开发区】2018 年，开发区完成总收入 120.2 亿元，同比降低 39.5%；完成利润总额 0.9 亿元，同比降低 87.2%。自开始至报告期累计招商项目 1242 个，项目累计总投资 992.5 亿元，外商实际投资累计完成 6494 万美元。

（北京国际工程咨询有限公司）

【北京房山工业园区】2018 年，开发区完成固定资产投资 0.1 亿元；完成总收入 70.9 亿元，同比增长 61.1%；利润总额 2.5 亿元，同比增长 579.3%。自开始至报告期累计招商项目 30 个，项目累计总投资 32.2 亿元。

（北京国际工程咨询有限公司）

【北京顺义科技创新产业功能区】由于北京市对天竺空港经济开发区进行了整合，统计报表进行了调整。2018 年，开发区完成固定资产投资 21.6 亿元；完成总收入 1497 亿元，同比降低 37.5%；完成利润总额 88.6 亿元，同比降低 65.6%。自开始至报告期累计招商项目 1871 个，项目累计总投资 92.5 亿元，外商实际投资累计完成 7889 万美元。

（北京国际工程咨询有限公司）

【北京石龙经济开发区】2018 年，开发区完成固定资产投资 3.2 亿元；完成总收入 931.8 亿元，同比增长 4.9%；完成利润总额 14.1 亿元。自开始至报告期累计招商项目 12572 个，项目累计总投资 931.5 亿元，外商实际投资累计完成 6454 万美元。

（北京国际工程咨询有限公司）

【北京良乡经济开发区】2018 年，开发区完成固定资产投资 0.5 亿元；完成总收入 304.4 亿元，同比增长 21.7%；利润总额 4 亿元，同比增长 50.3%。自开始至报告期累计招商项目 80 个，项目累计总投资 30.3 亿元，外商实际投资累计完成 1532 万美元。

（北京国际工程咨询有限公司）

【北京采育经济开发区】2018 年，开发区完成固定资产投资 1 亿元；完成总收入 260 亿元，同比增长 26.6%；完成利润总额 15.3 亿元，同比增长 127.6%。自开始至报告期累计招商项目 58 个，项目累计总投资 100.3 亿元，外商实际投资累计完成 1650 万美元。

（北京国际工程咨询有限公司）

【北京昌平小汤山工业园区】2018 年，开发区完成总收入 3.6 亿元，同比增长 89.3%；完成利润总额 40 万元，同比增长 45%。自开始至报告期累计招商项目 78 个，项目累计总投资 5.3 亿元，外商实际投资累计完成 655 万美元。

（北京国际工程咨询有限公司）

【北京马坊工业园区】2018 年，开发区完成固定资产投资 3.2 亿元；完成总收入 42.1 亿元，同比增长 14.6 倍；完成利润总额 0.6 亿元，同比降低 950%。自开始至报告期累计招商项目 72 个，项目累计总投资 30.2 亿元。

（北京国际工程咨询有限公司）

2018年北京市开发区土地开发情况统计表

单位：公顷

名称	规划总面积	累计已开发土地面积	累计已供应土地面积	累计已建成城镇建设用地
国家级开发区	46676	32678	29890	27082
北京经济技术开发区	5960	4923	4125	4923
中关村国家自主创新示范区	42799	30084	25441	24579
中关村示范区海淀园	17431	14136	13880	13381
中关村示范区丰台园	1763	375	239	205
中关村示范区昌平园	5140	2743	2493	1954
中关村示范区朝阳园	2610	1472	1447	1062
中关村示范区亦庄园	2678	2678		2678
中关村示范区西城园	1000	1000	1000	1000
中关村示范区东城园	603	289		289
中关村示范区石景山园	1334	222	395	133
中关村示范区通州园	3435	2323	1971	1285
中关村示范区大兴园	1125	710	559	345
中关村示范区平谷园	508	228	103	85
中关村示范区门头沟园	189	120	120	
中关村示范区房山园	1573	1214	1145	739
中关村示范区顺义园	1208	912	568	411
中关村示范区密云园	1001	699	607	462
中关村示范区怀柔园	711	693	664	359
中关村示范区延庆园	491	270	250	191
北京天竺综合保税区	594	350	324	258
市级开发区	10881	7891	6224	5890
北京石龙经济开发区	189	120	120	
北京良乡经济开发区	241	136	133	117
北京大兴经济开发区	416	395	395	378
北京通州经济开发区	1948	771	750	637
北京雁栖经济开发区	1096	1096	722	638
北京兴谷经济开发区	503	572	422	596
北京密云经济开发区	1249	1249	1000	910
北京临空经济核心区	1360	1235	700	673
北京顺义科技创新产业功能区	1332	943	819	819
北京八达岭经济开发区	910	443	393	412
北京永乐经济开发区	460	219	137	137
北京延庆经济开发区				
北京昌平小汤山工业园区	257	23	23	45
北京采育经济开发区	355	327	320	291
北京房山工业园区	219	160	151	123
北京马坊工业园区	346	202	140	115

说明：1. 本表所指开发区包括北京市级及国家级开发区。

2. 中关村国家自主创新示范区亦庄园数据在中关村国家自主创新示范区与北京经济技术开发区中为重叠部分。

3. 自2013年起，平谷园、门头沟园、房山园、顺义园、密云园、怀柔园和延庆园7个园区纳入中关村国家自主创新示范区统计范围，后表同（详见简要说明）。

4. 除中关村国家自主创新示范区海淀园外，中关村国家自主创新示范区各园"规划总面积"指标均填报批复土地面积，范围较2012年有所变化。

5. 表内"累计"指自开始至年末的累计数。

6. 本表由北京国际工程咨询有限公司提供。

2018年北京市开发区招商、入资情况统计表

名称	自开始至报告期累计					
	招商项目企业个数（个）	项目总投资（万元）	注册资本（万元）	#三资企业	合同外资金额（万美元）	外商实际投资（万美元）
国家级开发区	76315	317827369	301414759	35306703	3985814	2991000
北京经济技术开发区	22238	95785248	83333289	14128556	1236830	874274
中关村国家自主创新示范区	54655	236559230	227897563	24966275	3114871	2474147
中关村示范区海淀园	27772	99960137	99885006	13323407	1927352	1340544
中关村示范区丰台园	11305	27637299	27637299	270043	30000	37700
中关村示范区昌平园	4316	35780918	35370695	1437858	125975	125975
中关村示范区朝阳园	2150	12960116	12960116	1979755	198253	198253
中关村示范区亦庄园	1013	19313689	11580571	4549870	365887	357421
中关村示范区西城园	679	18421085	18421085	1393886	214415	214415
中关村示范区东城园	2525	2680211	2680211	123787	3293	3142
中关村示范区石景山园	2986	7134395	7134395	282751	96747	37380
中关村示范区通州园	423	2450530	1705087	395467	24307	24307
中关村示范区大兴园	154	370100	351636	29833	7542	7092
中关村示范区平谷园	168	483104	483104	11800	2168	2168
中关村示范区门头沟园	191	1293696	1293696	17329	1996	1825.45
中关村示范区房山园	255	291263	1638696	280108	75	1451
中关村示范区顺义园	441	5924974	5503439	825927	112739	114479
中关村示范区密云园	148	915500	1038327	41504	3759	7609
中关村示范区怀柔园	72	842453	114440			
中关村示范区延庆园	57	99761	99761	2950	363	386
北京天竺综合保税区	435	4796580	1764477	761742		
市级开发区	28346	78844983	82955225	4686493	705930	672522
北京石龙经济开发区	12572	9314570	9314570	52465	8028	6454
北京良乡经济开发区	80	302451	153229	16447	1532	1532
北京大兴经济开发区	3615	478512	3662724	161341	10675	9491
北京通州经济开发区	89	2996539	868049	274346	40360	37198
北京雁栖经济开发区	1738	3433444	973755	460489	240471	252779.85
北京兴谷经济开发区	236	962726	394914	270803	62192	64621
北京密云经济开发区	262	3140471	629041	131210	24807	60146
北京临空经济核心区	3888	46126538	46126538	3195462	306025.59	229265.15
北京顺义科技创新产业功能区	1871		8838246			
北京八达岭经济开发区	3656	9960770	10622596	2626	6220	6880
北京永乐经济开发区	101	448817	156966	2623		1850
北京延庆经济开发区						
北京昌平小汤山工业园区	78	52800	34731	6242	989	655
大兴采育经济开发区	58	1003429	736626	26118	4631	1650
北京房山工业园区	30	321830	141154			
北京马坊工业园区	72	302087	302087	86321		

说明：1. 中关村国家自主创新示范区亦庄园数据在中关村国家自主创新示范区与北京经济技术开发区中为重叠部分。

2. 本表由北京国际工程咨询有限公司提供。

2018年北京市开发区投资、生产情况统计表

名称	自年初累计		
	固定资产投资（万元）	总收入（万元）	利润总额（万元）
国家级开发区	9449974	646635200	45455075
北京经济技术开发区	3356181	111118817	5996597
中关村国家自主创新示范区	6469225	588308988	44133383
中关村示范区海淀园	2184654	239784913	13552493
中关村示范区丰台园	350000	57316591	3468566
中关村示范区昌平园	261885	42863266	3247907
中关村示范区朝阳园	186485	63623009	5930036
中关村示范区亦庄园	487140	55197594	4912788
中关村示范区西城园	53446	31119575	3057073
中关村示范区东城园	1151945	26006440	2384600
中关村示范区石景山园	760272	23641915	4151026
中关村示范区通州园	205800	7963804	533010
中关村示范区大兴园	186616	7135687	507747
中关村示范区平谷园	16684	1601061	84995
中关村示范区门头沟园	32200	3130212	189891
中关村示范区房山园	227300	4932474	273469
中关村示范区顺义园	104385	12771579	1578207
中关村示范区密云园	7927	3521202	−14148
中关村示范区怀柔园	214822	6479701	295543
中关村示范区延庆园	37664	1219965	−19816
北京天竺综合保税区	111708	2404989	237882
市级开发区	4318267	89893007	5205834
北京石龙经济开发区	32200	9317718	140677
北京良乡经济开发区	4568	3043583	39909
北京大兴经济开发区	8939	3303585	140088
北京通州经济开发区	91802	1611139	339827
北京雁栖经济开发区	214822	4432818	337214
北京兴谷经济开发区	55598	1570457	18688
北京密云经济开发区	76083	4957740	113484
北京临空经济核心区	3366413	40376812	2791049
北京顺义科技创新产业功能区	170376	14969656	885775
北京八达岭经济开发区	172095	1265677	212159
北京永乐经济开发区	89308	77282	−6393
北京延庆经济开发区		1201725	9175
北京昌平小汤山工业园区		35783	438
大兴采育经济开发区	9680	2599760	153340
北京房山工业园区	21060	708754	24954
北京马坊工业园区	5323	420519	5452

说明：1. 中关村国家自主创新示范区亦庄园数据在中关村国家自主创新示范区与北京经济技术开发区中为重叠部分。
2. 北京经济技术开发区、市级各开发区“总收入”“利润总额”指标的统计范围为规模（限额）以上法人单位。
3. 本表由北京国际工程咨询有限公司提供。

2019 北京工业年鉴
BEIJING GONGYE NIANJIAN

企业

本栏目主要记述北京电子控股有限责任公司、北京汽车集团有限公司、中车北京二七机车有限公司、中车北京南口机械有限公司、北京京城机电控股有限责任公司、北京京仪集团有限责任公司、中国北京同仁堂（集团）有限责任公司、北京一轻控股有限责任公司、北京时尚控股有限责任公司、北京隆达轻工控股有限责任公司、北京工美集团有限责任公司、燕山石化、北京化学工业集团有限责任公司、首钢集团有限公司、北京金隅集团股份有限公司、国网北京电力公司等发展情况。

综　述

2018年，北京规模以上企业3197家。其中，采矿业17家，制造业3055家，电力、热力、燃气及水供应业计125家。按轻重工业分组，轻工业1135家、重工业2062家。按规模分组，大型企业126家、中型企业523家、小型企业2406家。按隶属关系分组，中央企业178家、地方企业3019家。按登记注册类型分组，内资企业2478家、中国港澳台商投资企业176家、外商投资企业543家。按控股类型分组，国有控股629家、集体控股84家、私人控股1834家、中国港澳台控股133家、外商控股469家。

在内资企业中，有国有企业41家、集体企业25家、股份合作企业37家、有限责任公司1106家、股份有限公司246家、私营企业1022家。在有中国港澳台商投资的企业中，中国港澳台合资经营83家、中国港澳台合作经营3家、中国港澳台独资79家、中国港澳台商投资股份公司11家。在外商投资企业中，有中外合资经营202家、中外合作经营9家、外资（独资）企业312家、外商投资股份有限公司15家。

北京电子控股有限责任公司

【概况】北京电子控股有限责任公司（简称北京电控）是北京市国资委授权的国有特大型高科技企业集团，旗下拥有20家二级企事业单位，包括京东方、北方华创、电子城3家上市公司。主营产业涵盖高端电子元器件（含半导体显示器件、集成电路、特种元器件）、高端电子工艺装备、高效储能电池及系统应用和电子信息产业融合服务四大板块。2018年，北京电控坚持转型发展、创新发展、融合发展、开放发展，深入推进“一二二一”核心战略，坚决打好“三大战役”，全面完成了年度经营目标，经济规模和产业发展取得新突破。2018年，北京电控实现营业收入1093.7亿元，利润总额56.3亿元，分别完成市国资委签约指标的107.2%和118.5%；资产总额3534亿元，同比增长20.7%；归母净资产收益率7.9%，同比增长27.4%；资产负债率59.8%，保持在合理可控水平。其中，半导体显示平台克服产品价格大幅下滑的不利影响，营业收入稳步增长，面板产、销量同比分别增长33%和32%；其他产业平台总体保持快速发展，实现营业收入122.9亿元，利润总额18.4亿元，同比分别增长20%和42%。

（北京电控）

【深化改革】年内，北京电控完善电控整体深化改革方案，正式报送市国资委；争取国家发展改革委混合所有制改革试点；与中电北京公司实施重组；完成电控总部组织机构调整，进一步明确两级权责界限。

（北京电控）

【完成疏解整治年度任务】年内，北京电控完成疏解整治促提升年度任务，结合城市总体规划，形成产业空间布局思路方案，重点产业平台制造环节由中心城区向亦庄、马坊等产业集聚区转移；石景山电声总厂拆迁补偿款全部到位，大红门和西头湾项目完成疏解和业态功能提升；配合完成市、区政府城市治理重点工程，拆除违建面积1060平方米，清理地下空间1150平方米；落实北京市屋顶牌匾标识规范工作，拆除31处违建牌匾。酒仙桥旧城改建工程房改售房签约率超过92%，达到政府征收要求；落实小红门乡95户农租房腾退安置资金2432万元，推进王四营乡和十八里店乡83户农租房腾退安置工作，完成农租房腾退安置意向协议签订工作。

（北京电控）

【加大体制机制创新力度】年内，北京电控深化董事会建设试点实施方案获得市国资委批复；完成京东方深化改革实施方案，并报送市政府；北方华创入选国企改革“双百行动”名单，完成首次股票期权授予，启动北方华创微电子职业经理人试点；5家非上市科技企业中长期激励方案获得市国资委原则同意；798文化公司混合所有制改革及员工持股试点有序推进。

（北京电控）

【资产质量和价值提升】年内，北京电控贯彻落实高质量发展理念，强化提质增效目标考核与监督管理。严控“两金”规模，2年以上应收账款和存货得到有效控制。加强资金集中管理，归集资金突破20亿元，节约融资成本1640万元。拓宽融资渠道，引进国家大基金、北京市产业基金等共计40亿元建设8英寸集成电路生产线项目，电子城集团实施资产证券化项目融资17亿元；争取市国资委、市经济和信息化局、中关村管委会等单位的政策和资金支持。内部协同不断加强，半导体显示、集成电路装备、集成电路制造、智能装备、仪器仪表等平台合作更加紧密。优化人员结构，消减冗员比例超过15%。落实“压缩管理层级、减少法人户数”计划，全年退出企业30户，超额完成签约指标。完成久益公司官房胡同等低效、无效资产处置工作，兆维集团北苑路房地资产处置取得实质性交割，累计获得处置收益超过5亿元。盘活内部存量资源，北广科技天竺项目取得阶段性进展，北广集团双桥东区项目实现有效运营。香港达瓯案、大华花园别墅案等历史诉讼案件取得阶段性成果。

（北京电控）

【优化两级管理体系】年内，北京电控围绕战略控股型产业集团目标定位，优化两级管理体系，创新管理模式。战略管理体系不断完善。完成“十三五”规划中期评估，调整优化4个产业子规划和7个职能子规划；建立动态跟踪评价机制，90项年度战略任务完成率超过95%。基础管理水平稳步提升。全面预算试点增至11家企业，实现预算闭环管理；建立关联往来核对长效机制，实施企业财务能力评价，夯实财务基础管理；完善电控境内外投资管理制度，建立负面清单。风险防控能力持续增强。全系统新增、修订制度1612项，基本形成业务全覆盖、两级紧密衔接的内控体系；全年审计资产总规模超3000亿元，提出管理建议1459条；综合延伸大检查整改完成率超过95%；全面完成法治国企建设实施方案年度任务，挽回经济损失1.04亿元。

（北京电控）

【产业核心能力提升】年内，北京电控始终保持高强度研发投入，全年研发资金支出74亿元，占营业收入的6.8%；全年新申请专利9471件，新增授权专利4942件，发明专利授权占比75%以上，京东方跻身美国专利榜第17位；引进国家级高层次人才6人，新增2个国家级创新平台和2个市级创新基地，与浙江清华长三院、中航物流等知名单位建立战略合作关系；召开第4届科技创新大会，表彰一批重要科技成果和优秀科技工作者。

（北京电控）

【安全稳定维护】年内，北京电控开展安全文化建设试点，实现安全检查全覆盖；完善环保制度体系建设，标准化、规范化处置危险废物，全年未发生重大安全环保责任事故。落实信访维稳工作责任制，依法处理各类信访案件116批次501人次，完成网上信访事项49项，按时签收和办结率达到100%；强化对重点地区、敏感时期矛盾纠纷的稳控，全年未发生重大信访事件。

（北京电控）

【半导体显示平台建设】年内，北京电控半导体显示平台领跑者地位不断巩固，整体出货量及五大细分应用市场占有率继续保持全球第1名；柔性AMOLED全面屏第二代关键技术具备量产能力，量子点技术达到国际领先水平；成都6代柔性AMOLED生产线综合良率达78%，合肥10.5代线75英寸新品良率超过90%，产能到达月产90K，实现当年投产、当年达产满销、四季度盈利。

（北京电控）

【集成电路装备平台建设】年内，北京电控集成电路装备平台科技创新实力持续增强，铜互连PVD完成中芯国际逻辑工艺单机验证，8种工艺设备在长江存储等主流存储产线上线验证；海外研发中心启动运行，已开展前沿技术开发工作；精密元器件石英MEMS陀螺市场推广进展顺利。集成电路制造平台重大项目建设成果突出，8英寸集成电路生产线项目完成全部单体建筑结构封顶；基于国产化核心装备的Mini-Line工艺试验线成功实现贯通，单片良率超80%；成功收购四川广义公司，实现6英寸集成电路芯片生产线可持续经营，月产达到3万片；宇高级项目完成设备选型和采购。

（北京电控）

【新能源平台建设】年内，北京电控新能源平台不断深化战略合作，常州电芯项目全面实施，工程建设进展顺利；完成N60试样组件开发，成为北汽N60产品唯一供应商。

（北京电控）

【智能装备平台建设】年内，北京电控智能装备平台技术创新能力不断提升，布局研发OLED5.5吋柔性屏点灯检查机；射频电源项目完成02专项首轮验收，主要产品通过第三方科技成果评价。

（北京电控）

【仪器仪表平台建设】年内，北京电控仪器仪表平台产业化能力持续增强，单体电池测试设备具备全系列生产能力；锂电池化成设备中标常州电芯项目；完成电磁水表开发和电磁转换器升级。

（北京电控）

【科技服务平台建设】年内，北京电控科技服务平台业务转型取得进展，电子城·WeWork全球社区正式启动，“创 E+”北京社区入住率超过 95%，天津社区一期实现满租；761 工场成功承办 2018 中国（北京）跨国技术转移大会。文化创意平台行业影响力持续提升，成功开展线下“798 艺葩”推广、画廊周北京、中国国际时装周、751 国际设计节等多项活动。

（北京电控）

【产业发展平台建设】年内，北京电控优化集成电路制造平台，顺利承接首钢微电子实物资产，推进飞宇微电路公司整合至燕东公司；夯实仪器仪表平台，将瑞普三元股权无偿划转至大华公司；搭建智能装备平台，将北广科技股权无偿划转至兆维集团，实现优势互补；着眼于打造具有行业竞争力的信息服务平台，将牡丹集团、北电科林委托益泰集团进行管理；落实“产业＋资本”的发展模式，联合所属 3 家上市公司成立电控产投平台。

（北京电控）

【保障服务平台建设】年内，北京电控与市政府签订退休人员社会化管理服务采购合同，成为北京市首家试点企业；5 家单位超过 2.3 万名退休人员社保关系转移至社保平台专户，与原企业脱钩；完成 13 家单位 455 名离休人员社保关系转移，实现离休干部集中服务管理；33 家产权单位与北京房地集团签订非经营性资产移交协议，移交面积共计 122.9 万平方米。

（北京电控）

北京汽车集团有限公司

【概况】北京汽车集团有限公司（简称北汽集团），成立于 1958 年，是中国主要的汽车集团之一，在国内汽车行业排名第 4 位。经过 60 余年的发展，北汽集团已拥有“北京”“绅宝”“昌河”“福田”等自主品牌，先后引进“现代”“梅赛德斯 · 奔驰”等国际品牌，汽车整车产品覆盖轿车、越野车、商用车和新能源汽车各个门类。北汽集团拥有包括乘用车、越野车、商用车、新能源汽车和动力总成技术的专业研发机构，建立了涵盖汽车零部件、汽车服务贸易、进出口和汽车金融的完整产业链，实现产业向通用航空等领域的战略延伸，已发展成为涵盖整车（包括新能源汽车）研发与制造、通用航空产业、汽车零部件制造、汽车服务贸易、投融资等业务的国有大型汽车企业集团。2018 年是深入贯彻落实中共十九大精神的开局之年、改革开放 40 周年，也是北京汽车工业成立 60 周年。北汽集团面对增长停滞、竞争加剧、变革提速等全新行业形势，坚持“稳中求进”的生产经营工作总基调，按照高质量发展要求，深化供给侧结构性改革，紧紧围绕“高、新、特”做文章，不断加大改革创新力度，在战略发展、自主创新、新能源汽车、合资合作、管理创新等方面取得新成绩，企业经济效益和整体竞争力保持稳步提升，为实现集团“十三五”战略转型目标和打造“百年北汽”金字招牌夯实了坚实的发展基础。年内，北汽集团实现整车销量 240.2 万辆，同比下降 4.4%，居于全国行业第 4 名；实现营业收入 4807.4 亿元，同比增长 2.2%；实现经营利润 301.3 亿元，同比增长 7.3%，巩固了利润增长率高于营收增长率的高质量发展态势。集团综合实力进一步提升，在 2018 年《财富》全球 500 强中排名第 124 位。年内，集团董事长徐和谊获改革开放 40 周年杰出贡献企业家等奖项，北汽集团获 2018 年度风云企业奖、2018 中国品牌年度大奖等荣誉。

（张　旭）

【自主品牌创新】年内，北汽集团自主品牌销量（含乘用车和商用车）107.9 万辆，占总销量比例 45%。集团层面发布智能网联“海豚＋”战略，并确立全面新能源化与智能网联化的“双轮驱动”发展路径；北汽股份以 AI 技术为核心，打造的智行、智道自主品牌 2.0 时代产品成功上市；北汽研究总院队列自动驾驶技术取得重要突破，亮相世界智能网联汽车大会；北汽集团牵头组建的国家级新能源汽车技术创新中心（简称国创中心）正式挂牌，建设运营全面加速；BJ80 轻型军用越野车自主研发项目再次获得中国汽车工业科学技术奖一等奖。

（张　旭）

【管理模式创新】年内，北汽集团正式提出以深化改革提升综合实力的“北汽道路”，并取得进展。资产证券化方面，北汽蓝谷成功上市，成为中国首家 A 股上市新能源整车企业，九江银行完成 H 股上市挂牌；股权多元化方面，福田宝沃引战工作完成，工业设计院等项目稳步推进；体制机制创新方面，股权激励试点改革走向纵深，集团市场化选聘机制加速推进；总部能力提升方面，“头脑型”总部建设完成阶段性目标，总部管理能力进一步提升。

（张　旭）

【战略发展稳步推进】年内，北汽集团产业结构持续优化，战略新兴产业活力迸发。北汽新能源整车全年产销量突破 15.8 万辆，连续 6 年蝉联国内纯电动汽车市场销量冠军，成为国内首家在 A 股上市的新能源整车企业；零部件和服务贸易板块业绩稳步提升；金融业务潜力释放，财务公司、产投公司、九江银行对集团的助推作用显现；出行板块加速发展，运营与管理步入精细化轨道；信息板块成功布局，蓝谷信息公司正式成立运营。

（张　旭）

【合资合作取得新进展】年内，北汽股份与戴姆勒计划共同投资 119 亿元，打造北京奔驰汽车有限公司豪华车生产基地，提高北京奔驰新能源汽车产能。北汽集团与采埃孚、博世、海拉、松下、科大讯飞、百度等企业建立企业联盟，围绕智能网联汽车发展开展全面深度合作。北汽新能源有序推进战略合作落地，与华为、麦格纳、滴滴等战略合作伙伴的重点项目不断取得新突破。

（张　旭）

【新能源汽车】年内，北汽新能源整车产销量突破 15.8 万辆，同比增长 53%，连续 6 年位居中国纯电动汽车市场销量第 1 名，并成为国内首家在 A 股上市的新能源整车企业。北汽新能源全新一代产品 EX360、EU5 等车型上市后持续热销，与麦格纳携手打造的 ARCFOX 全新高端智能电动汽车平台有序推进；北汽福田商用车主流纯电动产品全部匹配到位，新能源大客车实现销售 2227 辆，并取得全国首张氢燃料客车牌照；北汽集团城市新能源物流车运营平台正式成立，昌河汽车成为北汽集团推动新能源物流车发展的主力军。

（张　旭）

【零部件产业】年内，北汽集团海纳川公司实现营业收入 588.4 亿元，同比增长 15.1%。海纳川公司完成与铝合金铸造行业领军企业德国 Trimet 公司（特锐迈特汽车控股公司）的收购交割工作；与海斯坦普、海拉、麦格纳签署合资合作协议，产业链布局进一步完善。

（张　旭）

【金融产业】年内，北汽财务公司实现营业收入 9.4 亿元，同比增长 3.4%。金融服务功能不断强化，消费信贷网络覆盖全国除西藏以外所有省份，单车融资业务成为新的利润增长点。北汽产投公司重点围绕新能源、智能网联领域投资布局创新项目，产业协同效应凸显；新设基金管理公司 3 家，新增基金 7 支，管理资金新增规模 58 亿元；融资租赁板块围绕汽车、通用航空成效显著：以直租模式打造新能源汽车出行服务平台，带动 3 万余辆新能源汽车销售。

（张　旭）

【通用航空产业】年内，北京通用航空有限公司飞机销售及航线维修业务平稳推进，全年实现 P750 飞机销售订单 3 架，完成江西直升机产品交付 25 架，完成法荷航航线维修作业 1400 架次。北京通航与海航签署合作框架协议，推进北京大兴国际机场第三方维修项目，并与顺丰、朗星、阿里巴巴菜鸟物流等合作研发物流运输用无人机。

（张　旭）

【服务贸易产业】年内，北汽鹏龙经营业绩再创新高，实现营业收入 355.5 亿元，同比增长 8.6%。奔驰新车销售 4.1 万辆，同比增长 12%；广告传媒板块营业收入近 5 亿元，实现规模化突破；保险代理、二手车交易管理、车辆整备等业务快速扩张，动力电池梯次利用与回收等产业链布局进一步完善。北汽集团出行服务平台——华夏出行公司全年投入车辆 4.5 万辆，同比增长 1.6 倍，共享汽车分时租赁业务车辆规模位居全国第 1 名；新进入城市 28 座，全国累计运营城市 42 座；注册会员超过 160 万人，同比增长 14 倍；“北京出行”网约车业务稳定发展。

（张　旭）

中车北京二七机车有限公司

【概况】中车北京二七机车有限公司（简称二七机车）成立于 2007 年 7 月 9 日，现隶属于中国中车集团有限公司，前身是始建于 1897 年的邮传部卢保铁路卢沟桥机厂。是在中国共产党领导下“二七”工人运动的主要策源地，新中国第 1 台内燃液力传动机车诞生地。2018 年，二七机车主营业务是制造、加工铁路及城市轨道交通运输设备、电子设备、机械电器设备；开发、设计、修理、销售铁路及城市轨道交通运输设备、电子设备、机械电器设备等，注册资本 13.5 亿元，在册职工 844 人。主要产品包含内燃机车、电力机车、铁路工程机械和轨道车辆、矿山车辆等，是世界轨道交通领域品种最齐全、技术最先进的解决方案服务商之一，也是世界上唯一同时拥有整车集成和交流传动核心技术的矿车制造商。年内，二七机车实现停产退出现有制造业务，中国中车股份有限公司实施股份转让。二七机车按照北京市“四个中心”定位要求，结合中车集团业务发展需要，在实施老厂区保护再利用的基础上，围绕文化创意产业和体育产业开展相关业务，打造“中车二七厂 1897”文化科技创新城和二七厂国家冰雪运动训练科研基地，二七机车启动区开发建设大体完成，与合作方签订厂房租赁面积 1.2 万平方米。

（二七机车）

【改革改制】年内，二七机车结合中车集团发展战略，贯彻中车产能整合、业务优化的战略部署，3 月 31 日，推动制造业疏解，实现停产退出现有制造业务，研发技术、市场份额与售后服务由中车股份下属相关子公司承接，剩余业务以及所属控股、参股公司的其他业务，随股权转让到中车集团。8 月 23 日，中国中车股份有限公司将所持二七机车 100% 股权协议转让给中国中车集团有限公司。完成与各承接方业务转移相关协议，制造业务板块业务转移工作。根据国家、北京市相关法律法规以及中国中车《关于推动中车北京二七机车有限公司业务重组工作的指导意见》《中国中车集团公司劳动用工管理办法》《中国中车股份有限公司员工分流安置工作指导意见》精神，结合二七机车未来产业定位和发展战略，制定疏解非首都功能员工分流安置方案。办理协解员工 1030 人，办理内部退养员工 234 人，选择待岗员工 410 人；完成处置的设备固定资产合计 601 项。

（二七机车）

【经营管理】年内，二七机车开展费用支出清理，杜绝一切非必要开支，对必须支出的费用控制支出规模，严禁铺张浪费。差旅费较上年同期降低 81%，业务招待费同比降低 75%。制定了“两金”压控专项整治措施，落实应收账款和存货压减责任，加强考核力度，二七机车公司的“两金”占用较年初下降 33%，应收账款较年初降低 32%，存货较年初降低 38%。合理调整回款奖励制度，联系各供应商沟通办理退货、合同终止、销售配件，配合集团协调与各子公司签订资产转移协议，存货资产处置工作进展顺利。

（二七机车）

【安全生产】年内，二七机车在产业疏解转型的特殊时期，严格按照“分级管理、分线负责”的原则，落实安全生产主体责任制，无死亡、无新增现岗职业病、轻伤率小于等于 1.9‰、无重大盗窃案件和重大火灾事故，各项指标控制在合理范围内，强化安全风险管控，确保安全责任有效落实。在冰雪运动科训基地建设大面积展开的情况下，及时修订相关方及外来人员安全管理制度，对相关方梳理分类建册，完善了相关方管理各类文件、资料及流程，确保对相关方各项安全管理落实到位。

（二七机车）

【节能环保】年内，二七机车督促责任单位对二七机车公司退出制造业后遗留的废油污泥等有害固废进行妥善处置，共处置危险废物 55.54 吨，包括二氧化硫排放量 0.0106 吨、氮氧化物 13.8854 吨、COD（化学需氧量）0.8645 吨、氨氮排放量 0.0138 吨，污染物排放控制在中车指标范围内，全年综合能耗将低于 2700 吨标煤，较 2017 年下降 1200 吨标煤左右。

（二七机车）

【人力资源管理】年内，二七机车根据北京市疏解非首都功能的工作要求和中车集团产业转移的决策部署，结合业务转型的实际情况，人员年龄结构、学历结构和技能等级情况，开展人员分类、数据测算和方案制订工作，通过与集团人力资源部的数次沟通和方案的反复修改，确定了人员分流安置方案。在分流安置工作过程中，进行了风险排查，对 2016 年协解、内退人员和劳务派遣人员出现的问题，协同工会与相关人员进行初步沟通，并联络市总工会和区人力社保局积极寻求解决问题的途径。联系地方政府，中车内部、外部企业为二七机车公司人员提供相应岗位，截至年底共联系中车外部企业 90 余家，中车集团内部公司 20 余家，组织中车内部招聘工作 20 余场，共提供中车内部岗位 500 余个，安置人员 595 人。组织开展 2018 年度专业技术职务任职资格评审工作，累计申报 96 人，其中申报正高级、高级 33 人、中级 49 人、初级 14 人，基本完成职称评审工作。培训中心结合社会用工需求和协解员工技能情况，开展针对性培训，提升员工转岗适应能力，为员工再就业把方向、选路径，做实事、解难题，对内开展拟疏解人员转岗培训（电工资格证书班、电工操作证、保育员、钳工资格等级培训），政策培训，共计 9 个班次 750 人次参加学习。

（二七机车）

【国家冰雪运动训练科研基地建设】年内，二七机车与国家体育总局就国家冰雪运动训练科研基地项目签订合作框架协议，明确利用二七机车公司厂区内现有厂房设施，改造为国家冰雪运动训练科研基地。国家体育总局下达《关于中车北京二七机车有限公司国家冰雪训练科研基地改建项目可行性研究报告的批复》，初步批复建设面积约14万平方米，投资约7亿元。国家体育总局冬季运动管理中心、北京体育大学与二七机车公司签订项目共建协议。二七机车完成了备料厂房、重锻厂房、15吨锅炉房及周边区域、金构大养联合厂房等4座主要厂房和若干平房合计约3.4万平方米的腾退工作。窦店制造产业园，项目累计完成总投资15.4亿元，调试联合厂房、组装联合厂房、零部件加工厂房、涂装加工厂房、钢结构厂房、备料厂房等六大厂房均完成封闭，锅炉房、水泵房、开闭站等配套设施完成施工。

（二七机车）

中车北京南口机械有限公司

【概况】2018年，中车北京南口机械有限公司（简称南口公司）拥有在岗员工691人，其中硕士及以上学历35人、本科学历299人、专科学历117人、中专及以下学历240人。固定资产原值9.56亿元，净值5.29亿元。占地面积54万平方米。有各类设备1162台（套），其中大型精密设备85台、进口设备83台。设行政部室10个、党群部门1个、经营实体单位6个，合资合作企业6个。全年实现销售收入2.3亿元，同比增长28%。

（陈宗河）

【改革改制】年内，南口公司根据中国中车股份公司批复，经北京市工商行政管理局昌平分局登记注册，成立全资子公司北京中车南口科创园区管理有限责任公司，并将其70%股权协议转让至中车置业有限公司。根据中国中车股份公司批复，经北京市工商行政管理局昌平分局、上海市工商行政管理局闵行分局登记注册，分别合资设立中车福伊特传动技术（北京）有限公司、上海中车福伊特传动技术有限公司，南口公司持股比例分别为51%和50%。

（陈宗河）

【经营管理】年内，南口公司贯彻中国中车“处僵治困”系列工作部署，全面落实政治巡视问题整改，按照公司“内部管理提升＋全面合资合作”专项治理模式，推动子公司股权交易和福伊特合资合作两大项目实施。南口公司把握中国中车推进北京自有土地“产业地产＋产业投资”模式、实现土地价值最大化政策机遇，与中车置业开展合作，盘活低效无效资产，通过股权协议转让方式，获得首笔股权转让收益，实现公司特困企业治理目标。按照中国中车深化改革“1+19”文件要求，结合公司经营特点，推进混合所有制改革，与福伊特公司在北京和上海分别成立合资公司，完成北京合资公司人才储备工作。南口公司通过专项治理、体制机制改革，由生产制造型企业转为投资管理型企业。

（陈宗河）

【科技创新】年内，南口公司结合市场需求，优化产品设计。完成山东中车风电公司122机型齿轮箱（NP8B型）设计、展览用NP3风电齿轮箱切口模型设计、株所2.2兆瓦风电齿轮箱方案设计。完成时速350千米中国标准动车组齿轮箱设计、时速250千米中国标准动车组齿轮箱设计和试制及装车运用；完成长客160千米齿轮箱设计和试制、青岛四方股份公司变轨齿轮箱设计。完成NGS242B62立方主机开发、NP942A60直联主机开发试制、开利TX3新型线转子试制、开利GEN7转子试制、顺气226新型线转子试制工作；完成40立方直连压缩机和20立方NPT209直连压缩机主机机体径向排气孔结构改进工作。科技项目立项21项，其中新建项目15个、延续项目6个；科技项目结项6个、暂停9个、延续6个；科技费用支出750万元。申报4件发明专利和3件实用新型专利。完成高新技术企业复审工作。

（陈宗河）

【生产运营】年内，南口公司严格生产节点计划考核，提高管理水平。完成主要配件55361件（套），其中和谐2型技术引进机车主动齿轮2293个、从动齿轮1557个；东风4型机车主动齿轮766个、从动齿轮151个；HXD2齿轮箱上齿轮箱722件、下齿轮箱743件、抱轴箱848件、轴箱体16件；各型喷油泵3856套、喷油器1359套，喷油器偶件5180付。完成不同型号风电齿轮箱4台、轨道齿轮箱21台；完成不同规格螺杆空压机整机1652台、主机209台、各型系列转子3510对。南口公司安全生产管理保持良好状态，未发生重大以上工伤事故，轻伤事故率控制在2‰以内。

（陈宗河）

【质量管理】年内，南口公司未发生一般D类以上质量责任事故和批量质量问题，外部产品质量监督抽查合格率100%。开展“质量安全月”活动。废止供应商管理控制程序 7 项质量体系文件，相关内容借用对应内控制度；修订《工艺装备控制程序》，增加《工艺文件控制程序》。250 千米标准动车组齿轮箱通过中车质量管理体系专项质量审核。通过埃尔维质量认证中心第 2 次质量管理体系监督审核，未开具不符合项，保持质量体系证书有效性。编写 3 份优秀 QC 小组活动成果报告上报中车。完成 199 家供应商业绩评价，其中 175 家保持合格供应商资质，取消 24 家合格供应商资质；新开辟 23 家供应商。发布 2018 年 A 版生产性物资合格供应商名录，供应商总数相比 2017 年 C 版名录 252 家减少 116 家，新增 7 家，总数 143 家。送检标准器具及车间计量器具 2898 件（套），其中外送检定各种量具 955 件套。

（陈宗河）

【市场营销】年内，南口公司处于转型过渡期，并受市场环境影响，各业务板块市场拓展不均衡，其中风电产品销售收入同比减少 77.42%，轨道产品同比增长 83.92%，压缩机系统产品同比增长 37.44%。受风电市场调控和公司合资进度整体规划影响，风电业务基本处于停滞状态。轨道产品，4 台份时速 250 千米中国标准动车组齿轮箱和 2 台份时速 160 千米城际动车组齿轮箱在长客装车，进行运行试验。压缩机产品，全年订单充足，生产任务饱满，市场化销售模式拉动效应明显，整机产品销售收入同比增长 48 %；5 款压缩机产品样机参展上海汉诺威国际压缩机展会。

（陈宗河）

【基建与设施改造】年内，南口公司严格控制设备维修、基建工程整体费用指标。年度更新改造费用 32 万元，大修 256.89 万元。完成丙烷站瓶装间改造安装工程、机电厂和机房改造工程、20T 和 10T 锅炉房及轴锻变电站设施拆除工作。完成轴锻南侧变电站变配电设备设计安装及高低压电缆敷设、轴锻开闭站及变配电室设备拆除及拆除后部分变配电线缆改造。完成公司外墙 300 余米保安电源主电缆入地工程。完成锅炉房等供暖设施及丙烷站拆除。年度节省电费近 210 万元。

（陈宗河）

【人力资源管理】年内，南口公司结合转型发展实际，推动人力资源各项工作。完成南口科创公司 10 人招聘、北京福伊特合资公司 423 人储备工作；14 名员工被北京中车长客二七轨道交通装备有限公司录用。组织员工分流安置工作，通过内退、协议解除劳动合同、荣誉岗等方式，完成员工分流安置 209 人，其中协议解除 130 人、内退 29 人、荣誉岗 50 人。推荐核心人才 6 人上报中车，其中核心技术专家 2 人、核心管理专家 1 人通过评审。完成职称评审，教授级高级工程师 1 人、高级工程师 3 人、工程师 24 人、助理工程师 2 人、高级政工师 2 人，政工师 5 人通过评审；完成技师、高级技师评审，技师通过 10 人、高级技师通过 4 人。开展培训共计 124 项，其中内部培训 38 项、委外培训 86 项；培训人员 866 人次，培训课时 398 学时；举办数控技能大赛，58 人报名参加，6 名员工获奖。完成 11 名入职大学生转正定职答辩及竞聘上岗工作；招聘 27 名高校毕业生。申报 100 余名退休职工住房补贴。公示特殊工种 41 人次。

（陈宗河）

【企业文化建设】年内，南口公司加强宣传思想工作，为转型发展营造氛围。印发内报 3 期，制作广播节目 45 期，发布微信 12 条，20 条新闻被中车采纳。开辟“每周一讲”专题节目，营造稳定和谐发展氛围。制定《南口公司关于落实意识形态工作责任制实施办法》。针对微信群、公众号，组织开展专项排查，进行统计造册，建立台账。开展“擦亮金名片，做好中车人”“最美中车人”评选活动；通过微电影、音乐、演讲、动画等方式表现中车文化品牌内涵。推进 BI 建设，开展“打造受人尊敬的国际化公司，我为中车代言”主题海报制作活动，选拔公司级“代言人”3 人、基层单位“代言人”13 人，为打造受人尊敬的国际化公司提供行为文化保障。

（陈宗河）

北京京城机电控股有限责任公司

【概况】2018 年，北京京城机电控股有限责任公司（简称京城机电）深入学习贯彻党的十九大精神，以习近平新时代中国特色社会主义思想为指引，贯彻党和国家方针政策，落实市委、市政府、市国资委决策部署，坚定推进 4 场“攻坚战”各项任务，在疏解非首都功能，构建高精尖产业结构，服务首都功能建设，深化改革调整等方面取得进展，完成全年利润指标与双降目标。

（尹亚昌）

【转型升级】年内，京城机电列入“十三五”产品规划项目63项，项目计划符合率87.3%，发布集束瓶组及瓶束式集装箱等31项产品。其中，战略产品15项，项目计划符合率80%，8项已完成验收。加快产品技术创新与流程优化再造，全面推动产业转型升级。北京北一机床股份有限责任公司VA400立式加工中心完成样机试制，参加2018年上海机床展。与C.B法拉利初步建立研发协同机制和平台，整理完成BF160机床全套技术图纸和技术资料。北京天海工业有限公司加快进入氢能源市场领域，填补国内氢燃料汽车系统中储氢罐（四型瓶）空白，四型瓶项目通过公司审批启动实施。完成35MPa商用车及70MPa乘用车供氢系统研发，已为重点整车厂客户提供配套服务。北京京城环保股份有限公司上海石洞口污泥处理项目实现一次点火成功，1个月完成调试并实现商业运营。北人智能装备科技有限公司首套应用于软包装印刷的智能印刷工厂成功落地江苏彩华并开始试运营，首套应用于书刊印刷的智能印刷工厂向江西新华完成首批设备交付。北京华德液压工业集团有限责任公司工业阀自动生产线完成验收并投入使用，六通、十通电磁阀生产效率提升25%，人力成本节约17%，产品可靠性提升20%。

（尹亚昌）

【疏解整治】年内，京城机电完成市国资委下达的“疏解整治促提升”8项专项行动任务，累计拆除违建20502平方米，超额完成12.6%；疏解群租人员1000余人，清退散乱污企业21家。广外红居南街6号院违建拆除完毕，消防通道打通，线路整改完成。

（尹亚昌）

【改革改制】年内，北京京城压缩机有限公司完成混改合作协议、公司章程谈判，完成审计评估，经公司董事会批准，上报市政府审批。北京京城新能源有限公司混改方案进行多轮沟通谈判，明确合作意向，关键事项已达成一致，并先期启动通渭风电场项目合作，为后续混改奠定基础。北京北开电气股份有限公司设立4家子公司分别推进混改工作。北人智能装备科技有限公司与意大利BFI、北伯合创三方成立北人伯乐氛（西安）环境技术有限公司，引入国际先进的VOCs治理环保技术，打造北人智能系统完整的环保业务核心能力。同时，合资公司以混合所有制方式组建，采取管理层持股与职业经理人聘任等新机制，激发核心骨干人员的积极性与主动性，增强后续发展的动力与活力。京城机电全力推动企业退出工作，严格执行“一企一策”退出方案，完成国资委下达的16家企业退出计划。京城机电持续推动非经资产与退休人员专业化社会化管理，完成北人集团公司离退休人员纳入非经平台。基本实现运营企业退休人员社会化管理，退休人员社会化管理平台成功纳入2019年政府采购预算。符合移交要求的106万平方米非经资产已全部与房地集团签订移交协议。按计划完成电线电缆厂、西海工贸、北重厂改制工作。

（尹亚昌）

【疏解非首都功能】年内，京城机电成立疏解调整办公室，配备专职人员，加速推动疏解非首都功能。截至年底，公司系统累计疏解土地面积198.2万平方米，退出7项产业，疏解10项低端产品和低端制造环节，安置职工7263人，安置费用3.2亿元。其中，全年疏解土地面积34.6万平方米，安置职工507人。京城机电工程机械板块疏解退出工作基本完成。北京京城重工机械有限责任公司完成桥箱公司和中环科技退出，北起多田野进入清算阶段，现代京城停产，安锐公司推进疏解退出，累计疏解腾退土地59.4万平方米，分流安置职工1342人。北京京城长野工程机械有限公司完成挖掘机业务疏解退出，累计疏解腾退土地1万平方米，分流安置职工84人。北京北一机床股份有限公司下属北一重型铸造和高碑店铸造厂全面停产。

（尹亚昌）

【城市重点项目建设】年内，北京京城环保股份有限公司服务城市副中心建设的惠通项目设备安装及土建、设备单机调试完成。列入张家口冬奥会氢燃料电池客车示范运营项目的北京天海工业有限公司研制的35MPa高压储氢气瓶批量应用于氢燃料电池汽车领域，助力打造绿色冬奥、科技冬奥。京城机电落实市委、市政府惠民政策，稳步推进老旧小区电梯加装项目。朝阳区胜古北里13号楼3～5单元电梯正式运营，1单元、2单元电梯安装完毕，10号楼2～5单元钢结构搭建接近尾声，准备进行电梯安装。通州区怡乐园项目正在有序开展。

（尹亚昌）

【推进两化深度融合】年内，北京华德液压工业集团有限责任公司通过工信部两化融合管理体系贯标评定。集团公司在ERP升级换版项目投入应用后，正式启动两化整合管理体系贯标工作。

（尹亚昌）

【多项目获专项资金支持】年内，京城机电组织申报国家和市级重大专项课题，各项研究任务按计划推进。其中，“中高档国产数控磨床可靠性规模化提升工程”等14个工信部04专项验收结项，“水力制浆技术研发及多元物料联合厌氧沼气工程科技示范”项目完成市科委专项验收。“有机质资源生态处理项目”“基于物联网的数字化智能印刷工厂示范建设项目”等多个项目获得专项财政资金支持共计约7700万元。

（尹亚昌）

【重构新型协同技术创新平台】年内，京城机电依托北京市机电研究院有限责任公司，创新体制机制，提升研发体系的创新能力和创新活力。通过协同内外部优势技术资源，加大产学研用合作力度，有效对接社会各类优势科技资源，推动与北京协同创新研究院、北京国际技术合作中心、西门子、德国先进工业科技研究院等开展对接合作，为打造公司高精尖产业结构提供技术支撑和产业孵化。成立北京京城机电产业投资有限公司及北京京城德创基金管理有限公司，打造公司股权投融资及新产业培育平台。

（尹亚昌）

【高精尖产业基金的设立及募集】年内，京城机电围绕机器人等高精尖产业寻找盈利能力强、增长前景好的产业投资项目，储备项目20余项。与多家基金公司和证券公司建立了合作关系，推动投融资市场化运作进程，加快高精尖产业项目落地。

（尹亚昌）

【谋划上市公司平台发展路径】年内，京城机电成立北京京城智能科技有限公司，构建公司机器人产业发展平台。北一法康拓展汽车领域新客户与新技术，围绕机器人应用业务开展人才引进与团队组建工作。北京京城长野工程机械有限公司持续推进水下机器人、管道机器人合作项目，并与相关企业在特种机器人领域合作研发。制定增材制造产业发展规划并成立增材制造公司，推动增材制造产业发展。北京京城重工机械有限责任公司拓展打印服务业务，陆续为20余家客户提供砂型打印服务，承接并交付砂型模具打印订单5.5万升。北京北一机床股份有限公司研制完成国内首台自动送丝和激光层积增材技术的增减材复合机床，参加第10届中国数控机床展览会并获得“春燕奖”。

（尹亚昌）

【精准帮扶】年内，京城机电成立精准帮扶办公室，赴大村村实地调研，签订“一企一村”结对帮扶协议，制订3年结对帮扶主要工作实施计划，提供40万元作为党建专项帮扶资金。同时开展产业帮扶，支付第1笔产业帮扶项目资金50万元，食用菌培育基地已初具规模，正式投产。

（尹亚昌）

北京京仪集团有限责任公司

【概况】北京京仪集团有限责任公司（简称京仪集团）隶属于北京控股集团有限公司，是集科研、设计、生产制造、销售服务、工程设计和系统工程成套于一体的集团公司。注册资金12.91亿元，2018年，京仪集团及所属国有及国有控股企业共61家，其中二级企业23家、三级企业22家、四级企业16家。截至年底，职工人数3599人（不含返聘），其中大专及以上学历占职工人数的61.32%。2018年实现工业总产值23.76亿元，增加值5.02亿元，营业收入30.32亿元，利润总额1.65亿元，科技支出1.15亿元，占比营业收入3.80%。

（李　婕）

【企业改革】年内，京仪集团完成集团本部及北分瑞利的职业化改革；基本完成青海新能源、京仪绿能和京仪涿鹿3家光伏企业的管理整合；引入社会资本、创业团队成立联帕科技，并完成北分麦哈克混改工作，全系统经营层持股的混改企业达4家；初步建立“1+N”绩效考核体系，制定下发直属企业负责人薪酬管理办法、应收账款专项考核实施细则；推进国有企业办社会职能剥离改革，获得非经营性资产移交补贴，完成敬业椿整退休人员社会化试点工作。

（李　婕）

【压减退出】年内，京仪集团制定并落实《亏损企业扭亏控亏方案》，亏损企业同比减少3家，亏损金额同比减少近5200万元；完成26项劣势产品、业务以及昌民、晟德瑞等6户企业的退出。

（李　婕）

【投资运营】年内，京仪集团完成河北省唐山市、平泉县超60MWp光伏电站收购整合工作；内蒙古自治区、安徽省等347MWp光伏电站项目完成现场尽调评估，进入并购对价阶段；新建并网山西省大同市、陕西省延安市45MWp光伏电站，全年实现光伏发电3.2亿度。与辽河油田签订年处理3000吨油泥的投运合同；成立新疆塔里木油田、库车县油泥处理投运项目公司。组建北京联帕智能科技有限公司，已获取湖南省衡阳市第一人民医院停车场投运项目。

（李 婕）

【运营管控】年内，京仪集团本部持续开展内控体系建设，有效运用审计和监事、监察部门的监督合力，着力提升风险防范能力；新建、修订《违规经营投资责任追究暂行办法》等60项制度；运用月度、季度分析汇报机制，重点强化对预算指标和重点工作、重大项目的监控管理；探索建立派出财务总监机制，统一集团财务管理及风险管控；注重投资项目全过程管理，以可研为抓手开展项目后评价工作；调整对二级企业专项资金借款利率，帮助企业节约融资成本超500万元；组织开展专业培训47项、培训人员数量1200人次；开展投资并购、整合调整等重点项目的合同评审和法律审核工作，运用法律手段催收清缴应收账款1亿元。

（李 婕）

【现代服务业】年内，京仪集团释放房产资源3.3万平方米；制订《房产租金收缴方案》；打造大兴高端仪表园、亦庄智能制造园等高端装备制造产业园。租金收入实现增长5200万元，同比增长10.9%；通过谈判修订长租期低租金合同19份，实现年度租金增长665万元；京仪工贸“西什库31号”文创园入选首批北京市文化创意产业园；京仪孵化器成为中国科技孵化器50强；京仪大酒店实现收益持续提升；仪表技校教学成果获得北京市二等奖。

（李 婕）

【高端装备制造转型】年内，京仪集团与研究总院共同推进国家级技术创新平台建设；京仪创投基金完成对通讯技术、车联网等领域6家企业的投资；京仪孵化器举办创投大赛并推荐10余项优质种子项目；参与北控集团国家级北斗应用技术创新中心建设；与中科院、北航等多家科研院所达成战略合作。北分瑞利在线VOCs监测等环保产品实现销售近千万元；远东有限新型雷达水位计应用于多个河流监测与治理项目，布莱迪工程国内首创的无油耐震压力表应用于伊拉克项目；京仪北方智能燃气表通过北京燃气联调测试；京仪装备十轴重载搬运机器人通过中芯国际现场测试；敬业椿整军工稳定平台实现供货；研究总院智慧停车系统进入调试阶段。编制完成《科技投入和研发能力提升报告》和《高端装备制造业务产品发展分析及改进提升报告》，全年全系统引进各类专业技术人才75名，完成科技投入超亿元，占高端装备制造主营业务收入比重达5%，获得省部级荣誉及技术奖项12项，新增专利授权66项，其中发明专利12项。

（李 婕）

【专项工作精细化】年内，京仪集团坚持将“提质、增效、控风险”专项工作向精益化推进，经营活动现金净流量完成2000万元，同比增加4200万元；应收账款15.6亿元，同比下降5.5%；存货完成5.8亿元，同比下降0.7%；成本费用占营业收入比重预计完成98.3%，同比改善1个百分点；人均销售收入、利润指标增长均超过15%。

（李 婕）

【“资金池”建设】年内，京仪集团在北控系统内率先完成“资金池”建设。入池企业22家，资金归集规模5亿元，有效归集率85%，完成北控集团下达的年度归集目标；调剂内部资金超8000万元，实现综合收益660万元，增值收益已全额分享至入池企业。

（李 婕）

【安全生产】年内，京仪集团落实安全生产制度，制订年度《安全生产工作要点》，签订安全、交通责任书，召开各级安全会议230余次，组织安全培训、演练100余次；开展安全生产大检查750余次，发现并整改隐患1600余处；推进违建治理，拆除违法建筑近1200平方米，霍营违建进入强制执行阶段、圆满公寓违建进入司法程序。

（李 婕）

中国北京同仁堂（集团）有限责任公司

【概况】中国北京同仁堂（集团）有限责任公司（简称同仁堂集团）是市政府授权经营国有资产的国有独资公司，是以中药为主业，集科工贸、产供销为一体的大型中药企业集团。拥有6个二级集团、3个院、5个直属单位。其中，北京同仁堂股份有限公司（简称同仁堂股份）、北京同仁堂科技发展股份有限公司（简称同仁堂科技）和北京同仁堂国药（香港）集团（简称同仁堂国药）是上市公司，北京同仁堂健康药业集团、北京同仁堂商业投资集团、北京同仁堂药材参茸投资集团（简称同仁堂药材参茸）等11家公司为国有独资、中外合资及股份制公司，1家研究院、1家中医医院、1家教育学院。业务涉及中药材种植及饮片加工，中成药、普通营养食品、保健食品、传统滋补品、生物制品及化妆品的生产销售、科研开发、出口贸易等。2018 年，同仁堂集团营业收入、利润总额创历年最高。全年营业收入 190.43 亿元，同比增长 8.16%；利润总额 27.96 亿元，同比增长 10.29%。资产总额 295 亿元，同比增长 9.6%。归属公司净资产收益率 11.45%，国有资产保值增值率 112.52%。

（葛　冰）

【签署全面战略合作框架协议】 5 月，同仁堂集团与国家卫计委脑防委签署《开展全面战略合作框架协议》。北京同仁堂配合国家卫计委在全国范围内开展以“关爱健康，预防中风”为主题的大型社区义诊、健康大讲堂、病友会等系列宣传推广活动，取得了良好的社会反响。2015 年至 2018 年，同仁堂集团累计在 200 余个城市举行各类宣教义诊活动近 3000 场，受益人群达 50 万人次。

（葛　冰）

【《儒商同仁堂》发布】 9 月 27 日，评书《儒商同仁堂》发布会在北京华彬歌剧院举行。《儒商同仁堂》对践行社会主义核心价值观，弘扬中华优秀传统文化，彰显文化自信，讲好中国故事，传播好中国声音具有重要的现实意义。

（葛　冰）

【同仁堂粹和康养首个生活馆开业】 10 月 26 日，同仁堂粹和康养天坛生活馆正式营业，标志着北京同仁堂健康养老全国战略落地实施。生活馆按照“同城协同，异地联动，全国布局”的战略规划，以“疗程＋课程＋旅程”的服务形式，为客户带来一站式、多层级、连续性、全周期的定制化健康养老服务。

（葛　冰）

北京一轻控股有限责任公司

【概况】 北京一轻控股有限责任公司（简称一轻控股）是由北京国有资本经营管理中心出资，按照《公司法》建立的，集投融资、控股、参股、资本运作、生产经营、科研、进出口贸易、技术咨询服务为一体的具有独立法人资格的大型国有控股公司，净资产 100.7 亿元。含直属企事业单位 14 家、中外合资企业 8 家。一轻控股拥有红星、龙徽、义利、星海 4 个“中华老字号”及 1 个国家级非物质文化遗产（红星二锅头酿制技艺），13 个北京市著名商标（清华阳光、奥琪、宝贝、欧珀莱、熊猫、金鱼、星海、义利、五星、夜光杯、古钟、红星、龙徽）和 9 个北京知名品牌（红星、龙徽、义利、北冰洋、欧珀莱、金鱼、星海、大豪、三一），知名品牌总数居全市各控股公司之首。在全国轻工行业 2017 年度百强榜上，一轻控股位居综合能力排名第 33 位。2018 年，一轻控股把握首都城市战略定位，贯彻京津冀协同发展和“一带一路”战略，坚持“核心是转型、动力是创新、关键是人才、党建是保障”20 字方针，准确把握“十个结合”原则，全面实施“十三五”规划和“三优四调三培育”战略布局，认真落实“十九大精神贯彻落实年”工作部署，全面加强党的建设。全年完成工业总产值 90.43 亿元，实现营业收入 63.5 亿元，实现利润总额 13.2 亿元。国有及控股企事业单位在岗职工平均工资增长 13.94%。

（一轻控股）

【改革调整】 年内，一轻控股强化战略引领，“十三五”中期评估工作全面完成。加强项目前期论证，完善项目可研报告，严格项目审批流程，批复实施京纸集团股权投资中纸在线项目，设立尼木县红星商贸公司、源升号文化发展有限公司、玉带芯文化科技服务有限公司等项目。启动一轻控股所属 30 家全民所有制企业改制工作。加强分类指导，要素市场建设有序推进，浆纸交易中心取得增值电信业务经营许可证，围绕交易核心业务探索供应链金融等运营模式，提升交易水平。红星股份明确 IPO 上市路径，尽职调查问题整改取得实质性进展。食品集团按照上市要求，抓紧问题整改，探索制订主辅剥离、资产整合方案。京纸集团探索混合所有制改革新途径，以资产重组和现金收购方式正式控股新三板公司中纸在线。完成 17 家企业压减退出任务，其中列入市国资委退出计划企业 13 家，自行组织退出企业 4 家。

（一轻控股）

【科技创新】 年内，一轻控股完成科技投入 1.89 亿元，新产品试制 105 项，累计新产品投产 220 项，实现销售收入 18.06 亿元。大豪科技公司完成 430D 一体机、TASC300 曲折缝、经济型花样机、编制手套机、A15 家用单头帽机电控等 8 个新产品的转产。红星股份公司重点进行连续蒸馏系统开发与完善、多微麸曲原酒微生物菌种优化以及麸曲原酒增酯实验研究等项目的研究开发。一轻食品集团新开发并上市销售的产品 126 种，包括汽水、蛋糕、面包、糖果、冰激凌、熟食等系列产品。星海公司智能钢琴i121在星海全国经销商大会上进行展示，智能钢琴i130参加上海国际乐器展。一轻日化金鱼系列全线包装设计升级，涵盖洗衣液类产品补充、中性油烟机清洗产品、洁厕类产品等。龙徽公司桂花露酒（陈酿）获得比利时布鲁塞尔国际烈性酒大赛金奖。桂花陈金装5年陈酿和夏多内干白葡萄酒获2018年“一带一路”（宁夏银川）国际葡萄酒大赛金奖，桂花露酒（金装）获2018FIWA、FIWABio和FISA法国国际葡萄酒有机葡酒及烈酒大奖赛金奖。

（一轻控股）

【新品研发】年内，红星古酿、蓝盒系列等11个新产品投产上市，其中红星古酿在2018年第15届“北京礼物”旅游商品大赛参赛的559件作品中脱颖而出，获得银奖。一轻院新开发特种光纤及器件、人工晶体及器件、特种玻璃及器件、光学器件及系统四大类产品。龙徽公司新开发龙徽私藏干红葡萄酒（庄园级）狗年特标 、“华之恋”干白葡萄酒、夜光杯干红葡萄酒（天猫）、中华庆典干红1999、中华高级干红葡萄酒、桂花陈酒金装（5年陈酿）等。

（一轻控股）

【品牌建设】年内，一轻控股审核推荐一轻食品集团、玻璃集团2家企业申报并入围北京生活性服务业品牌连锁企业资源库（2018年度）。红星入选2018国家品牌计划品牌之行业领跑者。北冰洋经典产品与新品亮相第6届亚欧博览会，推广品牌文化，推动北冰洋走向全国、走向世界。

（一轻控股）

【重点项目】年内，义利北冰洋马鞍山新厂落成并正式投产，郓城威顿玻璃制品公司新建项目完成并正式投产。星海钢琴肃宁基地一期工程主体完工，生产配套楼即将封顶。红星股份怀柔厂区解危改建项目中的联合厂房和立体库完成主体结构封顶，山西六曲香分公司新厂迁建项目建安工程完工。龙徽葡萄酒孵化中心工程及怀来龙徽庄园改造工程进入结算阶段。一轻资产经营管理公司西三旗17号房解危改造工程、厂区道路改造工程完工。北玻集团六零八文创园、龙徽1910文创园、京纸空港文创园、星海文创园项目等文创园建设取得新进展。

（一轻控股）

【技能人才】年内，一轻控股起草《北京一轻专业技术及技能人才队伍建设工作报告》。博士后工作站引进一名博士后开展氟化钙晶体提拉法生长技术研究。技师学院承办第45届世界技能大赛北京市选拔赛4个项目的比赛，分获4个项目的第1名，在全国选拔赛中，3名选手脱颖而出，进入国家集训队；赵俊生工作室和杜艳红工作室被评为市级职工创新工作室，持续开展岗位练兵技术比武活动。

（一轻控股）

【综合管理】年内，一轻控股预算编制准确性提高，执行偏差进一步缩小，全面预算管理成为常态化管理手段。配合市审计局开展领导人员任中经济责任审计工作，完成所属5家单位负责人经济责任审计，开展10家事业单位上年度预算执行和决算草案的审计，审计问题全部完成整改。对控股公司新修订的81项制度进行合规性审核，加强对改制重组、股权收购、战略合作、企业退出等重大事项的法律审核，指导所属企业修订公司章程，实现经济合同、规章制度和重大决策的法律审核率达到100%。完善薪酬绩效考核体系，所属单位薪酬体系进一步规范，经营者绩效考核做到应备俱备。加强全系统工资总额的调控，做到控高、提低，员工收入总体水平明显增加。加强外埠新建项目管理，采用清洁能源、窑炉蓄热、低谷电自供暖等技术，确保项目符合环保要求。

（一轻控股）

【安全稳定】年内，一轻控股建立“层层负责、人人有责、各负其责”的全员安全责任体系。开展“一企一标准，一岗一清单”隐患排查，全系统生产制造型单位100%完成隐患排查项目个性化清单编制工作。巩固提升“三大”专项行动成果，清理整治一批低端产业，推动和促进了企业疏解整治工作。信访维稳工作纳入公司党委议事日程，落实领导包案和接访制度，全面开展矛盾排查工作，坚持重大改革调整前的稳定风险评估，努力把问题解决在萌芽状态，化解在基层，确保了企业稳定和社会稳定。

（一轻控股）

北京时尚控股有限责任公司

【概况】北京时尚控股有限责任公司（简称时尚控股公司），注册资本16.87亿元，经营主要涉及高端服装纺织业和现代都市服务业等。拥有北京铜牛集团有限公司、北京雪莲集团有限公司、北京光华纺织集团有限公司、北京京棉纺织集团有限责任公司、北京京工服装集团有限公司、北京清河三羊毛纺集团有限公司、北京大华时尚科技发展有限公司及北京方恒置业股份有限公司等108家全资及控股企业，职工总数9113人。时尚控股公司主动适应经济高质量发展要求，全面加强党的建设，围绕首都“四个中心”功能定位，全力推动企业转型升级，稳步实施时尚发展，全面完成了各项考核指标和年度经济目标。截至2018年底，公司资产总额185.54亿元，营业收入121.9亿元，利润总额2.66亿元。

（李童瑶）

【科技创新】年内，时尚控股公司主要生产企业科技投入1.24亿元，占产品销售收入的4.55%；实现新产品销售收入7.05亿元，占产品销售收入的25.81 %。申请专利40项，其中发明专利15项、授权专利25项。大华天坛公司、京兰公司获得国家高新技术企业认定。光华集团顺利通过知识产权管理体系贯标复审；光华集团获得中国知识产权发展联盟成员单位称号、北京市知识产权运营试点单位称号、中纺海天和天彩公司分别获得北京市专利试点单位称号；发明专利《一种氨纶干法纺丝油剂及其制备方法》获中国专利优秀奖。截至年底，时尚控股公司万元产值综合能耗为0.02吨标煤，同比下降33.3%；万元产值水耗为0.65吨，同比下降46%。7家重点生产企业能耗和水耗指标纳入企业领导人年薪酬制考核。在空气重污染预警期间，及时启动空气重污染应急预案，推进落实重污染预警措施，全力做好空气重污染应对工作。

（杨　琼）

【重点项目】年内，时尚控股公司在“十三五”规划中确立的重大科技创新项目全年完成投入6397万元，实现销售收入1.71亿元，实现利润3928万元。重点创新项目取得阶段性成果，铜牛集团深入研发具有舒适性的纯棉系列产品和再生纤维素纤维系列产品；中小学学生装的设计开发与产业化项目落实自有订单学校有32所；基于生理信号采集的一体化纺织类产品研发设计项目，获市科委“设计之都”建设专项资金支持。光华集团的可盘卷柔性应急路面系统的研发与产业化项目与“中国极地研究中心”签订中国极地考察队物资采购协议。雪莲集团的系列新品开发，促进雪莲品牌全品类发展项目完成与天津工业大学、北京服装学院等单位合作，加快导电羊绒、贝贝绒及羊绒强缩技术研发。京工集团“雷蒙”品牌被评为北京老字号。泰科斯曼公司以止血绒和止血粉新产品拓展市场，推出新规格，开展“泰绫”产品的增规格申报工作，通过国家药监局的审批；复合补片研发项目已进入投产前批量试制阶段。

（葛顺顺）

【产业发展】年内，时尚控股公司围绕首都城市功能定位，牢牢把握转型时尚发展主线，坚持以品牌运营和模式创新为核心，自觉推动与文化、科技相融合；积极落实企业转型、产品升级和业态创新3条战略转型路径；努力实施品牌时尚化、产品科技化、服务增值化业务布局；坚持树立思想观念有更新、企业转型有作为、产品升级有进展、业态创新有突破的发展理念；紧紧抓住调优产品结构、调绿生产方式、调高运营水平、调顺管理体系；工作中运用品牌、创新、设计、科技、文化、服务6个时尚元素贯穿始终。时尚控股公司充分发挥方向引领、战略协同、优化资源、平台牵引、结果考核的作用，时尚产业发展有序推进，初步实现固基强本，稳中求进可持续发展的阶段目标。

（李童瑶）

【资源整合】年内，时尚控股公司适应首都功能定位，坚持疏解与提升相结合，全部完成2018年列入市国资委疏解退出企业数量和压减企业数量目标；完成2家退出企业国有资本经营预算费用性支出资金支持申请，共涉及解除劳动合同职工205人，申请退出费用性支出资金支持209万元；完成全年“疏解整治促提升”专项行动工作任务，拆除违法建设4处，城乡结合部重点地区综合整治1处，清理整治地下空间1处，疏解退出中心城区二级及其以下企业1家。搭建资产管理平台，成立深时（深圳）资产管理有限公司，实现深圳资产集中管理，提高资产盈利能力和管理效率。设立北京京尚唯莱文化发展有限公司，对京棉集团优质资产进行调整配置，促进优质资产效益最大化。加快铜牛信息IPO申报工作，推进铜牛信息资产完整性，实现资产证券化。推进京棉集团管理的医疗机构“八二”社区卫生服务中心改革，完成新公司设立和托管协议的签署。完成控股公司资金管理调剂服务中心和劳动保护和安全生产教育馆转企改制工作，设立北京时尚融通企业管理服务有限公司和北京时尚安全科技有限公司。健全检验检测平台建设，整合检测资源，一期实验室改造完成，完成7项标准制定，正在进行业务整合和市场拓展。

（李童瑶）

【产品销售】年内，时尚控股公司工业企业产品销售收入完成27.31亿元，其中服装业完成收入15.51亿元，同比增长28%，所占比重为57%；产业用纺织业完成收入8.31亿元，同比下降15%，所占比重为

30%；非纺企业完成收入2.53亿元，同比增长27%，所占比重为9%；面料原料企业完成收入9570万元，同比下降20%，所占比重为4%。服装总计销售1806万件，同比增长2.3%；无纺布总计销售5251吨，同比增长2%；棉纱总计销售16吨，同比下降83.5%；毛线总计销售156吨，同比下降93%；蓬盖布总计销售507万平方米，同比下降51%；保温大棚总计销售497套，同比增长9.8%；帐篷总计销售7125顶，为净增加；手提油囊总计销售3306个，同比增长63.7%；软质输油管总计销售22.4万米，同比下降62%。

（王晓蕾）

【品牌运营】年内，时尚控股公司聚焦品牌运营，专业化运作初显成效。系统内重点品牌通过国内外展会和大型活动展示品牌形象、新品宣传推广和提升品牌影响力。参加中华文化世界行·感知北京活动第1次走进阿根廷，聚焦中阿双方文创行业现状，加强两地文创产业的深度合作。"雷蒙·1940宫艺京绣"产品惊艳亮相展览现场。"界·亦无界"时尚北京·雪莲之夜—雪莲2019春夏流行趋势发布会在中国电影导演中心举办。"雪莲"品牌以122.37亿元的品牌价值荣列2018年《中国500最具价值品牌》分析报告排行榜第339位。在北京时装周期间，雪莲、雷蒙、pure touch、铜牛、绿典、Artfusion 6个服装品牌举办动态发布活动，BTV新闻频道全程直播。全年时尚控股公司品牌渠道共计945家（含电商），品牌销售收入实现79546.24万元，同比增长5.98%。

（时尚控股公司）

北京隆达轻工控股有限责任公司

【概况】北京隆达轻工控股有限责任公司（简称隆达控股）是市政府授权的国有独资控股公司，是由原北京二轻工业总公司、北京印刷工业总公司和北京有色金属工业总公司经过2次重组成立，主要涉及特色印刷、特种新材料（稀贵金属、新型塑料）、家用电器、皮革制品、都市服务业等领域。拥有北京有色金属与稀土应用研究所、北京达博有色金属焊料有限责任公司、北京诺飞新能源科技有限责任公司、华盾雪花塑料（固安）有限责任公司、北京市塑料研究所等国家高新技术企业；拥有北京印刷集团有限责任公司北京市高新技术企业；拥有北京宝岛包装印刷有限公司等重点企业和弘祥1979文化创意产业园、77文创园（美术馆）等7个自营园区。公司注册资本8.07亿元，下属企业共69家，其中国有及国有控股企业41家。在职职工2608人，其中在岗职工1934人。在岗职工中具备大专学历389人、大学本科学历471人、研究生及以上学历70人；中级专业技术人员64人、高级专业技术人员145人。2018年，隆达控股资产总额48.98亿元，净资产26.3亿元（归属母公司为14.8亿元），资产负债率46.3%，工业增加值4.43亿元，营业收入23.64亿元，利润总额1.19亿元，上缴税费1.50亿元。其中，特色印刷营业收入3.99亿元，占比16.7%，利润总额0.57亿元，占比46.2%；有色金属新材料营业收入10.93亿元，占比45.8%，利润总额3469万元，占比28%；塑料新材料营业收入2.39亿元，占比10%，利润总额1344万元，占比10.9%；都市服务业营业收入6.55亿元，占比27.4%，利润总额1846万元，占比14.9%。

（隆达控股）

【完成印制冬奥相关文件任务】5月14日，北京印刷一厂奥组委机关文印室及数码中心接到为冬奥组委印刷会议文件的任务。该任务是为在北京召开平昌冬奥会和冬残奥会实战培训成果总结汇报会准备的10种会议文件，每种60册，排版页数达7万余页。截至5月21日凌晨，完成8开纸3.5万张的印刷数量，保质保量完成印制任务，得到市领导及奥组委领导的一致好评。

（印刷一厂）

【北京胶印厂改造项目获金奖】9月12日，2018年亚洲建筑师协会建筑奖颁奖礼在日本东京举行，中国共获3项金奖、3项荣誉提名奖、1项提名奖。其中，77文创美术馆暨原北京胶印厂改造项目获金奖、77文创园区内都市实践主持设计的五龙庙环境整治项目获荣誉提名奖。77文创园坐落于北京东城区美术馆后街77号，其所在地前身为北京胶印厂，整个园区占地6000余平方米，建筑面积1.2万余平方米。从2011年底开始，企业为了破解自身发展困境，在隆达控股、印包集团的支持下，启动北京胶印厂调整转型工作。后经与合作方——北京市东城区政府及其直属北京东方文化资产经营公司达成战略共识，促进胶印厂由传统印刷企业转型升级为文化创意型企业，联手打造高端文化创意产业园区，并以此为契机实现北京胶印厂的整体转型。

（印包集团）

【重组改制】年内，隆达控股完成雪花公司持有的恩布拉科雪花压缩机 30.82% 股权转让工作，转让价格 4000 万美元，折合人民币 2.78 亿元；推进富文新特印刷有限公司增资扩股工作，增资后原印刷公司及印包公司持有 52% 股权；推进北京市塑料三厂转让北京柯莱斯皮合成革有限公司 10% 股权挂牌工作；北京富汇通轻工进出口公司 62.12% 国有股权转让在北交所挂牌；启动北京京华虎彩印刷有限公司 48% 转让国有股权资产评估工作；完成北京白菊汽车零部件有限公司股权转让。年内完成 8 家企业压减工作，其中 3 家企业已完成工商注销，1 家企业（华新科塑料机械公司）正在办理税务注销，1 家法院清算企业（菱重公司）主要资产已完成法拍，3 家企业（恩布拉科压缩机公司、北革皮业公司、柯莱斯皮公司）自行退出。完成塑料研究所、兴业公司、英特机械总厂重组工作。落实疏解北京非首都功能专项任务部分产业外迁，诺飞公司铝焊丝和电池箱生产搬迁至内蒙古自治区赤峰玉龙工业园生产；英特总厂新风产业疏解至河北省廊坊三河市；隆达控股总部、北京市手工业生产合作社联合总社、轻工集团、二轻党校搬迁至海淀区天秀北路 10 号办公。完成市场整治 2000 平方米、清理地下空间 2230 平方米、拆除违法建设 9000 平方米；北泡集团完成北京铁营顺四条农副产品市场有限公司清退工作，完成北京塑料 11 厂总厂违法建设清理整治工作，清退人员 90 多人。

（隆达控股）

【转型升级】年内，隆达控股依托北京印刷集团有限责任公司、北京市印刷技术研究所、77 文创园优质教育资源，打造形成以书法、绘画、制书、装裱、鉴赏、印刷等多层次、多领域相结合的互动式教学体验课程，设计出富有趣味性、体现操作性、具有针对性的一系列体验课程，采用生动有趣的体验式教育模式，让各种资源融入到中小学生社会实践中，让学生在实际参与过程中增强意识、学习知识、掌握技能，全面提高学生的综合素养。1 月 17 日，北京后街文化创意有限公司正式成为北京市中小学生社会大课堂第 6 批市级资源单位。

（印刷研究所）

【重点项目】年内，有色所共承担国家级、北京市各类科研项目 8 项，其中科技部国家重点研发计划项目 1 项、国防科工局军品配套项目 1 项、北京市国资委科技创新项目 6 项。国有资本预算项目获批资金 500 万元，团队项目资金获批 27.5 万元。横向技术开发项目 4 项，全员创新 101 项，申请发明专利 5 项、授权发明专利 3 项、参与制定国家标准 3 项、主持国标 1 项，累计获批项目资金 641 万元。达博公司取得了 SGS 颁发的汽车行业标准 IATF16949 质量管理体系证书。华盾固安公司参与国家“十三五”重大专项项目《万吨级长效长寿农用棚膜低成本制造与产业化》的课题研究，完成新的 5 层共挤配方样品试制，其成本比传统的涂覆生产工艺成本降低 800 元 / 吨。华盾固安公司与昆明市农业局、昆明市农业科学研究院组成研究专家团队合作研发生态观光膜项目，初步成果已通过产品测试。土工膜的新品研发，利用新引进的先进设备，实施“单双糙面高密度聚乙烯土工膜研发”项目，已完成单、双糙面产品试制，阻燃型土工膜也试制完成，应用于环卫、尾矿治理、路桥隧道等领域。塑料所根据市场研发高产能的新产品，完成超大容量太阳能硅片承载器及配套件、50 片 158 毫米硅片花篮、6 寸 I 型、II 型 PFA 硅片花篮、6 寸 PP 硅片花篮及包装盒的研制、试制加工及销售。有色所以市国资委项目为平台进行固定资产投入，年内购置 10 余台套设备仪器，主要是高端精密测量设备和高端精密机加工设备，有蔡司三坐标测量仪、法那科慢走丝设备、大族激光切割及表面处理设备等。华盾固安公司云南农膜生产基地项目，完成设备调试、经营团队组建、制度建设及人员培训，4 月正式投产运营，生产农膜 1100 吨，实现销售收入 1447 万元，利润总额 31 万元，农膜销售辐射周边省市区。北京印刷集团高端防伪技术产业智能化项目累计完成投资 4017.83 万元，国有资本金预算资金支持 1200 万元，自筹资金 2817.83 万元。年内实现销售收入 13000 万元，利润总额 2700 万元。北京市塑料三厂实施基础设施升级改造，依托朝阳区文化创意成熟业态，结合“十三五”园区业态升级调整和提升园区整体形象，对厂区基础设施进行升级改造，该项目计划总投资 1974 万元，年内完成投资 695 万元。富润公司启动东四门店改造工作，打造成为具有老北京胡同文化特色的中高端酒店，装修改造面积 1476 平方米，总投资 730 万元，年内完成主体施工和投资。26 个老旧工业厂区在转型发展方面取得阶段性成果，业态涵盖文化创意服务、中央政务服务、民生服务等领域。弘祥 1979 文化创意产业园围绕副中心发展及紧邻环球影视城的地域优势，在保留老工厂历史元素同时，对园区进行绿化，以影视传媒业态为主导，引入上下游产业链集聚，成为通州区旧工业遗存改造再利用示范园区。塑三文创园区升级改造后，占地面积4.4万平方米，入驻企业中文化影视、设计类、文化艺术创意类公司占比达到90%以上。华盾隆晟文化创意产业园引进智能文娱、创意摄影、网络传媒、戏曲文化、喜庆文化、红酒文化及高新技术产业，已形成物业经营滚动发展，作为丰台区老旧厂区保护利用的示范案例，得到北京市文创资金支持。弘祥1979文化创意产业园和77文创园（美术馆）被列入北京市首批33个文化创意产业园区名单。北京英特塑料机械总厂疏解外迁产业升级，构建以新风产品为主的绿色环保产业结构，研发适合不同客户群体的高端除雾霾新风系统，系列产品已进驻苏宁电器平台，销售数量达9000台（套），营业收入1078.8万元。北京宝岛包装印刷有限公司实施VOC废气处理设施升级改造、购置CTP免冲洗设备等系列项目，废气净化处理效率达80%，并通过环保验收，项目投资164万元，年底完工并投入使用。诺飞工业园1250KVA变压器改造，改造后每年减少48万元基础电费。北京市塑料研究所昌平技术中心添置废水、废气处理设备计34万元，安装完成，排放达标；对燃煤供暖炉进行改造，改造费用60万元。

（隆达控股）

【安全生产】年内，隆达控股安全生产以“抗风险、保安全、疏低端”为主旨，落实“党政同责、一岗双责、齐抓共管、失职追责”责任体系和主体责任，与所属二级企（事）业单位签订《隆达控股公司2018年安全稳定工作责任书》。1月16日至2月1日检查13家企业，查出隐患36处。加大安全投入，在职工培训教育、劳动保护、技术改造和隐患治理等方面共投入1438万元。开展企业安全生产标准化建设工作，年内，规模以上的生产单位全部达标，完成安全生产标准化（二级）评审授牌8家企业，完成安全生产标准化（三级）评审授牌20家企业。加强物业经营安全管理工作，在与租户签订物业合同的同时，签订《出租房屋安全管理协议书》，明确承租人的安全责任。疏解整治、打非治违工作，完成1处2000平方米市场疏解、1处2230平方米地下空间清理和1处9000平方米违法建设治理任务。实现全年无火灾事故，无一般性以上安全生产事故，无亡人事故目标。

（隆达控股）

【精准帮扶】年内，隆达控股工会加大对困难群体帮扶力度，丰富和创新送温暖工作内容与方法，精准帮扶，共筹集发放救助金30.56万元，共走访困难企业5家，慰问一线困难职工569人，慰问困难职工家庭103户。开展金秋助学活动，筹集发放救助金7.4万元，帮助困难职工家庭14人次解决子女上学难问题。为企业退休未满65周岁劳模购买公园年票，组织在职劳模参加市总工会举办的劳模疗养，组织全系统劳模进行体检。继续推行职工互助保障计划，完成5项职工互助保险投保、续保和理赔工作，全年新投及结转各类保险9228人1.02万份，投保金额45万元，对335人次进行理赔，赔付金额31.27万元。开展酷暑“送清凉”活动，为11家企业一线干部职工送去防暑降温物品和慰问金，共计发放3.4万元。

（隆达控股）

【防伪技术获突破】年内，印刷集团在防伪技术领域深度研发，获得酒标机安全防护装置、印刷机进料装置、UV印刷机墨盒换墨装置等7项实用新型专利，拥有自主高端技术知识产权。再次通过国家秘密载体印制（甲级）资质现场审核并取得新的资质证书。

（隆达控股）

【印刷包装产业】年内，印刷包装集团向绿色发展方式转变，实施高端防伪技术产业智能化项目，提升企业核心竞争力。为了更好地服务于国家安全印务产品市场，组建研发中心，在完成高新技术企业认证基础上，专注产品设计研发和服务创新，为“一带一路”沿线国家开发政府发行的彩票等项目，将原有生产线、生产流程和控制系统改造成智能化管理和自动化生产。取得印制资质，承接平昌冬奥会和冬残奥会总结会10种文件的印制任务，每种60册，共8开纸3.5万张；承接北京市委第十二次党代会和十五届人大会选票印制任务；中标福彩2018年度即开型彩票生产项目、首发集团定额发票项目、甘肃省临时行驶车号牌项目、教育部乡村教师从业30周年荣誉证书项目、“柬埔寨国家彩票”项目。续签2年冬奥组委机关文印室服务协议，年内完成印刷任务近900单，零差错率。加强资源整合与运用，对北京胶印厂、北京市印刷物资公司、北京印刷集团有限责任公司京华印刷厂、胶印二厂、北京印包物业管理有限公司等7户企业实行管理重组，组建京胶物联合体。该联合体组建后合署办公、统一营销，制定统一的管理制度与工作流程，统筹相关产业的资源配置。年内，特色印刷包装产业营业收入完成3.73亿元，占隆达控股营业收入总额的16%；利润总额完成5408万元，占隆达控股利润总额的44%。

（隆达控股）

【都市服务产业】年内，隆达控股按照北京城市功能定位和市国资委要求，由传统加工业向高新技术·创意服务产业转型升级。低端产业退出，利用低端产业疏解腾退空间，向文化创意、医疗健康、中央政务服务、金融服务等业态转型升级。以合作模式吸引社会资本共同建设高端老厂区文化创意产业园，园区不但保留老工业厂区历史痕迹，还把园区打造成所在区域地标性园区，并获得属地政府大力支持。年内，26 个老旧工业厂区转型发展取得阶段性成果，涵盖文化创意服务、中央政务服务、金融服务、医疗服务等领域，涉及总建筑面积 31.53 万平方米，其中 7 个自营园区总面积 12.8 万平方米，其他是合作经营园区。弘祥 1979 文化创意产业园和 77 文创园（美术馆）被列入北京市首批 33 个文化创意产业园区名单。

（隆达控股）

【有色新材料】年内，有色新材料高精尖产业板块是以北京有色金属与稀土应用研究所（简称有色所）为核心，3 个高新技术企业为基础的创新平台。在主要产品销售方面，有色所调整产业结构，致力于新产品研发和推广，铝及铝合金产品销量同比增幅明显。在开拓市场方面，有色所先后与机车行业、中电集团等电子行业达成紧密合作关系，在保持原有产品市场份额的基础上，拓展核能、船舶行业、压力容器行业、医疗功能材料行业等新市场。传统电真空领域银铜制品合同同比增加 190%；推动低银焊料应用，累计签订合同 4.5 吨，超上年全年数量。微组装领域围绕电科 14 所、38 所等军用微电子产品需求，累计签订合同制品数量达 285 万件，同比增加 256%。达博公司在集成电路行业和 LED 行业推广新产品（铜丝、钯铜丝、银丝、合金丝），新产品销售量达 1.6 亿米，销售额达 1158 万元，出货量同比增长 40% 以上。诺飞公司结合自身实际，重点做好主业调整转移工作，谋划诺飞工业园二期工程改造，对现有资源进行整合利用，新能源电池箱继续开拓产品市场，开发 7 个不同型号产品，其中 4 个型号实现量产；铝焊料立足产学研，向高端客户群方向发展，独家生产热喷涂丝用量比上年增加 3052 千克；铝焊丝的新产品 5A06 和 5B06 销售量为 1015 千克，实现销售额 26.5 万元；进一步提升企业管理水平，围绕主营打造公司品牌；传统铸件和合金产品不断创新、延伸产品寿命。

（隆达控股）

【塑料新材料】塑料新材料属于完全竞争性行业，主要产品是土工膜及中空制品和防腐用塑料。华盾固安公司建成投产后，综合能力全面提升。在农膜产品、土工膜产品、托盘产品上研发新产品，首创国内自主研发的 PVDF 农膜；在精细化科学管理上，通过安全生产国家二级标准化验收；在加快科技创新和成果转化上，参与国家“十三五”重大专项项目的课题研究；在打造现代信息化工厂上，成为当地“双防双控”标杆企业和河北省高新技术企业。北京市塑料研究所加大氟塑料产品研发资金投入，在半导体行业硅片清洗花篮研究、产业化方面拥有业内最齐全的产品品种，其大尺寸 PFA 硅片花篮研制项目研制出 6 英寸 PFA 硅片承载器，可替代国外同类产品，降低了国内企业硅片生产成本。2018 年，新材料产业营业收入完成 14.4 亿元，占隆达控股营业收入总额的 60%；利润总额完成 2275 万元，占隆达控股利润总额的 18%。

（隆达控股）

【移交非经资产】年内，隆达控股将符合移交政策要求的 21 家主体企业与房地集团签订《非经营性资产分离移交接收协议》，涉及总面积 39.70 万平方米，总户数 6931 家。年内申请市财政补助资金 885.18 万元，并于 10 月 17 日全部拨付英特塑机、印刷研究所、富诚彩印、胶印厂、富文新特、华盾雪花、塑料三厂、印刷物资公司 8 家移交主体企业。涉及非经营性资产锅炉房、热力站移交的企业即冶金建安、华盾雪花、惠鼎皮业、塑料研究所 4 家，于 9 月前全部完成《非经营性资产锅炉房、热力站移交接管协议》签订，涉及锅炉房面积 637.22 平方米、锅炉 10 台、供热面积 37856.5 平方米。

（隆达控股）

【腾退农租房】隆达控股农租房腾退共涉及 1085 户，年内已完成腾退 991 户。隆达控股向有色总公司、有色研究所、惠鼎皮业公司拨款 9548.8 万元农租房腾退补贴资金，全部划转至朝阳区小红门乡政府账户。未腾退剩余 94 户，包装厂 60 户和文百公司 34 户农租房腾退工作，隆达控股正积极与十八里店乡政府和大兴区旧宫镇进行沟通，利用《北京市人民政府办公厅关于做好市属国有企业租用农村土地建宿舍腾退工作的通知》文件推进腾退。

（隆达控股）

【搭建产业服务平台】年内，弘祥 1979 中小企业服务中心，构建“一站式”产业服务体系和综合创业服务生态系统，举办各类创意活动 200 余场。成为通州区文化创意产业扶持资金支持单位，并入选北京市首批认定的文化创意产业园区，全年完成营业收入 1296.6 万元。

（隆达控股）

【签订跨市合作协议】年内，为落实公司经营方针，强化技术创新、变革营销模式，华盾固安公司与昆明市农业局及昆明市农业科学研究院签订关于研发生态观光膜的协议。该项目成立由华盾固安公司、昆明市农业局主要领导、科技人员组成的试验研究专家团队，制订详细的工作计划，主要结合云南地区蔬菜、花卉等高原特色经济作物设施栽培现状，助力解决云南地区棚膜颜色单一，与周围环境不协调及对彩色膜生产应用研究滞后的问题。

（华盾固安公司）

【英特塑机文创园区】前身是北京英特塑料机械总厂闲置的老旧厂房，坐落于通州区九棵树西路90号，总占地面积4.89万平方米，总建筑面积1.83万平方米。引入民营资本庄子公司，共同开发建设绿色低碳、高附加值的文化创意产业园，分办公区、设备休闲区、孵化空间和公共空间。入驻企业有中视智库、美在中视等传媒公司，有椠语花，有中华文化交流与合作促进会，有左岸卡漫，截至年底，园区入驻的文创类企业达88家，占入驻率的85%。

（隆达控股）

【北京塑三文化创意园】位于朝阳区崔各庄乡南皋路129号的北京塑三文化创意园前身为成立于1961年的老牌国有企业北京市塑料三厂，2004年塑料厂停产，开始引进制造加工企业入驻。2014年以来，为推进工业厂房盘活利用和功能转型，朝阳区先后推动塑料三厂文化创意园区内原有的制造加工企业北京京华虎彩印刷有限公司搬迁至河北省固安县、北京柯莱斯皮合成革有限公司搬迁至河北省保定市，实现了功能转型升级，原北京市塑料三厂现已形成占地面积4.4万平方米的塑三文创园区，入驻企业中，文化影视、设计类文化艺术创意类公司占比90%以上。

（隆达控股）

【北京市印刷技术研究所完成改制】年内，隆达控股公司按照市国资委要求统一部署，在印包集团公司产业部协助下，印刷技术研究所于1月23日完成改制工作，历时2个月取得新的营业执照。研究所由成立之初的事业单位编制，2001年改制为国有企业，到现在的公司制企业。改制后的研究所名称由“北京市印刷技术研究所”更改为“北京市印刷技术研究所有限公司”，企业类型由全民所有制更改为有限责任公司（法人独资），印刷集团公司为唯一股东，新公司设董事会和监事一名。

（印刷研究所后街联合体）

【轻工质检一站获一类机构称号】年内，北京隆达兴业科技开发有限公司轻工质检一站工商检测、玩具检测、电动自行车检测业务同比增幅均在10%以上，新签订“花王”“ECCO”“得力”“小牛”“绿源”等大品牌商家客户和家卫、文具、玩具领域服务协议20余个，接单50余种儿童玩具检测任务。会同市工商质监部门组织培训，到政府部门、商场现场讲课，邀请媒体参加在轻工质检一站内举办的大型现场培训活动，4月至5月，中央电视台经济频道、北京电视台经济频道多次到轻工质检一站录制产品检测类节目。轻工质检一站商场服务达1500人次。完成家卫4项、伞1项、木制工艺品摆件、双层玻璃口杯、竹编制品、儿童雨衣雨披等国家标准的申报等。轻工质检一站通过CMA和CNAS两项复评审资质，并扩项达10个。在全市检测机构的分类监管评审中，轻工质检一站被评为一类机构，名列前5名。10月，在全国共有856家检测机构参与的由国家市场监管总局组织的分类监管评选中，轻工质检一站获得一类机构称号。轻工质检一站实现营业收入1315万元，实现利润260万元。

（兴业公司）

北京工美集团有限责任公司

【概况】北京工美集团有限责任公司（简称北京工美集团），坚持以工艺美术为主业，以传承与弘扬中华民族工艺美术文化、发展文化创意产业为己任，是集工艺美术品设计开发、商业经营、国际贸易、检测鉴定、职业教育、文化交流、基金投资、会展博览等为一体的多元化综合性企业集团，是北京乃至全国工艺美术行业的领军企业。2018年，北京工美集团营业收入102亿元，利润3317万元。

（朱紫辰）

【改革发展】年内，北京工美集团根据自身发展定位，修订完善“十三五”发展战略规划，充分利用国家大力扶持文化创意产业发展政策，加速推进混合所有制改革，借助京津冀协同发展战略，重点推动实施“135工程”发展计划，即打造1个工艺美术行业领军企业、“文创、商业、物业”三大发展动力强劲的产业板块、“国礼平台、黄金珠宝玉石平台、检测平台、展示展销平台、物业平台”五大高效整合资源的业务平台，加快解决集团所属企业及工艺美术行业的“小散弱”

问题。推进体制机制改革，引进优质战略合作伙伴，完成北京市首饰质量监督检验站事转企改制工作、北京握拉菲首饰有限公司混合所有制改革及员工持股工作、北京市玉器厂有限责任公司二次深化混合所有制改革工作。

（朱紫辰）

【品牌管理】年内，北京工美集团加强品牌管理，不断提升集团影响力。针对工美品牌构架、品牌体系及品牌资产管理进行重新规划，制定了集团公司《品牌管理》制度和《品牌授权管理办法》，并加强授权产品监管，着力提升品牌管理体系建设水平。年内，工美集团获2018中国定制经济年度大奖、中国定制经济先锋榜优秀企业，北京文化消费品牌榜“一带一路”国礼系列十大文化创意产品等殊荣。

（朱紫辰）

【完成重大保障任务】年内，北京工美集团发挥国企担当责任，圆满完成以2018年中非合作论坛北京峰会为代表的多项外交和外事活动各国元首及配偶国礼的研发设计和制作任务。同时，作为联合设计团队成员，多次参与并完成党和国家功勋荣誉表彰项目任务。

（朱紫辰）

燕山石化

【概况】中国石油化工股份公司北京燕山分公司（简称燕山分公司）、中国石化集团北京燕山石油化工有限公司（简称燕化有限公司）统称燕山石化，位于北京市房山区，是石化集团公司旗下特大型石油化工联合企业，前身为1970年成立的北京石油化工总厂，曾更名为北京燕山石油化学总公司、中国石油化工总公司北京燕山石油化工公司、北京燕山石油化工集团有限公司。北京东方石油化工有限公司（简称东方石化公司）为燕化有限公司全资子公司，保定石油化工厂（简称保定石化厂）由中国石化集团公司划归燕化有限公司进行管理。燕山石化拥有生产装置62套、辅助装置68套，可生产94个品种431个牌号的石油化工产品，原油加工能力1000万吨/年，乙烯生产能力80万吨/年，是中国石化12个千万吨炼厂和11个大型乙烯装置之一；聚乙烯生产能力60万吨/年，聚丙烯生产能力50万吨/年，合成橡胶生产能力42万吨/年，苯酚丙酮生产能力24万吨/年，是中国重要的合成橡胶、合成树脂和高品质成品油生产基地。截至2018年底,燕山石化下设32个中层机构，其中16个机关处室、10个直属单位、6个业务中心，另有股权投资的11家合资企业，共有在岗员工9228人（含东方石化、保定石化）。公司直属党委19个，在职党支部206个，在岗党员4994人。

（燕山石化）

【100万吨/年连续重整联合装置动工建设】4月17日，燕山石化炼油事业部100万吨/年连续重整联合装置油品升级改造及配套项目动工仪式举行，标志着该项目正式进入施工建设阶段。新建100万吨/年连续重整联合装置采用中国石化逆流连续重整工艺，其反应机理合理，产品收率高。装置投产后，正常可为炼油系统提供7万标准立方米/小时的氢气，炼油系统的用氢成本将大幅降低；高标号汽油比例可大幅提高至26.4%，汽油总产量可达297万吨/年，汽油产品质量全部达到京Ⅵ标准；增产的芳烃除作为汽油调合组分外，可基本满足化工系统间二甲苯装置原料需求，使混合二甲苯实现自给，从而更好地发挥炼化一体化优势。

（燕山石化）

【承办国企开放日·走进燕山石化活动】5月25日，国务院新闻办公室和国资委宣传局共同主办的国企开放日·走进燕山石化活动在燕山石化举行，20余家中外媒体记者走进燕山石化，采访并亲身感受石化工厂生产情况及环境保护工作。国新办新闻局副局长黎兴文，国资委宣传局副局长董朝辉出席采访活动，中国石化新闻发言人、宣传工作部主任吕大鹏，燕山石化领导李刚、王哲与记者进行座谈交流。其间，李刚接受了CGTN（中国国际电视台）的专访，王哲接受了国新网的专访。

（燕山石化）

【1-己烯出口频传捷报】5月，4辆满载60吨1-己烯的集装箱罐车由储运厂发出，经大连港起航，最终运至伊朗，标志着燕山石化1-己烯产品开始大批量出口伊朗；9月，燕山石化1-己烯产品出口菲律宾和印度尼西亚；10月，俄罗斯SBK公司来华，与燕山石化高科公司就1-己烯产品在俄罗斯销售业务进行商谈，从2018年起，俄方1-己烯采购量保持每月80吨。

（燕山石化）

【各项竞赛屡获佳绩】6月12日，储运厂获2016—2017年度全国“安康杯”竞赛优胜单位称号。10月，燕山石化公司合成树脂部杜东，赢得中国石化2018年聚乙烯装置操作工职业技能竞赛金牌。11月1日，燕山石化获第10届全国石油和化工行业职业技能竞赛全国机修钳工赛项团体二等奖；公司合成树脂部刘健被授予机修钳工赛项全国石油和化工行业技术能手荣誉称号，中燕建设张德新获全国石油和化工行业优秀技能人才荣誉称号。11月2日，燕山石化公司代表队在2018年北京市“职工技协杯”危险化学品生产作业人员（液体装卸作业）竞赛中取得优异成绩，张永超、杜黎明、孙强3人分别获得北京市总工会个人奖项一、二、三等奖，同时获得北京市职工高级职业技能能手称号；张珍媛、付云蒂、张建国等7人获在职职工职业发展助推计划资助奖励；北京市应急管理局授予张永超、杜黎明、孙强等6人为北京市安全生产技术标兵称号；授予王海英、贾秋颖、刘萍等9人为北京市安全生产技术能手称号，授予燕山石化公司“职工技协杯”优秀组织奖。11月30日，燕山石化派出12人组成的代表队在中国石化2018年安全管理技术比武（炼化板块）基层应急组和安全管理组两个小组的比赛中，摘得3金3银2铜8枚奖牌，夺得团体第2名。

（燕山石化）

【实施“三定”改革】8月22日，燕山石化公司召开实施“三定”工作启动会，宣布已获得集团公司批复的《燕山石化对标先进实施“三定”工作方案》。组织机构及业务职能调整后，公司机关职能部门由22个缩减到16个，调整后的二级生产运行单位有10个，公司业务中心由21个合并为6个。

（燕山石化）

【牛口峪湿地亮相世界水周论坛】8月29日，时任燕山石化公司党委常委、副总经理（主持行政全面工作），燕山威立雅公司董事长李刚，在瑞典斯德哥尔摩世界水周论坛上，受邀做“燕山威立雅公司牛口峪湿地公园的成功环保案例及经验做法”的主题演讲，向全世界水环境保护、水资源利用领域的专家学者和企业界人士推介燕山石化在呵护碧水蓝天方面所做出的成绩和贡献，展示牛口峪湿地公园的成功经验及优美生态。论坛期间，李刚与来自企业和工业协会的相关人士共同探讨石化行业污水近零排放的设想，探讨打造石化行业污水处理典范的做法，深入了解世界水处理技术进展。

（燕山石化）

【做好“中非论坛”服务保障】9月3日至4日，2018年中非合作论坛北京峰会在北京举行。为保障“中非论坛”顺利召开，燕山石化8月29日组织召开安保工作动员大会，详细部署燕山石化在“中非论坛”期间的安保工作。开展6个专项行动，集中整治影响公司内部安全稳定、涉及社会治安秩序、内部保卫防范的突出问题；启动一级预案，对公司内部实施全天候立体防控，加强应急准备、应急控制、重点防控、各类长输线路及“三电”巡查监控管理工作，强化交通安全管制，加强值班和信息沟通。9月1日召开生产调度会，对中非合作论坛北京峰会召开期间的安全环保稳定、生产经营稳定、员工队伍稳定等重点工作进行了重申和加强部署。

（燕山石化）

【超滤膜组件获国际新博会展品金奖】9月7日，从第5届国际新材料产业博览会颁奖仪式上传来喜讯，经评审专家组初评、国家新材料产业发展领导小组专家咨询委复评、第5届新博会组委会审定，燕山石化高科公司报送的“中空纤维超滤膜及膜组件”从159项参评产品中脱颖而出，一举获得展品金奖，成为中国石化唯一获此殊荣的项目。

（燕山石化）

【“四供一业”分离移交】9月17日，燕山石化在基本完成“四供一业”移交的基础上与燕山办事处、北控城市服务集团共同举行签约仪式，就原属燕山石化公司的物业管理职能和市政设施的移交工作达成一致意见，实现了将燕山地区的物业服务及市政设施管理等相关业务纳入城区市政总体规划和社会化服务体系。

（燕山石化）

【首次实现航空煤油通过一般贸易出口蒙古国】11月13日，燕山石化高科公司成功打通航空煤油出口蒙古国流程，首次以一般贸易方式向蒙古国出口航空煤油2000吨。同时也是时隔两年之后，再次恢复经由二连口岸出口蒙古国成品油业务。

（燕山石化）

【完成市级重点环保项目】12月12日，燕山石化热电部170吨/小时高压锅炉超洁净排放改造项目4#炉开车一次成功，是继1#炉于10月20日一次开车成功后，又一台高压锅炉改造后一次开车成功，这标志着170吨/小时高压锅炉超洁净排放改造工作结束，进一步优化了燃料调节方式，保证了公司安全平稳生产，实现了环保超洁净排放，同时也标志着燕山石化又一项列入北京市2018年蓝天保卫战的重点环保项目完成，兑现了对北京市政府的承诺。

（燕山石化）

【领导班子调整】 年内，集团公司党组共2次调整燕山石化领导班子。4月27日，燕山石化召开干部大会，由集团公司人事部副主任张仕江宣布领导班子调整决定：李刚任北京燕山石油化工有限公司董事会董事；聘任李刚为北京燕山分公司副总经理，主持行政全面工作；李刚任中共北京燕山石油化工有限公司委员会常委，罗强不再担任北京燕山石油化工有限公司董事会董事长、董事职务，不再担任北京燕山石油化工有限公司总经理职务；解聘罗强的北京燕山分公司总经理职务，免去罗强的中共北京燕山石油化工有限公司委员会副书记、常委、委员职务。12月30日发文解聘成英杰中共北京燕山石油化工有限公司委员会常委、委员、纪律检查委员会书记职务，不再担任北京燕山石油化工有限公司工会主席职务，另有任用。

（燕山石化）

【获评国家级绿色工厂】 年内，燕山石化将生态文明放到企业立足北京生存发展的首位，争做生态文明的践行者、先行者，开展绿色企业创建，燕山分公司、橡塑公司获北京市绿色工厂称号，同时橡塑公司被评为国家级绿色工厂。

（燕山石化）

【保定石化完成人员分流安置】 根据党中央、国务院关于深化国有企业改革和推进供给侧结构性改革精神要求，以及集团公司党组有关决策部署，保定石化调整转型工作于2016年10月份正式启动。集团公司为此成立专项工作组，坚持稳中求进总基调，积极稳妥推进工作开展。在总部资本运营部的支持、指导和协调下，反复对接、研讨的保定石化调整转型总体方案于4月25日通过集团公司党组审议。6月29日，《保定石化调整转型人员分流安置实施细则》经保定石化七届五次“双代会”表决通过，人员分流安置工作启动。截至8月2日，保定石化人员分流安置工作完成，在职475人全部得到妥善安置，在规定时间内完成人员分流安置，在此期间稳定工作、舆情工作均处于受控状态，没有发生到集团公司上访事件和不良舆情事件，职工队伍稳定，各项工作有序。

（燕山石化）

【更新三级安全风险清单】 年内，燕山石化将全年目标任务分解成82项重点工作，并以责任清单形式下发到各部门、各单位。82项重点工作涵盖安全、环保、效益、科研、党建、管理体系建设、人才队伍建设等方面。每一项工作都明确工作项目、工作内容及目标、完成时限、主责部门、配合部门等，且由具体的公司领导班子成员总体负责，形成公司领导班子成员统筹推进、主责部门抓好落实、配合部门全力支持、二级单位认真执行的工作模式。

（燕山石化）

北京化学工业集团有限责任公司

【概况】 北京化学工业集团有限责任公司（简称化工集团）是具有60余年历史的国有独资大型企业，对所属全资、控股、参股企业的国有资产行使出资者权利，依法进行经营、管理和监督，承担国有资产保值增值责任。2018年年底，公司资产总额近70亿元、管理二级企事业单位34家，三级企业31家。主要经营领域包括精细化工产品、基本化工原料、石油化工原料及产品、工程塑料与塑料、橡胶工业品、新材料、循环经济产业等为主的制造业和房地产开发及置业领域。2018年，化工集团营业收入全口径实现40亿元，市国资委口径完成约36.84亿元，完成市国资委考核指标的102.3%；利润总额完成1.07亿元，完成市国资委考核指标的113%。完成市国资委考核的2项基本指标（利润总额、净资产收益率），3项分类指标（盈余现金保障倍数、销售利润率、应收账款周转率）；完成市国资委下达的压缩管理层级减少法人户数、拆除违建和清理整治地下空间的重点任务。完成国有资本收益收缴指标，上缴收益1608万元，连续10年按归属于母公司净利润20%的比例足额上缴国有资本收益，达到出资人要求。全员劳产率同比增长7.5%；职工平均收入同比增长14%，劳动效率和劳动者收益持续稳步增长。制造业万元增加值能耗预计同比下降9.6%、水耗同比下降1%。完成全部21个单位非经营性资产移交协议签订和4家企业现场移交，完成529名国有企业退休人员社会化管理工作。

（化工集团）

【科研创新】 年内，化工集团科技研发支出总额超过5284万元，占主营业务收入1.57%，重点企业研发投入占主营业务收入比重超3%；新申请专利16件，其中发明专利8件；授权专利19件，其中获得授权发明专利10件；华腾新材料“耐苛刻条件复合软包装用聚氨酯胶粘剂”获中国石油与化工行业科技进步奖一等奖；化研院科方孵化器公司等9家企业被认证为北京市高新技术企业，多项科研项目获得政府补贴；技师学院荣获中国职协2018年度优秀科研单位奖。成立华腾创新研究院和技术部，组建12人专家委员会以及65名科研人员组成的23支创新团队。开展技术交流、项目评审、科研管理工作，设立集团公司千万级科研开发基金。博士后科研工作站累计进站6人，已具备申请建设独立招收博士后科研工作站资格。

（化工集团）

【深化改革】年内，化工集团落实《市属国有独资公司董事会工作指引》，新设董事会提名委员会，完善各专业委员会组成。落实党组织法定地位和作用，推进党的领导与公司治理有机融合，完成“三重一大”决策制度实施办法及各治理主体议事规则的修订工作。二级全民所有制企业的公司制改革工作基本完成。推进混合所有制经济发展，合资设立华腾冀春公司、京腾昊桦公司，实现华腾大搪公司股权重组，完成7家企业增资。

（化工集团）

【安全环保】年内，化工集团坚持“安全是生存之基、立命之本”理念，健全全员安全生产责任体系，严格落实“一岗双责”，全面完成安全环保任务和指标，交通违法率保持较低水平。完善生产安全事故应急管理，规范安全投入和安全费用使用，开展安全环保教育培训。重点生产企业配置安全总监，成立市人民防空专业队伍。推进隐患排查体系建设，全系统各单位全面使用集团公司自主开发的隐患排查治理信息系统，全年共巡检87416次，上报隐患1060个，隐患整改率99%。落实环保责任，打好“污染防治攻坚战”，有效应对空气重污染天气。完成煤改气、工艺水处理设施改造等多项环保改造项目。

（化工集团）

【“京外布局”扎实推进】年内，化工集团华腾沧州有限公司正式成立，项目建设和项目前期工作正按计划推进。合资成立华腾冀春科技有限公司，合作经营聚丙烯酸乳液系列产品。合资公司江苏京腾昊桦科技有限公司正式成立，完成公司注册、土地购置，PAE项目前期工作进展顺利。化研院华腾首研一期2万吨/年工程塑料项目通过竣工验收，完成“三地产能整合”。华腾橡塑京内外合作模式继续巩固，安徽华腾再扩两条生产线。华腾大搪辽阳新公司运营。集团所属企业京外制造收入占比从年初的54%提升到65%。

（化工集团）

【“京内转型”成绩显著】年内，化工集团京内原有产业区域转型成绩显著。制定《关于京内原有产业区域转型发展的指导意见》，紧盯区域规划，统筹策划京内原有产业区域腾退空间，实现转型升级。打造华腾易心堂文化产业创意园，实现合作经营。华腾大搪公司提前完成京内厂区腾退并交付，文创园项目启动建设。落实市委市政府的部署，稳步推进“丰西库”腾退工作。持续推进化研院顺义土地确权工作，染料厂土地出让补偿资金申请工作取得阶段性进展。

（化工集团）

【城市运行服务保障】年内，集团所属北普公司服务首都功能取得新突破，首都高校和科研机构用气量大幅增长；消防气、医用氧气、自来水和污水处理用气市场份额逐步扩大。华腾天海公司加大服务高精尖产业力度，提质增效工作成效明显。化工厂、试剂所等企业继续为自来水、排水、环卫、公交等城市运行保障部门提供专业化学试剂及安全技术配套服务。大兴化工园区甲类库运行平稳，承接北京市危化品存储任务。

（化工集团）

【社会化服务产业】年内，化工集团社会化服务产业迈上新台阶。技师学院完成国家高技能人才培训基地深化建设项目。职防院培育放射诊疗建设项目、职业病危害评价业务等高附加值服务项目，应急救援楼项目进入开工准备阶段。华腾通标公司拓展安全、环保、危化品等社会急需检测项目，已上线试运行北京市危化品和重点工业品追溯体系，积极参与制定国家、行业标准。化工站被评为国家I类产品质量检验机构。

（化工集团）

【完成压减任务】年内，上海典范公司、保定东大公司、北京华瑞恩公司、上海旌凯公司、西北染料公司完成工商注销。东方美龙、恒洋实业、华腾远通公司实现股权转让，北染北公司完成清算准备工作，武夷山项目股权转让工作积极推进。完成市国资委下达的压缩管理层级，劣势企业退出任务。

（化工集团）

【人才队伍建设】年内，化工集团招聘本科及以上学历毕业生47名，举办各级各类培训班20个，培训人数1398人次。开展导师带徒工作，并扩展到大学生储备人才培养中，探索在集团范围内培养储备各类急需专业人才的新路子。加大专业技术职称晋升激励力度，年内晋升高级专业技术职称12人；技师学院何跃、王展超分别获国家技能人才培育突出贡献奖和北京市突出贡献高技能人才称号，职防院刘冬朋获得北京市政府技师特殊津贴。

（化工集团）

首钢集团有限公司

【概况】首钢集团有限公司（简称首钢），总部在北京，隶属于市国资委，始建于1919年，迄今已有百年历史。已成为以钢铁业为主，兼营矿产资源业、环境产业、静态交通产业、装备制造业、建筑及房地产业、生产性服务业、海外产业等跨行业、跨地区、跨所有制、跨国经营的大型企业集团，全资、控股、参股企业600家，职工近9万人，2011年以来7次进入美国《财富》杂志公布的世界500强企业。2018年，首钢营业收入2055亿元，解决部分历史遗留问题后盈利26亿元，主要经营指标创出停产搬迁以来最好水平，企业发展质量和经营效益稳步提升。钢铁业研发投入比例2.6%。取得科技成果108项，其中21项达到国际先进水平。获专利授权544件，主持制修订国家标准13项。钢铁业实物劳产率达到750吨/人·年，超过行业平均水平。

（马　晓）

【入选中国工业遗产保护名录】1月，由中国科协调宣部主办，中国科协创新战略研究院、中国城市规划学会公布的中国工业遗产保护名录（第1批）名单中，首钢榜上有名。在名单中公布的首钢主要遗存包括高炉、转炉、焦炉、料仓；运输廊道、铁路专用线、龙烟别墅等。入选理由为华北地区最早的近现代钢铁企业之一；1919年从美国进口高炉设备；顶燃式热风炉和无料钟炉顶技术为自主发明的世界尖端技术；中国第1座氧气顶吹转炉，中国第1个氧气顶吹转炉炼钢厂、国内最大的小方坯连铸炼钢厂、国内规模最大的线材生产厂；30万吨轧钢生产线；20世纪70年代全国十大钢铁企业之一；曾占北京市利税1/4，首推企业承包制；国内保存最完整、面积最大的钢铁工业生产厂区。

（马　晓）

【首钢冷轧汽车板实现新突破】1月，首钢持续优化产品结构，冷轧汽车板以“镀锌、高强、外板、轻量化”为发展定位，坚持走产品高端、用户高端的路线成效显著，实现从无到有、从低端到高端、从跟随到赶超，市场占有率跻身国内第2名。成形增强型双相钢汽车板产品实现国内首发，最高强度1180兆帕冷成型汽车板在京唐公司成功下线，成为世界上为数不多的超高强汽车板供应商，成为奔驰、宝马、大众、神龙、福特、现代、菲亚特等国内外知名汽车厂家的主供应商。在标准生产、EVI先期介入等方面，首钢牵头制定并发布冷轧汽车板国家标准4项，参与制修订并发布3项，初步形成由10余项标准组成的首钢冷轧汽车板标准体系。

（马　晓）

【发展绿色能源】1月，由首钢冷轧公司、中清能合作建设的8.3兆瓦屋顶分布式光伏项目正式并网投入运行。该项目是北京市最大单体分布式光伏发电项目，项目并网运行后，每年生产约820万度清洁可靠的优质光伏“绿电”，相当于每年节约标准煤3276.36吨，减排二氧化碳约8166.33吨、二氧化硫约245.73吨，为北京的绿色能源发展做出了贡献。8.3兆瓦屋顶分布式光伏项目是利用首钢冷轧公司屋顶闲置空间，在10万平方米的厂区和办公区屋顶，安装了太阳能光伏组件，所发电量100%自发自用，能够补充首钢冷轧公司近10%的电力消耗。通过应用光伏发电，厂区可以减少碳排放指标，降低发电用电成本，每年可节省约300万元。

（马　晓）

【启动海外院士专家办公区】2月，海外院士专家北京工作站新首钢办公区启动。海外院士专家北京工作站所在基地是首钢北京园区内的原首钢百货大楼、办公大楼，现转型成为连接海外院士专家，汇聚侨心、侨智、侨力的国家公共行政服务平台，成为向海外院士、专家提供“一站式”服务的会客室、展示厅、智囊团和服务站，成为辐射和服务全国海外院士专家工作站建设的中心枢纽，成为海外院士专家温馨的“家”。

（马　晓）

【9项产品实现首发】3月，首钢始终把科技创新、产品引领放在重要位置，准确把握钢铁行业新趋势，以提高研发效率为突破口，以市场为导向，加快重大科技创新，产品结构持续优化，又有9项产品实现国内外首发，其中新能源汽车驱动电机电工钢35SWYS900、35SW1700–H产品为全球首发，2项为全球首发，定频家电用电工钢50SWG1300、增强成形性双相钢DH780、环保型免涂装耐候钢

SQ420NH、实体连续膨胀套管用钢 PZ801、高碳工具钢 SK95、超奥不锈钢复合板 Q345R+904L、双相不锈钢复合板 A500+S31803 等 7 项新产品为国内首发。

（马 晓）

【合资合作】3 月，《首钢园—铁狮门冬奥广场产业项目合作备忘录》签约仪式在陶楼举行，百年首钢联手百年铁狮门开启跨界融合创新中心建设。铁狮门公司是国际一流的美国百年企业，拥有国际品牌资源、先进设计理念和成熟管理经验。首钢与铁狮门强强联合，优势互补，共同出资在京注册成立中美合资独立法人企业首狮合资公司，依托各自在产业创新、绿色节能、管理平台整合等综合资源优势，在规划设计、产业聚焦、区域运营等方面开展深度合作，聚焦符合首都功能定位的国际知名科技、体育、文化创意领域的优质企业。将为冬奥会赛事提供完备的服务配套，并成为融合体验式消费、运动休闲和工业文化特色的微旅游目的地，为来客带来文化之旅、精神之旅、科技之旅、欢乐之旅。

（马 晓）

【首钢技术中心获评优秀】4 月，国家发展改革委公布全国 1331 家企业技术中心 2017—2018 年评价结果，首钢技术中心以 92.2 分被评为优秀，名列全国第 22 位，在全国钢铁企业中排名第 2 位。首钢不断强化科技创新管理，加大研发投入，加大新产品开发和工艺攻关的力度，加强基础性、前瞻性研究，取得显著成效。2015 年以来实现全球首发新产品 2 项、国内首发新产品 12 项；获国家、行业和北京市科技奖励 19 项次，被国家知识产权局授予国家知识产权示范企业；在“国家标准研制贡献指数”大数据分析报告中，名列冶金行业第 1 位。与上次评价相比，首钢综合排名由第 54 位上升到 32 位，在钢铁企业排名由第 6 位上升到 4 位。

（马 晓）

【雄安市民服务中心项目】4 月，有“雄安第一标”之称的雄安市民服务中心项目主体建筑完工，首钢近千吨优质镀锌板应用于该建筑的轻钢龙骨、金属隔断及新型防火安全门的制造。雄安市民服务中心项目是雄安新区设立后首个大型建设工程，承担政务服务、规划展示、会议举办、企业办公等多项功能。2 月，京唐公司了解到北新建材公司中标雄安市民服务中心项目主体建筑全部轻钢龙骨供应业务后，主动接洽，组织协调原料，根据用户提报的龙骨尺寸，制订套裁方案，落实加工和配送时间节点，通过特殊调整退火温度和光整延伸率，增加板形卸张检查频次，确保性能和板形质量。严格保证交货期，从订单提报到开始交货仅用 10 天，得到用户认可。

（马 晓）

【首钢基金获高评级】4 月，国际知名评级机构之一的标普，授予首钢基金“BBB+”长期评级和“A−2”短期评级，长期评级的展望是稳定。这也是首钢基金获得惠誉 A− 和大公国际 AAA 评级后，再次得到国际评级机构的高评级，在同类型企业评级中位于领先地位。首钢基金由北京市政府和首钢共同发起设立，负责管理京冀协同发展产业投资基金等 15 支基金，规模 480 亿元。在快速发展中，首钢基金得到了社会各界的支持和认同，将继续秉持“居下不争 卓越长青”的理念，坚持为投资企业创造价值，为实体经济做好服务。

（马 晓）

【高端产品亮相展会】5 月，在第 18 届中国国际冶金工业展览会上，首钢展台亮点纷呈，代表高技术和高制造水平的汽车用钢、电工钢、家电用钢、镀锡板等产品以及城市综合服务业受到广泛关注。把展会作为全面展示形象、交流合作的重要窗口和平台，首钢统一组织、积极筹备，研究制订参展方案，股份公司、京唐公司、首秦公司、技术研究院、国际工程公司、机电公司、首建集团、首自信公司、环境公司、城运公司、京西重工等单位参展，通过宣传橱窗、实物展示、现场讲解等方式，全面展示在钢铁制造、智能制造、城市服务、绿色发展等方面的成绩和亮点，更深更广地推介首钢产品，集中为观众展现首钢整体实力和发展愿景，对提升企业形象起到积极作用。

（马 晓）

【铸梦冬奥】6 月 5 日，北京 2022 年冬奥会和冬残奥会官方城市更新服务合作伙伴签约仪式举行。首钢正式成为北京 2022 年冬奥会和冬残奥会官方合作伙伴，跻身北京冬奥组委最高级别赞助商，这是奥运会赞助史上首次出现城市更新服务商类别。国际奥委会主席托马斯·巴赫对首钢成为冬奥会官方城市更新服务合作伙伴表示祝贺。

（马 晓）

【特高压变压器材料达国际先进水平】6 月，中国机械工业联合会组织专家对首钢“‘双百万’特高压大容量变压器用高磁感取向硅钢”产品进行鉴定。鉴定委员会听取产品研发及应用报告，现场进行考察和技术质疑，经质询与讨论，一致同意通过鉴定。鉴定委员会认为，首钢“双百万”特高压大容量变压器用高磁感取向硅钢产品综合技术性能达到同类产品国际先进水平，其中噪声指标及涂层附着性指标达到国际领先水平。高等级牌号取向硅钢产品样件通过中国计量科学研究院、全球能源互联网研究院等机构的检测认证。首钢高磁感取向硅钢产品已经批量用于1000千瓦特高压电力变压器，变压器产品通过国家变压器质量监督检验中心检测，相关技术指标优良。

（马　晓）

【跻身世界500强】7月，财富中文网全球同步发布最新的《财富》世界500强排行榜，首钢以27488.7百万美元（约1858亿元）的营业收入列第431位，这是首钢自2011年首次进入世界500强榜单以来第7次上榜。《财富》世界500强排行榜以公司上年度营业收入等业务指标为主要评定依据，一直是衡量全球大型公司的最著名、最权威的榜单，被誉为“终极榜单”，公认为世界商业领域最权威的评价，由《财富》杂志每年发布1次。

（马　晓）

【启动赛车谷项目】7月，秦皇岛首钢赛车谷项目在首秦园区正式启动。首钢坚持“高端、特色、集成”，以汽车运动为引擎，聚焦汽车后市场产业，打造“秦皇岛首钢赛车谷”，抓住首钢作为北京2022年冬奥会和冬残奥会官方城市更新服务合作伙伴的机遇，迅速形成品牌影响力，吸引更多的高端要素集聚；坚持开放、包容、共赢的文化理念，各方加强沟通，密切协作，努力把首秦园区打造成为东北亚汽车运动文化旅游中心，成为国内传统产业转型升级的标杆、京津冀协同创新驱动的典范、秦皇岛城市发展的新磁极。

（马　晓）

【获京津冀协同发展创新案例奖】7月26日，京津冀协同发展论坛召开，首钢获2018京津冀协同发展创新案例奖。该次以“共建·共融·共享”为主题的京津冀协同发展论坛由人民日报社主办，旨在进一步探讨交流京津冀在政策协同、产业协作、创新协力等方面取得的宝贵经验，坚持问题导向，聚焦难题热点建言献策，提供智力服务和舆论支持，成为京津冀协同发展的重要纽带。首钢搬迁调整、转型发展，高度契合京津冀协同发展的脉搏。按照《京津冀协同发展规划纲要》要求，作为先行者和示范者，首钢曹妃甸园区以承接非首都功能疏解为核心，大力推进招商引资，已签约45个产业项目，总投资约517亿元，曹妃甸新区被动式住宅被国家住房和城乡建设部评为十大绿色科技示范项目。

（马　晓）

【落地拉美的首个“一带一路”项目竣工】7月，首钢“一带一路”落地拉美的第1个项目——1000万吨精矿扩建项目竣工。在中国和秘鲁各界的大力支持下，首钢充分发挥集团协同高效优势和自主集成能力，国内外密切联动，克服工期紧、任务重等诸多不利因素影响，创造了秘鲁工程建设奇迹和首钢海外工程项目建设新模式。该项目的建设，加深了中秘友谊，促进了当地经济社会发展，有效拉动了“中国制造”出口。该扩建项目结合市场情况分两个阶段进行，第一阶段供配电和原矿生产系统自2014年8月开工建设，2016年12月建成；第二阶段新选矿厂和海水淡化厂于2016年6月动工，2018年7月建成。届时，首钢秘铁年产能可达2000万吨以上，成为首钢海外发展战略的重要支撑点。

（马　晓）

【入选国务院国企改革“双百企业”】8月17日，国务院国企改革领导小组办公室正式启动国企改革“双百行动”，并公布“双百企业”名单，首钢集团成功入选。根据《关于开展“国企改革双百行动”企业遴选工作的通知》要求，国务院国有企业改革领导小组办公室决定选取百家中央企业子企业和百家地方国有骨干企业，在2018—2020年期间实施“国企改革双百行动”，深入推进综合改革，聚焦重点难点，补齐改革短板，在改革重点领域和关键环节率先取得突破，打造一批治理结构科学完善、经营机制灵活高效、党的领导坚强有力、创新能力和市场竞争力显著提升的国企改革尖兵，充分发挥典型引领示范带动作用。作为近百年历史的大型国有企业，首钢始终是改革的先行者、引领者，从率先实行承包制，成为中国工业企业改革的一面旗帜，率先进行搬迁调整，成为中国第1个向沿海搬迁的大型钢铁企业；到全面深化改革、加快转型发展，成为北京市唯一一家国有企业深化改革综合试点。

（马　晓）

【亮相世界机器人大会】8月，由国家工业和信息化部、中国科学技术协会、北京市政府联合主办的2018世界机器人大会在北京亦庄国际会展中心举办。作为国际性的机器人盛典，此届大会汇聚了160余家国内外企业展品，有300余位业界顶尖专家参加。作为中国工业机器人的领军企业，安川首钢机器人有限公司紧贴大会主题，秉承“专”“精”“尖”的原则，在大会上亮相了定制化机器人自动生产线——迷宫定制项目，用一条生产线高度诠释工业4.0和中国制造2025的自动化水平。

（马　晓）

【超高强钢打入国际高端车企】 9 月，首钢科研项目“高强 DP 钢生产关键工艺技术攻关”取得重要突破，通过工艺技术的提升，实现首钢超高强 DP 钢的高效、稳定生产，为首钢超高强钢在冶炼技术、轧制技术、表面技术等方面实现新的技术突破、达到国际先进水平提供保障。首钢超高强钢打入国际知名高端车企，被广泛应用于门槛、防撞梁、横纵梁、加强板等各种车身结构安全件，通过多家知名车企和零部件供应商的认证，具备稳定的批量供货能力及质量保证。

（马 晓）

【成为最具专利创新活力企业】 9 月，由冶金工业信息标准研究院和知识产权出版社 i 智库共同发布的《中国钢铁企业专利创新指数》研究成果显示，首钢等 5 家钢铁企业成为最具专利创新活力的企业。近年来，首钢先后多次被授予北京市专利工作先进单位称号，被评为首批北京市专利工作示范单位。2016 年被工信部认定为工业企业知识产权运用标杆示范企业，2017 年被国家知识产权局授予国家知识产权示范企业。截至年底，首钢已申请专利 6142 件，其中发明专利 3514 件；获得国家专利授权 3930 件，其中发明专利 1727 件；3 件专利获得“中国专利金奖”，13 件专利获得“中国专利优秀奖”，4 件专利获北京市发明专利奖。

（马 晓）

【举办全国钢铁行业职业技能竞赛】 9 月，由中国钢铁工业协会、中国机械冶金建材工会全国委员会、中国就业培训技术指导中心和共青团中央青年发展部联合主办，首钢集团公司承办的“首钢杯”第 9 届全国钢铁行业职业技能竞赛开幕。74 家钢铁企业的 244 名选手参加，比赛工种分别为高炉炼铁工、金属轧制、天车工和电焊工。全国钢铁行业职业技能竞赛影响广泛，权威性强，被誉为钢铁行业的“奥林匹克”，成为广大职工学习交流、技能提升的平台。首钢选手赵满祥、张浩、王涛分获高炉炼铁工、天车工、电焊工冠军。

（马 晓）

【完成国庆主题花坛钢结构制作】 9 月 15 日 0 点，满载着天安门广场主题花坛钢结构构件的 7 台平板运输车及 2 台吊车，从通州区西集首钢建设集团钢结构加工基地抵达天安门广场施工现场。9 月 16 日凌晨 2 点，经过首钢职工连续 26 个小时的奋战，终于将花坛构件按计划组拼完成并转交北京市花木公司进入插花工序。

（马 晓）

【举办海洋发展大会】 10 月，由首钢集团有限公司、中国海洋工程咨询协会、唐山市曹妃甸区政府共同主办的第 3 届曹妃甸海洋发展大会举办。会议围绕“坚持陆海统筹，加强海洋资源保护利用，推动海洋经济高质量发展”主题，在海洋发展规划、海洋生态保护修复、海洋资源保护利用和滨海城市建设等方面进行研讨和交流。主题大会在海洋发展规划、海洋生态保护修复、海洋资源保护利用和滨海城市建设等方面，邀请有关领导和国内外知名专家学者进行政策解读、趋势分析和实践分享。两个专题分会分别围绕“海洋工程装备及用钢全产业链建设”和“滨海城市建设与首钢园区开发”主题邀请海洋装备产业发展、滨海城市建设领域的专家学者和相关企业，进行研讨交流。

（马 晓）

【打造国内首个 5G 智慧园区】 10 月，首钢和中国联通举行战略合作伙伴签约仪式。首钢和中国联通将携手把首钢园打造成为国内首个 5G 智慧园区，并在建设 5G 产业园区、推动智慧园区规划设计和示范应用、品牌联合推广、国际业务合作、共同推广奥林匹克文化、推动冰雪运动的发展等方面展开战略合作。根据协议，双方还将充分发挥各自海外分支机构的优势，通过客户共享、资源互补等方式，面向国际人才进行国际业务的营销和推广，开展交流、参观和合作，加强国际业务在首钢园区的推广和落地，共同打造国际人才社区。

（马 晓）

【“垃圾发电”落地长治】 10 月，由首钢环境公司与长钢公司组建的长治首钢生物质能源有限公司，在长治市首个主城区生活垃圾无害化处理项目一期工程取得建筑工程施工许可证，标志着首钢环境产业第 1 个走出去复制的垃圾焚烧发电项目迈出坚实一步。

（马 晓）

【建筑垃圾资源化处理项目投产运行】 11 月，首钢服务北京城市副中心建设的建筑垃圾资源化处理项目投产运行，已处理建筑垃圾 4.8 万吨，这是首钢环境公司相继建成北京市首家建筑垃圾资源化处理示范项目后，环境产业跨区域复制的一次成功实践。该项目主要承担通州区潞城镇棚改腾退工程的建筑垃圾资源化处理，位于通州区潞城镇南刘各庄村，占地 22.4 万平方米，设计年处理建筑垃圾 100 万吨，生产再生骨料 80 万吨、再生无机混合料 40 万吨，采用首钢自主集成创新的可移动式建筑垃圾资源化处理成套工艺。

（马 晓）

【企业文化建设】 11月，由中国企业文化研究会主办的中外企业文化2018年深圳峰会召开，对“改革开放40年与中国企业文化”调研活动进行总结表彰。首钢获改革开放40年中国企业文化四十典范组织奖，首钢矿业公司获改革开放40年中国企业文化四十标杆单位奖，首钢股份公司、京唐公司、水钢公司、长钢公司、贵钢公司、销售公司、中首公司、国际工程公司获改革开放40年中国企业文化优秀单位奖。

（马　晓）

【获2018年度国际奥委会奖杯】 12月28日，在中国奥委会2018年全会上，中国奥委会受国际奥委会委托，国家体育总局局长、中国奥委会主席苟仲文为首钢集团颁发2018年度国际奥委会“奥林匹克主义在行动”奖杯。国际奥委会自1985年起设立年度奖杯，每年设立不同的主题，以奖励有突出贡献的组织或个人。2018年度国际奥委会奖杯的主题是“奥林匹克主义在行动”，用于奖励在推广体育活动、通过体育促进发展和可持续发展等方面支持体育运动的组织、个人或项目。首钢是2018年中国奥委会向国际奥委会推荐的唯一单位。

（马　晓）

【获竞争力极强“A+”最高评级】 12月，在冶金工业规划研究院举办的2019中国和全球钢铁需求预测研究成果、钢铁企业竞争力评级发布会上，首钢获2018年钢铁企业综合竞争力极强“A+”最高评级。企业竞争力是企业综合生产力和服务能力的直接体现。2018年度钢铁企业综合竞争力评级共分为三大板块14项要素23个指标，构成标准指标体系框架。此次进入评级的108家钢铁企业，获得“A+”最高评级的还有宝武、河钢、沙钢、鞍钢等企业。

（马　晓）

【跨永定河大桥命名为“新首钢大桥”】 12月底，北京市规划和国土资源管理委员会发布地名命名通知，根据地名管理的有关法律、法规，将长安街西延工程跨永定河大桥命名为新首钢大桥。新首钢大桥是长安街西延道路工程的重要节点工程，大桥从首钢北京园区一路升高，到永定河上靠两座斜拉塔拉起。桥型为双塔斜拉钢构组合体系桥，是北京地区最大跨径桥梁。新首钢大桥钢箱梁、钢塔所用钢板全部由首钢制造供应，各类钢板用量合计约4.5万吨，是首钢高性能桥梁钢又一次在国内重点市政精品工程建设中实现整桥供货。

（马　晓）

【企业改革】 年内，首钢持续推进企业深化改革，落实深化国企改革综合试点，入选国务院国企改革“双百行动”企业，明确任务书、路线图和时间表，推进三大类20项重点任务。以加强资本运营、公司治理等能力建设为重点，进一步完善集团总部职能。持续优化集团管控权力清单，权力事项精简47%，进一步下放权力。坚持推进产权与管理关系优化和企业层级压缩工作，股权公司完成7家企业股权优化，香港首控、京西重工退出层级超长企业，集团境内企业压至五级、境外压至七级。实施企业退出3年计划取得重大进展，退出企业72家。落实国企改革“双百行动”计划和深化国企改革综合试点，突出效益导向，推进薪酬分配制度改革，建立健全与劳动力市场基本适应、与企业效益效率挂钩联动、能增能减的工资总额管理长效机制。首钢连续2年被评为市国资委专项工作优秀企业和工作成绩突出单位。

（马　晓）

【钢铁提质】 年内，首钢高端领先产品完成601万吨，同比增加24万吨。三大战略产品完成523万吨，同比增加26万吨，其中汽车板316万吨、电工钢160万吨、镀锡板47万吨。EVI产品完成151万吨，同比增加35万吨。新产品完成49万吨，同比增加14万吨，2项硅钢新产品全球首发。汽车板新增零件认证1850个，日系汽车板供货量实现新突破。电工钢累计供货量突破1000万吨，取向硅钢通过“双百万”大容量特高压变压器应用鉴定，进入全球在建规模最大的白鹤滩水电站变压器供应商序列，广泛用于国家重点项目。镀锡板产品结构不断优化，高端产品同比增加25%，进入国内先进行列。贵钢EA4T车轴用钢国内首家通过铁总认证并实现供货。

（马　晓）

【科技创新】 年内，首钢始终把科技创新作为发展的第一动力，首钢钢铁业研发投入比例达到2.6%，取得科技成果108项，其中21项达到国际先进水平。获省部级以上科技奖14项次，其中“超大型水电站用金属结构关键材料成套技术开发应用”项目获国家科学技术进步奖二等奖。获专利授权544件，主持制修订国家标准13项。股份公司、冷轧公司等6家企业被认定为国家级高新技术企业。重大工艺技术显著进步，股份公司高炉炉顶料罐煤气及粉尘全回收、零排放技术填补冶金行业空白；京唐公司转炉低温出钢技术达到国际先进水平，完成多次低硅高碱度球团试生产及高炉50%碱性球团冶炼实验，为京唐二期投产后3座高炉大比例球团冶炼做好技术储备。技术合作不断深化，承担高强汽车板、新能源汽车材料生产应用等 3 项国家级科技项目。与帝国理工、中国一汽等新建 9 个联合实验室，新增合作课题 19 项。加快智能工厂建设，股份公司一体化智能炼铁技术水平不断提升，京唐公司烧结、球团等智能化控制项目投入使用。

（马　晓）

【园区开发】年内，首钢以北京市领导提出的把新首钢地区打造成为“新时代首都城市复兴新地标”“文化复兴、生态复兴、产业复兴、活力复兴”作为园区开发的核心内涵和行动指南。冬奥办公区、冬训中心、首钢工舍等重点场馆设施高标准交付使用。精品工程亮丽呈现，三高炉秀池区域美轮美奂，石景山景观公园与永定河山水交融，“四块冰”实现工业遗存与冰雪运动完美融合，三高炉“首秀”奔驰新车发布会，唱响跨年冰雪盛典，园区魅力绽放，成为传播冬奥精神、展示时尚高端品牌的秀场。产业聚集定位高端，星巴克、洲际酒店入驻园区，与联通合建首个 5G 示范园区、中关村共建人工智能创新应用产业园、IDG 共建冰雪产业孵化器，城市科技服务为老工业区转型升级注入活力。中关村（首钢）人工智能创新应用产业园揭牌，园区开发进入打造新时代首都城市复兴新地标的历史新阶段。

（马　晓）

【产融结合】年内，首钢围绕集团转型发展和重大项目建设，不断提高金融服务和资本运作能力，放大资本价值，与实体产业相互促进、共赢共生，助力产业发展。发挥资金平台和金融服务职能，有力支持了京唐二期项目建设，置换了高息贷款，累计为成员单位节省财务费用 9.7 亿元，保障了集团资金链安全。紧抓政策机遇，坚持市场化运作，服务集团转型发展。搭建产业转型、新能源汽车等多支基金，管理基金规模超过 500 亿元。入围福布斯中国最佳 PE 机构 30 强，获得中国股权投资金牛奖。多措并举运作资金，发行境内债 450 亿元及境外债 5 亿美元，完成银行贷款和债券接续。

（马　晓）

【协同发展】年内，首钢作为京津冀协同发展的引领和示范，坚持稳妥有序推进曹妃甸园区开发。与地方政府密切配合，加大招商引资力度，年内签约 23 个产业项目、投资额 177 亿元。“先行启动区和曹妃甸新城建设，打造中国绿谷特色小镇，“首堂 · 创业家”获北京市超低能耗建筑示范项目奖励。建成全国首座零能耗被动式幼儿园，积极打造装配式科技示范小镇。首秦园区启动转型，以汽车运动文化为引擎，打造“秦皇岛首钢赛车谷”，建成“钢铁赛道”，成功举办京津冀赛车节、中国卡车公开赛等活动，启动赛道配套项目的规划设计及招商引资工作，实现当年停产、当年转型、当年运营。

（马　晓）

【产业开拓】年内，首钢环境公司生物质垃圾焚烧 115 万吨，发电 4.2 亿度，发电效率同比增长 9.6%。山西省长治市在建项目被确定为省、市两级政府示范工程，提前完成餐厨垃圾收运处一体化项目建设。建筑垃圾移动式处置引领了行业标准，应用于北京城市副中心。秘铁二期 1000 万吨扩建项目竣工，充分体现了集团自主集成能力和协同高效优势，创造了首钢海外工程建设新模式。机电公司深度参与立体停车技术研发，形成立体车库设备自主研制能力。城运公司二通公交立体停车楼项目设备安装完成，智能停车库运行于北京首个老旧小区改造示范试点项目。首长国际稳步推进北京新机场停车楼、拓展贵阳机场等多个项目，签约管理车位 2.4 万个。首建公司社会项目占比超过 50%，签约哈萨克斯坦公路等“一带一路”项目累计金额 5.8 亿元。国际工程公司发挥技术优势，承揽海水淡化、球团脱硝、熔融还原炼铁等项目。首自信拓展智慧城市产业，北京城市副中心综合管理服务平台和首钢云平台管理中心投入运营。京西重工引进战略投资者完成京西上海制动业务重组，上海零部件公司和湘潭工厂相继投产。北冶研制的新材料应用于航空发动机和重型燃气轮机，助力大国重器制造。医疗投运营石门营等 9 家养老院所，获评北京市老龄产业协会“安心养老品牌”。

（马　晓）

【管理创新】年内，首钢强化制度建设，基本形成权力清单、规章制度、风控手册三位一体的制度体系。颁发制度 49 项，废止 65 项。加大监督力度，监督工作联席会紧紧围绕集团年度重点工作任务开展监督检查，揭示问题和风险 169 项，提出整改工作建议 177 条。加快信息化建设，坚持业务驱动、系统集成，集团信息化项目建设加速推进。年度预算、投资计划实现全集团在线编制，提高了工作效率。财务共享实现了集团公司范围内功能全部上线，协同平台完成 72% 成员单位推广，商旅平台提高了差旅的便捷性。人力资源、资产管理、主数据管理系统主要功能上线运行。

（马　晓）

【节能环保】年内，首钢应对环保政策收紧局面，主动完善绿色行动计划，完成环保项目 107 项。全面完成全国“两会”、中非合作论坛北京峰会等重要活动和重污染天气环境质量保障任务。股份公司被评为唐山秋冬季差异化错峰生产污染排放绩效评价唯一一家A类钢铁企业，京唐公司被评为国家级绿色工厂。统筹化解多层级、常态化减排指令对生产经营、工程建设的影响，不断强化首钢北京园区环保管理体系建设，为区域环境质量改善作出贡献。

（马　晓）

【品牌建设】年内，2018年中国钢铁企业品牌榜发布，首钢再度荣登十大卓越钢铁企业品牌榜，是首钢连续第2年获此称号。近年来，首钢通过调整转型，取得长足发展，发生了深层次的、根本性的变革。首钢钢铁板块顺应供给侧结构性改革要求，不断增强市场主体意识、引领意识、质量意识、板块管理意识，推进质量变革、效率变革、动力变革，促进各单位新活力不断迸发、影响力日益彰显、竞争力全面提升、协同力显著增强，推动了高质量发展。年内出台企业文化建设相关规范性文件，规范品牌标志、标识、色彩，阐释品牌文化新内涵，展示文化首钢新形象。《首钢日报》更新出版模式，“今日首钢”App上线，形成以新媒体为主导的舆论引导新格局。加强对外宣传，首钢集团获改革开放40年中国企业文化四十典范组织奖。

（马　晓）

【获得荣誉】年内，首钢生产经营和各项工作成绩突出。营业收入突破2000亿元，利润水平再创新高，第7次上榜世界500强。钢铁业市场竞争优势进一步增强，汽车板、电工钢、镀锡板等战略产品市场占有率均达到全国前三名，镀锡板成功迈入国内钢铁企业第一方阵，获评竞争力极强“A+”最高评级。首钢搬迁调整、转型发展高度契合京津冀协同发展的脉搏，在7月26日召开的京津冀协同发展论坛上，获2018京津冀协同发展创新案例奖。世界知名财经杂志福布斯中国推出2018中国最佳创业投资人榜以及最佳创投机构、最佳PE机构子榜，首钢基金公司首次入围福布斯中国最佳PE机构30强。首钢北京园区“四块冰”相继完工交付，国家冬训中心正式投入运营；西十冬奥广场项目按期完成，获得2018年度国际奥委会“奥林匹克主义在行动”奖杯。

（马　晓）

【获国家及行业管理创新成果奖】年内，首钢获第24届国家级企业管理现代化创新成果2项、获冶金企业管理现代化创新成果16项。在第24届国家级企业管理现代化创新成果获奖名单中，首钢京唐公司《以行业引领为目标的冶金企业智慧能源管理体系的构建与实施》、首钢矿业公司《冶金地下矿山以安全高效为目标的爆破“四化”管理》获二等奖。在冶金企业管理现代化创新成果获奖名单中，首钢京唐公司《冶金企业智慧能源体系的构建》《面向市场一贯制钢铁产品推进管理体系构建与实施》获一等奖；首钢《大型钢铁企业搬迁调整中资产处置体系的构建与实施》等5项成果获二等奖；首钢《大型企业推进转型提效工作的实践》等9项成果获三等奖。

（马　晓）

【获北京市企业管理现代化创新成果】年内，在第32届北京企业管理现代化创新成果获奖名单中，首钢人力资源部《大型国有企业深化干部人事制度改革的创新实践》、发展研究院《综合性大型企业集团管控体系的构建与实施》、战略发展部《大型国有企业战略退出实现结构优化的实践》、技术研究院《钢铁产品结构调整管理体系的构建与实施》、股份公司《大型钢铁企业创建现场问题管理体系的实践》、老年福敬老院《运用物联网和互联网+养老服务，打造智慧养老服务模式》、水钢公司《以优化产能提升效益为中心的流程再造管控体系构建》获一等奖；首钢办公厅《大型企业集团战略决策型董事会建设的创新与实践》等12项成果获二等奖。

（马　晓）

【媒体关注】年内，《人民日报》、新华社、中央广播电视总台、《北京日报》、北京电视台等主流媒体刊发报道首钢稿件300余篇。6月17日，央视新闻联播《在习近平新时代中国特色社会主义思想指引下——新时代新作为新篇章》系列报道中，对首钢服务保障冬奥及园区建设等进行深入报道。6月20日，北京电视台《京津冀大格局》栏目播出《国企担当看首钢：搬迁与新生》；11月13日，开幕的“伟大的变革——庆祝改革开放40周年大型展览”展现首钢承包制改革、冬奥组委入驻首钢园区、新首钢高端产业综合服务区发展的图片和视频片段等首钢元素；12月14日，《工人日报》在“纪念改革开放40年”特别报道中，专版刊发长篇通讯《首钢记忆》；12月17日，由北京市国资委联合北京电视台制作的电视系列片《使命》，精彩展现40年首钢改革发展成果。

（马　晓）

北京金隅集团股份有限公司

【概况】北京金隅集团股份有限公司（简称金隅集团）是以新型绿色环保建材制造、贸易及服务，房地产开发经营、物业管理为主业，并完成A+H整体上市的市属国有控股产业集团，同时间接控股冀东水泥、冀东装备两家A股上市公司。位列中国企业500强、中国企业效益200佳和全国企业盈利能力100强。2018年，金隅集团资产总额2683亿元，同比增长15.5%；营业收入831.17亿元，同比增长30.5%；利润总额64.5亿元，同比增长58.9%。提前2年全面超额实现“十三五”规划的经营目标，在中国企业500强中排名第188位。同时获袁宝华企业管理金奖和改革开放40年中国改革发展杰出贡献企业称号。

（金隅集团）

【并购重组】4月，金隅冀东资产重组方案获得中国证监会无条件审核通过，创造性利用成立“合资公司”模式解决了同一控制下两个上市公司之间的同业竞争问题。由此，金隅冀东水泥公司成为集团唯一水泥业务发展平台。5月，金隅集团成功参与天津建材集团混合所有制改革，收购其55%股权。这是天津市管企业完成混改的首例，与京津冀协同发展国家战略高度契合。10月，金隅集团正式接收北京市人才开发中心，成为其转企改制后的新出资人，并组建成立北京京才人才开发中心有限公司。

（金隅集团）

【管控体系改革】年内，金隅集团按照扁平化、专业化、区域化、信息化的管控原则，通过优化重组、股权调整、业务整合等方式优化内部组织结构和管理架构，压缩管理层级，理顺管理机制，提升管理效率和运营水平，形成集团总部、集团二级管理单位、集团三级管理单位的“1+7+X”管控架构。在此基础上，优化调整集团总部部门设置和职责分工，全面梳理、调整集团所属企业的管理层级、股权层级、行政级别以及党组织层级等，逐步建立分类授权的管控体系，做到责权利相统一。

（金隅集团）

【疏解整治】年内，金隅集团完成疏解整治任务461项，其中国资委疏解整治专项行动34项任务全部完成。完成31家子企业和17家分公司的注销和退出工作，新设子公司11家、分公司2家。按照市国资委要求完成4家全民所有制企业的公司化改制，1家全民所有制企业注销。完成在京建筑物屋顶牌匾标识拆除工程105项。加强土地房产出租管理，强化过程管控，确保相关业态符合北京功能定位和集团要求。全面整顿“工业大院”，完成京内非经资产移交，解决历史遗留问题。西三旗金隅智造工场亮出转型名片，大兴高新产业园树立升级标杆，金隅科技园、怀柔科技谷、延庆八达岭度假村项目等蓄势待发，为迎接世园会、冬奥会做好准备。

（金隅集团）

【产业发展】年内，金隅集团旗下新型绿色环保建材企业做实存量，发展增量，提质增效，持续提升盈利能力。金隅集团采取系列措施消化吸收重组冀东成果，强化过程控制，提高运营效率，重组效应日益显现。水泥销量保持稳定，水泥业务利润同比大幅增长，带动全行业经营效益稳步提升。集团持续深化改革房地产开发管控机制，打造专业化团队，做实做强专业化管控平台，提升整体竞争实力，全年新增土地储备130万平方米。集团所属地产与物业企业在做好非首都功能疏解工作的同时，大力推进企业转型升级，主要经济指标保持稳定增长。

（金隅集团）

【水泥产业】年内，金隅冀东水泥公司按照“打造国际一流的现代化、专业化大型水泥产业集团”的战略定位，做强营销、做实管控、做优企业、争创一流，经营效益跨越式增长，充分彰显战略重组效应。全年水泥及熟料销量1.12亿吨；实现营业收入385亿元，同比增长22%；实现经营性利润51.7亿元，同比增长107%。公司深化战略营销，根据各区域产能布局和市场定位精准施策，全年水泥熟料均价每吨同比上涨41元，水泥熟料吨毛利95元，外部应收账款同比降低25%。金隅冀东发挥重组优势，引领行业自律，成功承办C12+3大型水泥集团高层圆桌会议，推动“晋冀鲁豫C12+4”“泛东北C8+4”“山西地区4+4”等省际行业协同平台高效运作，牵头或参与组建区域平台公司，规范行业秩序，改善供求关系。

（金隅集团）

【混凝土产业】年内，金隅冀东混凝土集团围绕“实现经营层面盈利”这一核心目标，抓改革、降应收、强管理，止损扭亏初步达成。全年混凝土销量1575万立方米，同比增加10%；营业收入59.8亿元，同比增加 32%；2018 年同比减亏 4.6 亿元。通过强化管控，合同履约率、结算率、供销两端综合价差同步提升，经营质量明显好转。推行“零应收”战略，风险管控体系初步建立，营销和应收账款风险得到控降。

（金隅集团）

【新型建材】年内，金隅新材产业化集团实现主营业务收入 78.5 亿元，全年实现利润 2.54 亿元。所属企业盈利能力、市场竞争力和行业地位有所提升。旗下金隅天坛家具公司整合资源、发挥产能优势；星牌优时吉公司优化市场结构，强化成本管控；金隅商贸公司调整管控模式，聚焦卫浴代理业务；金隅涂料公司保持平稳发展态势；金隅微观公司当年投产、当年达产、当年盈利；金隅加气公司抢抓重点工程，获首都文明单位荣誉称号；金隅砂浆获 2018 年中国建材行业最具成长性企业 100 强；金隅节能保温公司通过内部增强管控、外部拓展市场等系列保障措施，2018 年主要经济指标实现同比大幅提升。

（金隅集团）

【装备制造】年内，金隅 · 曹妃甸协同发展示范产业园新引入天坛木业公司、节能保温公司、科实五金公司等新型建材企业，重点项目逐步落地，装备制造主业整合壮大。盾石电气永磁直驱系统加大推广力度；大铸钢项目完成调研报告和项目建议书；曹妃甸科技大厦装修完成，冀东装备公司和研发中心正式入驻；园区整体形象提升工程建设完成。冀东装备公司增强科技创新，提升服务能力，加大清收力度，实现营业收入 20.3 亿元。冀东机械公司狠抓生产管理，推动创新营销，实现营业收入 2.2 亿元。

（金隅集团）

【科技创新】年内，金隅集团科技投入 13 亿元，科技创新和技改技措成效显著。获国家专利 247 项，主编国标、行标、地标 25 项。集团牵头的国家“863”计划项目《冶金企业场地高风险污染土壤的固化稳定化工艺技术研究与示范》通过验收。金隅集团承担的 8 项国家级科研课题以及 28 项集团级科研项目都按计划实施。金隅集团利用水泥窑协同处置垃圾技术实现了产业化应用，拥有自主产权的飞灰处置成套技术达到国际领先水平。

（金隅集团）

【环保治理】年内，金隅集团基本建成集团公司监管、二级集团主管、企业为责任主体的 3 级环保管理和责任体系，管理效率明显提升。制定《利用水泥窑处置危险废物管理办法（试行）》，修订《环境保护管理办法》，完善环境保护标准化评价指标体系。开展无组织排放、挥发性有机物、油烟、尾气、废水排放等专项排查整治。为期 2 年的水泥产业环保与安全提升工程全部完成，总投资 10.7 亿元。截至年底，集团共有 22 家企业建成并运行废物处置项目，全年处置各类危险废物 27.7 万吨、污泥 22 万吨、生活垃圾 13.1 万吨、污染土 32 万吨，分别比上年同期增长 112%、369%、269% 和 487%。企业环保主体责任意识和处废能力明显提高，环保风险得到有效控制。

（金隅集团）

【安全管理】年内，金隅集团深入落实《公司安全生产管理办法》，实施安全大培训和安全审计 2 个专项方案，开展危险作业、交通运输、外包外委作业、安全标准化建设 4 个专项行动，找问题、补短板，全面提升集团各层级安全风险防控意识和管理水平。年内，所有水泥企业上线使用集团隐患排查信息系统，完成 321112 人次隐患排查，企业安全管理和安全环境均得到提升。

（金隅集团）

国网北京电力公司

【概况】国网北京市电力公司（简称国网北京公司）是国家电网公司的子公司，负责北京地区 1.64 万平方千米范围内的电网规划建设、运行管理、电力销售和供电服务工作。下辖二级单位 33 个，包括供电公司 16 个、业务支撑和实施机构 13 个、其他单位 4 个。年内，完成售电量 1037.04 亿千瓦时，同比增长 7.13%。截至年底，公司共有 500 千伏变电站 10 座，变压器 28 台，变电容量 30951 兆伏安；220 千伏变电站 90 座，变压器 237 台，变电容量 44540 兆伏安；110 千伏变电站 372 座，变压器 934 台，变电容量 45211 兆伏安。共有 110 千伏及以上架空线路 641 条，共 7229.422 千米；110 千伏及以上电缆线路 1083 条，共 2292.170 千米。500 千伏架空线路 8 条，共 312.706 千米；500 千伏电缆线路 2 条，共 13.372 千米（其中昌海、门海线为架混线路）。220 千伏架空线路 233 条，共 3029.755 千米；220 千伏电缆线路 164 条，共 647.962 千米。110 千伏架空线路 400 条，共 3885.313 千米；110 千伏电缆线路 917 条，共

1630.836 千米。

（白雪莹　韩帅斌）

【电网建设与发展】年内，国网北京公司全面完成 16 区“网格化”规划，273 座变电站站址、1500 千米电力廊道纳入地区控规。核心区结合架空线入地打造高端配电网，10 千伏线路“手拉手”率达到 100%、电缆化率达到 93.7%；城市副中心以北京市级机关搬迁为契机，建设高标准智能配电网，供电可靠率实现 99.9999%，达到国际领先水平。深化应用“一会三函”、绿色通道等有利政策，成功将树村等 6 项电网工程纳入“多规合一”试点平台；开发应用前期管理 App，实现全流程业务在线跟踪管控，前期效率提升 30% 以上，全年取得重大项目核准 66 项，CBD 站等前期工作取得重大突破。建成“1+6”冬奥标准体系，创新建设与服务保障一体化的工作模式，冬奥会配套 12 项工程完成全部关键节点审批，延庆高山滑雪中心等 4 座场馆进入实质性流程，11 座场馆正式开展报装。借助冬奥（世园）工程，落实应急抢修附属设施 8000 平方米。争取电缆入廊有利政策，预留电力舱约 156 千米。

全年开工 110 千伏及以上输变电工程 63 项，新建变电容量 1230.2 万千伏安，线路 691.95 千米；投产 110 千伏及以上输变电工程 57 项，新建变电容量 1218.55 万千伏安，线路 598.83 千米；完成电力线路迁改工程 53 项，线路长度 213.48 千米。首都核心区 79 条道路 78.73 千米架空线入地工程按期完成，基本实现核心区主次干路架空线入地目标；全面完成副中心行政办公区配套电力工程建设，为市级机关入驻提供保障。提前半年投产直接服务新机场的 6 项输变电工程，创新应用 2 座 35 千伏智能移动变电站，满足新机场调试运营用电需求。完成新机场高速、新机场北线高速、兴延高速等涉及的高压线路迁改工程。推动 4 项新首钢配套工程、8 项冬奥会（世园会）配套工程全部开工建设。全年开展 6 批次安全质量责任督查，及时发现并整改问题 1960 项；推行基建专业安全双准入管理，全面推行“四不两直”（不发通知、不打招呼、不听汇报、不用陪同接待、直奔基层、直插现场）督查和抽查考问；组织开展作业层班组建设，发布核心分包队伍和人员备案名单；建立风险作业许可报备和值班机制，每日监督风险作业到岗到位和安全措施落实；开展基建安全事故反思教育、电力建设工程施工安全专项治理等活动；开发应用“安全质量责任量化考核系统”，实时发布考核情况。开展钢结构工程施工标准工艺研究，在输变电工程建设过程分阶段开展过程质量督查，全年 74 项工程通过输变电工程达标投产考核；针对 12 方面质量共性问题开展专项治理，推广实体质量实测实量，在变电土建专业推广预制技术，在 GIS 安装、电缆终端安装环节推行空气净化设备，规范施工过程影像记录，确保质量问题可追溯。

（张晶　周晓梅）

【科技创新】年内，国网北京公司主动配电网 863 项目通过国家科技部验收，“电能替代技术联合实验室”获国网公司联合实验室命名，获得国网科技成果奖励 13 项，其中牵头获得一等奖 2 项。获中国电力科学技术奖励 5 项、北京市科技奖励 4 项；获中国专利奖 1 项；牵头完成 4 项国网总部科技项目并通过验收；完成电能替代、智能配电网、量子通信等重点研发任务。围绕“煤改电”电动汽车、分布式电源等开展专利布局，全年共申请专利 303 件，公司累计拥有授权专利 2425 项。新开工 110 千伏及以上电网建设项目环评率 100%，110 千伏及以上电网建设项目竣工环保验收率 100%；对 15 项在建项目进行了环保、水保现场技术监督检查。完成 125 座变电站电磁环境和噪声监测，完成 40 座有办公人员的变电站废水监测；完成太阳宫 220 千伏变电站、沙窝 110 千伏变电站、阜成门 110 千伏变电站噪声超标治理工作。

（帅　萌）

【经营管理】截至年底，国网北京公司完成固定资产投资 206.5 亿元，取得电网建设外部资金 56.9 亿元；优化营商环境投资模式，争取国网 3 亿元专项资金。科学安排华能三期并网和煤机应急备用电量计划，压减燃气电量 28.9 亿千瓦时，节约购电成本 2.47 亿元。通过加装 10 千伏联络断路品计量，加大高损线损台区治理力度，试点推广线损助手 APP，4 家公司和 5 家供电所孵化为线损示范单位，公司分线分台区线损合格率达到 90% 以上，综合线损率下降 0.3 个百分点，贡献利润 2.42 亿元；同期线损精益管理“北京方案”，获得国家级管理创新奖二等奖和北京市管理创新成果奖一等奖。试点开展“三率合一”监测分析体系建设，完善信息系统功能，实现报表100%自动生成、数据100%自动校验，蝉联北京市“诚信统计单位”荣誉称号。完成北京市清理整顿各类交易场所联合工作组现场检查，并取得北京市金融工作局关于首都电力交易中心有限公司开业的正式批复；结合首都电力市场实际情况确定规范化建设实施方案，根据有关文件精神吸纳有关市场主体、第三方交易场所及科研机构，高效推进增资扩股、资产划拨、股权转让、变更备案等系列工作，全面深化交易机构规范运行。截至年底，北京电网全口径购电交易电量1108.14亿千瓦时，同比增长6.86%。其中，购华北电网电量684.46亿千瓦时，占比61.77%；购电厂电量423.67亿千瓦时，占比38.23%。全年累计达成各类市场化交易电量61.5亿千瓦时，其中首次开展电力用户直接交易，组织89家用户、18家售电与京外发电企业开展交易，9月至12月交易合同电量32.23亿千瓦时；开拓跨省跨区交易模式，主动邀请政府部门前往东北、西北、西南各省调研协商，通过特高压购入东北、西北、西南地区区外电量21.54亿千瓦时，持续推进“疆电入京”政府间框架协议履约，购入电量1.16亿千瓦时；响应节能减排号召，高度重视发电权交易工作，在与常规火电机组完成发电权替代的基础上，首次开展山西清洁能源电厂与区内关停电厂发电权替代交易，完成发电权替代任务，被替代发电量6.57亿千瓦时，清洁能源替代电量1000万千瓦时。根据京津唐地区特点，研究利用市场化手段消纳张北地区风电方式，拓展消纳区域内清洁能源新思路，促成《京津冀绿色电力市场化交易规则（试行）》印发。组建后勤综合巡检组，全年不间断开展现场检查9609处，发现并治理隐患237项，交通违法行为同比下降9%。准确梳理196处9030户职工家属区台账，涉及建筑面积约67.66万平方米、账面资产2.4亿元，2741.7万元公共维修基金、9943.29万元售房款余额全部匹配到户，建立各项档案资料1.5万余份，职工家属区全部完成管理权现场移交。开展变配电站室附属用房专项隐患排查，累计核查9451处，对查出隐患进行整改。推进房屋资源合理创效，实现合同收入1.5亿元。出版《非生产项目典型设计》《典型造价》等专业指导书籍，承担《国网公司非生产性技改大修技术规范》编制任务，推广《国网北京市电力公司小型基建项目前期工作手册》，建设线上技经中心，统筹把控关键节点。完成公司车辆日常管理，出台车辆购置更新、租赁、单车核算、维修保养、调度监控等7项管理办法。完成中非论坛后勤保障，投入保障人员3500余人次、车辆2300余辆次，配送保障餐饮64000余份，安排医疗巡诊7轮次。牵头编制《国家电网公司重大活动保电后勤保障标准》，推广北京经验。完成给架空线入地、煤改电等夜间施工现场提供全电餐车送夜宵服务，累计服务职工1.6万人次，日均送餐160份。围绕后勤工作重点领域，明确立查立改任务，制定整改措施38项，严密防范经营风险。开展指标预测、预控，优化制定内部对标指标体系，将高质量发展、“三减一提升”等重点工作纳入内部对标，并组织开展专项诊断和经验交流，搭建上下沟通平台，有效促进公司各专业管理水平提升。公司138项创新实践成果（论文）获得省部级以上奖项，管理创新成果（论文）66项，QC小组活动成果72项，3个QC小组获国优小组称号。落实国网公司制度标准执行考核要求，组织城区公司、通州公司同步完成季度考核资料上报，全面反映制度标准一体化建设成效。完成中电联供电分会与农电分会合并工作，完成北京电力行业协会注销工作，实现社团组织规范管理健康发展。建立卓越绩效“四个一体化”工作模式，组织通州西集供电所围绕基于全能供电所的“台区线损合格率”和“台区低压电压合格率”、亦庄公司围绕基于以客户为中心的“停电信息主动通知率”指标，开展卓越竞争力体系建设试点工作。城区公司、经研院被评为全国电力行业卓越绩效企业。深入开展失信联合惩戒自查自纠工作，失信行为的监测、预警、处置和整改实现“四个百分百”管控。全面落实国网公司决策部署，积极发挥“第二梯队”作用，围绕“以高质量管理促高质量发展”总基调，突出“一力四率”，扎实推进瘦身健体、转型发展和规范管理工作。扎实推进瘦身健体，开展百日攻坚工作，逐户签订责任状，制定专项考核激励制度，累计完成16户吸收合并、3户清算关闭和1户对外转让，压减用工1500余人，超额完成国网公司年度任务。推进施工作业层建设，提出“3+N+X”；健全两级巡检体系，做到现场巡检和视频监控全覆盖。创新创效成效显著，深化设计施工联合运作，全年参与项目2200余个，电网设计市场占有率同比提升27%。对接综合能源服务，推广智慧能源管家，编制3类65项业务指导手册，全年新签代维合同3.7亿元，增长117%。集约统筹深化推进，建成10类31项财务制度体系，深化资金集中统一管理，实现账户挂接率、监控率100%，运作效益2.24亿元

（张晶　李刚）

【“三零”服务】年内，国网北京公司响应中央优化营商环境政策，面向社会推出零上门、零审批、零投资的“三零”服务，在全国范围内实现“三个率先”，即率先将世行调研对象与国务院扶持小微企业政策相结合、率先将低压供电容量由100千瓦提升至160千瓦、率先推出小微企业接电“三零”服务。低压小微企业客户接电环节由6个压减至2个，接电时间由141天压减至25天以内，接电成本压降至0，为1.76万户小微企业节约投资约7.5亿元，获“电力指标”由上年度的第105名大幅跃升至第14名。公司“三零”服务举措受到国务院、北京市和国网公司各级领导多次表扬肯定，并作为“北京方案”向全国电力系统推介。

保质保量完成市政府下达“煤改电”任务基础上，超额完成163个村电网改造，全年共完成285个村12.49万户。年底前建成40项电动公交车外电源工程，满足新增2100辆电动公交车充电需求；累计建成143座，满足全市7000辆电动公交车充电需求，全年拉动售电量2亿千瓦时。新建充电桩1231个，总量达到1.6万个，率先建成国内一流智能充电网络，充电设施服务能力显著提升。公司售电量完成1037.04亿千瓦时，同比增长7.13%。年内新增用电客户27.71万户，新增接电容量1177.36万千伏安，拉动电量增长4.39个百分点。完成电能替代电量28.5亿千瓦时，提前超额完成国网公司下达任务。落实国务院下调一般工商业电价10%的要求，完成4次调价工作。配合开展转供电加价清理工作，清理规范2418家企业的转供电行为。首次开展市场化交易，145家大工业企业累计实施交易电量15.57亿千瓦时。加强电费回收管控，当年电费回收率实现100%，实现年底电费零在途。联合市发展改革委、公安局开展反窃电行动，全年累计追补电量1014.82万千瓦时，补收电费及违约金4170.56万元。全年累计换装卡表1.1万具、智能表46.7万具，升级采集4G信号3.48万台，分换装集中器3642台，采集覆盖率达到99.85%。压降购电下发时长，制定10项措施，治理集中器2万台，升级4G信号3.5万台，下发时长由年初的5.77分下降至3.81分。构建计量全业务监控体系，深化全量采集数据应用，实现一体化平台、两级监控、三类主题，全年处理督办工单25.4万件，采集抄通率由年初的98.81%提升至99.52%。全面完成“三供一业”供电设施接收工作，年底前完成国资委管理的在京央企261个项目29.77万户的资产移交协议或补充协议签订工作，全面完成实施协议签订、供电职能移交和实物资产移交3个100%的工作目标。

（耿 涛）

4月27日，公司开展优化营商环境公众开放日活动

【队伍建设】截至年底，国网北京公司共有长期职工8336人，其中研究生及以上学历1853人，本科学历4130人，专科学历1436人；高级职称1853人，中级职称1682人；技师及以上职业资格3881人，高级工1619人，中级工448人。截至年底，公司业绩排名蝉联A段，人资专业管理对标保持国网标杆行列。全口径劳动生产率完成167.6万元/人，在各省公司中排名第2名。公司在履行央企责任、重大政治保电、优化营商环境等方面的突出贡献，业绩考核连续4年获评A段。

（刘 娜）

【安全生产】年内，国网北京公司完成保电任务182项（特级任务2项、一级任务63项、二级任务39项、三级任务78项），累计保电天数345天，保电天数创历史新高。完成天安门广场开关站改造工程，在人民大会堂、天安门城楼及广场等重要政治供电区域首次大规模配置40套“SSTS+UPS”不间断供电装备，实现主备电源μs级切换。完成94座变电站智能安防建设，实现220千伏及以上变电站以及政治供电重点变电站智能安防全覆盖；应用气象灾害精准预报预警系统，度夏防汛期间有效发布各类精准预警192次；应用国内首套电缆精益化管理系统，完成全部1442千米电缆隧道及5390千米管井基础数据普查录入，实现电缆业务管理全覆盖。深入推进安全生产领域改革，制定从主要负责人到基层一线的全员安全责任清单，实现“一岗一清单”全覆盖。健全安全监督机构，在18家基层单位设置安全总监，在31家单位成立安全监督机构，持续加强对集体企业安全工作同质化管理。深化安全准入管理，首次将准入范围扩大至监理单位及一般工作人员，实现所有人员持证上岗。扎实开展安全生产问题清单专项梳理、“六查六防”专项行动、电气火灾综合治理等活动，消除各类安全隐患 1316 项，违章率下降 25.8%。组织承办以电力为主题的全国安全宣传咨询日活动，充分彰显应急能力建设成果，得到国务院、北京市领导高度评价。依托信息化手段在配网运维、输电反外力等方面深化应用，实现扁平化、透明化的全过程管控。扎实开展输变电运检质量提升百日专项行动、压降配网故障专项行动，输、变、配电设备同比下降 29.5%、28.6%、34.3%，输电架空线路外力故障同比下降 39.5%。强化设备隐患治理，完成 14 座 35 千伏老旧变电站改造，四环内 45 千米电缆隧道防火整治及 79 处输配电“三跨”线路隐患治理，实现设备健康水平的显著提升。持续推进配电自动化建设应用，实现配电自动化覆盖率和功能投入率 100%、自愈功能投入率 90%，创新成立配网数据管理中心和自动化运维中心，集中开展系统数据维护和终端传动运维。完成不停电作业业务、人员、装备集约调整，在 7 个示范区实现不停电作业 100%。深化风险预警管控，全年发布电网风险预警 586 项，督促制定落实响应措施，电网风险得到有效控制。加强配电自动化调控应用，在计划检修、方式调整、故障异常处置等工作中全面采用远方遥控，全年累计执行 12793 次。持续推进配电网图模建设，实现配电网图模覆盖率 100%。加强二次系统管理，深入开展北京电网“三道防线”专项核查，排查并整改问题 32 项。推动上庄解重载等 102 项度夏工程按期投产，实施方式调整措施 157 项，编制严重故障预案 1053 份，开展反事故演练 11 次，平稳应对 2356 万千瓦历史最大负荷考验，并成功处置顺义地区倒塔、西北热电中心全停等重大突发事件，确保电网度夏防汛平稳运行。

（李戎　宋晓茜）

【落实电价降价措施】截至年底，国网北京公司落实国家一般工商业电价降价措施，降低客户用电成本 10.39 亿元；适应改革监管新形势，制定实施 27 项优化经营管理策略；主动应对非首都功能疏解、电价调整等影响，大力增供扩销、挖潜增效，较好的完成各项经营指标；争取到北京市压减高价燃气机组发电小时数，优化购电结构，节约购电成本；用足用好税收优惠政策，节约税金 4952 万元；

（张晶　李刚）

【推广服务渠道】年内，国网北京公司深化要客定向服务 20 项举措，与北京市医管局、国家机关事务管理局等 4 家首都集团重要客户签订战略合作协议，与中直管理局、国家大剧院等达成战略合作意向。累计开展首都集团要客定向服务 365 户次，涉及中央军委等重要集团客户及所属 53 户高压客户。开展优质服务“百日攻坚”专项行动，压投诉、压话务、压结存、提升客户满意度。推广掌上电力等线上服务渠道，发放便民服务卡 109.14 万张，建立电力管家微信群 4153 个，累计新增线上客户 107.45 万户。全年客户投诉量、“95598”话务量同比下降 29.03%、21.68%。在亦庄地区试点开展主动服务，通过掌上电力、电话短信等渠道，实现停电信息主动告知。采暖季期间，开展“首都卫蓝暖心服务日”主题活动，广泛宣传“日常购电不出村”等 5 项服务举措，全力保障“煤改电”客户温暖度冬。编制《北京地区电力市场化直接交易工作指引》，充分发挥交易中心在市场规则与市场成员间衔接；持续完善交易平台服务功能，优化市场成员注册界面，拓展数字证书办理途径，打造良好平台使用体验；同时建立市场成员注册流转登记制度，规范处室间业务衔接；圆满组织召开月度电力市场交易部门联席会和季度电力市场交易信息发布会，为发电企业搭建畅所欲言和答疑解惑的平台桥梁，有效促进全年直接交易工作顺利开展，促进厂网协同发展、和谐共赢；建立直接交易结算微信工作群沟通机制，及时磋商解决各类问题近 300 余条。组织开展多批次电力直接交易专项培训，参培人员 775 余人 / 次，解答市场主体各类疑问 470 余次，全面提升优质服务水平。

（耿涛　鲁秦胜）

【获得荣誉】年内，国网北京公司在国网第 4 届青年创新创意大赛上获 3 金、2 银、4 铜，创历史最好成绩。王府井变电站巾帼班获北京市三八红旗集体、北京市工人先锋号称号，陈爽等人获北京市三八红旗奖章，侯伟获国家电网有限公司劳模称号。公司连续 10 年保持全国“安康杯”竞赛优胜单位，3 家单位获评国家电网有限公司先进集体，1 人获评国家电网有限公司工匠，4 人获评国家电网有限公司劳动模范，3 名女职工获评国家电网有限公司巾帼建功标兵，7个一线班组获评国家电网有限公司工人先锋号。公司1人获首都劳动奖章，2个一线班组获全国工人先锋号，1个一线班组同时获北京市三八红旗集体和北京市工人先锋号。国网北京公司获北京市企业管理现代化创新成果优秀组织单位，北京市安全生产月优秀组织奖，中国电力行业企业公众透明度责任沟通创新责任企业奖。

（张鹏　范晓辉）

【40年成果展览】12月19日，国网北京公司举办砥砺奋进 电靓京华——公司庆祝改革开放40周年成果展。展览回顾了1978年以来，特别是党的十八大以来，首都电网跨越发展、供电能力突飞猛进、人民用电日新月异的光辉历程。主要包括巨变、创新、重器、支撑和文化五大板块，分别从公司概况、装备发展、

管理创新、党建引领、文化建设、集体企业发展等方面，全景展示了公司重要发展成果，弘扬企业精神。从2018年12月19日开展到2019年1月4日晚停展，场馆运行18天，接待来自公司各部门、各单位万余名职工参观，共计105批次。

（刘丽娜）

清华控股有限公司

【概况】清华控股有限公司（简称清华控股）是清华大学在整合清华产业的基础上，经国务院批准，出资设立的国有独资有限责任公司，2003年9月成立，注册资本25亿元。清华控股位居2018年中国企业500强第137位，研发强度位居2018年中国企业500强第3位。清华控股定位于深度参与创新驱动发展战略实施，促进高校科技成果研发转化，聚焦于建设成为国际领先的联接学校与社会优质资源的科技创新成果转化平台、科技创新投融资支撑平台和国有资本管理平台，大力推动科技成果产业化、创新创业，促进清华大学学科发展，确保国有资产保值增值。清华控股旗下产业涵盖科技产业（集成电路、能源环保、生命健康）、创新服务、科技金融、创意产业、在线教育五大产业群组，运营着同方股份、紫光集团、启迪控股、诚志股份四大综合性集团以及清控人居、清华大学出版社、博奥生物、清控资管、清控核能、慕华教育等专业性集团，培育了同方威视、辰安科技、同方知网、清控科创、华海清科等一批细分行业龙头企业。清华控股旗下拥有同方股份(600100)、诚志股份(000990)、紫光股份(000938)、紫光国微（002049）、同方泰德（01206.HK）、启迪古汉（000590）、同方友友（01868.HK）、启迪桑德（000826）、启迪国际（00872.HK）、辰安科技（300523）等上市公司。作为清华大学服务社会的重要平台，清华控股推动清华大学科技成果转化和产业化，助力社会创新发展，累计转化56项国家级重大科技成果，实现了62项重大技术突破，推动实施3项国家科技重大专项的项目转化，取得了一批具有国际影响力的标志性成就。全球首座模块式高温气冷堆商用核电站示范工程、全球市场份额第1名的大型集装箱检测系统、中国首个拥有完整独立自主知识产权的公共安全应急系统、中国首台12英寸化学机械抛光机、全球首张遗传性耳聋基因检测芯片，运营着全球最大的大学科技园和中国首个创业大街。2018年，清华控股集团资产总额5173.9亿元，营业总收入1411.3亿元，向国家缴纳各项税款（不含个人所得税）98.6亿元。

（庄媛萍）

华海清科机电科技有限公司

【概况】为推动国家科技重大专项02专项成果产业化，华海清科机电科技有限公司（简称华海清科）于2013年成立。团队核心成员来自清华大学摩擦学国家重点实验室和行业内专业人才，主要产品为化学机

械抛光（CMP）设备，属于高端装备制造领域的高技术企业，化学机械抛光设备及其工艺技术可广泛应用于极大规模集成电路制造、封装、微机电系统制造、晶圆平坦化、基片制造等。华海清科承担 2 项国家科技重大专项 02 专项任务，项目经费共约 4.3 亿元。研发出国内首台 12 英寸晶圆抛光设备，打破美国和日本的垄断。从 2015 年开始，所生产的抛光机陆续通过国内顶端客户的验证，形成批量销售，2016 年、2017 年、2018 年连续 3 年实现盈利，经济收入稳中有进，并相继完成 Si、Oxide、STI/ILD/IMD 等 CMP 关键制程验证。在所有国产集成电路制造装备企业中，华海清科实现最快上线，也是集成电路制造装备领域由高校完成整机装备技术产业化成功的唯一案例。华海清科在创新发展中建立具有技术优势和自主知识产权的 CMP 设备及工艺技术体系，持续研发出 Universal−300Dual、Universal−200Plus、Universal−200 等 Universal 系列产品，形成自主品牌，产品型号覆盖 2 英寸到 12 英寸的抛光市场需求，彻底打破国外 CMP 设备长期垄断的局势，具有重大的里程碑意义。2016 年，华海清科作为国家科技重大专项 02 专项成果的优秀代表，参加国家“十二五”科技创新成就展。华海清科先后被评为院士专家工作站、2018 年度全国模范院士专家工作站、国家高新技术企业、博士后创新实践基地等。截至 2018 年底，华海清科资产总额 4.72 亿元，全年实现收入 6400 万元，利润总额 1200 万元。

（岳婷婷）

北大方正集团有限公司

【概况】北大方正集团有限公司（简称方正集团）由北京大学于 1986 年投资创办，院士王选是方正集团的技术决策者、奠基人。方正集团秉承自主创新的基因，同时加快技术与服务创新，逐步形成以信息、医疗、产业金融、产城融合等为核心支柱板块，多产业协同发展的产业格局。信息板块业务包括字库、出版印刷、宽带通信、医疗信息化、智慧城市等领域；医疗板块以医疗服务、医疗创新创投和医药制剂为主要业务，致力于成为国际化医疗大健康龙头企业；产业金融板块业务涵盖证券、保险以及大宗商品交易，打造全产业链的金融产品与服务体系，积极探索产融结合发展的新模式；产城融合板块以园区建设、平台运营、企业孵化三位一体的发展思路，助力科技成果的落地与转化。方正集团践行“产学研结合”发展模式，服务教学科研，推进产业报国，做受人尊敬的大型企业集团。截至 2018 年底，方正集团约有 3.5 万名员工，总资产 3606 亿元，营业收入 1333 亿元，净资产 655 亿元，营业利润 45 亿元，净利润 15 亿元。1 月 8 日，苏钢集团的脉冲磁致振荡连铸方坯凝固匀质化技术应用项目获评 2017 年度国家技术发明奖二等奖；5 月 30 日，依托方正集团建设的数字出版技术国家重点实验室通过科技部组织的评估；6 月 5 日，方正集团企业博士后工作站获评海淀园最佳潜力设站单位；9 月 10 日，苏钢集团中心实验室通过中国合格评定 CNAS 实验室认可；11 月 2 日，北大医疗波士顿创新中心启动仪式在美国波士顿举行；11 月 12 日，北大医疗鲁中医院获得国家医疗器械临床试验机构资质；11 月 20 日，北大医疗产业园入选国家工业和信息化部公布的第 4 批国家小型微型企业创业创新示范基地名单；12 月 25 日，方正宽带申报的专利获中国专利优秀奖。方正集团位列中国 500 强第 160 位，中国电子信息百强第 8 位，在 2018 人民企业社会责任高峰论坛上获改革先锋称号；在由国资委《企业管理》杂志社、经济日报《经济》杂志社联合主办的 2018 中国经济年度峰会暨中国经济人物盛典上，方正集团获 2018 新时代中国经济领军企业奖。

（北大方正集团有限公司）

北京北大先锋科技有限公司

【概况】北京北大先锋科技有限公司（简称北大先锋公司），隶属于北京大学，专业从事变压吸附气体分离技术研发和成套装置设计制造，以及高效吸附剂和催化剂的生产。北大先锋公司下设 9 家子公司，本部员工 119 人，其中 88% 为本科及以上学历，研发人员占 18%，管理人员占 13%。2018 年，北大先锋公司全年工业总产值达 34458 万元，工业增加值 10456 万元，累计签订业务合同总金额达 62000 万元，其中出口金额423万美元，全年利润总额达5446万元，业绩总额和利润水平均处于国内变压吸附行业领先水平。年内，北大先锋公司在项目研发的总投入超过2000万元，主要用于氢能、脱硫、油气回收、臭氧分离等细分领域的课题研究，已有多个研发项目取得了阶段性成果。品牌建设方面，北大先锋公司参与了乙二醇、炼铁、电炉、玻璃等行业的专业研讨会议7次，推广公司变压吸附技术及成套设备，获得在场技术专家的广泛认可；参与了国际工业博览会、国际气体展会等，挖掘海外市场客户需求。年内，公司为推广钢厂尾气综合利用技术，联合中国金属学会，在山东济南举办钢厂尾气创新利用技术研讨会暨首届钢化联产高端论坛，邀请了包含相关技术专家、钢铁企业在内的150余人参加本次会议，共同研讨北大先锋专有的钢厂尾气提纯利用技术在钢铁企业的广阔应用前景。1月，北大先锋公司“富含一氧化碳（CO）工业尾气资源利用成套设备”入选国家工业和信息化部联合科技部制定的《国家鼓励发展的重大环保技术装备目录（2017年版）》，是该目录中相应技术的唯一依托单位。5月，北大先锋公司获中国冶金报社评选的2018钢铁装备技术品牌供应商称号。11月，北大先锋公司总经理唐伟获得中国石油和化工联合会颁发的2018年全国石油和化工行业优秀科技工作者证书。12月，北大先锋公司获中国玻璃工业联合发展促进中心颁发的2018年度中国玻璃工业优秀配套供应商荣誉称号。同月，北大先锋公司获中国化工报社颁发的2018年度中国石油和化工企业公民楷模榜“最具社会责任企业”称号。

（北京北大先锋科技有限公司）

北京科技大学设计研究院有限公司

【概况】北京科技大学设计研究院有限公司前身是北京科技大学设计研究院，1988年6月由原冶金工业部批准成立，现为冶金行业钢铁工程（加工）主导工艺甲级设计资质。2006年，改制为北京科技大学设计研究院有限公司，为北京科技大学全资子公司。2008年2月，北京科技大学决定将该公司与同为全资的北京科大恒兴高技术有限公司进行合并交由北科工研团队进行管理。北京科技大学设计研究院有限公司是依托北京科技大学建立的国家高新技术企业，公司作为北京科技大学的全资子公司，目前拥有冶金行业甲级设计资质、环境工程（水污染防治工程）乙级资质，并通过ISO 9001认证，是国家级技术转移示范机构、国家高新技术企业，是西门子高级系统集成商（白金级SI）和西门子全球解决方案合作伙伴(SoP)。目前主要产品有承接国内外冶金企业工艺、设备、三电等专业的工程设计项目；冷热轧机全线自动化控制系统；控制轧制和加速冷却系统装置；表面质量在线检测系统；中小型成套轧钢设备设计集成；环保技术的研发与应用；以及相应科研成果的推广、转让、咨询和服务。先后承揽大中型企业工程项目几十项，轧制自动化技术在国内外享有盛誉，并在许多国家级科研课题中承担重要的研究任务，并获得多项科技方面的奖励，包括国家科学技术进步奖特等奖、一等奖、二等奖以及省部级的各级奖励。2018年，公司实现总收入17350万元，缴纳税金1815万元，当年净利润为1150万元。

（郭　强）

北京北化大科技园有限公司

【概况】北京北化大科技园有限公司是北京化工大学国家大学科技园的运营管理机构，负责承担学校大学科技园的开发建设、运营管理、分园区拓展及政府主管部门赋与的其他创新、创业孵化培育职能，并对学校及出资人授权经营和使用的国有资产承担保值、增值责任。2018年，北京北化大科技园围绕学校“双一流”建设，结合园区实际发展情况，在师生创新创业基地、技术转移专项工作、对外交流联络等方面，扎实开展各项工作，加强地方园区建设，探索具有北化特色的“科技园＋互联网+N”的创新、创业培育孵化平台建设模式。年内完成学校房租收缴任务1540万元，上缴学校净利润150万元，完成众创空间改造装修。园区当年在园企业共计170家，行业领域主要涵盖新材料、新能源、节能环保、生物医药、互联网等战略新兴产业，其中留学生创办企业 21 家、师生创业企业 42 家、上市企业 4 家、国家高新技术企业 17 家、中关村高新技术企业 31 家，在园企业累计获得专利成果 137 项，其中发明专利 64 项。

（李柯熠）

北京北化大投资有限公司

【概况】北京北化大投资有限公司是经教育部批准、北京化工大学出资组建的法人独资有限责任公司，其职责是代表学校统一持有、管理、监督、经营学校对外投资的资产和股权。北京北化大投资有限公司所属企业 33 家，其中全资企业 15 个、控股企业 3 个、参股企业 15 个，主要从事技术推广、科技成果转化、化工产品的研发与销售、教育培训。2018 年，公司总资产 2.24 亿元，销售收入 1.56 亿元，全年实现税前利润 1394 万元，上缴税金 972 万元，上缴学校年度利润及资源使用费共 1000 万元。

（李世保）

北京汽车股份有限公司

【概况】北京汽车股份有限公司（简称北汽股份，股票代码：1958.HK）于 2010 年 9 月成立，是北京汽车集团有限公司乘用车整车资源聚合和业务发展的平台，是北京市政府重点支持发展的企业。2014 年 12 月 19 日完成首次公开发行 H 股并在香港联交所主板挂牌上市。北汽股份的主要业务涵盖乘用车研发、制造、销售与售后服务，乘用车核心零部件生产、汽车金融以及其他相关业务。2018 年，北汽股份整车销售 146.0 万辆，同比下降 0.4%；实现合并口径营业收入 1519.2 亿元，同比增长 13.2%。其中，自主品牌全年实现乘用车销售 15.6 万辆，绅宝系列实现销售 6.5 万辆，并以智行、智道等主力车型的上市全面进入产品 2.0 时代；北京越野车系列实现销售 3.1 万辆，差异化竞争优势逐渐显现，已成为中国越野车第一品牌。北京奔驰延续高增长态势，实现整车销售 48.5 万辆，同比增长 14.8%，增速稳居合资豪华品牌前列，助力梅赛德斯—奔驰品牌在华发展再次实现新突破。北京现代进行调整，重回主流阵营，以全年 79 万辆销量、同比增长 0.7% 的逆势上扬业绩，成功跨入千万用户时代。福建奔驰在梅赛德斯—奔驰 V 级车、新威霆等车型的助力下，全年实现销售 2.9 万辆，同比增长 27.3%，延续了强劲的发展势头。年内，公司将北京分公司生产基地等部分资产转让予北京奔驰，优化公司产能配置，并加大北京奔驰新能源领域布局；双方共同投资超过人民币 119 亿元，在原有生产基地基础上打造奔驰品牌新的豪华车生产基地。

（张　旭）

北京现代汽车有限公司

【概况】北京现代汽车有限公司（简称北京现代）于 2002 年 10 月 18 日成立，由北京汽车投资有限公司和韩国现代自动车株式会社共同出资设立，注册资本 20.36 亿美元，中韩双方各占 50%，合资期限为 30 年。北京现代坐落于北京市顺义区北京汽车生产基地，拥有 3 座整车生产工厂、3 座发动机生产工厂和 1 座技术中心。北京现代先后建立河北沧州工厂和重庆工厂项目，已形成“三地五厂”的全国产能布局。2018 年，北京现代实现销售 79 万辆，同比增长 0.7%。在全新服务品牌“享你未想”及“质现代 · 智未来”的品牌理念驱动下，北京现代聚焦产品端与服务端，重点打造基础车系、性能车系、新能源车系与电动化、智能化、网联化（三横三纵）的矩阵式产品布局。北京现代通过发布昂希诺、菲斯塔两款性能车组合，进一步提升品牌形象，同时实现“纯电动 + 混动 + 插电式混动”新能源系列产品的全覆盖。

（张　旭）

北京奔驰汽车有限公司

【概况】北京奔驰汽车有限公司（简称北京奔驰）于2005年8月8日成立，是北京汽车股份有限公司与戴姆勒股份公司、戴姆勒大中华区投资有限公司共同投资，集研发、发动机与整车生产、销售和售后服务为一体的中德合资企业。北京奔驰业已建立起全球面积最大、综合性最强的梅赛德斯—奔驰乘用车生产制造基地，拥有戴姆勒公司首个德国本土以外的梅赛德斯—奔驰汽车发动机制造工厂、戴姆勒合资公司里最大的研发中心，并成为戴姆勒全球唯一同时拥有前驱车平台、后驱车平台、电动车平台和动力系统平台的豪华汽车合资企业。生产的产品主要有梅赛德斯—奔驰E级轿车、C级轿车、A级轿车、GLC SUV及GLA SUV五款车型，全面占领中高级、行政级、紧凑级、中型SUV和紧凑型SUV五大豪华车主流细分市场。2018年内，北京奔驰实现整车销售48.5万辆，同比增长14.8%，增速稳居合资豪华品牌前列。北京奔驰对戴姆勒梅赛德斯—奔驰产品在华销量的总贡献度超过70%。2018年，北京奔驰整车与发动机累计产量双双突破200万辆／台，仅用2年时间便完成了从第1个双百万到第2个双百万的跨越。年内，北京奔驰一系列新产品，包括新一代产轴距C级车、长轴距GLC SUV以及全新长轴距A级车先后成功投产。同时，北京奔驰质量建设持续推进，GLA SUV车型再次获得2018年度J.D.Power紧凑型豪华SUV评选新车质量第1名。年内，北京奔驰MFA（前驱车型）整车工厂全面落成投产，发动机二工厂建设有序推进，整车及发动机产能进一步扩张。同时，北京奔驰稳步推进新能源战略落地，新豪华车生产基地和动力电池工厂建设进展顺利。

（张　旭）

北汽福田汽车股份有限公司

【概况】北汽福田汽车股份有限公司（简称福田汽车）于1996年8月28日成立，是中国品种最全、规模最大的商用车企业。1998年6月在上海证券交易所上市，股票代码600166，是一家跨地区、跨行业、跨所有制的、上交所上市的国有控股上市公司。旗下拥有欧曼、欧辉、欧马可、奥铃、时代、萨瓦纳、拓陆者、萨普、图雅诺、风景、蒙派克、伽途、瑞沃等业务品牌，生产车型涵盖轻型卡车、中型卡车、重型卡车、轻型客车、大中型客车、乘用车以及核心零部件发动机。2018年，受宏观环境及行业形势变化影响，福田汽车实现销量54.5万辆，同比下降9.29%，其中商用车销售49.4万辆，乘用车销售5.1万辆。出口受全球经济放缓等因素影响，全年出口销量实现57252辆，同比下降8.4%，继续保持中国商用车出口的领先地位，同时实现出口产品的结构调整。年内，福田汽车保持中国商用车品牌第1名。福田汽车在22年的发展中积累了雄厚的品牌资产，品牌价值持续提升，2018年品牌价值达到1328.7亿元，连续14年领跑商用车行业。福田汽车保持新能源产品国内领先．年内，福田汽车以3个动力系统架构满足全系商用车需求，新能源商用车主流纯电动产品全部匹配到位，燃料电池产品进入示范运营阶段，混合动力产品进入测试验证阶段；福田汽车新能源产品在功能性、动力性、操控性等各方面均处于国内主流品牌新能源商用车产品的领先水平。福田汽车全球化战略加速推进。继续保持中国商用车出口的领先优势，并针对战略市场及核心市场，持续加大投入，强化国际合作；针对非洲市场，福田汽车、中非发展基金和中非产能合作基金通过独资或与属地合作伙伴合资的方式，逐步推进在阿尔及利亚、尼日利亚、埃及、肯尼亚4个非洲国家组建属地公司，实现制造、销售、服务、投资、贸易、金融等全产业链发展，辐射周边区域，覆盖全非洲市场。福田汽车打造工业4.0标杆。公司成功申报《中国制造2025》国家重大专项项目，其中北京市智能制造标杆企业、2018智能制造综合标准化与新模式、2018年工业互联网创新发展工程、制造业与互联网融合试点示范均申报成功；福田汽车获北京市智能制造标杆企业称号，参与了北京市智能制造标杆企业的标准制定。

（张　旭）

北汽蓝谷新能源科技股份有限公司

【概况】 北汽蓝谷新能源科技股份有限公司（简称北汽蓝谷），成立于2009年，2018年9月在上海证交所正式完成重组更名暨上市（股票代码：600733），是由北汽集团发起并控股，是中国首家独立运营、首个获得新能源汽车生产资质、首家进行混合所有制改革、首批试点国有企业员工持股改革的新能源汽车企业。北汽蓝谷主要业务为新能源纯电动汽车与核心零部件的研发、生产、销售和服务。公司在研发、制造、市场、服务等方面建立了具有一定领先性的完整运营体系。根据乘用车市场信息联席会数据，北汽蓝谷连续6年国内纯电动乘用车市场销量第1名，连续4年被中国质量协会评为新能源汽车用户满意度(CACSI)第1名。2018年，北汽蓝谷面对产业、政策、市场的新形势，主动迎接挑战，把握机遇，开启“产品向上、品牌向上”的高质量发展新征程，并取得初步成效。年内，北汽蓝谷实现销量15.8万辆，同比增长53%。推出的EC3、EX360、EU5三款新车型，继续保持良好市场表现。北汽蓝谷中高端产品销售占比大幅提升，产品结构进一步优化。A0级以上车型销售占比达42%，A级轿车EU系列产品和SUV EX系列产品全年销售同比增长分别达到176%和528%。北汽蓝谷参与国家新能源汽车技术创新中心建设，与同行业者共同打造新能源汽车共性关键集成创新平台。公司与麦格纳成立合资技术公司，倾力打造全球高端新能源汽车品牌——ARCFOX；与华为在技术研发、产品创新等全方位深化战略合作，携手打造全球首个商业搭载5G技术的平台——IMC智能模块标准架构。

（张　旭）

北京北汽延锋汽车部件有限公司

【概况】 北京北汽延锋汽车部件有限公司，由延锋汽车内饰系统有限公司北京海纳川汽车部件股份有限公司、北京北汽光华汽车部件有限公司合资建立，北京海纳川汽车部件公司是北汽集团下属零部件公司。公司主要为北京奔驰C级车、E级车、GLC、GLA以及A/B级车型生产相配套的座舱、顶衬、门板等内饰产品，公司先后通过CCC认证、IATF16949、ISO14001、ISO45001等国际惯例标准和行业标准。从业人员600余人。2018年，企业工业总产值/营业收入达到71亿元，工业增加值4.8亿元，销售利润2.8亿元，研发投入2000余万元。北京北汽延锋汽车部件有限公司隶属于延锋内饰北京平台，平台下属7家工厂，分布于北京市大兴区、顺义区，河北省沧州市，湖南省株洲市，广东省增城区等地，各工厂协作共赢，平台总部设立技术研发中心，推动整体技术发展，倡导安全生产、节能环保、企业合规以及可持续性发展。2018年突破年产量48万辆，获得北京奔驰优秀供应商特别大奖，体现了企业在供货、研发、国产化、响应配合等方面的突出贡献与能力。

（赵迎节）

北京博泽汽车部件有限公司

【概况】 北京博泽汽车部件有限公司（简称北京博泽）成立于2012年2月14日，隶属于德国博泽集团，主要经营范围为制造汽车门系统、座椅调节器、玻璃升降器、冷却风扇；开发车门系统、座椅调节器、玻璃升降器、冷却风扇等汽车零部件产品；销售自产产品；提供技术咨询、售后服务；货物进出口、技术进出口、代理进出口。北京博泽公司位于北京市大兴区西红门镇鼎业路23号，占地面积14115平方米。公司现有员工377人，设有生产、技术、质量、物流、财务、人事管理等7个部门。2018年实现销售收入19.75亿元，净利润2.34亿元，纳税总计1.67亿元。2018年度博泽集团获得最佳雇主奖。

（葛明菊）

航天新长征电动汽车技术有限公司

【概况】航天新长征电动汽车技术有限公司成立于2011年8月，注册资金2.2亿元，是中国航天科技集团公司下属的一家航天技术应用的高科技企业，是航天技术应用产业研发中心和产业化运营平台，也是新能源汽车和高端专用车项目的军转民基地。公司位于北京市大兴区军民结合产业园，厂房占地面积32432平方米，拥有员工200余人，其中专业技术人员82人。航天新长征电动汽车技术有限公司秉承航天科技优势，依托北京航天发射技术研究所多年累计的航天技术能力，围绕用户及社会的需求和根本利益，长期致力于专用特种车、新能源专用车、新能源系统及零部件三大板块的运营。电视转播车、指挥通信车、高空作业平台、纯电动短途乘用车、新能源物流车、新能源汽车系统及零部件，在细分市场具有差异化的技术竞争优势和较高的市场占有率。2017年至2018年，航天新长征电动汽车技术有限公司先后获"车用燃料电池电推研制和关键技术研究"科学技术成果、"复合材料在电视转播车上的技术应用"科学技术成果、"智能化节能冷链运输设备"科学技术成果、"通用多车型车辆远程监控与故障诊断系统"科学技术成果。2018年，公司工业总产值38032万元、工业增加值6153万元、营业收入42639万元、利润总额168万元，研发投入1028万元。截至年底，在资质方面，取得专用车生产资质、计算机信息系统集成企业三级资质，以及特种设备制造许可证等资质证书、建筑业企业资质证书（建筑机电安装工程专业承包叁级）；在知识产权方面，公司累计获得专利、软件著作权等共218项，其中包括发明专利14项、软件著作权19项；在管理体系方面，公司已获得质量管理体系认证、环境管理体系认证、职业健康安全管理体系认证、IATF16949认证，并于2013年获得AAA级信用单位荣誉。是"高新技术企业"和"北京市级企业科技研究开发机构"。2018年，航天新长征电动汽车技术有限公司获得北京市科技委资金项目支持100万元。

（戴 晶）

北京远东仪表有限公司

【概况】北京远东仪表有限公司（简称远东有限）隶属北京京仪集团自动化仪表业务板块，是在原有国有企业基础上经过多次技术引进和股权结构调整后形成的国有控股的面向自动化仪器仪表领域的中外合资的高新技术企业。主要从事工业过程测量仪表、自动化控制系统研发、制造和销售，为化工、电力、市政、冶金等企业流程自动化提供服务，为节能减排、绿色环保、安全、物联网、热计量改造等领域提供行业解决方案。近年来，远东有限公司开展市政民生物联网相关业务，从传统流程工业向城市管理、民生、节能等新领域拓展；推进单品销售、系统集成、解决方案向项目服务、运营服务延伸价值链，是北京市仪器仪表行业的明星企业。2018年公司注册资本2.12亿元，占地面积3万平方米，现有员工427人，其中工程技术和技术管理人员占比30%以上。远东有限经营业绩保持平稳，本部及控股子公司实现工业总产值64206万元、工业增加值6340万元，营业收入70805万元，利润总额142万元；研发投入2250万元，占营业收入的3.2%。远东有限获取DN25—DN40和DN350—DN600口径电磁流量计、雷达物位计、热计量系统等7项产品认证资质及水流量标定装置DN25–DN300口径校准证书。构建雷达全系列产品，并与中科院签订合作协议推动雷达水位计产品落地并实现销售。油气回收在线监控系统在山西加油站获得成功试用。传统火检产品完成FDA–2型手持火检调试器开发，火检系列产品取得SIL3功能安全认证。《城市燃气配输设备智慧管理系统解决方案研究与实施》《雷达水位计》《电磁流量计的研发与产业应用》等申报项目共获得650余万元的资金支持和奖励。远东有限自主研发流量仪表历史性中标中石化电磁和转子流量计框架名单，并连续中标中石油硫磺回收项目、俄油加工项目、新绿化工氯化吡啶项目等百万以上大项目。远东有限凭借特色解决方案及优势流程工艺和以往项目实践经验，成功中标6.6万吨/年高性能碳纤维DCS/SIS项目。2018年，远东有限持续聚焦智慧城市、智慧供热领域，相继推出成熟解决方案并连续获取典型行业业绩，成功中标北控曙光大数据柴油发电机项目，获取云南滇池生态补偿水量自动站项目，根据客户需求进行定制化开发的热计量方案在北京热力集团、华源热力等项目上成功应用。年内，远东有限完成 GB/T19001−2016 版质量体系转版认证。参加第 19 届中国环博会（上海）、第 11 届上海国际水展、2018 中国（宁夏）智能科技及应用博览会、第 29 届多国仪器仪表展等大型展会，在微信公众号平台推送 81 条宣传信息，举办 40 余场行业用户交流会，在多家纸媒投放广告，宣传和展示公司自主产品和整体解决方案、物联网等方面的技术能力。远东有限在和平里园区、延庆厂区、大兴厂区多次开展大清理大排查大整治专项生产活动检查和安全隐患排查治理工作，排查整改安全隐患 82 项。远东有限所属实体生产企业全部完成安全标准化评审达标工作。签订各级各类安全生产责任书，分解落实企业安全生产主体责任，确保了“两节两会”“中非合作论坛”等重要时期的公司安全。远东有限加快人力培养力度。相继开展各种培训 6000 余人次，尤其加大风险管控类培训力度。截至年底，有高级职称 20 人、中级职称 52 人、高级技师 7 人、技师 18 人。远东有限获首都文明单位标兵称号、中国仪器仪表行业协会 30 周年功勋会员奖、第 33 届北京市企业管理现代化创新成果一等奖；国际制造部获 2017—2018 年度北京市青年安全生产示范岗；罗斯蒙特产品事业部京津冀销售团队获 2017 年度北控集团级工人先锋号称号；自主电磁流量计产品产业化应用获中国仪器仪表学会优秀产品奖；自主研发电磁流量计获京仪集团 2017 年度科技成果三等奖。

（李　婕）

北京京仪敬业电工科技有限公司

【概况】 北京京仪敬业电工科技有限公司（简称敬业科技），隶属于北京京仪集团有限责任公司。敬业科技是 2010 年 3 月由北京京仪敬业电工集团有限公司主辅分离，采用存续分立方式分立新设的有限责任公司，当时注册资本 5009 万元。2010 年，京仪集团组建北京京仪科技股份有限公司（简称京仪科技）。敬业科技股东于 2011 年 8 月 10 日变更为京仪科技，注册资本增加 1318 万元，变更后注册资本为 6327 万元。敬业科技公司致力于提供节能、环保、智能化的电气自动化领域综合解决方案。分别从德国、法国、瑞典、日本等国引进了多项先进技术，与 ABB 公司建立了合作关系，生产低压电器、低压无功功率补偿装置、谐波滤波设备、配电设备自动化集中监控、智能型变频节电设备、节能高效电机等机电一体化节能、智能产品。产品广泛应用于智能配电、节能、环保、军工等领域。2018 年，敬业科技公司注册资本 6327 万元，总资产 34762 万元。现有员工近 140 人，其中研发、工程技术人员占 16%。敬业科技工业总产值 7704 万元，工业增加值 1358 万元，营业收入 15017 万元，销售收入 13929 万元，利润总额 276 万元，科技投入 700 万元，占营业收入的 4.7%。年内，敬业椿整建立了统一的领导班子和统一的经营管理组织架构，实现对业务、资产、人员的统一管理，并实施生产场地的优化整合和集中管理，制定并实施敬业科技与椿整公司整合搬迁方案，实现房产资源的有效利用。敬业科技成立战略与投资委员会和人力资源与薪酬委员会、“十三五规划”修订稿、内控体系建设、公务车管理办法、公司章程等制度。敬业科技获得 AAA 企业信用等级证书，通过高新技术企业复审、2018 年度先进单位及“提质 增效 控风险”群众性经济技术创新活动获京仪集团科技成果三等奖。

（李　婕）

北京京仪椿树整流器有限责任公司

【概况】 北京京仪椿树整流器有限责任公司前身是 1960 年成立的北京椿树整流器厂，企业性质为集体企业。2002 年，企业改制为北京京仪椿树整流器有限责任公司（简称京仪椿整），隶属于北京京仪集团有限责任公司，注册资金 7284 万元，资产总额超过 2.2 亿元，是中国最早生产电力电子器件和电力电子变流装置的高新技术企业。京仪椿整致力于开关电源、风电逆变器、APF、PWM 整流器、直流斩波器电源等产品领域的研究与开发，为客户提供集设计、研发、制造、服务为一体的最佳解决方案。京仪椿整拥有一个市级技术中心、一个博士后科研工作站、一个北京市优秀创新工作室。截至2018年底，拥有66名员工，电力电子相关专业的工程技术人员占26.2%，为产品技术创新奠定了专业基础；硕士学历13人，本科以上学历人员占47.2%。年工业总产值2041万元，工业增加值2148万元，营业收入4648万元，销售收入2298万元，利润总额650万元，科技投入320万元，占营业收入的6.9%。京仪椿整不断聚焦核心行业关键技术，研发新产品，保持行业技术领先地位，年科技投入达到主营业务收入的13%，其中2项发明专利、1项实用新型专利获得授权。同时，以“效益”和“效率”为核心，调整业务布局，退出不盈利产品，集中力量研发传统优势产品的升级方向，全年共确定2项公司新产品，填补公司产品空白，为企业未来发展提供技术保障。京仪椿整获2018年度先进单位及“提质 增效 控风险”群众性经济技术创新活动获得京仪集团科技成果三等奖。

（李 婕）

北京北仪创新真空技术有限责任公司

【概况】北京北仪创新真空技术有限责任公司（简称北仪创新）隶属于北京京仪集团有限责任公司。北仪创新拥有48名员工，有教授级高级工程师1人、高级工程师2人。2018年，北仪创新工业总产值7795.11万元，工业增加值6220.6万元，营业收入1.08亿元，销售收入7790.81万元，利润总额20.6万元，科技投入185.83万元，占营业收入的1.73%。年内，北仪创新通过退出劣势业务、努力盘活存量资源，提高了公司经营指标，其中利润总额同比增加112%、其他业务收入同比增加19%，经营活动现金流同比增加155%。北仪创新制订《北京北仪创新真空技术有限责任公司扭亏工作方案》，10月底完成应用产品业务退出及人员安置工作。2018年全年实现减员21人，年底，精简为48人。北仪创新持续推进514所环境模拟项目的详细方案设计工作，并通过客户方组织的专家评审；配合北京航空航天大学，完成国家重大科学仪器设备开发专项——超高真空大抽速磁悬浮复合分子泵研制与应用示范项目任务4的验收工作；自主研发的XHJ–600连续真空焊接炉项目，从中关村示范区几万家企业中脱颖而出，被评为首台（套）重大技术装备项目；通过高新技术企业复评工作，保持高新企业和市级企业技术中心资质。

（李 婕）

北京京仪北方仪器仪表有限公司

【概况】北京京仪北方仪器仪表有限公司（简称京仪北方），隶属于北京京仪集团有限责任公司。注册资本5329.96万元，主要经营范围是设计研发制造、加工工业自动化仪表、计量仪表、电工仪表、智能电能表及民用计量仪表。截至2018年底，京仪北方从业人员115人，其中在岗职工109人，其他从业人员6人。2018年工业总产值5549.53万元，工业增加值528万元，营业收入6382.43万元，销售收入6084.33万元，利润总额为52.49万元，科技投入为434.17万元。取得南方电网投标入围资质并参与投标；参与尼泊尔智能电表投标2次；与英国CY公司达成合作协议，与塔吉克斯坦用电管理部门初步达成合作意向；取得北京智芯公司高速载波模块的授权；实现国网外营业收入297.58万元。京仪北方新取得7款单相智能电能表和1款三相智能电能表的国网检测报告及型式批准报告和证书；取得南方电网4款表型的检测报告；完成尼泊尔智能电表研发工作。自主研发智能燃气表，已经完成燃气表样机开发，取得防爆许可证和型式批准，取得北京技术监督局核发的计量器具生产许可证。

（李 婕）

北京京仪绿能电力系统工程有限公司

【概况】北京京仪绿能电力系统工程有限公司（简称京仪绿能），隶属于北京京仪集团有限责任公司，是北京市高新技术企业和中关村高新技术企业，具有电力工程施工总承包三级资质和承装（修、试）电力设施许可证四级资质。截至2018年底，京仪绿能在职员工82人，其中具有本科以上学历32人。全自主知识产权的光伏逆变器及相关产品获得金太阳、TUV、CE、ENEL等认证和北京市自主创新产品称号，拥有经验丰富的光伏电站建设团队和出色的系统集成能力，公司累计建成光伏电站容量375MWp，运维业务总体量171MWp。年内，京仪绿能开工建设的浑源5.5兆瓦村级电站、大同5.1兆瓦村级电站和延安富县50兆瓦光伏电站项目（35兆瓦可实现部分）全部完成“630”并网发电，实现收入1.2亿元；实现新增运维业务26.3兆瓦，实现运维收入808万元；将延庆厂区整体出租，同时加快推进延庆10MWp电站并网工作。工业总产值1.43亿元，工业增加值−7809.22万元，营业收入1.32亿元，科技投入695.96万元。2018年获首都文明单位称号。

（李　婕）

北京京仪科技孵化器有限公司

【概况】北京京仪科技孵化器有限公司（简称京仪孵化器）隶属于北京京仪集团有限责任公司，是依托北控、京仪集团雄厚实力和资源建立的产业驱动型国家级专业孵化器，国家级众创空间，同时是中关村管委会认定的中关村“京仪海归人才创业园”，总孵化面积近10万平方米。2018年年底，京仪孵化器有员工47人，其中专科以上学历占总数的80%，40周岁以下员工占50%。年内，京仪孵化器劳动生产总值2850万元，实现主营业务收入10278万元，利润总额812万元，净利润616万元，净资产收益率为20.43%，总资产报酬率为7.49%。2018年，在园企业销售收入达27.9亿元，研发投入总额达2.1亿元，占企业总收入的7.5%；企业申请知识产权294项，获批219项；帮助25家创业企业获得融资或政府政策性扶持，融资额度3.2亿元。指导27家企业获得申请高新技术企业认定，累计为社会提供3000余个就业机会。京仪孵化器在海淀区、西城区、朝阳区及大兴区分别设立孵化器子公司，组建专业服务团队。建立了“京仪创新港”“融咖啡”“融创汇”等国家级和北京市级众创空间，建立大钟寺9号、西城百万庄16号、朝阳电子城等国家级和北京市级孵化器，在大兴、亦庄等创新区建设了加速器和产业园，形成了创新不同阶段和全生态孵化网络。通过搭建创业导师科技咨询服务平台、新兴特色创业服务平台、建立工匠库、搭建产业对接市场推广服务平台、搭建关键共性技术服务平台、搭建投融资服务平台，重塑企业文化。形成一套完整的创业服务体系，推动草根创业与国有大型集团间的技术转移与成果化，而推动产业转型升级和高端发展，助力“双创”服务实体经济。年内被中关村管委会认定为“创新型孵化器”，被北京市经济和信息化委员会认定为北京市小型微型企业创业创新示范基地，同年在南方都市报和国际知名投资机构（IDG）联合评选中入围全国创业孵化器TOP50强。

（李　婕）

北京京仪仪器仪表研究总院有限公司

【概况】北京京仪仪器仪表研究总院有限责任公司（简称研究总院）成立于2007年，注册资本1.17亿元，隶属于北京京仪集团有限责任公司，主要致力于仪器仪表行业的科研与技术支持，是京仪集团设立的高新技术研发、行业技术发展预测的研究机构。研究总院集中科技资源，打造科技创新管理体系，打造京仪集团的研发平台。2018年年底，研究总院人员总数30人，其中博士5人、硕士7人、大学本科16人、大专2人。工业总产值34.03万元，工业增加值967.79万元，实现主营业务收入28.08万元，实现利润总额287.82万元，科技投入691.52万元。年内，研究总院完成北京光电技术研究所、北京电影机械研究所、北京自动化技术研究院、北京博飞仪器有限责任公司的整合。将发展方向定位为高端智能制造领域，研发方向转向以机器视觉、图像处理、智能识别、智能控制、物联网传感器及信息技术等为核心的技术研发工作。研究总院与清华大学、北京理工大学达成激光熔覆相关合作；与中科院合作开展基于图像处理的多层PCB电路板缺陷检测技术；与北京京仪北方仪器仪表有限公司合作推进基于NB-IoT的燃气表的产业化，与北京布莱迪仪器仪表有限公司合作开发基于机器视觉的压力表在线监测装置。

（李 婕）

北京京仪工贸有限公司

【概况】北京京仪工贸有限公司（简称京仪工贸），前身是1955年由北京市电子仪表工业局成立的北京电表厂，按照京仪办〔2006〕253号文件要求，以北京远东仪表公司为基础组建北京京仪工贸公司，注册资本为9215.7万元。2016年1月15日京仪工贸主体改制名称变成为北京京仪工贸有限公司，股东为北京京仪集团有限责任公司，其职责也由京仪集团辅业管理平台转型为现代服务业管理平台。2018年年底，拥有及管理的资产总额67208.4万元，固定资产6202.4万元，投资性房地产20315.9万元。公司下设7个职能部室、3家分公司、2家子公司、5家托管单位，工贸所属及管理的企业全员人数为298人（其中从业人员245人、不在岗人员53人），管理的离退休人员9105人。年内，京仪工贸整体营业收入为18002.4万元，比上年同期增长14.79%。利润总额实现5547.5万元，较上年同期增长80.95%。京仪工贸及所属各单位房租收入全年完成15043.5万元，比上年同期增长18.36%。2018年人均营业收入实现69.2万元，较上年的60.3万元增长14.79%；实现人均利润总额21.3万元，较上年的11.79万元增长80.95%京仪工贸启动仪表七厂和工程公司的整合工作，完成北照总厂改制工作；实现以项目运作为核心的矩阵式扁平化管理架构；加强企业制度化、流程化建设。京仪工贸通过对原有工业厂房资源全面推进改造升级工作，将蕴含历史底蕴和文化内涵的老厂房打造成集文化、金融、科技融合发展的高品质文化创意产业示范园区，成为首都核心区吸引创意人才、聚集创意产业的新载体、新平台。京仪工贸获得第33届北京市企业管理现代化创新成果奖二等奖及北京京仪集团有限责任公司2018年度先进单位称号。

（李 婕）

北京市化学工业研究院有限责任公司

【概况】北京市化学工业研究院有限责任公司（简称化研院）隶属于北京化学工业集团有限责任公司，下属单位有宁波华腾首研新材料有限公司、余姚市凡伟工程塑料有限公司、北京科方创业科技企业孵化器有限公司和北京市化学工业研究院有限责任公司北京分公司4个。公司经营范围是制造塑料制品（限分支机构经营）；制造工程塑料、聚脂胶；技术检测；技术开发、技术转让、技术咨询；经营本企业和成员企业自产产品及技术出口业务等。2018年，公司以“京外布局、京内转型、升级改造、提质增效”中心任务为引领，以生产经营为核心，夯实基础管理，深化改革创新，加快企业转型升级进程。全年实现营业收入1.89亿元、销售收入1.89亿元、工业总产值1.42亿元、工业增加值1490万元、利润-1554万元，科技投入645万元。完成工程塑料产业布局调整，年产2万吨改性工程塑料项目通过北京化工集团竣工验收，基本具备承接全部工程塑料业务的能力。完成供应商及原材料整合、产品整合，统一了原材料名称规范，制定《京外企业三年提升方案》和《三品战略规划方案》。积极推进科技创新，新型绿色环保型可降解塑料PBAT中试研发项目获市国资委280万元资本金支持。2018年，北京市化学工业研究院有限责任公司获集团公司先进单位称号；所属北京科方创业科技企业孵化器有限公司被市科委、市财政局、国家税务总局市税务局认证为高新技术企业。《一种高保温保墒可降解农用地膜材料制备方法》《一种尼龙基导热复合材料及其制备方法》《一种可完全降解石头纸的制备方法》分别获国家知识产权局发明专利证书。

（张增惠）

百济神州（北京）生物技术有限公司

【概况】百济神州（北京）生物技术有限公司于2011年1月注册成立，位于昌平区中关村生命科学园，注册资本4671.1万美元（约3.2亿元）。由美国科学院院士、中国科学院外籍院士王晓东博士，及创业家欧雷强先生共同创建。企业专注于开发有潜力成为全球最佳（Best–in–Class）和领域首创（First–in–Class）的新型抗肿瘤药物。百济神州（北京）公司拥有雇员696人，其中545人是科学家及临床医学专家，包括博士115人、在站博士后5人；145名员工拥有海外学习和在全球知名跨国医药企业从业经验，研发团队硕博人员比例超过73%。拥有6个创新药物在全球开展临床试验，超过10个创新药物处于临床前研发阶段。2018年，企业实现营收7.6亿元，研发投入2.6亿元，个税缴纳额1.1亿元。百济神州（北京）公司先后承担国家重大新药创制专项课题5项、省部级研究任务10余项，2015年9月被认定为国家博士后科研工作站，入选北京生物医药产业跨越发展工程（G20工程）—创新引领企业。

（魏清华）

北京爱康宜诚医疗器材有限公司

【概况】北京爱康宜诚医疗器材有限公司是中国最大的人工关节生产企业、国内骨科植入物领军企业，全球最大的3D打印骨科植入物生产商之一，为香港主板上市公司，被称为3D打印商业化第1股。公司总部位于北京市昌平区，拥有北京、常州及英国三大生产基地，产品行销遍布全国及30余个海外国家和地区。自公司创立之初起，即致力于研发高性价比、国人用得起且适合的骨科植入物产品。经过10余年持续不断的努力，公司研发团队研发出从初次置换、翻修手术、复杂手术、罕见手术的全系列的产品，可以安全、有效地提供全方位的骨关节和脊柱置换手术的解决方案。公司经过9年多的研发，预见性、开创性地将3D打印技术用于骨科植入物的打印，并于2015年获得世界首个经过临床验证的CFDA注册证，与海外巨头的技术发展达到相等甚至领先的程度。公司的3D金属打印骨科植入物技术一经推出即引起轰动，其中为北医三院、北大人民医院等国际顶尖医院提供了10余项世界首例的治疗。2015年8月，公司取得中国首家获得人工髋关节摩擦界面“金标准”的CFDA上市许可，打破海外巨头的技术垄断。2018年，公司含税销售额超过5亿元，经销商600余家，遍布中国所有省份，产品进入中国1800余家医院，出口到10余个国家和地区，在海外树立了中国品牌的良好形象。近3年公司合计纳税约1.8亿元，作为园区内利税大户，公司解决了近400人就业问题，并为超过1000人的家庭提供生活保障，累计为超过40万患者解除病痛。公司专注于研发，每年将收入的约10%投入持续研发中。获得2项PCT专利、42项发明专利、140项实用新型专利，另有131项发明专利及7项国际专利正在审批中。2018年6月，公司的A3膝关节获得美国FDA的注册审批，实现国产膝关节产品于美国FDA注册的零的突破。

（魏清华）

北京诚益通控制工程科技股份有限公司

【概况】北京诚益通控制工程科技股份有限公司（简称诚益通）为创业板上市公司（股票代码300430），成立于2003年，注册资本2.72亿元，现有员工1300余人。是专业的生物、医药行业智能化、数字化整体解决方案提供商，制药装备工业4.0的成功实践者及领航者。2018年，诚益通生物医药智能制造业务板块客户群体稳定，订单持续增加，营业收入保持稳定增长，中标江西国药及黑龙江新和成等大型项目，参与华邦、华森等国家级示范项目。同时，业务领域拓展至中药领域，控股金安药机，公司产业链得以延伸。2018年，诚益通实现营业总收入6.89亿元，同比增长24.14%；利润总额1.19亿元，同比增长15.52%。年内，诚益通生物医药智能制造板块业务获得多项政府部门肯定。通过两化融合贯标管理体系认证；10月被选入《北京市智能制造系统解决方案供应商推荐目录》，被推选为北京分盟理事长单位；12月被选入《智能制造系统解决方案供应商规范条件》企业名单。诚益通十分注重技术的研发和提高，锐意创新，一直走在行业前端。主要技术队伍由原航天部专家、医药行业具有精深专业知识和丰富经验的专家、高级工程师、工程师组成。诚益通是北京市首批认定的高新技术企业，拥有64项已授权专利，在发酵/合成、分离纯化、成品制备、辅助工段等医药、生物产业领域的关键技术具备完全自主的知识产权。在“互联网+先进制造业”的背景下，诚益通运用新一代的信息化技术、DCS/PCS/BATCH等控制技术、人工智能、过程分析技术，以及工业机器人等智能设备，真正做到了数据驱动生产，在生物医药行业落地智能制造。诚益通首次在行业内推出数字化设计和一键式设计的理念，极大地提高了设计效率和质量，能有效缩短项目建设周期，为客户节约时间和成本。

（魏清华）

中粮丰通（北京）食品有限公司

【概况】中粮丰通（北京）食品有限公司（简称中粮丰通）是由世界500强企业中粮集团（COFCO）与日本丰田通商株式会社（Be the Right ONE）于2005年12月共同投资兴办的外商投资企业。位于北京市大兴区北京生物工程与医药产业基地永大路21号，占地3.33万平方米，注册资本1162万美元，2007年7月建成投产。中粮丰通是中粮集团中粮粮谷专业化平台综合食品管理部下属的唯一面包焙烤加工企业，拥有日本进口的全套自动化生产和研发试验设备，以及具有国际先进水平的检验设备等。公司致力于满足客户对产品营养、健康、安全等方面的需求，针对客户的个性化需求，定制相应的产品方案。中粮丰通现产能达到3600吨，主要生产面包、糕点、饼干、月饼四大类18个系列百余种产品。企业已通过SC、ISO 9001和FSSC 22000认证，并获北京市农业产业化重点龙头企业、中关村高新技术企业、消费者喜爱品牌、中国月饼文化节“中国名饼”等称号。2018年，中粮丰通实现工业总产值2.38亿元，工业增加值4472万元，营业收入2.17亿元，销售收入2.17亿元，利润总额922万元和科技投入（研究开发费用）506万元。年内，中粮丰通加大科研投入，确保其科技活动有效持续开展。全年共上市63款新品，新品销售收入达3650万元，占总销售收入16%。此外，在保持稳定技术骨干人才的基础上，建立各项激励考核政策，激励员工尽情地发挥自己的技术特长，更好的开展技术创新工作。截至年底，共有各类技术人员14人，其中高级研发工程师1人、中级研发工程师4人、初级研发工程师1人。为了能更好地满足月饼等中式糕点的生产，中粮丰通有月饼生产车间进行系统改造，重新设计布局，增加新输送装置、烘焙设备和包装设备等设备设施，提升自动化水平。此外对室内墙面、地面、屋顶、通风、照明、门窗、水、气等进行全面改造，将室内环境提高至高洁净级别，改造面积580平方米。改造完成后，中式糕点产能提升1倍。“中粮香雪”品牌面包、糕点及三明治系列产品已进入超80%便利店系统，例如全家、罗森和好邻居等，同时也选择性进一些高端超市，例如永旺及新世界超市。“中粮香雪”品牌产品销售收入较上年增长近30%，新增进店数量近500家，截至年底“中粮香雪”品牌产品已经在京津冀地区的2000余家门店进行销售，是在京津冀地区店铺覆盖率较高的品牌之一。除了线下门店的稳步增加，“中粮香雪烘焙”公众账号正式投入运营，通过专业化运营。

（张秀金）

北京方仕工贸有限公司

【概况】北京方仕工贸有限公司创建的 FOUNSEE 品牌，于 1998 年在北京诞生。1998 年全年导入 CIS 形象工程，全国设立 100 余家专卖店。2018 年工业总产值为 11014 万元，工业增加值 1818 万元，营业收入为 13242 万元，销售收入为 11059 万元，利润为 329 万元。2004 年被中国保护消费者基金会推介为全国用户满意品牌，被北京服装协会评定为优质产品。2006 年被评为北京十大热销服装品牌最具潜力奖。2007 年被北京大红门国际服装节组委会评为十大活力品牌。2008 年被北京工商行政管理局认定为北京著名商标。2009 年被中国质量保障中心评为中国知名品牌重点推广单位。2010 年被中国服装协会评定为会员单位。2013 年被北京服装纺织行业协会评为北京最具文化创意十大服装品牌“最具潜力奖”。

（徐洪波）

北京市宗洋制衣集团

【概况】北京市宗洋制衣集团坐落于大兴区庞各庄工业区，主要生产中高档女装，年产量约 16 万件，拥有员工 170 人，在国内 30 余个城市 80 余家商场设有专柜。2018 年实现工业总产值 1.5 亿元，工业增加值 2832 万元，营业收入 7000 余万元，开发费用投入 300 余万元。

（陆朝品）

北京朗利夫服装有限公司

【概况】北京朗利夫服装有限公司成立于 1999 年，生产厂位于北京市大兴区青云店镇。注册资金 1000 万元，是拥有 1.6 万平方米现代化生产基地的自营进出口企业，是一家集产品设计、研发、生产、物流、营销、培训于一体的多元化服装品牌运营管理公司。公司代理了法国高端女装 MALABATA（玛拉葩塔）品牌和意大利时尚女装 SOUAD（索娃妲）、HYBRIS（依伯瑞丝）品牌。公司本着“情感的家园，事业的起点”的企业宗旨，提倡“让服务创造价值，让销售变得多余”。2018 年，公司根据不同的品牌制定不同的市场定位及设计理念，在全国范围内拥有 90 余家店铺，有销售员工 300 余人、生产工人 200 余人、后勤管理服务人员 100 余人。共生产服装 25.48 万件 / 套，总产值 22390 万元。工业增加值 3195 万元，营业收入 18215 万元，利润总额 78 万元。

（咸桂瑾）

协会组织

2019 北京工业年鉴 BEIJING INDUSTRY YEARBOOK

本栏目主要记述北京工业经济联合会、北京质量协会、北京电子商会、北京汽车行业协会、北京机电行业协会、北京酿酒协会、北京日化协会、北京保健品化妆品协会、北京服装纺织行业协会、北京医药行业协会、北京家具行业协会、北京包装技术协会、北京工艺美术行业协会、北京金属学会、北京建材行业联合会、北京水泥工业协会以及其他协会组织工作情况。

综　述

2018 年，北京工业经济联合会作为“枢纽型”社会组织，认真履行职责，以党建为引领，不断推进行业协会健康有序发展。

加强基层党组织建设，以提升组织力为重点，突出政治功能。北京工业经济联合会党建委与北京企业联合会共同举办党建工作培训班，40 家行业协会党建工作负责人及行业协会负责人参加。学习有关《中国共产党支部工作条例（试行）》的文章,发放了《新编党支部工作使用教程》。北京市社工委李明洪处长以《深入学习贯彻党的十九大精神，全面加强社会组织党建工作》为题进行授课，市委党校的靳连芳教授做了题为《学习习近平新时代党建思想，进一步推进社会组织党的建设》的主题讲座。北京模具行业协会、北京铸锻行业协会和北京饲料工业协会 3 个党支部做了先进典型的发言。

在不忘初心、牢记使命教育活动中，组织召开庆祝中国共产党成立 97 周年大会。和行业协会党支部组织到党的一大会址、延安、西柏坡等红色圣地学习参观，增强现实的责任感和历史的使命感。

建设学习型社会组织，组织学习《习近平在纪念马克思诞辰 200 周年大会上的讲话》《中国共产党章程》,组织观看电影《青年马克思》。为大家购买了《新编党支部工作使用教程》《行业自治研究》《中国行业协会的转型与治理研究》等书籍，引导党员干部爱读书、读好书、善读书，树立正确导向。

推进北京市产业结构调整，疏解非首都功能。北京印刷行业协会先后组织印刷企业在河北曹妃甸和河北滦县进行参观考察活动，推进京津冀协同发展战略。

北京家具行业协会组织企业多次到河北省、山东省、江苏省等地的开发区考察，共有 200 余家企业与北京周边地区开发区签署了入驻协议。为做好全国布局，协会组织会员单位到江苏省、山东省和河南省等考察洽谈，有的项目已落地生产。与深州市政府共建的家具产业园，除承接京津冀三地的家具产业外，协会还努力引进全国优秀家具企业，致力于打造北方最大、最具影响力的家具产业集群。

以工经联、机电协会、北京模具行业协会共同发起的北京 3D 打印技术联盟在专业技术方面发挥较好的作用。推动新技术推广应用，促进企业向高精尖转化。参与制定的全国唯一的计算机考试（3D）打印造型师标准，经过国家职业技能鉴定专家委员会计算机专业委员会指导并通过最终评审。先后开展了《全国模具行业建模师 3D 打印技术培训》；北京模具行业协会在亦庄开发区组织了 17 次生物医疗领域 3D 打印技术培训，培养了 500 余名企业技术人员。在北京市第 18 届职业技能大赛中运用了 3D 打印造型师标准，使企业在智能制造过程中得到提升，收到了可喜的效果。

北京铸锻行业协会与河北省洽谈，运用 3D 技术布局策划新的发展方向。

北京电源行业协会制定了电动车团体标准。电子电器协会开发潜在优势，制定了家用电器维修技术标准、机器人标准。

北京电子电器协会在“一带一路”的外联工作方面，一直非常重视，特别是在东盟地区组织企业走出去方面，发挥了很好的作用，取得了较好的成效。

北京医药行业协会与湖南省医药行业协会签订战略合作协议，与天津市高新区共同打造生物医药产业。推进北京市医药企业智能制造技术改造、产业升级。

年内，北京工业经济联合会获党建研究成果二等奖；北京医药行业协会党支部获社工委优秀党支部称号；北京市饲料工业协会党支部副书记杨艳艳获先进党务工作者称号；北京电源行业协会获社工委组织公益会铜奖。

（北京工业经济联合会）

【北京工业经济联合会】党的十九届三中全会通过的《中共中央关于深化党和国家机构改革的决定》，对社会组织提出新要求。为学习贯彻党的十九届三次会议精神，适应社会组织发展形势，11 月 27 日至 29 日，北京工经联发起，并与北京企业联合会、北京市建筑业联合会、北京市商业联合会 4 家“枢纽型”协会联合组织了《“转型、自治、创新、发展”行业协会发展论坛》。北京饲料工业行业协会、北京包装技术协会、北京工美行业协会、北京表面工程协会、北京家具行业协会在大会上交流经验。通过这次论坛，与会人员在思想认识方面受到很大启发。大家明确了加强协会党建是协会脱钩的首要任务。应该按要求把这一任务落实好，把党组织职责、党建工作制度写入协会章程，使党对协会的要求落到实处，引领协会健康有序发展。对协会自治内容和要求有一定的了解，转型自治的思想意识初步树立起来。对行业协会立法有了觉醒。一方面形势发展要求协会“权责明确，依法自治，发挥作用”，另一方面又面临行业协会法仍处于论证立法的被动局面。开始对行业协会商会立法开始重视，表示要学习法理知识、关注立法进程，参与立法工作。对创新发展有了更深层次的理解。大家表示要继续深化合作，不断创新，为北京市行业协会健康有序发展做好工作。

（北京工业经济联合会）

【北京质量协会】北京质量协会（英文译名：Beijing Association For Quality），成立于1981年9月，上级主管单位为市经济信息化委，业务指导单位为市市场监督管理局，是经北京市民政局核准注册的社会组织。

开展质量品牌建设行动。年内，协会组织会员企业参加品牌建设交流和研修活动，组织3次经验交流活动；开展质量管理体系品牌宣贯活动，培训了400多名质量品牌专业人才。协会推荐企业参加全国质量标杆遴选，北京小米移动软件有限公司等5家企业获得全国“质量标杆”企业荣誉称号。参与中关村品牌建设众扶小组推进活动。调研帮扶8家企业，与企业在现场交流对接资源，提出专业建设意见，促进企业质量品牌建设活动开展。在中国质量协会具体指导下，开展北京地区制造业质量现状调查。调查内容主要包括创新质量、制造质量及管理质量，涵盖企业采标情况、质量管控、质量方法工具的应用及品牌管理等方面，调查的目的是为政府主管部门制定质量政策提供参考，协会获得中国质量协会质量现状调查活动先进单位荣誉称号。

协会开展质量管理小组和质量信得过班组等群众性质量改进活动。召开两次质量管理小组经验交流会，来自全市工业、建筑业和服务业等行业企业的代表600余人参加会议；召开一次北京市质量信得过班组经验交流会，共70余位代表参加。

推广先进质量管理方法的普遍应用，加强质量专业人才培养。协会举办质量管理体系内部审核员、卓越绩效管理培训、质量管理指导老师培训、品牌经理注册资质培训等，为会员单位和企业培训质量专业人员约1000人次。协会为北京宝沃汽车有限公司、北京金隅物业管理有限责任公司、国网北京市电力公司、新疆（北京）金风科技股份有限公司等企业进行了专业咨询服务。

推进质量诚信体系建设活动，开展工业企业质量信誉和自我声明承诺及市场质量信用等级评价活动。共有90家会员企业参加质量信誉和自我声明承诺活动。协会推荐的3家企业获得全国市场质量信用AA级评价称号。

为会员单位提供多样化的服务。协会组织会员参加中国满意大会专项活动。协会利用内刊和网站宣传会员单位工作情况，通过新媒体微信公众号、QQ群、微信群等为会员传递质量信息。

（北京质量协会）

【北京电子商会】2018年，北京电子商会建立行业统计网络，对105家电子信息制造业重点企业进行统计、监测，向市经济和信息化局报送经济运行数据。商会每月8日前汇总重点企业销售收入及产值，10日前汇总产销存累计及当月数据，20日之前上报经济指标表，并制作经济运行简报，写出每月、每季、年中、年末的分析报告；每月25日之前报送25个重点企业产值。4月至5月，商会参加工信部组织的年报汇审。5月至6月，商会组织北京地区每年一次的中国电子信息百强申报工作。商会每年召开1～2次《北京电子信息制造业统计工作会》。商会协助市经济和信息化局完成工信部布置的相关年鉴的组撰稿工作。配合对北京市电子信息制造业企业进行调查，摸清企业的具体场所、占地面积、周边环境、主要产品、财务数据等基本情况，为疏解整治提供基础信息。

1月26日，中国电子信息行业联合会、中国电子商会主办的“2018第3届中国电子信息行业发展大会”在京召开。会议以“加快构建新时代产业发展新体系”为主题，重点总结全行业运行情况、展望未来走势、解读相关行业政策和国家重点工作。电子行业重点企业，相关行业协会、院所，金融机构和新闻媒体400余人参会。大会还设立了企业家高峰论坛、产融合作发展论坛、国家数据与治理论坛。商会推荐了航天信息股份有限公司、京东方科技集团股份有限公司、紫光股份有限公司、利亚德光电股份有限公司、北京集创北方科技股份有限公司参与企业社会贡献评选及优秀企业评选。

4月10日和18日，商会先后在中关村街道知西社区和朝阳区西坝河东里社区举办两场“移动互联网、智能终端安全使用教育——科技服务进社区”公益活动。

4月22日，商会组织会员企业新华三集团、北京九纯健科技发展有限公司、北京旅之星科技有限公司约40人参加由中国工业经济联合会在北京会议中心召开的2018年经贸形势报告会。

7月8日，“2018智能制造新技术高峰论坛”于3E北京消费电子展期间落幕。论坛由北京电子商会主办，元器件交易网承办，邀请了传感器、安防、AI和产业园等行业企业参与，聚焦智能制造产业，集中展现高端设备及行业应用解决方案，分享调研大数据以及各大高校最新科研成果，共同探讨中国智能制造的未来市场技术应用以及产业升级的需求。

8月24日，商会组织部分会员参加京台科技论坛第12届汽车电子论坛。论坛由北京汽车行业协会、台湾地区电机电子工业同业公会共同主办，北京电子商会、北京新能源汽车产业协会、北京服务外包企业协会协办。9月11日，商会与河北省信息产业与信息化协会、天津市电子工业协会联合元器件交易网联合主办的“2018京津冀携手深圳企业供需见面会”的第1站在河北省涞水新城举办。活动划分为两个部分：参观雄安新区及中电科涞水未来电子科技园，举办京津冀深电子信息产业对接会。

9月12日，由北京电子商会、天津市电子工业协会、电子城（天津）投资开发有限公司、元器件交易网联合在天津魔方电子城举办“京深企业聚焦天津助推京津冀协同发展企业对接会”。9月20日，由北京电子商会和紫光旗下新华三集团联合主办的“北京高科技企业数字化创新论坛”在京召开，来自集成电路、光电、新能源以及大数据、云计算、人工智能等领域的百余家高科技企业参会。就如何推动北京高精尖产业数字化创新，助力首都建设全国科技创新中心等议题探讨。

11月9日，在北京牡丹电子集团公司数字电视国家工程实验室举办“海外知识产权纠纷应对及风险防范”沙龙讲座。电子信息制造业重点企业及其他行业的大型国企知识产权工作负责人30余人参加了讲座。12月5日，在北京牡丹电子集团公司数字电视国家工程实验室组织了“企业知识产权过程管理与风险控制”培训，电子信息制造业重点企业及其他行业的大型国企知识产权工作负责人40余人参加了讲座。12月7日，商会组织部分会员企业中负责知识产权管理工作的人员到北京知识产权法院旁听庭审，现场观摩，了解与电子信息行业联系紧密的专利案件。

（北京电子商会）

【北京汽车行业协会】北京汽车行业协会是经市政府批准，由北京市社团办公室核准登记注册的汽车行业社团组织。协会秉承服务宗旨，努力发挥行业组织的桥梁和纽带作用。截至2018年底，协会会员单位242家。

2018年，中国汽车产业正处在转型升级、由大到强的关键发展期，中国汽车市场开始进入低速平稳增长、竞争加剧的新常态。北京汽车面对汽车行业2018年整体遭遇负增长的大环境，围绕北京首都功能的确立和“京津冀一体化”建设展开工作，把握“稳中求进，高质量发展”的前进主线，以打造“高新特”产业结构为导向，加快创新驱动转型，全面推进深化改革。汽车产品向电动化、智能化、网联化、共享化发展，新能源汽车继续保持强劲增势。

据北京汽车行业协会统计，年内，北京汽车产销分别为248.9万辆和256.1万辆，同比分别下降11.07%和8.12%。其中，乘用车产销分别为197.0万辆和203.94万辆，同比分别下降12.27%和8.73%；商用车产销分别为51.89万辆和52.16万辆，同比分别下降6.2%和5.64%。出口汽车7.56万辆，同比下降15.3%。新能源汽车产销分别为16.4辆和16.5辆，同比分别增长46.6%和51.0%，占行业总量的13.1%。

年内，协会服务政府重点工作。助力汽车产业京津冀协同发展，承接市经济和信息化局《京津冀汽车产业协同发展实施专项》课题。对全市企业调研，重点梳理城6区企业的有关情况，重点跟踪尚无搬迁规划或已实施疏解搬迁企业进展。组织河北沧州、河北辛集等产业园区与北京汽车产业精准对接。组织汇编京津冀产业园区信息册。协会配合市城市管理委，组织修订《建筑垃圾运输车辆标识、监控和密闭技术要求》（DB11/T1077—2014）地方标准。为落实《北京市蓝天保卫战2018年行动计划》中提到的完成对北京市内现有80%的燃油环卫车辆替换电动车的任务，协会宣传政策，发动组织主机企业和专用车企业响应。协会协助市经济和信息化局开展汽车行业管理监督检查。配合市台办组织第21届京台论坛活动，承办了第12届京台汽车电子论坛并组织台商与集团企业交流活动，宣传集团新产品、新技术，促进京台两地汽车技术及产品交流。协会协助市经济和信息化局组织实施《改革开放40周年纪念画册》编撰工作，协助策划方案，还推选北京汽车优秀代表企业作为典范入选，宣传北京汽车在改革开放中的重大发展成就。

服务会员单位。为助力北京汽车产业结构调整，了解汽车行业发展态势，了解和学习行业内外标杆企业的先进技术、优秀管理经验以及创新发展理念，协会特组织相关会员单位开展“走进标杆企业，助力转型发展”系列调研、交流学习活动。协会为车辆生产企业在产业转移、生产资质申请以及公告企业在更名、改制、重组、迁址、质量体系和3C认证做好咨询、现场审核工作。协会组织双源无轨电车鉴定会，为会员单位新产品市场准入创造条件，支持会员单位开展品牌宣传和促销活动。

协会开展标准化工作，组织并代表北京市汽车标准化技术委员会参加市质监局举行的专业标准化技术委员会的年度考评工作。继续参加中汽房车委标准化项目组，推进房车标准的制修订工作。组织团体标准培训，邀请部分兄弟行业协会领导和相关人员参加培训，介绍团体标准提出的背景、重要意义、国内外团体标准的发展历史及现状，介绍团标的基本要素、原则、运作治理，就行业组织应在推动团标发展中发挥重要作用提出建议，完成团标制订资格的申请注册工作。

协会加强行业调研，到重点企业调研。加强内部基础建设，根据民政局社团办最新要求，完善协会相关管理制度。根据审计报告整改项目，制定整改措施，按时参加年检，委托北京信与诚会计师事务所对协会进行了年度审计。

（北京汽车行业协会）

【北京机电行业协会】2018年，北京机电行业协会坚持为行业、为会员企业服务。组织京津冀三地机电行业协会有关领导一行8人到江苏省机械行业协会、浙江省机械工业联合会开展调研交流。参加中机联等行业会议并做好宣贯工作，将会议精神及时通过网站、微信等多种媒体向会员单位传达贯彻。组织捷通智慧和北京德威特两家公司领导参加中国工业经济联合会举办的经贸形势报告会、2018年全国机械工业省（区、市）行业协会工作座谈会、2018全国机械工业经济形势报告会及2018高端装备制造企业家峰会暨寻找中国制造隐形冠军（厦门卷）首发仪式活动等，使会员单位了解国家经济形势及全国机械行业发展所面临的严峻挑战、应对的举措。与北京企业评价协会继续合作，协助北京捷通机房设备、绿友机械、第二机床和朝阳隆华电线电缆4家会员单位通过“诚信长城杯创建”年度复审。服务政府，发挥参谋作用。协会推荐北京华征力通热力科技有限公司参与申报北京市非公企业履行社会责任综合评价推荐活动，该公司被评为2018年度履行社会责任优秀企业；组织推荐“2018北京榜样”候选人活动，推荐北京德威特继保自动化科技股份有限公司“80后”刘国营作为候选人参与活动；参加2017年至2018年“北京优秀企业家”“北京优秀创业企业家”评选活动，推荐北京华征力通热力科技有限公司总经理刘昊和北京爱生科技发展有限公司董事长张琼参与评选活动。组织国企华德液压和天海两家公司参加政府为企业减负政策座谈会，并提出有关意见和建议。

协会做好专业技术资格评审及职业技能鉴定考评工作。全年网上申报机械和电气专业高、中级专业技术资格评审的人员共2320人，其中高级760人、中级1264人。经过审核及评审，高级职称通过484人，占比63.7%；中级职称通过865人，占比68%。完成北京市社会化职业技能鉴定技师、高级技师13个批次598名的综合评审工作，其中高级技师178人、技师420人。通过鉴定评审的有443人，其中技师324人、高级技师119人，通过率74%。

继续推进协会党建工作。协会针对非公企业党建工作基本情况摸底调查。采取问卷、走访等方式，对非公企业党组织隶属关系、党员数量分布等基本情况调研摸底，做到底数清；引导企业建立和完善党组织建设，重点引导北京华征力通科技有限公司，并从另一家非公企业选派指导员，帮助该公司创建了党支部；为非公企业搭建研讨交流平台，全年召开研讨、交流会2次。举办“非公企业党建工作会”，33家非公企业、5家国有企业代表到会。提高办公效率，投入资金上万元搞网络升级改造，改善了办公环境。办好协会内部刊物，维护好网站建设。协会全年编制印发《机电行业市场信息发展动态报告》月刊12期，为会员单位提供宏观经济政策、行业动态、行业发展和重大活动等信息服务。

协会召开第5届会员大会，选举产生理事会43人、监事会3人。

做好先进集体和劳动模范评选推荐工作。协会推荐的先进集体——北京巴布科克·威尔科克斯有限公司工程部性能报价分部、劳动模范——北京华德液压工业集团有限责任公司杨晓东均通过初审。

（张桂萍）

【北京酿酒协会】2018年，全行业生产饮料酒62.78万升，增长1.95%；现价总产值130.73亿元，增长31.39%；实现工业增加值55.86亿元，增长26.41%；实现销售收入127.41亿元，增长28.36%；实现税收34.05亿元，增长24.73%；利润总额18.97亿元，增长59.55%。全市白酒原酒总产量624285千升，增长25.52%。其中，北京红星股份公司原酒产量53438千升，增长0.99%；北京牛栏山酒厂原酒产量549885千升，增长31.3%。全市白酒总产量666593千升，增长3.33%。其中，二锅头酒总产量175233

千升，增长 −30.69%；北京牛栏山酒厂白酒产量 549885 千升，增长 31.3%；现价产值 87.80 亿元，增长 28.49%；销售收入 92.43 亿元，增长 42.24%；实现税收 26.58 亿元，增长 32.83%，利润总额 15.16 亿元，增长 82.43%。北京红星股份公司白酒产量 88403 千升，增长 −13.02%；现价产值 19.9 亿元，增长 −1.78%；销售收入 24.53 亿元，增长 4.38%；实现税收 5.63 亿元，增长 6.23%；利润总额 4.25 亿元，增长 13.33%。北京葡萄酒总产量 3499.23 千升，增长 7.4%；销售量 3489.75 千升，增长 −33.67%。其中，北京丰收葡萄酒公司葡萄酒产量 2635.74 千升，现价产值 6522.62 万元，销售收入 5206 万元，实现税收 1171 万元，利润总额 9548 万元。北京龙徽酿酒公司葡萄酒产量 863.49 千升，现价产值 1633 万元，销售收入 4599 万元，实现税收 371 万元，销售利润、利润总额 23 万元。（以上数据不含燕京啤酒。）

拓展为会员服务的渠道。1 月 5 日，协会召开北京酒业进入京东北京馆（与西藏七芝堂实业有限公司合作）专题会议，讨论北京酒业进入京东北京馆的具体问题。部分会员单位准备了资料，参加了电商营销活动。协会与北京医药行业协会、北京保健品化妆品协会、北京包装技术协会协商，4 家协会建立了战略合作机制，签署了合作协议。建立了协作联络领导小组，确立了领导小组成员、联络办公室及例会制度。协会与北京酒类流通协会合作，组织会员单位参加两次全国糖酒会和贵州国际酒博览会。协会组织推荐会员单位参加比利时布鲁塞尔国际烈性酒大奖赛。协会协助白酒会员单位完成生产安全整改达标验收。北京市白酒企业进入验收阶段，大部分企业通过安全生产达标验收。按照疏解非首都功能，限制白酒、啤酒增量，优化行业存量的原则，协会继续协助政府职能部门推进行业调整工作。组织会员单位到已签约和已迁出部分产能的企业参观考察交流并组织论坛，参加河北省迁西北京招商推介暨项目签约仪式活动，赴河北省滦南实地考察并座谈，赴河北省邯郸冀南开发区进行考察；组织会员单位参观考察了衡水老白干有限公司和容城县西牛酒曲制品厂，了解疏解工作和已迁厂区当地及企业状况的需求。

协会与市卫计委及市疾病预防控制中心保持联系，参加了两个部门组织的多项活动，包括食品安全宣传活动、北京市食品安全标准工作培训会议等。协会组织会员单位参加了市卫计委举办的 5 期北京市食品安全标准大课堂网上讲座，参加北京市疾病预防控制中心举办的 2 期“食品微生物检验方法”标准培训班，参加科信食品与营养信息交流中心召开的食品安全标准解读培训会。

协会先后组织 7 次“中清酒业酿造技艺发展中心”的会议，即中清酒业酿造技艺发展中心品酒委员会首届二次品酒会暨清香类型白酒感官品语标准落实座谈会、国清香类型白酒高峰论坛 10 年总结座谈会议、首届四次理事会、中清酒业酿造技艺发展中心专家委员会、《清香天下》编委会会议、清香类型白酒工艺集锦末稿校对工作会议、第 8 届清香类型白酒高峰论坛预备会。

（北京酿酒协会）

【北京日化协会】 2018 年，北京日化协会坚持以“为会员服务，为行业服务，为政府服务，为社会服务”为宗旨，加强协会组织建设，开展各项活动，首次被市民政局由 4A 级社会组织升级评定为北京市 5A 级社会组织。

参与推动企业诚信创建。协会按新规定申报模式，帮助会员单位完成认领及完善《信用档案》和年度复审申报，9 家会员单位通过年度复审。协会被市经济和信息化局、首都精神文明办、市工商局和市地税局认定为 2018 年北京市诚信创建企业。11 家会员单位获得“诚信长城杯企业”荣誉称号。

搭建政府企业对接交流平台。协会召开“2018 年北京市化妆品行业动员会”，宣贯当前日化行业规划和京津冀地区协同发展理念，倡导北京市行业有序健康发展。举办 3 期会员沙龙活动，请北京市药监局负责人参加，了解企业的难点和疑问，向企业传达政府相关法规及行业监管等信息。

做好京津冀协同发展及“一带一路”建设工作。协会结合北京日化产业结构调整，带领企业考察江苏新沂经济开发区美妆产业基地，了解开发区情况、投资政策、配套措施等，拓宽企业产业转型升级思路和视野。协会与江苏省日化行业协会开展交流活动，参观隆力奇、绿叶等先进企业，学习并吸收先进经验。协会组织企业参加“2018‘魅力水城·绿色迁安’（北京）投资环境说明会”。

开展科普公益活动。协会完成市工经联“科普进社区公益活动”项目、市科普发展中心“科教进社区”项目。制作科普手册 1000 余册，免费发放。深入 7 个街道社区，普及科学护肤、正确选择使用洗涤用品、打造美丽妆容等方面知识和技巧，体验皮肤黑色素和水分仪器检测。社区受众 300 余人。馈赠产品试用装 300 余份，参加活动专家科技人员 30 余人。

开展学术研讨活动。协会举办 2 期“中国化妆品科技大讲堂”，主题分别为“化妆品行政许可检验要点和风险评估专业技术讲堂”“化妆品包装标签设计与务实专业技术讲堂”，230余人参加。举办“中医药与化妆品产业创新发展专题论坛”，专家及业内人士50余人参加。

开展对外交流考察。协会参加由中国台湾卫生福利部食品药品管理署主办、中国台湾工业技术研究院承办的“2018两岸化妆品管理法规工作坊”，推动与台湾地区化妆品业界的互动与交流。

做好团体标准制定工作。协会起草完成《北京日化协会团体标准管理办法（试行）》，并进行协会团体标准资质的申报，通过审批，取得团体标准资质。协会建立4部团体标准，共有8家会员单位参与起草制订。

协会利用微信平台、协会网站做好活动宣传和信息发布；利用《北京日化》拓宽读者群。协会在北京市科协的帮助下搭建平台，与北京工艺美术学会联合组建创新簇，建立了战略合作关系。

（北京日化协会）

【北京保健品化妆品协会】北京保健品化妆品协会是以北京保健食品行业和北京化妆用品行业具有代表性的大中型企业为核心组成的行业协会，是会员单位自己当家做主维护行业自身权益的组织。协会自成立以来一直坚持组织职能、协调职能、服务职能和政府委托的职能。协会现有专职工作人员9人，会长、秘书长、副秘书长各1人，秘书处专员8人。下设研发、GMP、广宣、蜂产品、流通5个专业委员会，各专委会设主任一名。协会会员总数为162家，比上年新增25家。其中，副会长单位31家、理事单位21家、会员单位110家。

自2007年起，协会已连续12年编制《北京保健食品行业调研报告》，成为北京保健食品行业的重要数据之一。根据协会2007年至2017年调研工作的数据显示，北京保健食品行业年产值和销售额超亿元的企业有10余家，其产值和销售额占整个行业的90%以上。产业集中度保持较高水平。自2015年以来，受到新法律法规的实施、非首都功能疏解转移等行业政策调整以及企业自身发展等因素的影响，北京保健食品企业数量逐年下降。

推进北京市保健食品行业疏解转移与异地监管工作，协会密切关注产业政策以及京津冀协同发展的大势，配合政府突破性地出台了保健食品生产企业跨省异地监管政策新模式，疏解北京市保健食品产业集中落户河北唐山北京（滦南）大健康产业园。协会围绕主题开展了“北京（滦南）大健康产业园推进座谈会”“组织战略合作相关协会赴滦南实地考察”“北京（滦南）大健康产业园项目签约”等专项工作。截至年底，首批疏解转移保健食品生产企业中有15家企业正式签约，其中13家在当地取得分公司或子公司营业执照，6家办好相关规划施工手续并正式破土动工，已征用承接用地超过84.67万平方米，总投资额33.2亿元，将带动当地劳动就业2400余人。其中，北京航洋健康科技有限公司投资建设的蜂胶提取车间如期封顶，通过验收，12月25日取得由原北京市食品药品监督管理局核发的大健康产业园的第1张生产许可证。

加强诚信建设，杜绝保健食品欺诈和虚假宣传，以实际行动维护首都食品安全。遵纪守法、诚实守信、承担社会责任是保健食品企业诚信的标志，协会联合市公安局环食药旅安保总队召开“食品安全工作会”，围绕行业数据、动态以及北京市保健食品生产经营领域的现状和面临的问题进行沟通和探讨，就食品、保健食品欺诈与虚假宣传联合整治工作交换意见，为树立“京牌保健食品”良好口碑奠定基础。为落实国务院食安办《食品、保健食品欺诈和虚假宣传整治方案》的精神，发挥“行业组织要参与综合治理、社会共治”的职能要求，形成打假扶优去伪存真的长效治理机制，协会与北京电视台联合举办“双百工程”新闻发布会，在全市范围内授权200家以上（食品）保健食品化妆品销售门店成为投诉举报（公益宣传）联络站，聘请200名预防虚假宣传义务（宣传）监督员。

11月17日至19日，协会在国际展览中心主办第18届北京国际营养健康产业博览会，并在展会首次举办了“采购商洽谈对接会”，为企业和专业观众提供“一对一、面对面”交流机会，为会员企业搭建展览展示与合作平台并延伸全产业链，助推大健康产业的快速发展，为保健食品行业的发展提供更为广阔的天地。

协会微信公众平台和会员微信群频繁发布“上海进博会”的信息，为会员企业参观参展首届中国国际进口博览会的登记申报提供相关服务。

加强国际交流，助力“一带一路”。接待泰国化妆品工商联合会、泰皇上御谕森林草药计划协会、泰国清莱梅州大学化妆品研发中心等一行9人到访协会，共同走访了会员单位、生发育发专家——北京章光101科技股份有限公司。双方签署了“战略合作协议”，鼓励和帮助各自成员和相关各方开展多种形式的合作。

（北京保健品化妆品协会）

【北京服装纺织行业协会】 11 月 22 日，北京服装纺织行业协会召开第十届会员代表大会和十届一次理事会，完成换届改选工作。

2018 年，全市规模以上服装纺织工业企业营业收入 160.7 亿元，同比增长 2.1%；利润总额 5.9 亿元，同比下降 13.2%；全市衣着类商品零售总额 793.3 亿元，同比增长 2.7%。爱慕、庄子、水孩儿、雪伦、杰奥、铜牛、雪莲等品牌以持续升级的产品提升消费者对中国品牌的认知，拉动市场的消费，成为 2018 年消费品市场平稳增长的中坚力量。企业产品继续向高质量、高附加值、品牌化方向发展，生产向智能化、柔性化、个性化、快速化发展，消费者的消费行为呈现从"大牌意识"向"个性品牌意识"过渡，传统实体零售业态与电商平台走向深度融合发展。

经协会推荐，中国服装协会审核发布，朗姿股份、爱慕公司、铜牛集团、雪莲集团、卓文时尚纺织、格雷时尚科技公司、东方绮丽服装公司、威克多制衣中心等企业分别进入 2017 年度全国服装行业"产品销售收入""利润总额""销售利润率"百强企业行列。中纺联发 2017—2018 年度中国纺织服装企业竞争力测评排名名单，北京铜牛集团有限公司列 81 名、朗姿股份有限公司列 109 名、依文服饰股份有限公司列 202 名、北京雪莲集团有限公司列 255 名。中国社会科学院信息化研究中心发布"中国互联网 20 年大国品牌 1000 强排行榜"，其中朗姿、李宁等 29 个纺织服装品牌上榜。中国纺织工业联合会对改革开放 40 年纺织行业 140 位突出贡献人物进行表彰。北京受表彰人物有北京服装学院王蕴强、刘元风、李克瑜、王锐、张大省，清华大学美术学院李当岐，北京纺织控股有限责任公司徐孝纯，北京爱慕内衣有限公司张荣明，北京肇达张服装设计院张肇达，李宁（中国）体育用品有限公司创始人李宁，北京鑫福海工贸集团陈重才。北京雪莲集团有限公司、北京京工服装集团有限公司、北京光华纺织集团有限公司获"全国纺织行业党建工作先进企业"称号；北京京工服装集团有限公司党委书记、董事长兼总经理李耀东，北京铜牛集团有限公司党委书记、总经理贾晓彬获"全国纺织企业诚信文化建设带头人"荣誉称号；北京雪莲羊绒有限公司苗晓光获"中国纺织大工匠"荣誉称号。依文服饰公司"一种领衬用无纺布的制备工艺"专利技术、探路者股份公司与丹东优耐特纺织品有限公司"一种防水透湿格栅印花织物及其制备方法"专利技术、北京中丽制机工程技术有限公司"长丝牵伸卷绕装置"专利技术被评为 2018 年"中国纺织行业专利奖优秀奖"。依文公司"领衬用无纺布的制备工艺研究与应用"项目获第 5 届"中国十大纺织科技·产业推动奖"。

北京服装纺织行业协会、北京时尚控股有限责任公司、《时尚北京》杂志联合在故宫博物院宝蕴楼、太庙、方恒国际中心、全国农业展览馆、中华世纪坛、朝阳大悦城、王府井等北京时尚文化地标主办 2018 北京时装周系列活动。北京时装周已举办 3 届，在规模提升、内容升级的同时，聚焦全国文化中心建设，传递北京的时尚文化自信，彰显了"多元、聚焦、共生"的特色和亮点。

行业向时尚与文化创意产业转型发展。8 月 28 日，北京市首个文化金融服务中心在国家文化产业创新实验区莱锦文化创意产业园正式投入使用。9 月，依文纺织服装创意设计平台入选工信部第 3 批纺织服装创意设计试点园区（平台）名单。北京铜牛集团着眼首都文化中心的高端定位，将东郊老旧厂房仓库改造成电影产业园，入驻园区的 50 多家电影类公司涵盖电影产业链的上下游，包括电影策划、投资、制作、发行、明星经纪等环节，电影院和交流中心已投入使用。老旧厂房变身出租率 100% 的文创园区，入园企业产值远高于园区此前产生的经济价值，成为 CBD 定福庄传媒走廊上的文化新坐标。

设计师队伍建设与促进时尚消费的相关工作。6 月 30 日至 7 月 1 日，协会带领北京服装设计师赴江西服装学院参加"富怡·第 5 届全国十佳服装制版师大赛"。6 月，经过专家现场调研、评审，北京大华天坛服装有限公司成为北京 2022 年冬奥会和冬残奥会特许生产商。10 月 18 日至 11 月 16 日，由北京市商务委员会主办，北京服装纺织行业协会、北京时装设计师协会、《时尚北京》杂志协办，以"时尚有约 新潮钜惠"为主题的 2018 北京时尚消费月在全市范围展开。活动期间，时尚类消费总额 5.4 亿元，比上年同期增长 20%。其中商品类消费总额 4.5 亿元，服务类消费总额 8555 万元。

北京、天津、河北三地服装行业协会联手打造的第 2 届"风尚京津冀"百强青年服装设计师推选活动历时 4 个月，在原有青年服装设计师选拔基础上，增加了青年服装工艺师的选拔。10 月 20 日，北京服装学院第 14 届"科学·艺术·时尚"节在北服校园开幕，历时 1 个月，突出"服装引领 艺工融合"的办学特色和理念。11 月 15 日至 17 日，第 2 届中国纺织非物质文化遗产大会在密云区古北水镇召开。北京木真了时装有限公司董事长、中国十佳服装设计师、湖南湘西传统工艺工作站站长王晓琳获得“首创杯”2018年度中国纺织非遗推广大使荣誉称号；北京华方地毯艺术有限公司团队设计的杯垫被定为纺织非遗大会“首创杯”指定文创纪念品设计方案。截至年底，北京市新媒体技师学院拥有国家级大师工作室1个（赵磊技能大师工作室）、北京市首席技师工作室3个、大兴区首席技师工作室5个、北京时尚控股职工创新工作室2个。

产业疏解与京津冀周边的产业交流合作。新疆和田市京和纺织科技有限公司是北京市援疆重点项目，创造了良好的经济效益和社会效益，是援疆国企的标杆企业。8月15日，河南省安阳市北关区招商局在京举办承接北京外迁服装纺织企业专题发布会，20余家服装企业代表参加发布会并进行现场交流。9月15日至17日，北京服装学院与中国服装设计师协会、新华网联合主办第3届白洋淀国际服装文化节，以“幸福生活 时尚雄安”为主题，在雄安新区市民服务中心、容城县体育馆、北京服装学院容城时尚产业园、雄安时尚一号秀场等场所举行。12月22日，中国商业企业管理协会京津冀服装行业委员会授牌发布会在河北永清云裳小镇举行。协会分别与国内羽绒服装产业转移承接地河南省信阳市光山县招商局有关领导、安阳市北关区委、区政府及商务局、招商局等部门开展行业交流，沟通情况。京津冀大学生创意集市在容城县体育馆南街同期举办。北京专业高校在雄安新区建立时尚教育中心和教学实践基地。北京大红门地区继续对纺织品服装批发市场、商户实施撤并外迁疏解和升级改造，原腾退之地向时尚和文创产业中高端转型发展。

9月4日至6日，北京燕阳新材料技术发展有限公司、北京佳华泰科技有限公司、北京中纺海天新材料技术有限公司、北京京兰非织造布有限公司和北京泰科斯曼科技发展有限公司5家高新技术企业亮相2018中国国际产业用纺织品及非织造布展览会（CINTE2018），参展面积150平方米，产品涉及聚氨酯软质输液管储液罐、便携式手提油囊、柔性应急路面系统、海陆临时输送及储存系统、保温膜结构木屋、可移动保温膜结构日光温室、高性能纤维纺丝助剂、复合消炎止血贴止血粉、热风印花无纺布、仿3S热风无纺布等。展示企业技术研发实力（其中有的产品获国家发明专利优秀奖），部分产品已批量出口。9月中非合作论坛北京峰会期间，依文企业接受国家重要外事活动任务，与北京丰台职业教育中心学校携手搭建展示中国传统非遗文化民族服饰传承手艺的展览现场，交流中国传统文化领域的创新发展，获得非洲客人赞赏。

发挥专业媒体的时尚宣传引导作用。《时尚北京》参与主办2016年至2018年3届北京时装周系列活动，举办北京时尚消费月活动，服务北京时尚产业建设与发展。

（北京服装纺织行业协会）

【北京医药行业协会】2018年，国家多项涉药政策的密集出台，北京医药行业协会面临复杂形势，努力创新服务，积极促进产业发展。协会党支部被评为北京市社会组织先进党支部。

为产业发展创造良好政策环境。协会向政府相关部门提出5点建议。利用主办第20届全国医药行业协会会长、秘书长联席会议之机，代大会撰写了关于对国家医药产业政策的意见和建议。先后举办了“北京医药企业绿色制造及环保相关政策解读”“智能引领北京医药产业升级发展论坛”等多项活动，并“一对一”指导5家企业进行清洁生产审核项目申报，3家企业进行中药生产智能制造申报。协会作为全国第2次污染物普查参与单位，通过对北京中药企业排污调查，针对排污存在的实际问题和隐患，制订了治理规划。在落实“2+26”城市《大气污染防治行动计划》中，协会针对沧州生物医药产业园区污染物排放情况，以及园区建设、生产、环保等方面存在的问题，向政府相关部门提出建议，在确保“计划”落实的前提下，保障了园区企业生产的正常运行，引导产业走智能化、绿色化、服务化、高端化的高质量发展道路。

协会协同市经济和信息化局等相关部门制定了《北京药品生产企业麻黄草管理要求》，推进涉麻企业麻黄草的合理合法采购使用。完成《北京市生物医药产业品牌建设服务》《北京市生物医药产业运行监测服务》《北京医药流通行业信息统计工作》《北京市药品生产企业药品质量安全风险情报收集》。组织10余次政策调研会，完成对相关文件的意见和建议的收集，为政府部门决策提供了科学依据。

实施科技创新服务，发挥科技创新在产业发展中的引领作用。从科技成果转化入手，先后分3批培训企业成果转化联络人30余人，初步搭建起协会科技成果转化工作网络。通过对30余家重点企业的调查，协会建立了企业需求库，为日后向企业提供精准服务提供信息和技术支持。协会与中国技术交易所等多家科研机构建立了长期开展科技成果转化服务的工作机制。

在前两年连续举办2届创新展的基础上，举办了“2018 年第 3 届北京国际医药健康创新展览会”，集中展示改革开放以来，北京医药健康领域取得的成果。展会以展览展示、论坛交流、产品推介等多种形式，促进首都生物医药健康领域的创新发展。协会还组团分别参展第 79 届、第 80 届全国药品交易会，第 5 届中国（北京）国际服务贸易交易会——京交会，第 11 届北京中医药文化宣传周暨第 10 届地坛中医药健康文化节，持续打造“用北京药放心”品牌和展示“京药人”风采。

协会用标准化建设引领行业发展，与中药学会合作，开展了中药材种（养）植基地标准化建设工作。通过专家评审委依照评审标准对基地做现场实地检查，逐一进行审议和评定，批准首批 12 个北京中药材基地为达标基地。针对企业转型升级、提升素质的需求，开展了药品生产企业 GMP“质量管理工具”专题，药品生产企业、药品流通企业 GMP 跟踪检查的专题等多种专业培训。共开办培训班 28 班次，培训专业及岗位人员 4600 余人。组织开展了中药炮制工、药师、中药师 3 个工种的职业服务技能竞赛。建立在协会的北京第 26（医药）职业技能鉴定所，成为全市医药职工正常考评晋级，向企业输送技能人才的重要平台。协会开展诚信创建企业复审及申报工作。共有 79 家医药企业被认定为“北京市诚信创建企业”。

（北京医药行业协会）

【北京家具行业协会】2018 年，北京家具行业协会围绕行业转型升级、京津冀协同发展、行业人才培养计划以及行业、企业诉求等，加大调研力度和深度，加强对外交流与合作，加大与政府职能部门的沟通。会员企业在转型升级中稳步前进，在战略部署、工艺升级改造、设计创新等方面都取得进步。

协会通过调查研究，结合产业政策、行业现状和存在问题，确立疏解转移的方向以及北京市家具行业发展思路，完成北京市《北京家具产业京津冀协同发展调研》课题、《家具行业相关运行数据、转型发展及上下游行业发展的调研》课题、《北京家具产业疏解整治促提升的调研》课题等相关工作。参与市政府采购中心办公家具定点招标的论证工作；参与市生态环境局组织的“清洁生产强制审核”，督促企业的环境管理更加关注产品的整个生命周期；参与市工商局的“京津冀家具买卖合同”“京津冀家居定作合同”示范文本的制定工作。

协会组织 40 余家北京市优秀家具企业分别参加了广州、深圳、上海、天津等地的家具展，扩大海内外广大客户对“北京品牌”的认知、认同感。协会组织企业代表 50 余人次分别参观了意大利米兰及德国科隆家具展，并对国外先进的生产企业进行考察与交流。组织企业多次到河北、山东、江苏等地的开发区考察，促成 200 余家企业与北京周边地区开发区签署了入驻协议。河北深州家具产业园为协会与深州市委市政府共建项目，总体规划约 666.67 万平方米，截至年底已有 30 家企业入驻，其中 10 家企业购买土地面积超过 80 万平方米，已有企业投产。

协会携手津冀鲁辽四省市家具协会联合北京林业大学共同举办了《家具数字化生产与管理技术培训班》。促进校企产学研合作，提升行业人员素质，推动家具行业技术革新与产业转型升级。在市商务局指导下，协会联合居然之家、红星美凯龙、集美、城外诚、蓝景丽家等京城六大主流卖场及颐堤港、北京坊等时尚商圈等综合商业体，携 102 家精选品牌、千余家门店，打造了为期 1 个月的大型惠民促销活动，拉动北京地区家居消费快速增长，推动北京家具行业的发展，北京黎明文仪家具有限公司入选市经济和信息化局确认的 2018 年北京市绿色制造绿色工厂名单。北京曲美家居集团有限公司获工业和信息化部授予的“家具大规模个性化定制试点示范”称号。京东与曲美家居深度合作，打造的北五环中心店——曲美京东之家 LIVINGMALL 开业。

（北京家具行业协会）

【北京包装技术协会】2018 年，北京包装技术协会坚持为国家、为企业、为行业、为社会服务的原则，定期与市发展改革委、市经济和信息化局、市科委、市商务局等相关政府主管部门联络沟通，紧密与政府对接，搭建企业与政府交流平台，发挥桥梁纽带作用。协会陪同相关政府部门领导至协会会员单位北京北箱信发包装有限公司、利乐包装（北京）有限公司、奥瑞金科技股份有限公司、北京刮拉瓶盖有限公司、北人智能装备科技有限公司、北京黎马敦太平洋包装有限公司等包装企业进行调研。参加市经济和信息化局组织的“2018 年北京工业领域社会组织工作座谈会”“2018 版禁限目录培训”“万企帮万村与张北对接动员会”“市经济和信息化局与内蒙古乌兰察布盟产业对接活动”，参加“北京市第 7 届减轻企业负担政策宣传周现场咨询活动”，参加“关于协助组织工业和信息化领域行业协会资源情况调查”工作会、参加市科委项目课题承担单位中期总结工作会、参加市发展改革委组织的“关于治理商品过度包装、促进绿色消费的提案工作座谈会”“过度包装提案办理情况与台盟市委工作座谈会”，参加市民政局社团办组织的社会组织高级管理人员培训，参加河北省迁安市政府组织的迁安投资环境说明会。协会定期为企业举办政府政策宣讲会，帮助企业及时了解、掌握并运用好政府的政策，力争在企业转型升级中发挥作用，在科技创新、科技成果转化、科技人才培养方面找准定位。协会承担完成了多项政府课题项目，包括市经济和信息化局下达的“北京工业改革开放40周年画册”的编制和“关于协助组织工业和信息化领域行业协会资源情况调查”的调研报告，市发展改革委下达的“北京市绿色包装推广调研工作”的调研报告，市社工委下达的“北京包装行业企业疏解、转型、升级典型案例及成功模式的研究”的课题报告和“包装科普活动进社区公益宣传活动”。完成了2017年北京包装技术协会联合航天万源实业有限公司、奥瑞金科技股份有限公司共同申报的《特种用途包装技术研发及设计应用》课题中期验收工作，并获得市科委主管领导和有关专家的一致好评。

加强协会横向联系，创新协会工作模式，强化产业链服务一体化，促进行业发展。协会参加市工经联和中国包装联合会组织的各项活动，与兄弟协会加强联络，创新工作方式，共同推进上下游产业链融合，为会员单位搭建更大的服务平台，联合多家协会做好业务对接和政策衔接工作。协会参加市工经联、市酿酒协会组织的，部分协会参加的赴河北省邯郸市调研考察活动，组织北京包装企业参加中国工业经济联合会举办的国际经贸形式报告会，参加市工经联组织的市社工委“社会组织考核评价资金项目使用部署和验收会”。参加中国包装联合会组织的“中国国际包装展览会”，推进京津冀环渤海首都经济圈发展战略实施，参加在河北省东光县举办的包装机械展览会，并联合天津市包装协会、石家庄包装印刷协会、河北包协等共同开展京津冀三地业务交流活动，促进行业发展，助力企业服务。协会与北京市工经联、北京酿酒协会、北京保健品化妆品协会、北京模具行业协会、北京日化协会、北京电子电器协会等10余家协会一同召开协会会长、秘书长参加的《关于协助组织工业和信息化领域行业协会资源情况调查》专题座谈会。协会继续与北京酿酒协会、北京医药行业协会、北京保健品化妆品协会进行战略合作，定期开展4家战略合作协会合作机制讨论会，明确每个季度召开一次秘书长例会。协会参加了战略合作协会组织的赴河北省滦南市、迁西市、邯郸市等地业务考察，了解当地产业政策，为企业疏解转移打下良好基础。参加北京汽车行业协会组织的关于社会组织团体标准培训会，组织专门会员单位到北京市标准化研究院请教专业人员有关标准申请和制定方面事宜。协会参加北京工艺美术行业协会迎新座谈会，共同讨论2018年发展计划和战略合作方式。参加北京模具协会组织的“2018年京津冀模具产业加强合作与技术进步论坛”，共同发挥行业优势为产业链服务。

协会对不同类型的企业开展有针对性的服务，解决企业的困难和问题，帮助企业更好地发展。协会主要负责人到行业内20余家重点包装企业进行产业转移、企业转型提升调研，了解企业情况及相关需求以及在调整、转型中面临的问题，帮助寻找解决方案。协会为奥瑞金科技股份有限公司、北京纸箱厂、北京雷诺丽特包装有限公司等会员企业进行业务对接，并帮助其就共同开发的产品或业务提供相关服务和共同探讨业务模式。协会联合北京医药、保健品化妆品、日化、酿酒等多家行业协会，组织会员企业参加在上海举办的2018年纸箱、彩盒行业培训会，在东莞举办的“2018中国国际瓦楞节 & 美印纸箱彩盒行业采购大会”和“2018中国国际瓦楞展—中国国际彩盒展—包装容器展”，并参加论坛及技术交流活动，参会人员均表示有所收获。

（北京包装技术协会）

【北京工艺美术行业协会】 北京工艺美术行业协会成立于2000年9月，是市民政局批准成立的一级法人、5A级社团组织，也是北京工业经济行业“二级枢纽型”协会组织行业协会下设12个专业委员会，有会员单位344家，市级以上工艺美术大师310名。协会自成立以来，发挥政府和企业之间的桥梁和纽带作用，以服务政府和企业为宗旨，以做好传统工艺美术的保护和发展工作为目标，推动行业健康发展，实现北京工艺美术事业和产业的共同繁荣。

加强顶层设计，推动北京工艺美术行业的保护发展，市经济和信息化局先后完成《北京传统工艺美术品种技艺珍品及工艺美术大师和民间工艺大师认定办法》和《北京市传统工艺美术资金管理暂行办法》等4项政策文件及实施细则的修订，制定了《北京市工艺美术大师示范工作室管理暂行办法》。

组织开展北京市大师的评选推荐工作。经过方案制订、政策培训、网上申报、材料审核、作品评审、专家推荐、网上公示、技艺视频拍摄等全流程的严格把关、规范操作，完成了推荐和集中评审工作。最终有6人被认定为新一届中国工艺美术大师。至此，全市拥有的国家级大师54人（其中健在40人、去世

14人），占全国大师数量的10%，继续保持了在全国工艺美术高端人才数量上的领先优势。

组织第9届北京传统工艺美术珍品评审和2018年“工美杯”北京传统工艺美术大赛，共评出获奖作品242件，“乾隆御提《燕京八景图》金雕漆屏风”被认定为北京传统工艺美术珍品。还组织行业企业和大师参加全国各项重点展赛交流活动212家次730余人次，累计取得各类奖项324个。

完成中非合作论坛北京峰会期间的非遗展示系列活动，景泰蓝、玉雕、京绣、京彩瓷等多项非遗传承人进行了技艺展示和互动交流。全行业落实精品战略，推动国礼及相关产品的设计开发。以北京工美集团为代表的行业骨干企业持续打造国礼精品，累计设计制作数十件套，“国礼造办”的地位巩固提升。围绕世园会、冬奥会、改革开放40周年等重大事件，行业内推出一批精品项目，还完成了数百款文创产品的设计开发。

推动工美资金项目运作，全年支持项目14个，安排项目资金1000万元。举办行业培训，加强行业人才培养，提升行业素质。举办了“2018年北京工艺美术行业培训”和“京津冀传统工艺美术传承与创新高级研修班”，400余人次受训。还举办了“北京工艺美术行业青年设计师论坛”“北京工艺美术学术论坛”等专项活动。

全年出版《工艺美术家》杂志5期、《北京工艺美术》报6期。“京华瑰宝”微信公众号和行业协会官微累计发布各类信息200余期，阅读量近10万人次。推进《中国工艺美术全集·北京卷》编辑出版工作，2篇进入出版环节，另外4篇已提交复审。参与诚信企业创建活动并获批的企业达到21家。

加强组织建设，提升行业凝聚力。协会作为联合党委委员单位，第1批加入中共北京市生产制造业行业协会第一联合委员会。组织成立了北京工艺美术行业工会联合会并设立了专项温暖基金。协会全年新吸收会员单位37家，总数达到327家。

发挥桥梁纽带作用，为政府和企业服务。协会两次组织骨干企业和大师与来自行业内的人大代表、政协委员座谈，在各级“两会”上为行业发展建言献策。协会依托工艺美术公共文化和社会教育服务平台开展科普服务。多家企业和大师参与工艺美术非遗进校园、进社区、进企业、进乡村活动，共开展25类传统手工技艺传授和乡村脱贫精准帮扶，惠及全市上百所学校、社区、企业和村镇，受众群体达3万余人。

（武晓燕）

【北京金属学会】北京金属学会成立于1957年，是北京地区冶金专业领域的学术团体，是经北京市社团登记管理机关核准登记的非营利性、学术性民间科技社团组织，北京市民政局5A社团组织。学会第十届理事会有理事56人、常务理事11人，下设4个专业委员会、19个专业分会。学会现有团体会员33个，涵盖高校以及科研院所，在黑色和有色金属研究领域拥有雄厚的技术资源，拥有高精尖实验室和仪器设备，以及拥有一支近500人（包括数十名两院院士）的专家团队。

年内，学会与中国金属学会、地方金属学会、市行业学会开展多次学术交流活动。5月17日至18日，与中国金属学会在成都市联合举办了“2018（第20届）全国炼钢学术会议”，专家学者及来自各研究院校、企业的代表共计430余人参加了会议。会议征集论文250余篇，经专家认真评审，收录大会论文集234篇。6月6日至9日，与中国金属学会专业分会在福建省三明市联合主办“第7届线棒材高效能工艺技术研讨会—暨线棒材厂长会”，大会同期举行“线棒材厂厂长论坛”，有关行业企业高校制造企业等160余名代表参会。大会征集的36篇论文在《轧钢》（增刊）出版。9月21日，与北京汽车工程学会在北京亦庄—中国蓝谷联合举办了“新能源汽车材料发展青年论坛”，青年科研人员及专业工作者近130人参加了此次论坛。还与中国金属学会地方分会联合举办了“第3届冶金渣固废回收高效节能减排技术交流会”“2018年度烧结烟气脱硫脱硝技术交流会”“2018京津冀及周边地区钢铁、焦化行业超低排放改造技术交流会”“钢厂搬迁、建设城市绿色钢厂研讨会”“第25届十省市金属学会矿业学术交流会”“京津冀网络模拟炼钢—轧钢比赛”等学术活动。12月4日至5日，在河北省迁安市联合主办“全国炼钢厂厂长百人论坛第1次全体会议”，全国40余家单位的100余位炼钢厂厂长、技术专家参加。

承接政府转移职能。学会组织召开“加强学会能力建设工作会”，组织“高强韧、厚规格海洋工程用钢高效制备技术及应用”评价会，专家委员会认为：申报单位自主开发的厚规格、高强韧海洋工程用钢高效制备技术，具有重大的推广应用价值和广阔的发展前景。该项研究成果整体技术达到国际先进水平，部分技术指标国际领先。组织“高纯净铸造高温合金母合金关键技术及产业化研究”科技成果评价，专家委员会认为：该项目通过优化高温合金母合金批量生产工艺，开发出高纯净铸造高温合金中合金元素与力学性能的最佳匹配、合金纯净度及有害痕量元素控制、内部锁孔尺寸控制等关键技术，掌握了高纯净铸造高温合金母合金批量生产的质量控制技术，并实现产业化。研究成果总体达到国内领先水平，部分技术达到国际先进水平。组织对北京金属学会《北京市冶金产业结构优化研究》项目验收会。

学会配合北京包装协会开展《北京市工业系统改革开放40年成就画册》的编辑出版工作。学会联合两家相关学会与北京北冶功能材料有限公司对接，建立创新簇示范站，并向北冶功能材料有限公司发放了“科技社团创新簇工作站”牌匾。

助力河北创新发展。学会组织会员单位多次赴河北省首钢迁安、曹妃甸京唐基地开展汽车板重点科研项目对接现场服务，并对“高强DP钢生产关键工艺技术攻关”“高端汽车镀锌外板关键工艺质量攻关”“热浸镀合金镀层产品质量控制技术研究”“汽车板EVI关键技术攻关”等8个重点科研项目组织专家召开评审会。学会考察了滦县开发区北区、政府服务中心，金属学会、首钢技术研究院，与北京水泥协会就水渣、钢渣综合利用议题进行对接。

搭建青年人才成长平台。协会组织开展北冶杯第6届青年学术演讲比赛、第10届冶金年会论文的评选、“青年人才托举”活动、百科知识竞赛，资助会员单位参加国际学术会议。

（北京金属学会）

【北京建材行业联合会】2018年，北京建材企业的生产经营、运行受搬迁调整相关政策影响，产品、产量指标有升有降。根据全市地方规模以上在京企业累计生产量统计：石膏板6062万平方米，比上年同期增长38%；水泥397万吨，比上年同期增长11.5%；商品混凝土4076万立方米，比上年同期增长1.2%；平板玻璃54.5万重量箱，比上年同期增长3.4%；玻璃纤维和玻璃纤维增强制品9.3万吨，比上年同期增长2%；卫生陶瓷190万件，比上年同期下降3.6%；沥青和改性沥青防水卷材604万平方米，比上年同期下降44%。

年内，北京建材行业联合会以疏解非首都核心功能为工作导向，按照市经济和信息化局的要求，协助做好《北京市工业污染行业、生产工艺调整退出及设备淘汰目录》的贯彻落实工作，为企业与外埠相关机构牵线搭桥，组织相关企业进行项目对接。在企业疏解转移过程中，主动作为，了解企业发展的现状和经营状况，重点对已经完成疏解的企业进行走访，倾听心声，对企业面临的问题向政府相关部门反映情况。

联合会继续承接政府调研课题，先后承接了3个项目。《企业负担问卷调查和减负惠企政策宣传》项目，全市参加网上申报的企业共计323家，联合会组织力量进行统计汇总，并进行实地考察，形成调研报告并上报市经济和信息化局。协助市经济和信息化局举办北京市第7届减轻企业负担政策宣传周现场咨询活动，完成了宣传大会的会务组织等全部工作。在活动中，对推进供给侧结构性改革和“放管服”改革、落实减轻市场主体非税负担出台的减税降费措施等进行了宣传解读，联合会对全市2018年企业负担问卷调查情况进行了汇报。工信部运行监测协调局、中国中小企业发展促进中心、市、区减负工作相关部门、协会和企业共180余人参加了活动。组织调研、编写《北京市降低一般工商业电价政策落实效果自评估报告》，此项工作在电网企业协助下，完成了对全市16个区335家一般工商业用户的抽样调查工作，在组织企业做好网上填报的同时，完成了对数据汇总分析工作。

继续做好认证推优工作。5月，联合会与国建联信认证中心联合举办了质量、环境、职业健康安全三体系内审员培训班，按照三体系标准规定，解读体系要求、内部审核程序及审核方法、技巧等。共有46名学员参加培训，课程结束后对学员进行了考核并颁发了管理体系标准内审员培训证书。全年安排并实施建材行业管理体系认证年度监督检查审核50家企业202项次；向中国建材联合会第33次质量工作会推荐优秀项目，有5家企业的14个项目被评为优秀项目并获得表彰。

开展高级职称评审工作。联合会开展建材中级职称的评审工作10余年，为建材行业优秀科技人才的职称晋升起到推动作用。开展高级职称评审是第1年，有143人进行了申报，审核后符合条件参加评审119人，通过评审68人，占参评人的57.1%。

探索会员发展新途径。在北京建材行业企业持续减少的情况下，通过搭建交流平台、提供优质服务，吸引4家新企业入会，在产品种类和地域互联两方面优化了会员结构。

（北京建材行业联合会）

【北京水泥工业协会】2018年，北京水泥环保企业2家，水泥熟料产量272.41万吨，水泥产量约398万吨，废弃物消纳（含飞灰）约23.8万吨，北京水泥市场需求量在1900万吨以上，市场明显供不应求，企业已较为成功地转型为城市环保型企业。北京砼企业数量150家、产能9000万方以上、产量4076万方，市场需求量约 7000 万方。金隅冀东（唐山）混凝土环保科技集团有限公司全年产量 1575 万方。北京市普通干混砂浆生产企业约 30 家，设计总产能约 750 万吨，普通干混砂浆产量 270.9 万吨，其中散装量 169 万吨、散装率达 62.7%；普通砂浆产量约约 300 万吨；湿拌砂浆产量 22 万立方米，约 38 万吨。金隅冀东水泥集团对首都副中心、河北雄安新区、助力冬奥会建设做出贡献。

协会按时召开协会会员大会，及时调整协会组织机构。会员代表单位 8 家，保证了协会日常工作的正常运行。协会在脱钩转型的基础上从 2 个服务转型为 4 个服务：为国家、社会、群众、行业服务。

协会以金隅冀东水泥 6 个销售公司为基础，吸收金隅冀东混凝土集团、水泥砂浆，搭建水泥市场营销平台。协会加强与金隅科研院、科技学校和大型企业的联系与合作，完善搭建起技术交流与成果推广平台。协会协助中国水泥协会企业文化研究会搭建协会企业文化交流平台。

协会按照中国水泥协会错峰生产自律公约的要求，做好北京地区错峰生产的落实、坚持开展与会员企业所在地方协会的密切合作，与河北、河南、山西、山东、内蒙、辽宁等京津冀周边的协会建立起紧密联系，为会员企业在当地的发展提供帮助。

协会利用建材报、水泥杂志、水泥网、水泥信息、建立微信群、工业年鉴编纂等渠道为企业宣传，保证每日有新闻、天天发送水泥微信，争取做到信息快捷、准确。

协会全年走访金隅冀东混凝土集团、北水、琉水、赞皇、咏宁、生态岛、金隅外加剂、天津振兴、冀东滦县、昌黎、承德等会员企业，听取建议 20 余条，提出建议 10 余项。协会与科研总院签署了技术合作战略协议，推广应用转化科研成果；与河北省承德市企业签订并完成企业热工标定、粉煤灰水泥技术改造建议项目；与河北省易县企业完成技术咨询跨年度服务项目。协会在行业内推荐推广磁悬浮风机、气悬浮输送带、非爆破开采矿山、重型装载设备、旁路放风等国内外先进技术信息。协会免费向会员单位赠阅中国水泥杂志月刊 600 余本；协会出资购买北京颐和园非遗全景图片和北京工业改革 40 年大型画册，免费赠送会员单位。

（北京水泥行业协会）

【北京电源行业协会】2018 年，北京电源行业协会作为新能源、太阳能光伏、储能电源、工业电源系统、电动汽车动力总成及电池、电控、电机集成行业的管理组织，按照总会工作要求，继续加强与各部委、研究院所的合作，先后开展了行标制定、完善行业管理、诚信企业建设、促进行业发展及知识产权保护、维权、纠纷调解、正版软件推广等方面的工作，形成专业性社会工作服务体系。

年内，协会发挥机构职能，扩大协会行业主导作用。开展行业调查研究，为会员、生产企业经营决策提供信息咨询服务，为政府有关部门制定政策提供信息和建议，并与协会领导、专家团队走访天康集团公司考察调研。协会开展知识产权保护、维权、调解、正版软件推广活动。联合相关知识产权机构，开展“全国知识产权宣传周 · 世界知识产权日 · 中国（北京）电源行业知识产权 4·26 主题推宣”活动。在“第 4 届北京社会公益汇”上，协会获得“人民调解——电源协会在行动”铜奖。协会邀请知名律师，在丰台区科技园协会常务理事单位北京动力源公司举办“知识产权维权保护与纠纷调解技巧信息员培训”，行业调解员、企业调解信息员、企业知识产权负责人近 50 人参加培训。协会组织会员单位和调解员，参加促进会的培训。协会推荐企业调解信息员参加“预备人民调解员”的人员推荐和培训工作。参加国家知识产权局“知识产权纠纷人民调解故事会”宣讲活动，演讲《专业做服务，真情化纠纷》获得“最佳调解案例奖”。协会依托行业组织资源开展知识产权纠纷调解宣传工作，先后走访了中关村产业园区的动力源公司、宏宇泰公司、和捷公司、佳飞创世公司等电源企业，了解需求，并送去知识产权相关书籍、宣传资料。协会依托“全国电源与新能源行业专家智库”专业队伍，介入矛盾纠纷的诉前调解工作。协会建立“知识产权纠纷企业调解信息员”队伍，初步形成电源行业权威性专家型知识产权纠纷维权与保护、纠纷化解与调解、推广与服务体系。协会配合法院和促进会的资格培训工作，推荐新的人民陪审员、人民调解员，推荐行业调解信息员队伍中符合条件和要求并通过政审的积极分子成为人民陪审员。协会配合高法，参加北京多元化调解中心组织的法院系统培训。

协会开展城市公共实施《轻型电动车充电换电通用技术规范》等 16 项行业团体标准的制定工作研究和组织工作。建立和完善“中国电源门户网”（WWW.CPSA.COM.CN）专业网站，建立和完善联合官方网站协会（WWW.BPSA.ORG.CN）响应政府网上办公的目标。利用“中国电源”快捷互动的微信平台，作为向社会公示、公开征询意见的窗口，为企业会员提供政策、标准、法律的支持。协会坚持“为电源行业服务，促进电源产业的繁荣发展”宗旨，建立对外宣传窗口——《电源工业》专业期刊，并结合互联网优势，把期刊办成阅读方便的电子期刊，向会员传播。

（张凤婷）

【北京模具行业协会】2018 年，北京模具行业协会制定了 2018 年的经营策略——搞好定位，长期规划，抓好对接，深度融合，促进协会和企业共同发展。协会举办了增材制造（3D 打印）技术在京津冀协同中的开发与应用，对接融合专家研讨会和座谈会，与河北省黄骅市模具行业协会进行了的对接。为了扩大新技术的应用，与北京印刷学院共同承办了“增材制造与艺术设计融合发展论坛”，发挥了协会在新技术领域中的作用。还承接了市总工会的课题。

协会进行了有组织的培训，与北京经济技术开发区总工会共同完成智能制造系列培训，培训内容为“智能制造在企业中的应用”，培训企业 10 余家 500 余人，培训 17 次。在培训基础上，为企业提升工作——车间透明化管理，以促进企业产品质量、管理提升。协会进行新一届换届改选，重新制定行业协会章程和制度。

（北京模具行业协会）

【北京铸锻行业协会】北京铸锻行业协会秘书处下设综合办公室、培训部、技术咨询部，有全职工作人员 6 人、兼职人员 6 人。协会致力于推动铸锻产业向低碳环保、绿色制造发展，将新工艺、新装备引入传统的铸锻产业。2018 年年底，北京现存的铸锻造生产企业不足 30 家，主要为国家重大项目、军工及汽车行业等进行配套生产。协会组织了多次增材制造技术（3D 打印）在铸造行业应用的论坛及企业对接活动。协会和行业专家一同走访企业，了解该技术在生产中的实际应用，为推进增材制造技术在铸造行业的应用做实事。北京菲美得机械有限公司进行“工业级熔融沉积 3D 打印技术生产铸造用模具——专用打印设备”项目的研发，将该公司北京厂区打造成增材制造（3D 打印）设备生产、模型制造的智能制造产业化研发中心，向高精尖产业转型。

协会与中国民营促进会中心企业委员会合作，让民企走进核电高端铸锻件生产领域，协会利用北京市高校、研究院聚集，人才济济的优势，组建研发服务中心。

协会为广东峰华卓立科技股份有限公司和北京九鼎通讯设备有限公司牵线搭桥，促使两家企业达成合作意向。

（北京铸锻行业协会）

【北京照明电器协会】2018 年，北京照明电器协会发挥桥梁和纽带作用，为会员企业、为照明电器行业、为社会、为政府服务。全年发展 12 家企业入会。

做好服务工作，协会在北京万隆汇洋灯具灯饰时代广场召开了《2018 年北京照明电器行业企业诚信创建活动培训动员会》，100 多家会员企业参加培训。使经过培训的导购在工作中应用掌握的照明知识为消费者提供更专业的服务。根据近年北京市批发市场火灾频发情况，协会与灯具市场联系，进行消防安全教育，防患于未然。在北京消防协会的配合下，协会为有消防需求的市场进行培训宣讲。

协会组织会员企业参与社会公益活动。携手万隆汇洋灯饰广场、红星美凯龙北五环店灯饰博览中心志愿者，来到密云区冯家裕镇黄留根村开展公益活动。在“2018 年北京社会组织公益行”活动中，协会组织会员企业北京星光影视设备科技股份有限公司、北京正禾阳光节能科技有限公司、北京十里河灯饰批发市场、北京世纪金文广告有限公司、北京万隆汇洋灯具灯饰批发市场、五色领先国际照明工程（北京）有限公司、北京红星美凯龙北五环店灯饰博览中心、北京高力国际灯饰港、北京中才佳业电器有限公司、北京居然之家北五环店参与社会帮扶公益活动。北京企业联合会、北京市企业家协会携手北京照明电器协会等相关行业协会举办“让百姓吃的放心、用的放心——知名企业进社区”大型公益活动。活动大力宣传企业和企业产品。携手红军营社区居委会在社区服务中心开启《送光明送温暖绿色照明知识进万家》公益大讲堂的启动仪式。

鼓励会员企业参与社会公益创先争优工作。协会参加北京市非公有制企业履行社会责任评价培训会，并向会员企业强调履行社会责任的重要性，把履行社会责任好的企业推荐到政府部门，作为照明电器行业参与社会公益、履行社会责任的榜样。协会推荐北京红星美凯龙北五环店灯饰博览中心企业参加市委社会工委举办的“2018 年北京市非公有制企业履行社会责任百家上榜单位”。

为繁荣照明电器行业发展，使会员单位对于照明行业的新产品、新技术、新工艺有更多更及时的了解，协会与香港雅式展览公司合作在北京举办《中国（北京）国际照明展览会暨中国（北京）国际半导体照明产业博览会》。展会期间，协会组织照明工程、广告照明、灯具灯饰市场、智能 4 个专业委员会的会员企业前往参观。

协会落实市社工委《关于开展一刻钟社区服务》

的批复精神，联合各市级行业协会及其会员企业共同开展《一刻钟社区集成服务》项目，加快推进社会组织对“一刻钟社区服务”的覆盖。协会联合 9 家行业协会在朝阳区潘家园街道松榆里社区举办“一刻钟社区集成服务启动暨发布会”。

（北京照明电器协会）

【北京表面工程协会】 2018 年，北京表面工程协会在北京召开行业年会，为企业正确理解和掌握环保税法的具体规定，在会上解读《电镀行业环境税》，目的在于通过清洁生产等方式减少污染物的排放。协会组织专家调研组开展京津冀发展调研，先后走访天津市蓟县，河北省秦皇岛市、邯郸市、固安市等地，推进电镀加工市场的本地化生产、有序转移和有效承接，促进电镀产品新业态、新模式健康发展，实现京津冀电镀产品加工良性互动、协同发展。

协会为政府有关部门提供服务，参与对生态环境部下发的《排污单位自行监测指南电镀工业》征求意见稿的修改意见反馈和报批稿的评审工作。完成生态环境部评估中心《排污许可证申请与核发技术规范表格》中存在问题的修改和完善工作，应邀参加了生态环境部评估中心负责编制的《污染源源强核算技术指南电镀》报批稿的评审工作。参与生态环境部下发的《污染源源强核算技术指南电镀》征求意见稿的意见反馈工作。参加生态环境部评估中心对《规范工业集聚区环境保护监管机制开题论证报告》的技术研讨会，参与了第 2 次国家污染源普查中《电镀行业产排污核算实施方案》的评审工作，参加了北京市环保局组织的《北京市涉重金属行业环境风险评估报告》的评审，介绍了北京市近 10 年电镀企业技术改造，减少环境风险的成绩。

协会加强专业服务，完成威讯联合半导体（北京）有限公司、北京长空机械有限责任公司清洁生产审核评估工作。协会与中国航天科工集团第三研究院第一五九厂、北京京西重工有限公司和北京科勒有限公司签订咨询合同，开展清洁生产审核咨询服务。开展引进三价铬镀硬铬前期准备，协会与某环境公司合作研究美国三价铬镀硬铬技术，了解其性能和成本，为其引入中国做前期准备。走访长三角地区，开展调研工作，重点了解京津冀一体化协同发展对行业的影响调研和新产品、新技术、新工艺、新设备的开发应用情况，多次协助北京市、江苏省、浙江省、山东省、广东省等地企业，寻求北京及全国加工企业，对接协会咨询的镀镍、锌等需求信息。

协会开展行业交流，参加 2018 国际（重庆）表面处理、电镀、涂装展览会及 2018 国际（重庆）环保技术及设备展览会。协会组织会员单位参加在天津静海召开的“第 5 届全国电镀园区建设、运营研讨会”，参加在上海举办的 2018 国际表面工程展览会和亚太表面精饰大会。协会利用网站、微信、刊物等媒体渠道，提高行业和协会的宣传力度。截至年底，《中国电镀》刊物已发行 39 期。

（北京表面工程协会）

【北京电器电材行业协会】 2018 年，北京电器电材行业协会继续发挥纽带作用，开展行业协调服务，成为政府与企业之间的桥梁。2016 年 11 月 9 日，协会通过选举产生第六届理事会，拥有会员单位 42 个，年内新吸纳新会员 2 个。年内，协会受第 18 届北京市工业和信息化职业技能竞赛组委会的委托，承办了“高低压电器及成套设备装配工”工种的竞赛工作。为此成立了北京华东电气、北京华东森源电气、北京潞电电气 3 个初赛组委会和复赛组委会。报名参赛职工 119 人，经过初赛，共有 45 名选手晋级复赛。共有 5 人获第 18 届北京市工业和信息化行业技术能手，1 人获优秀工作人员，1 人获优秀教练员。

协会参与北京市工业经济联合会的《2018 年度市级“枢纽型”社会组织考核评价资金项目》。协会与电老虎网联合，主办了“全国电力电气行业营销资源对接大会暨成套产业链发展论坛（北京站）”。共有来自国内知名的电力工程、EPC、总包、电气成套、设计院、元器件厂家等企业代表 300 余人参会。论坛帮助与会单位借互联网平台发展之势，提高品牌知名度，拓宽营销渠道，解决企业转型过程中遇到的难题。

协会参与北京工业经济联合会 2018 年度开展的社会组织公益行动、党建工作、社会企业摸底、产业转移征询、节能节水调查、北京榜样、纪念改革开放 40 周年、非公企业履行社会责任评价、经贸形势报告会等工作。协会邀请会员参与社团办组织的 2018 首届中国国际进口博览会。协会组织 9 名专家，召开北京科锐配电自动化股份有限公司研发的 XGW1－12 型、XGN74A－12 型 2 个系列产品技术鉴定会，通过产品鉴定。

协会开办的“电协兴电器电材经营部”为会员单位配套提供优质电器电材产品，并无偿提供技术咨询服务。协会刊物《北京电器电材之窗》内部季刊，内容涵盖产业政策、行业动态、新产品新技术等信息。组织会员单位参与国际国内行业会议、行业会展，了解行业前沿发展动态。

（唐军平）

【北京电子仪器行业协会】 北京电子仪器行业协会的理事长单位——北京东方计量测试研究所，于2016年获得北京市科学技术协会批复，成立院士专家工作站，设立“刘尚合院士专家工作站静电研究基金”，旨在提高航天器研制生产过程中的静电防护水平，联合国内优势单位，凝聚全国静电领域专家的智慧，加强“产学研”结合，开展以航天型号为代表的技术领域所急须解决的静电防护技术问题研究，提高技术创新能力和综合竞争力。2017年首批基金项目资助了6家研究单位，2018年资助5家单位，北京东方计量测试研究所共出资200万元。北京市科学技术协会授予该工作站“优秀院士工作站”称号，中国科学技术协会授予“模范院士工作站”称号。

北京电子仪器行业协会的副理事长单位——北京谱源精电有限公司（RIGOL公司）于1998年创立。作为中国领先的电子测试测量设备提供商，该公司是业界领先的从事测量仪器研发、生产和销售的高新技术企业，测试测量行业唯一拥有自主研发芯片能力的中国公司。年内，该公司在苏州举办RIGOL诞生20周年庆典。累积申请专利545项，其中发明专利近462项，获得专利382项，多项专利技术填补国内空白，如中国首款达到国际同类先进水平的台式数字示波器（DS5000系列）；中国首款1GHz带宽，5GSa/s高性能数字示波器（DS6000系列）；中国第1款突破核心技术的高端示波器芯片组（凤凰座芯片组）。

（北京电子仪器行业协会）

【北京玩具协会】 2018年，北京玩具协会工作取得较好成效。1月16日，协会召开第十二届第二次理事会扩大会议，补充了理事会成员，成立北京玩具协会传统手工技艺推广培训委员会分支机构；12月21日，召开2018年度会员大会暨第十二届第三次理事会，对2018年工作进行总结并部署2019年重点工作。协会到苏州太湖参加第10届（2018）中国玩具和婴童用品行业大会，会长孙书仑、办公室主任李涟获得“从业30年卓越奖”荣誉称号。协会到汕头澄海参加第20届澄海玩博会全国20+玩具行业协会工作交流座谈会，与汕头市澄海区玩具协会签订“友好协会”战略合作伙伴协议。协会在2018第15届“北京礼物”旅游商品大赛中获得“优秀组织奖”。协会会员康驹祥的艺术邮票在全球发行，杨玉栋等6人的艺术作品获奖。30余家新闻媒体网络对协会传统手工技艺传承培训基地、北京民间传统玩具、北京民间工艺大师做了近20个专题的宣传报道。

服务民生工程，推动传统技艺发展。协会落实市工经联批准的“传统手工艺文化展览及技艺传承培训”项目，项目于2017年11月申报，2018年5月底结束。协会“支持新农村建设，开展红庙村传统手工艺技艺传承培训”工作列入市工经联2018年社会组织考核评价资金项目，怀柔区九渡河镇域内近300名低收入、残疾人群体40多人和在校中小学生参加了太平燕、葫芦镶嵌、面塑、毛猴、灯彩等共5个门类的民间技艺学习和培训。协会联合延庆区井庄镇三司村原乡里民宿举办“乡村旅游文化振兴战略合作签约仪式暨三司村乡创基地培训启动仪式”，旨在融合各方资源将井庄镇三司村打造成为“传统手工技艺乡创基地”，推动传统工艺品的生产、设计，发展乡村旅游，让“文化+旅游”成为三司村的乡村特色。

发挥民间工艺优势，传承发展北京特色文化。协会在大兴区亦庄参加了4场棠颂别墅暖场活动。协会组织20余个门类40余位民间手工艺大师参加在全国农业展览馆举办的第9届中国（北京）国际玩具教育文化博览会。协会应邀参加第20届北京国际幼教展、第5届北京国际少儿校外教育展。协会空竹玩具委员会参加贵州文化交流，向施秉西地小学的孩子们捐赠文具衣物空竹等。组织百余名空竹爱好者，赴天津参加京津冀空竹联谊。第11届“恒安杯”空竹艺术节在北京陈经纶中学民族分校举行，18支参赛代表队200名运动员参加了比赛。

受中国玩具和婴童用品协会委托，协会在传统手工技艺传承培训基地（北京传统手工艺术博物馆）接待了来自韩国国立民俗博物馆的工作人员。在西城区第一文化馆举办指尖上的艺术——堆绣作品展，103幅丝绫堆绣作品，分为花鸟、人物、小品三大类，都是由新街口街道“民间手工艺培训基地”培训班学员们精心制作，协会为东城区北京纸扎花灯代表性传承人、灯彩艺术家邱志刚收徒冯天宇和海淀区非物质文化遗产保护项目空竹传承人、北京民间玩具空竹技艺·收藏大师刘振钰收徒余志忠、谢桂香、贾秀杰，举办了拜师仪式。

（赵亚曼）

【北京市饲料工业协会】 北京市饲料工业协会成立于1986年，是具有社团法人资格的非营利性服务型社团组织。协会根据行业、企业需求，为会员企业提供多样化的服务。协会第七届理事会以打造品牌协会、打造适应新常态的服务体系、打造企业的核心竞争力为奋斗目标，努力营造互联互通的平台、用心服务的平台、饲料企业之家、企业家之家。

协助会员企业产业调整转移对接。根据2017年的调研及跟踪数据，昕大洋、英惠尔、菲迪、劲能、四方红等50余家饲料企业分别在河北省、山东省、辽宁省、江西省、天津市、内蒙古自治区等地重新选择生产场地。2018年，部分饲料生产企业退出北京。在首都饲料生产企业调整转移过程中，协会组织有需求的企业召开“北京饲料企业与河北省邢台市内丘县工业园产业对接专题会议”，“北京市经济和信息化委员会对饲料产业调整的专题调研”会议。协会走访会员企业博农利（霸州）生产基地、桑普（固安）生产基地，帮助企业对接当地资源，助力企业健康发展，对会员企业进行分类引导服务。近3年北京饲料生产企业有74家生产基地转移，其中会员企业有31家。

配合政府完成协会脱钩工作。协会作为北京市第2批脱钩试点行业协会，组织北京市畜牧业协会、北京低碳农业协会等18家农口行业协会按照“五分离、五规范”（机构分离，职能分离，资产财务分离，人员管理分离，党建、外事等事项分离）政策，于3月正式完成脱钩工作。

全力抗击非洲猪瘟疫情。按照要求启动应急响应机制，采取封锁、扑杀、无害化处理、消毒等处置措施，对全部病死和扑杀猪进行无害化处理。同时，禁止所有生猪及其产品调出封锁区，禁止生猪运入封锁区。协会召开“减抗增效绿色安全——天然植物技术创新论坛暨天然植物在生猪健康养殖中应用技术大会”，邀请中国动物疫病预防控制中心倪建强研究员做了“新形势下生猪疫病现状和防控措施”报告，对企业关注的“非洲猪瘟、猪流行性腹泻的跨境传播与防控”进行专业讲解。协助市农业农村局召开2018年北京市饲料质量安全工作座谈会，与企业座谈交流非洲猪瘟疫情情况。

推进产业精准扶贫。会员单位北京大北农、中牧实业、大伟嘉、昕大洋、四方红等饲料企业将畜牧饲料产业与扶贫工作结合，为国家扶贫工作贡献力量。协会及监事单位北京四方红饲料科技有限公司推介四方红农牧产业园32万吨饲料基地项目。

为企业搭建国内外交流发展平台。中国饲料工业展览会期间，协会组织“三省一际”23家单位32名代表前往湖南省考察，河北省、四川省企业，荷兰农业协会国际组织响应参与。在欧洲国际畜牧展会EuroTier期间，协会组织“京津冀黑苏赣”6省市11家企业23人的考察团，赴欧洲进行畜牧饲料商务考察，助力企业开发国际市场。

协助协会互联网与大数据专业分会召开“首届中国智慧养猪产业实践峰会”，相关政府领导、行业协会、饲料企业代表、养殖企业代表及国内外主流媒体共计250余个单位500余人出席峰会。协会组织“规范行业发展创新引领未来——饲料产品创新发展研讨会”。同时，协会“饲料科技创新（北京）联合体”正式成立，“把握‘一带一路’历史机遇，组织北京、河北、天津、黑龙江、江苏等省市企业前往欧洲进行畜牧饲料商务考察，为北京饲料企业走出国门、开拓国际市场、提高国际知名度提供有效借鉴”。天然植物专业分会召开“减抗增效绿色安全——天然植物技术创新论坛暨天然植物在生猪健康养殖中应用技术大会”，解读《天然饲料原料通用要求》国家标准、探讨生猪疫病预防控制、天然植物健康养殖应用、质量评价及健康养殖技术应用等内容，推动畜牧行业减抗、增效可持续发展。

为行业健康发展建言献策，协会将企业集中反映的新饲料及新饲料添加剂研发和推广中存在的问题、建议，汇总为《关于新饲料和新饲料添加剂监测期存在的问题及建议》文件，呈报至国家农业农村部畜牧业司、中国饲料工业协会等相关部门。协会参与起草了由全国饲料工业标准化技术委员会提出并归口的国标《天然植物饲料原料通用要求》已于10月10日发布。

推优推先喜获荣誉。协会组织科为博、峪口禽业、鹤来等企业参与北京市非公有制企业履行社会责任综合评价活动；组织大北农、英惠尔、昕大洋、中粮等企业申报《北京工业系统改革开放40年成就画册》征稿；推荐企业优秀人才申报2018年中德青年农业实用人才能力建设项目，最终北京六马科技及圣牧公司两家公司优秀青年入选；组织推荐符合条件的大北农、大伟嘉、中牧实业等22家企业及邵根伙博士、邵彩梅博士、任泽林博士等科技人才参加2018中国饲料工业协会先进集体和先进个人评选活动，最终北京市共7家饲料企业获得先进集体荣誉，12名饲料工作者获得先进个人荣誉，协会推荐入选率超过86%；协会“精进服务行动”首次获得北京市社会建设工作领导小组办公室颁发的第4届北京市社会组织公益服务品牌荣誉。

（韦兴茹）

【北京企业评价协会】北京企业评价协会是经北京市社会团体行政主管机关核准注册登记的非营利性社会团体法人，于2008年11月8日成立。为二级“枢纽型”社会组织、二级党建工作委员会，为北京市工商业联合会会员单位，连续2次被市民政局评为北京市5A级社会组织及“五个好”社会组织党组织，

2016年北京市行业协会商会信用体系建设优秀单位、争创单位。2018年，协会承担北京市商业服务业第三联合党委书记单位，并取得国家统计局颁发的《涉外调查许可证》资质，以及市财政、税务部门认定的非营利组织免税资格等。协会下设办公室、财务部、会员服务部、科技质量部和信用评价部等职能部门，有工作人员14人。截至年底，协会共有会员单位382家，年内新增会员213家，涵盖高新技术、建筑业、服务业、生物制药等多个领域。

年内，协会承担政府交办任务。完成市民政局的“以信息化平台为支撑提升行业组织诚信建设能力”项目、市委社会工委的《北京市企业党建诊断项目》和《非公企业党建交流推广项目》。协会继续承担“北京市诚信企业创建活动”实施任务，扩大了创建队伍，在已有28家推进行业的基础上，又进行了征集、遴选，新增了清洁、燃气、园林、拍卖等12个行业，共确定40家行业协会商会为2018年诚信创建推进单位，创建覆盖面进一步扩大。协会组织了16场行业宣贯会，受众人数达1250人次；加大了审核力度，增加了线上终审环节，分别对40个行业提交的1500家企业资料进行了审核，共有57家企业不符合创建要求被退回，1443家通过行业审核的企业经过第三方征信、专家综合评审、社会公示等程序，最终有1394家（其中新申报507家、复审887家）企业获得“北京市诚信创建企业”称号。

协会联合市消协等15家社团组织发起的第10届北京企业诚信论坛在北京渔阳饭店召开。论坛以“争创诚信企业建设信用北京”为主题。市经济和信息化局、市社团办、市市场监督管理局、市安监局、市税务局、市质监局、市旅游委等部门，以及市消协和40多家商协会负责人、诚信推进企业和新闻媒体代表350人出席论坛。继续开展“诚信长城杯企业”认定工作。协会与北京电子电器协会、北京家具行业协会、北京包装饮用水行业协会以及信用领域专家学者共同起草了《诚信长城杯企业认定规范》并于6月发布实施。协会成立了“诚信长城杯企业认定办公室”，对符合认定标准的诚信长城杯创建企业进行了标准认定，并颁发首批贯标认定证书。按照市科委关于社会力量设立科学技术奖的要求，协会继续组织开展了第10届“北京企业评价协会科技创新奖”评选工作。

协会联合北京企业联合会、北京软件和信息服务业协会、中关村企业信用促进会、北京中关村高新技术企业协会、北京信息化协会、北京市餐饮行业协会、北京清洁行业协会、北京钢结构行业协会等10余家行业协会，共同开展行业企业信用评价工作。全年向社会公示10批共182家信用A级企业，并将评价结果纳入市市场监督管理局、市经济和信息化局的信用公示平台。推进“北京市诚信自律公共服务平台”建设。部分项目的在线发布、申报、审批、征信（评价）等功能并已正常运转，还帮助参与项目申报的企业建立了信用档案，实现诚信承诺线上展示、企业宣传推广、在线投诉、解答等功能。平台已纳入300余家商协会和近3000家企业档案信息，40多家拥有诚信建设基础的商协会已发布信用档案。

协会不断推进会员发展与服务工作，分别组织召开了协会2017年度理事会、监事会、会员工作会。协会组织召开3次理事长办公会、2次常务理事会等，按照章程要求完成各项工作会议。截至年底，协会理事会成员增加至61人。其中，中铁物贸集团、维亚东方等知名企业当选为协会副理事长单位。清洁行业协会、安全生产联合会、高新技术企业协会等兄弟协会与协会达成战略合作，还晋升为协会的理事单位。

协会全年为会员企业直接节省资金达20万元；相继组织各类培训30余次；推荐会员参加政府和社会创先争优工作，包括市委社会工委组织的“2018年北京市非公有制企业履行社会责任”活动、中国质量协会组织的“全国用户满意单位”评价工作、中国质量万里行促进会质量诚信建设委员会举办的“中国质量诚信A级企业”评价工作，先后向北京电视台“诚信北京”栏目推荐诚信典型企业23家。

（北京企业评价协会）

【北京市开发区协会】北京市开发区协会根据北京市工业发展规划、工业布局和产业结构调整规划，协助市经济和信息化局参与北京市开发区发展规划的研究编制，引导开发区理性发展；根据综合环境和区域特点，为开发区做好周到、有效的招商选资服务，优化资源配置；协调会员之间、会员与政府各部门之间的关系，维护会员合法权益。协会设会长1名、秘书长1名，下设综合部和办公室，现有团体会员单位32家，2018年新吸收团体会员单位2家。

2018年，协会成立临时党支部，组织参加党建活动6次；协助组织及参加市经济和信息化局会议5次；组织会员单位参加交流活动25次；参与社会公益活动2次；外事交流1次。组织“不忘初心、牢记使命、谋求发展”重走中共一大、二大会址红色党员活动；组织参加第20届中国国际投资贸易洽谈会；组织参加2018开发区人才工作座谈会；组织参加开发区转型升级规划研讨会；组织参加第21届中国北京国际科技产业博览会；组织参加2018年经贸形式报告会；举办中国企业赴美上市论坛；赴河北省承德县考察，参与精准扶贫对接工作；为开发区内企业谋福利，开展2018年绿色照明工作；接待台湾地区相关部门来访，加强两岸交流。

（北京市开发区协会）

【北京中小企业国际合作协会】北京市中小企业国际合作协会（BICASME）于1994年成立，在北京市社团办登记注册，具有社会团体法人资格，隶属于原北京市工业促进局。协会秉持“真诚务实、高效、进取”的理念，发扬“开拓、创新、敬业、奉献”的团队精神，依托政府的力量，发挥会员单位的优势，为首都经济的发展做出新的贡献。协会成立至2018年，会员单位约100家。已与美国、法国、德国、加拿大、俄罗斯等44个国家和地区的450家客商1500余人次进行了经贸洽谈活动，组织北京市800余家企业参加了交流与合作洽谈、考察、研讨会和展览活动。

协会成立了临时党支部，多次组织会员单位与国内外企业家协会座谈交流，对接合作商机。

（北京中小企业国际合作协会）

2019

产 品

北京工业年鉴
BEIJING GONGYE NIANJIAN

本栏目收录了2018年全市工业领域近50个产品，其中包括黄磷尾气连续催化氧化净化DePOx技术、带钢热连轧计算机控制系统、中厚板及连轧粗轧机厚度控制技术、全流程大数据平台与质量管控系统、加热炉智能燃烧及炉温控制技术、热轧板带钢超密集快冷技术、轧机主传动大功率交直交中压变频驱动技术与装备、高锰钢冶炼与凝固技术、高品质热轧带卷产品开发及组织性能控制等，涵盖电子、装备、医药、都市等产业的研发及应用成果。

【Universal—300Plus】由华海清科研发的Universal-300Plus是新型12英寸CMP设备，可实现晶圆的抛光、清洗、干燥。该设备采用多种成熟的关键技术，具备技术水平高、产量高、性能稳定以及多单元、多工艺灵活组合等优点，可满足不同客户的工艺需求，是集成电路制造工艺的重要设备，曾获得第13届中国半导体创新产品和技术、天津市专精特新产品、天津市重点新产品等荣誉，该款产品在世界半导体大会上，被评选为2018年度中国半导体创新产品。以Universal-300Plus、Universal-300Dual为主的产品，截至2018年年底共实现收入约6400万元，利润约1200万元。

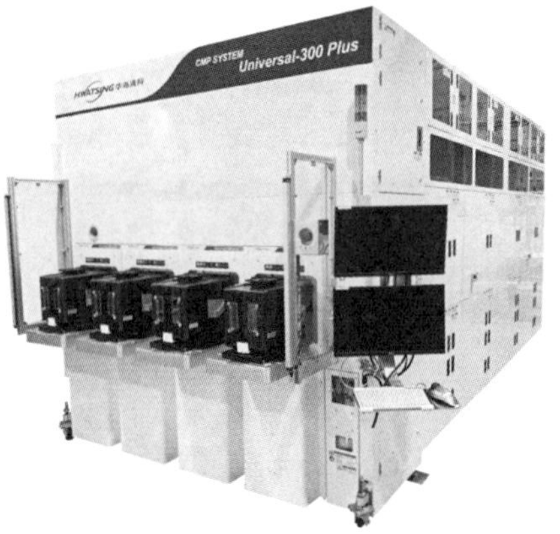

地址：北京经济技术开发区地盛北街1号院40号楼1107室

邮编：100176

电话：18618335856

网址：www.hwatsing.com

电子邮箱：kli@hwatsing.com

法定代表人：李昆

（岳婷婷）

【Universal—300Dual】是华海清科根据市场需求，拥有完全自主知识产权的新型12英寸CMP设备，采用Universal-300 Plus的成熟技术，集成多种终点检测技术，具备技术水平高、产量高、性能稳定、多工艺灵活组合等优点，可实现晶圆的抛光、清洗、干燥，是中国集成电路制造工艺的重要设备。2018年，华海清科研制出的第三代机型Universal-300 Dual，继承了此前产品的成熟技术，配有4个抛光盘和双套清洗，集成多种重点检测技术，可以满足各种工艺需求。

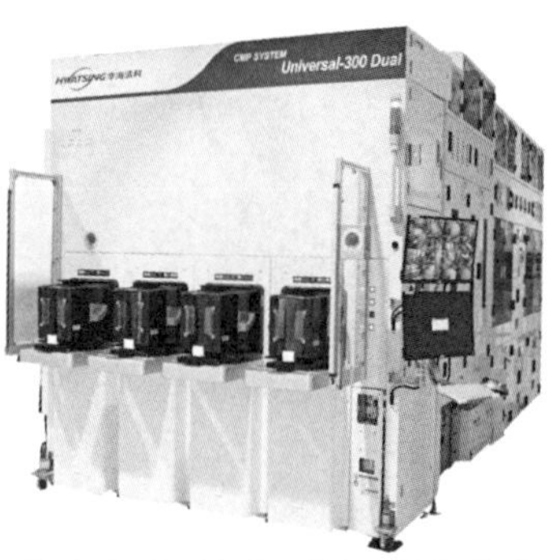

地址：北京经济技术开发区地盛北街1号院40号楼1107室

邮编：100176

电话：18618335856

网址：www.hwatsing.com

电子邮箱：kli@hwatsing.com

法定代表人：李昆

（岳婷婷）

【黄磷尾气连续催化氧化净化DePOx技术】由北京北大先锋科技有限公司开发。该技术将黄磷尾气中污染最大也是脱除难度最大的单质磷和磷化氢净化至<1ppm，突破了黄磷尾气中所含大量CO资源无法有效利用的技术瓶颈，净化后的黄磷尾气通过北大先锋公司PSA装置提纯出CO，可用于合成乙二醇、碳酸二甲酯、TDI等高价值化工产品。该技术已获4项授权发明专利，并获得2016年第18届中国国际工业博览会创新银奖，处于推广阶段。该技术工业化应用将实现黄磷尾气减排和资源化利用的双重效益，推动黄磷企业的结构调整，提高行业的综合竞争力。

贵州国华天鑫黄磷尾气净化中试现场

地址：海淀区中关村北大街151号燕园资源大厦4层

邮编：100080
电话：58876108
传真：58876066
网址：pioneer-pku.com
电子邮箱：pioneer@pioneer-pku.com
法定代表人：张佳平
（北京北大先锋科技有限公司）

【库博源代码智能医生】库博源代码智能医生（又称软件健康管理平台）由万亿级代码安全漏洞知识库、软件源代码缺陷检测工具和代码成分与安全分析平台 3 部分组成，利用值依赖分析等多个核心技术，通过人工智能检测引擎对航空、航天、电子、兵器、船舶、金融、互联网、政府、高端制造等多个领域软件代码安全提供整体解决方案。库博于 2015 年通过美国 CWE 符合性认证，成为中国首家通过该认证的软件安全检测工具。其检测精度和检测效率均已达到国际先进水平，支持 16 种语言 70 余种最新框架的检测、各类编译环境和操作系统，可适配国内编码标准和国产化环境，支持片段代码检测、IDE 插件检测，打破国外工具在代码检测领域的长期垄断。库博的主要用户包括航空、航天、船舶、电子等军工企业，阿里、腾讯等互联网企业以及核能、电网、政府等企事业单位。2018 年 4 月，库博获得第 46 届日内瓦国际发明展金奖；12 月，获得阿里软件供应链安全大赛冠军。

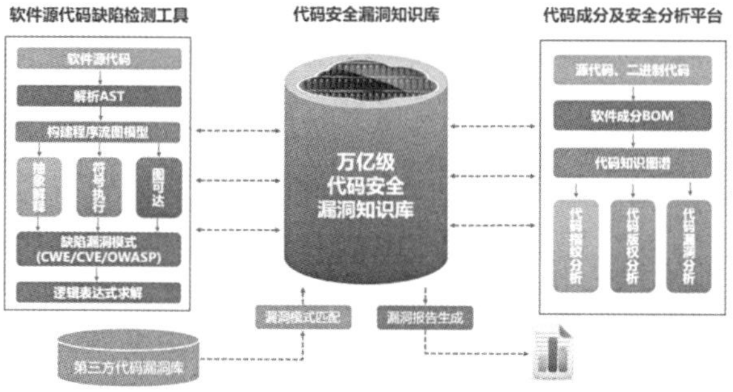

库博源代码智能医生总体架构图

地址：海淀区北四环西路 67 号中关村国际创新大厦 11 层
邮编：100080
电话：61137688
传真：82888198
网址：www.pkuse.com.cn　www.beidasoft.com
电子邮箱：zhaofei@beidasoft.com
法定代表人：苗莉
（北京北大软件工程股份有限公司）

【带钢热连轧计算机控制系统】该系统是北京科技大学设计研究院有限公司开发的，应用于钢铁和有色金属热轧生产线的电气化控制系统，能够完成热轧全流程的自动化、智能化控制。该系统采用了工业高性能控制器、冷热备系统或容错服务器以及多层高速网络结构的硬件方案，并安装具有自主知识产权的稳定高效的过程自动化系统开发平台，应用程序采用标准化的、可自由组合和单独升级的模块设计，为将来的扩展和升级提供极大的方便和空间；系统采用先进的解析算法模型，能对轧件的温度、形状和轧制过程的力能参数和辊缝形状进行精确预报和控制，并自主开发了基于机理模型和数据驱动的全流程板形控制、多机架协调厚度控制、单机架（中厚板或连轧粗轧机）轧板厚度控制、终轧温度和层冷温度控制、微恒张力、热卷箱控制等专有控制技术；可实现基于统计过程控制、数据挖掘、信息融合等技术的系统智能故障自诊断及控制，并采用容错控制策略提高系统对异常状态的适应能力；针对超薄规格产品的生产，开发了非对称和非稳态条件下的质量控制技术。最新开发的大数据平台、质量管控、生产状态分析、能源介质监控、能耗预测、性能预报、设备生命周期管理等功能模块，提升了系统的智能化水平。该系统已在 30 余条新建或改造的钢铁和铝热轧生产线上得到了成功应用，成为冶金行业电气自动化系统集成方案领先者之一。先后获得软件著作权 7 项、授权专利 50 项。获得国家科学技术进步奖二等奖 1 项，省部级一等奖 8 项、二等奖 2 项、三等奖 3 项。该系统可以灵活根据用户的不同需求提供相应的功能模块，不但适用于新建的生产线，同样适用于对老旧的生产线的技术升级和改造，减少改造风险，缩短改造工期，在短时间内完成升级改造并恢复生产和达产。2018 年合同额 13600 万元，承建的广西银海铝业超宽幅 1+4 热连轧控制系统荣获广西省科技进步奖二等奖。

地址：海淀区学院路 30 号
邮编：100083
电话：62332598
传真：62332947
网址：http://iet.ustb.edu.cn
邮箱：bkdgyy@ustb.edu.cn
法定代表人：陈雨来

（郭　强）

【中厚板及连轧粗轧机厚度控制技术】北京科技大学设计研究院有限公司针对采用冶金企业的热轧生产线粗轧机和中厚板生产线的电动和液压复合压下轧机的厚度控制精度较差的缺点，研制了中厚板及连轧粗轧机厚度控制技术。该控制技术解决了在不依赖测厚仪的情况下，对电动和液压压下的单机架热轧机进行精确的厚度控制，以保证板材厚度公差落在允许范围内。该控制技术采用方便修正的数学模型，可根据人工卡量数据（无测厚仪）或厚差信号（有测厚仪）对厚度模型进行修正，能有效提高厚度精度。中厚板及连轧粗轧机厚度控制技术还采用新型控制器，AGC 系统运行更加平稳。在辊缝调节时，由于新型控制器的目标值并不直接等于辊缝目标值，而是采用逐渐向辊缝目标值平滑逼近的方法。本技术不需要增加新的设备，只需要对控制算法进行一定修改，即可改善 AGC 系统控制精度，满足轧制过程需要。中厚板及连轧粗轧机厚度控制技术已在广西北海诚德 1580 及多条铝热连轧粗轧机等轧线投入使用，相比投入前厚度质量有明显提升，具有良好的应用前景。2018 年合同额近 600 万元。

地址：海淀区学院路 30 号
邮编：100083
电话：62332598
传真：62332947
网址：http://iet.ustb.edu.cn
邮箱：bkdgyy@ustb.edu.cn
法定代表人：陈雨来

（郭　强）

【全流程大数据平台与质量管控系统】全流程大数据平台与质量管控系统是由北京科技大学设计研究院有限公司研制的面向冶金行业全流程的质量管控和评价系统。该系统可将钢铁企业从炼铁、炼钢、连铸、热轧、冷轧到处理线全生产流程各环节的不同制造单元和系统中的质量信息采集到一体化质量管控系统中，实现上下游工序、全流程质量信息的贯通。该系统的建立标志着以产品质量为中心，收集、整合生产过程数据，实现信息全流程质量信息共享。通过对全流程过程数据的采集、监控、质量异常管理、过程评级和质量分析、存储，保证全流程生产过程质量受控，促进产品质量的持续改进；通过数据挖掘算法和数理分析，从海量数据中获取蕴含的知识模型和工艺规律，对产线工艺模型进行优化。该项技术作为智能制造大数据应用的核心技术，已在涟钢、马钢、鞍钢、沙钢、新余钢铁（板带材）、淮钢（棒线）、中铝瑞闽（有色行业）等企业投入运行，为其产品全生命质量周期稳定性提供保障。2018 年合同额 1180 万元。

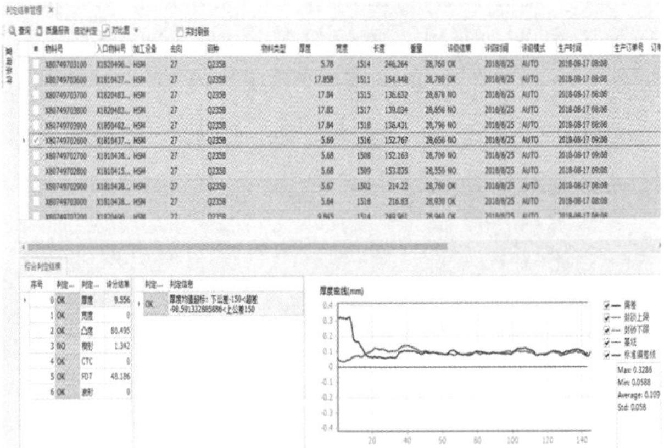

地址：海淀区学院路 30 号
邮编：100083
电话：62332598
传真：62332947
网址：http://iet.ustb.edu.cn
邮箱：bkdgyy@ustb.edu.cn
法定代表人：陈雨来

（邵　健）

【加热炉智能燃烧及炉温控制技术】加热炉智能燃烧及炉温控制技术由北京科技大学设计研究院有限公司研发并推广，可应用在板坯加热炉、隧道炉、热处理炉等多种炉型。该系统具有基于炉温闭环控制的智能燃烧及炉温控制技术用于多种类型的加热炉过程控制系统，根据热值、残氧、压力等实时优化空燃比，从而有效地控制炉内气氛。精准的板坯温度预报模型和出钢节奏预测是智能燃烧的前提，依据周期呈现的钢坯温度场分布、剩余在炉时间、出钢序列，预测出钢节奏。变钢种规格混装以及延迟故障工况的感知，统筹协调所有钢坯的炉温需求，并根据延迟故障信息动态调配炉温设定。该成果先后在邯钢中板、南钢中厚板卷厂、凌钢、北海诚德、日钢、涟钢 CSP、邯钢 CSP、马钢 CSP、包钢 CSP 等多家企业的热处理炉、隧道炉和热连轧加热炉上得到应用，使加热炉控制自动化水平明显提升，加热质量和温度精度显著提高，加热炉能耗钢板氧化烧损大大降低。2018 年合同额达到 800 余万元。

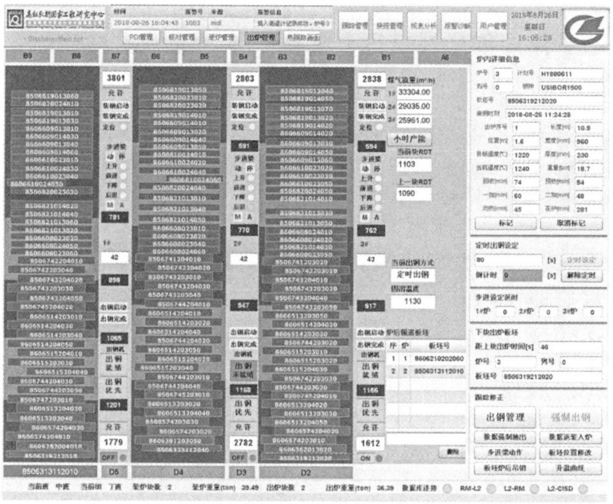

地址：海淀区学院路 30 号
邮编：100083
电话：62332598
传真：62332947
网址：http://iet.ustb.edu.cn
邮箱：bkdgyy@ustb.edu.cn
法定代表人：陈雨来

（蔺凤琴）

【热轧板带钢超密集快冷技术和装备】板带钢控制冷却技术是由北京科技大学设计研究院有限公司研发的，是现代轧钢生产过程中节约能源、控制钢材组织性能、降低生产成本提高产品竞争能力的重要环节。多年来，北京科技大学工程技术研究院致力于热轧板带钢控制冷却技术的原始创新与自主集成开发，基于对板带钢冷却过程的换热机理及内部组织演变机理的研究，通过实验室研究与工程实践成功开发出具有自主知识产权的超密集快冷工艺、装备及自动化控制系统集成成套技术，该技术的核心装备冷却能力可达到常规 U 型集管的 2 倍以上、冷却均匀性可控制在 10℃以内，配套高精度自动化控制系统，可实现板带钢长宽厚 3 个维度上高效、高速、高精度、高均匀化的冷却，可利用该技术达到板带钢质量提升和产品性能升级，可以得到平直度与性能均匀优质的热轧板带钢产品。该技术和装备已相继推广应用至国内 20 余条板带钢生产线，对降低企业投资和运行成本、促进钢铁板带产品结构升级和竞争力的提高。2018 年合同额 3000 万元。

地址：海淀区学院路 30 号
邮编：100083
电话：62332598
传真：62332947
网址：http://iet.ustb.edu.cn
邮箱：bkdgyy@ustb.edu.cn
法定代表人：陈雨来

（余 伟）

【高锰钢冶炼与凝固技术】高锰钢和超高锰钢具有超高强度、超高韧性、塑性、耐磨性等的良好结合，一直是新型钢铁材料研发的热点，大量应用于耐磨钢、无磁钢和高强塑性汽车用钢。由北京科技大学设计研究院有限公司通过研究高锰钢低成本生产技术所开发的高锰钢 AOD 冶炼、电渣精炼、二氧化碳与氧气混合吹炼工艺技术，通过解析高锰钢凝固特性所开发的高锰钢凝固组织、偏析、析出物及高温力学性能调控技术，已成功生产出 3000 毫米 ×1000 毫米 ×340 毫米、25Mn3Si3Al 坯锭。项目特点为开发的高锰钢冶炼技术，可生产锰含量大于 10 的高锰钢；开发的高锰钢低成本生产技术，可使用高锰铁水生产高锰钢；开发的高锰钢凝固组织、偏析、析出物及高温力学性能调控技术，可生产偏析程度更低、内部质量更好的高锰钢。该成果已在中原特钢进行推广，成功制备了 3000 毫米 ×1000 毫米 ×340 毫米、25Mn3Si3Al 坯锭，具有重要推广前景。2018 年合同额 170 余万元。

地址：海淀区学院路 30 号
邮编：100083
电话：62332598
传真：62332947
网址：http://iet.ustb.edu.cn
邮箱：bkdgyy@ustb.edu.cn
法定代表人：陈雨来

（刘建华）

【高品质热轧带卷产品开发及组织性能控制】北京科技大学设计研究院有限公司为实现热轧带卷产品高强度、高韧性、耐不同服役环境腐蚀的综合性能需求，通过基于材料基因特性的多尺度材料设计技术、无缺陷铸坯制造技术和新一代控轧控冷技术、全流程仿真技术等，实现了高品质热轧带卷产品的批量稳定化生产。“高钢级 X70 ～ X80 热轧管线钢的研制”获得冶金科学技术奖二等奖、安徽省科学技术奖一等奖。热轧带卷产品的开发及稳定生产提高了相关企业的市场竞争力和自主研发能力，为中国石油化工等行业提供高品质管材支持。该成果已在马鞍山钢铁集团进行推广，合作开发 X42 ～ X100 系列管线钢产品。与其它钢铁集团还合作开发了高扩孔性热轧双相钢、锯片用中高碳钢、耐磨钢、耐候耐蚀钢等产品。热轧带卷产品，如管线钢、热轧双相钢、锯片钢、耐候钢板、集装箱板都具有较高的附加值。由于热轧带卷的生产流程比冷轧带卷流程短，因此其综合成本较低，已被广泛的应用在汽车、船舶、机械以及建筑行业等众多领域。以管线钢为例，为满足石油、天然气等管道服役的强度、韧性和抗应力腐蚀需求以及加工中的焊接性要求，相应产品的组织性能控制难度大。通过不断技术研发和攻关，解决了高级别管线的国产化生产能力，摆脱了国外对中国石化等关键行业的技术封锁。2018 年合同额达 900 余万元。

地址：海淀区学院路 30 号
邮编：100083
电话：62332598
传真：62332947
网址：http://iet.ustb.edu.cn
邮箱：bkdgyy@ustb.edu.cn
法定代表人：陈雨来

（江海涛）

【GARDES 技术系列催化剂】GARDES 技术是北京中石大格林催化科技有限公司推广研发，通过加氢脱硫和辛烷值恢复来生产清洁汽油的技术，该技术通过选择性加氢脱硫解决了 FCC 汽油中硫含量高的问题，同时采用辛烷值恢复技术解决了加氢脱硫过程中汽油辛烷值损失过大的问题。GARDES 技术采用加氢预处理—轻重馏分切割—重汽油选择性加氢脱硫 - 辛烷值恢复的技术路线，实现了 FCC 汽油的加氢改质。该技术可以根据原料硫含量、烯烃含量、加氢产品指标等情况，对催化剂和工艺进行优化匹配，能够适应于高硫 (高达 3000 μg/g)、高烯烃 (高达 45%) 的原料性质，和低硫 (小于 300 μg/g) 烯烃不作要求的原料。GARDES 技术的小试研究成果于 2008 年 12 月通过中国石油科技管理部组织的验收，2010 年被评为中国石油十大科技进展奖，2011 年 11 月 14 日通过中国石油科技评估中心组织的专家鉴定。以胡永康、包信和、李灿、付贤智 4 位院士和王贤清、门存贵等知名专家所组成的鉴定委员会一致认为，GARDES 技术的整体性能已经达到同类技术国际先进水平，用于处理高烯烃含量催化汽油时，脱硫、降烯烃、辛烷值恢复性能处于国际领先水平。2018 年，GARDES-II 在中国石油另外 4 家炼厂投入工业应用。应用结果表明，原 GARDES 工艺装置仅通过催化剂的更换即可升级到生产国Ⅵ (A) 清洁汽油调和组分，烯烃降量 10v% 以上，辛烷值损失 1.2 以下，均优于设计指标。

GDS-10：加氢保护剂。用于脱除油品中含氧化

合物、金属有机化合物、胶质等杂质，起到保护主催化剂、延长其操作周期的作用。

GDS-20：预加氢催化剂。具有同步实现轻馏分中硫醇的选择性脱除和向重馏分的转移、双烯的选择性脱除功能，在防止催化剂床层压降累积、延长催化剂运行周期方面起着十分关键的作用，可为选择性脱硫催化剂和辛烷值恢复催化剂的长周期运行提供保证。此外,该催化剂还具有一定的烯烃顺反异构功能，可略微增加预加氢产品的辛烷值。

GDS-30：选择性加氢脱硫催化剂。在保证烯烃饱和最小的前提下，选择性脱除油品中较大分子的含硫化合物。

GDS-40：辛烷值恢复催化剂。具有 3 种功能：异构化和芳构化性能，定向将催化裂化汽油中的烯烃转化为异构烷烃和芳烃，可在大幅降低汽油烯烃含量的同时保持其辛烷值；补充脱硫功能，借助分子筛的酸性脱除以噻吩为代表的小分子含硫化合物，实现满足国 IV/ 国 V 标准的深度和超深度脱硫；避免硫化氢与烯烃重新结合生成硫醇。

地址：昌平区科技园区白浮泉路 10 号 2 号楼 10 层

邮编：102200

电话：89760220

电子邮箱：dxn＿hn@163.com

法定代表人：鲍晓军

（郝宁宁）

【HK−118W 硅酸根监测仪】由北京华科仪科技股份有限公司研发生产，已量产 25 年。该产品精巧结构、盘式安装、全铝框箱体，抗干扰能力强，可广泛应用在电力、石油化工、化纤等行业，特别适用于火力发电厂阴床出水、混床出水，过热蒸汽、饱和蒸汽中硅离子含量的连续监测。2018 年生产 HK-118W 硅酸根监测仪 120 余台，年销售 100 余台。

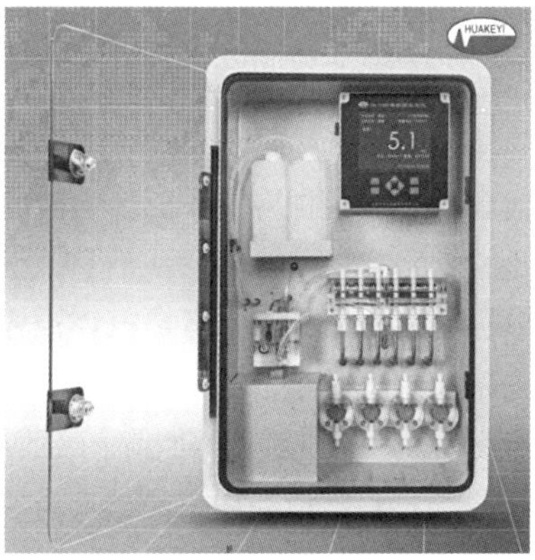

地址：大兴区西红门镇金业大街 10 号

编码：100076

电话：80705660-229

传真：80703092

网址：www.huakeyi.com

电子邮箱：hky@huakeyi.com

法定代表人：边宝丽

（胡斯洋）

【HK−258 便携式微量溶解氧分析仪】由北京华科仪科技股份有限公司研发生产，已批量生产多年。HK-258 便携式微量溶解氧分析仪采用发送器 (测量部分) 和控制器 (手机 APP) 分体化结构设计，具有测量精度高、反应速度快、体积轻巧、操作简便等特点。用户通过手机下载溶解氧 APP 作为控制器，即可对设备状况、实时数据和历史数据进行查看与操作。主要适用于测量水溶液中氧含量的浓度，特别适用于超纯水中低浓度溶解氧的检测，可广泛应用在电力、石化、钢铁等诸多行业。2018 年生产 HK-258 便携式微量溶解氧分析仪 380 余台，年销售 350 余台。

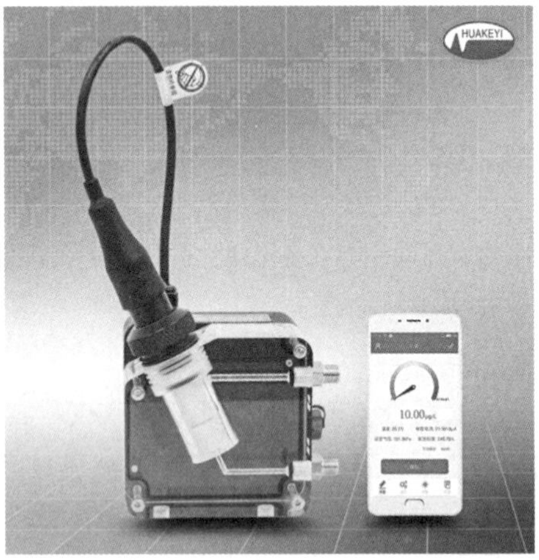

地址：大兴区西红门镇金业大街 10 号
编码：100076
电话：80705660-229
传真：80703092
网址：www.huakeyi.com
电子邮箱：hky@huakeyi.com
法定代表人：边宝丽

（胡斯洋）

【五位一体可燃气体探测器／有毒气体报警器】由北京华科仪科技股份有限公司研发生产，已批量生产多年。该产品包含 5 种检测原理几乎覆盖所有可燃、有毒气体监测，只用一台通用探测器主机，更换可插拔的对应智能传感器，即可监测多种气体，并带有传感器故障自诊断功能，使用方便。可广泛应用于电力、化工等诸多行业。2018 年生产五位一体可燃气体探测器 / 有毒气体报警器 1700 余台，年销售 1500 余台。

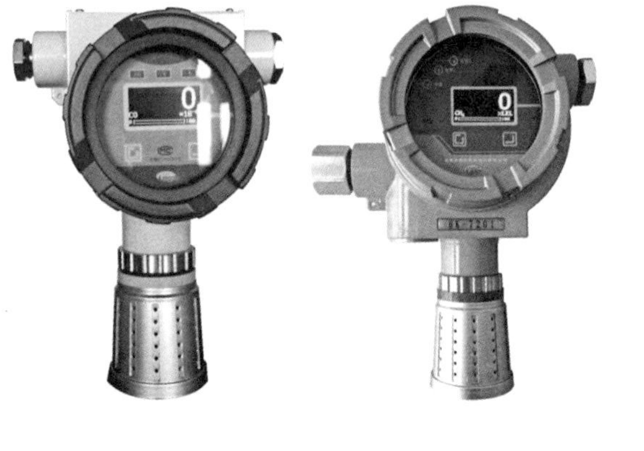

地址：大兴区西红门镇金业大街 10 号
编码：100076
电话：80705660-229
传真：80703092
网址：www.huakeyi.com
电子邮箱：hky@huakeyi.com
法定代表人：边宝丽

（胡斯洋）

【HK-3011SK 开口闪点测定仪】由北京华科仪科技股份有限公司研发生产，已批量生产多年。HK-3011SK 开口闪点测定仪用来考察在开放环境中液体的易燃程度，符合中华人共和国标准 GB/T 3536-2008《石油产品闪点和燃点的测定（克利夫兰开口杯法）》，适用于除燃料油（燃料油通常按照 GB/T261 测量闭口闪点）以外的、开口闪点高于 79℃的石油产品。本产品由测量装置（包括油杯、加热器、冷却风扇、点火丝和搅拌电机等机械结构）及显示装置组成。测量装置测量并将结果传送给显示装置，显示装置接收数据进行显示，并可以通过触摸屏的操作对测量装置进行控制。显示装置采用彩色液晶触摸屏显示，中文、英文可选，具有提示菜单，导向式输入，可预置温度、试样标号、大气压强、试验日期等参数，并且，本产品内置模糊控制软件，反应快速、测量准确，是理想的开口闪点测定产品，广泛用于铁路、航空、电力、石油行业及科研部门。2018 年生产 HK-3011SK 开口闪点测定仪 70 余台，年销售 60 余台。

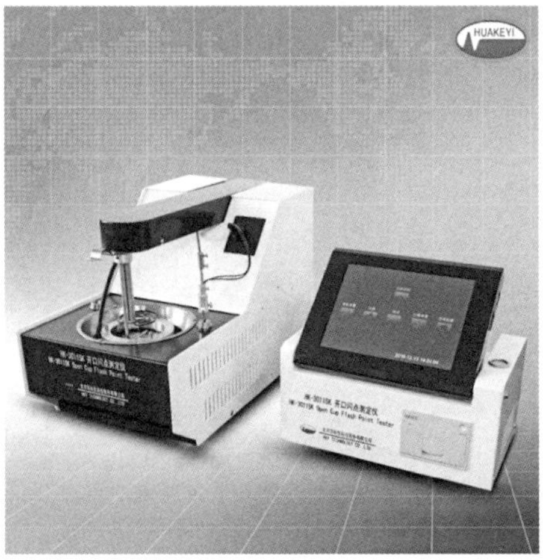

地址：大兴区西红门镇金业大街 10 号
编码：100076
电话：80705660-229
传真：80703092
网址：www.huakeyi.com
电子邮箱：hky@huakeyi.com

法定代表人：边宝丽

（胡斯洋）

【“开同”复方α－酮酸片】由北京费森尤斯卡比医药有限公司生产的原研药品。复方α-酮酸片配合低蛋白饮食，预防和治疗慢性肾脏病因蛋白质代谢失调引起的损害，并延缓肾脏病进展。1995年上市，迄今仍为市场领导品牌，具有有效延缓肾脏疾病的进展速度，延缓肾脏替代治疗，延缓慢性肾脏病患者进入透析、终末期肾病，降低慢性肾脏病患者死亡发生率，改善慢性肾脏病患者的营养状态的疗效。2018年生产复方α-酮酸片54.36亿片，销售复方α-酮酸片5.35亿片，复方α-酮酸片市场占有份额在74%左右。

地址：大兴区生物医药基地华佗路57号
电话：13701077361
网址：www.fresenius-kabi-bj.com
厂长：段志峰

（李民霞）

【金花清感颗粒】由聚协昌（北京）药业有限公司研发生产，是世界上第1个采用循证医学证实疗效的中医药产品，2014年获国家科学技术进步奖一等奖，2016年获国家食品药品监督管理局新药证书（国药准字Z20160001）和药品注册批件（2016S00444）。研究认为，“金花清感颗粒”治疗甲流安全有效，国家卫计委发布《流行性感冒诊疗方案（2018年版）》及《流行性感冒诊疗方案(2018年版修订版)》均将金花清感颗粒列为国家防控流感治疗的首选中药。2018年11月，金花清感颗粒被增补入《国家基本药物目录》。截至年底，金花清感颗粒年产值1.2亿元，主要销售北京地区。

地址 大兴区采育经济开发区政中路1号
邮编：102606
电话：80204926
传真：80278139
网址：www.juxiechang.com
电子邮箱：juxiechang@163.com
法定代表人：白建疆

（金万里）

【全自动智能药品包装生产线】由北京双鹤制药装备有限责任公司开发、生产的智能装备。包装生产线使用公司自主知识产权专利14项，其具有高速、智能、稳定的性能，实现了联线报警、废品自动筛检、自动剔除能功能，能够实现远程监控、远程诊断及大数据分析。包装生产线全长近20米，达到全自动操作，仅仅需要6名工人进行辅助上料。包装生产线的药板生产能力600板/分钟、药板装盒能400盒/分钟、机器人全自动装箱能力2箱/分钟。包装生产线能够满足国内大型制药集团、著名制药企业、合资制药公司高端、高速、智能、运行稳定的需求，产品从设计之初到生产环节均符合节能环保要求，产品通过欧盟CE认证，远销到世界各地区。2018年，公司产值7086万元、

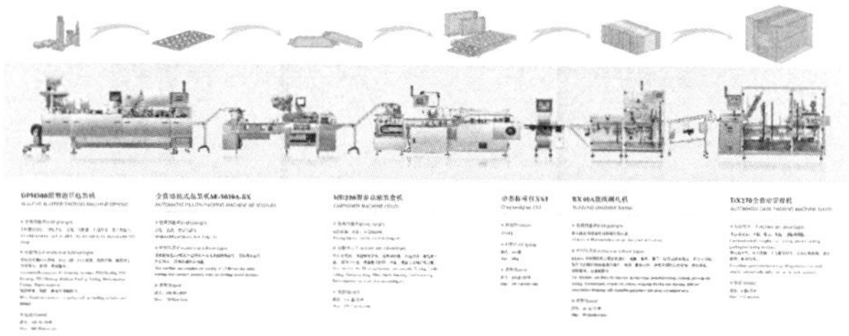

地址：大兴区工业开发区金苑路33号
邮编：102628
电话：61274153
传真：61274252
网站：WWW.BJDCPE.COM
电子邮箱：dcpebgs@sina.com
法定代表人：付建平

（杨宁宁）

【“普力得”盐酸氨基葡萄糖胶囊】由北京康必得药业有限公司生产，产品规格为0.24克，2005年2月6日，集团公司通过自主研发取得原国家食品药品监督管理局颁发的新药证书，为化学药品四类新药，证书号为国药证字H20050324，2007年7月2日获得批准文号为国药准字H20070173，并于同年投产。该品为镇痛类非处方药药品，主要作用机理为：骨关节炎是由于蛋白聚糖生物合成异常造成的关节软骨退行性病变，氨基葡萄糖是软骨基质聚多糖链和关节液

聚氨基葡萄糖的正常构成成份，可以刺激软骨细胞合成生理性的聚氨基葡萄糖和蛋白聚糖，刺激滑膜细胞合成透明质酸。该品还可抑制损伤软骨的酶，如胶原酶和磷脂酶 A2 的活性，可以防止受损组织的超氧化自由基的生成，抑制溶酶体酶的活性。因此，该品显示出轻度的抗炎作用，适应症为用于治疗和预防全身所有部位的骨关节炎，包括膝关节、肩关节、髋关节、手腕关节、颈及脊椎关节和踝关节等。可缓解和消除骨关节炎的疼痛、肿胀等症状，改善关节活动功能。盐酸氨基葡萄糖胶囊制备过程中不添加任何辅料，为 100% 原料制剂，易吸收，生物利用度高，该品为国家医保品种，北京康必得药业主打产品。产品上市以来疗效确切、服用方便、价格合理、质量稳定，备受患者青睐，解决了广大骨关节炎患者疾病带来的痛苦。2018 年，生产“普力得”盐酸氨基葡萄糖胶囊突破 3 亿粒，销售 2.85 亿粒，市场占有份额在 25% 左右。

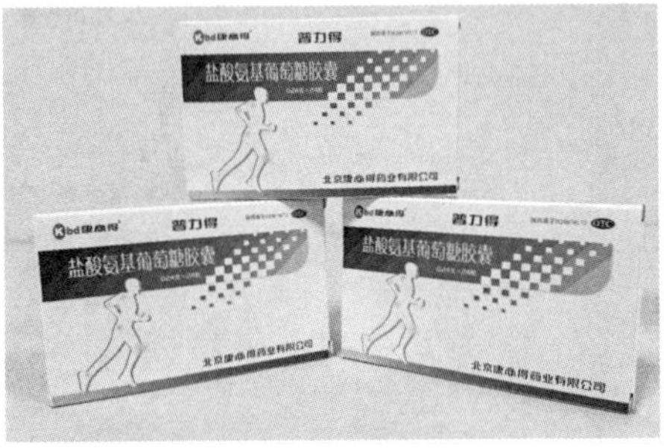

地址：大兴区中关村科技园区生物医药产业基地永大西路 37 号

邮编：102600

电话：61253288

传真：61253299

网址：http://www.kbdyy.com

电子邮箱：bjkbdyy@126.com

法定代表人：李长庚

（吴明军）

【“宫颐府”牛舌饼】由北京二商宫颐府食品有限公司生产。中国传统糕点与中国的传统文化一样，博大精深，种类繁多，源远流长。在传统糕点制作方面，宫颐府有着数十年的丰富经验，其产品特点是口感纯正、绵酥可口、用料考究、皮薄馅精。牛舌饼是宫颐府的代表产品，独具老北京风味特色，采用精选原料加工而成，并在传统工艺的基础上进行了加工改良，以饼皮酥松、馅香料精著称。该产品表皮金黄，内包椒盐为馅，其香甜松酥的口感，与浓厚的椒盐咸香，让人回味无穷，广受消费者好评。2018 年，生产牛舌饼 11.8 万公斤，销售额达 273.3 万元。

地址：大兴区新媒体产业基地金苑路 38 号

邮编：102600

电话：61273860

电子邮箱：gongyifu@126.com

法定代表人：孟宪跃

（王　蔚）

【车用锂离子电池系统】由北京普莱德新能源电池科技有限公司生产。产品包括磷酸铁锂动力电池系统及三元聚合物锂离子动力电池系统。该产品研发是国家 863 计划和科技重大专项重点项目。产品具有结构紧凑，体积能量密度高、安全可靠的特点。电池系统外壳防护等级达 IP67，具备快速充电、低温使用、远程监控及实时数据采集的功能。公司所研发生产的锂离子动力电池系统主要搭载于电动大巴、电动公交、纯电动汽车等平台，其中搭载于北京电动出租车的快换车型，极大的促进了北京绿色出行、节能减排的发展。2018 年，销售动力电池系统 3.2GWh 约 85970 套，PACK 行业内排名第 3 位。

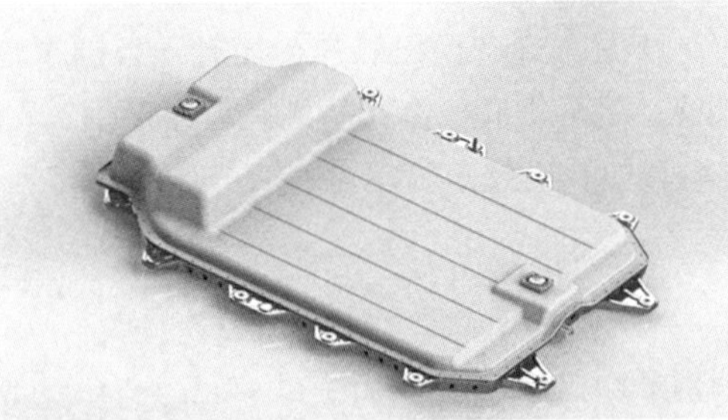

地址：大兴区采与经济开发区采和路 1 号

邮编：102606

电话：80278688

传真：80278688

网址：www.pride-power.com

电子邮箱：sales@pride-power.com

法定代表人：高力

（张玉娇）

【智能人像抓拍机 MegEye-C3S】是旷视 MegEye 系列最新产品。主要服务于人像卡口业务中的应用，特别适用于人流密集的通道、出入口等场景，实现对人群中人脸的精准捕捉，为现代安防带来革命性变化。MegEye-C3S 在核心的人脸抓拍功能上取得重大突破，超越目前市场上所有人像抓拍机做到对视频流全帧率、全画幅的人脸检测与抓拍。在 1080P 高清视频格式下，C3S 支持高达 30 FPS 全帧实时人脸检测，每帧最多可抓拍出 100 张以上的人脸照片，抓拍率不低于 98%。旷视 (Face++) 对新一代智能人像抓拍机 MegEye-C3S 的人脸识别算法进行了全面优化，不仅可以逐帧进行人脸检测，还能逐帧对每张人脸进行多维度的质量判断。在对出现在视频中每张人脸质量综合评分后，C3S 能推送每个人在整个轨迹中角度最正、最清晰、质量最高的人脸，大大提升了数据的可用度与依据力。同时，C3S 在运动预测的基础上结合特征识别智能分析，能有效过滤掉重复人脸数据，在复杂场景中将人脸重复抓拍率控制在 10% 以内，从而大大节省后端计算资源的浪费。2018 年出借量近 9000 台，单一产品收入近 3000 万元。

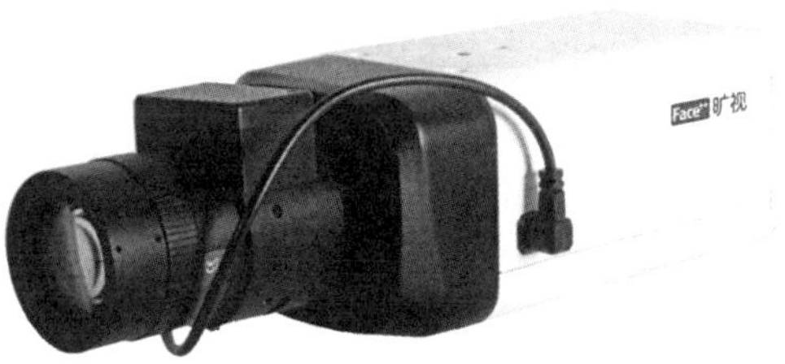

地址：海淀区科学院南路 2 号融科资讯中心 A 座
邮编：100190
电话：62508622
网址：http://www.megvii.com
电子邮箱：business@megvii.com
法定代表人：印奇

（郑　雪）

【讯飞翻译机 2.0】是科大讯飞继具备离线翻译功能的“晓译”翻译机之后推出的新一代人工智能翻译产品，产品便携易用且稳定性高，对于解决语言交流障碍，提供了极大帮助。技术上采用了神经网络机器翻译、语音识别、语音合成、图像识别、离线翻译以及四麦克风阵列等多项全球领先的人工智能研究成果，实现中文与 30 余种语言即时互译，覆盖全球大多数国家，同时也包括中国方言，像粤语、四川话、河南话等等。讯飞翻译机 2.0 支持对话翻译、拍照翻译、人工翻译等翻译模式，满足消费者多种场景下的翻译需求。2018 年销售约 30 万台。

地址：海淀区西北旺东路 10 号院东区 5 号楼
邮编：100193
电话：56499801
网址：http://www.iflytek.com
电子邮箱：jnwang@iflytek.com
法定代表人：江涛

（郑　雪）

【TicWatch Pro 4G 智能手表】采用经典机械运动手表的造型设计风格、纯圆双层持久屏，搭载 Qualcomm® 骁龙 TM Wear 2100 平台，使用 Wear OS by Google 中文版操作系统，内置出门问问 VPA 小问助手，支持移动、联通双制式，支持 eSIM 一号双终端业务，手机共享同一个号码（仅限 4G 版本），支持 NFC 公交地铁刷卡、银联支付，未来还将支持 VISA 支付，是一款当之无愧的旗舰级智能手表。TicWatch Pro 使用了拥有全球专利的双层持久显示 TM Layered DisplayTM 技术，依靠创新双模双系统架构设计的支持，集成了 1.4 英寸全彩 AMOLED 屏和单色液晶屏两种显示技术，为用户提供了“智能模式”和“持久模式”两种使用方式。日常中度使用下，TicWatch Pro 的续航表现可以达到 5 天。当使用者开启纯“持久模式”时，TicWatch Pro 更可提供 30 天以上的持久续航，让使用者在加班、出差或短途旅行中，都不用担忧忘记携带充电线了。2018 年出货量近 10 万台。

地址：海淀区中关村大街 19 号办公 A 楼 10 层 1001

邮编：100086

电话：56177039

网址：http://www.chumenwenwen.com

电子邮箱：fangxu@mobvoi.com

法定代表人：李志飞

（郑　雪）

【FEM2000 系列智能型电磁流量计】远东有限生产的 FEM2000 系列智能型电磁流量计是基于法拉第电磁感应定律而制成的一种高性能、高可靠性的仪表，具有双向流量自动测量、自检与自诊断功能，采用先进的低频方波恒流励磁，抗干扰能力强，工作可靠，性能稳定，采用先进的非易失性存贮器，可长期有效的保护设置和测量参数。可用于测量封闭管道中导电液体的体积流量，广泛应用于石油化工、钢铁冶金、给排水、水利灌溉、水处理、污水处理、造纸、医药、食品等领域的生产工艺过程中流量的控制和计量。2018 年销售 1200 余台，销售收入 720 万元。

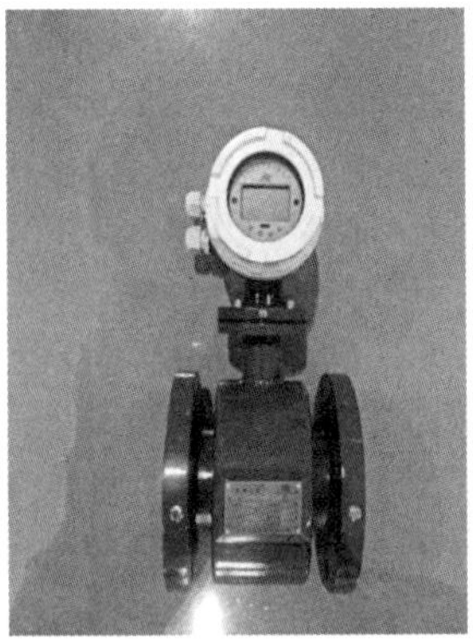

地址：东城区和平里北街 6 号

邮编：100013

电话：64513045

网址：http://www.bjfeic.com

电子邮箱：dengjun@bjfeic.com

法定代表人：刘枫

（李　婕）

【FEK8000 型质量流量计】远东有限生产的 FEK8000 型质量流量计是根据科里奥利原理工作的，直接测量质量流量、密度及温度的一种智能仪表。产品精度高，测量质量流量的误差为 ±0.15%，重复性为 0.075%，达到国内先进水平，具有混合较均匀的两相流或多相流以及高粘度液体均可以正常进行计量等特点，可在其他流量计无法测量或者难于测量的复杂环境下使用。主要应用于石油、化工、医药、食品、环保等行业的工艺过程控制、批量控制及精确计量。具有非常广阔的发展前景，并可望成为目前多种流量计的换代产品。2018 年销售 10 台，销售收入 20 万元。

地址：东城区和平里北街 6 号

邮编：100013

电话：64513045

网址：http://www.bjfeic.com

电子邮箱：dengjun@bjfeic.com

法定代表人：刘枫

（李　婕）

【户用热量表法分户热计量系统】远东有限研发的户用热量表法分户热计量系统包括楼栋热量表、户用热量表、数据集中器、一体化户用阀控、上位机平台软件（即数据信息管理系统）等。热量表具备远传读表功能，系统对电动球阀实现远程及本地控制功能。数据集中器将热量表数据和阀控数据等按照设定的采集周期上传至上位机平台，也接收上位机平台的指令进行控制操作。上位机平台应同时具备设备运行监控系统、能耗分析系统、热费分摊系统，并具备与北京市热力集团现有上位机对接功能。上位机平台和数据集中器有必要的数据安全保障措施，满足国家信息安全要求，确保热计量数据安全。2018 年销售收入 800 余万元。

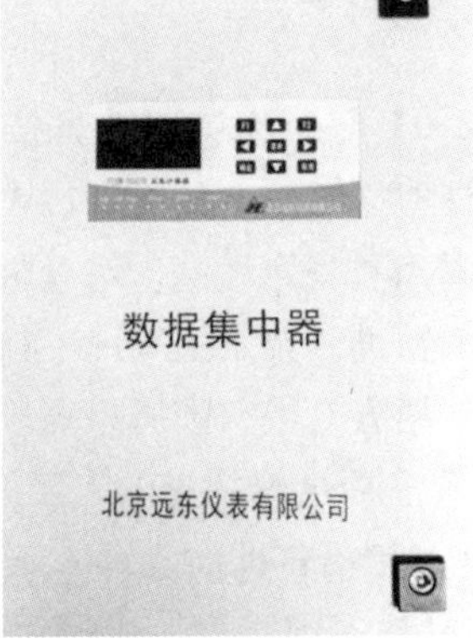

地址：东城区和平里北街 6 号
邮编：100013
电话：64513045
网址：http://www.bjfeic.com
电子邮箱：dengjun@bjfeic.com
法定代表人：刘枫

（李　婕）

【工业园区蒸汽计量监控系统】远东有限研发的工业园区蒸汽计量监控系统主要由现场一次仪表、数据采集箱、上位机软件构成。该系统建立一个集信息传输共享、安全存储、热网信息自动监测的高可靠信息化系统，实现对用汽单位、工业园区整个热网的热力参数（压力、温度、流量等）进行实时动态监测管理，全面掌握整个热网管线供热状态。为蒸汽计量管理工作提供更为全面、及时、准确的数据基础和支持平台。

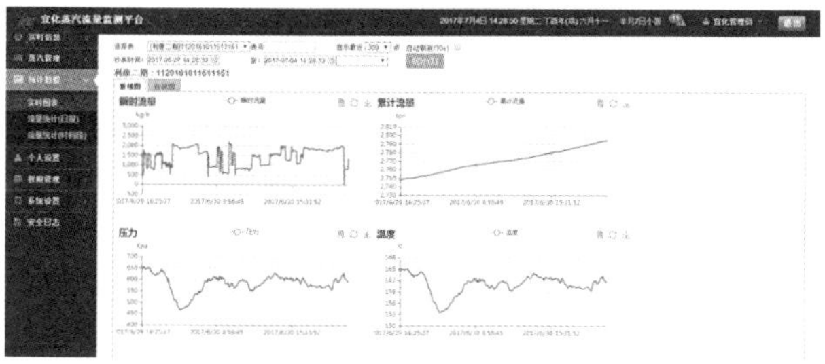

地址：东城区和平里北街 6 号
邮编：100013
电话：64513045
网址：http://www.bjfeic.com
电子邮箱：dengjun@bjfeic.com
法定代表人：刘枫

（李　婕）

【雷达系列产品】远东有限自主生产的 ULR2000 雷达物位计测量精度高、测量盲区小、安装方便、调试简单，不受工艺过程中蒸汽、压力、粉尘或温度的影响，产品表头内置 LCD 液晶显示，方便现场观测。产品设计符合国家防爆标准要求，用于储罐和过程储罐中的液体和浆液的非接触式连续测量。广泛应用于工业流程、石油加工、电力、冶金等领域中各种常压或有压储罐料位的连续测量。UDR1000 系列导波雷达物位计采用时域反射原理。测量结果不受泡沫、粉末、蒸汽等外界干扰的影响，不受介质密度、工作压力、工作温度、介电常数、环境温度及容器的形状等因素的影响。适用于电力、冶金、石油、化工、建材、食品、医药、水利、市政等行业，并且可以在高温、高压、腐蚀性、高粉尘的环境中使用。ULR3100 雷达水位计是与中国科学院电子技术研究所合作开发应用于水文行业水位测量的一款仪表，该仪表具有高精度、低成本、可靠性高、造型简约等特点。雷达系列产品均取得了 SIL3 功能安全认证。2018 年销售 250 余台，销售收入 130 余万元。

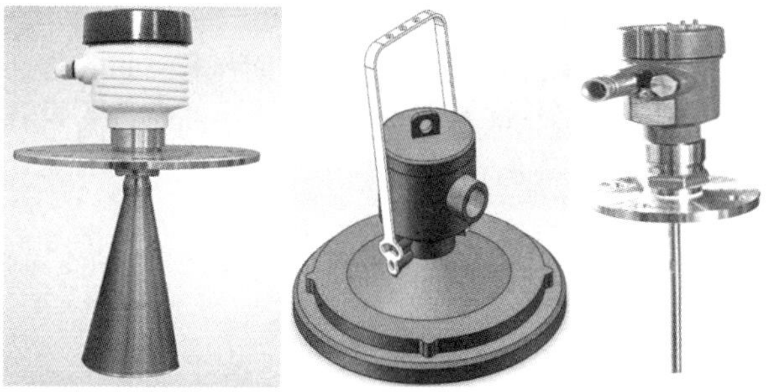

地址：东城区和平里北街 6 号
邮编：100013
电话：64513045
网址：http://www.bjfeic.com
电子邮箱：dengjun@bjfeic.com
法定代表人：刘枫

（李　婕）

【油气回收在线监测系统】远东有限研发一种具有远程监视和控制的加油站油气回收在线监测系统，实现对加油站油气回收过程和排放浓度的在线监测与控制，以减低油气排放，减少对空气的污染。该系统国内技术领先，一个油气回收控制器可同时支持多达 6 把加油枪，针对传统的一枪一个流量计的改造缺点，提出基于加油车位的改造方案，同一侧的气体回路共用一个流量计，提高设备使用效率。设计基于模糊算法的油气回收控制器，实现自动气液体比调整，以保证油气回收控制器在离线情况下也能尽可能地保证合格的气液体比，减少油气排放，避免环境污染。设计基于 BS 架构的站级服务平台，具有显示全站信息、数据查询、图表导出等功能，并可将数据推送至相关环保部门。该产品 2018 年处于研发阶段，未销售。

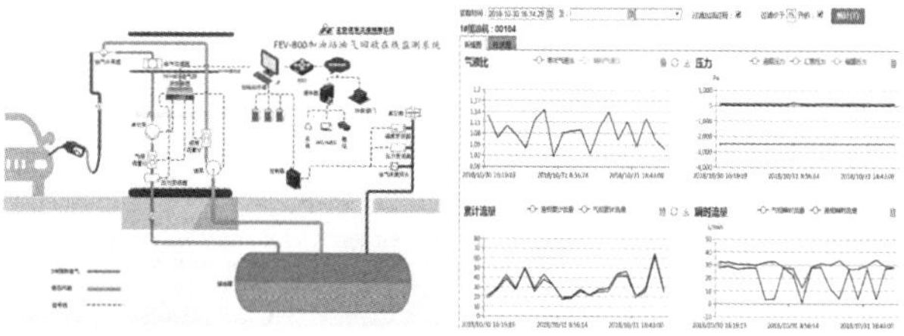

地址：东城区和平里北街 6 号
邮编：100013
电话：64513045
网址：http://www.bjfeic.com

电子邮箱：dengjun@bjfeic.com

法定代表人：刘枫

（李　婕）

【智慧环卫系统】远东有限研发的智慧环卫系统通过移动物联网技术，针对城市环境卫生部门日常工作和业务特点，对业务的相关数据实现自动化、规范化、标准化的管理，为管理部门提供空间与非空间的信息服务，使环境卫生的各个主体的各项活动和行为能够合理、高效、有序地进行。由于公司整体风险管控与业务规划调整，该产品2018年未销售。

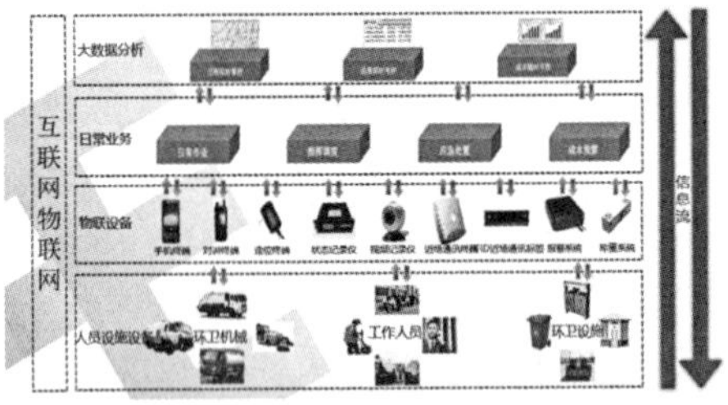

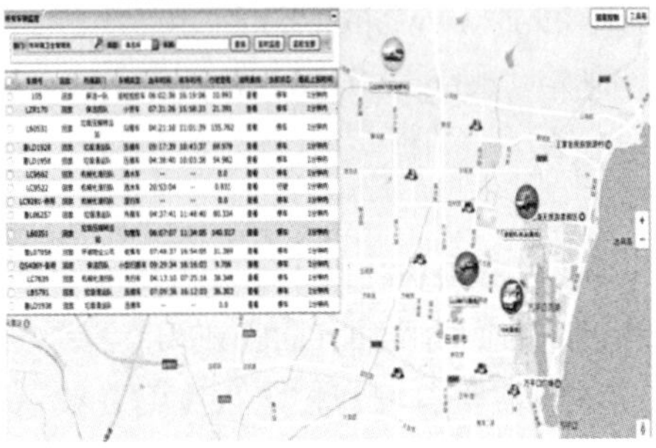

地址：东城区和平里北街6号

邮编：100013

电话：64298312

网址：http://www.bjfeic.com

电子邮箱：zhaopin@bjfeic.com

法定代表人：刘枫

（李　婕）

【企业安全立体化管控平台】远东有限研发的企业安全立体化管控平台基于蓝牙通讯定位技术，结合大数据技术实现危险品生产运营企业的安全立体管控。该管控平台具有的功能：高精度的人员、设备、车辆、地点定位与设立灵活的电子围栏设置；结合电子化“两票一证”与移动终端相互配合的作业流程；电脑终端、移动终端、大屏幕的三维立体显示与智能提示；平台关于安全危险提示、作业统计、备件统计、人员KPI指标等大数据分析；与CCTV、FDS、GDS、DCS、MES等系统的数据联动；专业设备预维护软件的分析与数据共享。企业安全立体化管控平台让企业生产更安全，管理更规范。2018年，该产品处于方案形成以及市场推广宣传阶段。

地址：东城区和平里北街6号

邮编：100013

电话：64513045

网址：http://www.bjfeic.com

电子邮箱：dengjun@bjfeic.com

法定代表人：刘枫

（李　婕）

【看板货物QR码全自动扫码系统】该系统通过对看板货物上的QR二维码进行平面扫描、拍摄后进行QR二维码识别处理，实现看板货物的QR码全自动扫码功能，解决人工扫码过程中容易出现的漏扫，重扫等问题，提高工作效率。该系统主要应用工业QR码全自动识别。2018年，该产品处于研发阶段。

看板货物QR码全自动扫码系统应用场景图

地址：大兴区北京经济技术开发区兴业街2号

邮编：100176

电话：64045440

电子邮箱：zyzh@biiri.com.cn

法定代表人：郝桂贤

（李　婕）

【激光熔覆系统】激光熔覆系统主要由计算机、粉末输送系统、激光器和数控工作台 4 部分组成，集激光技术、计算机技术、数控技术、传感器技术及材料加工技术于一体，把快速成型制造技术和激光熔覆表面强化技术相结合，利用高能激光束在金属基体上形成熔池，通过送粉装置输送材料到熔池，材料快速凝固后与基体形成冶金结合，根据零件的计算机辅助设计模型，逐线、逐层堆积材料，直接生成三维金属零件，使失效或报废设备及零部件“起死回生”，又可以使新品延长使用寿命，甚至可以达到多寿命周期的效果。该平台的应用领域非常广泛，几乎可以覆盖整个机械制造业。既可以应用于机械制造与维修、航海与航天、汽车制造、纺织机械和石油化工等领域，而且在刀具、模具、阀体上的领域也获得广泛的应用。2018 年，该激光熔覆系统加入了首都科技条件平台，主要服务于科研院校，与北京清华大学、北京科技大学、陆军装甲兵学院等院校建立了密切的合作联系。

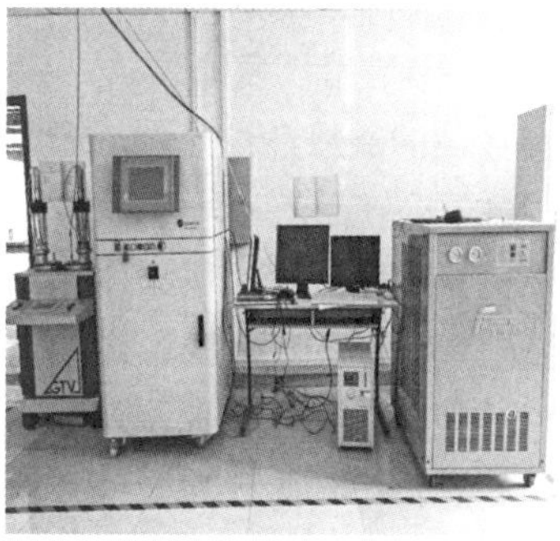
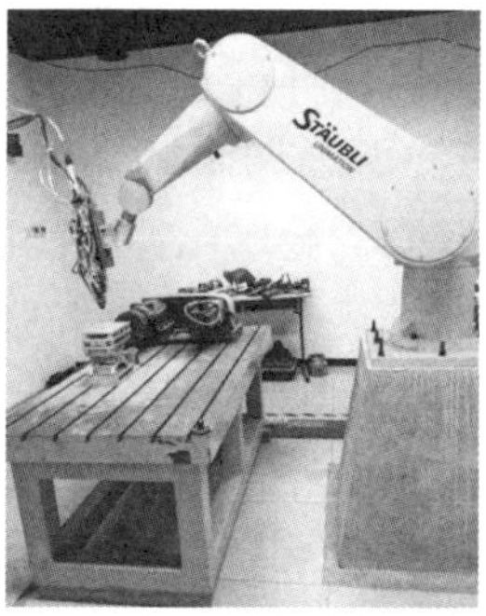

地址：大兴区北京经济技术开发区兴业街 2 号
邮编：100176
电话：64045440
电子邮箱：zyzh@biiri.com.cn
法定代表人：郝桂贤

（李 婕）

【航天用金基合金摩擦导电环片】北京有色金属与稀土应用研究所研制的一种金基合金摩擦导电环，主要应用于航天领域发动机高速接触摩擦副材料。通过对材料的化学成分设计、成型工艺、性能研究及测试等研究，解决了导电摩擦环在加工过程中易变形、无法满足高精度要求，成分及性能指标不均匀的难点。通过多次反复试验，最终研制出匹配的高性能、高品质、高精度金基合金导电摩擦环，满足了我国航天领域空间导电环的性能指标要求。该导电摩擦环供用户使用，用户反馈良好，成果水平达到了国内领先，该成果将长期服务于我国的航天事业中，并且需求量逐年增加，销售收入可突破每年千万元以上。2018 年创造销售收入约 1200 万元。

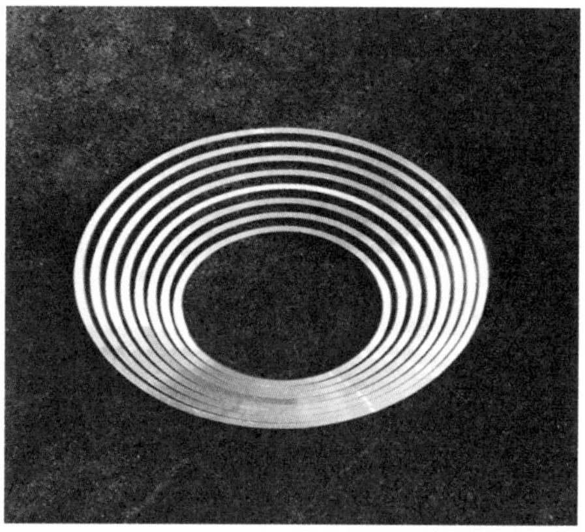

地址：朝阳区北苑路 40 号
邮编：100012
电话：84922575
传真：84932112
网址：www.ysxts.com
电子邮箱：yssbgs@sina.com
法定代表人：张升

（有 色）

【半导体用高精密银电极头】北京有色金属与稀土应用研究所自主研制的一种主要应用于半导体晶体硅生产的高精密产品，属于智能装备高端金属结构制品。该产品对材料的纯度、尺寸精度、内部组织、硬度都有严格要求，已实现量产，并形成稳定的工艺流程和一套完整检验标准。2018 年无销售，2017 年创造销售收入约 1300 万元。

地址：朝阳区北苑路 40 号
邮编：100012
电话：84922575
传真：84932112
网址：www.ysxts.com
电子邮箱：yssbgs@sina.com
法定代表人：张升

（有 色）

【金锡盖板封装材料】 北京有色金属与稀土应用研究所生产的金锡共晶焊料熔点（280℃）具有高端器件封装用浸润性优良、低粘性、易焊接、抗腐蚀、抗蠕变性能及密封性好等特点，广泛应用与半导体器件封装。金锡合金盖板表面镀层与金锡焊片具有良好润湿性，并可减缓盖板的电化学腐蚀速率，提高盖板可靠性，保证封装后达到高真空、高强度和高耐蚀性的要求。有色所自主研发的半导体封装用金锡20合金盖板封装材料，主要用于气密封盖、光电子封装工艺、激光二极管管芯粘接等。该材料已为中电13所、中电47所提供样品试用，反馈良好，市场应用空间广泛。目前，正处于研发阶段，未实现销售。

地址：朝阳区北苑路40号
邮码：100012
电话：84922575
传真：84932112
网址：www.ysxts.com
电子邮箱：yssbgs@sina.com
法定代表人：张升

（有　色）

【铝合金系列中温钎料】 北京有色金属与稀土应用研究所研究开发的系列梯度铝合金焊料，包括铝基多个牌号合金材料。其体系钎焊温度范围为510℃—630℃，并具备耐腐性高、接头抗拉强度高、可靠性高等诸多优良性能，适合3A21、5A05/5A06、6061/6063等多个铝合金体系母材真空钎焊。该系列铝合金钎料填补国内空白，形成稳定批量生产，在诸多军工领域得到广泛应用，获得授权专利发明3项。2018年，实现销售收入约13.5万元，产品前景良好，主要是填补了铝中温钎材料的空白。

地址：朝阳区北苑路40号
邮编：100012
电话：84922575
传真：84932112
网址：www.ysxts.com
电子邮箱：yssbgs@sina.com
法定代表人：张升

（有　色）

【真空活性连接材料】 北京有色金属与稀土应用研究所研究开发的真空活性连接材料主要包括银铜钛系列活性钎料。该系列产品主要是用于实现陶瓷与陶瓷、陶瓷与金属、石墨与金属的直接活性连接，避免了陶瓷金属化、电镀镍层的复杂工艺和环境污染问题。其封装接头抗拉强度高、气密性好、耐温度循环冲击性能优良等，并且适合多个温度梯度封接的要求。目前该系列合金钎料的相关合金制备成型技术为国内独家拥有，已申请发明专利3项。2018年实现销售收入50万元。

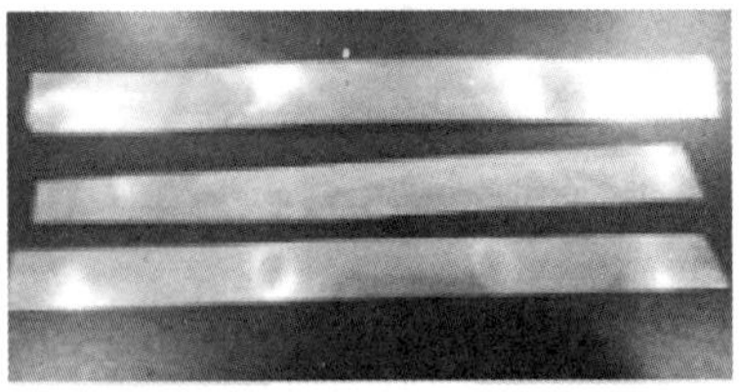

焊片

焊环

焊膏

地址：朝阳区北苑路 40 号
邮编：100012
电话：84922575
传真：84932112
网址：www.ysxts.com
电子邮箱：yssbgs@sina.com
法定代表人：张升

（有 色）

【微组装用高可靠装联材料】北京有色金属与稀土应用研究所研究开发的微组装用高可靠装联材料主要以钎焊温度范围在 150℃—400℃之间的软钎焊料为主，包括铟基、锡基、铅基、金基等十几个合金牌号。该系列产品具有钎焊温度适中、良好钎焊应力匹配能力、显著的经济性、高效性和可靠性等诸多优良性能，在电子工业领域大量使用和其关键主导地位。研究所在成熟的互联材料体系基础上，进行大量技术攻关，开发多个新合金牌号，健全钎焊体系范围，也突破了多个合金材料制备技术的国外封锁，形成稳定批量的加工生产能力。近年来，研究所致力于产品的超清洁、高性能的研究开发，实现了互联材料的新制备和包装形式，也满足了客户多样化的使用方式，已申请发明专利、实用新型 4 项。2018 年，销售收入约 500 万元。

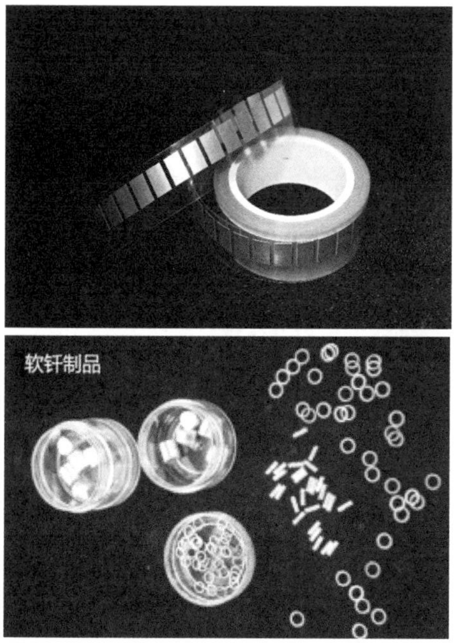

地址：朝阳区北苑路 40 号
邮编：100012
电话：84922575
传真：84932112
网址：www.ysxts.com
电子邮箱：yssbgs@sina.com
法定代表人：张升

（有 色）

【锂离子电池电解液】是北京化学试剂研究所有限责任公司生产，适用于各种类型锂离子电池。生产规模 5000 吨 / 年，主要有以下几大产品体系：锂离子动力电池电解液，高倍率放电锂离子电池电解液，高温锂离子电池电解液，低温锂离子电池电解液，锰酸锂、磷酸铁锂锂离子电池电解液，耐过充锂离子电池电解液，阻燃型锂离子电池电解液。2018 年，该产品产销量为 1462 吨。

地址：大兴区安定镇安定南街 1 号
邮编：102607
电话：80239006
传真：80239006
电子邮箱：bicr@bicr.com
法定代表人：周玉斌

（化工集团）

【锂电池电解液】由北京化学试剂研究所有限责任公司生产，适用于各类一次锂电池。如：锂锰扣式、柱式、异形电池，锂铁以及安全电液电池，规格型号齐全，可满足各个厂家制作各类型电池的不同要求。如大电流快放电、小电流慢放电、高温放电、低温放电和闪灯放电等等。2018 年，该产品产销量为 388 吨。

地址：大兴区安定镇安定南街 1 号
邮编：102607
电话：80239006
传真：80239006

电子邮箱：bicr@bicr.com

法定代表人：周玉斌

（化工集团）

【超净高纯试剂】由北京化学试剂研究所有限责任公司生产，主要用于光伏太阳能电池、晶圆片、分离器件、半导体大规模集成电路、液晶和光纤制造工艺中的清洗剂、腐蚀剂、去胶剂、显影剂和掺杂剂等，亦可用于科研、医药合成、分析检测等领域。2018 年，该产品产销量为 181 吨。

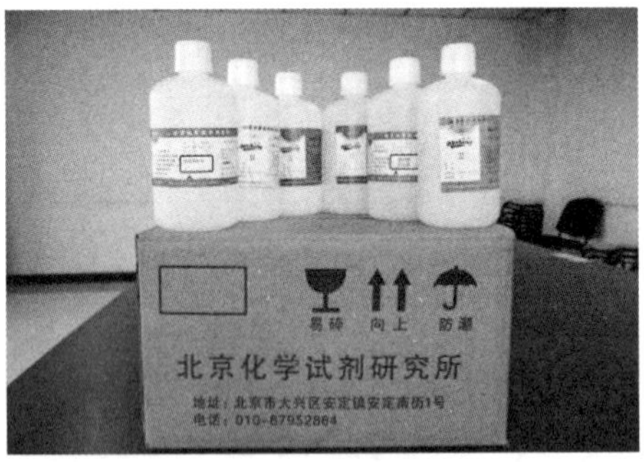

地址：大兴区安定镇安定南街 1 号

邮编：102607

电话：80239006

传真：80239006

电子邮箱：bicr@bicr.com

法定代表人：周玉斌

（化工集团）

【高纯物质】由北京化学试剂研究所有限责任公司生产，扩散源主要用于半导体元件的基区和隔离区的扩散，产品有硼源、磷源、硼铝源等。高纯三氧化二硼（粉末）主要用于半导体材料的掺杂剂。2018 年，该产品产销量为 18.5 吨。

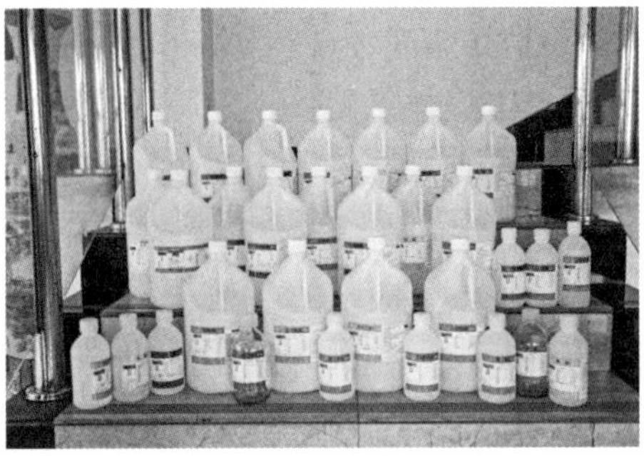

地址：大兴区安定镇安定南街 1 号

邮编：102607

电话：80239006

传真：80239006

电子邮箱：bicr@bicr.com

法定代表人：周玉斌

（化工集团）

11月1日,北京市举办第7届减轻企业负担政策宣传周现场咨询活动现场(一)

11月1日,北京市举办第7届减轻企业负担政策宣传周现场咨询活动现场(二)

组织建设

Organization Building

3 月 24 日，2018 年推动高端产业发展专题研讨班结业

5 月 4 日，2018 年京东方—京津冀经信系统青年交流活动在北京举办

7 月 5 日，北京市经济和信息化委员会开展“我看改革开放新成就”老同志纪念改革开放 40 周年座谈会

7 月 12 日，北京市经济和信息化委员会在北京会议中心召开纪念中国共产党建立 97 周年党课报告会

8 月 21 日，第 18 届北京市工业和信息化职业技能竞赛启动

第 18 届北京市工业和信息化职业技能竞赛首次启动竞赛标识

北京市工业和信息化职业技能竞赛

昌平区经济和

1 月 16 日，昌平区召开工业大院工作例会

2 月 5 日，昌平区召开 2018 年企业家座谈会

3 月 22 日，北京脑科学与类脑研究中心宣布成立

4 月 17 日，昌平区举办知识产权试点示范单位培育会

5 月 8 日，昌平区举办企业所得税汇算清缴专题培训

6 月 29 日，昌平区召开 2018 年工业企业安全生产培训会

信息化委员会

7 月 26 日，昌平区举办创新创业大赛项目辅导活动

8 月 6 日，昌平区举办双创政策宣讲会

10 月 10 日，昌平区 2 个项目在全国双创大赛上获三等奖

11 月 30 日至 12 月 1 日，北京昌平 · 国际生物医药产业创新论坛——中国生物医药创新的机遇与挑战暨 2018 SAPA 中国年会召开

12 月 12 日，市经济和信息化局等部门联合验收昌平区工业大院清理整治情况

12 月 13 日，昌平区举办 2018 年“创业昌平”创新创业大赛总决赛暨颁奖礼

北京汽车集团有限公司

1 月 29 日，北汽集团入选 2018 央视国家品牌计划

2 月 9 日至 25 日，北汽福田欧辉纯电动客车成为平昌冬奥会赛场周边线路的优先使用车辆，为赛事提供绿色出行服务

3 月 1 日，国家新能源汽车技术创新中心在北京成立

4 月 9 日，华夏出行运营监控中心在华夏出行北京总部揭牌

4 月 18 日，福田汽车获国内首张商用车自动驾驶路测牌照

4 月 19 日，北汽昌河与华夏出行战略合作协议签约仪式在北京举行

4 月 25 日，北汽新能源 A 级纯电动 SUV EX5 亮相北京车展

4 月 26 日，北汽新能源旗下 LITE 自动驾驶汽车获得自动驾驶汽车路测牌照

5 月 17 日，北汽集团所属多家公司签约成为 2019 年中国北京世界园艺博览会官方指定服务提供商

5 月 28 日，北汽福田欧辉氢燃料电池客车获得国内首张新能源客车专用运营牌照

7 月 5 日，北汽产投、北汽新能源、奥动新能源、优电科技、北京普莱德共同参与的换电联盟成立

7 月 24 日，北汽国际南非工厂首款整车下线

北京汽车集团有限公司

8月22日，北汽集团与海航集团在北汽研发基地签署飞机维修项目合作协议

9月21日，北京汽车绅宝智行发布会在中国国际会展中心举行

9月27日，“J.D.Power公司”公布的年度IQS（新车质量调研）报告中，北京现代获得合资品牌第一名

9月27日，中国新能源汽车第一股——北汽蓝谷上市

10月18日，北京现代菲斯塔汽车上市

10月18日，北汽新能源发布技术品牌“达尔文系统”，并挂牌成立北汽新能源蓝谷动力系统分公司

10 月 23 日，海纳川以“转型突破 · 共创未来”为主题，举办首届国际伙伴合作论坛

11 月 5 日，北汽新能源与华为签署深化战略合作框架协议

11 月 6 日，BJ80 获“中国汽车工业科学技术奖”一等奖

11 月 21 日，北京奔驰前驱车工厂落成

12 月 14 日，北京奔驰顺义工厂揭牌

12 月 23 日，北京现代千万用户达成仪式在北京现代二工厂举行

首钢集团

2018 年的首钢园区

1 月 19 日至 20 日，首钢党委扩大会和职工代表大会相继召开，对全年的目标任务和改革发展等重点工作进行部署

首钢高端领先产品、战略产品和 EVI 产品全面完成任务。镀锡板产品结构不断优化，高端产品同比增加 25%，进入国内先进行列

作为“一带一路”落地拉美的第一个项目——首钢秘铁 1000 万吨精矿扩建项目于 7 月竣工，年产能达 2000 万吨以上，成为海外发展战略的重要支撑

首钢承建的北京大兴国际机场停车楼，引入机器人自动泊车、反向查车等智能化功能，实现集约化、智能化、便捷化

首钢取得的骄人业绩得到主流媒体广泛关注，《人民日报》、新华社、中央广播电视总台、《北京日报》和北京电视台等媒体刊发报道首钢稿件 300 余篇

6 月 5 日，北京 2022 年冬奥会和冬残奥会官方城市更新服务合作伙伴签约仪式举行。这是奥运会赞助史上首次出现城市更新服务商类别

首钢滑雪大跳台效果图。为办好北京冬奥会，首钢北京园区“四块冰”相继完工交付，国家冬训中心正式投入运营；西十冬奥广场项目按期完成

首钢和中关村科技园区合作共建的“中关村（首钢）人工智能创新应用产业园”启动并揭牌，助力首钢北京园区成为人工智能技术研发和应用的新场地

“五四”青年节前夕，首钢团委联合石景山团区委共同举办“2022，我们在一起”主题活动，旨在积极营造全民参与北京冬奥会的浓厚氛围

首钢服务北京城市副中心建设的建筑垃圾资源化处理项目投产运行，这是首钢环境产业践行“首钢服务”的一次成功实践

首钢承办的“首钢杯”第 9 届全国钢铁行业职业技能竞赛，被誉为钢铁行业的“奥林匹克”，成为广大职工学习交流、技能提升的平台

编辑出版

Editing and Publishing

3 月，北京市经济和信息化委员会编辑出版《京津冀产业协同发展大事记（2014—2017)》《京津冀产业协同发展案例集锦》和《京津冀产业协同发展政策选编》

9 月 19 日，北京市地方志领导小组办公室组织召开北京市第二轮规划志书终审稿评议会，《北京志・工业志》通过终审验收，会议要求按照评议意见修改完善后报终审会审议

12 月 10 日、12 月 26 日，北京市经济和信息化局分别召开第二轮《北京志・信息化志》复审评议会和复审会，该志通过复审

人 物

本栏目主要记述2018年北京市工业系统主要领导干部名单，北京工业系统劳动模范、先进人物典型事迹。

2018 年北京市工业系统主要领导干部

本名单中，各区和相关部门只列主管工业的领导，市属控股（集团）公司（包括部分中央在京工业企业）列至党、政副职领导。领导任职、离职时间以上级组织部门批文为准。

市级、委办局领导

北京市人民政府

主管工业副市长　殷　勇

北京市经济和信息化局

党组书记　王　刚（11 月任职）

局　　长　王　刚（11 月任职）

副 局 长　孔　磊（11 月任职）

潘　锋（11 月任职）

崔旭龙（8 月任职）

邱　钢（女，11 月挂职）

纪检组长　续　栋（11 月任职）

副巡视员　刘京辉（女，11 月任职）

任世强（11 月任职）

姜广智（11 月任职）

邹　彤（女，11 月任职）

副 局 级　陆恭超（11 月任职）

北京市无线电管理局

局　　长　陆恭超

北京市经济和信息化委员会

（北京市国防科学技术工业办公室）

党组书记　张伯旭（3 月离任）

王　刚（3 月任职）

主　　任　张伯旭（3 月离任）

王　刚（3 月任职）

副 主 任　王学军（11 月离任）

樊　健（6 月离任）

毛东军（11 月离任）

孔　磊（11 月离任）

潘　锋（11 月离任）

纪检组长　续　栋（11 月离任）

副巡视员　刘京辉（女，11 月离任）

任世强（11 月离任）

姜广智（11 月离任）

邹　彤（女，11 月离任）

副 局 级　陈志峰（11 月离任）

北京市无线电管理局

局　　长　陆恭超

东城区

常务副区长　陈之常

产业和投资促进局（金融办）副主任

张聚海（主管工业）

西城区

副 区 长　司马红

科技信息化委主任　杨　秋

朝阳区

副 区 长　马继业

发展改革委主任　朱　晟

海淀区

副 区 长　李长萍（10 月离任）

李俊杰（10 月任职）

经济信息办主任　何建吾

丰台区

副 区 长　周新春

经济信息化委主任　吴神赋

石景山区

副 区 长　周西松

经济信息化委主任　王晓华

门头沟区

副 区 长　张兴胜

经济信息化委主任　李国庆（2 月离任）

顾慈阳（2 月任职）

房山区

副 区 长　刘　兵

经济信息化委主任　高武军

通州区

副 区 长　洪家志（1 月任职，6 月离任）

阳　波（6 月任职，10 月离任）

苏国斌（10 月任职）

经济信息化委主任　杜　伟

顺义区

副 区 长　初军威（6 月离任）

支现伟（6 月任职）

经济信息化委主任　胡小兵

大兴区

副 区 长 杨蓓蓓

经济信息化委主任 胡宝琛

昌平区

副 区 长 周金星

经济信息化委主任 王志刚

平谷区

副 区 长 杨东起（2017年6任职，2018年11月离任）

常务副区长 吴小杰（12月任职）

经济信息化委主任 胡东升

怀柔区

副 区 长 李志遂

经济信息化委主任 周怀明（3月离任）

马天彪（3月任职）

密云区

副 区 长 范永红

经济信息化委主任 王建国

延庆区

副 区 长 罗 瀛

经济信息化委主任 徐自成

北京市工商业联合会

主 席 燕 瑛（女）

常务副主席 赵玉金（6月任职）

驻会副主席 佘运高 王报换 郑勇男 赵秀德 林为民

中关村科技园区管理委员会

主 任 翟立新

副 主 任 王汝芳 侯 云（女） 赵慧君（女，挂职） 翁啟文（挂职）

北京经济技术开发区管理委员会

主 任 梁 胜

副 主 任 张继红 绳立成 袁立洪 陈小男 沈永刚

北京电子控股有限责任公司

董 事 长 王 岩

总 经 理 赵炳弟（6月离任）

张劲松（7月任职）

副总经理 宋士军 谢小明 杜罗坤 张劲松 陈勇利 潘金峰

党委书记 王 岩

党委副书记 赵炳弟 张岳明

北京汽车集团有限公司

董 事 长 徐和谊

副董事长 卫华诚

总 经 理 张夕勇

副总经理 沈安东 蔡速平 蒋自力 张 健 叶正茂 陈 江 张健勇

党委书记 徐和谊

党委副书记 张夕勇 韩永贵

中车北京二七机车有限公司

董 事 长 马建勋（10月离任）

史硕致（10月任职）

总 经 理 郭凤江

副总经理 王洪义（4月挂职） 乔红波 张志宏（10月离任） 王玉民 陈 江 曹 岩

党委书记 史硕致

党委副书记 曹宏晏

中车北京南口机械有限公司

董 事 长 孙 凯

总 经 理 孙 凯

副总经理 耿 刚 樊学军 武德全 王 珩 王文颖 魏亦南 穆乃利

党委书记 孙 凯

党委副书记 宋焕其

北京京城机电控股有限责任公司

董 事 长 任亚光

总 经 理 王国华

副总经理 范宏利（10月任职） 齐剑波 王 军 姜 建

党委书记 任亚光

党委副书记 王国华 赵 莹

北京京仪集团有限责任公司

董 事 长 高玉清 杨睦民 卢继伟 李 源

总 经 理 秦海波

副总经理 杨睦民 卢继伟 李 源

党委书记 高玉清

党委副书记 秦海波 李英龙

中国北京同仁堂（集团）有限责任公司

董 事 长 梅 群

总 经 理 高振坤

副总经理 丁永玲（女） 马保健（女）

顾海鸥　饶祖海　张荣寰　李　缤
党委书记　梅　群
党委副书记　高振坤

北京同仁堂股份有限责任公司

董事长　高振坤
副董事长　丁永玲（女）
总经理　刘向光
副总经理　朱共培　宋卫清（女）　张建勋
李维祥　王清泉
党委书记　侯德英（女）

北京一轻控股有限责任公司

董事长　苏志民
总经理　阮忠奎
副总经理　于吉广　杨中俊　常　明
王劲雨
党委书记　苏志民

北京时尚控股有限责任公司

董事长　吴　立
总经理　李学彬
副总经理　刘常峰　赵宏晔　吴鹤立
员天祥　刘明杰
胡亚辉（6月任职）
党委书记　吴　立
党委副书记　李学彬　顾伟达

北京隆达轻工控股有限责任公司

董事长　李　玎（女，1月19日离任）
总经理　张德华
副总经理　粟国锦　董　淳　李文宽
袁和君
党委书记　李　玎（女，1月19日离任）
党委副书记　张德华　段远刚

北京工美集团有限责任公司

董事长　李　节
总经理　魏连伟
副总经理　孟繁民
党委书记　李　节
党委副书记　魏连伟　甘学荣

北京化学工业集团有限责任公司

董事长　刘文超
总经理　苏建军
副总经理　吕德明　孙绍刚　陈　宇
韩宝海　韩淑华
党委书记　刘文超
党委副书记　苏建军　吴瑞峰

首钢集团有限公司

董事长　张功焰
总经理　张功焰
副总经理　赵民革　白　新　王世忠
胡雄光　韩　庆　梁　捷
党委书记　靳　伟（2月离任）
张功焰（7月任职）
党委副书记　张功焰（7月离任）　何　巍

北京金隅集团股份有限公司

董事长　姜德义
总经理　曾　劲（11月离任）
副总经理　姜长禄　姜英武　王肇嘉
刘文彦　陈国高　安志强
党委书记　姜德义
党委副书记　曾　劲（11月离任）　吴　东

国网北京电力

董事长　李同智
总经理　万志军
副总经理　李百顺　李　路　刘润生
周建方　王西胜　张铁恒
赖祥生　闫承山　陈守军
安建强（3月离任）
唐屹峰（3月离任）
孙兴泉（9月离任）
党委书记　李同智
党委副书记　万志军

北京市民政工业总公司

总经理　姜　武
党委书记　姜　武

京工人物

【卫建平——北京数控行业的领军人】卫建平，男，1966年3月出生，汉族，中共党员，大学本科学历，高级技师，北京首钢机电有限公司“卫建平工作室”负责人。

卫建平先后做过钳工、车工、铣工、数控车工、数控机床调试工。他勤于学习，为掌握数控加工前沿技术，潜心钻研，成长为数控车工高级技师、数控加工中心操作工技师，并任全国数控专业委员会委员、全国和北京市数控类技能大赛高级裁判员、北京市数控车工高级考评员和督导员，成为北京数控行业的领军人。市总工会、市科委及市人力资源和社会保障局先后授予“卫建平工作室”为首批职工创新工作室、数控车工首席技师工作室。卫建平刻苦钻研，为了技术攻关，涉猎多领域的知识；他精益求精，不惧挑战，进行“刀尖革命”，流程再造；他甘于奉献，“种麦子”式培养技能人才，一茬又一茬。他30年如一日专注数控加工，从一个名不见经传的技校毕业生，自学成才，直至成为“北京大工匠”。卫建平在工作中积极创新，完成板坯连铸机核心部件扇形段框架的高效加工，使企业产能效率达到国内顶尖专业制造厂家的水平。通过创新加工技术，提高加工精度等级，使产品合格率从69%上升到99%，由每年加工30套提高到300套，生产效率提高了9倍，仅加工机具一年就节约资金超过200万元，多创利近500万元。面对首钢搬迁调整的要求和首钢机电制造“一业多地”的布局，他运用互联网的远程加工和远程操作功能，在一个终端中进行平台上多点、多地、多台设备的在线监控和运行过程管理，实现与操作人员在线交流，及时解决加工中出现的问题，从而了解设备运行数据和定额工效，记载过程状况，改进了加工效率，提高了产能。为发挥数控机床的潜能，卫建平在新技术、新工艺的开发与应用领域不断破解技术难题，攻克技术难关，经过40多次实验，完成了“在数控立车上加工无进刀槽的双线变螺距螺纹”，在国内多家单位得到推广应用。卫建平2012年获得全国五一劳动奖章和首钢劳动模范称号，2013年被评为北京市有突出贡献的高技能人才，2014年获得全国百姓学习之星称号，2015年获评首钢技术专家和全国机械冶金建材系统示范型职工（劳模）创新工作室，2016年享受国务院政府特殊津贴，2017年被中华全国总工会命名为全国示范性劳模和工匠人才创新工作室，2018年4月获得北京大工匠称号。

（马　晓）

【王彦杰——钢材研发的牵头人】王彦杰，男，1959年9月出生，汉族，中共党员，大专学历，政工师，首钢吉泰安新材料公司党委书记、董事长。

作为企业的“当家人”，王彦杰带领广大干部职工锐意改革、持续创新，企业取得10年来利润增长10.4倍、销售收入增长2.3倍的成绩。王彦杰把研发新技术、新产品作为应对市场挑战的法宝。首钢吉泰安新材料公司与多家高校和科研单位合作，把院所的先进测试手段与吉泰安公司的生产资源相结合，提升了研究开发能力。与北京科技大学合作成立“新金属材料国家重点实验室首钢吉泰安新材料联合研发中心”，针对非晶、微晶带材性能和质量难题进行课题攻关，在完成新金属材料的研发和成果转化过程中，为吉泰安公司的研发和生产提供了技术支持。王彦杰以“拜师大会”的形式，把吉泰安公司内部的年轻技术骨干与科研单位的专家结成学习对子，做到既有科研项目方面的合作，也有人才培养方面的“引用合作”。吉泰安公司已发展成为“北京市高新技术企业”“中关村高新技术企业”“昌平区产学研一体化示范企业”，先后取得10余项国家专利发明，3项新材料国家标准制定权。王彦杰提出“努力打造科技型企业”的战略思路，大力倡导企业科技进步和工艺研究，提出“用户的需求就是我们的追求，用户的难题就是我们的课题，用户的水准就是我们的标准”的大市场经营理念，超前分析判断市场趋势，调整用户结构，针对大用户和大订单采取“一户一价”策略，促进用户稳定定货、批量定货。吉泰安公司的产品已出口 18 个国家，总销量 680 吨，占公司全年总销量的 20%。王彦杰牵头组织、自主研发和生产圆珠笔头球座体材料，研发出圆珠笔头用超易切削不锈钢，打破了该材料长期被发达国家垄断的局面。吉泰安公司的“钢花”品牌产品在国内电热合金高端产品市场的占有率达到 30%，成为国内汽车尾气净化器载体用铁铬铝箔材市场领军企业，获得该材料的国家标准制定授权；超纯净铁铬铝纤维丝坯料占据国内同类产品 90% 以上市场份额，成为世界最大纤维类生产商的主要供应商。2018 年，王彦杰获得首都劳动奖章。

（马　晓）

【尹颖——汽车智能网联创新人才】 尹颖，女，1980 年 2 月出生，汉族，中共党员，高级工程师，毕业于中国农业大学工学院，车辆工程专业硕士，北京新能源汽车股份有限公司工程研究院副院长，中共北京市十二大代表，北京市自动驾驶车辆道路测试专家委员会委员，北京理工大学机械及车辆学院兼职研究生导师。

尹颖从事新能源汽车整车电控与智能网联系统产品研发 15 年。2008 年至 2013 年完成第 1 代纯电动汽车整车控制器产品开发，助力北京市第 1 批电动汽车示范运行。其负责开发的 C30 纯电动乘用车获得中国汽车行业科技进步奖一等奖，负责开发的增程式电动汽车电控产品获得国家教育部科技进步奖二等奖，负责开发的纯电动汽车关键技术获得北京市科学技术奖一等奖；她主持的北汽新能源汽车整车数据平台，36 万台车累计运营 8 年，行驶 40 亿千米，积累数据 220TB，建成国内规模最大的电动汽车数据中心。尹颖负责智能网联系统与产品研发等工作，2016 年，她主持开发的无人驾驶电动汽车在乌镇互联网大会示范运营，研发的智能车在第 1 届和第 2 届世界智能车挑战大赛中获奖，2018 年 4 月获得北京市自动驾驶上路测试牌照。尹颖带领团队在 2018 年获得年度汽车智能网联创新 50 强。尹颖主持承担国家 02 专项科技重大项目“汽车电子产品应用于示范”，主持负责并完成北京市科委项目 4 项，申请专利 23 项，主持成立了北京市级尹颖创新工作室。尹颖先后获得中国汽车工业科学技术奖一等奖、北京市五四青年奖章、北京市科学技术奖一等奖等多项荣誉，并获得北汽集团十大杰出青年、北汽集团先进个人等荣誉称号。

（崔永鑫）

【白素琴——就业创业工作先进个人】 白素琴，女，1966 年 4 月出生，汉族，中共党员。毕业于中央党校函授学院，高级技师，北京三元食品股份有限公司技师工作室大师兼主管。

在白素琴从业的 32 年中，食品检验项目从十几项增加到 100 多项，设备不断换代，她坚持学习，从一名高中毕业生成长为食品检验高级技师。乳品的感官评定是没有测量工具的，白素琴在检验技术上下功夫，练就了出色的品评能力。她严把原料关，针对各牛场管理出现的风险提出建议，通过提升上游产品质量使三元乳品的质量安全得到保障。白素琴对乳品行业三聚氰胺前处理方法的创新研究，缩短了样品前处理时间，使三聚氰胺检测技术有了质的提升。她推动及完善“MES 实时数据监管系统”，对乳品检验的现代化、标准化起到重要的示范作用，将其引入乳品检验的数据管理中，实现实时数据全局共享，使车间能够快速合理排产。白素琴共培养 30 人次获得中级食品检验证书，29 人次获得高级食品检验证书，6 人成为技师，7 人成为高级技师，徒弟多已成为乳品企业 QA 与 QC 领域的骨干人才，曾包揽了北京市职业技能大赛比赛乳品检验工种的前三名。2013 年，获市政府资助的白素琴首席技师工作室成立。2014 年，白素琴被授予全国五一劳动奖章和全国技术能手，被评为国家级白素琴首席技师工作室带头人；2015 年获得北京经济技术开发区首届亦麒麟创新工作室领军人才称号；2018 年获得北京市就业创业工作先进个人称号。

（马玉同）

【代康伟——北京青年榜样 · 时代楷模】 代康伟，女，1983 年 6 月出生，汉族，中共党员，毕业于合肥工业大学车辆工程专业，硕士学位，高级工程师，北京

新能源汽车股份有限公司工程研究院副院长。

代康伟负责北汽新能源汽车动力电控产品（整车控制器VCU、动力电池管理系统BMS、电机控制器MCU）、动力电池和驱动系统的自主研发及产业化，对北汽新能源连续6年蝉联国内纯电动汽车市场销量冠军起到了重要的支撑作用。在整车电控领域，代康伟带领团队历经8年完成三代动力电控产品平台开发，其中搭载第2代电控平台的C30平台纯电动乘用车关键技术于2015年获得中国汽车工业科学技术奖一等奖。2015年至2017年打造的第3代动力电控产品，将ISO26262功能安全技术正向导入电动汽车动力电控产品开发中，在国内行业内首次获得德国TUV颁发的MCU、VCU和BMS功能安全产品ASIL C级认证证书，实现了从国内标杆到世界级水准的技术转型；首家获得德国TUV颁发的TUV ASIL D级流程认证，标志着团队具备开发国际最高安全等级电控产品的能力。在驱动力系统领域，代康伟带领团队自主研发的PEU产品，创新性地基于大平台系统构架，进行机、电、热、磁多物理场耦合，在最大限度减少元器件数量的同时进行了电力电子单元复用耦合性设计，开发出诸如双向充电、变频PTC等节能高效功能，该产品2018年获得中国汽车工业科学技术奖二等奖和北京市青年源创新大赛金奖。代康伟先后获得北京青年榜样·时代楷模年度人物（2018年）、北京市科学技术奖一等奖（2017年）、中国汽车工业科学技术奖一等奖（2015年）等多项荣誉，并获得北汽集团优秀共产党员、三八红旗手、十大杰出青年等荣誉称号。

（崔永鑫）

【刘锟——钢铁战线的科技尖兵】刘锟，男，1979年12月出生，汉族，中共党员，博士学位，高级工程师，首钢技术研究院技术专家，耐候钢专业首席工程师。

2008年7月，刘锟从钢铁研究总院毕业后来到首钢集团有限公司技术研究院薄板所，长期工作在生产科研第一线，从事冷热轧耐候钢新产品开发及相关技术研究。首钢的钢铁生产在河北省唐山等地，他克服各种困难经常到300千米之外的首钢京唐公司和首钢股份公司开展科研攻关工作，在生产现场解决一个个技术难题。2009年，刘锟担任首钢耐候钢品种开发负责人，通过刻苦钻研、攻坚克难，使首钢耐候钢生产取得快速发展，已覆盖诸多应用领域的所有强度等级和厚度规格，市场占有率连续4年居国内第1位，最高年产量达到107万吨。通过系列技术攻关，刘锟解决了耐候钢低镍化经济型批量生产铜脆缺陷的技术难题，降低了冶炼特种钢贵重合金的加入量，生产成本始终保持国内最低，创造近亿元的经济效益。他解决了首钢无水淬高强专用线情况下冷轧马氏体钢S800NQ开发的各种难题，为用户实现供货1.1万吨，市场占有率达到60%；开发国内首个TMCP工艺生产的900兆帕级高强耐磨钢获得成功，并应用于北汽福田16立方米搅拌罐车上。2017年，刘锟承担工信部《环保型耐候杆塔绿色设计平台集成应用技术》、科技部《建筑结构用抗震耐蚀耐火钢》《苛刻环境下铁路车辆关键部件用钢》、市科委《绿色装配式高层钢结构住宅产业化设计与建造》等项目中345兆帕～460兆帕级抗震耐蚀耐火钢板、420兆帕级电力塔架耐候钢和500兆帕级高强耐蚀车体钢的基础及关键制造技术研究，实现420兆帕级耐候塔架钢的国内首发并应用于国内第1条免涂装耐候塔架示范线。为了服务首钢北京园区建设，他参与冬奥组委办公区门头、3高炉改造为博物馆的罩棚及雨搭等工程所需防锈蚀钢板和其他材料防锈蚀技术开发，应用面积达数万平方米。近年来，刘锟通过不懈研究、大胆实践，获得国家发明专利授权14项，在国家或省市级科技刊物上发表学术论文6篇，参与撰写专著一部，参与编制国家标准2项。他还获得首钢科学技术奖一等奖1项、三等奖4项。刘锟在2012年被评为首钢总公司第5批首钢优秀青年人才和耐候钢方向技术带头人，获得2011—2012年度北京市国有企业“爱、献、做”活动先进个人，2015年被评为首钢劳动模范，2016年被评为首钢技术研究院耐候钢二星首席工程师，2017年被评为首钢总公司耐候钢方向技术专家，2018年获得首都劳动奖章。

（马 晓）

【刘冬朋——扎根化工行业的检测人】刘冬朋，男，1972年12月出生，汉族，中共党员，毕业于北京联合大学，北京市化工职业病防治院检测室高级技师。

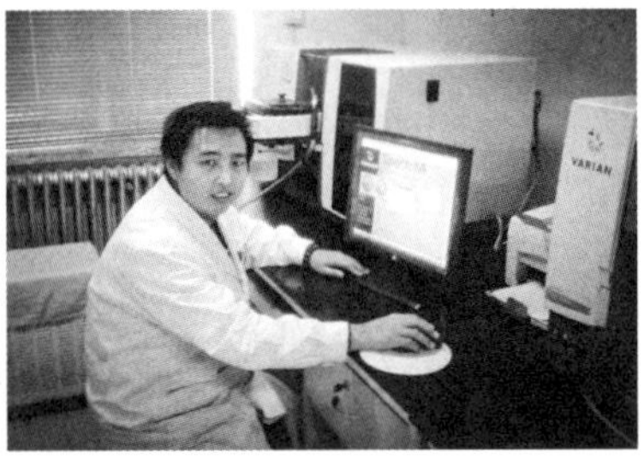

1993年至2008年，刘冬朋在北京化工二厂质检中心原料水质分析室工作，负责进厂原辅材料样品及水质样品的分析检验和日常管理工作。2000年主持开展了电位法标定硝酸银标准滴定溶液和电位法测定工业盐中氯离子的方法改进实验，提高了分析数据的准确性和工作效率。2002年主持开展火焰光度法测定工业冷却循环水中钾的新方法实验，并成功应用到生产中。2005年开展色谱法检测变压器油中溶解气的分析项目，为厂电修车间变电站安全预警提供了准确的数据。刘冬朋利用掌握的计算机编程知识，开发完成了《工业盐、变压器油的自动计算系统》《进公司原辅材料质量管理系统》《滴定管校正值自动查询系统》《温度计校正值自动查询系统》等软件，提高了分析室的管理水平和工作效率。刘冬朋利用自己多年积累的工作经验悉心传授技艺，为企业培养了多名技术骨干，其中3人在市级分析工技术比武中获奖。2008年4月后，刘冬朋在北京市化工职业病防治院从事职业卫生检测工作，其间4次参与实验室计量认证扩项工作和申请职业卫生评价检测甲级资质工作。2010年参与完成血中铅、尿中铅增项和国家级实验室比对工作。刘冬朋共撰写近百份职业危害因素检测及评价报告，2011年、2013年分别获得职防院优秀职业危害因素评价报告二等奖、一等奖。2015年参与编写安监总局的《职业卫生技术服务机构检测工作规范》。2017年参与《建设项目职业病危害控制效果评价检测规范总则》中有关章节的行业标准的制定工作。多年来，刘冬朋把自己的全部热情投入到工作中，努力学习提高业务水平，悉心传授技艺，以爱岗敬业精神在岗位上做出自己的贡献。2018年，刘冬朋获得市政府颁发的技师特殊津贴。

（张增惠）

【刘更生——家具行业的北京大工匠】刘更生，男，1964年10月出生，汉族，一级工美大师，东城区级京作硬木家具制作技艺代表性传承人，北京市龙顺成中式家具有限公司职工。

10多年来，刘更生参与修复了几百件古旧家具，始终坚持“修旧如旧”，不破坏痕迹。2013年，刘更生在“平安故宫”工程中带领技术骨干成功修复了故宫养心殿无量寿宝塔、紫檀镜框等数十件文物。2014年在完成为APEC会议领导人制作座椅的任务时，刘更生与团队潜心研究、勇于创新，提出了将现代转椅与传统清式圈椅相融合的方案，有效克服了清式圈椅过于笨重、不便移动的问题，而且在外观上保持了中式家具的美感，充分展现“京作”家具的精髓。2016年，刘更生大师工作室成立，他带领团队发挥匠人精神、严格把关，赢得了客户的高度认可。2018年，刘更生先后创新曲线拼接技法、线型刀具制作等工艺技术，大幅度提高原材料利用率，降低劳动强度，增强了产品竞争力。刘更生在传承中谋求突破，发扬匠人精神，对待每件产品都精雕细琢，参与制作了北京贵宾楼饭店、仿颐和园澹宁堂紫檀家具、内蒙古自治区成立70周年大座屏等多项国家重点工程。刘更生2015年获得北京市国企楷模、北京榜样称号；2016年被评为北京市一级工艺美术大师；在首届北京大工匠挑战赛中获得第1名，2018年获得北京大工匠称号。

（金隅集团）

【孙波——高端电子装备的守护者】孙波，男，汉族，北京北方华创微电子装备有限公司客服中心区域经理。

孙波2010年5月加入北方微电子公司，在生产中心负责ELEDE330系列刻蚀机硬件组装及调试，因表现优异，被推荐到客服中心工作。2011年，他开始从事售后服务工作，到现场进行机台安装调试。2015年，他作为客服中心华东区区域经理，带领团队长期出差在外，服务区域内30多家客户，保障220多台设备正常运行。为做到客户端机台及时转销及验收，他在新机台到达客户端前，提前跟客户沟通装机事项，获得客户一

致好评。现场安装调试过程中出现突发状况时，他加班加点严格按照装机计划完成任务，使机台硬件验收率达到100%，新机台到达客户端后在1个月内都能完成硬件验收，工艺验收达成率在95%以上。孙波还为公司培养了一批专业技术骨干及管理人员。孙波2011年获得北方创微电子最佳进步员工奖，2015年获得北方微电子优秀员工奖，2017年获得北方华创微电子五一劳动奖章，被评为优秀青年，2018年获首都劳动奖章。

（范正廷）

【李珏——职业卫生防治战线的巾帼模范】李珏，女，1969年5月出生，汉族，中共党员，毕业于军事医学科学院，研究员，北京市化工职业病防治院院长。

李珏从事职业卫生和职业病防治领域科学研究25年，在职业病危害因素致病机理、人机工效学及其卫生工程研究方面有较深造诣，现任国家安全生产专家组职业卫生分组副组长、职业卫生技术服务专家委员会副主任及其卫生工程组组长以及中国职业安全健康协会职业卫生技术服务分会副主任委员，参与了国家职业病防治规划（2016—2020年）、职业病危害治理“十三五”规划、职业病防治标准“十三五”规划和国家职业健康法规标准顶层设计等国家职业病防治政策方针的研讨，参加了高危粉尘作业和高毒作业职业病危害防治条例的起草研究工作。李珏多次参与国家职业健康普查的基础工作和职业病防治专业技术服务机构监督检查工作，牵头成立了“北京市职业病防治联合会”并担任会长，同时担任中华预防医学会化工分会副主任委员、中国健康促进与教育协会副主任委员、中华预防医学会劳动卫生与职业病分会常务委员和中国化学品安全理事会常务理事、国家安全生产标委会委员，承担并开展了各职业卫生行业协会的指导或协办工作。李珏受聘于北京大学、中国疾控中心、首都经济贸易大学和华北理工大学，先后培养了20余名公共卫生专业硕士。李珏带领的北京市职业病防治院医疗卫生团队、职业卫生团队先后被授予全国青年文明号称号。职防院现已成为全国知名的集预防、医疗和科研为一体的专业职防机构，业务量创下了建院以来最高纪录，业务收入从每年几十万元增长至上亿元。2014年，职防院组建放射卫生团队，填补了北京在辐射效应、个人剂量监测相关专业的空白。2015年北化集团设立博士后工作站后，李珏先后担任了6名在站博士后导师。2018年，李珏获得北京市安全生产先进个人、北京市安全生产领域学科带头人称号。

（张增惠）

【李玉军——新能源汽车事业优秀青年人才】李玉军，男，1978年2月出生，中共党员，毕业于武汉理工大学轮机工程专业，博士学位，教授级高级工程师，北京新能源汽车股份有限公司技术总监兼工程研究院常务副院长，北京匠芯电池科技有限公司总经理。

2010年，北京新能源汽车股份有限公司成立之初，李玉军就投入到新能源汽车事业中，经过多年从事研发，积累了丰富的纯电动汽车整车开发经验。他先后开展了EV系列车型开发、高性能B级纯电动轿车开发、轻量化A0级纯电动轿车开发，进行了一系列新能源汽车关键技术的研究，包括动力电池、电力驱动、车载电源等领域。李玉军主持开发的EV150车型，经过不断优化完善，取得了全国销量第1名、全球销量第3名的好成绩，同时获得全国汽车工业最高奖。凭借研发业绩，成功申报了北京市重点实验室“新能源汽车节能与安全”实验室。李玉军先后获得北京市劳动模范、中国汽车工业科学技术奖一等奖、2018年新创工程亦麒麟领军人才、北京市优秀青年人才、北京市职工技术创新项目优秀奖、北京市第27届现代化管理创新成果二等奖等多项荣誉。

（崔永鑫）

【李英浩——企业转型发展的排头兵】李英浩，女，1972年6月出生，汉族，北京瑞京乳胶制品有限公司包装班管理人员。

北京瑞京乳胶制品有限公司以医用手套、检查手套为主要产品，李英浩一直在包装净化间工作，从基础的包装检验工直到担任案长、工序主要负责

人。做包装检验工作期间，每天经她检验的医用手套近4000双，经常是只要坐下来就要干到下班。她开动脑筋，敢于创新，寻找检验手套的最佳方法，每月总检查数量、一次检验合格率始终在班组保持首位。负责包装工序管理工作后，每当产品出现生产质量问题，给包装工的检查工作造成困难的时候，她总是积极主动地协调解决办法，及时调整员工的工作方法和心态。为了保证产品质量和生产效率，让新员工能够尽快适应岗位，李英浩主动担负起培训老师的职责。虽然做培训的收入要比做检验低很多，但是她不讲条件，手把手地把检验操作方法传授给新员工。为了提高包装检验班的整体水平，李英浩牵头组织了检验操作的标准化、规范化工作。她耐心教授、亲手示范，提高新员工的检验水平，纠正老员工的不规范动作，把自己总结的标准、规范和快速检验的工作方法传授给同事。经过近一年的实训，包装检验班300多名职工的检验技术水平显著提高，班组的劳产率提升。在北京“疏解整治促提升”工作推进中，公司在外埠建立了生产基地。李英浩主动请缨，离开了父母和孩子，参与到生产基地包装检验室的建设中。为了让生产技术人员、设备工程人员拿到生产线试产的第一手资料，她带领大家连续实验30多个小时，及时准确地提供了产品质量参数，完成了建设和实验检测任务。十几年间，李英浩多次被上级公司评为先进生产者和优秀班组长。2014年、2016年获得北化集团优秀职工称号，2013年到2015年连续3年获得北化集团先进个人称号。2018年，李英浩获得北京市总工会、北京市人力资源和社会保障局颁发的首都劳动奖章和证书。

（张增惠）

【佟强——勇于攻关的技术创新者】佟强，男，汉族，中共党员，北京燕东微电子有限公司晶圆事业部部长。

2009年，佟强调入燕东工作。当时燕东晶圆产线在线产品近50种，年产出量约10万片。面对较好的市场前景，佟强围绕生产管理和工艺改进，与技术团队攻关搭建了百余个新工艺，解决多项瓶颈难题，通过作业标准化、工艺优化和不断创新，2017年产线年产出量达到28万片，同时兼容150个品种有序运行，比2009年翻了3倍。在燕东推进6英寸产线战略外迁过程中，佟强带队远赴京外基地，吃住在现场，紧盯生产过程，“5+2”“白+黑”连续工作100多天，解决了产线多项影响量产的问题，创造了业内晶圆达产最快纪录，为首都国有企业赢得了荣誉。佟强配合公司积极搭建晶圆队伍的人才体系建设，坚持“以贡献为绩效依据，以绩效为考核依据”，带领团队不断完善晶圆人才价值评价和培养体系。2017年，他带领团队完成了25项技术创新活动、20项节能减排活动，并形成了技术报告。作为党支部书记，佟强带领的党支部党建项目获得2016年北京市国资委优秀党建创新奖。2018年，佟强获得首都劳动奖章。

（范正廷）

【张浩——高级职业技术能手】张浩，男，1985年4月出生，毕业于中国石油大学，高级技师，北汽新能源公司调试班班长，创新工作室技术带头人。

张浩在汽车行业工作15年，拥有丰富的汽车装调经验。2014年，他带领团队进行工艺改善攻关，实现了每日产量提升30%的目标。2015年，他带领总装车间12人赴山东省莱西工厂支援总装车间建设，对总装车间工艺提出60余项改进措施，培训装配操作人员326人次，并开展了物流物料整理、调试人员检测培训等工作，得到莱西厂方的认可。张浩曾带领团队完成车间职工技能矩阵搭建工作，培训员工1636人次，组织完成各类改善369项，获得发明专利3项。张浩2011年获得首都劳动奖章，2018年获得北京市技师津贴，在北京市职工职业技能大赛取得第1名，获得北京市职工高级职业技术能手称号。

（崔永鑫）

【陈宇——化工行业的科研工作者】陈宇，男，1966年6月出生，汉族，中共党员，毕业于北京理工大学，教授级高级工程师，享受国务院特殊津贴，北京化学工业集团有限责任公司总工程师，北京华腾新材料股份有限公司董事长。

陈宇从事科研工作30余年，长期致力于塑料功能助剂合成、高分子材料功能化与高性能化、聚合物结构与效能关系的研究。研究成果不仅转化为创新性技术，而且实现产业化应用，填补了国内相关领域的空白。陈宇于2009年首次提出利用溯源法建立食品软包装卫生安全管理体系，并率先带领科研团队以结构表征手段作为技术支撑，历时5年建立了特征指纹谱图数据库，为判断原料或产品的合法合规性提供了技术依据。围绕指纹法形成的溯源技术已申请发明专利4项，并在软包装产业链进行试点推行，先后为伊利乳业等企业的婴幼儿奶粉包装建立了安全溯源保障技术体系，其合理性、科学性得到行业协会和政府部门的认可。多年来，陈宇主持、参与相关研究课题30余项，其中国家863计划项目2项、国家支撑计划项目4项、科技部中小企业创新基金项目5项、省部级科技项目8项；制定国家标准3项、行业标准1项；获省部级科技进步奖10项；先后申请发明专利34项，获得授权14项。在国内核心期刊发表研究论文70余篇，出版专著10部。2018年，陈宇主持的“耐苛刻条件复合软包装用聚氨酯胶粘剂的开发与应用”项目获得中国石油和化学工业联合会科技进步奖一等奖，项目技术被国内知名专家评定为“国际先进水平”；主持的“新型功能性农用塑料棚膜及地膜研发与产业化应用”项目获得了山东省人民政府颁发的科学技术进步奖。

（张增惠）

【苗海波——矿山运输的领军人】苗海波，男，1975年1月出生，汉族，中共党员，大专学历，工程师，首钢矿业公司水厂铁矿汽运作业区党支部书记、主任。

苗海波所带的队伍实力强、作风硬，课题攻关、打产保供、降本增效、对标挖潜，样样都是标杆。设备技术改造，苗海波是总设计师，尤其是新建的发动机修复库，从总体设计、地面和墙面装修、电葫芦的安装，他都亲力亲为。哪儿最难改，哪儿最难干，他肯定在哪里。实施技改，他经常干到晚上八九点，饿了吃桶泡面，甚至两三天都不回家，原本计划2个月完成的改造项目，只用1个月就完成并投入使用。苗海波带领团队先后完成150吨矿车驾驶室平台改造、85吨矿车膨胀水箱改造等多项技改项目。他发挥创新工作室的辐射带动作用，年内修复发动机16台，助力器、水泵等各类小总成修复165项次，创效益218万元。为了提高职工队伍素质，苗海波针对人员调整、减员增效等情况，实现“全员维护管理、操检合一”的设备管理目标，推行“每日工作回头看”的内燃专业管理工作模式，保证主体设备完好率稳步提升。在北京市第4届职业技能大赛暨北京市工业和信息化职业技能竞赛矿车司机决赛中，汽运作业区12名职工取得了优异成绩。苗海波积极推进班组建设，带领职工营造温馨环境，用业余时间建设“花园式车间”。“回廊果树篱笆，假山喷泉鲜花”，汽运小院一步一景，形成一道亮丽的风景线，被评为河北省花园式单位。他关心关爱职工，谁家有事都会放在心上。作业区一名职工妻子患病，两个孩子还在上学，家庭生活困难。他经常到这名职工家中走访，逢年过节都会送去困难补助金。2017年临近春节，刚下过大雪，道路难行，他驱车30多千米，将困补金、职工的捐款和自己买的慰问品送到困难职工家中。苗海波坚持打造“学习型、创新性、服务性”党支部，带领职工出色完成各项经营生产任务。2017年，汽运作业区130吨矿车作业效率等12项技术经济指标全部超计划完成，6项超历史最好水平，达到全国同行业领先水平。实现130吨矿车完好率96.48%，比计划提高0.48%；85吨矿车完好率96.76%，比计划提高0.48%，保持了国际一流水平。苗海波2015年被评为首钢劳动模范，2016年被评为首钢模范共产党员；他所在的党支部2012年至2017年连续6年被评为首钢模范党支部，2016年被市国资委评为先进基层党组织。2018年，苗海波获得首都劳动奖章。

（马　晓）

【范煜——新世纪优秀人才】范煜，男，1973年出生，黑龙江五常人，民盟成员，中国石油大学（北京）化学工程与技术专业博士学位，研究员，博士生导师。

范煜主要研究方向为清洁油品生产、重质油加工、新型催化/功能材料的设计合成、催化剂制备新方法、能源转化与优化利用，主持开发了耦合梯级深度脱硫与烯烃高辛烷值转化的催化汽油改质成套工艺技术，工业应用装置达千万吨级/年规模，为改

善大气环境做出重要贡献。范煜近年来主持国家自然科学基金项目3项、973项目子课题2项、国家科技支撑项目专题1项以及多项省部级课题。获国家级科技进步奖二等奖1项、省部级一等奖3项，获发明专利授权40余项（包括3项美国专利），在国内外发表论文70多篇（其中SCI收录60多篇，SCI影响因子大于10的论文5篇）。范煜入选教育部新世纪优秀人才、北京市科技新星，获全国百篇优秀博士论文提名。

（郝宁宁）

【胡娟——精于出谋献策的好助手】胡娟，女，中共党员，1994年6月参加工作，北京金隅集团股份有限公司总经理助理。

胡娟在工作中勇于创新，为企业的发展出谋献策。她带领团队圆满完成清产核资任务；全面完成股权多元化整体改制的审计评估；参与完成北京金隅集团H股上市以及回归A股计划；参与实施重组冀东项目；完善内控管理程序，为公司的改革发展奠定了基础。胡娟通过梳理集团财务制度和框架，起草了《资本运营中心管理办法》，确定了在集团总部及所属企业中建立资金统一运作体系的方案，提高了资金使用效率。胡娟负责组建金隅财务公司、金隅融资租赁公司，两个公司的挂牌运营，优化了集团资源配置，提高了集团的资金管理水平。胡娟全程参与金隅冀东战略重组项目，她为审计评估和商务谈判提供了充分依据；利用融资平台，通过多种方式化解冀东发展集团资金链断裂的风险，确保了重组工作完成。胡娟先后获得第5届全国建材行业十大女杰、北京金隅集团四优共产党员等荣誉称号，2018年获得北京市三八红旗奖章。

（金隅集团）

【赵松山——新材料领域的开拓者】赵松山，男，1983年6月出生，汉族，中共党员，硕士学位，高级工程师，北京首钢股份有限公司硅钢事业部技术一贯室副主任。

赵松山自2008年参加工作以来，先后参与首钢取向电工钢工程建设、产品开发和市场开拓，是首钢取向电工钢团队的核心成员。取向电工钢以投资高、生产工艺复杂、流程长、工艺窗口窄、技术难度大等特点著称，被誉为现代钢铁业“皇冠上的明珠”，国外只有少数几家钢铁企业具备取向电工钢的生产能力，中国的高磁感取向电工钢主要依靠进口。为实现国产化，首钢在2005年启动取向电工钢项目建设。赵松山全程参与了取向电工钢生产线的设计、建设、调试、工艺验证直到投产全过程，与团队成员克服困难，边建设、边考察、边学习、边摸索，通过不懈努力，于2012年3月7日成功试制出合格的高磁感取向电工钢。达到稳定批量生产是取向电工钢必须爬过的坡。赵松山经历了开发首钢从高温取向、到中温取向、再到低温取向电工钢的艰难过程，带领团队深入一线办公，四班跟踪指导岗位操作，每日组织“早读会”“晚读会”“晚例会”，分析缺陷产生原因并制定改进措施。他汇总分析162万行数据，整理成78项关键控制点，经转化实施，最终取向电工钢多项性能指标的改善取得重大突破，首钢成为全球第4家全低温高磁感取向电工钢制造商。赵松山和团队成员在产品开发过程中，走访国内外知名变压器企业并建立联合实验室，生产了100余台500千伏及以上变压器所用特种钢材，并成功应用于国家电网特高压交流1000千伏变压器，实现首钢电工钢市场占有率国内第2位。为实现防治大气污染和节能减排的要求，赵松山和团队成员开展了高磁感薄规格低损耗取向电工钢的开发，历经21轮实验改进，攻克多项技术难关，实现产品全覆盖，其中在高铁220千伏卷铁心牵引变的应用属于全球首例。2018年，赵松山获得全国五一劳动奖章。

（马　晓）

【赵国旗——燕山石化的技术骨干】赵国旗1997年参加工作，凭着踏实肯干的工作作风，精湛娴熟的分析技术，2016年被聘为燕化公司主任技师，现任检验计量中心分析一站生产副站长。

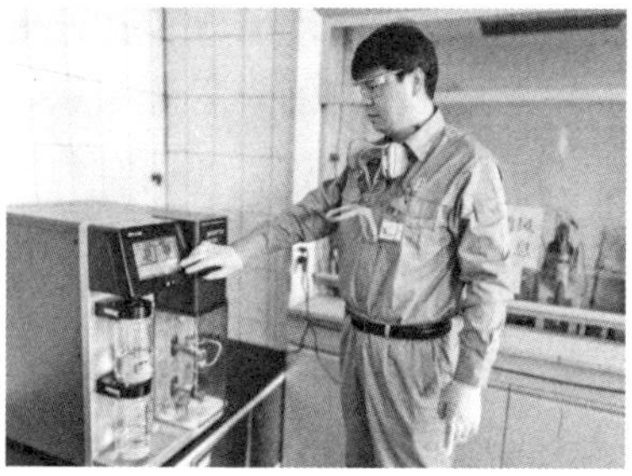

在赵国旗的带领下，分析一站为炼油系统的平稳生产提供了精准、及时的数据保障，为燕山石化油品的质量把关，让首都人民使用放心的油料，做出了突出贡献。他紧抓安全不放松，多举措实现全年安全零事故。对原料和产品精准把关，实现产品合格率、抽检合格率均达100%。赵国旗始终把产品质量当成企业生存和发展的生命线对待，每周在班组灌输质量意识，2018年避免3次航煤产品未遂质量事故和航煤装置错误停工，同时为燕化公司问题查找提供了充足的数据保障，为公司全面实现“开门红”做出了突出贡献。他响应公司降本减费的号召，带领技术人员技术创新，先后通过优化辛烷值测定方法，降低了汽油辛烷值损失，通过一机多用新建十六烷值改进剂纯度分析方法，优化仪器参数，延长捕集阱使用寿命，共计降本增效200余万元。2017年，公司成立油品分析与技术赵国旗工作室，赵国旗获得首都劳动奖章。

（燕山石化）

【倪前银——扎根一线的清华硕士】倪前银从入职第一天起，便放下“清华硕士”的光环，扎根一线，勤学苦练，迅速成长为一名合格的工艺员，在2013年举行的“中石化催化裂化技术比武”中夺得金牌。倪前银富有激情注重创新，提出并组织实施《以汽油最大化为导向的催化裂化生产优化》《反应器出口投用急冷水降低生焦》等合理化建议20余项，创造效益超过千万元。在京标六油品质量升级过程中，他优化装置运行，为加工调和优质汽柴油创造条件，为油品升级做出了贡献。倪前银敢于管理注重优化，在装置检修过程中，他狠抓开停工和施工质量管理，实施“停工不放火炬”“环保设施后停先开”，保证了检维修质量。他用数据比对、优化流程等方法，解决了原料硫含量波动影响操作等问题，保证了安全平稳运行。倪前银践行绿色生产，实施催化裂化装置脱硫醇尾气治理项目实现VOC零排放，在中国石化公司得到广泛推广，为绿色企业建设做出了贡献，2018年获得首都劳动奖章。

（燕山石化）

【郭玉全——全国最美职工】郭玉全，中共党员，北京金隅琉水环保科技有限公司熟料车间党支部书记。

郭玉全自1983年参加工作起一直坚守在生产第一线，潜心钻研水泥工艺、钳工、焊工、润滑等专业技术。1987年开始，他先后到伊拉克、沙特、阿联酋、阿塞拜疆等国家开展技术服务，其精湛的技术本领多次打败国际调试团队，演绎出征战国际的精彩故事，开启了中国水泥由劳务输出到技术输出的时代。在他的带领下，郭玉全职工创新工作室开展利用水泥窑处置污泥、飞灰、污染土等城市废弃物项目，成功地把水泥熟料生产线加入到循环经济的城市功能链中，实现了水泥企业的绿色转型。他和团队历经10年研发的水泥窑协同处置飞灰技术，解决了“垃圾处理最后一公里”难题，填补了国内在飞灰处置领域的空白，获得了具有中国工业奥斯卡之称的中国工业大奖表彰奖，该技术已申请国家专利26项，申报创新成果10余项。郭玉全先后荣膺全国“创争”先进个人、全国技术能手、北京市十一次党代会代表、市国资委优秀共产党员、全国机械冶金建材工会首批首席金牌工人、全国五一劳动奖章获得者、全国劳动模范等荣誉称号。2018年，郭玉全获得全国最美职工称号，并作为工人代表受邀参加了中共中央、国务院举办的2018年春节团拜会。

（金隅集团）

【鲍晓军——国家杰出青年基金获得者】鲍晓军，男，1963年4月出生，汉族，湖北荆门人，中共党员，毕业于中国科学院化工冶金研究所，教授，博士生导师，福州大学石油化工学院院长。

鲍晓军的主要研究方向是多级孔道催化材料的制备、负载型催化剂纳微结构调变方法和应用、清洁燃料生产催化剂和工艺。鲍晓军曾担任973计划项目“重油高效转化与优化利用的基础研究”和“重油梯级分离与高效转化的基础研究”的首席科学家。兼任中国颗粒学会理事、中国化学会催化专业委员会委员、中国石油学会天然气专业委员会委员，先后担任《Fuel Processing Technology》《Chinese Journal of Chemical Engineering》《Petroleum Science》《燃料化学学报》的编委。多次受邀担任国际学术会议和分会主席，并做大会或邀请报告20余次。鲍晓军曾获得国家科学技术进步奖二等奖1项、省部级一等奖6项，获授权中国发明专利80余件、美国发明专利6件，发表学术论文200余篇，主编、参编著作6部，为国家杰出青年基金获得者。

（郝宁宁）

2019 北京工业年鉴
BEIJING GONGYE NIANJIAN

改革开放

本栏目主要记述11位经济和信息化领域的老同志，从不同角度回顾首都工业和信息化建设改革发展的艰辛历程和取得的辉煌成就。

纪念改革开放 40 年——亲历者的心声

2018 年是中国改革开放 40 周年，市经济和信息化局组织召开了纪念改革开放 40 周年座谈会，许多离退休老同志结合个人成长、工作经历，从不同角度回顾了首都工业和信息化建设改革发展的艰辛历程和取得的辉煌成就，畅谈对新时代改革发展的心声，表达了永远跟党走的坚定信念。

北京国企改革和加强管理的实践探索

原北京市经济和信息化委员会委员（副局级）汪进军

一、北京市工业系统强化企业管理的历史回顾

改革开放以后，北京工业系统国有企业的重大变化是先从加强企业管理开始的，企业管理有 5 件影响全局的重大事件。

第一，企业整顿。北京市从 20 世纪 80 年代初开始，对工业企业进行分期分批的恢复性整顿，经过 3 ～ 4 年，发展到对所有国营工业企业进行全面整顿，核心内容是抓好领导班子建设。到 1985 年底，企业整顿工作全面完成。

第二，企业升级。1986 年 7 月，国务院发出《关于加强工业企业管理若干问题的规定》，全国开展抓管理、上等级工作。在企业升级中，市经委重点抓了提高产品质量、降低物质消耗、双增双节、综合管理等工作。1987 年，北京内燃机总厂、燕山石化合成橡胶厂、北京光华木材厂、首都钢铁公司等 6 家企业通过升级验收，成为首批国家二级企业。1990 年，市经委开展工业系统制定行业标准、企业升级评定工作，北内、首钢等企业跻身国家一级企业，并涌现出一批国家二级企业和市级先进企业，引导企业在质量、效益等方面向世界先进水平看齐，推动企业加强管理。北京市在企业升级方面走在全国前列。

第三，推广企业管理现代化。1986 年 6 月，国家经委选定北内、燕山石化等 30 家企业作为全国推行企业管理现代化试点单位。强化企业在管理方法、管理手段上的创造，并每年开展工业企业优秀管理成果评选。1997 年 11 月，市经委做出《全市工业系统学习北京开关厂管理经验的决定》，推广“99+‘1’=0”管理法。即零缺陷、零起点、零突破，追求 100% 的完美目标。北京市副市长阳安江批示：要走一条具有北开特色的管理之路。此外，重点推广了价值工程、现场管理、5S、基础工作、班组管理，推行了现代化的管理理念和方法手段，包括运用计算机网络。

第四，每年评选表彰一批优秀企业和企业家。市经委每年组织开展评优工作，经过逐层推荐评比，工业战线涌现一大批先进人物，有北京市优秀厂长（经理）、市劳动模范、全国劳动模范、三八红旗手、新长征突击手、优秀班组长。市财政专门拨出经费予以支持，树立了一批典型企业和先进人物，当时在全国轰动很大。

第五，抓典型，挂黄牌。在全国经济形势不景气、工业指标下滑情况下，市经委采取果断措施，确定开展“全市工业企业管理年”活动。成立企业检查组，突击检查基础管理较差的企业，查制度、查现场、查管理，在建筑机械厂召开现场会，通报检查结果，对不合格企业挂黄牌，在表彰先进的同时，狠抓软懒散企业，扭转了管理涣散、精神不振的现象，对全局影响很大。

二、北京市工业系统深化国有企业改革的历史回顾

工业改革全面开展是在 20 世纪 90 年代，以扩权让利为主要内容，推行政企分开，所有权与经营权分离，从而扩大企业自主权。其中有 4 个重大事件。

第一，厂长负责制。随着经济体制改革的不断深入，原来在工业企业实行的“党委领导下的厂长负责制”已经不能适应新要求。1985 年，市经委建议，由市政府发文，在工业系统 57 家大中型企业实行厂长负责制，走在全国前边。

1986 年，国务院正式颁发“三个条例”，同年 11

月，又发出补充通知，明确指出全民所有制工业企业厂长（经理）的地位、作用。全国掀起厂长负责制试点高潮。市经委举办了多期厂长负责制培训班。北京印染厂等一批企业厂长负责制试点取得显著成效。

第二，经营承包制。1982 年，市经委下发《关于进一步推广首钢经验，努力完善经济责任制的通知》，组织市属各工业局、总公司在首钢举办现场学习班，在工业系统推广“首钢经验”，着眼于建立并完善权、责、利相统一的企业内部经济责任制。1986 年，北京市率先在第一机床厂等 8 家企业实行“两保一挂”试点，主要内容为，一保企业上缴利润，二保企业技术改造，一挂指工资总额与企业经济效益挂钩。在保证国家财政收入增加的同时，使企业效益和技改也得以保证。

第三，利改税试点。1983 年，北京市国营工业企业开始实行第一步利改税。明确政府与企业的分配关系，把过去的上缴利润改为按企业所得税征管条例上缴税金。北京光学仪器厂、雪花电冰箱公司、服装三厂、针织总厂、清河毛纺厂、北京毛纺厂等 10 家企业是全国最早的利改税试点企业。1984 年，北京市开始实行第二步利改税，把原来的只上缴工商税改为上缴产品税、增值税、营业税和盐税 4 种税。利改税试点在全国工业系统推广，又推广到商业系统。随着承包制和利改税试点的开展，北京市制定了 8 种以转换经营责任制为目的的企业经营方法，简称“八条船”。其中，第一类是投入产出总承包，第二类是完善“两保一挂”承包经营责任制，第三类是部分亏损企业实行减亏包干。1991 年，市属国有工业企业分几批都上了“船”，根据企业不同情况，让工业企业全面进入改革发展的快车道。在全国产生很大影响，很多省市来北京取经。

第四，建立现代企业制度。北京市从 1995 年起，推荐化工集团公司、一轻总公司和北京牡丹电器集团公司 3 家企业参加全国 100 户现代企业制度试点。随后，市经委又确定 46 户企业作为全市现代企业制度试点单位。同时推出京东方、双鹤药业、同仁堂等一批股份制试点企业，使这些企业通过公司制改造，建立现代企业制度，成功在 A 股上市。北京工业企业上市在全国也是很早的。

北京工业在改革、管理上始终走在全国前列，创造了一批先进经验在全国推广。北京工业系统为全市经济发展和稳定，为北京财政收入做出了历史性的贡献。工业做出的贡献，最高时达到全市地方财政收入的 67%，并带出了一支 150 万人的产业大军。北京乡镇企业、乡镇工业也是全市工业的重要组成部分，是改革开放的产物，兴起在 20 世纪 80 年代并在 20 世纪 90 年代开始了二次创业，从给大工业配套转向一、二、三产业全面发展迈进，为增加供应总量、富裕农民做出了贡献，工作位于全国乡镇企业系统先进行列。

回顾北京工业发展史，我感到，一个国家，一个城市，一定要有制造业，要重视发展实体经济。北京拥有一批相对集中的工业基地、工业区，有向高精尖产业转型升级的条件和基础，北京工业的历史使命和贡献还远没有结束。工业和信息化的深度融合将不断创造新的发展局面。

承包制——实行企业两权分离的有益探索

原北京市经济和信息化委员会委员（正局级）常青

党的十一届三中全会后，在中央关于经济体制改革的一系列方针、政策指引下，围绕搞活企业这个中心环节，北京市的企业改革在实践中不断探索前进，工业系统的承包经营责任制正是在这样的大背景下诞生和发展起来的。

北京市工业系统的承包责任制发展过程可分为 3 个阶段。

第一阶段，1982 年—1985 年，首钢承包制的诞生。1982 年，经国务院批准，首钢实行“上缴利润递增包干”，主要内容是，以 1981 年的上缴利润 2.7 亿元为基数，每年递增 6%；超收部分企业自行支配，用于企业发展生产和提高职工收入；此办法一经决定便 15 年不变。1983 年，首钢主动将上缴利润每年递增数调高到 7.2%。首钢承包制的实行，扩大了企业自主权，极大地释放了被压抑的生产力，企业技术改造步伐加快，生产规模迅速扩大，20 世纪 90 年代钢产量突破 800 万吨，居全国第 1 名。

第二阶段，1986 年—1990 年，“两保一挂”承包经营责任制的全面实行。1983 年和 1984 年国家先后实行两步利改税，对有盈利的国有企业征收 55% 的所得税，力图规范企业与国家的分配关系，但因企业税赋过重，缺乏活力和后劲，不能有效调动企业的积极性，致使国家的财政收入也难以保证。1986 年，为抑制全市工业生产出现的滑坡，从改革与发展相结合，既实施放水养鱼、又保证财政收入的方针出发，对一机床等 8 家企业进行承包试点。

“两保一挂”承包制的主要内容为，一保企业上缴利润（包括上缴基数和年递增率），二保企业技术改造（包括技术改造项目、投资额和还贷计划）；实行工资总额与企业经济效益浮动挂钩。在总结 8 户承包试点基础上，确立了“包死基数，确保上缴，超收多留，歉收自补”的 16 字原则。此办法政策透明度高，激励作用大，兼顾了国家、企业、职工三者利益，一经推出，就受到企业和广大职工的普遍欢迎，因而迅速推广到全市工业系统。其具体做法是，由一委三局一行（即市经委、财政局、税务局、劳动局、工商银行）与各工业总公司签订承包协议书，再由各总公司与下属企业签订承包协议。本着成熟一个签一个的原则，先后分 6 批完成。到 1987 年 9 月底，工业系统 435 户预算内企业全部实行了 4 年不变的承包经营责任制。

“两保一挂”承包经营责任制的全面推行，极大地调动了企业和职工的积极性，使企业焕发出前所未有的生机和活力，取得了实实在在的成效。突出体现在企业经济效益明显提高，财政收入稳步增长；企业技术改造加快，发展后劲增强；职工收入合理增长，积极性有效调动；企业主体地位逐步强化，内部机制不断完善。

第三阶段，1991 年—1995 年，承包制的完善与延续。1991 年，国家对国营企业实行“税利分留办法”，经测算，工业系统大部分企业留利水平将进一步降低。为保护企业的积极性，市政府拟从总体留利中拿出部分资金，实行适合北京市具体情况的承包办法，重点向特别需要支持的行业和企业倾斜，即实施“自费改革”。于是在市财政可以承受的情况下，制定了 8 种承包办法，每种办法都对应相关的政策，即所谓的“八条船”。一是投入产出总承包，如人民机械厂；二是比照合资企业政策（实行 33% 所得税），如电表厂；三是扩大对外合资合作，包括正在进行合资合作的企业；四是实行高新技术企业政策（15% 的所得税），如万东医疗；五是股份制试点，如北京旅行车厂、丽源公司；六是实行利税分流，税后还贷，如北京电表厂；七是减亏包干；八是完善“两保一挂”承包制。由于是地方自费改革，财力有限，其中政策力度较大的几条“船”需经过市政府严格挑选才有资格，而多数实行完善承包制的办法激励作用不大，企业已没什么积极性。随着后来经济形势的发展变化，以及市场经济的逐步完善，承包制作为阶段性措施，其历史使命也逐渐完结。

我先后参与了承包制在工业系统推广的历次签约仪式的组织，参加了有关承包制成效的调研和总结，以及二轮承包中“八条船”政策的出台和实施。在我所经历的承包制发展全过程中，亲身感受到市领导和工业主管部门紧紧围绕搞活企业这个中心，解放思想、锐意改革的积极努力，体会到企业对放开搞活的渴望和期待，目睹了改革政策给企业带来的发展动力和勃勃生机，也看到了承包后期企业的困境与无奈。亲身的经历与感受，使我始终坚定地认为，承包经营责任制是企业改革中的伟大创举，在国有企业从计划经济下的行政附属物向市场经济主体的转变过程中，在探索企业所有权和经营权两权分离的实践中，无疑发挥了重要的历史性作用，并将在北京工业改革发展史上留下重重的一笔。

改革开放是推动北京高精尖产业发展的强大动力

原北京市委工业工作委员会副书记 彭静云

北京在新中国成立前是一个典型的封建并带有半殖民地烙印的贫困、落后的消费城市，除为封建王朝和贵族服务的手工业外，现代工业少得可怜。1949 年，人民政府接管的官僚资本企业仅 44 家，其余的工厂、作坊多为手工生产，百人以上的寥寥无几，七八成是三两人的小手工业。产业工人仅 7 万人，占当时城市人口的 2.8%。新中国成立前夕，国民经济濒临崩溃，生产停滞，连牙膏、香皂、灯泡、针织衫裤、糖果、汽水、油漆等都要依靠天津、上海提供，人民生活十分困难不便。

从新中国成立至 2018 年，北京工业人承担了两个重大任务。

第一，是要解决北京几乎没有什么现代化工业的问题，彻底改变北京工业落后的消费城市面貌。前些年，曾有过北京该不该发展工业的争论。但只要了解新中国成立时北京的实际情况，又能从实际出发看问题的人就不难理解这一点。当时以彭真、刘仁为首的市委考虑，如果当时不抓恢复生产，发展工业，人民的生活如何保证和改善？群众的就业怎么解决？首都的稳定怎么保证？首都建设需要的大量资金从何来？怎能全部开口向中央要，不自己积累？而且，如果不发展、壮大工人阶级的队伍，增加产业工人的数量，北京的人口结构、政治空气也难与首都地位相称。经过 3 年恢复时期、第 1 个五年计划时期、大跃进 3 年大发展与贯彻“八字”方针的调整时期，到 1965 年，北京已成为一个门类比较齐全的、在中国工业中占有相当分量的、具有相当技术水平的现代化工业城市。这是北京市领导和工业系统的广大干部、工人群体呕心沥血、艰苦奋斗取得的胜利成果，打的也是积小仗为大仗的硬仗。上海、天津干了上百年的事，北京解放后仅干了 17 年就成了。

第二，是要把北京已建成的工业，提高档次、转变为高精尖的现代工业，以适应北京作为社会主义大国首都的政治地位。也就是说，首都工业要有首都工业的样子，什么样子？那就是要迈向高精尖。

这个问题“文化大革命”前和改革开放前，市委就已意识到和提出，并有了实践。1959 年 12 月 31 日，市长彭真就在市委全会扩大会上提出：“中国首都要搞全国和世界的最高水准。”“技术与政治不一样，搞尖端、高技术的东西要学世界的先进。”1960 年，北京市制定 1960—1967 年工业建设规划时，曾提出“向高大精尖发展，最后建成以生产高大精尖产品为主的高度现代化、庄严美丽的社会主义城市”。1961 年市委考虑，“大”字不适合北京情况，同时担心只提高精尖会忽略人民生活必需品的生产和供应，又把对工业的要求概括为“高精尖、吃穿用、质量第一”。这是北京市委当时对工业发展方针、发展方向的一个全局性的战略转变，一直坚持到“文化大革命”之前。1965 年北京市同中科院有关研究所密切配合，瞄准高精尖目标，制定赶超规划，组织了“三机一表”及 26 种电子元器件的会战。在会战取得成果的同时，又到上海等地学先进、找差距，同时访问中央科研机构与高等院校的许多专家教授，请示了国家科委，拟订了第 3 个五年计划期间的赶超计划，提出十大赶超任务。1966 年 4 月还召开了全市赶超大会。“文化大革命”后，改革开放后，特别是近些年，我们对这个问题的认识，对工业必须干好这第 2 件大事，打好这第二大仗、硬仗，看得越来越清楚了。时间的推移，使我们更加明白了它的重要性、紧迫性，行动的决心也越来越大了。

我们认识到：

第一，地处首都，工业必须与首都的政治地位相适应。2014 年，中共中央总书记习近平在视察首都工作时指出，北京不提经济中心定位，不是要放弃经济发展、产业发展，而是要放弃发展‘大而全’的经济体系。腾笼换鸟，构建高精尖的经济结构，使经济发展更好服务于城市战略定位。作为社会主义大国的首都工业，绝不能停在低档、粗放、落后的水平，必须迈向高精尖，反映出大国应有的水平。

第二，首都是国际交往中心，各国使馆驻地，世界性大会常在这儿召开，世界各国友好人士都向往、想来这里观光，如工业不改变落后状况，污染严重，雾霾笼罩，就会大煞风景。过去几年雾霾严重时，住在北京的外国人反映极为强烈，有人说在北京当大使会折寿。可见从对国际的政治影响考虑，这个问题也非解决不可。

第三，人口资源环境承载力因素决定北京不能不加选择地什么工业都上，什么工业都留，必须做减法，只保留高精尖的。如北京城乡建设用地规模现在为2921 平方千米，到 2020 年、2035 年还要逐步减到2860 平方千米和 2760 平方千米。

这些年，北京一直在调整、疏解、排除不符合首都城市战略定位的工业，经过艰苦的工作，2016 年，全市高精类制造业实现产值 5420 亿元，其万元增加值能耗小于 0.5 吨标煤，优于发达国家整体能耗水平。在全市工业高精尖和传统产业的比例已达到 4∶6。这个仗现在还要抓紧打，市经济信息化委有明确的规划和具体措施，共选了十大高精尖产业作为重中之重在抓，分别是：新一代信息技术产业、软件和信息服务业、集成电路产业、新能源智能汽车产业、医药健康产业、新材料产业、智能装备产业、人工智能产业、节能环保产业、科技服务业。这些产业都具备以下 4 个条件，一是对人口、土地、用能、用水等要素资源的依赖较低；二是生产方式绿色集约，污染排放强度较低；三是人均地均产值高；四是行业企业的研发投入和创新能力水平较高。规划到 2020 年，高精尖制造业比 2016 年增加 53.6%，高精尖服务业比 2016 年增加 48.2%，高精尖和传统产业的比例从 2016 年的 4∶6 调整到 6∶4。这就是说，新中国成立后我们辛苦创建的工业再过两年多就有 6 成提升了、转型了、迈向了高精尖，这是多么不容易又多么令人高兴的事啊！

对改革开放与工业实现高精尖这个主题，我说 3 点。

一是改革开放是北京工业实现高精尖的必要前提、必要条件。不改革、不扩大企业的自主权，不改变吃大锅饭，一味平均主义，企业和职工怎会有迈向高精尖的活力与积极性？不搞开放，企业和职工怎能了解世界工业的最高水平是啥样？又怎能和国外先进企业合资，向人家学习？怎么把先进顶尖的项目、人才及外资引进来？以北京的汽车工业行业为例，如果不是抓改革开放，不与美国、韩国合资，怎能有今天这比较骄人的成就？北京汽车行业发展快，是由于领导班子，特别是一把手，思想解放，眼睛盯着市场，肯花大力量搞研发和不拘一格引进人才。企业要搞活，一定得靠改革开放。

二是国家既定的也将持续实行的战略方针大计，是否积极地勇敢地践行，改革开放将决定向高精尖迈步的快慢大小。北京工业系统曾经在践行改革开放方针上走在前面，如全国第 1 个合资企业就是北京的吉普汽车有限公司；搞扩大企业自主权，推行两保一挂的企业承包制北京也搞得较早，并很规范。但由于种种原因，我们践行改革开放并没有始终都走在前头，有些方面现在还比较落后。如，民营企业就没有长江三角州、珠江三角州发展得快，以至于现在中科院和重要高校的重要科研成果转化给北京的只有 10%；又如，北京国有工业企业用于研发的资金在整个生产资金中占的比例只有 1.4%，而华为高达 17% ～ 20%，美国为近 1/3。这些都是影响北京工业较快迈向高精尖的因素。

三是北京工业实现高精尖是一个必须达到的目标，这是首都人民特别是首都工业人的责任。实现它确实是一场攻坚战。我们打这个仗既有优势，也具备一定基础，但确实有的条件较上海、江浙、广东等地方差，如，他们过去工商业基础好、企业家队伍强、营销经验多等。我们现在必须在践行改革开放上下苦功夫，争取更好更快地达到这个大目标。

为保证十大高精尖产业的规划落实，市政府已制定和颁发了在资金、土地、人才 3 个方面如何为之创造条件的文件，明确了各区和北京经济技术开发区的分工和责任，北京工业一定能迈上高精尖水平。

改革开放成就了市经委的历史担当

原北京市经济委员会委员 朱鼎恒

北京市管理工业经济的机构，几经变迁。“文化大革命”前，是由市委工业生产委员会主管工业。1966年“文化大革命”开始，“工业生产委员会”的牌子改名为“北京市经济委员会”。1967年4月，北京市革命委员会成立，下设工交城建组，内设工业、交通、城建等几个业务小组，工业生产由工业小组负责主抓，机构精简了，人也少了，很多工作缺失，无暇顾及，主要是应对当时生产，协调、调度、处理眼前的所谓“火烧眉毛”问题，如缺煤、停电、物资缺口、火车停运、工厂停工等，如救火一般，其他管理工作都顾不上。1973年，市革委会决定，将市革委会计划组和工交城建组的工业交通部分合并，成立北京市计划委员会（城建部分单独成立北京市基本建设委员会），但委领导的精力和委内业务工作重心，自觉不自觉地偏向了工业和交通等紧急业务的处理，当时在其他委办及区县流行的一句话是：你们计委不是北京市计委，是工交计委。1977年，市计委一分为二，分设北京市计划委员会和北京市工业交通办公室（简称市工交办）。工交办运行了一年，又有新的不适应。当年，真理标准问题的讨论如火如荼，纠正冤假错案接二连三，思想解放波浪向前，党的十一届三中全会即将召开，在这样的时代背景下，1978年8月，市工交办撤销，在改革开放的号角声中，宣告了新的北京市经济委员会的诞生。

从1978年8月北京市经济委员会成立，到2003年北京市工业促进局挂牌，共25年。这是改革开放带来市工业管理机构运行最稳定的25年，是市工业结构调整不断优化的25年，是市工业系统改革开放不断探索、不断深化的25年。

一、市经委成立伊始，立即抓工业整顿和调整。一是企业整顿，狠抓产品质量，学习日本企业全面质量管理。当时曾发生过这样一件事，由于许多工业产品质量差，商业部门按计划收购后卖不出去，只能压在仓库，反应非常强烈，于是市经委领导带领各工业局和重点企业领导到商业部门“召回”不合格产品，以示狠抓产品质量的决心，对企业震动很大。二是成立北京市工业调整办公室，按专业化协作原则调整工业，铸锻、电镀、标准件等行业专业化调整，以及区县的企业按行业归口上交给市属各工业局直接管理，计划一本账，产供销一体。捋顺了工业体系，充实了市属工业的规模和能力，解决了区县企业的计划申报和产供销难题。三是改变全市煤炭供应管理体制，将各区煤炭公司的人财物全部上交市煤炭公司，远郊县的煤炭公司的业务也统由市煤炭公司管理，全市无论哪里煤炭供应出现问题，就拿市煤炭公司是问，对解决当时煤炭供应紧张局面，起到很好作用。四是国家成立国家医药总局，市相应成立北京市医药总公司，将化工局的制药工业企业、电子仪表局的医疗器械工业企业、第一商业局的北京市药材公司（即后来的同仁堂集团公司）和医药商业企业统统成建制划归北京市医药总公司，统一负责中药、西药、医疗器械的生产、供应和流通，实行工业商业一体化管理。五是调整冶金行业，撤销北京市冶金局，将黑色冶金部分划给首钢，将地处宣武区的北京钢厂停产，设备搬到石景山的特钢。有色金属部分单独成立有色金属总公司，实行企业化管理。六是“退二进三”和“优二兴三”，推广一轻经验，将城区企业逐步退出第二产业，进行资产重组开发，发展第三产业，逐步调整工业布局。七是组织污染扰民企业搬迁，1995年市经委制定了《北京实施污染扰民企业搬迁办法》，相当多的一批污染扰民企业停产搬迁，消除许多污染源，推动了产品升级换代。在全市率先成立固体废物处理中心，尽管此工作没有大规模开展，但开了一个好头。后来全市机构调整时，固体废物处理中心划转给了市环保局。

二、抓改革。改革，没有样板可以借鉴，正如邓小平同志所说，是摸着石头过河，探索，实践，再探索，再实践，成功了，就坚持下去，不行的，再想新举措。1979年开始在市属国营企业中试行“利润留成”的办法，以后又试行过“独立核算、自负盈亏”的办法，20世纪80年代初，在首钢试行“上缴利润递增包干”

的办法，在中小企业中试行“利税包干”的办法，在整个工业系统中试行“厂长负责制”，在工业联合公司中试行董事会领导下的经理负责制，推行第一步利改税和第二步利改税，公司制改造，“两保一挂”，完善企业内部承包经营责任制，上“八条船”，发行股票，香港上市，等等。不断地推出新举措，市经委的工作，一直处于改革的最前沿，风口浪尖上。当时国企、大集体企业的亏损面居高不下，有的资产负债率高达百分之八九十，甚至资不抵债，企业破产，企业“招、拍、挂”，职工下岗，再就业，工龄补偿，企业债转股，等等，忙得不亦“悲”乎。直到推行现代企业制度，才平稳下来。改革是在探索中前行，螺旋式上升，波浪式前进，否定之否定。

三、对外开放。改革与开放，是一个事物的两个方面，工作安排上是并驾齐驱的。市经委成立后，正赶上国家外汇奇缺，组织工业产品的出口创汇任务，落在市经委的任务，开始只是抓轻纺产品出口，主要是一轻、二轻、工美、纺织等，1984 年成立机电产品出口办公室，大力抓机电产品出口，虽然量不是很大，但出口产品的档次、技术含量上了台阶。后来成立外资处，抓“三来一补”，往后是主抓招商引资，研究政策措施，大力推进合资企业，当时市要求经委一年引进多少多少亿的外资，多少多少个的合资企业。北京的中外合资企业大规模发展起来，如有较大影响的中美合资切诺基吉普汽车、中日合资的松下彩色显象管、首钢日电的大规模集成电路等。外商合资、独资企业在全市工业中比重迅猛上升，举足轻重。之后，市经委又成立机电产品进口审查办公室，负责把关高技术产品的进口，把技术程度不高及国内能解决的挡在国门之外，节约了外汇，促进了国内产业发展。还成立了技术引进消化吸收办公室，主抓国产化工作，促进国内高端技术的研发。

2003 年，机构调整，职能转换，市经委完成历史使命。回顾过去，展望未来，让我们在习近平中国特色社会主义新时代思想指引下，不忘初心，牢记使命，为实现两个 100 年目标，继续不懈奋斗！

改革开放中异军突起的京郊乡镇企业

原北京市乡镇企业局党组书记、局长 夏连生

乡镇企业是改革开放的产物，在中国农村经济改革中应运而生。1996 年 10 月，《中华人民共和国乡镇企业法》颁布，给发展中的乡镇企业以强劲的推动力。北京市乡镇企业，在改革开放的大潮中，为北京市农村经济发展，乃至北京市社会经济的发展，做出了历史性贡献。回顾京郊乡镇企业改革开放的历程，大体可以分为 3 个时期。

第 1 个时期为初创萌芽发展时期，1958 年到改革开放前。多为农民个体经营手工作坊，也有少量村企。乡镇企业规模小 、产品单、质量低，只能满足最基本生活需求。

第 2 个时期为改革开放稳定发展时期，大体为改革开放初期到 1996 年年底。这时期京郊乡企长足发展。一是乡镇、村集体经济有了较大发展。利用当地资源，办不少小煤窑、小水泥、小玻璃、小水利、小五金等，后来统称“五小”企业。二是市委、市政府引导扶持乡镇企业发展。走“白兰”道路 ，工业支援农业，搞联合协作。工业名品到乡镇、村集体企业定点 ，扩散零部件，为大工业配套。推动了京郊农村经济发展，乡镇企业成为大工业的有力补充，规模、产品档次、质量水平、装备、技术能力都提升很快。乡镇企业初步形成农村经济发展的主力军、农民致富的主要途径。

第 3 个时期为创新跨越发展时期。1996 年年底，市委八届全会指出：要进一步促进乡镇企业的发展。1998 年 12 月召开的市委八届二次会议决议中指出：乡镇企业是郊区农村经济主体，是推动首都经济发展的重要力量。明确提出了乡镇企业二次创业的目标、途径、政策、宣传等一系列重大举措。京郊乡企二次创业，取得突破性进展，北京市乡企在全国进入先进行列。全市符合规划的乡镇工业小区共计 110 个、村级工业园区 318 个、二三产专业村 449 个，通过连片开发，效益提高、环境改善，促进了小城镇建设，增加了农民收入。21 世纪初京郊农民纯收入的 60%

以上来自乡企，乡企总收入占到京郊农村经济总收入的75%以上。

京郊乡镇企业二次创业改革、发展，主要体现在3个方面。第1个方面，基本完成产权制度改革，形成多元化的企业管理模式和制度。引进资金、技术、人才，优化资源配置，管理升级、产品升级，提高了市场竞争力，使乡镇企业充满新的生机和活力；第2个方面，在市场经济的大潮中，极大提高了产品竞争力和市场占有率。随着产品结构调整的推进和市委、市政府关于环境治理的部署，坚决淘汰了原赖以生存的资源性企业，关闭了小煤窑、小水泥等"五小"企业。乡镇企业产品适应市场需求，创新创优，产品档次有了根本性提升。2008年北京奥运会前，鸟巢、水立方的全部灯光配置、音响配置，鸟巢全部看台板构件等全部由乡镇企业完成。惠远电缆、御香苑清真食品、新发地蔬菜都成为北京奥组委指定供应商。宏福集团、蟹岛度假村还成为美国花样游泳和水球训练基地及接待场所；第3个方面，乡镇企业在新农村建设中，在农村经济发展中，发挥了重要的不可替代的作用。1998年至2000年，每年均以2位数的增幅增长。2000年乡镇企业总收入、总产值、增加值分别比1997年增长了37.5%、35.9%和43.8%，乡镇企业对郊区经济发展乃至社会经济发展都起到非常重要的作用。

在新的历史时期，一批规模大、上档次的乡镇企业，如宏福集团、星光影视集团、韩建集团、泰华集团、蟹岛度假村集团、新发地大型果蔬批发市场等已发展成为大型企业集团，有的还发展成国际型大型企业。

在改革开放中大力促进军民结合

北京市国防科学技术工业办公室原副主任 郭瑞久

军工科学技术的特殊地位，使其始终是当代科学技术的尖端所在。在首都北京，集中了国防科工委系统的100多个企事业单位，技术力量雄厚，专业人才济济，具有得天独厚的优势，军民结合对促进首都经济发展具有非常广阔的前景。

1982年，邓小平提出"军民结合，平战结合，军品优先，以民养军"的方针。1985年，党中央决定国防科技工业实行战略性转变，即由过去主要为国防建设服务逐步转变到为整个四个现代化服务，使军民结合工作步入一个新的发展阶段。改革开放40年，也是国防科技工业实现重大改革和战略转变的40年。

一、制定措施，加强指导

1985年3月，经过协商，北京市政府与国防科工委签订了"军民结合经济技术合作协议"，北京市的军民结合工作进一步得到国防科工委、国防工业各部的大力支持和帮助，也得到各有关方面的重视。1986年，以北京市政府的名义召开了军转民工作经验交流会，在总结有关单位开展军转民工作经验的基础上，进一步提出"充分依靠军工技术优势加快首都现代化建设"10个方面内容，加强军工单位与地方企业围绕首都经济建设的密切合作和互惠互利，军转民工作呈现出新局面。

1990年1月，北京市成立军民结合协调指导小组，由主管副市长任组长，特邀国防科工委一位副主任为顾问，市经委主管军工的主任和市科委主任为副组长，协调指导小组成员由各军工部主管民品的部门负责人和市属有关委办局负责人组成，负责组织领导北京地区的军民结合工作，对重大问题、重大项目进行协调指导。协调指导小组下设办公室（在市经委军工处），负责日常工作。

为加强与各军工单位（特别是科研院所）的联系和信息沟通，建立了军转民联络制度，每年召开一两次各军工单位军转民联络员工作会议。1990年，以市政府名义制定10条措施，包括对优秀军转民项目的奖励制度，在每年一次的全市军民结合工作会议上，以市政府名义，对评选出的优秀军转民项目进行表彰。

在引导军工单位开拓国内国际市场，发展外向型经济方面，将军工单位的军转民产品组成军工展团，参加"北京市工业产品交易会"。从1991年开始，先后组织军工企业参加了墨西哥、奥地利、新加坡和中国香港等地的中国商品和技术出口交易会或博览会。

军工企业发展合资合作，北京市直管的 8 家军工企业中就有 3 家进行了合资。

二、军转民成果的 5 种表现形式

第一，直接生产民品。即以市场为导向，结合自身的技术专长，研制开发生产民品投放市场。如，兵器工业 218 厂和北京一轻研究所研制开发生产的电脑刺绣机、航空工业 125 厂的汽车电机、232 厂的空调产品、503 厂的汽车加油机、兵器工业 5424 厂的组合机床等，都形成一定的生产规模，适销对路，成为军转民的支柱民品。

第二，为民用工业的技术改造提供先进设备和生产线。特别是军工大厂、大院、大所，人才济济，综合开发能力强，研制的技术装备和生产线水平高，可以替代进口，且有突出价格优势。如，航空工业 232 厂为北京制药厂研制的安瓿瓶洗、烘干、灌封联动机，航空工业 211 厂生产的瓦楞纸板生产线、真空热处理炉，206 所生产的快速压片机、软胶囊机，811 厂生产的空气变形纱机等，均为工业技术改造做出了贡献。

第三，将特种工艺和特殊材料的研制成果推广应用到民用。如，航天工业运载火箭材料研究所，为心脏病患者研制心脏瓣膜，经临床应用效果很好；航空工业五院利用真空技术研制的真空镀膜技术和设备，用于金属刀具的表面镀膜，提高了刀的硬度和使用寿命；电子工业十一所利用激光技术研制的激光手术刀，大大减轻了病人痛苦。

第四，消化吸收引进产品，积极推进引进产品的国产化。重点组织力量消化吸收实施国产化的产品，主要有航天工业 239 厂引进德国的西门子公司的小型程控交换机、航空工业 303 所的数控三坐标测量机、兵器工业 218 厂的电子分色机等。兵器工业 618 厂引进德国技术生产的豪华型大客车，国产化率达到 85%。

第五、采用技术转让或联营生产的形式，带动民用企业发展。航天工业一院一部与大兴县联营建立兴达波纹管制造厂，生产波纹管补偿器系列产品，使 60 多人的乡办小厂年销售收入突破千万；原子能研究所与北京市电线总厂联合组建北京电子辐照联营公司，开发应用电子辐照加工技术，发挥了各自优势。

三、军民结合工作促进了军工管理机构的理顺

1991 年 1 月，国务院、国防科工委召开全国军民结合工作会议，会议印发了北京市贯彻军民结合方针情况、做法和经验的材料。会后，北京市将经委军工处改为市国防科工办。1991 年 9 月，市编委正式下发批文，在市经委增挂北京市国防科学技术工业办公室的牌子，由经委主任兼任国防科工办主任，另增设一名国防科工办副主任，根据任务需要，国防科工办内设综合处、生产处、科技处，人员编制 15 人。1992 年 5 月，市委组织部任命经委主任兼国防科工办主任。明确了各处的成员和职责分工，北京市政府对在京国防科技工业单位的领导和管理明显加强。国防科工办设在经委内，正如现在国家将国防科技工业局设在国家工信部内，有利于军民结合工作的加强。现在中央将军民结合提升为军民融合，并把军民融合上升为国家战略。中央成立了军民融合工作领导小组，习近平总书记任组长，这足以说明军民融合之重要。北京市的军民融合工作，也一定会有更大的发展。

我所经历的军工 10 年

北京市国防科学技术工业办公室原副主任　解铁疆

我是 2000 年调任并分管北京国防科工办工作，直至 2010 年退休。这 10 年是中国改革开放取得丰硕成果的 10 年，也是中国国防科技工业实现战略性转型的 10 年。

10 年中，北京国防科工办受国防科工委的委托并协助国防科工委，配合组织干了 3 件大事。

其一，集中改革开放科技资源优势，打造杀手锏工程（对外称高新工程）。以海、陆、空、卫星通信、全方位实施精确制导、超速反应、精确打击、及时保障为目标，对重点型号进行了攻关研制，并通过会战和实战化演练等多种方式取得质的飞跃，大大提升了军队应对现代化战争快速多变的能力，使威慑化为现实。

其二，集中改革开放协作配套优势，打造开放十大军工科研生产体系。应对新时期军事变革，做到战时能即时生产、即时供给、即时维修、即时保障的能力。为此，打破原有军工封闭式自循环科研生产体系，遵循市场规律，打造新型的适应中国国情的开放式大军工科研生产体系。10年中，以国家重点工程项目为牵引，以重点产品为中心，以市场3级协作配套为主，对体系内所有事业单位进行定级认证。即凡承担军品总装总成总体设计的单位确定为一级，凡承担分系统组织模块化科研生产单位确定为二级，凡承担专用配套件或重要零部件配套生产单位确定为三级。对上述单位不分隶属关系，不分所有制，不分企业规模大小，一律进行保密资格认证。通过认证组成一个新的开放型大军工体系，为应对新的变革，提供了坚实的组织保障。

其三，集中改革开放产业优势，打造军民融合可持续发展之路。为有效推进北京经济和军民融合发展，曾开展多项课题研究，组织国防科工委专家咨询委、总装备部等专家到北京重点企事业单位考察调研。如，探讨北京电子信息产业如何融入军品发展问题，研究首钢如何为航母钢板配套问题等。提出有效推进军民融合，良性互动的7项措施和建议，特别是要加强北京军工卫星应用、核技术应用、新材料新能源、航空航天先进制造业等方面的产业基地建设，最大限度地发挥军民两用技术在国民经济产业互动中的拉动作用。

北京信息产业的发展足迹

原北京市信息化工作办公室主任 华平澜

原北京市信息化工作办公室副总工程师 张英逊

左2原市信息办华平澜

20世纪50年代后期，北京市的有关领导和专家学者，敏锐地察觉到计算机和互联网技术的迅速发展将会带来新的技术革命，这对改革开放大潮的进程，既是一个机遇，又是一个挑战。能否踏上这次人类发展的第3次浪潮，摆在了每一位参与者的面前。

1985年4月，北京成立包括在京中央单位组成的电子振兴领导小组。同年，北京电子振兴领导小组办公室成立。适时对中关村涌现出的联想、四通、北大方正、清华紫光、同方等电子信息技术企业、高新技术企业予以支持，促进了北京地区电子信息产业的发展。1987年年初，市政府有关委办拟将中关村电子一条街改造为中国的硅谷。1988年5月，中国第1个高新技术产业开发试验区得到国务院批准在北京成立。1999年8月，北京市新技术产业开发试验区更名为中关村科技园区。中关村是中国第1个以电子信息产业为主导，集科研、开发、生产、经营、培训和服务为一体的综合性基地，在推动北京经济持续发展中的引领支撑能力逐年增强。2016年，中关村实现总收入4.6万亿元，对全市经济增长贡献率达到39%。

随着国家改革开放的深入发展，信息技术在国家经济发展中的作用越来越重要。1994年，中国的国家计算与网络设施工程与互联网相联，中国进入了因特网时代。瀛海威、新浪、搜狐等互联网企业相继诞生。

1996年11月，北京电子振兴领导小组改组为北京市信息化工作领导小组。电子振兴领导小组办公室同时更名为北京市信息化工作办公室，成为领导全市信息化工作的常设办事机构，北京市信息化工作有了战略发展、总体规划、政策法规拟定的专门机构。1998年12月，以市委、市政府文件发布了《首都信息化1998—2010年发展规划（纲要）》，明确了首都信息化建设的总体方向、指导方针和中长期发展目标。提出协调发展，服务首都；互联互通，信息共享；实事求是，突出重点等建设指导原则。并提出抓紧建设电子政务、电子商务、科技教育、医保社保等重点系统应用工程。大力发展软件产业基地。促进经济金融、城市管理、交通运输、文化教育、医疗卫生等行业领域信息化。注重加强信息化政策、法规、标准建设。高度重视首都信息化的安全保障建设等方面的内容。该规划对促进和指导北京信息化建设发挥了重要作用。

20 世纪 90 年代，市信息办组织有关专家编写了《电子政务与信息技术》公务员培训教材，会同市人事局率先在机关公务员中开展了信息化基础培训，为推动电子政务信息化打下了坚实的基础。

北京市电子政务建设，起步于 1998 年的首都之窗政务网站建设。1998 年 3 月，信息办关于在因特网上建设统一的政府门户网站的建议，得到市委，市政府正式批准。经过精心筹建，网站于 1998 年 7 月 1 日正式开通。同年 10 月，以市政府办公厅的名义发布了《关于在因特网上统一建立政府网站的通知》。首都之窗网站是信息办直接负责组织实施和管理的重大信息化工程。为了推动建设首都之窗，信息办组织召开了政府上网工作会议，提出转变政府职能，推动政务公开的建设原则。同时开展对委办局工作人员的集中培训。陆续下发了《首都之窗实施方案》《首都之窗运行管理办法》，对首都之窗建设的组织、技术环境、域名管理、上网内容发布、信息安全和保密等具体工作进行了规范。明确首都之窗的主要任务是宣传党和政府的方针政策，展示首都形象，加强政府与社会、与市民的沟通，推动电子政务。首都之窗的市长信箱栏目，开通后受到社会各界欢迎，短短几个月收到全球各地的来信数千封。1999 年 9 月，为庆祝新中国成立 50 周年、“首都之窗”网站组织人员建设维护了“国庆 50 周年网站”，是新中国第 1 次在互联网上进行国庆庆典的宣传。2000 年 2 月，北京人大、政协“两会”期间，“首都之窗”制作“两会”专题，开辟“网民之声”和“人大代表在线聊天”，市民有了参与市民主建设的新途径。首都之窗是全国第 1 家集党、政府、人大、政协四大政体的综合网站。20 年来，“首都之窗”为沟通市民，企业与政府的联系，推行政务信息化，实施政务公开，为民服务发挥了重要的桥梁作用。截至 2017 年，已经连续 13 年被国家有关部门评为省级政务网站第 1 名。

1999 年 12 月，市计委在关于北京市“十五”规划编制方法和程序意见的通知中第 1 次设立信息化专题规划。由信息办组织编制，该规划在《首都信息化 1998—2010 年发展规划（纲要）》的基础上，明确全市信息化建设的发展方向和具体目标、考核标准。对网络宽带入户、移动通信覆盖等信息基础设施的建设均提出了明确任务。规划首次提出建设“数字北京”的概念，对信息资源整合共享打下基础，也对国家“十五”发展计划起到示范作用。

2000 年 5 月，北京市信息化工作办公室在市国家机关机构调整中，强化职能，增加了编制。还发挥首都人才集聚的优势，聘请了一批国家级的顶尖专家，组成信息化专家组，指导、监督首都信息化工程建设，推动全市重大信息化项目的实施。建设了首都之窗运行管理中心、信息资源管理中心、市民卡管理中心、信息安全测评中心、北京信息化教育培训中心等直属部门，大大加强了信息化队伍建设。还开创了服务外包的运行模式，降低了运维费用。

2001 年 1 月，市政府召开全市电子政务工作会议，提出电子政务建设的指导思想和总体目标，发布了《关于加快政务信息化的意见》，率先在全国行政系统掀起了政务信息化建设的高潮。为了整合社会资源，避免重复建设，根据统一规划，联合共建的原则，在市公安局专网改造和歌华有线电视网扩容的基础上，建设了全国第 1 个政务光纤专网，该网联通到全市各主要政务部门和区县政府，包含政务外网与因特网互通、政务内网与因特网实行物理隔离，既提高了通信带宽，提高了网络效能，又增强了网络的安全与保密性，为电子政务的深化发展和大数据整合，打下了坚实可靠的基础。

回首 40 年，中国的信息化建设取得骄人成果，很多方面走在世界前列。北京的信息化建设，也在全国创造了多项第 1 名，在信息化的历史大潮中，北京踏上了潮头，走在了前列。

全市企业技术改造与重大项目回顾

原北京市经济委员会技术改造处处长 李有海

一、新中国成立后北京工业发展历史

新中国成立初期，北京是一个消费城市，工业基础十分薄弱，几乎没有什么工业，就有几个厂子，其余几乎都是私营企业和作坊式的个体手工业。当时成立了北京地方工业局，统管北京工业。1956 年，实现对资本主义工商业的社会主义改造，企业公私合营。1956 年以后，在苏联援建中国的 156 个项目中，有北京电子管厂、北京金属结构厂、北京飞机修理厂等，增强了国营企业实力。彭真担任市委书记时，提出要把消费城市变成生产城市。到“文化大革命”前，北京工业体系基本形成。1973 年，市公交城建组改为市计划委员会。1977 年，市计划委员会改为市工业交通办公室。1978 年又分解为市计划委员会和市经济委员会。市经济委员会管理 15 个工业局、总公司（机械、汽车、电子器件，计算机、仪器仪表、一轻、二轻、纺织、医药、印刷、建材、煤炭、化工、首钢、有色），以及乡镇企业。1982 年，市经委成立综合计划处和科技处、技术改造处，负责全市工业技术改造和技术引进工作。

从生产产品来看，技术改造和技术引进都是围绕更新、发展新产品进行。20 世纪 70 年代主要是发展机械手表、自行车、缝纫机“三大件”。20 世纪 80 年代主要是电视机（昆仑、牡丹）、电冰箱（雪花）和洗衣机（白菊）。随着群众需求的档次逐步提高，9 英寸电视机变成 20 英寸，洗衣机从单缸手动到双缸、全自动，冰箱从单开门到双开门、三开门。20 世纪 90 年代主要是手机、计算机和显示器。2000 年以后，主要是汽车、房地产、网络等产品，拉动了北京工业发展。汽车拉动了石油、石化行业发展；房地产拉动了钢铁、水泥、材料产业发展；网络使通信设备、移动终端等产业快速发展。

二、北京技术改造和技术引进过程和措施

1978 年，技术改造项目的资金来源主要是财政拨款（来自企业上缴的 50% 设备折旧费）和企业自筹（自留的 50% 设备折旧费），每年下达的拨款大约 4 亿～5 亿元，还有各部委每年下达的技术改造拨款项目，其余都是企业自筹资金。改革开放以后，资金来源多样化，如银行贷款、利用外资、补偿贸易和企业自筹。1982 年 5 月，在市经委倡导下，利用补偿贸易办法成功从日本引进电视机生产线，开创了技术引进先河。

国家经委和各部委每年召开企业技术进步工作会议和技术改造、技术引进项目年度计划会议，安排“六五计划”“七五计划”“八五计划”和各年度计划。1982 年起，国家经委在全国安排了“550 项”机电工业重点技术改造项目规划，其中给北京市安排 27 项，有叉车、程控机床、液压件、四色胶印机、重型发电机组、起重机、重型汽车、XJ 吉普车、汽车发动机、EF 汽车齿轮变速箱、彩色电视机、电视广播设备、计算机、电子器件、低压电器、联合收割机、手扶拖拉机、燃气热水器等。这批项目分别于 1985 年、1986 年陆续竣工投产。

1984 年 11 月，第 2 次企业技术进步工作会议，落实全国 3000 项引进项目，其中北京市 139 项。1987 年，国家经委在沈阳市召开了计划单列大中型城市分类规划座谈会，有北京、天津、上海等 20 个城市，作为重点扶持的城市进行规划投资改造。1987 年，在北京召开了全国第 5 次技术进步座谈会，全面落实企业分类改造规划，就如何进一步加强技术改造项目管理交流了经验。会后，北京市制定了《技术改造竣工投产项目效益跟踪考核试行办法》，其中对投产项目效益跟踪考核的工作范围、跟踪考核内容、跟踪时间、跟踪考核的分工、组织领导、跟踪考核办法、项目评估、表彰奖励等都做了详细的规定，并附有投产项目效益跟踪考核卡片，定期填表上报，做到有章可循、奖罚分明。开始对技术改造、技术引进项目的过程管理向目标管理转变，以确保发挥技术改造、技术引进项目的投资效益，对北京市经济的持续发展发挥了重要作用。天

津市、上海市、山东省、四川省、安徽省、山西省、河北省、内蒙古自治区等省（区、市）的经委技术改造处的同行，都来北京交流经验，索要这个《办法》。

1988 年 7 月 1 日至 4 日，北京市工业发展规划研讨会召开，会上讨论了市计委的“北京市工业发展战略规划”及市经委“北京市工业系统重点产品发展规划”，具体确定了电冰箱、钢琴、电站设备、印刷机、丙烯酸及脂类、工程塑料、蜂王精及制品 7 种重点产品的发展规划。会后，逐项列入年度计划，落实、投产和效益跟踪，对提高北京市工业实力和增加财税收入，发挥了重要作用。1989 年 8 月 18 日至 27 日，在农业展览馆举办了“北京市工业技术改造技术引进十年成果展览会”，有 590 家工业企业 827 个项目参展。

20 世纪 80 年代，北京市多次组织重点产品企业代表出国考察活动。为了利用世界银行的低息贷款，改造北京市的市政建设和工业企业，改善环境，1991 年组成了“北京市世界银行贷款项目办公室”。世界银行贷款项目有北京造纸总厂加工纸厂卫生巾项目、北京有机化工厂 VAC 项目、北京东方化工厂丙烯酸废水处理项目等 14 项。

北京食品工业蓬勃发展的 40 年

原北京市经济委员会副处级调研员 王晓菊

改革开放 40 年是北京食品工业蓬勃发展的 40 年，给北京食品工业带来前所未有的发展机遇。本人作为亲历者、参与者和见证者，目睹了改革开放以来北京食品工业发生的巨大变化和取得的辉煌成就。改革开放以来，北京食品工业已从落后的传统管理模式，不再是百姓凭粮票买粮的食品短缺的年代，实现了从传统生产方式向现代化产业转变，食品工业始终保持年 7% 左右的增速，持续、稳定、健康发展。

40 年来，食品工业综合生产能力大幅度提升，逐步发展成为门类比较齐全，既能基本满足首都市场和消费者的需求，又具有打开国内外市场和出口竞争能力的食品体系；走出了一条传统食品现代化，现代食品科学化、国际化，集团化、农工商一体化，多种所有制经济形式共同发展和经济技术与学术文化融合的发展道路。

开拓国内外市场，加快食品工业发展。改革开放以来，北京每年组织食品企业参加国内外大型专业食品展和经贸洽谈活动，2005 年至 2013 年连续 8 年在北京举办了“中国（北京）国际餐饮、食品博览会”，吸引了全国各地和中国港澳台地区的名牌企业及东南亚、欧洲、澳洲等国外企业前来参展。经过 40 年的努力，北京食品企业已从自给自足封闭式的经营，发展到产品经销全国二三线城市和中国港澳台地区，走出国门，远销到北美洲、欧洲、澳洲、拉丁美洲、非洲、亚洲等地，产品还多次在国际上获奖；“燕京”连续 10 年挺进世界啤酒销量前 8 强；2012 年，红螺茯苓夹饼荣获第 16 届世界食品科技大会世界食品工业大奖；2014 年与 2015 年，“红星”蝉联布鲁塞尔国际烈性酒大奖赛金奖；2017 年北京丰收葡萄酒荣获第 2 届香格里拉杯国际葡萄酒大赛特别奖。

坚持推进企业技术进步，促产品创新升级，企业做大做强。食品企业率先开启科企联合的先河，聘请了国内外食品专家、北京各食品研究所、中国农业大学等科研单位共同帮助攻克难题。北京 40 多个不同专业食品科学研究所，每年将 100 多项技术和学术研究成果，推广到企业中应用。帮助企业解决食品保鲜、保质期、降糖、降盐、包装、仓储、运输等方面难题，开发了方便食品、冷冻食品、微波食品、功能保健食品、老年食品、婴幼儿食品及传统食品工业化创新食品。

在技改中，北京食品企业通过不断更新改造，引进国内外先进技术和设备，已从手工生产逐步发展到半自动化、全自动生产，大大提高了生产效率和产品质量。如北京艾森绿宝油脂有限公司先后建设 1 套 240 吨 / 日全自动油脂精炼生产线、1 套 100 吨 / 日全自动油脂冬化生产线、5 条总产能 400 吨 / 日各种规格包装油灌装生产线、1 套日处理污水 240

吨的废水处理车间，产品由单一品种发展为多个品种，该企业已成为现代化企业。

开拓传统食品工业化取得一定经验。1995 年，北京食品协会在市科委支持下，组织完成了“传统菜肴创新为工业化生产的方便食品”研究课题。聘请了国宝级厨师和著名营养专家，遴选了北京各大菜系 60 多种菜肴，研制成功 20 多种方便菜肴，带动了京城传统食品的开发和工业化生产。如全聚德的烤鸭、四川饭店的红烧带鱼、天福号的黄豆焖蹄花等系列传统方便菜肴和丰泽园烤馒头等主食系列，不仅满足了消费者的需求和幸福感，也给企业带来巨大的经济效益。

研发功能保健食品开创先河。市食品办多次召开有企业和食品专家参加的研讨会，企业与专家联合研发无糖食品。1996 年，以生产木糖醇无糖食品为主业的绿得食品有限责任公司创立，22 年间研发出多种无蔗糖蛋糕类、面包类、桃酥类、蛋卷类、饼干类、酥糖类、冲饮类七大类上百余种产品，受到糖尿病患者好评。 北京各大超市、商场的食品柜台，有北京各企业生产的无糖食品上千余种。

老字号企业焕发了青春。在“文化大革命”期间，京城传统风味食品和著名的老店老厂在经济上受到严重破坏摧残，使许多名特产品绝销断产。改革开放后，受人民欢迎的京城老字号食品再次获得生机，出现恢复、整顿、提高和发展的新局面。北京市及各区、县均将发展食品老字号列入食品工业“九五”计划和 2010 年长远规划之中，对于历史悠久，享誉中外的著名老字号食品给予重点倾斜和政策扶持。经过多年挖掘、抢救和扶持，六必居、月盛斋、王致和、稻香村、天福号、张一元、吴裕泰、红螺、百花等一批京华食品老字号得到抢救，重新焕发青春。从小胡同两间平房起家的北京稻香村，如今已经是全系统年销售额 60 多亿的食品龙头企业；六必居从前店后厂经营传统酱菜的小作坊，发展为全国调味品领域的知名品牌企业，“六必居酱菜制作技艺”被列入国家级非物质文化遗产保护名录，公司成为国家推荐标准《酱腌菜》的主要起草单位；百花公司在廊坊开发区兴建世界上最大、最先进的蜂蜜加工基地；北冰洋品牌建立了年产 5000 万瓶的汽水生产基地。

40 年来，北京一批小作坊起家的企业已发展成为全国乃至世界的知名品牌企业，在中国食品百强企业中北京企业名列前茅，并获得多项国家级荣誉，有全国质量效益型先进企业、管理先进企业、食品龙头企业、著名商标、思想政治工作优秀企业、五一劳动奖章、优秀基层党组织、绿色食品示范企业、中华老字号企业等荣誉称号，一批老字号企业被列入国家级非物质文化遗产保护名录。北京拥有规模以上食品企业近 400 家，一批具有国际竞争力的食品集团先后崛起。2018 年，由北京二商集团、京粮集团和首农集团三大集团，强强联手，整合为实力和竞争力更加强大的北京首农食品集团。

改革开放 40 年的发展，北京食品工业打下了坚实基础，必将迎来更加辉煌的明天。

走出国门的京郊乡镇企业

原北京市乡镇企业局外经处处长 史建普

一、改革开放 40 年，京郊乡镇企业外向型经济经历了从小到大的发展变化历程

20 世纪 70 年代初期，北京郊区乡、村集体工业企业开始为市外贸进出口公司加工毛衣、服装成品及工艺品、饰品等产品，数量少，档次低，品种较单一。

1979 年至 1985 年，在党的改革开放方针指引下，为了扩大对外贸易，在郊区农村新建了一些毛衣、服装加工基地，形成一批生产出口产品的专业厂家。出口产品由过去的半成品为主转为成品为主；出口方式由市属工业企业转手出口变为直接交由市外贸进出口；产品结构也有所改变，形成化工、矿产、机电、食品、畜产、土产、纺织、服装、工艺品的出口格局。1985 年，郊区乡、村集体工业企业出口毛衣 249.4 万件、服装 945.6 万件、工艺品产值 4846.9 万元（部分统计数。因当时乡、村集体工业出口企业尚未纳入统计范围）。

左 5 原市乡镇企业局史建普

1986 年至 1990 年间，国家深化对外经贸体制改

革，进一步解放思想，为开拓国际市场创造了良好契机。乡镇企业也走出国门，开展经贸洽谈，积极引进智力，尝试使用国家政府专项贷款，参加出口商品展览会和进行技术交流等活动，乡镇企业的对外开放逐步扩大。市乡镇企业局成立了外经处，进一步促进企业提高开放意识，组织开拓国际市场活动，组织出口精品，连续3次参加农业部和外经贸部联合举办的中国乡镇企业出口商品展览会，大大促进出口贸易快速发展。1990年，乡、村集体工业出口企业发展到660家，职工88969人，出口供货额13.27亿元，占郊区乡、村集体工业企业总收入的10.3%，纺织、服装、工艺品行业成为出口的骨干行业。20世纪90年代，郊区乡、村集体出口企业不断调整产品结构，加强技术改造，增加花色品种，拓宽出口渠道，出口企业规模不断扩大，涌现出供货额过亿元的企业。位于顺义县城关镇的顺美服装有限公司出口供货额2.1亿元。平谷、顺义、通州和密云4个区共有出口企业职工71201人，出口供货额309652万元，占郊区乡、村集体工业出口企业职工的64.9%，占出口供货额的73.4%。

市乡镇企业局组织协调贯彻落实国家有关政策，有效发挥政策指导推动和管理服务职能。从1978年起贯彻执行国务院发布的《出口商品外汇留成试行办法》，留成比例12.5%归生产企业，12.5%归地方政府，和起初外汇留成没给社队出口企业的做法比较，进一步调动了出口企业积极性。1980年，市政府为鼓励和扶持社队企业产品出口，从北京市外汇留成中拨给郊区县一定的外汇额度，用于企业引进国外先进设备。据不完全统计，一些具备条件的毛衣和服装行业出口企业，共引进300多台（套）机器设备，增加了产品的花色品种。1987年国家实行汇率并轨后，出口企业为开拓国际市场，加大技术改造，积极引进国外先进技术和装备，进一步提高了技术水平。部分服装企业有60%的设备是引进国外的先进设备，包括西服生产流水线、衬衫生产流水线，以及编织机、织袜机、平缝机、电脑绣花、提花机等。出口产品结构也有了新变化，机电业由工具类发展到铸铁制品和较大型设备，由机械类发展到电子类，出口商品达到150多种，销往世界50个国家和地区。

1985年10月，国务院批转国家计委等8部门《关于扩大机电产品出口的报告》，鼓励机电产品出口。市乡镇企业局与市经委筛选企业，组织项目申报，经国务院机电办公室批准，通县宋庄铸造厂等4家企业成为扩大机电产品出口企业。1988年，为继续鼓励机电产品出口，市计委、市经委、市外经贸委共同决定，用外汇额度建立北京市外贸周转金，总额2000万元，主要用于机电出口企业短、平、快的小型技改项目和流动资金，促进了企业的技术改造。

1986年，国务院第116次常务会议决定，扩大国家轻纺产品出口。1987年，国家计委单列轻纺行业中小型企业短、平、快的改扩建项目，市乡镇企业局组织企业参加投标，当年有3家企业中标。平谷县峪口服装厂中标330万元，乐政务毛织厂中标276万元，通县华联时装厂中标300万元。中标企业运用项目资金购进140台（套）设备，扩大了生产能力，提高了产品质量和出口供货额。

京郊乡镇企业外向型经济的健康发展，得益于国家对乡镇企业的政策支持。

1987年8月，国家经贸委、农牧渔业部、外经贸部联合向国务院呈递《关于建立“贸工农”联合出口商品生产基地的报告》，提出把乡镇企业和外贸部门的优势结合起来，建立“贸工农”联合出口商品基地。国务院同意上述报告，并在“七五”计划后3年每年安排1亿元专项贴息贷款。同年，北京市基地建设领导小组成立，由市计委、市外经贸委、市财政局、农业银行、市乡镇企业局5个部门组成。市乡镇企业局的工作是项目筛选、项目申报、监督项目资金落实和项目验收。1988年至1995年，郊区乡、村集体出口企业获准得到“贸工农”基地项目共72个，总投资19222.5万元。其中包括专项贴息贷款4045万元，贷款贴息207.1万元。

为充分用好国家发展出口商品基地政策，在项目选择上，优先扶持规模较大的出口企业的技术改造，使其成为外贸出口商品基地。扶持优势行业，扶持机电产品附加值高出口企业。通州宋庄铸造厂获得“贸工农”基地建设项目贴息贷款500万元，引进树脂砂生产线，产品通过美国UL安全认证。乡镇企业坚守诚信，全部项目资金到位率97%，按期还贷率97%。

二、乡村集体中外合资企业经历了不同发展阶段

1984年4月，市委、市政府召开全市外经外贸工作会议，贯彻中共中央、国务院关于加强利用外资工作的指示，统一了各级领导对利用外资重要意义的认识，要求各区、县、局组建外经外贸机构，设专人负责外经外贸工作。当年，密云县十里堡乡兴办了郊区乡村集体第1家中外合资企业——密日

兴食品股份有限公司，职工 150 人。投资总额 51.4 万美元，合资中双方均以货币投入，各占 50%，主要生产“密日兴”牌高级膨化系列食品，产品 70% 出口。1986 年 10 月，国务院发布《关于鼓励外商投资的规定》，制定了优惠政策。北京乡、村集体中外合资企业加快发展。到 1989 年，累计发展乡、村集体中外合资企业 115 家（新建的 73 家、老企业嫁接的 42 家），协议总金额 1.18 亿美元，外商投资额 4174 万美元。当年投产的中外合资企业有 46 家，实现销售收入 2.58 亿元，实现利润 1433 万元，创汇 1700 万美元。外商来自 13 个国家或地区，其中来自中国港澳台侨商占 62.6%。行业分布以轻纺行业为主，服装、纺织、工艺品、轻工、食品等企业占 79%。经营管理方式以中方管理为主，多数企业外方不直接参加管理。

依据市和县（区）政府外经贸发展战略，市乡镇企业局把利用外资作为乡镇企业发展新的经济增长点，为企业引进外资制定了指导方针和优惠政策，帮助企业招商引资，乡、村集体中外合资企业的发展呈现新特点：一是合作的国家和地区不断扩大，经济发达的美、日、韩、新（加坡）等国家的客商开始到北京郊区乡镇企业投资。二是机电行业发展中外合资企业速度加快。三是老企业嫁接的产品档次、技术水平和市场竞争能力都有较大提高。如朝阳区誉华家具厂，1990 年与瑞典合资成立了三优诚实业总公司，引进了先进生产流水线，生产“三优”牌板式拆装家具，被轻工部授予“A 级优等产品”称号，被评为北京市“十大名牌产品”之一，到 1995 年已发展成为拥有 19 个子公司、职工 1000 多人、1.2 亿元固定资产、年收入达亿元的企业集团。

在邓小平视察南方讲话精神鼓舞下，1994 年 1 月，市政府提出实施外向带动战略，号召乡镇企业要全方位开放，多渠道合作，特别是要与国外名牌企业、知名大公司合资合作，加快发展中外合资企业的步伐。在外向带动发展战略的引导下，郊区县、区政府和乡镇企业主管部门，帮助企业做好项目包装、投资环境宣传、招商培训等相应的招商准备工作，采取招商会、外贸洽谈会、资产重组会等形式，组织企业参加广泛的招商活动，推动中外合资企业发展。到 1995 年年底，经过市外经贸委对乡、村集体中外合资企业中外商投资的检查并核准换证后的统计，乡、村集体累计发展中外合资企业 1521 家，协议总金额 23.3 亿美元，外商投资额 9.8 亿美元，实现销售收入 36.1 亿元，出口创汇 2.3 亿美元。形成一批劳动密集型骨干企业和创汇大户，如与新加坡合资的顺义顺美服装有限公司、与香港大生贸易公司合资的通县奔驰衬衫有限公司、与香港合资的平谷华阳服装有限公司等，并成为服装行业的排头兵、出口创汇大户。出现一批附加值较高的项目，如大兴县半壁店乡的中日合资北京侏凯金属软管有限公司，生产不锈钢金属软管；密云县溪翁庄乡的中美合资北京云成激光唱盘有限公司，生产 VCD 激光唱盘。还出现一些与国外知名品牌企业和知名公司合资的企业，如海淀区与日本五十铃自动车株式会社合资的北京北铃专业汽车有限公司；通县郎府乡与日本在井物产公司合资的北京三佳时装有限公司；顺义县张镇与香港合资的瑞吉时装有限公司，生产的服装进入欧洲 C&A 连锁店。利用外资也向多领域尝试，进入合作开发房地产、旅游景点的项目。如昌平县南口镇与美国共同投资 1500 万美元兴建的旅游项目老北京微缩景园；大兴县西红门乡与美商共同投资 5000 万美元开发房地产项目。

三、京郊乡镇自营进出口企业经历了从无到有的过程

1992 年以前，乡镇企业不能独立出口自产产品。1992 年 10 月，市经委发布《关于赋予生产企业进出口经营权有关问题的通知》，规定了自营进出口企业，应具备的条件是：一般机电产品生产企业，连续 2 年年均出口创汇额一般应在 200 万美元以上；非机电产品生产企业，连续 2 年年均出口创汇额一般应在 400 万美元以上。根据此通知精神，市乡镇企业局与市经委、市外经贸委协调，开始组织筛选符合条件的乡村集体出口企业申报自营进出口经营权。1993 年 9 月 7 日，市乡镇企业局上报第 1 批 10 家出口产品时间长、市场广阔、产品质量稳定，有一定的竞争力，已基本具备自营进出口条件的企业。经过国家有关部门审查和批准，通县宋庄铸造厂等 7 家企业获得自营进出口经营权。到 1995 年年底，乡、村集体出口企业累计有 23 家获得自营进出口经营权，直接走向国际市场，结束了单一依靠外贸公司出口的局面。企业获自营进出口经营权以后，出现 3 个方面的变化：一是企业的经营方式发生了变化。由原来为外贸公司加工产品间接出口型转为直接出口的经营型企业。二是经营战略发生变化。由以生产为中心转为以效益和风险为中心。企业在间接出口时，加工成本由外贸公司掌握，风险小，但企业不能追求最大效益。获得自营进出口经营权后，企业直接面对国际市场，掌握了经营成本的主动权，但风险也大，调动了企业的积极性，加强了管理，提高了企业经济效益。如通县华翔时装厂，针对直接出口和间接出口不同的贸易方式，有计划地安排流动资金，加强经济效益核算，经济效益不断提高。实现出口比获得自营进出口权以前增长30%。三是运用税收政策发展企业。原来为外贸公司加工企业，出口产品退税归外贸公司；获得自营权后，按政策退税给企业。郊区获进出口自营权的乡村集体企业得到退税款800万元，弥补了企业的资金不足。

与此同时，部分有条件的京郊乡镇出口企业开始通过海外建厂和兴办境外企业，建立海外窗口，宣传企业和产品，加快国际高层的信息反馈，开拓国际市场，进一步扩大了自营出口。1991年3月，北京奔驰衬衫有限公司在匈牙利兴办了北京郊区乡镇企业第1家境外企业，生产销售衬衫、服装。平谷县中燕羽绒制品有限公司在莫斯科市建立商店，经过反复宣传，打开市场，开展易货贸易。到1995年，乡、村集体企业在境外累计兴办企业22家，主要投资在东欧、美国、澳大利亚、中国香港等国家和地区。

2000年2月，市委、市政府出台《中共北京市委、北京市人民政府关于大力推进乡镇企业二次创业的意见》，提出要充分发挥首都的开放优势，扩大利用外资的规模，提高利用外资的质量，使更多的乡镇企业走向国际市场。乡镇企业二次创业为京郊乡镇企业外向型经济提供了新的发展契机和蓬勃动力，在二次创业的推动下，京郊乡镇企业外向型经济进一步发展。到2008年，京郊乡镇出口企业数量达到595家，职工人数114780人，出口产品交货值153.67亿元，其中自营出口77.64亿元，京郊乡镇企业外向型经济的发展开启了新篇章，取得了新成就。

2019

北京工业年鉴

BEIJING INDUSTRY YEARBOOK

法规政策文件

本栏目主要收录市政府、市政府办公厅、市经济信息化委（局）以及部分委办局有关工业法规和规范性文件等内容。

北京市人民政府关于印发《北京市空气重污染应急预案（2018 年修订）》的通知

京政发〔2018〕24 号

各区人民政府，市政府各委、办、局，各市属机构：

现将《北京市空气重污染应急预案（2018 年修订）》印发给你们，请结合实际认真组织实施。

北京市人民政府

2018 年 10 月 17 日

北京市空气重污染应急预案（2018 年修订）

为进一步完善空气重污染应急机制，不断提高环境管理精细化水平，切实减缓污染程度、保护公众健康，按照生态环境部统一要求，结合本市实际，在对《北京市空气重污染应急预案（2017 年修订）》进行补充完善的基础上，制定《北京市空气重污染应急预案（2018 年修订）》（以下简称《应急预案》）。

一、预警分级

根据《环境空气质量指数（AQI）技术规定（试行）》（HJ633—2012）分级方法，按照生态环境部关于全国重污染天气预警分级标准有关规定，依据空气质量预测结果，综合考虑空气污染程度和持续时间，将空气重污染预警分为 3 个级别，由轻到重依次为黄色预警、橙色预警和红色预警。

（一）黄色预警：预测全市空气质量指数日均值＞200 将持续 2 天（48 小时）及以上，且短时出现重度污染，未达到高级别预警条件时。

（二）橙色预警：预测全市空气质量指数日均值＞200 将持续 3 天（72 小时）及以上，且未达到高级别预警条件时。

（三）红色预警：预测全市空气质量指数日均值＞200 将持续 4 天（96 小时）及以上，且预测日均值＞300 将持续 2 天（48 小时）及以上时；或预测全市空气质量指数日均值达到 500 时。

二、应急措施

根据空气重污染预警级别，采取相应的健康防护引导、倡议性减排和强制性减排措施。对因沙尘暴形成的空气重污染，按照《北京市沙尘暴灾害应急预案》执行；对未达到预警启动条件的短时重污染或因臭氧引发的空气重污染，及时发布健康防护提示。

（一）黄色预警（Ⅲ级响应）

1. 健康防护引导措施。

（1）儿童、老年人和呼吸道、心脑血管疾病及其他慢性疾病患者尽量留在室内，避免户外活动。

（2）中小学、幼儿园停止户外体育课、课间操、运动会等活动。

（3）环保、卫生计生、教育等部门和各区政府分别按行业和属地管理要求，加强对空气重污染应急、健康防护等方面科普知识的宣传。

2. 倡议性减排措施。

（1）公众尽量乘坐公共交通工具出行，减少机动车上路行驶；驻车时及时熄火，减少车辆原地怠速运行时间。

（2）加大对施工工地、裸露地面、物料堆放等场所实施扬尘控制措施力度。

（3）加强道路清扫保洁，减少交通扬尘污染。

（4）拒绝露天烧烤。

（5）减少涂料、油漆、溶剂等含挥发性有机物的原材料及产品使用。

3. 强制性减排措施。

在保障城市正常运行的前提下：

（1）在常规作业基础上，对重点道路每日增加 1 次及以上清扫保洁作业。

（2）停止室外建筑工地喷涂粉刷、护坡喷浆、建筑拆除、切割、土石方等施工作业。

（3）对纳入空气重污染黄色预警期间制造业企业停产限产名单的企业实施停产限产措施。

（二）橙色预警（Ⅱ级响应）

1. 健康防护引导措施。

（1）儿童、老年人和呼吸道、心脑血管疾病及其他慢性疾病患者尽量留在室内，避免户外活动；一般人群减少户外活动。

（2）中小学、幼儿园停止户外课程和活动。

（3）医疗卫生机构加强对呼吸类疾病患者的防护宣传和就医指导。

2. 倡议性减排措施。

（1）公众尽量乘坐公共交通工具出行，减少机动车上路行驶；驻车时及时熄火，减少车辆原地怠速运行时间。

（2）加大对施工工地、裸露地面、物料堆放等场所实施扬尘控制措施力度。

（3）加强道路清扫保洁，减少交通扬尘污染。

（4）减少涂料、油漆、溶剂等含挥发性有机物的原材料及产品使用。

（5）企事业单位可根据空气污染情况实行错峰上下班。

3. 强制性减排措施。

在保障城市正常运行的前提下：

（1）在常规作业基础上，对重点道路每日增加1次及以上清扫保洁作业。

（2）停止室外建筑工地喷涂粉刷、护坡喷浆、建筑拆除、切割、土石方等施工作业。

（3）在实施工作日高峰时段区域限行交通管理措施基础上，国Ⅰ和国Ⅱ排放标准轻型汽油车（含驾校教练车）禁止上路行驶。

（4）建筑垃圾、渣土、砂石运输车辆禁止上路行驶（清洁能源汽车除外）。

（5）对纳入空气重污染橙色预警期间制造业企业停产限产名单的企业实施停产限产措施。

（6）禁止燃放烟花爆竹和露天烧烤。

（三）红色预警（Ⅰ级响应）

1. 健康防护引导措施。

（1）儿童、老年人和呼吸道、心脑血管疾病及其他慢性疾病患者尽量留在室内，避免户外活动；一般人群尽量避免户外活动。

（2）室外执勤、作业等人员可采取佩戴口罩等防护措施。

（3）中小学、幼儿园采取弹性教学或停课等防护措施。

（4）医疗卫生机构组织专家开展健康防护咨询、讲解防护知识，加强应急值守和对相关疾病患者的诊疗保障。

2. 倡议性减排措施。

（1）公众尽量乘坐公共交通工具出行，减少机动车上路行驶；驻车时及时熄火，减少车辆原地怠速运行时间。

（2）加大对施工工地、裸露地面、物料堆放等场所实施扬尘控制措施力度。

（3）加强道路清扫保洁，减少交通扬尘污染。

（4）大气污染物排放单位在确保达标排放基础上，进一步提高大气污染治理设施的使用效率。

（5）减少涂料、油漆、溶剂等含挥发性有机物的原材料及产品使用。

（6）企事业单位可根据空气污染情况采取错峰上下班、调休和远程办公等弹性工作方式。

3. 强制性减排措施。

在保障城市正常运行的前提下：

（1）在常规作业基础上，对重点道路每日增加1次及以上清扫保洁作业。

（2）停止室外建筑工地喷涂粉刷、护坡喷浆、建筑拆除、切割、土石方等施工作业。

（3）国Ⅰ和国Ⅱ排放标准轻型汽油车（含驾校教练车）禁止上路行驶；国Ⅲ及以上排放标准机动车（含驾校教练车）按单双号行驶（纯电动汽车除外），其中本市公务用车在单双号行驶基础上，再停驶车辆总数的30%。

（4）建筑垃圾、渣土、砂石运输车辆禁止上路行驶（清洁能源汽车除外）。

（5）对纳入空气重污染红色预警期间制造业企业停产限产名单的企业实施停产限产措施。

（6）禁止燃放烟花爆竹和露天烧烤。

（7）协调加大外调电力度，降低本市发电负荷。

三、应急响应

（一）预警发布

红色、橙色预警由市空气重污染应急指挥部办公室（以下简称指挥部办公室）向市应急办提出发布预警建议，由市应急办分别报市应急委主任、市空气重污染应急指挥部（以下简称指挥部）总指挥批准后组织发布，由指挥部办公室下达预警及响应措施指令。黄色预警由指挥部办公室主任批准，由指挥部办公室组织发布并下达预警及响应措施指令。预警原则上提前24小时发布；收到生态环境部发布的区域应急联动启动预警提示信息时，按照要求及时启动相应级别预警，开展区域应急联动。

指挥部办公室、市委宣传部、市突发事件预警信息发布中心要及时通过电视、广播、报纸、网络、手机等多种渠道发布预警信息，方便公众及时了解预警情况，加强自身健康防护。

（二）预警响应

指挥部各成员单位在接到预警及响应措施指令后，要立即组织开展应对工作，进行督促检查，并及时向指挥部办公室报告应急措施落实情况。市有关部门要加强对本行业应急措施实施的组织管理。各区政府要按照属地管理原则组织本辖区街道（乡镇）和区属相关部门严格落实应急措施。

市、区有关部门要加强预警期间的执法检查，特别是加大对企业停产限产、施工工地扬尘管控、渣土运输车辆遗撒、机动车限行、露天焚烧、违法使用经营性燃煤及劣质散煤等行为的执法检查力度，发现环境违法行为依法从严处罚。

（三）预警调整

指挥部办公室可根据污染程度变化和最新预测结果，提出预警调整建议，按预警发布程序报批后，适时提高或降低预警级别。

（四）预警解除

当预测或监测空气质量改善到相应级别预警启动标准以下，且预测将持续36小时以上，或收到生态环境部发布的区域应急联动解除预警信息时，解除预警。预警按期解除时，不再另行报批，由指挥部办公室直接发布解除指令。

四、组织保障

（一）加强组织领导

指挥部在市应急委的统一领导下开展工作，总指挥由市政府常务副市长担任，副总指挥由市政府分管环保工作的副市长和副秘书长担任（常务副市长分管环保工作时，副总指挥由分管副秘书长担任）；成员单位由市有关部门、各区政府和北京经济技术开发区管委会组成；指挥部办公室设在市环保局，办公室主任由市环保局局长担任。市有关部门要加强对本行业空气重污染应急的组织管理和督促检查。各区政府和北京经济技术开发区管委会要按照属地管理原则，切实履行空气重污染应急主体责任，细化分解任务，严格组织实施。

（二）完善配套措施

指挥部各成员单位要按照《应急预案》总体要求，结合部门和辖区实际，认真制定空气重污染应急分预案，在《应急预案》发布后10日内报指挥部办公室备案，并向社会公布实施。市相关部门要同时制定空气重污染预警期间停产限产企业名单和保障民生、城市正常运行、重大活动的企业和建设项目名单，并定期更新，及时报指挥部办公室备案。列入停产限产名单的企业要按照“一厂一策”原则制定应急预案。各区、各街道（乡镇）应在市级应急预案的基础上，细化各级别应急响应启动流程、不同级别预警的具体倡议性和强制性措施落实方案和具体分工等。

（三）强化应急值守

指挥部各成员单位要建立完善应急值守制度，保证应急值守系统顺畅。黄色预警时，各成员单位要保持备班备勤；橙色预警时，各成员单位要加强在岗值守；红色预警时，各成员单位要全天（含节假日）值守。红色预警期间，指挥部办公室可抽调有关成员单位人员联合办公，开展应急指挥、协调调度、检查督查等工作。

（四）严格督查考核

指挥部各成员单位要制定督查工作方案，督促本行业、本辖区应急措施落实。各街道（乡镇）要强化属地监管职能，组织辖区执法力量，有针对性地开展现场执法检查，发现问题及时督促整改。市政府督查室、市环保局要加强对应急措施落实情况的督促检查。对因工作不力、效率低下、履职缺位等导致应急措施未有效落实的，依据相关规定追究有关单位和人员责任。

（五）加强宣传引导

市委宣传部要会同指挥部各成员单位，充分利用各类媒体，加强空气重污染应急宣传引导工作。要加大对空气重污染成因的解读力度，及时向社会发布空气重污染应对工作信息，主动回应社会关切，努力争取社会各界的理解和支持。倡导市民低碳生活、绿色出行，减少含挥发性有机物的原材料及产品使用，拒绝露天烧烤和露天焚烧，不燃放烟花爆竹，积极参与大气污染防治，营造全社会共同应对空气重污染的良好氛围。

（六）强化公众监督

指挥部各成员单位要拓展公众参与渠道，自觉接受公众监督。要及时发布空气质量状况、公布应急分预案、公开应急措施等，保障公众的知情权、参与权。要引导公众依法监督各项应急措施落实，鼓励对各类环境问题和隐患进行举报（举报电话12345、12369、96310）。

《应急预案》自发布之日起实施，《北京市空气重污染应急预案（2017年修订）》（京政发〔2017〕27号）同时废止。

北京市人民政府办公厅关于进一步支持企业上市发展的意见

京政办发〔2018〕21号

各区人民政府，市政府各委、办、局，各市属机构：

为进一步优化营商环境，推动企业上市发展，现提出以下意见。

一、指导思想

全面深入学习贯彻党的十九大精神，以习近平新时代中国特色社会主义思想为指导，坚定不移贯彻新发展理念，牢牢把握首都城市战略定位，坚持政府引导、企业主体、市场运作、创新驱动、规范发展的原则，大力支持企业上市发展，引导企业充分利用境内外证券交易平台，做强产业链、做深价值链、做好资本链，提高核心竞争力，推动构建高精尖经济结构，促进高质量发展。

二、工作措施

（一）建立企业股份制改造绿色通道。优化股份制改造流程，缩短改造周期，降低改造成本，依法协调解决企业股份制改造过程中的土地使用、产权界定等问题。（责任单位：市工商局、市国资委、市财政局、市经济信息化委、市发展改革委、市规划国土委、市住房城乡建设委、市金融局、各区政府）

（二）充实上市后备企业资源库。结合本市产业发展方向和区域发展重点，动态筛选符合产业定位、主营业务突出、竞争能力较强、盈利水平较好、具有发展潜力的企业，进一步完善分行业、分层次、分梯队的上市后备企业资源库。（责任单位：市金融局、北京证监局、中关村管委会、市经济信息化委、市国资委、市文资办、市科委、各区政府）

（三）加大企业上市培育力度。做好企业上市辅导备案和验收工作，引导拟上市公司建立健全法人治理结构并有效运行，从源头上提高上市公司质量。指导企业借助境内外多层次资本市场，加快推进规范改制、投融资对接、并购重组等。依托交易所上市培育基地开展上市挂牌培训，实施科技、文创企业上市培育“双百工程”。（责任单位：市金融局、北京证监局、中关村管委会、市国资委、市文资办、市科委、各区政府）

（四）加强上市资金补贴支持。市级财政给予每家拟上市企业总额不超过300万元的资金补贴，区级财政资金补贴不低于市级标准。对在境内主板、中小板、创业板首发上市的企业分阶段给予补贴。境外直接上市企业的上市资金补贴参照上述规定执行。（责任单位：市财政局、市金融局、各区政府）

（五）完善上市挂牌扶持政策体系。出台更有力度、更加精准的上市激励政策，在办公用房、人才引进等方面给予支持。制定支持企业在全国中小企业股份转让系统（新三板）、本市区域股权市场、机构间私募产品报价与服务系统挂牌、融资、并购等方面的政策。（责任单位：市金融局、市财政局、市人力社保局、北京证监局、中关村管委会、市经济信息化委、市国资委、市文资办、市科委、各区政府）

（六）推进上市公司全产业链发展。以本市现有产业园区为基础，拓展部分园区的特色功能，建设上市公司产业园，并提供资源及政策支持。打造上市公司产业联盟，吸引优势产业上市公司集群化发展，鼓励符合首都城市战略定位的上市公司募投项目在京落地，打造上市公司发展新高地。鼓励上市公司充分发挥资源整合能力，通过境内外并购重组，推动科技、文创等高精尖产业快速发展，培育形成一批技术领先、质量过硬、具有国际影响力的行业龙头企业。鼓励银行机构积极开展并购贷款、银团贷款，为上市公司提供并购融资服务。（责任单位：各区政府、市金融局、北京证监局、北京外汇管理部、中关村管委会、市经济信息化委、市国资委、市文资办、市科委）

（七）鼓励和引导社会资本参与企业上市发展。设立北京企业上市发展基金，积极支持该基金及政府、社会出资的产业投资基金、创业投资基金、股权投资基金等参与企业股份制改造、上市、并购重组，发挥其战略投资、专业化管理、项目开发和人才资源等优势，提高企业对接多层次资本市场和资源整合的能力。鼓励创业投资企业采取股权投资方式投资于未上市中小高新技术企业，符合条件的可享受国家有关税收优惠政策。（责任单位：市金融局、市发展改革委、市经济信息化委、市财政局、市国资委、市地税局、市科委、各区政府）

（八）强化上市公司风险监测预警与处置。进一步加强上市公司风险监测预警，建立上市公司风险通报及协同处置机制，及时上报可能出现风险的上市公

司相关情况，并做好风险防范和处置工作。（责任单位：北京证监局、市金融局、各区政府）

三、组织保障

（九）建立健全组织领导工作机制。将支持企业上市发展工作纳入北京市金融服务工作领导小组重要议事日程，切实加强组织领导，狠抓责任落实，加大协调力度，确保各项工作有序推进。市有关部门和区政府要及时沟通，研究解决企业上市过程中遇到的问题。各区政府每季度向领导小组办公室（设在市金融局）报送辖区内企业上市发展情况；北京证监局每月向领导小组办公室报送上市后备企业资源储备情况，以及企业辅导备案、上市动态、上市公司发展情况。

（十）加强与监管部门沟通协调。市金融局要加强与证券监管部门的汇报沟通，积极争取有关上市政策在北京地区先行先试。市发展改革委、市商务委等有关部门要加强与外汇管理部门的协调联动，依法合规为上市公司提供相关政策支持和便利服务，鼓励企业实施境外重大并购。

（十一）建设企业上市综合服务平台。市金融局、北京证监局、中关村管委会等有关单位要依托专业中介机构力量，组建功能完备的大数据智能化服务系统，打造集孵化、培育、投融资对接、风险预警等功能于一体的综合服务平台，为企业上市和健康发展提供有力支撑。

本意见自印发之日起实施，具体问题由市金融局负责解释。《北京市人民政府办公厅关于进一步推动企业上市工作的意见》（京政办发〔2010〕35号）同时废止。

北京市人民政府办公厅

2018年5月19日

北京市人民政府办公厅关于印发市发展改革委等部门制定的《北京市新增产业的禁止和限制目录（2018年版）》的通知

京政办发〔2018〕35号

各区人民政府，市政府各委、办、局，各市属机构：

经市政府同意，现将市发展改革委、市教委、市经济信息化委、市民政局、市规划国土委、市环保局、市住房城乡建设委、市城市管理委、市交通委、市农委、市水务局、市商务委、市卫生计生委、市国资委、市工商局、市安全监管局、市食品药品监管局、市新闻出版广电局、市统计局、市民防局、市编办、国家统计局北京调查总队、市邮政管理局联合制定的《北京市新增产业的禁止和限制目录（2018年版）》印发给你们，请认真遵照执行。各有关部门要抓紧完善相关配套措施；各区政府要切实强化属地责任，结合实际抓好贯彻落实。《北京市新增产业的禁止和限制目录（2015年版）》即日起失效。

北京市人民政府办公厅

2018年9月6日

北京市新增产业的禁止和限制目录（2018年版）

说　明

为全面深入学习贯彻习近平新时代中国特色社会主义思想和党的十九大精神，深入贯彻落实京津冀协同发展战略，严控非首都功能增量，加快构建高精尖经济结构，推动首都高质量发展，市发展改革委、市教委、市经济信息化委、市民政局、市规划国土委、市环保局、市住房城乡建设委、市城市管理委、市交通委、市农委、市水务局、市商务委、市卫生计生委、市国资委、市工商局、市安全监管局、市食品药品监管局、市新闻出版广电局、市统计局、市民防局、市编办、国家统计局北京调查总队、市邮政管理局联合对《北京市新增产业的禁止和限制目录（2015年版）》进行了修订，形成了《北京市新增产业的禁止和限制目录（2018年版）》（以下简称《目录》）。

一、编制体例

《目录》按照《国民经济行业分类》（GB/T4754—

2017）编制。《目录》中的管理措施分为禁止性和限制性两类。其中，禁止性是指不允许新增固定资产投资项目，不允许新设立或新迁入法人单位、产业活动单位、个体工商户；限制性主要包括区域限制、规模限制和产业环节、工艺及产品限制。

二、适用范围

（一）本市行政区域内新增固定资产投资项目，新设立或新迁入法人单位、产业活动单位、个体工商户须执行《目录》。经国家或市政府批准，需采取或享受专项政策的地区或行业按照相关政策执行。国家法律、行政法规、国务院文件有专门规定的，从其规定。外商投资执行《外商投资产业指导目录》。

（二）在《目录》发布前，有关审批部门已受理审批或办理完成审批的在途项目不适用《目录》。国家批准的军工固定资产投资项目、改造升级项目不适用《目录》。

（三）《目录》中管理措施分为全市和功能区域两个层面，全市层面的管理措施须在全市范围内普遍执行；功能区域层面的管理措施是指须在执行全市层面管理措施基础上，增加的差异化管理措施。

三、管理使用

（一）本市行政区域内拟新增固定资产投资项目，拟新设立或新迁入法人单位、产业活动单位、个体工商户，可对照《目录》进行自查。市、区两级相关项目审批主管部门，法人单位、产业活动单位、个体工商户注册登记主管部门，在履行办理程序时，须依据《目录》先予审查。

（二）为做好《目录》管理工作，在市政府领导下，市发展改革委、市教委、市经济信息化委、市民政局、市规划国土委、市环保局、市住房城乡建设委、市城市管理委、市交通委、市农委、市水务局、市商务委、市卫生计生委、市国资委、市工商局、市安全监管局、市食品药品监管局、市新闻出版广电局、市统计局、市民防局、市编办、国家统计局北京调查总队、市邮政管理局共同建立《目录》联席会议制度，负责《目录》的解释、执行、修订、疑难问题会商、执行情况督查等工作。《目录》联席会议办公室设在市发展改革委，主要职责为发挥统筹协调作用，组织推进各项工作和重点任务落实，做好年度总结、信息交流。《目录》联席会议成员单位负责《目录》相关条目的解释、修订等工作，认真落实联席会议有关议定事项，指导各区严格执行《目录》管理措施；结合部门职能，强化标准约束，制定完善实施细则和相关配套措施，加强与其他联席会议成员单位之间的沟通协作。针对《目录》执行过程中出现的新情况、新问题，建立由主管部门牵头、《目录》联席会议办公室协调、相关区政府参加的协商联动机制，共同研究制定对策措施，并做好解释说明工作。

（三）《目录》管理措施除外事项中未明确的，涉及有序疏解非首都功能，提升城市品质、保障城市运行、满足群众生活服务需要，构建高精尖经济结构的项目，各区在符合规划的前提下，综合考虑功能定位、产业发展、人口调控等因素，可组织论证并征求主管部门意见，参照“三重一大”决策制度要求审议通过后，按照相关程序和要求组织实施，并向《目录》联席会议办公室报备。

（四）《目录》将根据相关法律法规和本市经济社会发展需要适时修订。

（五）《目录》自发布之日起生效。

北京市人民政府办公厅关于印发《北京市加快医药健康协同创新行动计划（2018—2020年）》的通知

京政办发〔2018〕37号

各区人民政府，市政府各委、办、局，各市属机构：

经市政府同意，现将《北京市加快医药健康协同创新行动计划（2018—2020年）》印发给你们，请结合实际认真贯彻落实。

北京市人民政府办公厅

2018年9月27日

北京市加快医药健康协同创新行动计划（2018—2020年）

为深入贯彻国务院关于促进医药产业健康发展的决策部署，认真落实《北京市加快科技创新发展医药健康产业的指导意见》，进一步促进本市医药健康产业高质量发展，加快构建产学研医协同创新体系，特制定本行动计划。

一、总体要求

（一）指导思想

全面深入学习贯彻党的十九大精神，以习近平新时代中国特色社会主义思想为指导，认真落实习近平总书记对北京重要讲话精神，坚持新发展理念，充分发挥首都科技和人才优势，遵循医药健康科技创新和产业发展规律，瞄准瓶颈问题和共性需求，聚焦生命科学前沿技术、医工交叉新兴业态、高精尖医药产业等重点领域，着力深化体制机制改革、集聚创新要素、强化协同创新、优化营商环境，不断提升医药健康创新发展水平，为建设全国科技创新中心、构建高精尖经济结构、推动高质量发展提供有力支撑。

（二）基本原则

坚持问题导向。紧紧抓住基础研究、成果转化和产业化等关键环节，深入分析医药健康创新发展面临的重点、难点问题，精准发力，综合施策，补齐短板，努力破除体制机制障碍，切实解决制约发展的“卡脖子”问题。

注重原始创新。把握生命科学和生物技术领域前沿发展趋势，聚焦创新药和高端医疗器械研发，以高等学校、科研院所为创新源头，加大基础研究力度，强化原创成果产出，增强自主创新能力。

加强协同转化。充分发挥创新资源特别是医疗创新资源集聚的优势，以重大临床应用需求为牵引，开展协同攻关；积极引导医疗机构加强与企业合作，畅通医疗机构科研成果转化渠道，实现产学研医协同创新，有效促进成果转化。

促进高端发展。加快产业转型升级，大力推动医药健康与人工智能、大数据技术融合，积极培育新兴业态，为产业发展提供新动能；加大引导各类国际创新要素集聚力度，积极推动产业价值链向高端延伸，优化构建高端产业体系。

（三）发展目标

到2020年，引进培养一批世界顶尖创新团队，培育一批自主创新能力较强的重点企业，原始创新能力继续保持全国领先；专业孵化能力显著提升，科技成果转化体系更加健全；医疗机构创新体制机制进一步完善，临床研究水平大幅提升，医疗资源溢出效应显著增强；产业政策进一步细化，产业要素进一步集聚，产业环境进一步优化，产学研医协同创新体系初步形成；产业规模进一步壮大，新增发展空间10平方公里左右，主营业务收入达到2500亿元。

二、重点任务

（一）加强基础研究和成果转化，提升创新能力

1. 加大重点领域支持力度。在部分前沿领域，建设新型研发机构，同时布局建设一批大科学装置，支撑原始创新成果培育，加快前沿技术突破。制定北京医药健康协同创新发展重点方向目录，重点支持干细胞与再生医学、脑科学与类脑、结构生物学、合成生物学、蛋白质组学等基础研究，推动免疫治疗、基因检测及新型测序、多模态跨尺度生物医学成像等技术发展，促进创新药、高端医疗器械，以及医药健康与人工智能、大数据技术融合新兴业态等领域发展。（责任单位：市科委、市卫生计生委）

2. 加强专业孵化能力建设。提升北京经济技术开发区、海淀区、大兴区等区域专业孵化器的孵化能力，强化评估咨询、知识产权、法律、金融等综合服务。在中关村生命科学园等园区试点建设专业孵化器，面向国际遴选运营管理机构；积极推广试点经验，在高等学校、科研院所、医疗机构集中区域布局新建一批专业孵化器。（责任单位：市科委、中关村管委会、市教委、北京经济技术开发区管委会、相关区政府）

3. 加快中关村生命科学园提升建设。设立中关村生命科学园战略指导委员会，完善园区管理架构和工作机制。优化提升中关村生命科学园一、二期服务功能，启动三期规划建设。引进国际化园区管理服务团队，引入第三方研发及生产服务企业、专业中介机构、社会资本等配套要素，积极营造与国际接轨的世界一流创新发展环境，努力将中关村生命科学园打造成具有全球影响力的专业园区，为加强医药健康领域原始创新提供有力支撑。（责任单位：中关村管委会、市科委、海淀区政府、昌平区政府、中关村发展集团）

（二）提高临床研究水平，发挥溢出效应

4. 提高临床研究与试验水平。进一步加快国家及北京临床医学研究中心布局，切实发挥其对临床研究的带动引领作用。采取医疗机构、高等学校、科研院所、企业共建模式，引入国际化运营管理团队，试点

建设独立的临床试验医院，并积极探索可持续的运行机制。支持三级医疗机构设立研究型病房，专门开展高水平临床医学研究；在现有药物临床试验机构基础上，探索以多种合作方式建立临床试验协同网络，解决三级医疗机构临床试验病床等资源不足问题，有效支撑临床试验需求。（责任单位：市卫生计生委、市科委、市财政局、市食品药品监管局、市医院管理局、中关村管委会、北京经济技术开发区管委会、昌平区政府、海淀区政府）

5. 优化医疗机构科技创新体制机制。推动将临床试验和成果转化作为医疗机构绩效评价和人员职称评定的重要依据。调整和完善医疗机构人员岗位设置、科技成果定价、收益处置分配、主要管理人员尽职免责等相关制度规范，出台医疗机构鼓励科技创新和成果转移转化实施细则。完善医疗机构科研用房建设标准，保障承担临床试验任务的医疗机构科研用地。（责任单位：市卫生计生委、市发展改革委、市规划国土委、市财政局、市医院管理局、市人力社保局、北京经济技术开发区管委会、相关区政府）

6. 引导医疗机构加快成果转化。加强医疗机构、企业协同，探索成立促进科技成果转化的医药健康协同创新研究院。探索由医疗机构联合企业、社会资本、产业技术联盟等组建医药健康创新和转化基金，支持医药科技创新和成果转化。（责任单位：市卫生计生委、市医院管理局、市科委、市财政局）

7. 促进医疗健康数据共建共享。在北京重大疾病临床数据和样本资源库的基础上，建设全市统一、开放、共享的生物样本库、健康大数据中心和数字化临床研究网络，推动临床医疗数据标准化和院际间数据开放互通。（责任单位：市卫生计生委、市医院管理局、市科委、市经济信息化委）

（三）聚焦培育重点企业，提升核心竞争力

8. 强化重点企业统筹服务。加强对重点企业的跟踪服务，及时了解企业发展动态和需求，强化部门联动和政策集成，对企业在研发、生产、经营过程中遇到的问题，采取“一企一策、一事一议”的方式及时解决。（责任单位：市科委、市经济信息化委、市卫生计生委、中关村管委会、北京经济技术开发区管委会、市食品药品监管局、市人力社保局、市财政局）

9. 推动研发型企业创新发展。研究建立创新品种审批绿色通道，协调加快临床试验；品种成熟后，支持研发型企业向产研融合型企业发展，建设高端产品生产线，推动实现在京落地转化和规模化生产。（责任单位：市科委、市经济信息化委、市食品药品监管局、北京经济技术开发区管委会、相关区政府）

10. 支持生产型企业做强做大。在生产线改造升级、上市品种规模扩大、重点品种二次开发、国际市场拓展、上市融资和并购重组等方面，加大支持力度，推动企业不断提升核心竞争力。（责任单位：市经济信息化委、市科委、市金融局、中关村管委会）

11. 加强第三方研发和生产服务。引入国内外高端服务型机构或团队，鼓励建设符合国际标准的第三方研发服务平台和代工生产服务平台；加强政策引导，为平台技术标准和质量规范的国际化认证提供支持，并做好资金、土地、厂房等配套条件保障。（责任单位：市经济信息化委、市科委、中关村管委会、市财政局、市环保局）

12. 加快建立生产及专业服务平台。在海淀区、昌平区建设千升规模的生物药中试服务平台，就近满足研发型创新主体的科研样品、临床试验用药的委托生产需求。在北京经济技术开发区依托现有技术实力较强、软硬件条件齐备的专业服务型企业，建设十万升规模的生物药代工生产服务平台，实现抗体药物、细胞治疗药物的规模化生产。（责任单位：市科委、市经济信息化委、中关村管委会、市环保局、北京经济技术开发区管委会、相关区政府）

13. 支持跨国公司在京发展。充分利用高等学校、科研院所的国际合作渠道，积极对接全球顶尖医药健康跨国公司，支持其在京建设总部和研发中心。围绕跨国公司研发中心的战略调整，做好对接服务，采取多种合作模式，推动人才团队、重点项目落地北京。（责任单位：市科委、中关村管委会、市经济信息化委）

14. 推动中医药产业创新发展。依托本市中医药领域高等学校、科研院所，促进中医理论与现代科学融合，加强中药设计与优化、制药过程系统控制等现代技术平台建设，进一步加大中医经典名方、院内制剂研发与转化力度。发挥龙头企业创新引领作用，加强中药新药研发、中药大品种二次开发。支持中药企业利用标准化、自动化、智能化技术改造提升传统工艺，更好发挥中医药对重大慢病、疑难疾病、老年性疾病的防治作用。（责任单位：市中医管理局、市科委、市经济信息化委）

（四）完善产业发展要素，优化营商环境

15. 推进产业集聚发展。将医药健康产业列为主导产业的相关区要尽快制定产业发展战略规划，明确新增空间，加快产业布局。北部（海淀区、昌平区）要发挥中关村科学城在医药健康基础研究和前沿技术方面的科研优势，形成对产业发展的有力支撑；南部（北京经济技术开发区、大兴区）要在土地空间规划利用中，加强对医药健康产业发展的保障，引导企业和项目集中布局，进一步提升高端制造聚集优势。（责任单位：市经济信息化委、市发展改革委、市规划国土委、中关村管委会、市环保局、北京经济技术开发区管委会、相关区政府、中关村发展集团）

16. 优化园区服务体系。加强医药健康专业园区评估，进一步明确园区功能定位，强化园区规划与服务体系建设。研发类园区要加强软环境建设，构建投融资平台、“一站式”综合服务平台、国际交流合作平台，营造开放共享的学术环境；制造类园区要合理布局产业空间，加快“腾笼换鸟”，构建代工生产服务平台，加强园区专业化服务能力建设。积极举办具有国际影响力的产业论坛、学术活动等，为投资者、科学家、企业家搭建交流沟通的平台。进一步提升中关村生命科学园特殊物品和动植物源性生物材料“一站式”进出境检验检疫公共服务平台和北京经济技术开发区中关村国际生物试剂物流中心“生物试剂出入境集中监管平台”的服务水平，提高通关效率。（责任单位：中关村管委会、市经济信息化委、北京经济技术开发区管委会、相关区政府、中关村发展集团）

17. 鼓励采购应用创新产品。研究制定医药健康创新产品评价筛选标准和认定程序，形成医药健康领域新技术新产品（服务）目录，并推动纳入政府采购和推广应用等政策支持体系。市属医疗机构试点建立采购应用创新产品的快速评价审批制度，鼓励采购应用医药健康领域新技术新产品（服务）目录中的产品。认真贯彻落实《国务院办公厅关于完善国家基本药物制度的意见》（国办发〔2018〕88 号），积极推动创新产品、通过一致性评价的药品纳入国家和本市基本药物目录。（责任单位：市科委、市卫生计生委、市食品药品监管局、中关村管委会、市经济信息化委、市财政局、市医院管理局、市人力社保局）

18. 优化新增医疗服务项目价格管理方式。深化医疗服务价格改革，加快制定本市公立医疗机构新增医疗服务项目价格管理实施细则，探索实行动态管理，对创新性强、临床应用价值高的诊疗新技术、新产品，在新增医疗服务收费项目审批时加快评审。（责任单位：市卫生计生委、市发展改革委）

19. 加快落实药品上市许可持有人制度。按照国务院关于开展药品上市许可持有人制度试点的要求，从审评审批、监督管理等方面加快制定实施方案，进一步鼓励药品创新，提升药品质量。（责任单位：市食品药品监管局、中关村管委会）

20. 加大创新激励。以医药健康产业作为主导产业的相关区要研究出台措施，对年主营业务收入首次达到一定规模、重大创新品种国内首先获批上市或在欧美国家获批上市、仿制药通过一致性评价的企业，给予相应的激励。（责任单位：市经济信息化委、中关村管委会、市食品药品监管局、北京经济技术开发区管委会、相关区政府）

三、保障措施

（一）加强统筹协调。建立联席会议制度，定期会商调度，统筹推进本市医药健康协同创新工作，及时协调解决产业发展重点难点问题，保障行动计划有效落实。成立专家指导委员会，负责对行动计划的组织实施提供咨询。

（二）狠抓任务落实。市有关部门、相关区政府要认真履行职责，结合实际制定配套政策措施和细化落实方案。市政府授权北京经济技术开发区、海淀区、大兴区和昌平区自主决定政府各类支持总额 10 亿元以内的单个项目。建立动态考核制度，将行动计划完成情况列入对有关部门和相关区的考核指标体系，加强检查评估，推动行动计划落到实处。

（三）强化人才支撑。遴选具有国际影响力的顶尖人才和团队，并通过设立北京医药健康前沿创新专项，给予持续稳定支持。充分发挥各类人才培养平台作用，着力培养一批具有国际视野的高素质、高层次经营管理人才。加强医药健康领域顶尖人才和团队的服务，切实做好医疗、教育、住房等方面配套保障。

（四）做好资金保障。聚焦创新药、高端医疗器械以及医药健康与人工智能、大数据技术融合等领域的原始创新，加大市区两级财政资金投入力度。依托北京市科技创新基金设立医药健康领域子基金，吸引社会资本参与，积极支持处于不同阶段的创新项目。加强企业上市、并购重组等投融资服务，拓宽企业融资渠道。

北京市人民政府办公厅关于印发《关于推动北京老字号传承发展的意见》的通知

京政办发〔2018〕44号

各区人民政府，市政府各委、办、局，各市属机构：

《关于推动北京老字号传承发展的意见》已经市政府同意，现印发给你们，请结合实际认真贯彻执行。

北京市人民政府办公厅

2018年12月3日

关于推动北京老字号传承发展的意见

为进一步推动北京老字号传承发展，使之在新时代焕发新生机，着力打造北京历史文化的金名片，现提出以下意见。

一、总体要求

（一）指导思想

全面深入学习贯彻党的十九大精神，以习近平新时代中国特色社会主义思想为指导，认真落实习近平总书记对北京重要讲话精神，牢牢把握首都城市战略定位，深入推进供给侧结构性改革，以传承工匠精神和弘扬传统文化为核心，以品牌保护和改革创新为抓手，进一步优化老字号发展环境，不断提升老字号市场竞争力，推动北京老字号持续健康发展，更好满足人民日益增长的美好生活需要。

（二）主要目标

通过实施固本强基、文化弘扬、品牌保护、创新发展、改革增效五大工程，使老字号传统技艺完整传承，产品和服务品质得到提升，京味文化进一步弘扬；老字号保护和促进体系更加健全，品牌保护意识和能力明显提高；老字号企业经营管理更加科学高效，创新发展动力显著增强，现代流通方式广为应用。五年内，认定100名北京老字号工匠，经营规模超过10亿元的老字号企业达到20家以上。

二、重点任务

（一）固本强基工程

1. 加强传承人才队伍建设。编制老字号技艺人才队伍建设专项规划，完善老字号专业技术人才评价机制，分级分类落实待遇。开展北京老字号工匠认定工作，组织老字号技艺传承人参评市政府技师特殊津贴；为传承人提供必要的传习活动场所，鼓励传承人授徒传艺。鼓励老字号企业建立健全科学的用人和激励机制，探索现代学徒制、产学研结合等人才培养模式。鼓励老字号工匠进学校，支持老字号企业与学校共建技术技能大师工作室。

2. 保持产品服务特色品质。支持老字号企业建设原料基地，加强源头管控，保证成品质量。在符合环境保护标准和市容市貌管理要求前提下，支持老字号餐饮和食品加工企业使用传统生产制作工艺，保持原汁原味。指导老字号企业强化质量安全意识，完善质量管理体系。组织老字号餐饮企业实施阳光餐饮工程，并发挥示范引领作用。支持老字号企业顺应大众化、个性化、休闲化的消费趋势，改革创新店面模式，进一步改善消费环境。

（二）文化弘扬工程

1. 深入挖掘文化内涵。加强老字号文化研究，鼓励行业协会、研究机构和老字号企业等，运用文字、录音、录像等方式，对老字号发展历史资料进行整理、保护和挖掘，建立健全老字号档案。恢复一批老字号传统产品和技艺，建设宣传展示老字号文化和传统技艺的博物馆、史料馆、品牌展览馆等。推进老字号与工业旅游结合，弘扬老字号品牌文化。

2. 积极开展宣传推广。通过开展“百人点评团”“名师、名厨、名品、名菜评选”“为百岁老字号过生日”等活动，弘扬老字号传统文化。支持老字号企业运用新媒体讲述老字号故事，传播老字号品牌历史和商业文化。支持老字号企业参与国内外重大会议服务保障，提升老字号品牌知名度。组织老字号企业开展跨区域、跨国界的展示交流，增强在国内外市场的影响力。

（三）品牌保护工程

1. 健全品牌保护机制。完善北京老字号认定标准及程序，定期开展老字号认定工作，对已认定的老字号进行动态管理。深入分析和梳理各行业老字号品牌保护问题，按照分类施策的思路，对老字号品牌实施分层分类保护。积极推动老字号地方立法工作，为老字号品牌保护提供法治保障。建立老字号统计监测制度，加强对老字号企业运营指标的动态监测，为老字号品牌保护提供数据支撑。建立和完善老字号品牌价值评估体系，量化老字号无形资产价值。

2. 加大品牌保护力度。鼓励和支持老字号企业商标品牌建设，对经认定的中华老字号、北京老字号的商号在全市范围内依申请予以保护，新申请设立的企业、个体工商户未经授权不可使用与其相同或近似的名称。加大对老字号企业在商标注册、运用、管理和维权等方面的指导力度，鼓励企业开展海外知识产权保护。建立老字号知识产权纠纷多元化解决机制，推动设立老字号知识产权重大侵权案件快速维权通道，加大市场监管和行政执法力度。

3. 加强原址风貌保护。深入落实《北京城市总体规划（2016年—2035年）》，妥善处理城市更新改造与历史文化保护的关系，加强对老字号原址、原貌的保护。整理现存老字号原址建筑名录，研究将其纳入历史文化街区和作为历史建筑予以保护。依法维护老字号在拆迁改造中的权益，涉及老字号原址拆迁的，应征求行业主管部门意见；确需实施拆迁的，要尽可能安排原址复建或就近选址建设，并依法落实拆迁补偿，减少对其经营的影响。

4. 营造特色发展环境。把老字号传承发展与特色街区、历史文化街区建设有机结合，持续打造前门、大栅栏、琉璃厂、护国寺等老字号聚集区，引导特色产品和服务集聚。适当放宽对临街老字号店铺设计的限制，允许老字号企业按照传统建筑风格对门店进行修缮，保留符合要求的传统牌匾。合理放宽对老字号企业户外营销活动的限制，支持老字号企业积极开展店内外传统技艺展示、体验和促销活动。

（四）创新发展工程

1. 创新企业经营方式。鼓励老字号企业充分发挥品牌优势，大力发展连锁经营、电子商务等现代流通方式，拓展市场空间，扩大品牌影响力。支持老字号企业加强品牌创新，在做精做强基础上延伸产业链条，提高上下游产业支撑能力，增强品牌竞争力。鼓励老字号企业创新营销模式，与旅游企业在景点建设、线路开发、宣传推广方面开展合作，积极推广老字号旅游产品。

2. 创新产品生产工艺。鼓励老字号企业在保护和传承优秀传统技艺基础上，引入先进质量管理方式，运用先进技术创新传统工艺，提高产品质量和工艺技术水平。鼓励有实力的老字号企业针对市场需求创新产品和服务，在商品中注入文化创意元素，加大老字号纪念品、礼品的开发力度，吸引新顾客，开拓新市场。

（五）改革增效工程

1. 深化国有老字号企业改革。推动国有老字号企业体制改革和机制创新，增强企业活力，提高盈利能力。鼓励国有老字号企业引入各类社会资本，允许经营者参与混合所有制改革，实现股权多元化。加大国有老字号企业资源整合力度，培育行业龙头企业。

2. 推动老字号对接资本市场。鼓励创业投资基金管理机构、股权投资基金管理机构、其他符合条件的金融机构与老字号企业合作发起设立北京老字号投资基金。鼓励银行业金融机构在风险可控、商业可持续前提下，结合老字号企业融资特点，进一步加大金融创新支持力度，不断优化对老字号企业的金融服务。推进老字号核心优质资产证券化，支持符合条件的老字号企业上市，利用资本市场做大做强。

三、保障措施

（一）加强组织领导。建立北京老字号传承发展工作联席会议机制，联席会议成员单位包括市商务局、市发展改革委、市教委、市经济和信息化局、市公安局、市财政局、市人力资源社会保障局、市规划自然资源委、市生态环境局、市城市管理委、市文化和旅游局、市市场监管局、市国资委、市知识产权局等部门，办公室设在市商务局。各区政府、各有关部门要把推动老字号传承发展放在重要位置，完善工作机制，加强统筹协调，切实抓好落实。

（二）加大支持力度。进一步落实老字号传承发展相关扶持政策，注重政策的针对性、系统性、可操作性，推动老字号持续健康发展。进一步研究拓展财政资金支持方式，完善资金支持政策，提高资金使用效益。注重发挥行业协会、中介组织、研究机构等在行业研究、标准制定、行业自律、交流合作等方面的作用，完善老字号服务体系。各区政府可相应出台配套政策措施。

（三）营造良好氛围。引导各类媒体加强对老字号的宣传，有针对性地对老字号的历史沿革、经营特色、文化内涵、创新发展等进行系列报道。积极引导社会各界参与老字号资源的开发、保护和利用，为老字号传承发展营造良好社会环境。

北京市经济和信息化委员会 北京市财政局关于印发《北京市传统工艺美术保护发展资金管理暂行办法》的通知

京经信委发〔2018〕9号

各有关单位：

为深入贯彻落实《北京市传统工艺美术保护办法》，进一步规范财政资金管理，推进北京工艺美术保护传承和产业创新发展，现将新修订的《北京市传统工艺美术保护发展资金管理暂行办法》印发给你们，请遵照执行。

《北京市财政局 北京市工业促进局关于印发北京传统工艺美术保护发展资金管理办法的通知》（京财经一〔2007〕1107号）同时废止。

市经济和信息化委员会 北京市财政局

2018年2月2日

北京市传统工艺美术保护发展资金管理暂行办法

第一章 总则

第一条 为保护传承北京传统工艺美术技艺，促进北京市工艺美术行业创新发展，规范和加强资金管理，根据《传统工艺美术保护条例》、《北京市传统工艺美术保护办法》和《北京市市级项目支出预算管理办法》（京财预〔2012〕2278号）等有关规定，特制定本办法。

第二条 北京市传统工艺美术保护发展资金（以下简称"工美资金"）由北京市市级公共财政预算安排，纳入北京市经济和信息化委员会（以下简称"市经济信息化委"）年度部门预算管理，用于支持保护、传承和发展本市工艺美术行业的重点项目。

第三条 工美资金严格按照《北京市经济和信息化委员会预算管理办法（试行）》（京经信委发〔2017〕26号）执行。工美资金支持项目由市经济信息化委具体负责组织实施，并对资金的使用进行监督。

第二章 资金支持方向和使用方式

第四条 工美资金紧紧围绕北京"四个中心"城市战略定位，依据《北京市传统工艺美术保护办法》，重点在创新研发和产业升级、保护传承和宣传推广、人才保护和培养、平台和基地建设等领域，择优支持促进技艺传承和产业发展、加快产业结构战略性深层次转型调整项目以及市政府批准扶持的其他事项。

第五条 工美资金采用奖励或补助的方式对项目给予支持，对同一项目原则上只采用一种支持方式。

（一）奖励

对传统工艺美术保护与传承产生良好促进作用的已完工项目，根据项目实施内容和实施效果择优给予一次性奖励。

1. 国家级重大活动礼品设计开发项目。
2. 北京传统工艺美术珍品奖励项目。
3. 挖掘、抢救、保护传统工艺美术品种技艺项目。
4. 北京市工艺美术大师示范工作室奖励项目。

（二）补助

1. 北京工艺美术大师和民间工艺大师（简称北京工艺大师）带徒补助项目。
2. 工艺美术生产工艺和产品创新研发、规模化生产项目。
3. 为北京工艺美术行业提供创意设计、展示交易、检测鉴证、新技术应用等专业服务的平台建设项目。
4. 为北京工艺美术行业提供研发、创作、发展空间的工艺美术产业基地建设项目。
5. 其他项目：

（1）收藏和组织创作工艺美术优秀作品；

（2）挖掘、抢救、保护、整理传统工艺美术资料；

（3）举办中国北京国际文化创意产业博览会工艺美术展公共展区发生的相关费用。

第六条 已获得国家或市级财政资金支持的项目，原则上不再重复支持，有配套要求的项目除外。

第七条 北京传统工艺美术大赛、北京工艺美术创新设计大赛，北京市传统工艺美术珍品、北京工艺美术大师和民间工艺大师、北京市工艺美术大师示范工作室的评审工作及北京地区中国工艺美术大师推荐工作发生的相关费用，可在工美资金中列支。

工美资金管理过程中发生的项目申报组织、评估咨询、评审检查、绩效评价、验收等费用，可在工美资金中列支，按《北京市市级项目支出预算管理办法》等相关管理规定进行管理。涉及政府采购的，应按照政府采购有关法律、法规和制度规定执行。

第八条 工美资金项目具体支持标准按照《北京市传统工艺美术保护发展资金管理暂行办法实施细则》执行，实施细则另行制定。

第三章 项目申报及管理

第九条 市经济信息化委负责编制和执行工美资金支出预算，根据资金预算安排，在项目预算支出控制数内，对本部门的项目进行审核后，对符合支持条件的项目，经择优遴选后报北京市财政局（以下简称“市财政局”）。

第十条 工美资金纳入年初预算批复的已落实项目不低于当年市财政预算要求，资金支出进度应与时间进度相匹配。申报预算需填报资金总体及单项绩效目标。

第十一条 市经济信息化委根据年度工作重点，制订发布征集通知，并在市经济信息化委网站以及其他指定媒体上公布。

第十二条 市财政局根据国家有关法律、法规、方针政策、市委市政府工作重点和市经济信息化委履行职能、事业发展目标，审核项目预算。

按照提高项目支出科学化精细化水平的要求，对于财政评审范围内的项目，按规定进行财政评审，其他项目由市经济信息化委实行部门自评。

第十三条 待市财政局年初预算批复下达后，资金拨付前，项目单位须与市经济信息化委签订项目合同书，明确项目绩效目标。市经济信息化委与市财政局协商后，按规定办理资金拨付手续，并抄送市财政局。

第十四条 项目单位收到工美资金后，应加强财政资金使用管理，确保专款专用，并按现行财务制度规定进行账务处理。规定工美资金使用用途的，应建立明细账或辅助账。在项目建设期内，项目单位应定期向市经济信息化委报送资金使用情况及项目建设情况；项目完成后，应在半年内向市经济信息化委提交验收申请，并履行验收程序。

第十五条 市经济信息化委负责组织项目验收，并将项目完成情况和资金使用情况汇总报市财政局，按照市财政局有关要求开展绩效评价。

第四章 监督检查与绩效管理

第十六条 市经济信息化委会同市财政局按照各自职责分工对工美资金到位和使用情况、项目实施及项目管理等全过程进行监督检查。

第十七条 项目支出预算一经批复，部门和项目单位不得自行调整。预算在执行过程中，因项目发生终止、撤销、变更等情况，相关项目部门应当按照规定的程序报批，并进行预算调整。

第十八条 市财政局和市经济信息化委将资金支出进度、项目完成情况、决算情况和绩效评价结果，作为加强项目管理及编制以后年度项目预算的重要依据。

第五章 责任与处罚

第十九条 项目单位对项目和申报材料的准确性和真实性负责，应积极配合市经济信息化委、市财政局以及其他部门开展的监督检查、绩效评价和审计等工作。项目单位要配合做好跟踪检查、宣传、调研、报送信息、档案管理等工作。

第二十条 项目在执行过程中因故终止或变更时，项目单位应及时报市经济信息化委申请终止或变更。市经济信息化委批准终止或变更的项目，根据实际情况收回全部或部分资金。

第二十一条 项目单位应按照相关法律法规和制度规定使用工美资金，对工美资金使用中存在骗取、挪用等行为，市经济信息化委和市财政局依照《财政违法行为处罚处分条例》等相关法律法规进行处理。构成犯罪的，移交司法机关依法追究刑事责任。

第六章 附则

第二十二条 本办法由市经济信息化委和市财政局按照各自职责分工进行解释。

第二十三条 本办法自公布之日起实施，《北京市财政局 北京市工业促进局关于印发北京传统工艺美术保护发展资金管理办法的通知》（京财经一〔2007〕1107 号）同时废止。

北京市经济和信息化委员会关于印发 2018 年质量品牌工作计划的通知

京经信委发〔2018〕27 号

各区工业和信息化主管部门、北京经济技术开发区管委会有关局、各有关单位和北京质量协会：

为进一步推动我市工业和信息化领域质量品牌工作，根据工业和信息化部办公厅关于做好 2018 年工业质量品牌建设工作的通知（工信厅科函〔2018〕83 号）要求，我委现印发《北京市经济和信息化委员会 2018 年质量品牌工作计划》（以下简称“工作计划”，详见附件 1），请各相关单位参照执行，并提出以下工作要求：

一、各区工业和信息化主管部门要根据市经济信息化委“工作计划”要求，结合本地区产业状况，围绕提升工业和信息化企业质量品牌建设开展工作，聚焦高精尖产业发展和《〈中国制造 2025〉北京行动纲要》，发挥质量品牌等专业组织和各领域行业协会作用，激发企业积极性，推动经济高质量发展。

二、北京质量协会及各行业协会要创新工作方式，大力推广先进质量管理方法，提升企业品牌建设能力，指导各区开展质量品牌建设工作。

三、各区工业和信息化主管部门和有关行业协会要明确落实负责部门和负责人员（见附件 2），请于 4 月 18 日前反馈至市经济信息化委科技标准处；请于 12 月 1 日前，将相关工作开展总结报送至市经济信息化委科技标准处（邮箱：bjsjxwkjc@163.com）。

联系人：张宇，刘兵；联系方式：57587650

附件：1. 北京市经济和信息化委员会 2018 年质量品牌工作计划

2. 各区质量品牌工作负责部门和负责人员表

北京市经济和信息化委员会

2018 年 4 月 2 日

附件 1

北京市经济和信息化委员会 2018 年质量品牌工作计划

为贯彻落实《中共中央 国务院关于开展质量提升行动的指导意见》《中国制造 2025》和《〈中国制造 2025〉北京行动纲要》等文件精神，依据《工业和信息化部办公厅关于做好 2018 年工业质量品牌建设工作的通知》（工信厅科函〔2018〕83 号）的要求，我委全面推进质量品牌建设，推动北京市工业和信息化企业高质量发展，结合北京实际，提出 2018 年质量品牌工作计划。

一、加强全面质量管理，优化质量提升环境

1. 鼓励企业采用先进质量管理方法。引导企业学习实践先进的质量管理方法，实施全面质量管理，推广卓越绩效、六西格玛、精益生产等先进质量管理方法。积极组织企业参加工信部组织的质量标杆经验交流活动，学习标杆企业中国特色的质量管理方法，培育“树标杆、学标杆、超标杆”的良好氛围。

2. 加强企业质量信誉管理，继续推进信用建设。组织企业开展质量信誉承诺和自我声明等活动，探索建立以行为清单、红黑名单、措施目录为主要内容的全市统一的联合奖惩制度，以联合奖惩、信用修复为着力点，大力推进信用在企业领域的深度应用，推进信用服务业发展。

3. 落实《北京市质量工作考核办法》。与国务院省级政府质量工作考核相结合，推动建立质量考核工作机制，配合市质监局做好区政府质量工作考核。

二、加快构建高精尖经济结构，提升产业供给质

量水平

4. 认真落实《关于开展消费品工业“三品”专项行动营造良好市场环境的实施意见》（京制创组发〔2017〕1号）。着力推进北京消费品工业在“增品种、提品质、创品牌”方面取得成效，努力营造良好市场环境，加强政策引导，积极推动服务平台建设。

5. 加快装备制造高端化发展。加快智能制造核心技术研发，提升电子、汽车、装备、医药等领域重点企业智能制造水平。实施“智造100”工程，打造一批数字化车间、智能工厂、京津冀联网智能制造等应用示范项目，培育一批智能制造标杆企业，推动高端装备制造业标准化试点建设。

6. 实施绿色制造工程。按照《绿色制造工程实施指南（2016—2020年）》《北京市绿色制造实施方案》，继续推进绿色制造工程，引导企业开展绿色制造实践。围绕绿色产品、绿色工厂、绿色园区、绿色供应链等方面，构建我市绿色制造示范体系，围绕重点行业，实施一批绿色化技术改造项目。

7. 推动新材料产业创新发展。配合开展原材料质量提升专项行动，坚持聚焦关键战略前沿新材料，发展高端装备用特种合金、有色金属材料、高性能纤维及复合材料、碳材料等研发优势新材料；强化新材料产业协同创新体系建设，推动新材料领域产业创新中心建设，力争北京石墨烯产业创新中心升级为国家级制造业创新中心，积极引入落地一批创新成果。

三、加强技术基础建设，提升质量保障能力

8. 推动科技创新成果标准化。依托龙头企业、行业协会、产业联盟等创新载体，选取对北京高精尖产业发展起到促进作用的技术点开展标准化制定、实施等建设工作。引导企业将技术创新优势转化为标准创新，支持企业创制融入自主技术的企业标准和团体标准，提高企业在国际标准、国家标准和行业标准制定中的话语权。

9. 支持产业技术基础公共服务平台建设。通过调研新一代信息技术、大数据、新能源电动车、集成电路等重点领域优势企业，研究支持我市产业技术基础公共服务平台的相关政策，支持建立检验检测、信息技术、知识产权等公共服务平台，积极培育高精尖产业的检验检测、技术评价、质量认证等为特色的专业化服务平台。

10. 提升中小企业公共服务平台质量品牌服务能力。全面拓展中小企业公共服务平台网络政策服务范围，加快提升中小企业公共服务平台的质量品牌等服务能力，为中小企业开展基础培训、品牌培育和标准规范等服务，加快培育我市中小型科技企业品牌影响力。

四、协同推进质量品牌建设，营造品牌培育良好环境

11. 推进产业集群区域品牌建设，支持企业开展品牌培育试点示范。积极引导企业通过技术创新和质量提升扩大品牌影响力，持续推动企业品牌培育试点示范工作，配合做好产业集群区域品牌建设。支持相关单位组织开展品牌培育管理体系行业标准宣贯培训活动，辅导企业建立完善品牌培育管理体系，实现品牌管理体系有效运行，增强企业品牌培育能力。

12. 协同做好企业政策服务工作。与市质监局、市知识产权局、市工商局、中关村管委会等单位联合开展商标品牌众扶小组活动，为创新型企业提供质量品牌、知识产权、商标品牌等方面的政策服务。

13. 继续做好质量奖评优推荐工作。积极做好北京市人民政府质量管理奖的宣传、培育和推荐工作，加大宣传推广力度，推荐质量卓越的优秀工业和信息化企业参与奖项申报。争创工信部质量标杆企业1至2家。

14. 积极组织企业利用好宣传平台。通过组织优秀企业参与中国品牌博览会、世界机器人大会、科博会、软博会等大型活动，扩大本市企业品牌的影响力，提升“北京创造”品牌形象。

15. 扩大工业品牌企业海外影响力。支持企业通过抓住“一带一路”建设等契机，推动本市品牌“走出去”，引导企业拓展对外合作方式，增强境外经营和品牌推广能力，实现国际化发展。

附件2：各区质量品牌工作负责部门和负责人员表（略）

北京市经济和信息化委员会 北京市食品药品监督管理局 北京市中医管理局关于印发《北京市中药产业智能绿色发展示范工程实施方案》的通知

京经信委发〔2018〕73号

各区经济信息化部门、食品药品监督管理局、中医管理部门：

为贯彻落实《北京市加快科技创新发展医药健康产业的指导意见》，加快中药产业智能、绿色发展，推动产业创新升级，特制定《北京市中药产业智能绿色发展示范工程实施方案》。现印发你们，请结合实际认真贯彻实施。

特此通知。

北京市经济和信息化委员会
北京市食品药品监督管理局
北京市中医管理局
2018年9月26日

北京市中药产业智能绿色发展示范工程实施方案

为贯彻落实《北京市加快科技创新发展医药健康产业的指导意见》要求，加快实施医药健康领域智能制造工程，加强中医药领域传统工艺与现代技术融合创新发展，推动建设中药药品数据管理规范体系，提高我市中药产业整体水平，推动中药行业集约、高效、绿色发展，结合我市实际，制定本实施方案，实施期限为2018—2021年。

一、总体要求

（一）基本思路

充分发挥首都科技创新优势，运用现代科学技术，激发中医药产业发展活力，大力推动中药生产技术、设备、工艺水平现代化、智能化提升，加快中药企业转型升级，实现产业集约高效和绿色发展，保障产品质量。

发挥中医药科技资源优势，推进数字技术在中药领域的广泛应用，带动中药研发生产与信息化、智能制造技术融合，培育中医药科技成果和院内制剂转化能力，丰富中药创新品种。

（二）主要目标

推动建立中药智能制造和绿色制造标准体系，构建符合中药发展特点的数字化集成标准，建设中药绿色生产评价指标体系。

构建中药工程创新体系，初步形成工艺模型化和知识化的原始创新能力，关键设备取得升级突破，实现智能制造关键要素的系统集成，加快建设中药工程科技关键核心技术创新能力。

打造标杆示范企业，重点实施5至10个中药智能绿色项目，打造若干行业领先的中药智能绿色工厂。示范项目实现运营成本降低20%，生产效率提高20%，产品不良品率降低10%，能源利用率提高10%，万元工业增加值水耗显著降低。

实施全行业技术改造示范，引领中药生产领域智能绿色化改造升级，全面提升中药生产装备企业的创新能力和制造水平。到2020年，中医药产业规模达到540亿元。

二、重大工程

（一）智能化中药制剂生产示范工程

针对中药大品种和常用剂型，开展数字化车间和智能工厂建设。开展中药在线质量监测和控制、数据采集和集成管理、工艺模型化等关键技术方法的开发和应用；推动制造执行系统（MES）、过程分析技术（PAT）在中药制剂生产过程中的应用；优化中药提取、固液分离、浓缩、干燥和制剂成型等关键工艺环节参数，建立标准化、高水平的中药制剂生产规范；开展先进制药技术在中药口服固体制剂中的应用，改善粉体可压性和颗粒剂溶化性，提高中药产品质量稳定性和均一性。构建智能化中药制剂生产的集成制造装备、自动化控制、工业软件系统，实现数字化、网络化和智能化生产线、车间、工厂。

（二）智能化中药饮片生产示范工程

针对传统炮制技术传承不足、工艺控制水平低、装备落后等问题，在继承中药炮制理论和传统经验的基础上，运用智能感知和智能控制技术，建设在线数据采集、建模和质量控制系统，实现“炮制经验”客观化。推动饮片生产从手工和简单机械走向自动化和智能化操作，实现生产工艺和物料配方的全过程精准、规范管理，保证产品质量均一稳定，提高生产效率，降低能耗。鼓励中药饮片企业开展智能化生产车间及生产线改造，促进中药饮片数字化车间的示范应用和推广。构建智能化中药饮片生产的集成制造装备、自动化控制、工业软件等技术和系统，实现数字化、网络化和智能化生产线、车间、工厂集成应用服务支撑体系。

（三）智能化中药中试示范工程

针对中药研发过程中缺乏模块化和柔性集成的中试平台，按照“模块化、自动化、数字化、智能化”的原则，建设承接中医药科技成果和院内制剂转化的中试平台，设计、制造关键中试设备，实现互联互通和信息集成，实现生产数据自动采集和存储，关键环节实现在线质量监控，满足中药常用剂型提取、制剂、包装生产和质量检验的需求。构建智能化中药中试生产的集成制造装备、自动化控制、工业软件等技术和系统实现数字化、网络化和智能化生产线、车间、工厂集成应用服务支撑体系。

三、保障措施

（一）加强组织领导。建立市经济信息化委、市食品药品监管局、市中医管理局联动工作机制，加强部门之间的沟通协调，及时解决专项和工程建设中出现的问题，共同推进北京中医药产业的发展。

（二）建立产业联盟。创新组织模式，联合中药企业、中医院、中医药科研院所、设备集成商、专业园区运营商等机构，共同发起成立“中医药创新发展联盟”，下设“中医药智能绿色发展专业委员会”具体负责专项工程的组织推进和跟踪。支持以专业委员会为主体制定行业标准、搭建关键共性技术平台、提供技术咨询和指导，组成伙伴经济圈。

（三）加强跟踪推进。由“中医药智能绿色发展专业委员会”牵头，面向全体中药生产企业的智能绿色发展进行“一对一”咨询工作，为各生产企业编制智能绿色改造方案，指导企业按照智能绿色改造方案实施改造，并评估改造效果。每年度编写《北京中医药产业智能绿色发展报告》，对中医药产业的智能绿色发展进行绩效跟踪和评价。

（四）加大资金扶持力度。加大财政资金对专项工程的保障力度。对列入重大工程的重点项目，按照委高精尖产业资金管理办法的上限予以支持；对于全行业智能绿色改造项目，按照委“智能制造”和“绿色制造”专项资金管理办法，予以合并支持。

北京市经济和信息化局关于发布《北京市企业技术中心建设管理办法》的通知

京经信发〔2018〕7号

各有关单位：

为贯彻落实《中共中央 国务院关于深化科技体制改革加快国家创新体系建设的意见》（中发〔2012〕6号）和《国务院关于印发〈北京加强全国科技创新中心建设总体方案〉的通知》（国发〔2016〕52号）的相关要求，规范北京市企业技术中心建设管理，强化企业技术创新主体地位，引导和支持企业增强技术创新能力，根据《国家企业技术中心认定管理办法》（2016年第34号令），市经济和信息化局制定了《北京市企业技术中心建设管理办法》，现予发布，自发布之日起实施。《北京市经济和信息化委员会关于颁布〈北京市企业技术中心认定评价管理办法〉的通知》（京经信委发〔2011〕64号）和《北京市经济和信息化委员会关于印发〈进一步加强北京市企业技术中心建设实施方案〉的通知》（京经信委发〔2016〕56号）同时废止。

特此通知。

北京市经济和信息化局

2018年12月12日

北京市企业技术中心建设管理办法

第一章　总则

第一条　为贯彻落实《中共中央 国务院关于深化科技体制改革加快国家创新体系建设的意见》（中发〔2012〕6号）、《国务院关于印发〈北京加强全国科技创新中心建设总体方案〉的通知》（国发〔2016〕52号），强化企业技术创新主体地位，引导和支持企业增强技术创新能力，健全技术创新市场导向机制，规范北京市企业技术中心建设管理，根据《国家企业技术中心认定管理办法》（2016年第34号令），制定本办法。

第二条　本办法所称企业技术中心，是指企业根据市场竞争需要设立的技术研发与创新机构，主要负责制定企业技术创新规划、开展产业技术研发、创造运用知识产权、建立技术标准体系、凝聚培养创新人才、构建协同创新网络、推进技术创新全过程实施。

第三条　北京市经济和信息化局（以下简称市经济和信息化局）会同发展改革、科技、财政、税务、海关等有关部门，负责指导协调市级企业技术中心相关工作，市经济和信息化局负责市级企业技术中心的创建、评价、管理和国家企业技术中心的培育等工作。

第二章　申请和创建

第四条　市级企业技术中心创建工作原则上每年进行一次。

第五条　市级企业技术中心应当具备以下基本条件：

（一）企业为在本市依法注册的独立企业法人，企业信用状况良好，具有行业领先的技术创新能力和水平。

（二）企业所属行业不在现行有效的《北京市新增产业的禁止和限制目录》范围之内（现有无生产制造环节的研发型总部企业除外）；申请企业的工艺和设备不属于现行有效的《北京市工业污染行业、生产工艺调整退出及设备淘汰目录》所列内容。

（三）企业在行业中具有显著的规模优势、发展优势和竞争优势，企业上一年度主营业务收入不低于2亿元（建筑业不低于15亿元）。

（四）企业技术中心必须在企业组织结构中独立设置，企业决策层高度重视企业技术创新工作，企业具有较好的技术创新机制，企业技术中心组织体系健全，创新效率和效益显著。

（五）有较高的研究开发投入，企业上一年度研究与试验发展经费支出不低于1000万元。拥有技术水平高、实践经验丰富的技术带头人，专职研究与试验发展人员数不少于60人（软件和专业技术服务业不低于80人）。

（六）具有比较完善的研究、开发、试验条件，企业上一年度拥有技术开发仪器设备原值不低于500万元（软件和专业技术服务业不低于300万元、建筑业不低于1000万元）。

（七）有较好的技术积累，重视前沿技术开发，具有开展高水平技术创新活动的能力。

（八）有较好的资源整合能力，并与高校、科研院所进行项目合作、项目委托、联合研发、研发代工等多种形式的产学研合作，或者与相关企业开展联合共建技术中心等形式的合作。

（九）企业重视知识产权工作，近三年内获得的有效知识产权不少于10件（含专利、软件著作权、集成电路布图设计专有权的至少一种，其中制造业企业上一年度必须有发明专利申请）。

第六条　企业在申请受理截止日期前三年内，不得存在下列情况：

（一）因违反海关法及有关法律、行政法规，构成走私行为，受到刑事、行政处罚，或因严重违反海关监管规定受到行政处罚；

（二）因违反税收征管法及有关法律、行政法规，构成偷税、骗取出口退税等严重税收违法行为；

（三）司法、行政机关认定的严重违法失信行为。

第七条　总部企业申请北京市企业技术中心的，技术中心须在京设立。

母公司技术中心已是市级企业技术中心的，其子公司从事的业务领域与母公司不同的，可申请市级企业技术中心。

第八条　市级企业技术中心创建程序：

（一）市经济和信息化局发布创建通知，企业按照创建通知要求，将申请材料报市经济和信息化局；

（二）市经济和信息化局委托第三方机构对企业申请材料进行审核，材料齐全的予以受理；

（三）市经济和信息化局进行核查并确定结果，通过北京市经济和信息化局网站予以公示。

第三章　运行评价

第九条　市经济和信息化局每年组织一次市级企业技术中心运行评价，评价要求参照第二章第五条。

企业按照市经济和信息化局评价通知要求，将评价材料报市经济和信息化局。

第十条　市经济和信息化局委托第三方机构对企业评价材料进行评价，并形成评价结果和评价报告。

第十一条　评价结果分为优秀、良好、基本合格和不合格：

（一）评价得分 90 分及以上为优秀；

（二）评价得分 70 分至 90 分（不含 90 分）为良好；

（三）评价得分 60 分至 70 分（不含 70 分）为基本合格；

（四）评价得分低于 60 分为不合格。

第十二条　市经济和信息化局审定评价结果，并向社会公示。公示无异议后，对评价结果良好及以上的企业技术中心予以通报表扬，并优先推荐申请国家企业技术中心和国家技术创新示范企业；对评价不合格的企业技术中心，督促其整改提高，连续两年评价不合格的，撤销企业技术中心资格。

第四章　监督管理

第十三条　企业技术中心所在企业发生更名、重组等重大调整的，应在办理相关手续后 30 个工作日内将有关情况报市经济和信息化局。

第十四条　有下列情况之一的，撤销市级企业技术中心资格：

（一）运行评价连续两年不合格；

（二）逾期未报送评价材料；

（三）提供虚假材料和数据；

（四）主要由于技术原因发生重大质量、安全事故；

（五）因违反海关法及有关法律、行政法规，构成走私行为，受到刑事、行政处罚，或因严重违反海关监管规定受到行政处罚；

（六）因违反税收征管法及有关法律、行政法规，构成偷税、骗取出口退税等严重税收违法行为；

（七）司法、行政机关认定的其他严重违法失信行为；

（八）企业被依法终止。

第十五条　因本办法第十四条第（一）、（二）项所列原因被撤销市级企业技术中心资格的，自撤销之日起，两年内不得再次申请。因本办法第十四条第（三）～（七）项所列原因被撤销市级企业技术中心资格的，自撤销之日起，三年内不得再次申请。

第五章　鼓励政策

第十六条　鼓励企业加强创新能力建设，创制标准、知识产权，加大技术创新投入和新产品产出，促进企业技术中心健康发展。经创建的市级企业技术中心，按照国家和本市有关规定，可在项目申报、人才激励等方面依法享受相应的政策支持。

第十七条　各区可根据自身实际对企业技术中心依法给予奖励和支持。

第六章　附则

第十八条　本办法自发布之日起施行。《北京市经济和信息化委员会关于颁布〈北京市企业技术中心认定评价管理办法〉的通知》（京经信委发〔2011〕64 号）和《北京市经济和信息化委员会关于印发进一步加强北京市企业技术中心建设实施方案的通知》（京经信委发〔2016〕56 号）同时废止。

第十九条　本办法由市经济和信息化局负责解释。

2019 工业数据

北京工业年鉴
BEIJING GONGYE NIANJIAN

本栏目主要收录2018年北京市规模以上工业企业主要经济指标、主要效益指标、主要工业产品产量、市乡镇企业主要经济指标等。本栏目资料除标注外均来源于市统计局。

2018 年北京市规模以上

项目	企业单位个数（个）	工业总产值（当年价格）	工业销售产值（当年价格）		平均用工人数（人）	资产负债				
				#出口交货值		资产总计	流动资产合计	#存货	#产成品	#应收账款
合计	3197	192129078	188766972	12219381	897358	480095097	179385253	26175834	9907582	44730886
按行业分组										
采矿业	17	2767652	2785316	217542	38308	40142182	8699764	334062	64876	1754458
制造业	3055	133608217	130239523	12001839	775899	226128996	140246863	25606114	9831355	37710246
电力、热力、燃气及水生产和供应业	125	55753209	55742134		83151	213823919	30438626	235658	11351	5266182
按轻重工业分组										
轻工业	1135	29093749	28346453	1344678	277116	44432670	27881366	6248392	2829872	5962143
重工业	2062	163035329	160420519	10874703	620242	435662427	151503886	19927442	7077710	38768743
按规模分组										
#大型企业	126	126766841	124473568	8438268	380939	348626961	100782017	11712894	4898237	20972174
中型企业	523	34579185	33700914	2008565	261150	64670745	37341805	6410680	2187152	10772462
小型企业	2406	30293816	30134865	1735340	253610	62416068	39908330	7788077	2788972	12370630
按隶属关系分组										
中央企业	178	64667139	64399955	380564	139487	211053200	38158989	3273985	900861	7658640
地方企业	3019	127461940	124367017	11838817	757871	269041897	141226263	22901850	9006720	37072246
按登记注册类型分组										
内资企业	2478	117037223	115612729	4288377	604441	382565016	116559528	15507538	5522758	30290710
国有企业	41	40559475	40519255	9201	21452	175950356	23135738	588192	201920	3472734
集体企业	25	196585	195880	193	3986	314472	231012	35177	13979	41645
股份合作企业	37	756231	755692	8584	2827	384501	316691	115688	48377	99499
有限责任公司	1106	41055970	40329712	2543959	307433	112722267	44840823	7133474	2671718	13768543
股份有限公司	246	23730091	23220213	1239490	143955	74080688	34622384	4709744	1522584	8167189
私营企业	1022	10738871	10591979	486952	124788	19112733	13412879	2925264	1064180	4741100
其他企业	1	***	***	***	***	***	***	***	***	***
港澳台商投资企业	176	22588915	20837877	3980930	68879	28942648	18514119	3463031	1558624	5055491
港澳台合资经营	83	3379757	3239218	520732	25053	5141288	3308829	412249	145658	954903
港澳台合作经营	3	***	***	***	***	***	***	***	***	***
港澳台商独资企业	79	18768653	17145551	3404744	38799	19755539	13021284	2705649	1385312	3544990
港澳台商投资股份有限公司	11	414530	428762	55453	4717	4007432	2149136	339804	24241	545163
外商投资企业	543	52502941	52316367	3950074	224038	68587432	44311606	7205265	2826200	9384686
中外合资经营	202	34898568	34785745	1158454	110316	39680942	24493874	3894417	1606734	5373178
中外合作经营	9	208316	198719	16253	6297	348240	254013	3472	4632	22299
外资（独资）企业	312	16566613	16442407	2699016	98109	22301598	17119220	3191686	1181587	3719976
外商投资股份有限公司	15	610325	666944	65550	7959	5900193	2324645	83378	26186	235636
按控股类型分组										
#国有控股	629	111634760	110945368	3279351	366664	340833456	90005422	10361957	3827199	19567457
集体控股	84	2867088	2718511	160451	18721	4206136	3083923	645277	204689	1122275
私人控股	1834	27684704	27104355	1247288	273881	69596770	41526771	7267824	2702527	12681262
港澳台控股	133	20682236	18952058	3687629	54113	24289489	15949378	3121467	1466639	4580488
外商控股	469	27780139	27610991	3806521	164054	36764951	26140002	4504953	1650045	5972715

注：应交税金合计包括应交增值税、所得税费用、税金及附加，计算应交增值税时企业应交增值税为负数的按实际计算（下同）。

工业企业主要经济指标

单位：万元

负债合计	损益：营业收入	损益：#主营业务收入	损益：营业成本	损益：#主营业务成本	损益：销售费用	损益：管理费用	损益：财务费用	损益：利润总额	应交税金合计	#税金及附加	#主营业务税金及附加	#应交增值税
214370769	219588245	214356763	181917145	178127472	11994446	10887943	2047457	15300110	12308926	3791392	3724637	5656365
23966638	4773492	4633855	4655833	4496014	21448	411366	669990	-1294823	191148	56384	51773	113201
119151302	158038893	153327167	123352205	119875194	11868820	9937667	910121	11183111	9922323	3314342	3285572	4454037
71252829	56775860	56395741	53909107	53756264	104178	538910	467346	5411822	2195455	420666	387292	1089127
20274781	34888452	33775800	21795500	20986161	6309269	2804959	229771	3597590	3375898	720623	707464	1718541
194095988	184699793	180580963	160121645	157141311	5685177	8082984	1817686	11702521	8933028	3070769	3017174	3937825
147947272	142684693	139785585	122500796	120418627	6589373	4585831	1220512	9546593	7993404	3024549	2979099	3180049
33043253	39978496	38793284	30275645	29463779	3175327	3097670	467230	3215093	2452905	528930	518460	1323689
30787645	36353601	35226775	28627195	27747786	2216366	3168531	329713	2564195	1845642	236082	225327	1142538
70446961	67377367	66587023	61309580	60776068	456644	1598311	319417	4870980	3742848	1429297	1389917	1575607
143923808	152210878	147769740	120607565	117351404	11537802	9289631	1728040	10429131	8566079	2362095	2334721	4080758
160799844	130824007	127545248	111672982	109179284	5080415	7054332	1698615	7862932	6939047	2272160	2206861	3310207
51972375	40816181	40599493	38286657	38205834	89070	209421	161865	4526541	1755354	387653	366518	817519
149423	206699	197114	181260	176504	8146	21165	-977	6450	12621	1501	1501	8762
286416	813853	808736	775319	771916	9209	22999	491	1406	11541	4118	4099	6381
67065279	48797270	47399656	41942513	40876066	2224072	3440222	1001134	373114	2198930	522079	485712	1281062
31242430	27869809	26481449	21299838	20153574	1663438	2131441	444274	2191410	2333401	1291805	1284326	760226
10083922	12320195	12058799	9187395	8995391	1086481	1229084	91828	764011	627201	65003	64705	436257
***	***	***	***	***	***	***	***	***	***	***	***	***
17165497	29659547	28810899	25885008	25445411	1522877	1106271	70066	1129123	599064	78083	77991	315109
1913571	3575961	3455606	2667217	2563703	287980	295107	-2474	424771	251245	28985	28983	143117
***	***	***	***	***	***	***	***	***	***	***	***	***
12628811	25289081	24665440	22600334	22363497	1153206	715950	-13122	641792	311685	40461	40411	149114
2618406	769774	665360	603872	504943	79554	90643	85797	58367	33146	8379	8339	20812
36405428	59104691	58000617	44359155	43502777	5391153	2727340	278776	6308056	4770815	1441148	1439785	2031049
20060360	37671873	37320011	28219673	27977512	2864552	1541690	87644	4606023	3659610	1322740	1321968	1382811
130394	376377	371286	277711	272764	53053	26395	-1472	20994	20633	2637	2637	11443
13621884	19730446	19210801	14830689	14426430	2316367	1040951	82747	1352895	987426	105065	104653	578801
2415515	1015228	791012	794876	589872	135730	95623	103278	307388	86572	7548	7369	48991
140968553	122135004	119693655	105709831	103857772	3422484	4597841	1411224	8756160	8236806	3325407	3267061	3173767
2370708	3231273	3164594	2722469	2687616	171696	208089	16078	119537	111533	14446	13114	75814
34156959	31566746	30697414	22796347	22118853	3101289	3071096	481293	2722636	1619712	181024	177500	1062933
15050966	27646407	26884441	24316557	23949821	1426716	927359	18563	1008205	454154	58419	58327	230255
19922109	33267966	32300945	25111792	24324973	3656501	1896540	116267	2610735	1772780	180452	179688	1050922

2018 年北京市规模以上工业

项目	企业单位个数（个）	工业总产值（当年价格）	工业销售产值（当年价格）		平均用工人数（人）	资产负债				
				#出口交货值		资产总计	流动资产合计	#存货	#产成品	#应收账款
合计	3197	192129078	188766972	12219381	897358	480095097	179385253	26175834	9907582	44730886
采矿业	17	2767652	2785316	217542	38308	40142182	8699764	334062	64876	1754458
煤炭开采和洗选业	1	***	***	***	***	***	***	***	***	***
石油和天然气开采业	2	***	***	***	***	***	***	***	***	***
黑色金属矿采选业	7	896196	893043		16824	32867143	5333099	116974	35777	931247
非金属矿采选业	2	***	***	***	***	***	***	***	***	***
开采专业及辅助性活动	5	1343519	1344206	38762	16633	4220334	2089163	190649	3496	803078
制造业	3055	133608217	130239523	12001839	775899	226128996	140246863	25606114	9831355	37710246
农副食品加工业	122	2780028	2791229	51993	22305	3755217	2117847	388364	198752	307303
食品制造业	129	3213154	3254364	124168	41671	4334469	2475826	420347	197671	573287
酒、饮料和精制茶制造业	42	2686935	2672732	23597	23491	5858035	3625308	405340	208224	298995
烟草制品业	1	***	***	***	***	***	***	***	***	***
纺织业	18	86725	87085	25681	2459	448495	288580	33524	15708	54196
纺织服装、服饰业	110	1098371	1110552	206046	30163	1450526	1106069	484227	280618	200133
皮革、毛皮、羽毛及其制品和制鞋业	7	51069	51427	9643	1234	102036	67972	47159	30284	12702
木材加工和木、竹、藤、棕、草制品业	10	62636	63304		1393	163917	105190	21686	10120	32436
家具制造业	55	885305	885351	27298	8745	1113663	631401	147579	49382	168338
造纸和纸制品业	37	578367	581552	57531	3893	589025	401728	90693	33869	105916
印刷和记录媒介复制业	95	1287419	1304719	5242	19210	2189077	1369380	265967	90814	192096
文教、工美、体育和娱乐用品制造业	31	1338938	1319445	44272	5219	751394	532825	264525	167646	44474
石油、煤炭及其他燃料加工业	16	6380121	6374346	2164	8365	2878089	1137642	569346	125026	168524
化学原料和化学制品制造业	165	3018840	3010065	121969	22043	4100593	2825355	470158	196535	613507
医药制造业	216	11295757	10542511	134527	76864	16225038	10275999	2827171	1228048	2741120
化学纤维制造业	3	***	***	***	***	***	***	***	***	***
橡胶和塑料制品业	99	662237	658063	79068	10535	990182	661661	147070	63208	220963
非金属矿物制品业	213	4580219	4564411	86202	36533	10815428	7264159	866187	269633	3240943
黑色金属冶炼和压延加工业	11	1034098	1038045	85404	1790	807363	297352	132198	50146	75698
有色金属冶炼和压延加工业	31	852243	826020	131720	4987	1656313	1042991	222593	88408	207656
金属制品业	174	1916724	1972030	218563	21876	5818655	3141298	535631	204566	821572
通用设备制造业	203	5244041	5185884	808457	45837	11983023	8140056	2033370	606583	1654933
专用设备制造业	280	6398916	5998207	886116	58571	21188989	12987898	2211728	623933	3592507
汽车制造业	240	40464603	40424144	483620	125504	50899932	29207799	4406754	2021135	7723875
铁路、船舶、航空航天和其他运输设备制造业	62	2310978	2204452	18279	17851	4039550	3086680	721876	282360	1239044
电气机械和器材制造业	221	5860375	5747471	335150	42426	12433173	9454777	1467879	395188	3765942
计算机、通信和其他电子设备制造业	269	25162807	23244723	7715745	97271	50049153	31827502	5196908	2183123	7796382
仪器仪表制造业	159	2714902	2695112	209735	28768	6235658	4437117	929289	181950	1462346
其他制造业	14	125695	122573	13132	1416	229156	135221	23090	6220	56070
废弃资源综合利用业	8	45398	43884		745	237389	90824	3950	1598	31663
金属制品、机械和设备修理业	14	934699	925581	67219	13280	4314327	1174290	198254	6711	281137
电力、热力、燃气及水生产和供应业	125	55753209	55742134		83151	213823919	30438626	235658	11351	5266182
电力、热力生产和供应业	79	49916386	49908225		58029	195206572	26115552	201898	4990	3870017
燃气生产和供应业	21	4594897	4594889		12296	6743586	1471025	11030	5634	328684
水的生产和供应业	25	1241926	1239020		12826	11873761	2852049	22730	727	1067481

企业主要经济指标（按行业分）

单位：万元

损益								应交税金合计	#税金及附加		#应交增值税
营业收入	#主营业务收入	营业成本	#主营业务成本	销售费用	管理费用	财务费用	利润总额			#主营业务税金及附加	
219588245	214356763	181917145	178127472	11994446	10887943	2047457	15300110	12308926	3791392	3724637	5656365
4773492	4633855	4655833	4496014	21448	411366	669990	-1294823	191148	56384	51773	113201
***	***	***	***	***	***	***	***	***	***	***	***
***	***	***	***	***	***	***	***	***	***	***	***
2974512	2855913	3018103	2866992	8291	255310	656209	-1009465	74574	27613	26731	46427
***	***	***	***	***	***	***	***	***	***	***	***
1363596	1359919	1364379	1359701	3471	58889	-7231	-278692	32715	7969	4536	9253
158038893	153327167	123352205	119875194	11868820	9937667	910121	11183111	992232	3314342	3285572	4454037
3823923	3773849	3332983	3302435	237658	174537	33710	122407	55423	7215	7085	28289
5980858	5842806	3797227	3671358	1427805	317165	8168	386169	443739	41885	41648	297703
2972995	2880418	1982602	1905860	329781	194140	6172	319521	448956	227552	225010	158422
***	***	***	***	***	***	***	***	***	***	***	***
202968	194525	154246	150358	6743	27604	3846	6396	8153	3336	2713	2647
1287673	1219676	881794	822867	233806	121053	5899	46683	75169	9136	9107	55606
78078	77356	66815	66310	5009	5533	102	399	3098	322	322	2388
94864	78782	77862	71558	5788	9917	827	288	2593	454	454	1988
907835	892622	725905	716714	61417	77647	9919	34038	44619	4831	4689	29710
708063	674251	560575	532679	27817	43186	-943	72929	46239	3845	3681	23729
1555362	1428609	1189367	1094526	40535	178705	-3621	131604	116146	15910	11020	74049
1456094	1416648	1344919	1326843	46022	49807	8188	13543	25344	4270	2845	18512
7029227	6958646	5595146	5523282	56071	198349	12411	267382	1198628	881542	881364	245601
3659209	3457078	2831656	2650884	307072	300906	21295	199108	187099	19531	19037	127437
11371468	11088191	4961190	4756687	3379444	1065694	125805	1963993	1218435	113811	111603	787680
***	***	***	***	***	***	***	***	***	***	***	***
921808	882937	779851	748014	36128	84408	4747	12494	35297	4905	4664	24181
5629398	5425119	4812763	4624036	243025	366570	83477	170065	215683	29698	26022	153189
1085290	1072722	1034674	1022417	18964	14924	12559	1297	10758	4365	4260	7144
1235991	983902	1107230	865037	14366	73900	5578	83074	22555	4010	3787	12179
2517582	2425875	2093471	2028214	93674	227864	48650	50268	95449	13405	13086	67103
5887352	5776407	4453692	4391037	360065	504895	68240	469961	326528	38304	37097	189352
7501468	7305470	5437402	5327390	506010	792613	131587	937190	386610	47932	47284	240755
44379465	42848100	36407251	35082061	2234974	1819351	221575	3683523	3335450	1392879	1388344	1124794
2397338	2359470	1649585	1624200	66964	419452	24009	204048	198306	17434	16721	112323
7286852	7099048	5698821	5593403	500776	631453	44119	492633	340627	38741	38253	196965
33071386	32260841	29011997	28646432	1323071	1622270	-35475	956608	462595	95268	93416	232127
3290440	3230496	2258425	2235685	259564	418309	9501	333831	214969	25070	23369	131446
134251	131030	71722	70384	26184	18691	654	24995	14348	1387	1386	9563
54970	53592	44383	44067	512	11998	1851	3145	5472	625	625	3441
968212	948207	792516	789114	5676	122298	60465	158803	57355	7650	7650	37720
56775860	56395741	53909107	53756264	104178	538910	467346	5411822	2195455	420666	387292	1089127
50675634	50367645	48715643	48600429	12697	254880	365325	4812202	1777359	189404	162537	975693
4624580	4580871	4206934	4178937	36915	191999	5774	367084	96382	7070	6971	38819
1475646	1447225	986530	976898	54566	92031	96247	232536	321714	224192	217784	74615

2018 年北京市规模以上高技术制造业主要经济指标

单位：亿元

项目	工业总产值	主营业务收入	利润总额	应交税金
合计	4228.2	4982.8	372.6	210.8
按登记注册类型分组				
内资	1703.4	1848.4	212.0	121.2
国有	17.3	19.0	4.8	3.1
集体	1.3	1.4		
股份合作企业	4.3	4.0	-0.2	0.1
有限责任公司	900.9	956.7	83.4	53.4
股份有限公司	464.2	522.4	83.5	40.4
私营企业	315.3	344.9	40.5	24.2
其他				
港澳台商投资	1536.7	2075.0	47.2	24.7
外商投资	988.2	1059.4	113.4	64.9
按高技术领域分组				
医药制造业	1129.6	1108.8	196.4	121.8
航空、航天器及设备制造业	123.3	124.8	8.8	6.6
电子及通信设备制造业	2302.9	2849.0	93.0	40.5
计算机及办公设备制造业	245.4	417.0	1.9	6.4
医疗仪器设备及仪器仪表制造业	418.2	474.7	70.4	35.2
信息化学品制造	8.9	8.6	2.1	0.3

2018 年北京市规模以上工业企业主要效益指标

单位：%

项　目	总资产贡献率	资产保值增值率	资产负债率	流动资产周转率（次）	收入利润率	产品销售率	每百元主营业务收入成本费用（元）	人均销售收入（元）
合　计	5.99	106.20	44.65	1.24	7.14	98.25	94.73	2447053
按行业分组								
采矿业	-1.19	96.77	59.70	0.54	-27.94	100.64	120.82	1246082
制造业	9.57	106.25	52.69	1.15	7.29	97.48	93.00	2036849
电力、热力、燃气及水生产和供应业	3.60	107.36	33.32	1.84	9.60	99.98	97.29	6828043
按轻重工业分组								
轻工业	14.75	108.88	45.63	1.26	10.65	97.43	89.80	1258984
重工业	5.10	105.94	44.55	1.24	6.48	98.40	95.65	2977867
按规模分组								
#大型企业	5.29	106.47	42.44	1.47	6.83	98.19	95.01	3745605
中型企业	9.02	105.41	51.09	1.05	8.29	97.46	93.33	1530863
小型企业	7.07	105.89	49.33	0.90	7.28	99.48	94.99	1433445
按隶属关系分组								
中央企业	4.03	106.58	33.38	1.73	7.32	99.59	94.84	4830369
地方企业	7.56	105.78	53.49	1.11	7.06	97.57	94.68	2008401
按登记注册类型分组								
内资企业	4.25	105.49	42.03	1.12	6.16	98.78	96.45	2164380
国有企业	3.46	107.41	29.54	1.70	11.15	99.90	95.24	19026749
集体企业	5.68	102.46	47.52	0.91	3.27	99.64	103.92	518562
股份合作企业	3.49	48.10	74.49	2.66	0.17	99.93	99.49	2878859
有限责任公司	3.12	103.47	59.50	1.09	0.79	98.23	100.30	1587249
股份有限公司	6.95	102.62	42.17	0.77	8.28	97.85	92.11	1936008
私营企业	7.85	105.42	52.76	0.98	6.34	98.63	94.56	987290
其他企业								
港澳台商投资企业	6.06	105.94	59.31	1.66	3.92	92.25	97.69	4306036
港澳台合资经营	11.79	108.15	37.22	1.01	12.29	95.84	90.99	1427358
港澳台合作经营	17.42	106.49	12.27	0.73	17.12	93.73	81.01	797790
港澳台商独资企业	4.80	107.69	63.93	2.11	2.60	91.35	98.19	6517972
港澳台商投资股份有限公司	4.24	93.66	65.34	0.30	8.77	103.43	114.36	1631914
外商投资企业	15.90	111.51	53.08	1.43	10.88	99.64	89.48	2638155
中外合资经营	19.71	114.20	50.55	1.64	12.34	99.68	87.01	3414906
中外合作经营	10.43	134.36	37.44	1.39	5.65	95.39	94.47	597709
外资（独资）企业	10.57	106.02	61.08	1.24	7.04	99.25	93.00	2011074
外商投资股份有限公司	9.13	109.55	40.94	0.41	38.86	109.28	116.88	1275572
按控股类型分组								
#国有控股	5.23	106.37	41.36	1.36	7.32	99.38	94.65	3330979

1978—2018 年北京市

年份	布（万米）	机制纸及纸板（万吨）	饮料酒（万千升）	乳制品（万吨）	家用电冰箱（万台）	照相机（万台）	家具（万件）	原煤（万吨）	原油加工量（万吨）	乙烯（万吨）
1978	25436	12.1	8.4			0.5	137.8	818.7		
1979	27297	13.9	9.9		2.0	0.7	171.3	711.1		
1980	28940	14.0	11.6		2.6	1.0	200.2	791.0	591.1	
1981—1985	142080	86.9	87.3	2.0	41.6	25.7	1348.4	4269.1	2811.3	132.3
1981	28635	14.5	13.4		3.1	4.2	217.7	788.7	533.5	24.7
1982	29758	15.8	14.9	0.2	4.5	0.9	243.5	811.3	533.5	25.6
1983	30068	17.1	17.4	0.3	6.4	2.8	254.2	840.5	563.8	27.3
1984	27621	18.9	20.3	0.6	10.3	5.3	297.9	884.3	589.4	26.9
1985	25998	20.6	21.3	0.9	17.3	12.5	335.1	944.3	591.1	27.8
1986—1990	153032	120.5	131.4	4.7	96.4	74.6	2096.6	4745.3	3210.5	141.8
1986	27503	21.9	21.5	0.7	18.1	15.9	303.8	917.2	619.0	25.3
1987	29738	24.1	22.7	0.8	19.4	16.5	283.0	899.8	640.2	27.0
1988	32262	23.3	23.9	1.0	23.6	15.8	347.1	906.0	645.0	30.3
1989	32271	25.8	28.7	1.0	24.7	13.5	572.1	1016.8	651.9	29.1
1990	31258	25.4	34.6	1.2	10.7	12.9	590.6	1005.5	654.4	30.1
1991—1995	133994	116.5	347.3	5.9	27.0	450.8	3261	4851.0	3269.9	172.2
1991	31497	27.2	43.8	1.3	7.1	5.4	602.0	996.5	653.4	31.1
1992	29717	22.6	56.6	1.2	9.1	4.2	570.0	1015.2	662.5	32.8
1993	26816	19.1	72.6	1.6	4.2	39.3	729.0	835.4	664.0	27.2
1994	21440	21.0	83.1	0.3	6.6	158.8	605.0	1008.5	642.0	28.1
1995	24524	26.6	91.2	1.5		243.1	755.0	995.4	648.0	53.0
1996—2000	96005	70.0	436.6	7.3	15.9	706.5	1986.8	4360.0	3336.5	306.0
1996	22585	15.3	102.2	1.2	6.3	234.3	510.6	1013.7	633.6	57.5
1997	25185	18.1	…	1.7	…	157.7	469.4	1011.7	657.0	58.0
1998	21299	13.1		0.9	0.3	177.7	348.5	989.5	602.3	57.0
1999	14753	13.0	148.8	1.4	5.8	81.6	386.2	792.1	701.9	68.0
2000	12183	10.6	185.6	2.1	3.6	55.2	272.1	553.0	741.7	65.5
2001—2005	38411	59.5	700.9	119.7	189.7	685.0	2036.9	4359.5	3624.5	430.7
2001	11353	8.8	135.8	3.7	5.9	61.3	370.6	690.2	647.9	54.3
2002	10314	6.2	138.7	1.4	16.2	220.7	368.3	880.9	695.2	90.4
2003	8393	7.9	132.8	1.3	22.8	238.3	323.8	822.6	701.1	88.8
2004	4081	19.6	148.0	56.4	63.1	116.8	567.7	1067.9	783.4	98.2
2005	4270	17.0	145.6	56.9	81.7	47.9	406.5	897.9	796.9	99.0
2006—2010	4508	64.0	906.9	270.8	447.0	189.1	3765.4	2971.5	5143.2	455.6
2006	930	14.0	170.8	63.5	74.1	49.2	893.4	629.2	828.9	99.1
2007	536	10.4	189.1	57.9	73.1	34.7	638.8	633.3	915.0	90.9
2008	1583	14.9	180.0	44.9	79.0	49.0	690.9	567.7	1114.6	85.4
2009	965	14.1	181.1	52.2	128.7	27.1	719.4	641.3	1161.3	84.1
2010	495	10.6	185.8	52.3	92.1	29.2	822.8	500.0	1123.4	96.2
2011—2015	1586	42.9	931.2	296.4	237.6	70.9	3841.4	2400.9	5110.9	402.1
2011	339	10.0	187.0	58.6	73.5	26.6	750.2	500.1	1103.1	89.6
2012	351	11.3	191.7	56.6	80.4	18.2	720.1	493.1	1075.0	84.0
2013	361	10.0	198.0	58.5	83.7	17.9	995.9	500.1	881.6	72.3
2014	361	6.6	187.4	60.6		6.6	674.7	457.5	1051.1	77.6
2015	174	5.0	167.1	62.1		1.6	700.5	450.1	1000.1	78.6
2016		6.1	167.5	62.2		0.1	776.2	317.6	844.8	69.6
2017		5.9	164.9	59.7		0.1	686.3	255.0	898.9	79.3
2018		5.7	155.9	56.0			620.6	176.2	911.3	79.4

规模以上工业产品产量

发电量（万千瓦时）	粗钢（万吨）	钢材（万吨）	水泥（万吨）	交流电动机（万千瓦）	汽车（万辆）	#轿车	移动通信手持机（万台）	微型计算机设备（万台）	数控金属切削机床（台）	显示器（万台）	集成电路（亿块）
990750	191.0	116.8	191.5	152.5	1.8						
1042870	196.5	137.5	196.9	179.7	2.4						
1065060	200.9	152.1	217.4	142.7	2.8						
5101356	1114.2	907.9	1355.7	713.0	17.2						
993071	190.3	149.5	225.7	104.0	2.7						
1003446	200.4	159.4	249.1	123.3	2.8						
1028826	214.1	177.9	270.8	148.3	3.1			0.3			
1038842	241.7	200.1	291.6	165.4	3.6			1.2			
1037171	267.7	221.0	318.5	172.0	5.0			0.5			
5656282	1837.8	1556.7	1649.3	889.7	39.5			6.9			
1043208	303.6	255.5	310.5	178.4	5.8			0.5			
1057493	335.5	283.4	319.6	196.4	7.4			0.9			
1110758	369.0	314.9	334.3	199.5	9.0			3.0			
1191269	386.0	327.9	345.9	163.8	8.5			1.3			
1253554	443.7	375.0	339.0	151.6	8.8			1.2			
6772732	3411.0	2613.9	2364.7	824.3	70.8			32.3			
1318000	499.7	402.9	377.6	156.7	11.0			1.7			
1423000	575.0	438.3	403.0	174.9	13.8			3.0			
1410900	702.7	525.3	477.9	162.3	13.4			4.1			
1298718	828.7	617.6	531.7	165.0	14.7			4.3			
1322114	804.9	629.8	574.2	165.4	17.9			19.2			
7330814	3937.5	3343.3	3758.9	753.3	57.7			686.6	2238		5.4
1415555	794.7	654.3	666.0	151.9	13.4			28.1	326		0.5
1464302	801.7	652.4	700.9	148.7	11.0			59.8	433		0.6
1566621	803.2	676.1	762.0	149.7	8.5			160.9	430		0.6
1431772	734.5	663.8	803.0	142.0	12.3	1.0		180.0	481		1.3
1452564	803.4	696.7	827.0	161.0	12.5	0.5	1549.6	257.8	568		2.4
8369923	4113.3	4096.9	4963.3	1169.8	179.6	45.7	21081.2	2407.0	5783		33.0
1326588	824.9	727.3	809.0	175.1	14.3	0.5	2163.4	339.7	1004		2.1
1419754	816.9	750.0	884.0	199.3	18.1	0.7	2280.1	415.7	912		2.5
1451197	816.4	785.0	882.0	253.1	34.7	7.3	3334.5	469.3	1188		4.7
2038933	827.5	868.3	1204.5	279.4	53.9	15.0	4172.1	532.7	1024		11.1
2133451	827.6	966.3	1183.8	262.9	58.6	22.2	9131.1	649.6	1655		12.6
11960020	2988.1	4267.1	5443.8	1160.6	492.9	191.6	106256.6	4052.3	23256	3205.7	90.2
2136918	818.1	1016.3	1269.4	269.0	68.3	27.0	14068.0	736.1	1875	680.7	11.8
2278658	810.8	1030.4	1167.3	281.9	70.7	20.3	22719.9	843.3	2382	513.6	15.7
2431255	466.8	656.8	880.8	259.7	76.6	28.3	20725.5	691.7	3108	478.1	19.1
2424839	464.9	769.6	1077.4	159.0	127.1	53.8	21355.3	842.7	6125	655.6	18.3
2688350	427.5	794.0	1049.0	191.1	150.3	62.2	27388.0	938.6	9766	877.8	25.3
16408207	11.4	1132.6	3911.0	563.8	959.9	477.6	92219.5	5166.3	59213	3020.7	219.3
2628331	2.9	287.0	911.5	146.0	150.5	67.1	25962.3	1083.7	12537	851.4	32.0
2908214	2.6	253.8	874.5	117.1	167.0	78.5	19949.3	1074.5	13332	796.9	31.9
3312116	2.3	221.8	868.4	145.4	203.8	94.5	18783.4	1106.9	6983	305.3	38.4
3385699	2.1	195.0	703.1	115.0	216.7	118.6	17983.6	1015.6	13890	548.1	54.3
4173847	1.5	175.0	553.5	40.3	221.9	118.9	9540.8	885.6	12471	519.0	62.7
4336690		162.8	510.3	46.1	260.4	120.7	6923.9	684.1	12420	503.5	80.5
3878163		179.0	374.4	48.2	225.0	107.6	7483.1	742.4	14877	360.8	93.1
4372998		179.9	397.0	35.5	179.7	92.2	9029.6	564.5	11787	401.7	137.5

2018 年北京市主要工业产品产量

工业产品名称		2018	2017
单晶硅	（千克）	201301.4	141432.4
中成药	（万吨）	4.4	4.1
沥青和改性沥青防水卷材	（万平方米）	604.1	1080.1
纤维增强塑料制品	（万吨）	9.3	9.1
耐火材料制品	（万吨）	45.3	48.5
冷轧薄宽钢带	（万吨）	90.4	86.1
单一稀土金属	（千克）	1443214	1583545
发动机	（万千瓦）	19226.7	20210.6
气动元件	（万件）	30555.7	30192.4
数控金属切削机床	（台）	11787	14877
机床数控装置	（套）	69908	76979
工业电炉	（台）	230	371
环境污染防治专用设备	（台套）	77794	147460
汽　车	（万辆）	179.7	225.0
#基本型成用车（轿车）	（万辆）	92.2	107.6
运动型多用途乘用车(SUV)	（万辆）	38.4	54.9
载货汽车	（万辆）	42.8	46.3
改装汽车	（万辆）	1.2	0.9
风力发电机组	（万千瓦）	131.0	280.9
锂离子电池	（万只）	1058.0	846.7
移动通信手持机（手机）	（万台）	9029.6	7483.1
微型计算机设备	（万台）	564.5	742.4
服务器	（台）	91552	147663
液晶显示模组	（万套）	14046.5	15052.2
显示器	（万台）	401.7	360.8
集成电路	（亿块）	137.5	93.1
彩色电视机	（万台）	896.5	382.7

1978—2018年北京市规模以上工业企业主要指标

年份	企业单位个数（个）	平均用工人数（万人）	资产总计（万元）	负债合计（万元）	固定资产原价（万元）	主营业务收入（万元）	主营业务成本（万元）	利润总额（万元）	利税总额（万元）
1978	4225	114.8			1305271	1098279		370551	501588
1979	3746	116.8	1417223		1371335	1186497		414344	554895
1980	3733	140.9	1547267		1495083	1987967		453147	604241
1981—1985						12561630		2404751	3383077
1981	3778	152.9	1650869		1622035	2054862		440753	599452
1982	3867	158.7	1748915		1750727	2183458		440000	604372
1983	4011	162.0	1846698		1886857	2408893		469364	642437
1984	4291	165.5	2003625		2045344	2728866		505249	707360
1985	4458	165.6	2338194		2337082	3175551		549385	829456
1986—1990						24054442		2924045	4825016
1986	5461	169.9	2720485		2627346	3385055		523961	813979
1987	5746	170.5	3147157		3008917	3935004		570760	885303
1988	5932	170.5	3607173		3412765	5032042		701574	1081370
1989	6175		4343353		3890267	5597829		638385	1087017
1990	6272	173.5	4982746		4382462	6104512		489365	957347
1991—1995						57731437		4241285	8051832
1991	6344	172.4	5672894		5052285	7271529		583381	1106009
1992	6205	175.5	6409037		5754181	8526860		748098	1347058
1993	10320	167.9	15209851		9986886	12822058		1095165	1811556
1994	10889	179.5	19692285		9648050	13207344		961715	1857476
1995	10712	176.2	25826309	15287699	13900296	15903646		852926	1929733
1996—2000						103617473		3188809	8655552
1996	16905	166.6	28755517	17220941	16319878	15801389		330539	1225314
1997	19387	157.5	34083006	20496564	18503218	17070867	14090931	405129	1405499
1998	18089	167.1	40129028	24839166	22213387	20345380	16697396	484460	1617338
1999	19682	161.1	42540707	25863159	23121446	22186280	18246619	697807	1846310
2000	16027	145.6	46127325	26763977	25316408	28213557	23380075	1270874	2561091
2001—2005						233471075	189477215	13486920	23453788
2001	4356	108.0	44482243	24595592	25036546	30068965	25334494	1369794	2795203
2002	4551	107.6	47429487	25278299	26554117	31827790	26129179	1655153	3219863
2003	4019	100.8	51779832	27511740	27559571	38856527	32032375	2352909	4189859
2004	6872	113.6	120495094	41430793	39221838	59926564	42885133	3974076	6417537
2005	6301	117.1	128298350	47067350	44340413	72791229	63096034	4134988	6831326
2006—2010						576103251	496981936	35550064	57599572
2006	6400	117.4	142444009	55423362	50306165	89141630	77798643	5311453	8479249
2007	6398	119.3	162155043	65083476	58148433	104401683	90340762	6956067	10552194
2008	7206	123.4	168024206	80850104	65745860	112758173	98666826	5569968	9379138
2009	6891	120.4	195407033	98746128	70836396	121730618	104063569	7429216	12699472
2010	6885	124.2	227505774	115480740	79360648	148071147	126112136	10283360	16489519
2011—2015						899886856	759490198	67937345	108777212
2011	3740	117.9	253217462	126486073	86208174	157533565	133976096	11294991	18061726
2012	3692	120.2	286131557	148372202	102771932	169051357	143074099	12678868	20104385
2013	3641	116.1	308007299	162079598	107885887	186886314	158335883	12828840	21252443
2014	3686	116.6	335570497	171375654	115329380	197766666	166994443	15157524	24078630
2015	3548	110.4	386097637	181024377	122654798	188648954	157109677	15977122	25280028
2016	3340	104.4	430936843	197981343	129779692	197469575	163956085	16082648	25215765
2017	3231	99.5	459857612	206710165	139640309	207220418	171233016	20236731	29370153
2018	3197	89.7	480095097	214370769		214356763	178127472	15300110	24747867

1984—2018 年北京市

年份	合计	轻工业	重工业	# 大中型工业	# 计算机、通信和其他电子设备制造业	# 汽车制造业	# 电力、热力生产和供应业
1984	276.2	118.0	158.2	178.7			
1985	324.2	135.8	188.4	213.7			
1986—1990	2448.3	1039.7	1408.6	1691.2	133.8	183.6	59.4
1986	336.5	140.8	195.7	231.6	14.5	23.1	9.2
1987	387.6	160.1	227.5	272.1	19.5	28.6	9.4
1988	495.6	212.5	283.1	345.4	28.9	39.2	11.0
1989	602.7	264.1	338.6	408.3	33.6	44.0	13.7
1990	625.9	262.2	363.7	433.8	37.3	48.7	16.1
1991—1995	5826.7	1936.6	3890.1	3770.8	440.0	633.0	151.1
1991	730.2	298.1	432.1	507.4	45.7	69.6	18.7
1992	860.0	306.5	553.5	587.4	47.8	100.9	22.5
1993	1166.6	361.9	804.7	747.6	71.4	126.6	28.9
1994	1576.6	497.9	1078.7	990.7	120.3	162.1	39.9
1995	1493.3	472.2	1021.1	937.7	154.8	173.8	41.1
1996—2000	10382.8	3026.2	7356.6	5765.7	2513.1	669.3	322.1
1996	1590.6	509.1	1081.5	962.3	199.2	166.6	17.5
1997	1819.7	577.8	1241.9	999.6	300.9	158.5	75.5
1998	1947.0	598.2	1348.8	1059.8	467.1	112.9	71.1
1999	2183.5	621.8	1561.7	1090.9	611.8	121.6	74.8
2000	2842.0	719.3	2122.7	1653.1	934.1	109.7	83.2
2001—2005	23980.6	4911.1	19069.5	16858.4	6187.1	2544.9	1394.8
2001	3270.1	842.4	2427.7	2298.4	1066.0	180.9	83.8
2002	3620.2	882.4	2737.8	2434.7	1018.9	269.4	99.9
2003	4410.8	936.7	3474.1	3183.9	1091.1	528.0	118.3
2004	5733.3	1084.7	4648.6	3699.3	1235.6	748.9	492.8
2005	6946.2	1164.9	5781.3	5242.1	1775.5	817.7	600.0
2006—2010	53010.4	8204.7	44805.7	40357.2	11607.8	7055.8	6713.8
2006	8210.0	1258.2	6951.8	6237.9	2234.2	1003.6	847.6
2007	9648.4	1505.5	8142.9	7365.9	2663.1	1057.4	1068.0
2008	10413.1	1674.3	8738.8	7898.9	2385.9	1153.3	1242.4
2009	11039.1	1766.7	9272.4	8349.3	2095.5	1663.8	1435.6
2010	13699.8	2000.0	11699.8	10505.3	2229.1	2177.7	2120.2
2011—2015	83383.2	12349.7	71033.5	66759.9	10832.8	15816.8	17213.2
2011	14513.6	2227.2	12286.4	11289.3	2026.2	2495.6	2283.4
2012	15596.2	2402.1	13194.1	12239.6	2054.9	2521.5	3018.1
2013	17370.9	2541.5	14829.4	13941.3	2217.0	3269.2	3739.1
2014	18452.9	2568.0	15884.9	15039.5	2424.5	3647.6	4087.0
2015	17449.6	2610.8	14838.8	14250.3	2110.2	3882.9	4085.6
2016	18087.3	2731.6	15355.7	15053.2	2019.9	4771.6	4105.5
2017	18901.1	2924.1	15977.0	15747.2	2199.5	4492.5	4496.7
2018	19212.9	2909.4	16303.5	16134.6	2516.3	4046.5	4991.6

注：工业总产值按现价计算。

规模以上工业总产值

单位：亿元

#铁路、船舶、航空航天和其他运输设备制造业	#化学原料和化学制品制造业	#通用设备制造业	#专用设备制造业	#电气机械和器材制造业	#仪器仪表制造业	#医药制造业	#非金属矿物制品业	#石油加工、炼焦和核燃料加工业
	345.2			104.0	23.4	44.5	102.4	35.3
	48.1			15.7	3.7	5.4	15.9	4.8
	57.2			17.0	4.0	7.1	17.6	5.6
	69.4			22.2	5.3	9.8	20.1	7.0
	83.4			27.0	5.5	10.8	24.7	8.2
	87.1			22.1	4.9	11.4	24.1	9.7
	366.9			187.5	65.0	91.7	244.8	476.6
	42.8			25.7	5.7	14.0	27.1	65.6
	62.0			30.5	7.4	15.8	31.8	67.4
	70.1	64.8	33.8	40.9	12.2	18.2	50.3	92.4
	90.6	76.1	62.1	53.4	15.4	21.8	81.1	117.3
	101.4	55.3	40.4	37.0	24.3	21.9	54.5	133.9
	565.3	250.2	398.9	351.4	175.3	203.2	435.5	839.4
	104.3	54.3	41.4	44.8	32.1	26.4	71.4	133.3
	100.1	49.9	53.1	52.2	30.6	32.3	73.7	148.4
	100.1	53.5	81.0	69.2	33.2	38.9	92.6	111.8
	116.6	43.4	100.0	87.5	37.0	47.1	95.0	156.7
	144.2	49.1	123.4	97.7	42.4	58.5	102.8	289.2
	1262.2	705.2	801.0	819.6	504.9	543.9	757.4	1696.8
	145.6	71.9	98.0	111.5	49.7	71.5	102.8	269.8
	168.0	81.4	130.2	119.1	74.8	98.6	132.9	318.0
	312.7	128.1	151.0	169.2	97.8	123.0	143.4	241.9
	399.0	186.7	189.8	197.5	124.4	119.7	184.5	274.6
	236.9	237.1	232.0	222.3	158.2	131.1	193.8	592.5
	1496.4	1975.1	1992.7	2277.1	1044.3	1302.2	1526.5	3402.6
	257.5	292.5	300.9	260.7	183.9	150.1	234.6	540.4
	318.0	347.8	331.9	333.7	215.7	202.3	258.5	601.7
	306.7	409.2	434.4	387.2	211.4	263.9	296.5	753.2
	255.9	377.9	423.1	596.4	205.4	313.1	344.4	682.1
	358.3	547.7	502.4	699.1	227.9	372.8	392.5	825.2
	1738.1	2678.1	2824.6	3682.7	1227.4	2997.3	2277.6	3992.5
	371.2	597.9	565.6	775.1	242.3	452.9	445.2	902.5
200.2	345.9	524.7	510.3	669.7	224.3	543.3	461.1	886.3
262.0	349.6	516.9	614.7	714.1	245.8	599.1	491.1	767.2
381.5	352.1	550.6	590.3	737.6	257.3	669.0	488.0	845.4
384.5	319.3	488.0	543.7	786.2	257.7	733.0	392.2	591.1
391.5	302.3	490.0	512.1	678.6	254.9	814.4	432.1	494.4
423.7	333.9	537.3	557.2	665.8	269.1	981.6	432.1	580.0
231.1	301.9	524.4	639.9	586.0	271.5	1129.6	458.0	638.0

北京市主要年份规模以上工业总产值

单位：亿元

各 区	2005	2010	2012	2013	2014	2015	2016	2017	2018
全 市	6946.2	13699.8	15596.2	17370.9	18452.9	17449.6	18087.3	18901.1	19212.9
东城区	89.3	67.1	109.6	123.5	161.6	203.0	195.9	200.2	174.9
西城区	334.9	686.3	833.1	883.2	965.8	1067.2	1096.0	1145.7	1247.1
朝阳区	707.7	1040.5	1239.2	1093.2	1006.8	723.4	816.3	715.4	741.6
丰台区	268.9	433.5	386.4	418.6	434.2	452.5	446.5	437.6	297.7
石景山区	602.3	630.5	303.5	276.5	241.4	226.9	213.5	222.4	208.8
海淀区	850.4	1343.0	1489.3	1708.3	2211.2	2216.5	2108.6	2387.6	2311.2
门头沟区	48.4	78.7	104.6	80.7	98.5	86.5	77.0	84.3	75.1
房山区	611.1	949.6	1019.9	970.7	1064.7	833.0	751.2	895.2	995.5
通州区	228.7	593.0	610.0	667.7	691.1	618.9	644.0	641.2	602.4
顺义区	864.3	1851.6	2299.0	2862.5	2983.6	2828.4	3008.6	2192.1	1807.1
昌平区	438.6	987.8	1191.7	1271.0	1133.7	804.9	891.2	1099.1	1039.3
大兴区	204.2	455.1	570.9	633.1	664.6	694.5	771.8	811.9	754.8
怀柔区	120.0	484.8	440.4	553.2	552.7	451.4	491.9	636.0	608.3
平谷区	86.2	184.7	216.8	242.6	253.9	244.8	246.8	189.0	163.7
密云区	92.9	177.0	262.0	293.1	309.0	284.4	331.8	305.8	269.7
延庆区	19.0	51.4	67.7	65.0	69.3	53.9	71.5	79.0	87.3
北京经济技术开发区	1119.5	2228.1	2187.9	2292.9	2421.0	2555.5	2842.5	3424.9	3841.2

注：自2004年起，国家电网公司、国网冀北电力有限公司的“工业总产值”由市统计局统一核算，故表中“工业总产值”指标分区数据之和不等于全市。

2018年北京市乡镇个体、私营企业主要经济指标

各 区	企业个数（个）	从业人员（人）	总收入（万元）	利润总额（万元）	上缴税金（万元）
全 市	68656	181417	3674007	353686	136256
朝阳区					
丰台区					
海淀区	617	3659	42755	3999	993
门头沟区	8049	11846	267846	43712	3196
房山区	11357	49416	862467	118054	13515
通州区	3409	9577	94888	7732	5188
顺义区	21701	56499	1657089	112368	97328
昌平区	685	3962	60379	8566	514
大兴区	365	2796	99165	3259	9219
怀柔区	5696	13853	201467	38478	2326
平谷区	6697	13435	36379	1854	539
密云区	9858	15845	351533	15651	3437
延庆区	222	529	39	13	1

资料来源：北京市经济和信息化局。

2018 年北京市乡镇企业主要经济指标

各 区	企业个数（个）	从业人员（人）	总收入（万元）	利润总额（万元）	上缴税金（万元）
全 市	82791	577466	41140446	2169224	1801819
朝阳区	156	14143	1872391	134361	107980
丰台区	301	32697	953550	-22048	70131
海淀区	2084	31628	1121943	218571	171042
门头沟区	8109	13334	348454	45888	5067
房山区	12680	82722	3387951	225180	91680
通州区	5284	74613	6814169	338945	321905
顺义区	27912	181380	18205292	656980	723021
昌平区	1000	29221	2338245	358646	87334
大兴区	521	14123	1565354	27865	57599
怀柔区	5890	32640	1605461	120692	88284
平谷区	7373	33534	1067442	16243	34911
密云区	11184	32754	1622914	48361	36359
延庆区	297	4677	237280	-460	6506

资料来源：北京市经济和信息化局。

附　录

本栏目收录北京市第33届企业管理现代化创新成果获奖名单、优秀组织单位名单、北京市第21批企业技术中心认定名单、北京市工业企业部分发明授权专利、2018北京软件和信息服务业综合实力百强企业榜单以及北京市政府相关部门通信指南、北京市辖区内国有控股工业企业通信指南和北京市部分工业企业名录。

北京市第33届企业管理现代化创新成果获奖名单（358项）

序号	成果项目名称	企业名称
一等奖（113项）		
1	大型电网企业基于管理和技术双驱动的同期线损精益化创新实践	国网北京市电力公司
2	北京城市副中心高端智能配电网创建实践	国网北京电力通州供电公司
3	城市区域化“营配一体”供电服务中心建设实践	国网北京电力城区供电公司
4	电网企业成本多维度展示模式构建与应用实践	国网北京市电力公司
5	首都供电营业厅智能化服务实践	国网北京市电力公司
6	基于互联网+的管理决策支撑服务优化	国网北京市电力公司
7	首都电网电力监控系统安全防护机制创新与实践	国网北京市电力公司
8	业务委托领域法律风险管理创新与实践	国网北京电力检修分公司
9	电网企业基于移动互联技术的智能安全管控实践	国网北京市电力公司
10	首都电力企业以“两级中心”为核心的配电运检管理实践	国网北京市电力公司
11	工程转资模式创新与实践	国网北京市电力公司
12	大型电力国有企业“双创体系”的建设与实践	国网北京市电力公司
13	电网运营数字化投资决策支持体系创新与实践	国网北京市电力公司
14	大型电力企业内部审计监督全覆盖的创新实践	国网北京市电力公司
15	电力检修企业班组移动作业终端建设的创新与实践	国网北京电力检修分公司
16	重大活动的“四链协同”供电保障体系创新与实践	国网北京市电力公司
17	北燃实业集团管控体系的创新与实践	北京北燃实业集团有限公司
18	燃气企业报表数据共享云平台的创建与应用	北京市燃气集团有限责任公司第二分公司
19	燃气企业跨区域经营创新与实践	北京市液化石油气公司
20	北京生产制造企业疏解腾退升级发展的规划与实施	北京远东仪表有限公司
21	大型啤酒生产销售企业智慧营销的构建	北京燕京啤酒股份有限公司
22	绿色海水淡化系统集成的构建与实施	北控水务集团有限公司
23	国有企业新建大型项目审批模式的构建—“六化”精锐组织的创新	北京北控能源投资有限公司
24	大型电子信息企业以技术创新为核心驱动的产业转型升级	北京牡丹电子集团有限责任公司
25	网络化管理原理在商业银行全面风险管理中的应用	华夏银行股份有限公司
26	无时差、透明化工程管理体系的构建与实施	北京城市副中心投资建设集团有限公司
27	以服务首都发展战略为导向的大型企业战略选择与实施	北京城市副中心投资建设集团有限公司
28	奥体文化商务园绿色节能能效统筹管理的创新实践	北京新奥置业有限公司
29	营造幸福宜居社区 创建特色平房物业管理模式	北京金融街物业管理有限责任公司
30	打造跨行业的风险审计动态监控平台 助力大型国有集团提质增效	北京金融街投资（集团）有限公司
31	构筑以“美好生活”为愿景的融社区服务体系	金融街控股股份有限公司
32	老字号茶叶企业品牌定位战略升级的现代管理实践	北京张一元茶叶有限责任公司
33	“组织经验萃取”技术在“新生代”人才培养体系中的应用	北京首都开发控股（集团）有限公司
34	以美丽乡村为愿景推动北京首例集体土地棚户区改造的创新实践	北京住总绿都投资开发有限公司
35	以差异化发展为导向的传统国有施工企业战略转型的管理实践	北京住总第一开发建设有限公司
36	北京市公共租赁住房“三位一体”运营管理模式的构建与实施	北京市保障性住房建设投资中心
37	企业集团财务资源优化配置的方法与实践	北京首都创业集团有限公司
38	价值创造导向战略闭环管理体系的构建与实施	北京首都创业集团有限公司

（续表）

序号	成果项目名称	企业名称
39	高品质宜居保障房的开发建设管理创新与实践	北京首创华业房地产开发有限公司
40	基于农产品流通服务现状的供应链集合管理与实施	北京农副产品交易所有限责任公司
41	以组织与员工共赢理念为动力的商业地产企业文化管理落地实践	首创钜大有限公司
42	依托资产信息化建设提升轨道交通资产精细化管理的创新实践	北京市基础设施投资有限公司
43	“属地化+”管理创新，实现中资建筑企业在发达国家可持续发展	北京建工国际投资有限责任公司
44	基于互联网服务平台打造客户运营新体系	中国联合网络通信有限公司北京市分公司
45	大型军工设计集团廉洁风险防控体系构建和实施	中国五洲工程设计集团有限公司
46	军工非标设备研发企业基于核心竞争力的平台竞争战略与实施	北京五洲中兴机电设备开发有限公司
47	老字号腐乳企业文化传承与管理创新	北京二商王致和食品有限公司
48	首都国有液压基础件企业“打造高精尖产业+疏解转型升级”的创新与实践	北京华德液压工业集团有限责任公司
49	高速公路运营企业的制度化建设	北京市首都公路发展集团有限公司八达岭高速公路管理分公司
50	双核多维一体化的高速公路示范收费站建设与实施	北京市首都公路发展集团有限公司京开高速公路管理分公司
51	线上线下融合的高速公路服务品牌建设创新与实践	北京市首都公路发展集团有限公司京开高速公路管理分公司
52	战略转型背景下的高速公路运营企业区域协作联动管理探索与实践	北京市首都公路发展集团有限公司京沈高速公路分公司
53	基于“六化”的首都高速公路隧道专业化管理	北京市首都公路发展集团有限公司京沈高速公路分公司
54	高速公路依法管护的创新与实践	北京市首都公路发展集团有限公司安畅高速公路管理分公司
55	基于新形势政务保障下的首都高速公路养护管理创新实践	北京首发公路养护工程有限公司
56	打造服务于首都功能定位的“至精养护”品牌	北京市首发天人生态景观有限公司
57	创新型国有生态景观企业的高技能人才队伍建设	北京市首发天人生态景观有限公司
58	首都高速公路路面养护科学化决策体系的构建与实施	北京奥科瑞检测技术开发有限公司
59	构建“三驱动”人力资源管理体系，实现创新突破，助力企业发展	中国移动通信集团北京有限公司
60	构建物联网“1236”创新管理体系助力万物互联规模再上新台阶	中国移动通信集团北京有限公司
61	首都城市邮政惠民服务平台建设	中国邮政集团公司北京市电子商务局
62	OEM产品质量七级管控模式的构建与实施	北京一轻日用化学有限公司
63	商业银行实现卓越绩效的“五力质量管理”构建与实践	北京农村商业银行股份有限公司
64	基于信息化的奥运场馆转型发展	北京国家游泳中心有限责任公司
65	北方导航—大型军工上市公司提高核心竞争力技术创新管理与实践	北方导航控制技术股份有限公司
66	大型国有企业内部审计监督管理体系的构建与实施	北京公共交通控股（集团）有限公司
67	城市轨道交通信号系统设备设施智能化维修管理体系建设与实施	北京市地铁运营有限公司通信信号分公司
68	创建以绿色发展为导向的新型总部管理经营模式	通达耐火技术股份有限公司
69	绿色物业运维管理的创新与实践	北京金隅物业管理有限责任公司
70	城市轨道交通自主化全自动运行系统建设管理	北京市轨道交通建设管理有限公司
71	大型企业集团知识产权管理体系建设与实施	北京汽车集团有限公司
72	大型汽车集团军民融合研发体系创新与实践	北京汽车研究总院有限公司
73	乘用车数字化研发制造管理创新与实践	北京汽车研究总院有限公司
74	大型车企成本管控能力提升工程的创新与实践	北京汽车股份有限公司
75	制造业智能互联化的全员生产维护管理创新实践	北京奔驰汽车有限公司
76	大型合资汽车制造企业打造智能制造价值链的创新与实践	北京奔驰汽车有限公司

（续表）

序号	成果项目名称	企业名称
77	大型合资车企“精·制”生产管理体系的创新与实践	北京奔驰汽车有限公司
78	新能源汽车企业基于工业 4.0 的 3A 客户体验解决方案实施	北京新能源汽车股份有限公司
79	汽车服务贸易集团集成化发展战略引领转型升级	北京北汽鹏龙汽车服务贸易股份有限公司
80	集成自动化参数管控体系的构建与应用，助推大型服务贸易集团管理升级	北京北汽鹏龙汽车服务贸易股份有限公司
81	大型汽车集团零部件企业研发体系的构建与实施	北京海纳川汽车部件股份有限公司
82	基于“一体化”数据中心的大数据业务构建与创新	北京供销大数据集团股份有限公司
83	大型供热企业法律事务一体化管控体系的构建与实践	北京市热力集团有限责任公司
84	大型企业集团财务公司“营改增”财务管理体系的创新与实践	京能集团财务有限公司
85	中小型酒店集团客房收益管理实践与创新	北京金泰恒业国际旅游有限公司（京煤集团）
86	电力企业物资库房智能仓储信息系统开发与应用	宁夏京能宁东发电有限责任公司
87	热力发电企业智慧化电力工程建设管理	京能十堰热电有限公司
88	发电企业绩效管理体系的构建与实施	内蒙古华宁热电有限公司
89	面向市场变革的燃气发电企业经营管理体系创新	深圳钰湖电力有限公司
90	基于“互联网 +Excel”的跨区水电企业安全生产管理	四川大川电力有限公司、四川众能电力有限公司
91	以胜任力模型为基础的领导干部学习地图和培养项目体系构建与应用	国网冀北电力有限公司管理培训中心
92	电网企业以风险效益最优为导向的税务风险管理体系	国网冀北电力有限公司
93	大型电网企业海量数据分析挖掘体系建设助力内部审计监督实践	国网冀北电力有限公司
94	智能化供应商服务体系的建设与实施	国网冀北电力有限公司物资分公司
95	大型供电企业面向客户需求和清洁能源发展的配电网运行管理	国网冀北电力有限公司
96	电力监控系统安全防控管理体系构建与实施	国网冀北电力有限公司唐山供电公司
97	电网研究型企业以创新小组为主体的研究管理体系构建与实施	国网冀北电力有限公司经济技术研究院
98	基于大数据挖掘的电费回收监测预警体系的创建及应用	国网冀北电力有限公司
99	以客户为中心的“全能型”供电所创新与实践	国网冀北电力有限公司
100	多源数据支撑的应急指挥体系的构建与应用	国网冀北电力有限公司承德供电公司
101	“三维立体式”技能人才精准培养体系的构建与应用	国网冀北电力有限公司张家口供电公司
102	电网企业员工职业安全促进模式的创新与实践	国网冀北电力有限公司廊坊供电公司
103	基于 MPC 体系结构的本质安全管理创新与实践	国网冀北电力有限公司秦皇岛供电公司
104	知识型电网企业技术服务与研发智慧化管理	国网冀北电力有限公司电力科学研究院
105	城区老工业企业打造城市综合服务商的创新与实践	首钢集团有限公司
106	大型国有企业综合改革的创新实践	首钢集团有限公司
107	多元化企业集团目标引领型组织绩效管理体系的构建与实施	首钢集团有限公司
108	大型国有企业全口径全要素人工费预算管理体系的构建与实施	首钢集团有限公司
109	冶金地下矿山企业本质安全管理体系的构建与实施	首钢集团有限公司矿业公司
110	大型汽车零部件企业价值流瓶颈管理体系的构建与实施	北京京西重工有限公司
111	“铁源文化”的构建与实施	首钢集团有限公司矿业公司
112	大型钢铁企业“众创·共享”管理模式的构建与实施	首钢京唐钢铁联合有限责任公司
113	国有企业医院构建紧密型医联体健康管理模式的实践与创新	北京大学首钢医院
二等奖（245 项）		
1	建筑设计企业知识管理体系	北京市建筑设计研究院有限公司
2	基于“智慧工地”理念的电网工程建设管理实践	国网北京市电力公司

（续表）

序号	成果项目名称	企业名称
3	首都电力集团客户一体化服务体系的构建与实践	国网北京电力客户服务中心
4	首都电网企业全员量化考核创新实践构建与实施	国网北京电力昌平供电公司
5	电网运维领域关键法律风险体系的构建和实施	国网北京市电力公司
6	城市核心区“国际一流”配电网规划管理与建设实践	国网北京电力城区供电公司
7	北京城市副中心电网规划管理实践	国网北京电力通州供电公司
8	电力交易模式的创新与实践	国网北京市电力公司
9	基于“互联网+”技术的廉洁文化建设与实践	国网北京市电力公司
10	基于大数据下的反窃电分析预警及处理应用创新实践	国网北京市电力公司
11	劳动竞赛模式创新与实践	国网北京市电力公司
12	审计与财务稽核相结合的风险动态监控体系创新与实践	国网北京电力朝阳供电公司
13	基于大数据分析的高效配电网抢修体系的构建与实施	国网北京电力海淀供电公司
14	大型电网企业参与北京市综合管廊电力舱规划建设工作机制创新与实践	国网北京市电力公司
15	电网企业网络信息安全管理创新实践	国网北京市电力公司
16	全面提升企业本质安全管理的创新与实践	国网北京电力检修分公司
17	企业内训师人力资源管理体系的构建与实践	国网北京电力培训中心
18	首都电网企业多方参与型“煤改电”工程管理模式创新构建	国网北京市电力公司
19	供电企业“煤改电”工程全过程跟踪审计的创新实践	国网北京电力昌平供电公司
20	停电计划统筹管理创新与实践	国网北京电力房山供电公司
21	“全能型”乡镇供电所绩效管理体系构建与实践	国网北京电力门头沟供电公司
22	电网“紧耦合”配电调控运营模式的构建	国网北京电力怀柔供电公司
23	供电企业双翼积分制人才管理体制的构建	国网北京电力密云供电公司
24	供电公司基于客户需求的“全过程服务”管理实践	国网北京电力石景山供电公司
25	电费抄核收一体化管控模式的建设与实践	国网北京电力顺义供电公司
26	供电企业高效开展工程转资的管理实践	国网北京电力延庆供电公司
27	“互联网+”环境下首都电力保密工作管理创新与实践	国网北京市电力公司
28	电网科研单位内部控制体系的构建与实践	国网北京电力科学研究院
29	现代化物业管理新模式的信息化平台搭建	国网北京市电力公司
30	钢结构变电站模块化建设实践	国网北京市电力公司
31	供电企业社会责任管理体系的建立与实践	国网北京电力大兴供电公司
32	集中支付环境下资金安全管理实践	国网北京电力信通分公司
33	输电通道属地化运维管理应用实践	国网北京电力顺义供电公司
34	基于大数据的电力设备中标价格分析与实践	国网北京电力科学研究院
35	天津市奥林匹克中心体育场钢桁架油柒涂装翻新工程	北京城建精工钢结构工程有限公司
36	顺应城镇燃气发展 建立隐患排查治理体系	北京市燃气集团有限责任公司第一分公司
37	构建全面提升燃气企业效益的流程管理体系	北京市燃气集团有限责任公司第三分公司
38	用户工程精细化管控的创新实践	北京市燃气集团有限责任公司第五分公司
39	优化基层班组机构配置 提升燃气管网运营质量	北京市燃气集团有限责任公司高压管网分公司
40	“双井”“四维”项目制管理的应用与实践	北京燃气怀柔有限公司
41	燃气企业全业务自助终端管理系统的构建	北京市燃气集团有限责任公司信息档案中心
42	“一国一档”国际能源数据平台的建设与应用	北京市燃气集团有限责任公司调研室

（续表）

序号	成果项目名称	企业名称
43	北京燃气第四分公司经营分析工作监督反馈闭环管理模式应用的探索	北京市燃气集团有限责任公司第四分公司
44	创建北京燃气人才测评体系，为科学培养人才提供标准和工具	北京市燃气集团燃气学院
45	大型多元化产业集团“一体两翼三支撑”薪酬管理体系改革与实践	北京北燃实业有限公司
46	全力推进安全隐患排查治理信息化平台建设	北京市液化石油气公司
47	构建兼职安全员体系，打造多维度安全管理	北京市煤气热力工程设计院有限公司
48	集成电路高端装备企业在混合所有制改革员工持股过程中的创新与实践	北京京仪自动化装备技术有限公司
49	现代服务业管理平台搭建思路及实操	北京京仪工贸有限公司
50	创新管理理念提升创效能力	北京京仪大酒店有限责任公司
51	国有企业推行职业经理人制度的创新与实践	北京京仪集团有限责任公司
52	实施清洁能源改造，推动企业持续绿色发展	北京燕京啤酒股份有限公司
53	发挥资源优势 承担社会责任 推进基地建设 普众环保理念	哈尔滨市双琦环保资源利用有限公司
54	炉排炉冬季垃圾焚烧的创新与实践	哈尔滨市双琦环保资源利用有限公司
55	企业价值链视角下财务共享中心建设的创新及实践	北京易亨电子集团有限责任公司
56	电子信息企业集团以党建推进公司治理的创新实践	北京牡丹电子集团有限责任公司
57	“共享经济”理念在新生共享汽车企业市场开发策略中的应用与实践	北京首汽智行科技有限公司
58	以休闲娱乐、动物科普教育为核心的儿童动物园管理实践创新项目	北京绿野晴川动物园有限公司
59	打造“商业游”购物新体验	天津新燕莎奥特莱斯商业有限公司
60	以互联网为依托的传统百货转型	北京首商集团股份有限公司西单商场
61	零售企业“服务体系更新与再造”的策划与实施	北京燕莎友谊商城有限公司
62	商业银行基于移动互联网技术的信贷业务全流程管理创新与实践	华夏银行股份有限公司
63	基于三维信息技术的项目精细化管理手段在“承接非首都功能疏解任务”中的创新实践	北京城市副中心投资建设集团有限公司
64	以服务于北京城市副中心等重大建设任务为宗旨的企业档案数字化管理创新	北京城市副中心投资建设集团有限公司
65	基于党建融入中心的“五有五转化”优势推动企业高效协同管理	北京城市副中心投资建设集团有限公司通州分公司
66	新奥标准化保洁运用实践	北京市新奥物业管理有限公司
67	城市功能区运营企业的创新发展	北京市新奥物业管理有限公司
68	城市市政功能区土地一二级联动开发建设统筹管理的组织与实践	北京新奥通城房地产开发有限公司
69	通州运河商务区以“三统一”模式为核心的通信管理	北京新奥通达通信有限责任公司
70	城市功能综合区统一实施的探索与实践	北京新奥置业有限公司
71	提升地下空间商业项目安全保障水平的特色安全管理模式	北京北投商业地产经营管理有限公司
72	城市管理路径创新与实践——“综合杆”的实施（以阜内大街整理复兴计划一期项目为例）	北京华融金盈投资发展有限公司
73	基于分布式架构的寿险核心业务系统业务管理能力提升与实践	长城人寿保险股份有限公司
74	新时代下延伸“红墙意识”实现楼宇党建新突破——天津环球金融中心特色楼宇党建模式	金融街（天津）置业有限公司
75	房地产土地投资阶段产业联动及集体经济保障的实践与探索	金融街（北京）置业有限公司
76	北京国有企业首单商业地产资产证券化产品落地	金融街控股股份有限公司
77	人工湖水生态系统构建技术	金融街（天津）置业有限公司
78	北京金融街华嘉项目古树保护在首都老城更新中的创新与实践	北京金嘉房地产开发有限公司
79	E动长城——E化服务的创新与实践	长城人寿保险股份有限公司

（续表）

序号	成果项目名称	企业名称
80	基于物业管理行业特色需求的异地分公司授权授信管控实践	北京金融街物业管理有限责任公司
81	依托客户大数据资产构建地产企业智慧营销体系	金融街控股股份有限公司
82	新时代房地产公司投资拓展的创新与实践	金融街（北京）置业有限公司
83	设计管理实现全龄化生长型空间	金融街（天津）置业有限公司
84	以“心比金纯”理念为核心的“菜百·品牌”营销服务方式的创建与实施	北京菜市口百货股份有限公司
85	牛街清真超市创新品牌塑造管理模式	北京金源投资管理有限公司
86	以企业发展战略引导的管理现代化人才队伍建设	北京翔达投资管理有限公司
87	以符合首都“四个中心”发展定位的现代孵化服务体系构建	北京金丰和科技企业孵化器有限责任公司
88	以“疏非促提升”为抓手实现传统国企成功转型的管理实践	北京华方投资有限公司
89	试验与资料全过程信息化协同管理在大型国企的创新与实践	北京住总集团有限责任公司
90	信息化技术在设计质量管理中的应用	北京市住宅建筑设计研究院有限公司
91	“共建共享”理念在社区物业管理中的应用	北京住总北宇物业服务公司
92	以工业化管理模式建造装配式公租房	北京市保障性住房建设投资中心
93	公租房运营管理信息系统建设及应用	北京市保障性住房建设投资中心
94	污水公司人力资源管理标准化体系建设与实施	北京首创股份有限公司
95	打造房地产企业总部、一线公司一体化的内控安全网	首创置业股份有限公司
96	跨地域集团化供水企业水资源节约管控体系的构建与实施	北京首创股份有限公司
97	基于人工智能技术的大数据反洗钱系统构建	首创证券有限责任公司
98	以推动“积木式创新”与“全面质量管理”为核心的普惠金融担保产品研发及管理实践	北京首创融资担保有限公司
99	基于系统化解决区域水污染的厂网一体化标准综合体建设与实施	北京城市排水集团有限责任公司
100	北京轨道交通产业“走出去”的模式与实施	北京市基础设施投资有限公司
101	北京轨道交通路网千分制评价工作创新与实践	北京轨道交通路网管理有限公司
102	BIM+ 精细化管理在装饰工程中的应用	北京建工装饰集团有限公司
103	构建全面的增值税管理体系，引领国有建筑企业转型升级	北京建工四建工程建设有限公司
104	基于鲁班奖标准的“BIM+ 智能建造”助力企业迎接产业变化	北京六建集团有限责任公司
105	基于全量管理的综合领域专业化团队运营模式变革与实践	中国联合网络通信有限公司北京市分公司
106	激发基层经营生态圈活力，打造双效提升的“全面项目制”新管理体系	中国联合网络通信有限公司北京市分公司
107	“全覆盖、全方位、全过程”推进内部控制与全面风险管理实践	中国五洲工程设计集团有限公司
108	大型军工设计企业基于供给侧结构性改革的平台竞争体系构建与实施	中国五洲工程设计集团有限公司
109	军工设计集团军民深度融合推动转型升级的混合所有制改革创新与实践	中国五洲工程设计集团有限公司
110	集团型企业集中管控平台创新与实践	北京二商集团有限责任公司
111	调味品老字号企业产品结构调整优化的构建和实施	北京六必居食品有限公司
112	老字号清真食品企业营销模式创新与实践	北京月盛斋清真食品有限公司
113	疏解腾退的国有制造业利用老旧厂房拓展文创空间的战略与实施	北京毕捷电机股份有限公司
114	两化融合管理助推装备制造企业战略转型	北京巴布科克·威尔科克斯有限公司
115	基于“三体系”融合的企业全面预算管理创新	北京市首都公路发展集团有限公司八达岭高速公路管理分公司
116	以精细化管理为目标的监控 + 稽查业务融合模式的构建与管理	北京市首都公路发展集团有限公司八达岭高速公路管理分公司
117	高速公路运营企业“三位一体”逃费防治网络的构建与实施	北京市首都公路发展集团有限公司八达岭高速公路管理分公司

（续表）

序号	成果项目名称	企业名称
118	首都高速公路企业“坚持问题导向”收费现场管理的实践与创新	北京市首都公路发展集团有限公司八达岭高速公路管理分公司
119	高速公路员工食堂智能化服务与管理	北京市首都公路发展集团有限公司八达岭高速公路管理分公司
120	优化整合高速公路管理区域的实践与应用	北京市首都公路发展集团有限公司京开高速公路管理分公司
121	高速公路运营企业设备设施巡检系统的构建与实施	北京市首都公路发展集团有限公司京沈高速公路分公司
122	以科技创新提升高速公路运营管理的智能化应用水平	北京市首都公路发展集团有限公司京沈高速公路分公司
123	基于“互联网+”的企业党务管理创新	北京市首都公路发展集团有限公司京沈高速公路分公司
124	分级管理及“桥长制”解决首都高速公路桥下空间管理短板	北京市首都公路发展集团有限公司安畅高速公路管理分公司
125	“创新工作室”在高速公路养护企业技术管理中的引领应用	北京首发公路养护工程有限公司
126	基于不断交通情况下首都高速公路大段落路面病害处理施工工艺的创新及应用	北京首发公路养护工程有限公司
127	以资源化为目标的高速公路服务区污水处理设施的建设与管理	北京市首发高速公路经营管理有限公司
128	公路交通运输企业“家”文化建设的创新与实践	北京市首都公路发展集团有限公司
129	安全隐患排查治理系统”在首发集团的构建和实施	北京市首都公路发展集团有限公司
130	打造管理能力体系，推进业务规模发展，带动企业服务转型	中国移动通信集团北京有限公司
131	新时代国企数字化转型发展能力体系的构建	中国移动通信集团北京有限公司
132	打造 DevOps 敏捷新体系，开创业务支撑新模式	中国移动通信集团北京有限公司
133	供应链流程精益管理创新，实现供应链效率和质量双提升	中国移动通信集团北京有限公司
134	投资开支预算事前管控管理创新	中国移动通信集团北京有限公司
135	布局互联网信息化战场，坚持捍卫清朗网络空间	中国移动通信集团北京有限公司
136	探索健康型网络模式，打造赋能型活力组织	中国移动通信集团北京有限公司
137	始于初心 以人为本 共启愿景 精益经营　重塑职薪结构 激发团队潜能	中国移动通信集团北京有限公司
138	基于社会公益主题的图书捐赠服务平台建设	中国邮政集团公司北京市报刊发行局
139	“北京通”民政卡助力全市民政养老事业发展	北京农村商业银行股份有限公司
140	农村集体经营性建设用地入市试点的金融创新实践	北京农村商业银行股份有限公司
141	以打造科技地产绿色发展核心竞争力为目标的技术创新管理体系构建	北京科技园建设（集团）股份有限公司
142	搭建“互联网＋设施管理”智能化共治平台助力城市公共空间设施精细化管理	首都信息发展股份有限公司
143	北方导航—企业管理现代化创新成果申报审批表—大型军工上市公司提高核心竞争力产研协同的创新与实践	北方导航控制技术股份有限公司
144	大型军工企业基于大数据的产品质量数据信息系统搭建与应用实施	北方导航控制技术股份有限公司
145	公交集团法人治理管理系统实现法人治理现代化的创新实践	北京公共交通控股（集团）有限公司
146	统一物资采购系统在企业采购业务管理中的建设与实施	北京公共交通控股（集团）有限公司
147	移动学习平台的建设与实施	北京公共交通控股（集团）有限公司
148	应急管理系统在企业安全生产管理中的创新与实践	北京公共交通控股（集团）有限公司
149	构建内部市场化机制提升公司运转效益效率	北京市地铁运营有限公司
150	北京地铁供电抢险路况信息平台的建设与实施	北京市地铁运营有限公司供电分公司
151	互联网＋媒体趋势下传统广告公司的创新发展	北京地下铁道通成广告有限公司

（续表）

序号	成果项目名称	企业名称
152	地铁站内大客流的组织与管控—级线客运组织法	北京市地铁运营有限公司运营三分公司
153	国有企业利用自有用地建设保障性住房的实践——以金隅汇星苑为例	北京金隅嘉业房地产开发有限公司
154	第5空间“厕所革命”服务创新与实践	北京第伍空间环境管理有限公司
155	背街小巷环境综合整治提升的管理作业模式的探索与创新	北京市北清物业管理有限责任公司
156	“四特四化”高端环卫装备创新与实践	北京京环装备设计研究院
157	基于大数据分析的安全风险监控平台研发及工程应用	北京市轨道交通建设管理有限公司
158	以国家创新战略为导向搭建集团管理创新发展平台的创新与实践	北京汽车集团有限公司
159	构建“三位一体”绩效审计体系 助力大型汽车集团减亏增效	北京汽车集团有限公司
160	海外建设项目审计体系的构建及实践	北京汽车集团有限公司
161	大型汽车集团基于大数据管理的财务共享服务中心创新与实践	北京汽车集团有限公司
162	基于汽车行业工业控制系统的信息安全管控的创新与实践	北京汽车集团有限公司
163	基于提升设计质量成熟度的质量前置管理构建与实践	北京汽车股份有限公司
164	大型车企新环境下跨平台成本优化管理创新与实践	北京汽车股份有限公司
165	提升大型跨国汽车制造企业基层班长领导力的创新与实践	北京奔驰汽车有限公司
166	大型汽车制造企业维修工技能评价体系的创新与管理	北京奔驰汽车有限公司
167	企业一线人才培养	福建奔驰汽车有限公司
168	汽车制造业一般资材标准化管控改进实践	北京现代汽车有限公司
169	新能源车企基于混合所有制与资本运营的改革实践与创新	北京新能源汽车股份有限公司
170	基于国有企业体制机制改革的党建现代化创新及实践	北京新能源汽车股份有限公司
171	基于数据驱动的新能源整车生产经营管理创新与实践	北京新能源汽车股份有限公司
172	自主品牌新能源汽车整车开发体系实践与创新	北京新能源汽车股份有限公司
173	打造汽车服务贸易集团以塑造雇主品牌为导向的全面人才招聘体系	北京北汽鹏龙汽车服务贸易股份有限公司
174	汽车备件“可视化、自动化、平台化”管理模式的创新与实践	北京汽车国际发展有限公司
175	国际化2.0战略下财务管理模式的创新与实践	北京汽车国际发展有限公司
176	大型火力发电企业“本质安全融合管理”的构建与实施	内蒙古京隆发电有限责任公司
177	需求导向型普法工作体系的构建与实施	内蒙古京能康巴什热电有限公司
178	基层供热单位智能化缴费的建立与实施	北京市热力集团有限责任公司东城分公司
179	煤电企业化学处理精细化管理体系的构建和实施	内蒙古京泰发电有限责任公司
180	以“两个细则”增收为核心的火电企业运行调度创新管理机制	山西漳山发电有限责任公司
181	大型国有火电企业融入党建量化考核绩效管理体系的构建与实施	内蒙古京泰发电有限责任公司
182	新能源发电企业物资国产化新模式的建立与实施	北京京能新能源有限公司设备物资部
183	大型火力发电企业环保指标全过程管理	内蒙古京隆发电有限责任公司
184	基于智能化管理平台的燃料全过程管控	宁夏京能宁东发电有限责任公司
185	燃气发电企业运行人员全方位培训管理体系的构建与实施	北京京桥热电有限责任公司
186	财务公司“立体化”案件防控管理机制的创建与实施	京能集团财务有限公司
187	数字化电厂浪潮下的企业人力资源管理	北京京能高安屯燃气热电有限责任公司
188	以“安全健康舒心”为宗旨的职工食堂精细化管理	北京京丰燃气发电有限责任公司
189	区域供热市场营销模式的创新实践	北京上庄燃气热电有限公司
190	企业集团“2+3+N”集约化保险管理体系架构与实施	京能集团财务有限公司
191	保障性住房中绿色建筑的实施与应用	北京丽富房地产开发有限公司（京煤集团）
192	基于微信平台的安全生产双重预防机制研究和应用	河北涿州京源热电有限责任公司

（续表）

序号	成果项目名称	企业名称
193	热电厂定制化的外委安全管理	内蒙古华宁热电有限公司
194	智能化锅炉房中央集控管理模式的构建	北京市热力集团有限责任公司朝阳第一分公司
195	应急物资动态管理实践	内蒙古京宁热电有限责任公司
196	基于软件平台优化的发电企业运行管理	北京太阳宫燃气热电有限公司
197	区域能源中心运行班组管理模式创新与实践	北京上庄燃气热电有限公司
198	旅游文化综合体“互联网+”培训体系搭建	北京乐多港发展有限公司
199	综合能源集团一体化管理的供热生产经营管理系统建设	北京华源热力管网有限公司
200	“领导干部上讲台”机制在大型国有企业的创新实践	国网冀北电力有限公司
201	“策划树”体系模型聚合舆论传播力引导力的创新实践	国网冀北电力有限公司
202	“一三五”电代煤工程多维创新助推电能替代国家能源战略	国网冀北电力有限公司
203	供电企业“五点四维三挂钩”干部考核评价机制的创新与实践	国网冀北电力有限公司唐山供电公司
204	基于“五位一体”的国有大型企业法律风险防范体系构建与实施	国网冀北电力有限公司
205	高新技术型电网企业内部审计智能化管理	国网冀北电力有限公司电力科学研究院
206	服务低碳冬奥的新能源多级协同优化管理	国网冀北电力有限公司
207	全寿命周期成本技术在电网企业的应用与实践	国网冀北电力有限公司
208	基于项目全寿命闭环管理理念的技改大修精益化管理	国网冀北电力有限公司
209	基于资产全寿命的配网供应商履约评价与风险预警体系建设	国网冀北电力有限公司物资分公司
210	大型电力企业技术标准执行评价体系构建与实施	国网冀北电力有限公司
211	供电企业“四级联动”绩效评价体系的构建与实施	国网冀北电力有限公司承德供电公司
212	集中部署环境下省级电网企业资金立体管控模式的构建	国网冀北电力有限公司
213	基于社会责任的企业品牌文化建设管理实践	国网冀北电力有限公司承德供电公司
214	以“五提升”为目标的全链条协同创新体系的构建与实施	国网冀北电力有限公司张家口供电公司
215	省级信息通信“星级调度”体系建设，夯实全网信息通信系统安全管控水平	国网冀北电力有限公司信息通信分公司
216	构建实施“五旗”培塑体系，全力打造共产党员服务队精优管理模式	国网冀北电力有限公司张家口供电公司
217	实施”互联网+”党建项目化管理有效推动电力企业党建工作逐年登高	国网冀北电力有限公司唐山供电公司
218	省级电网规划报告质量和深度提升管理实践	国网冀北电力有限公司经济技术研究院
219	基于“1234金字塔”模型的全员绩效管理体系构建与实施	国网冀北电力有限公司秦皇岛供电公司
220	以标准化为基础的变电站应急抢修响应体系的构建与实施	国网冀北电力有限公司廊坊供电公司
221	以推进标准化管理文件包落地为抓手的送变电企业制度标准化管理新模式的构建与实施	北京送变电有限公司
222	供电企业“三线一点”全员绩效管理体系建设的创新与实践	国网冀北电力有限公司唐山供电公司
223	依托客户星级评价服务助推供电企业营销发展	国网冀北电力有限公司唐山供电公司
224	创新配网工程过程管控模式，全面提升企业精益化管理水平	国网冀北电力有限公司唐山供电公司
225	以优化企业资源配置能力为导向的配电网诊断、评价体系的构建与实施	国网冀北电力有限公司唐山供电公司
226	供电企业开闭站运维实践多角度全方位标准化管理	国网冀北电力有限公司廊坊供电公司
227	电网集中监控风险预控体系建设与实施	国网冀北电力有限公司廊坊供电公司
228	依托于同期线损系统建设的多专业融合中低压降损管理创新与实践	国网冀北电力有限公司张家口供电公司
229	运用大数据机器学习能力，构建1+N式营销智慧决策中心	国网冀北电力有限公司秦皇岛供电公司
230	配网带电作业计划管理模式的创新与实践	国网冀北电力有限公司秦皇岛供电公司

（续表）

序号	成果项目名称	企业名称
231	基于移动互联的绿电积分体系建设	国网冀北电力有限公司
232	以成本管控为导向的电网企业精益化管理创新与实践	国网冀北电力有限公司承德供电公司
233	省级电力科研机构基于“五维驱动”的技改精益管理体系的创新实践	国网冀北电力有限公司电力科学研究院
234	特高压人工精确测温五定法管理模式构建	国网冀北电力有限公司检修分公司
235	送变电施工企业“导师带徒”培养体系的构建与实施	北京送变电有限公司
236	大型制造企业安全生产预警体系的构建与应用	北京首钢股份有限公司
237	大型国有企业疏解腾退空间的创新与实践	首钢集团有限公司
238	大型国有企业“价值创造型”监督管理体系的构建与实施	首钢集团有限公司
239	大型国有钢铁企业“1+3+N”海外工程协同管理模式构建与实施	首钢集团有限公司
240	特大型国有企业深化法人治理结构改革的创新与实践	首钢集团有限公司
241	大型国有企业深化法人治理结构改革的创新与实践	首钢集团有限公司
242	大型危化品生产企业安全管理体系的创立与实践	首钢京唐钢铁联合有限责任公司
243	大型国有企业管理费用管理模式的创新与实践	首钢长治钢铁有限公司计财处
244	国有控股公司加强海外并购企业内控管理的探索与实施	北京京西重工有限公司
245	新型医护一体化合作模式在结直肠癌患者管理中的应用	北京大学首钢医院

注：同等级不分先后

北京市第33届企业管理现代化创新成果优秀组织单位名单(7家)

序号	企业名称	序号	企业名称
1	北京汽车集团有限公司	5	首钢集团有限公司
2	国网北京市电力公司	6	北京首都创业集团有限公司
3	国网冀北电力有限公司	7	北京城市副中心投资建设集团有限公司
4	北京市首都公路发展集团有限公司		

注：同等级不分先后

第21批北京市企业技术中心名单

为贯彻落实“放管服”改革精神，进一步优化营商环境，培育与壮大创新能力强、创新机制好、引领示范作用大的创新型企业队伍，市经济和信息化局依据《北京市企业技术中心建设管理办法》和《北京市企业技术中心建设管理告知承诺制实施细则（试行）》的有关规定，组织了2018年度第21批北京市企业技术中心的创建评价工作，前期已将拟通过名单予以公示，期间未收到异议，通过资格核查的名单公布如下（排名不分先后）。

序号	企业名称	序号	企业名称
1	北京华胜天成信息技术发展有限公司	4	北京和信瑞通电力技术股份有限公司
2	北京三盈联合石油技术有限公司	5	机科发展科技股份有限公司
3	北京京冶轴承股份有限公司	6	汉能移动能源控股集团有限公司

（续表）

序号	企业名称	序号	企业名称
7	中铁十九局集团矿业投资有限公司	28	中科星图股份有限公司
8	北京新立机械有限责任公司	29	北京小米移动软件有限公司
9	航天长征火箭技术有限公司	30	北京比特大陆科技有限公司
10	李宁（中国）体育用品有限公司	31	北京石头世纪科技有限公司
11	北京同仁堂健康药业股份有限公司	32	麒麟合盛网络技术股份有限公司
12	北京北大方正电子有限公司	33	中铁建设集团北京工程有限公司
13	国网信息通信产业集团有限公司	34	中建铁路投资建设集团有限公司
14	北京耐威科技股份有限公司	35	国核电力规划设计研究院有限公司
15	视联动力信息技术股份有限公司	36	中交三公局第一工程有限公司
16	贝壳找房（北京）科技有限公司（由链家网（北京）科技有限公司更名）	37	中铁工程设计咨询集团有限公司
17	同方知网（北京）技术有限公司	38	北京金隅红树林环保技术有限责任公司
18	北京旷视科技有限公司	39	中建一局集团安装工程有限公司
19	北京海量数据技术股份有限公司	40	中铁二十二局集团轨道工程有限公司
20	北京金山办公软件股份有限公司	41	罗克佳华科技集团股份有限公司
21	北京二六三企业通信有限公司	42	北京清华同衡规划设计研究院有限公司
22	北京三快在线科技有限公司	43	中铁二十三局集团第二工程有限公司
23	紫光软件系统有限公司	44	德农种业股份公司
24	正元地理信息有限责任公司	45	中冶建设高新工程技术有限责任公司
25	宜人恒业科技发展（北京）有限公司	46	北京理工雷科电子信息技术有限公司
26	方正宽带网络服务有限公司	47	中铁十九局集团轨道交通工程有限公司
27	北京易讯通信息技术股份有限公司		

北京市工业企业部分发明授权专利

申请号	WIPO 分类标引	专利权人名称	专利权人地址
CN2018102283291	纺织和造纸机器	北京天川同展科技有限公司	丰台区百强大道 10 号楼 2 单元 2111 房
CN2018102091037	热工过程和器具	北京市众诚恒祥能源投资管理有限公司	昌平区科技园区超前路 37 号院 16 号楼 2 层 C2046 号
CN2017102574235	药品（含中药）	北京市永康年健康科技有限责任公司	丰台区刘家窑南里 5 号 2 号 1289 室 1289
CN2017101694901	热工过程和器具	绿瓴（北京）环保节能科技有限公司	海淀区万柳中路 11 号 2 层 2–204 号
CN201710157814X	发动机、泵、涡轮机	晟源高科（北京）科技有限公司	海淀区高梁桥斜街 44 号一区 89 号楼 13B–15
CN2017101248192	医学技术	北京博辉瑞进生物科技有限公司	大兴区中关村科技园区大兴生物医药产业基地药谷一号国际研发孵化园 6# 厂房西侧
CN201710002986X	药品（含中药）	北京汇诚瑞祥医药技术有限公司	通州区次渠光机电一体化产业基地兴光四街 5 号一轻研究院 4 号楼
CN2017100029802	药品（含中药）	北京汇诚瑞祥医药技术有限公司	通州区次渠光机电一体化产业基地兴光四街 5 号一轻研究院 4 号楼
CN2016112644865	纺织和造纸机器	北京润拓工业技术有限公司	西城区广安门外南街甲 59 号 2 层南门 219
CN2016112278464	纺织和造纸机器	艾体威尔电子技术（北京）有限公司	海淀区杏石口路甲 18 号 2 号楼 3 层

（续表）

申请号	WIPO 分类标引	专利权人名称	专利权人地址
CN2016112164054	医学技术	北京博辉瑞进生物科技有限公司	大兴区中关村科技园区大兴生物医药产业基地药谷一号国际研发孵化园 6# 厂房西侧
CN201611216404X	医学技术	北京博辉瑞进生物科技有限公司	大兴区中关村科技园区大兴生物医药产业基地药谷一号国际研发孵化园 6# 厂房西侧
CN2016112156787	控制	圣邦微电子（北京）股份有限公司	海淀区西三环北路 87 号 13 层 3–1301
CN201611194026X	控制	北京时代民芯科技有限公司	丰台区东高地四营门北路 2 号
CN2016111930431	测量	北京瑞升特科技有限公司	海淀区杏石口路 98 号瀚林学院南门
CN2016111750797	控制	驭势科技（北京）有限公司	房山区弘安路 85 号 2 号楼 401 室
CN2016111351443	电机、电气装置、电能	北京沃富瑞德文化传播有限公司	西城区车公庄大街 4 号院 3 号楼 2 层 112 室
CN2016111312684	机器零件	北京首钢国际工程技术有限公司	石景山区石景山路 60 号
CN2016110907368	半导体	北京中电科电子装备有限公司	北京经济技术开发区泰河三街 1 号楼 310 室
CN2016109747194	半导体	京东方科技集团股份有限公司	朝阳区酒仙桥路 10 号
CN2016109662105	光学	京东方科技集团股份有限公司	朝阳区酒仙桥路 10 号
CN2016109628373	机器工具	北京曙光航空电气有限责任公司	朝阳区京顺路 5 号曙光大厦 A 座 4 层
CN201610962520X	热工过程和器具	北京兆信绿能科技有限公司	海淀区万寿路街道复兴路 61 号院 29 号楼 2 层 210 室
CN2016109613715	材料、冶金	北京新能源汽车股份有限公司	大兴区采育经济开发区采和路 1 号
CN2016109605776	材料、冶金	北京兆信绿能科技有限公司	海淀区万寿路街道复兴路 61 号院 29 号楼 2 层 210 室
CN2016109535260	机器零件	北汽福田汽车股份有限公司	昌平区沙河镇沙阳路
CN2016109492138	纺织和造纸机器	中科双泰（北京）环保科技有限公司	海淀区地锦路 33 号院 1 号楼 209 室
CN2016109441013	生物材料分析	北京华科泰生物技术有限公司	丰台区科学城海鹰路 8 号 2 号楼 501 室(园区)
CN2016109431473	测量	北京金风科创风电设备有限公司	北京经济技术开发区博兴一路 8 号
CN201610942158X	材料、冶金	首钢总公司	石景山区石景山路 68 号
CN2016109368022	测量	中悦民安（北京）科技发展有限公司	昌平区回龙观镇京昌公路朱辛庄村东南 183 号楼 3 层 322 室
CN2016109207622	光学	京东方科技集团股份有限公司	朝阳区酒仙桥路 10 号
CN2016108806547	其他特殊机械	北方爆破科技有限公司	海淀区紫竹院路 69 号中国兵器大厦 20 层
CN2016108794592	机器工具	中建一局集团第三建筑有限公司	丰台区西四环南路 52 号中建一局大厦 A 座 1110 室
CN2016108776221	测量	京东方科技集团股份有限公司	朝阳区酒仙桥路 10 号
CN2016108773149	机器工具	京东方科技集团股份有限公司	朝阳区酒仙桥路 10 号
CN2016108724782	发动机、泵、涡轮机	北京北方三合能源技术有限公司	海淀区上地信息路 1 号 1 号楼 403
CN2016108674571	生物技术	国肽生物科技（北京）有限公司	东城区鼓楼外大街 60 号
CN2016108483273	机器工具	北京京诚之星科技开发有限公司	北京经济技术开发区建安街 7 号
CN2016108476265	材料、冶金	北京首钢股份有限公司	石景山区石景山路 68 号
CN2016108269509	环境技术	北京洁禹通环保科技有限公司	石景山区万达广场 E 座 1503 室
CN2016108099118	生物材料分析	北京华科泰生物技术有限公司	丰台区科学城海鹰路 8 号 2 号楼 501 室(园区)
CN2016108063915	机器工具	北京京诚之星科技开发有限公司	北京经济技术开发区建安街 7 号
CN201610804765X	生物材料分析	北京华科泰生物技术有限公司	丰台区科学城海鹰路 8 号 2 号楼 501 室(园区)

（续表）

申请号	WIPO 分类标引	专利权人名称	专利权人地址
CN2016108047645	生物材料分析	北京华科泰生物技术有限公司	丰台区科学城海鹰路 8 号 2 号楼 501 室（园区）
CN2016108047344	生物材料分析	北京华科泰生物技术有限公司	丰台区科学城海鹰路 8 号 2 号楼 501 室（园区）
CN201610804733X	其他特殊机械	北京华科泰生物技术有限公司	丰台区科学城海鹰路 8 号 2 号楼 501 室（园区）
CN2016108047325	生物材料分析	北京华科泰生物技术有限公司	丰台区科学城海鹰路 8 号 2 号楼 501 室（园区）
CN2016108047310	生物材料分析	北京华科泰生物技术有限公司	丰台区科学城海鹰路 8 号 2 号楼 501 室（园区）
CN201610804684X	生物材料分析	北京华科泰生物技术有限公司	丰台区科学城海鹰路 8 号 2 号楼 501 室（园区）
CN2016108041564	材料、冶金	北京三聚环保新材料股份有限公司	海淀区人大北路 33 号大行基业大厦 9 层
CN2016107981375	电机、电气装置、电能	北京众清科技有限公司	海淀区信息中路 26 号中关村创业大厦 318
CN2016107976860	控制	京东方科技集团股份有限公司	朝阳区酒仙桥路 10 号
CN2016107917612	环境技术	北京太和洁源科技发展有限公司	海淀区北三环西路 66 号理工国际教育交流大厦 910 室
CN2016107868090	控制	特斯联（北京）科技有限公司	西城区西直门南小街 1 栋 1 层 1–107
CN2016107412567	电机、电气装置、电能	京东方科技集团股份有限公司	朝阳区酒仙桥路 10 号
CN2016107294077	机器零件	北京冶自欧博科技发展有限公司	丰台区西四环南路 88 号
CN201610726055X	控制	北新集团建材股份有限公司	海淀区三路河路甲 11 号
CN2016106810266	半导体	京东方科技集团股份有限公司	朝阳区酒仙桥路 10 号
CN2016106711059	表面加工技术、涂层	国联汽车动力电池研究院有限责任公司	怀柔区雁西经济开发区雁西路 3 号
CN201610651781X	电机、电气装置、电能	电王精密电器（北京）有限公司	顺义区大孙各庄镇西尹家府村杜石路西尹段 1 号
CN2016106333318	医学技术	京东方科技集团股份有限公司	朝阳区酒仙桥路 10 号
CN2016106326901	化学工程	北京建工资源循环利用投资有限公司	西城区广莲路 1 号建工大厦 A 座 903 室
CN2016106225718	装卸	北京北控环保工程技术有限公司	朝阳区东四环中路 82 号金长安大厦 C 座 15 层
CN2016106073151	机器工具	航天东方红卫星有限公司	海淀区 5616 信箱
CN2016106033205	化学工程	启迪清源（北京）科技有限公司	朝阳区望京西园 222 楼 17 层 D–1703
CN2016105918466	电机、电气装置、电能	北京平开智能电气有限公司	海淀区丰慧中路 7 号新材料创业大厦 8 层 806
CN2016105812279	半导体	京东方科技集团股份有限公司	朝阳区酒仙桥路 10 号
CN2016105705559	材料、冶金	北京隆源自动成型系统有限公司	海淀区中关村南大街 52 号 3 号楼 9 层 920B
CN2016105562748	光学	北京凯普林光电科技股份有限公司	丰台区中关村科技园区丰台园航丰路甲 4 号 5 层
CN2016105395957	半导体	京东方科技集团股份有限公司	朝阳区酒仙桥路 10 号
CN201610538966X	材料、冶金	首钢总公司	石景山区石景山路 68 号
CN2016105339995	机器工具	安泰科技股份有限公司	海淀区学院南路 76 号
CN2016105326054	机器工具	中国航空工业集团公司北京航空制造工程研究所	朝阳区八里桥北东军庄 1 号

（续表）

申请号	WIPO 分类标引	专利权人名称	专利权人地址
CN201610528159X	装卸	京东方科技集团股份有限公司	朝阳区酒仙桥路 10 号
CN2016105270523	其他特殊机械	北京中天玺龙农业技术发展有限公司	通州区永顺镇竹木厂小区 10 号楼 1 单元 161 号
CN2016105222341	其他特殊机械	北京中天玺龙农业技术发展有限公司	通州区永顺镇竹木厂小区 10 号楼 1 单元 161 号
CN201610515930X	材料、冶金	神华集团有限责任公司	东城区安外西滨河路 22 号神华大厦
CN201610511580X	基础材料化学	拜欧迪赛尔（北京）生物科技有限公司	北京经济技术开发区凉水河二街 8 号院 13 号楼 6 层 601A
CN2016105098096	控制	北京蘑宿科技有限责任公司	朝阳区安华里五区 21 号楼 4 层（安贞晟瑞诚孵化器 0307 号）
CN2016105004864	材料、冶金	北京住总商品混凝土中心	朝阳区十里堡壁板厂路 1 号北段
CN201610500012X	材料、冶金	北京住总商品混凝土中心	朝阳区十里堡壁板厂路 1 号北段
CN2016104915314	电机、电气装置、电能	北京人民电器厂有限公司	大兴区工业开发区金苑路 29 号
CN201610465462X	光学	京东方科技集团股份有限公司	朝阳区酒仙桥路 10 号
CN2016104586302	电机、电气装置、电能	国家电网公司	西城区西长安街 86 号
CN2016104402440	材料、冶金	首钢总公司	石景山区石景山路 68 号
CN201610414611X	电机、电气装置、电能	北京龙源开关设备有限责任公司	海淀区香山南路魏家村甲 97 号
CN2016104108616	表面加工技术、涂层	华克医疗科技（北京）股份公司	大兴区中关村科技园区大兴生物医药产业基地天富街 9 号 6 幢东侧
CN2016103844580	高分子化学、聚合物	北京科方创业科技企业孵化器有限公司	海淀区中关村北大街 123 号 64 号楼 2509 室
CN2016103714182	表面加工技术、涂层	北矿机电科技有限责任公司	丰台区南四环西路 188 号总部基地 18 区 23 号楼
CN2016103650157	机器零件	北京彩易达科技发展有限公司	东城区长青园 7 号 3207 室
CN2016103642432	装卸	北京新长征天高智机科技有限公司	丰台区西四环南路 76 号 A05 室（园区）
CN201610356715X	电机、电气装置、电能	北京博瑞莱智能科技集团有限公司	海淀区丰慧中路 7 号新材料创业大厦 8 层 806
CN2016103477596	机器零件	北京建工环境修复股份有限公司	朝阳区京顺东街 6 号院北京领科时代中心 2 号楼 3 单元
CN2016103440360	电机、电气装置、电能	京东方科技集团股份有限公司	朝阳区酒仙桥路 10 号
CN2016103440356	药品（含中药）	北京慧宝源生物技术股份有限公司	海淀区开拓路 5 号 A 区四层 A407、A408 室
CN2016103407911	机器工具	北京首钢国际工程技术有限公司	石景山区石景山路 60 号
CN2016103404542	化学工程	北京世纪隆博科技有限责任公司	朝阳区朝外大街 18 号丰联广场 A 座 2205
CN2016103323244	基础材料化学	神雾科技集团股份有限公司	昌平区科技园区昌怀路 155 号
CN2016103323102	基础材料化学	神雾科技集团股份有限公司	昌平区科技园区昌怀路 155 号
CN201610326988X	表面加工技术、涂层	京东方科技集团股份有限公司	朝阳区酒仙桥路 10 号
CN2016103200155	纺织和造纸机器	京东方科技集团股份有限公司	朝阳区酒仙桥路 10 号
CN2016103062032	纺织和造纸机器	北京创新爱尚家科技股份有限公司	海淀区知春路甲 48 号 3 号楼 1 单元 11A
CN2016103059932	电机、电气装置、电能	展图高科（北京）文化传播有限公司	昌平区回龙观镇北郊农场（农场办公楼）
CN2016103057706	生物材料分析	北京峰誉科技有限公司	海淀区花园路 2 号牡丹创业楼 3 层 3315 室

（续表）

申请号	WIPO 分类标引	专利权人名称	专利权人地址
CN2016102904955	表面加工技术、涂层	京东方科技集团股份有限公司	朝阳区酒仙桥路 10 号
CN2016102859095	高分子化学、聚合物	中国航空工业集团公司北京航空材料研究院	海淀区北京 81 信箱
CN2016102824772	材料、冶金	神雾环保技术股份有限公司	朝阳区将台路 5 号院 15 号楼 C 座 6 层
CN2016102696613	材料、冶金	中冶京诚工程技术有限公司	北京经济技术开发区建安街 7 号
CN2016102665973	发动机、泵、涡轮机	华北电力科学研究院有限责任公司	西城区复兴门外地藏庵南巷一号
CN2016102659489	机器零件	北京时代奥视科技股份有限公司	海淀区北清路 68 号院 22 号楼 1 层及 2 层西侧
CN201610257400X	化学工程	中国石油化工股份有限公司	朝阳区朝阳门北大街 22 号
CN2016102451230	电机、电气装置、电能	北京英博电气股份有限公司	丰台区总部基地 188 号十区 2 号楼
CN2016102343734	医学技术	北京中川纳德医疗设备有限公司	朝阳区甜水园东里 2 号 12 幢 1 层 108 号
CN2016102309502	化学工程	北京市洛克机械有限责任公司	通州区台湖镇西下营村
CN2016102220518	化学工程	北京三聚环保新材料股份有限公司	海淀区人大北路 33 号大行基业大厦 9 层
CN2016102205607	电机、电气装置、电能	北京国铁路阳技术有限公司	丰台区南四环西路总部基地 188 号一区 7 号楼
CN2016102132911	装卸	北京万向新元科技股份有限公司	海淀区阜城路 58 号新洲商务大厦 405 室
CN2016102012356	材料、冶金	北京盛广拓公路科技有限公司	密云县经济开发区兴盛南路 8 号开发区办公楼 501 室 -672
CN2016102007305	材料、冶金	神华集团有限责任公司	东城区安外西滨河路 22 号神华大厦
CN2016101971825	电机、电气装置、电能	北京长城华冠汽车科技股份有限公司	顺义区时骏北街 1 号院 4 栋
CN2016101958002	机器工具	首钢总公司	石景山区石景山路 68 号
CN2016101930045	装卸	北京康力优蓝机器人科技有限公司	海淀区中关村东路 1 号院 2 号楼 4 层 4N-01 室
CN2016101925121	材料、冶金	神雾环保技术股份有限公司	朝阳区将台路 5 号 15 号楼 C 座 7 层
CN2016101882253	热工过程和器具	北京建筑材料科学研究总院有限公司	石景山区金顶北路 69 号
CN2016101830564	化学工程	北京瑞联安科技有限公司	海淀区上地信息产业基地三街 1 号楼 2 层 C 段 245
CN2016101820134	测量	京东方科技集团股份有限公司	朝阳区酒仙桥路 10 号
CN2016101789466	机器工具	首钢总公司	石景山区石景山路 68 号
CN2016101787278	半导体	北京京东方显示技术有限公司	北京经济技术开发区经海一路 118 号
CN2016101728918	化学工程	京东方科技集团股份有限公司	朝阳区酒仙桥路 10 号
CN2016101660883	材料、冶金	首钢总公司	石景山区石景山路 68 号
CN2016101641223	化学工程	北京奥润开元环保科技研究院有限公司	海淀区北四环西路 9 号 1708 室
CN2016101630144	电机、电气装置、电能	北京电力设备总厂有限公司	房山区良乡昊天大街 12 号
CN2016101618528	生物技术	北京金诺美生物技术有限公司	北京经济开发区永昌南路 19 号 2 幢 407 室
CN2016101590611	表面加工技术、涂层	京东方科技集团股份有限公司	朝阳区酒仙桥路 10 号
CN2016101537840	半导体	京东方科技集团股份有限公司	朝阳区酒仙桥路 10 号
CN2016101445923	化学工程	北京长峰金鼎科技有限公司	石景山区八大处高科技园区创新园 G 座
CN2016101445675	医学技术	北京迈迪顶峰医疗科技有限公司	顺义区竺园二街 5 号
CN2016101415398	光学	北京小鸟看看科技有限公司	海淀区学院路 35 号世宁大厦 2101 层

（续表）

申请号	WIPO 分类标引	专利权人名称	专利权人地址
CN2016101407315	表面加工技术、涂层	国联汽车动力电池研究院有限责任公司	怀柔区雁栖经济开发区雁栖路 3 号 1 栋 201 室
CN2016101394245	电机、电气装置、电能	华北电力科学研究院有限责任公司	西城区复兴门外地藏庵南巷一号
CN2016101365401	材料、冶金	中冶节能环保有限责任公司	海淀区西土城路 33 号
CN2016101295381	热工过程和器具	北京国电龙源环保工程有限公司	海淀区西四环中路 16 号院 1 号楼 911 室
CN2016101285106	光学	北京康得新功能材料有限公司	昌平区振兴路 26 号
CN201610125470X	生物材料分析	北京乐普医疗科技有限责任公司	昌平区超前路 37 号 7—1 号楼
CN2016101221316	电机、电气装置、电能	京东方科技集团股份有限公司	朝阳区酒仙桥路 10 号
CN2016101196174	化学工程	北京中科纳清科技股份有限公司	怀柔区雁栖经济开发区杨雁路 88 号
CN2016101194323	环境技术	蓝星（北京）化工机械有限公司	北京经济技术开发区兴业街 5 号
CN2016101167078	热工过程和器具	中国恩菲工程技术有限公司	海淀区复兴路 12 号
CN2016101166060	材料、冶金	北京天择昌宁环境技术股份有限公司	海淀区清华东路 16 号 3 号楼 1704—2 室
CN2016101142297	其他特殊机械	北京中天玺龙农业技术发展有限公司	通州区永顺镇竹木厂小区 10 号楼 1 单元 161 号
CN2016101137405	电机、电气装置、电能	安泰科技股份有限公司	海淀区学院南路 76 号
CN2016101126612	材料、冶金	中交第三公路工程局有限公司	东城区安定门外大街丙 88 号 801
CN2016101087393	光学	京东方科技集团股份有限公司	朝阳区酒仙桥路 10 号
CN2016101044330	测量	中国海洋石油总公司	东城区朝阳门北大街 25 号
CN201610102861X	材料、冶金	安泰科技股份有限公司	海淀区学院南路 76 号
CN2016100951010	装卸	北京锐洁机器人科技有限公司	北京经济技术开发区科创十四街 99 号 33 幢 C 栋 603 室
CN201610090095X	热工过程和器具	北京航天金软科技开发有限公司	海淀区厂洼街 5 号鼎恒信大厦 302 室
CN2016100876645	光学	京东方科技集团股份有限公司	朝阳区酒仙桥路 10 号
CN2016100866431	装卸	北京和利康源医疗科技有限公司	北京经济技术开发区地盛中路 2 号院
CN2016100814865	化学工程	北京创新通恒科技有限公司	海淀区上地十街 1 号院 1 号楼 17 层 1710
CN2016100775502	发动机、泵、涡轮机	北京汽车股份有限公司	顺义区仁和镇双河大街 99 号
CN2016100742091	纺织和造纸机器	京东方科技集团股份有限公司	朝阳区酒仙桥路 10 号
CN2016100724712	测量	北京航天三发高科技有限公司	丰台区云岗北区东里 8 号
CN2016100697522	医学技术	北京京精医疗设备有限公司	北京经济开发区万源街 11 号
CN2016100672987	热工过程和器具	北京热华能源科技有限公司	海淀区清华大学学研综合楼 A109 室
CN2016100641245	控制	北京速通科技有限公司	丰台区六里桥南里甲 9 号首发大厦 C 座 902 室
CN2016100615344	化学工程	大唐环境产业集团股份有限公司	海淀区紫竹院路 120 号
CN2016100613048	电机、电气装置、电能	北京巨力思创科技有限公司	石景山区实兴大街 30 号院 3 号楼 8 层 8632 房间
CN2016100556685	环境技术	神雾科技集团股份有限公司	昌平区马池口镇神牛路 18 号
CN2016100554815	基础材料化学	神雾科技集团股份有限公司	昌平区马池口镇神牛路 18 号
CN2016100538155	热工过程和器具	北京热华能源科技有限公司	海淀区清华大学学研综合楼 A109 室
CN2016100533999	生物材料分析	北京中科圆融生物科技发展有限公司	昌平区回龙观镇科星西路 106 号院 2 号楼 6 层 602
CN2016100533698	表面加工技术、涂层	京东方科技集团股份有限公司	朝阳区酒仙桥路 10 号
CN2016100528793	生物材料分析	北京中科圆融生物科技发展有限公司	昌平区回龙观镇科星西路 106 号院 2 号楼 6 层 602

（续表）

申请号	WIPO 分类标引	专利权人名称	专利权人地址
CN2016100528168	热工过程和器具	北京创导工业陶瓷有限公司	通州区漷县镇马头
CN2016100523431	高分子化学、聚合物	北京民海生物科技有限公司	海淀区中关村科技园区大兴生物医药产业基地思邈路 35 号
CN201610049233X	测量	北京特希达交通设施顾问有限公司	昌平区科技园区超前路 37 号 6 号楼 4 层 1039 号
CN2016100459295	电机、电气装置、电能	华北电力科学研究院有限责任公司	西城区复兴门外地藏庵南巷一号
CN2016100457158	材料、冶金	北京融达建业建筑工程技术有限公司	海淀区上地信息路 12 号三层 A 区 A306309
CN2016100446079	环境技术	北京中能诺泰节能环保技术有限责任公司	海淀区彰化路 18 号冠方大厦 321 室
CN2016100406813	电机、电气装置、电能	北京京仪绿能电力系统工程有限公司	延庆区八达岭经济开发区康西路 1038 号
CN2016100379271	材料、冶金	卓达新材料科技集团有限公司	海淀区首体南路 9 号 7 楼 12 层 1202
CN2016100369462	材料、冶金	卓达新材料科技集团有限公司	海淀区首体南路 9 号 7 楼 12 层 1202
CN2016100315956	电机、电气装置、电能	华北电力科学研究院有限责任公司	西城区复兴门外地藏庵南巷一号
CN2016100310562	环境技术	博天环境集团股份有限公司	海淀区西直门北大街 60 号首钢国际大厦 12A
CN2016100222947	有机精细化学	北京宜生堂医药科技研究有限公司	朝阳区姚家园西里甲 7 号院 1 号楼 1 层 19
CN2016100187089	控制	北京中交兴路车联网科技有限公司	北京经济技术开发区景园北街 2 号 BDA 国际企业大道园区 56 幢
CN2016100171447	高分子化学、聚合物	神州富盛科技（北京）有限公司	通州区张家湾镇土桥村（北京新建房地产开发有限公司）16 幢
CN201610008675X	电机、电气装置、电能	北京中煤矿山工程有限公司	朝阳区和平里青年沟东路 5 号安科大厦
CN2016100077746	其他特殊机械	中航复合材料有限责任公司	顺义区双河大街中航工贸大楼 507
CN2016100071909	其他消费品	京东方科技集团股份有限公司	朝阳区酒仙桥路 10 号
CN2016100040667	材料、冶金	北京厚德交通科技有限公司	海淀区上地东路 1 号院 1 号楼 7 层 701
CN2016100020540	装卸	北京万邦联合科技股份有限公司	昌平区北七家镇西沙工业园 10-11
CN2015110321535	电机、电气装置、电能	普天新能源有限责任公司	海淀区海淀北二街 6 号普天大厦
CN2015110319412	生物材料分析	中国石油天然气股份有限公司	东城区东直门北大街 9 号
CN201511028449X	装卸	北京睿力恒一物流技术股份公司	昌平区科技园区火炬街 10 号 2 幢 2302c 室
CN2015110212684	材料、冶金	卓达新材料科技集团有限公司	海淀区首体南路 9 号 7 楼 12 层 1202
CN2015110211357	测量	东旭科技集团有限公司	丰台区科学城海鹰路 9 号 2 号楼 266 室(园区)
CN2015110210941	测量	中国神华能源股份有限公司	东城区安外西滨河路 22 号神华大厦
CN2015110208458	环境技术	北京三聚环保新材料股份有限公司	海淀区人大北路 33 号大行基业大厦 9 层
CN2015110200776	电机、电气装置、电能	北京新能源汽车股份有限公司	大兴区采育经济开发区采和路 1 号
CN2015110181173	电机、电气装置、电能	北京四方继保自动化股份有限公司	海淀区上地信息产业基地四街 9 号
CN2015110175897	测量	北京航天三发高科技有限公司	丰台区云岗北区东里 8 号
CN2015110175878	测量	北京航天三发高科技有限公司	丰台区云岗北区东里 8 号
CN2015110175740	测量	北京航天三发高科技有限公司	丰台区云岗北区东里 8 号

（续表）

申请号	WIPO 分类标引	专利权人名称	专利权人地址
CN2015110175628	测量	北京航天三发高科技有限公司	丰台区云岗北区东里 8 号
CN2015110175401	测量	北京航天三发高科技有限公司	丰台区云岗北区东里 8 号
CN2015110133428	纺织和造纸机器	东旭科技集团有限公司	丰台区科学城海鹰路 9 号 2 号楼 266 室(园区)
CN201511001440X	环境技术	岭南新科生态科技研究院（北京）有限公司	朝阳区将台路 5 号院 5 号楼二层 2035 室
CN2015110013746	控制	北京航天新风机械设备有限责任公司	海淀区永定路 52 号
CN2015110012512	机器工具	北京新联铁集团股份有限公司	海淀区高梁桥斜街 59 号院 2 号楼 3 层 2–305–18
CN201511001183X	基础材料化学	神雾科技集团股份有限公司	昌平区马池口镇神牛路 18 号
CN2015109987780	材料、冶金	华润赛科药业有限责任公司	朝阳区百子湾西里 402 号楼金海商富中心 2 号楼 23 层
CN2015109987719	电机、电气装置、电能	小米科技有限责任公司	海淀区清河中街 68 号华润五彩城购物中心二期 13 层
CN2015109982607	控制	北京四方继保自动化股份有限公司	海淀区上地信息产业基地四街 9 号
CN2015109978508	控制	北京奇虎科技有限公司	西城区新街口外大街 28 号 D 座 112 室（德胜园区）
CN2015109852815	材料、冶金	北京建筑材料科学研究总院有限公司	石景山区金顶北路 69 号院
CN2015109847037	控制	北京旷视科技有限公司	海淀区科学院南路 2 号 A 座 313
CN2015109817474	环境技术	倍杰特国际环境技术股份有限公司	大兴区旧宫镇秀水花园甲 36 号楼
CN2015109815801	测量	北京时代民芯科技有限公司	丰台区东高地四营门北路 2 号
CN2015109812199	机器零件	中国石油天然气集团公司	东城区东直门北大街 9 号
CN2015109811980	测量	北京时代民芯科技有限公司	丰台区东高地四营门北路 2 号
CN2015109805871	其他特殊机械	北汽福田汽车股份有限公司	昌平区沙河镇沙阳路
CN2015109801531	测量	北汽福田汽车股份有限公司	昌平区沙河镇沙阳路
CN201510977879X	表面加工技术、涂层	有研亿金新材料有限公司	昌平区超前路 33 号
CN2015109774089	机器工具	北京中电科电子装备有限公司	北京经济技术开发区泰河三街 1 号楼 310 室
CN2015109716651	医学技术	北京派尔特医疗科技股份有限公司	昌平区科技园区火炬街 28 号 1 号楼 3 层
CN2015109713795	控制	北京万集科技股份有限公司	海淀区上地东路 1 号院 5 号楼 601
CN2015109701158	机器工具	北京中电科电子装备有限公司	北京经济技术开发区泰河三街 1 号楼 310 室
CN2015109668037	环境技术	北京国环清华环境工程设计研究院有限公司	海淀区清华大学学研大厦 B708
CN2015109648512	基础材料化学	神华集团有限责任公司	东城区安外西滨河路 22 号神华大厦
CN2015109617942	化学工程	北京航星机器制造有限公司	东城区和平里东街 11 号
CN2015109553940	测量	北京雅士科莱恩石油化工有限公司	顺义区李桥镇后桥村
CN2015109305974	电机、电气装置、电能	华北电力科学研究院有限责任公司	西城区复兴门外地藏庵南巷一号
CN2015109254440	热工过程和器具	北京四季春晖环保科技有限公司	怀柔区开放路 113 号
CN201510925319X	食品化学	中粮营养健康研究院有限公司	昌平区北七家镇未来科技城南区四路
CN2015109211784	测量	北京金风科创风电设备有限公司	北京经济技术开发区博兴一路 8 号

（续表）

申请号	WIPO 分类标引	专利权人名称	专利权人地址
CN2015109211464	测量	北京金风科创风电设备有限公司	北京经济技术开发区博兴一路 8 号
CN2015109211036	测量	华电智控（北京）技术有限公司	海淀区高里掌路 1 号院 15 号楼 2 层 2 单元 201A
CN2015109205497	电机、电气装置、电能	北京天诚同创电气有限公司	北京经济技术开发区博兴一路 8 号
CN2015109192088	药品（含中药）	北京同仁堂麦尔海生物技术有限公司	海淀区学院南路 68 号吉安大厦 A 座七层 7046 房间
CN2015109032905	医学技术	北京市富乐科技开发有限公司	平谷区马坊工业区西区 50 号
CN2015109031724	电机、电气装置、电能	华北电力科学研究院有限责任公司	西城区复兴门外地藏庵南巷一号
CN2015109009237	机器零件	中国石油天然气集团公司	东城区东直门北大街 9 号
CN2015109003584	生物材料分析	北京乐普医疗科技有限责任公司	昌平区超前路 37 号 3 号楼
CN2015108962076	控制	北京百度网讯科技有限公司	海淀区上地十街 10 号百度大厦 2 层
CN2015108907897	机器工具	北京首钢股份有限公司	石景山区石景山路 68 号
CN201510889236X	环境技术	兴边富民（北京）清洁能源技术有限公司	朝阳区东四环中路 41 号嘉泰国际大厦 A 座 1418
CN2015108870233	医学技术	北京健联医疗科技有限公司	海淀区苏州街 18 号院 2 号楼 3 层 2303 室
CN201510876214X	测量	北京时代拓灵科技有限公司	海淀区上地信息路 26 号 01 层 0014–32 室
CN2015108729334	表面加工技术、涂层	北京天瑞星光热技术有限公司	海淀区知春路 61 号康拓科技大厦 9 层
CN2015108678718	测量	北京派和科技股份有限公司	海淀区清华东路 16 号艺海大厦 1406 室
CN2015108609991	测量	中国石油天然气股份有限公司	东城区东直门北大街 9 号
CN2015108607765	测量	钢研纳克检测技术有限公司	海淀区高粱桥斜街 13 号
CN2015108598234	机器工具	北京卫星制造厂	海淀区知春路 63 号
CN201510857744X	测量	北京卫星制造厂	海淀区知春路 63 号
CN2015108573449	有机精细化学	北京哈三联科技有限责任公司	昌平区超前路 37 号兴业创业园 4 号楼 4 层
CN2015108497638	发动机、泵、涡轮机	浪潮（北京）电子信息产业有限公司	海淀区上地信息路 2 号 2–1 号 C 栋 1 层
CN2015108453324	半导体	北京时代民芯科技有限公司	丰台区东高地四营门北路 2 号
CN2015108441632	电机、电气装置、电能	北京卫星制造厂	海淀区知春路 63 号
CN2015108375965	控制	航天东方红卫星有限公司	海淀区 5616 信箱
CN2015108357149	发动机、泵、涡轮机	国电联合动力技术有限公司	海淀区西四环中路 16 号院 1 号楼 8 层
CN2015108335347	热工过程和器具	北京市煤气热力工程设计院有限公司	西城区西单北大街小酱坊胡同甲 40 号
CN2015108284580	机器工具	北京航星机器制造有限公司	东城区和平里东街 11 号
CN2015108280594	测量	华北电力科学研究院有限责任公司	西城区复兴门外地藏庵南巷一号
CN2015108226778	环境技术	北京清新环境技术股份有限公司	海淀区西八里庄路 69 号人民政协报大厦 9 层
CN2015108224452	机器零件	北京伯肯节能科技股份有限公司	海淀区长春桥路 11 号亿城中心 C21207 室
CN2015108187966	高分子化学、聚合物	北京蒙元颐合国际盲道技术开发有限公司	东城区沙子口路 70 号 708 室
CN2015108026409	测量	北汽福田汽车股份有限公司	昌平区沙河镇沙阳路
CN2015108020402	电机、电气装置、电能	中国航空工业集团公司北京航空材料研究院	海淀区北京 81 信箱
CN2015108014401	机器工具	艾美特焊接自动化技术（北京）有限公司	昌平区南口镇东大街 4 号院 39 号(门牌号)

（续表）

申请号	WIPO 分类标引	专利权人名称	专利权人地址
CN201510794871X	机器零件	北京隆科兴非开挖工程股份有限公司	门头沟区石龙经济开发区永安路 20 号 3 号楼 B1-4086
CN2015107947223	环境技术	北京建工环境修复股份有限公司	朝阳区京顺东街 6 号院北京领科时代中心 2 号楼 3 单元
CN2015107946964	装卸	神华集团有限责任公司	东城区安外西滨河路 22 号神华大厦
CN2015107814594	化学工程	北京中和锦程科技有限公司	海淀区学院路 7 号弘彧大厦 516 室
CN2015107716801	发动机、泵、涡轮机	北汽福田汽车股份有限公司	昌平区沙河镇沙阳路
CN2015107662017	机器工具	北京首钢股份有限公司	石景山区石景山路 68 号
CN2015107635503	机器工具	北京首钢股份有限公司	石景山区石景山路 68 号
CN2015107539864	装卸	北京快舒尔医疗技术有限公司	大兴区工业开发区科苑路 18 号 A3 一层西侧
CN2015107513436	化学工程	中国石油化工股份有限公司	朝阳区朝阳门北大街 22 号
CN2015107468553	控制	北京精航科技有限公司	顺义区南法信镇金关北二街 3 号院 1 号楼 905.906
CN2015107468500	控制	北京精航科技有限公司	顺义区南法信镇金关北二街 3 号院 1 号楼 905.906
CN2015107450600	有机精细化学	华润紫竹药业有限公司	朝阳区朝阳北路 27 号
CN2015107432509	环境技术	北京博汇特环保科技股份有限公司	朝阳区利泽中园 106 号楼 3 层 302A
CN2015107384134	机器零件	北京天泽电力器材有限公司	朝阳区朝阳路八里庄西里 100 号住邦 2000 大厦 B1801-1803
CN2015107381564	机器零件	北京天泽电力器材有限公司	朝阳区朝阳路八里庄西里 100 号住邦 2000 大厦 B1801-1803
CN2015107380078	光学	京东方科技集团股份有限公司	朝阳区酒仙桥路 10 号
CN2015107316279	控制	北京四方继保自动化股份有限公司	海淀区上地信息产业基地四街 9 号
CN2015107289695	有机精细化学	北京中亿世联科技发展有限公司	海淀区北苑路 40 号 11 号楼二层 207 室
CN2015107288298	表面加工技术、涂层	北京强幕工贸有限责任公司	通州区潞城镇谢楼村委会北 100 米
CN201510719364X	基础材料化学	日正九安科技（北京）有限公司	海淀区上地信息路 2 号 2 号楼 1D
CN2015107085096	测量	北京新联铁集团股份有限公司	海淀区高梁桥斜街 59 号院 2 号楼 3 层 2-305-18
CN2015107075003	电机、电气装置、电能	华北电力科学研究院有限责任公司	西城区复兴门外地藏庵南巷一号
CN2015107056411	测量	中国石油天然气集团公司	东城区东直门北大街 9 号
CN2015107035487	化学工程	中国石油天然气股份有限公司	东城区东直门北大街 9 号中国石油大厦
CN2015107029787	测量	北京汽车股份有限公司	顺义区仁和镇双河大街 99 号北京汽车产业研发基地 B5-015
CN2015107009266	机器零件	北京强幕工贸有限责任公司	通州区潞城镇谢楼村委会北 100 米
CN201510699071X	医学技术	北京怡和嘉业医疗科技股份有限公司	石景山区古城西街 19 号主楼五层
CN201510697518X	机器工具	北京新立机械有限责任公司	海淀区北京 132 信箱 103 分箱
CN2015106959793	电机、电气装置、电能	北京新能源汽车股份有限公司	大兴区采育经济开发区采和路 1 号
CN2015106894394	半导体	京东方科技集团股份有限公司	朝阳区酒仙桥路 10 号
CN2015106845345	装卸	北京拓威能效技术有限公司	房山区阎村镇后十三里村
CN2015106838483	电机、电气装置、电能	北汽福田汽车股份有限公司	昌平区沙河镇沙阳路

（续表）

申请号	WIPO 分类标引	专利权人名称	专利权人地址
CN2015106735044	纺织和造纸机器	北京合力星新材料技术有限公司	海淀区清河三街72号23号楼1层1321房间
CN2015106729715	环境技术	北京德瑞科森环保科技有限公司	朝阳区望京科技创业园E座202c
CN2015106712216	发动机、泵、涡轮机	北京新能源汽车股份有限公司	大兴区采育经济开发区采和路1号
CN2015106709514	光学	京东方科技集团股份有限公司	朝阳区酒仙桥路10号
CN2015106668270	光学	京东方科技集团股份有限公司	朝阳区酒仙桥路10号
CN2015106619575	光学	京东方科技集团股份有限公司	朝阳区酒仙桥路10号
CN2015106616685	医学技术	北京异度矩阵科技有限公司	朝阳区西大望路甲12号2号楼
CN2015106527145	机器零件	北汽福田汽车股份有限公司	昌平区沙河镇沙阳路
CN2015106272358	电机、电气装置、电能	北京京东方真空电器有限责任公司	密云区经济开发区汇通街15号
CN2015106246160	食品化学	北京康比特体育科技股份有限公司	昌平区科技园区利祥路5号
CN2015106170180	化学工程	博天环境集团股份有限公司	海淀区西直门北大街60号首钢国际大厦12A
CN2015106140950	光学	北京凯普林光电科技股份有限公司	丰台区科技园区航丰路甲4号5层
CN2015106139436	光学	京东方科技集团股份有限公司	朝阳区酒仙桥路10号
CN2015106097560	电机、电气装置、电能	北京新能源汽车股份有限公司	大兴区采育经济开发区采和路1号
CN2015106095777	电机、电气装置、电能	北京新能源汽车股份有限公司	大兴区采育经济开发区采和路1号
CN2015106095349	材料、冶金	北京华福工程有限公司	朝阳区将台路5号院普天实业创新园15#楼B/C座
CN2015106093199	电机、电气装置、电能	北京新能源汽车股份有限公司	大兴区采育经济开发区采和路1号
CN2015106075044	材料、冶金	北京新立机械有限责任公司	海淀区北京132信箱103分箱
CN2015106072972	控制	北京佰能盈天科技有限公司	海淀区西三旗建材城东路18号5层518室
CN2015106072351	测量	北京佰能盈天科技有限公司	海淀区西三旗建材城东路18号5层518室
CN2015106048244	光学	京东方科技集团股份有限公司	朝阳区酒仙桥路10号
CN2015106040721	机器零件	北京中车重工机械有限公司	昌平区昌平火车站西500米
CN2015106037752	测量	北京中车重工机械有限公司	昌平区昌平火车站西500米
CN2015105999948	基础材料化学	北京华石联合能源科技发展有限公司	朝阳区北辰东路8号院1号楼北辰时代大厦2508室
CN2015105995059	材料、冶金	北京京磁电工科技有限公司	平谷区马坊工业园区西区286号
CN2015105920584	测量	北京奇虎科技有限公司	西城区新街口外大街28号D座112室（德胜园区）
CN2015105890038	医学技术	北京百纳威尔无线通信设备有限公司	北京经济技术开发区永昌北路3号1号楼
CN2015105878322	半导体	京东方科技集团股份有限公司	朝阳区酒仙桥路10号
CN201510587690X	化学工程	京东方科技集团股份有限公司	朝阳区酒仙桥路10号
CN2015105874266	半导体	京东方科技集团股份有限公司	朝阳区酒仙桥路10号
CN2015105872966	环境技术	北京国能中电节能环保技术有限责任公司	朝阳区金桐西路10号远洋光华国际中心AB座8层
CN201510583897X	半导体	京东方科技集团股份有限公司	朝阳区酒仙桥路10号
CN2015105740312	测量	南车二七车辆有限公司	丰台区张郭庄甲1号
CN2015105708834	光学	京东方科技集团股份有限公司	朝阳区酒仙桥路10号

（续表）

申请号	WIPO 分类标引	专利权人名称	专利权人地址
CN2015105675188	机器零件	三一石油智能装备有限公司	昌平区科技园区南口李流路三一北京制造中心
CN2015105662559	光学	京东方科技集团股份有限公司	朝阳区酒仙桥路 10 号
CN2015105631512	半导体	京东方科技集团股份有限公司	朝阳区酒仙桥路 10 号
CN201510561375X	半导体	京东方科技集团股份有限公司	朝阳区酒仙桥路 10 号
CN2015105525091	表面加工技术、涂层	京东方科技集团股份有限公司	朝阳区酒仙桥路 10 号
CN2015105522816	环境技术	北京国电龙源环保工程有限公司	海淀区西四环中路 16 号院 1 号楼 911 室
CN2015105522638	控制	北京天航华创科技股份有限公司	海淀区学清路 9 号汇智大厦 A310b
CN2015105522426	高分子化学、聚合物	北京铂阳顶荣光伏科技有限公司	北京经济技术开发区康定街 11 号 11 楼三层
CN2015105520242	光学	京东方科技集团股份有限公司	朝阳区酒仙桥路 10 号
CN201510548346X	测量	北汽福田汽车股份有限公司	昌平区沙河镇沙阳路
CN2015105444126	药品（含中药）	北京诺康达医药科技有限公司	北京经济技术开发区永昌北路 3 号永昌 8 号科技广场 505 室
CN2015105441645	控制	北京兴华机械厂	海淀区北京永定路 50 号
CN2015105434868	测量	北京大恒图像视觉有限公司	海淀区上地七街 1 号汇众大厦 1 号楼三层
CN2015105427169	医学技术	中粮饲料有限公司	西城区南大安胡同 6 号四层
CN2015105418507	控制	北京银普科技有限公司	海淀区花园路 2 号牡丹创业楼一层 119 室
CN2015105360239	医学技术	北京大清生物技术股份有限公司	海淀区上地三街 9 号 C 座 C701
CN2015105337285	控制	北京天航华创科技股份有限公司	海淀区学清路 9 号汇智大厦 A310b
CN2015105323704	控制	北京中物智联科技有限公司	通州区新华南路 190 号 14 幢 1 层 108 室
CN2015105320689	测量	北京新联铁集团股份有限公司	海淀区高梁桥斜街 59 号院 2 号楼 3 层 2–305–18
CN2015105318424	测量	北京特希达交通设施顾问有限公司	昌平区科技园区超前路 37 号 6 号楼 4 层 1039 号
CN201510530703X	光学	北京国科世纪激光技术有限公司	昌平区百善镇百葛路 9 号院 1 号楼二层
CN2015105274125	表面加工技术、涂层	京东方科技集团股份有限公司	朝阳区酒仙桥路 10 号
CN2015105269165	材料、冶金	北京利尔高温材料股份有限公司	昌平区小汤山工业园
CN2015105262414	有机精细化学	中国石油化工股份有限公司	朝阳区朝阳门北大街 22 号
CN2015105239460	机器零件	航天长征化学工程股份有限公司	北京经济技术开发区经海四路 141 号
CN2015105112953	基础材料化学	洛娃科技实业集团有限公司	朝阳区望京利泽中园二区 203 号洛娃大厦
CN201510508943X	医学技术	北京在声生物科技有限公司	平谷区中关村科技园区平谷园马坊工业园 2 区 26 号
CN2015105058499	基础材料化学	诺农（北京）国际生物技术有限公司	海淀区马连洼北路 158 号众鼎商务楼 303A
CN201510505847X	基础材料化学	诺农（北京）国际生物技术有限公司	海淀区马连洼北路 158 号众鼎商务楼 303A
CN2015104990503	机器零件	北京光华荣昌汽车部件有限公司	昌平区科技园区中兴路 10 号 B213 室
CN2015104964975		易保互联医疗信息科技（北京）有限公司	朝阳区新源里 16 号琨莎中心 2 座 12B 层
CN201510494490X	光学	北京天诚盛业科技有限公司	海淀区上地十街 1 号院 1 号楼 8 层 802
CN2015104933407	半导体	京东方科技集团股份有限公司	朝阳区酒仙桥路 10 号
CN201510493031X	测量	北京中丽制机工程技术有限公司	通州区中关村科技园通州园光机电一体化产业基地兴光四街 3 号
CN2015104928112	控制	太微图影（北京）数码科技有限公司	西直门外大街 138 号 618 室

（续表）

申请号	WIPO 分类标引	专利权人名称	专利权人地址
CN2015104906128	控制	北京奇虎科技有限公司	西城区新街口外大街 28 号 D 座 112 室（德胜园区）
CN2015104906077	测量	首钢总公司	石景山区石景山路 68 号
CN2015104883982	测量	清能德创电气技术（北京）有限公司	丰台区海鹰路 7 号大恒科技
CN2015104878999	控制	北京思特奇信息技术股份有限公司	海淀区中关村南大街 6 号中电信息大厦 16 层
CN2015104878363	控制	联想（北京）有限公司	海淀区上地信息产业基地创业路 6 号
CN2015104875581	电机、电气装置、电能	北京佩特来电器有限公司	通州区宋庄镇小堡村南大街 3 号
CN2015104874470	电机、电气装置、电能	京东方科技集团股份有限公司	朝阳区酒仙桥路 10 号
CN2015104872600	光学	京东方科技集团股份有限公司	朝阳区酒仙桥路 10 号
CN2015104848419	医学技术	北京环度智慧智能技术研究所有限公司	海淀区学院南路 12 号京师科技大厦 A 座 611
CN2015104848207	医学技术	北京环度智慧智能技术研究所有限公司	海淀区学院南路 12 号京师科技大厦 A 座 611
CN201510484818X	医学技术	北京环度智慧智能技术研究所有限公司	海淀区学院南路 12 号京师科技大厦 A 座 611
CN2015104848048	化学工程	北京华福工程有限公司	昌平区科技园区富康路 18 号
CN2015104845209	光学	京东方科技集团股份有限公司	朝阳区酒仙桥路 10 号
CN2015104832675	光学	京东方科技集团股份有限公司	朝阳区酒仙桥路 10 号
CN2015104829884	半导体	京东方科技集团股份有限公司	朝阳区酒仙桥路 10 号
CN2015104827075	医学技术	北京环度智慧智能技术研究所有限公司	海淀区学院南路 12 号京师科技大厦 A 座 611
CN2015104793149	生物技术	博奥生物集团有限公司	昌平区生命科学园路 18 号
CN2015104776694	光学	京东方科技集团股份有限公司	朝阳区酒仙桥路 10 号
CN2015104773022	测量	北汽福田汽车股份有限公司	昌平区沙河镇沙阳路
CN2015104756794	表面加工技术、涂层	北京普凡防护科技有限公司	房山区燕山迎风街 11 号双益商务楼 B 座 319 室
CN2015104688439	热工过程和器具	北京首钢冷轧薄板有限公司	顺义区李桥镇任李路 200 号
CN2015104653529	电机、电气装置、电能	北京品驰医疗设备有限公司	昌平区科技园区兴昌路 1 号 1 幢 5 层
CN201510463642X	控制	北京万集科技股份有限公司	海淀区上地东路 1 号院 5 号楼 601
CN2015104628419	有机精细化学	北京枫华草木洗涤用品有限公司	通州区潞城镇南刘各庄村南
CN2015104622323	基础材料化学	北京泰克美高新技术有限公司	丰台区丰葆路 168 号国际花园 161 栋
CN201510462208X	医学技术	北京健联医疗科技有限公司	海淀区苏州街 18 号院 2 号楼 3 层 2303 室
CN201510461356X	其他特殊机械	北京华农农业工程技术有限公司	朝阳区麦子店街 41 号
CN2015104569887	测量	北京千安哲信息技术有限公司	朝阳区东四环中路 41 号嘉泰国际大厦 A 座 1318 室
CN2015104557964	材料、冶金	瑞泰科技股份有限公司	朝阳区五里桥一街一号院 27# 楼
CN2015104503150	化学工程	北京金风科创风电设备有限公司	北京经济技术开发区博兴一路 8 号
CN2015104502571	测量	北京四方继保自动化股份有限公司	海淀区上地信息产业基地四街 9 号
CN2015104411337	材料、冶金	神雾环保技术股份有限公司	朝阳区将台路 5 号 15 号楼 C 座 7 层
CN2015104410809	材料、冶金	神雾科技集团股份有限公司	昌平区马池口镇神牛路 18 号

（续表）

申请号	WIPO 分类标引	专利权人名称	专利权人地址
CN2015104410086	控制	北京市星光凯明动感仿真模拟器中心	大兴区西红门镇福伟路三条 4 号
CN2015104379789	机器零件	中国石油天然气集团公司	东城区东直门北大街 9 号中国石油大厦
CN2015104372949	半导体	京东方科技集团股份有限公司	朝阳区酒仙桥路 10 号
CN201510434647X	环境技术	北京沃太斯环保科技发展有限公司	怀柔区北房镇经纬工业开发区兴盛路 2 号
CN2015104281282	控制	京东方科技集团股份有限公司	朝阳区酒仙桥路 10 号
CN2015104279846	测量	北京航天新风机械设备有限责任公司	海淀区永定路 52 号
CN2015104249766	半导体	京东方科技集团股份有限公司	朝阳区酒仙桥路 10 号
CN2015104205166	测量	北京长城华冠汽车科技股份有限公司	顺义区天竺空港经济开发区 B 区裕华路甲 29 号
CN2015104204820	有机精细化学	北京颖泰嘉和生物科技股份有限公司	海淀区西小口路 66 号中关村东升科技园北领地 D–1 楼
CN2015104200497	电机、电气装置、电能	安泰科技股份有限公司	海淀区学院南路 76 号
CN2015104157105	电机、电气装置、电能	北京汽车研究总院有限公司	顺义区仁和镇双河大街 99 号
CN201510409621X	热工过程和器具	北京本立科技有限公司	海淀区上地信息路 26 号 01 层 0112–91 室
CN2015104093404	医学技术	京东方科技集团股份有限公司	朝阳区酒仙桥路 10 号
CN2015104062779	表面加工技术、涂层	京东方科技集团股份有限公司	朝阳区酒仙桥路 10 号
CN2015104043481	机器零件	北京中电兴发科技有限公司	海淀区中关村环保科技示范园地锦路 7 号院 5
CN2015104016041	有机精细化学	北京颖泰嘉和生物科技股份有限公司	海淀区西小口路 66 号中关村东升科技园北领地 D–1 号楼
CN2015104005988	光学	京东方科技集团股份有限公司	朝阳区酒仙桥路 10 号
CN2015104005085	基础材料化学	北京柯林斯达科技发展有限公司	丰台区南四环西路 188 号 12 区 27 号楼
CN2015104004487	机器零件	北京电力自动化设备有限公司	海淀区西直门外北下关净土寺 32 号
CN2015103992412	控制	北京车行神州科技有限公司	朝阳区建国路 93 号院 2 号楼 501
CN2015103987486	光学	北京旷视科技有限公司	海淀区海淀大街 3 号 1 幢 1001–011 室
CN2015103943755	半导体	京东方科技集团股份有限公司	朝阳区酒仙桥路 10 号
CN2015103891591	有机精细化学	有机地球（北京）生物科技有限公司	潞城镇贾后疃村 595 号
CN2015103891534	有机精细化学	北京枫华草木洗涤用品有限公司	通州区潞城镇南刘各庄村南
CN2015103888230	有机精细化学	北京枫华草木洗涤用品有限公司	通州区潞城镇南刘各庄村南
CN2015103887280	有机精细化学	北京枫华草木洗涤用品有限公司	通州区潞城镇南刘各庄村南
CN2015103886574	化学工程	北京信高联合科技股份有限公司	房山区良乡凯旋大街建设路 18 号 –E232
CN2015103884511	机器工具	北京康普锡威科技有限公司	怀柔区雁栖开发区乐园大街 6 号
CN2015103879015	有机精细化学	北京枫华草木洗涤用品有限公司	通州区潞城镇南刘各庄村南
CN2015103872995	环境技术	北京光华纺织集团有限公司	朝阳区光华路 8 号光华大厦
CN2015103832714	电机、电气装置、电能	浪潮（北京）电子信息产业有限公司	海淀区上地信息路 2 号 2–1 号 C 栋 1 层
CN2015103771566	控制	北京奇虎科技有限公司	西城区新街口外大街 28 号 D 座 112 室（德胜园区）
CN2015103727934	光学	京东方科技集团股份有限公司	朝阳区酒仙桥路 10 号
CN2015103702744	纺织和造纸机器	用友优普信息技术有限公司	海淀区北清路 68 号院 2 号楼 2 层

（续表）

申请号	WIPO 分类标引	专利权人名称	专利权人地址
CN2015103701629	测量	北京航天易联科技发展有限公司	北京经济技术开发区锋创科技园 18 号院 24 号楼
CN2015103698005	控制	北京金山安全软件有限公司	海淀区小营西路 33 号二层东区
CN2015103577180	医学技术	京东方科技集团股份有限公司	朝阳区酒仙桥路 10 号
CN2015103541992	基础材料化学	中国石油天然气股份有限公司	东城区东直门北大街 9 号
CN2015103540294	材料、冶金	中国石油化工股份有限公司	朝阳区朝阳门北大街 22 号
CN2015103501567	半导体	京东方科技集团股份有限公司	朝阳区酒仙桥路 10 号
CN2015103495960	医学技术	北京信安远望技术开发有限公司	海淀区上地信息路 1 号 2 号楼 705
CN2015103475435	热工过程和器具	阿尔西制冷工程技术（北京）有限公司	石景山区鲁谷东街 28 号
CN2015103463372	控制	慧居科技（北京）有限公司	海淀区西四环北路 160 号 9 层一区 919
CN2015103410214	其他特殊机械	北京汽车股份有限公司	顺义区仁和镇双河大街 99 号
CN2015103379090	半导体	北京七星华创电子股份有限公司	朝阳区酒仙桥东路 1 号
CN2015103375371	半导体	北京七星华创电子股份有限公司	朝阳区酒仙桥东路 1 号
CN201510336946X	半导体	北京七星华创电子股份有限公司	朝阳区酒仙桥东路 1 号
CN2015103368081	半导体	北京七星华创电子股份有限公司	朝阳区酒仙桥东路 1 号
CN2015103346203	发动机、泵、涡轮机	川北真空科技（北京）有限公司	昌平区崔村镇崔百路 9 号
CN2015103338461	电机、电气装置、电能	中电普瑞科技有限公司	昌平区南邵镇南中路 16 号
CN201510333261X	测量	神华集团有限责任公司	东城区西滨河路 22 号神华大厦
CN2015103308076	半导体	京东方科技集团股份有限公司	朝阳区酒仙桥路 10 号
CN2015103245541	药品（含中药）	北京四环生物制药有限公司	北京经济技术开发区建安街 5 号
CN2015103244093	电机、电气装置、电能	北京摇光智能科技有限公司	海淀区农大南路 1 号硅谷亮城 5 号楼 610C
CN2015103241235	半导体	京东方科技集团股份有限公司	朝阳区酒仙桥路 10 号
CN2015103239428	光学	京东方科技集团股份有限公司	朝阳区酒仙桥路 10 号
CN2015103207357	光学	京东方科技集团股份有限公司	朝阳区酒仙桥路 10 号
CN2015103199492	控制	北京卫星制造厂	海淀区知春路 63 号
CN2015103196136	控制	京微雅格（北京）科技有限公司	北京经济技术开发区地盛北街 1 号 A 区 8 号楼 401 室 -11
CN2015103194643	药品（含中药）	北京蓝丹医药科技有限公司	北京经济技术开发区科创六街 88 号院 6 号楼 3 单元（E3）201 室
CN2015103187476	纺织和造纸机器	北京英堡龙科技股份有限公司	丰台区芳群园四区 21 号楼 6 层 636 室
CN2015103154754	半导体	京东方科技集团股份有限公司	朝阳区酒仙桥路 10 号
CN2015103143355	机器工具	北京京诚瑞信长材工程技术有限公司	北京经济技术开发区同济南路甲 18 号
CN2015103127827	控制	北京京东尚科信息技术有限公司	海淀区杏石口路 65 号西杉创意园四区 11C 楼东段 1-4 层西段 1-4 层
CN2015103126379	半导体	京东方科技集团股份有限公司	朝阳区酒仙桥路 10 号
CN2015103100720	半导体	京东方科技集团股份有限公司	朝阳区酒仙桥路 10 号
CN2015103055693	控制	京东方科技集团股份有限公司	朝阳区酒仙桥路 10 号
CN2015103036512	测量	北京乐普医疗科技有限责任公司	昌平区超前路 37 号 3 号楼
CN2015103034451	材料、冶金	北京石油化工工程有限公司	朝阳区奥运媒体村天居园 7 号楼
CN2015103010014	化学工程	博天环境集团股份有限公司	海淀区西直门北大街 60 号首钢国际大厦 12A

（续表）

申请号	WIPO 分类标引	专利权人名称	专利权人地址
CN2015102997090	控制	北京中科遥数信息技术有限公司	朝阳区安翔北里甲 11 号北京创业大厦 B 座 1308
CN2015102930090	测量	北京新联铁集团股份有限公司	海淀区高粱桥斜街 59 号院 2 号楼 3 层 2-305-18
CN2015102924704	半导体	京东方科技集团股份有限公司	朝阳区酒仙桥路 10 号
CN2015102899350	测量	北京汽车研究总院有限公司	顺义区仁和镇双河大街 99 号
CN2015102890375	有机精细化学	北京浦润奥生物科技有限责任公司	朝阳区望京利泽中园二区 203 号 3 层 1305 室
CN2015102825766	半导体	北京七星华创电子股份有限公司	朝阳区酒仙桥东路 1 号
CN2015102823262	基础材料化学	中国石油天然气股份有限公司	东城区东直门北大街 9 号
CN2015102805885	电机、电气装置、电能	中国恩菲工程技术有限公司	海淀区复兴路 12 号
CN2015102786418	光学	京东方科技集团股份有限公司	朝阳区酒仙桥路 10 号
CN2015102717013	其他特殊机械	北京中天玺龙农业技术发展有限公司	通州区永顺镇竹木厂小区 10 号楼 1 单元 161 号
CN2015102716788	测量	北京航天三发高科技有限公司	丰台区云岗北区东里 8 号
CN2015102715728	基础材料化学	北京中天玺龙农业技术发展有限公司	通州区永顺镇竹木厂小区 10 号楼 1 单元 161 号
CN2015102700065	食品化学	北京和利美生物科技有限公司	大兴区经济开发区金辅路甲 2 号凯驰大厦 A516
CN2015102674554	光学	京东方科技集团股份有限公司	朝阳区酒仙桥路 10 号
CN2015102665610	环境技术	中国神华能源股份有限公司	东城区安外西滨河路 22 号神华大厦
CN2015102652362	材料、冶金	中科过程（北京）科技有限公司	海淀区中关村南三街 6 号五层 5328 号
CN2015102613599	测量	北京华泰诺安探测技术有限公司	顺义区临空经济核心区裕华路 28 号 5 号楼 4 层 002 室
CN2015102598512	环境技术	北京中科国通环保工程技术有限公司	海淀区中关村南大街甲 12 号寰太大厦 3 层 309 室
CN2015102596517	高分子化学、聚合物	中国石油天然气股份有限公司	东城区东直门北大街 9 号中国石油大厦
CN2015102549520	环境技术	中科鼎实环境工程股份有限公司	西城区黄寺大街 26 号院 4 号楼 503
CN201510254714X	电机、电气装置、电能	华威博奥电力设备有限公司	通州区中关村科技园区通州园金桥科技产业基地环景路 11 号
CN2015102482380	发动机、泵、涡轮机	意昂神州（北京）科技有限公司	海淀区上地信息路 12 号中关村发展大厦 C301
CN2015102468472	化学工程	神华集团有限责任公司	东城区安外西滨河路 22 号神华大厦
CN2015102454323	光学	北京京东方茶谷电子有限公司	北京经济技术开发区西环中路 8 号 2 号楼 M 区 3 层
CN201510243009X	基础材料化学	北京中德汇诚石油技术有限公司	通州区永乐店镇柴厂屯工业区 604 号

2018北京软件和信息服务业综合实力百强企业名单

序号	企业名称	序号	企业名称
1	北京百度网讯科技有限公司	40	联通系统集成有限公司
2	京东集团	41	石化盈科信息技术有限责任公司
3	腾讯科技（北京）有限公司	42	北京金山办公软件股份有限公司
4	航天信息股份有限公司	43	北京神州泰岳软件股份有限公司
5	北京小米移动软件有限公司	44	北京超图软件股份有限公司
6	北京车之家信息技术有限公司	45	博彦科技股份有限公司
7	北京搜狗科技发展有限公司	46	北京久其软件股份有限公司
8	东华软件股份公司	47	北京比特易湃信息技术有限公司
9	亚信科技（中国）有限公司	48	北京宇信科技集团股份有限公司
10	用友网络科技股份有限公司	49	同方知网（北京）技术有限公司
11	北京全路通信信号研究设计院集团有限公司	50	北京启明星辰信息安全技术有限公司
12	软通动力信息技术（集团）有限公司	51	北京拓尔思信息技术股份有限公司
13	神州数码信息服务股份有限公司	52	北京易华录信息技术股份有限公司
14	利亚德光电集团	53	长城计算机软件与系统有限公司
15	北京三快在线科技有限公司	54	中科创达软件股份有限公司
16	北京智明星通科技股份有限公司	55	飞天诚信科技股份有限公司
17	太极计算机股份有限公司	56	二六三网络通信股份有限公司
18	和利时科技集团有限公司	57	北京海鑫科金高科技股份有限公司
19	广联达科技股份有限公司	58	北京中科金财科技股份有限公司
20	文思海辉技术有限公司	59	北京握奇数据股份有限公司
21	中科软科技股份有限公司	60	北京思特奇信息技术股份有限公司
22	北京华胜天成科技股份有限公司	61	麒麟合盛网络技术股份有限公司
23	北京华宇软件股份有限公司	62	安世亚太科技股份有限公司
24	宜人恒业科技发展（北京）有限公司	63	中国航空结算有限责任公司
25	北京东方国信科技股份有限公司	64	北京恒华伟业科技股份有限公司
26	北京四方继保自动化股份有限公司	65	北京巴别时代科技股份有限公司
27	北京猎豹移动科技有限公司	66	九次方大数据信息集团有限公司
28	高德信息技术有限公司	67	首都信息发展股份有限公司
29	北京闲徕互娱网络科技有限公司	68	北京北信源软件股份有限公司
30	北京天融信科技有限公司	69	北京网御星云信息技术有限公司
31	贝壳找房（北京）科技有限公司	70	博康智能信息技术有限公司
32	完美世界（北京）软件科技发展有限公司	71	北京创世漫道科技有限公司
33	北京四维图新科技股份有限公司	72	北京用友政务软件股份有限公司
34	网易传媒科技（北京）有限公司	73	北京神舟航天软件技术有限公司
35	北京中电普华信息技术有限公司	74	恒安嘉新（北京）科技股份公司
36	北京掌趣科技股份有限公司	75	百融金融信息服务股份有限公司
37	北京旋极信息技术股份有限公司	76	北京数字政通科技股份有限公司
38	北京千方科技股份有限公司	77	博韩伟业（北京）科技有限公司
39	大唐移动通信设备有限公司	78	北京立思辰计算机技术有限公司

（续表）

序号	企业名称	序号	企业名称
79	金航数码科技有限责任公司	90	北京瑞友科技股份有限公司
80	联动优势科技有限公司	91	北京睿至大数据有限公司
81	北京银信长远科技股份有限公司	92	北京世纪瑞尔技术股份有限公司
82	苍穹数码技术股份有限公司	93	中铁信弘远（北京）软件科技有限责任公司
83	北京致远互联软件股份有限公司	94	北京浩瀚深度信息技术股份有限公司
84	暴风集团股份有限公司	95	北京淳中科技股份有限公司
85	北京东方通科技股份有限公司	96	京北方信息技术股份有限公司
86	博雅软件股份有限公司	97	同方鼎欣科技股份有限公司
87	北京先进数通信息技术股份公司	98	大唐融合通信股份有限公司
88	北京国双科技有限公司	99	北京中亦安图科技股份有限公司
89	北京直真科技股份有限公司	100	北京优炫软件股份有限公司

北京市部分工业企业名录

单位名称	办公地址	联系电话	邮政编码	主要产品
北京市冶金设备自动化研究所	东城区纳福胡同 13 号	64035005	100009	非标设备制造
北京后街文化创意有限责任公司	东城区美术馆后街 77 号	87266605	100010	印刷品印刷、创意印刷
唐山冀东水泥股份有限公司	东城区北三环东路 36 号环球贸易中心 A 座 22 层	59512098	100013	水泥、砂石骨料
北京金隅天坛家具股份有限公司	东城区安定门外大街小黄庄路甲 9 号	84285848	100013	实木、金属、红木等各类民用家具；沙发、床垫等软体家具；商用家具；同时配套装饰装修工程业务，提供木门窗、橱柜、地板、木挂板等固装产品
北京远东仪表有限公司	东城区和平里北街 6 号	64513808	100013	自主品牌温压物流工业过程测量仪表，罗斯蒙特品牌温压物流工业过程测量仪表，工业自动化解决方案，工业物联网，市政民生物联网等
北京远东仪表有限公司	东城区和平里北街 6 号	64513808	100013	自主品牌温压物流工业过程测量仪表，罗斯蒙特品牌温压物流工业过程测量仪表，工业自动化解决方案，工业物联网，市政民生物联网等
北京北人羽新胶印有限责任公司	东城区美术馆后街 77 号	87266605	100010	技术咨询、信息咨询、广告设计制作、销售文化用品等
北京市有色金属工业总公司	西城区槐柏树街 2 号	83121987	100053	有色金属材料、焊接材料
北京市塑料研究所	西城区旧鼓楼大街 47 号	64034448	100009	硅片花篮承载器、聚偏氟乙烯（PVDF）板材及其织物复合板、耐酸碱腐蚀的实验室用器具、塑料板材（PP、PE、ABS 等）、耐腐蚀的方槽及板、棒型材（PTFE、PVDF 等）等
北京北广电子集团有限责任公司	西城区黄寺大街 23 号	62018319	100011	无线发射机设备及配套产品、有线电视网络产品、电视转播车、安防监控设备、电子元器件等
北京中色亿安金属进出口有限公司	西城区感化胡同 3 号	63180592	100053	有色金属进出口贸易

（续表）

单位名称	办公地址	联系电话	邮政编码	主要产品
北京市圣利达技术贸易发展公司	西城区广安门外车站西街9号院	63443704	100055	技术开发、技术咨询、技术服务、技术培训
北京瑞成斋图文设计有限公司	西城区琉璃厂东街65号	63048671	100052	包装装潢设计、印刷品工艺设计、文化用品、锦盒、纸张、印刷材料、印刷制品、珠宝首饰、代销字画
北京有色金属与稀土应用研究所	朝阳区安外大羊坊2号	84922575	100012	有色合金、贵金属焊料
北京市印刷工业产品质量监督检验站	朝阳区崔各庄乡南皋路129号	64339451	100015	书刊、包装装潢、印刷品质量监督检验
北京石大中油油品销售有限责任公司	朝阳区大屯路甲21号	64856566	100012	销售成品油、零售油气、包装食品
北京燕东微电子有限公司	朝阳区东直门外西八间房万红西街2号	64320432	100015	半导体集成电路和分立器件、微电路模块、传感器、中小规模CMOS集成电路等
北京中纺海天染织技术有限公司	朝阳区光华路8号光华大厦A座9层	65830839	100026	舒适整理剂、氨纶纺丝油剂、绿棉纤维技术产品
北京天彩纺织服装有限公司	朝阳区光华路8号光华大厦A座9层	65815275	100026	服装、面料
北京华腾通标检测与校准技术研究中心有限责任公司（北京市化工产品质量检测站）	朝阳区化工路6号	67758350	100022	化工产品检验、检测及标准化、培训服务
北京化工实验厂有限责任公司	朝阳区化工路6号	52073510	100022	工业二氧化碳
北京京工雷蒙服装服饰有限公司	朝阳区松榆西里29号	67336655	100021	梭织服装
北京京工服装集团有限公司	朝阳区松榆西里29号	67356943	100021	服装设计生产加工
北京京工伊里兰服装服饰有限公司	朝阳区松榆西里29号	87372863	100021	羽绒服
北京市氧气厂有限责任公司	朝阳区化工路6号	52073529	100024	制造、销售氧气、氮气、氩气、氦气、天然气
北京普莱克斯实用气体有限公司	朝阳区化工路6号	67714766	100022	氮气、氧气、氩气、二氧化碳
北京华腾旌凯经贸有限责任公司	朝阳区松榆南路54号54-3	87310158	100022	危险化学品经营
北京华腾大搪设备有限公司	朝阳区南磨房路37号	53779936	101111	大型搪玻璃设备、铆焊制品
北京染料厂	朝阳区化工路6号	87392109	100022	染颜料
北京北搪化工设备有限责任公司	朝阳区化工路6号	52073557	100024	房屋出租，加工、制造搪玻璃设备、化工产品
北京华新发展有限责任公司	朝阳区垡头东里1号	67374765	100023	开发技术、发展化工产品；为企业提供咨询、管理、服务；出租办公用房
北京华腾聚源企业管理服务有限公司	朝阳区劲松南路9号	67733187	100022	企业管理、管理咨询、信息咨询（中介除外）、技术培训、劳务派遣
北京七星华电科技集团有限责任公司	朝阳区酒仙桥东路1号	64311193	100016	气体质量流量计、高精密电容器、高精密电阻器、晶体器件、混合集成电路、电声产品等
北京飞宇微电子有限责任公司	朝阳区三里屯西五街5号	64652346	100027	薄、厚膜集成电路
北京京仪绿能电力系统工程有限公司	朝阳区成寿寺路甲135号院3号楼101室	87153606	100164	光伏逆变器、光伏智能交直流汇流箱、电站运维监控系统、EPS及微网储能系统等

（续表）

单位名称	办公地址	联系电话	邮政编码	主要产品
北京正东电子动力集团有限公司	朝阳区酒仙桥 4 号	64377041	100015	电、燃气、热水
北京韩信混凝土有限公司	朝阳区崔各庄乡东营村北	18910641855	100015	商品混凝土
北京城乡混凝土有限公司	朝阳区十八里店乡横街子村	87304684	100122	商品混凝土
北京泵普建筑机械施工有限责任公司	朝阳区金盏乡金盏南路	13331165833	100018	泵送服务
北京兆维电子（集团）有限责任公司	朝阳区酒仙桥路 14 号	64361361	100016	自服、安防与通讯设备
雪花（北京）科技有限公司	朝阳区左安门外左安路东口路北	67716267	100021	电冰箱、小家电等
北京印刷集团有限责任公司印刷二厂	朝阳区建外郎家园 10 号	85891772	100022	彩票、证书、国税局发票、其他社会印件
京东方科技集团股份有限公司	朝阳区酒仙桥路 10 号	64318888	100016	TFT–LCD、AMOLED 显示产品，智慧零售等智慧系统，移动健康、数字医院等健康服务业务
北京市印刷技术研究所	朝阳区双桥东路 18 号院 2017 号	66068090	100121	高仿字画
北京达博有色金属焊料公司	朝阳区安外大羊坊 2 号	84924157	100012	键合金丝
北京隆达轻工控股有限责任公司	海淀区天秀北路 10 号	82259651	100193	商业票据、书刊印刷、报刊印刷、有色新材料、农膜、塑料、轻工建材、家电、皮革制品等
北京大华无线电仪器厂	海淀区学院路 5 号	62921924	100083	仪器类、电源类
北京启明峰科技有限公司	海淀区清河镇安宁庄东路 18 号 12 号楼	62929294	100026	燃烧器控制系统
北京大华天坛服装有限公司	海淀区中关村大街人民大学南路三义庙	62612565	100086	梭织服装
北京大学出版社有限公司	海淀区成府路 205 号	62752033	100871	图书、期刊、音像制品、电子出版物
北京大学音像出版社有限公司	海淀区成府路 205 号	62752033	100871	音像制品、电子出版物
北京大学医学出版社有限公司	海淀区学院路 38 号	82802681	100191	医学专著译著及相关教材、教学参考书、教学工具书等
北大方正集团有限公司	海淀区成府路 298 号方正大厦	82529988	100871	方正电子出版系统，网络产品，数字媒体，计算机软硬件及相关设备、通讯设备等
北京北大英华科技有限公司	海淀区中关村大街 27 号中关村大厦 9 层	82668266	100080	北大法宝中国法律检索系统、司法案例检索系统、人民法院裁判文书上网公开系统、英文译本检索系统、法学期刊检索系统等
北京燕园天地科技有限公司	海淀区北京大学逸夫楼七层 3711–3712 室	62752997	100871	矿产品、建筑材料技术开发、销售、宝石加工
北京北大青鸟软件系统有限公司	海淀区海淀路 5 号燕园三区 30 号 305	82615888	100871	计算机软硬件及外部设、智能化仪器设备技术开发
北京北大明德科技发展有限公司	海淀区成府路 202 号北京大学新化学楼中区	56290018	100871	水产养殖专用化学品、快速水质分析盒、化学试剂、医学与精细化工
北京北大科技园建设开发有限公司	海淀区中关村北大街 127–1 号	62769088	100080	科技成果转化、企业孵化服务、创业培训与辅导、技术平台服务
北京北大科技园有限公司	海淀区中关村北大街 127–1 号	62769088	100080	科技服务、科技园区开发与运营

（续表）

单位名称	办公地址	联系电话	邮政编码	主要产品
同方股份有限公司	海淀区清华同方科技大厦A座29层	82399988	100083	互联网信息服务业务不含新闻、出版、医疗保健、药品和医疗器械等内容；对外派遣实施与出口自产成套设备相关的境外工程所需的劳务人员；商用密码产品生产等
紫光集团有限公司	海淀区知春路7号致真大厦B座	83459999	100191	集成电路和移动通信系统基站设备、交换设备及数字集成系统设备、无线移动通信集成电路、基带、射频、多媒体芯片和集成电路设计等
启迪控股股份有限公司	海淀区清华科技园创新大厦A座16层	62785888	100084	建设工程项目管理；经济贸易咨询；企业管理咨询；企业管理；市场调查；技术开发、技术推广、技术转让、技术咨询、技术服务等
清控核能科技集团有限公司	海淀区上地创业中路32号四层	82506565	100085	自然科学研究与试验发展；技术开发、技术推广、技术转让、技术咨询等
北京清华液晶技术工程研究中心	海淀区清华大学华业大厦	62781918	100084	液晶显示器件、精细化工（除化学危险品）、电子产品的技术开发、技术服务、销售
北京科大资产经营有限公司	海淀区学院路30号	62332975	100083	资产管理
北京科大科技园有限公司	海淀区学院路30号北京科技大学科技园A座125室	62318682	100083	成果转化及平台建设
北京科大分析检验中心有限公司	海淀区学院路30号6区创业园A座一层	62340208	100083	钢铁材料性能的技术检测
北京科大方兴科技孵化器有限责任公司	海淀区学院路30号	62313412	100083	科技成果孵化
北京科技大学设计研究院有限公司	海淀区学院路30号	62332598	100083	钢铁品种研发与钢材性能优化技术、轧制自动化控制技术、在线检测技术与装备、冶金企业计算机管理系统、轧制工艺和设备
北京科大永兴科技有限公司	海淀区学院路30号1区	62334190	100083	新材料制备与加工新技术新工艺开发
赛能杰高新技术股份有限公司	海淀区学院路30号北京科技大学会议中心一层	82382250	100083	高效燃烧技术和工程、高效余热回收技术和工程
北京科大中冶技术发展有限公司	海淀区学院路30号1区方兴大厦603室	58773326	100083	冶金工程方面的技术推广、服务、培训、咨询；投资管理；技术进出口、货物进出口；销售机电产品、建筑装饰材料
北京科大朗涤环保工程技术有限公司	海淀区学院路30号6区北京科技大学科技园A座307—301	62315257	100083	除尘工程；环保科研、设计、制造、安装、调试
北京科大方兴高新技术有限公司	海淀区学院路30号6区北京科技大学科技园A座128室	62335691	100083	冶金渣料
北京中油石大技术有限责任公司	海淀区20号15楼125室	82387867	100086	技术开发技术咨询、销售开发后的产品
北京石大油软技术有限公司	海淀区北四环中路229号海泰大厦1109	82883190	100088	技术开发技术咨询、销售开发后的产品
北京石大茁立石油技术有限公司	海淀区学清路8号科技财富中心A座307室	18001332751	100192	技术开发技术咨询、销售开发后的产品
北京科大机翔科技有限公司	海淀区学院路30号（零件轧制中心院内办公楼三层）	62332331	100083	楔横轧技术开发及生产相关产品
时光科技有限公司	海淀区学院路30号北科大机器人研究所院内	82913057	100083	工业伺服控制器；电动车控制系统研究及产品开发

（续表）

单位名称	办公地址	联系电话	邮政编码	主要产品
北京银河昊星置业投资有限公司	海淀区学院路30号6区北京科技大学科技园7号楼（A座）219室	82844023	100083	备品备件贸易
北京益泰电子集团有限责任公司	海淀区北洼路4号	68419348	100089	智能建筑系统集成、安防与人防系统集成、计算机系统集成等
北京金隅涂料有限责任公司	海淀区建材城中29号	82910291	100096	防火涂料、建筑涂料、地坪涂料、工业漆、装饰涂料
北京北分瑞利分析仪器（集团）有限责任公司	海淀区北清路160号	62403048	100095	原子吸收分光光度计、原子荧光光谱仪、气相色谱仪、紫外可见分光光度计、光电直读光谱仪。
中国电子进出口北京公司	海淀区首体南路22号	68335866	100044	电子信息、通信设备、家用电器、化工纺织等产品及技术进出口业务
北京市化学工业研究院有限责任公司	海淀区中关村北大街123号	62567814	100084	工程塑料合金材料、科研开发及服务
北京市化工职业病防治院	海淀区香山一棵松50号	62591713	100093	医疗服务、职业健康检查、职业病诊断、职业病危害因素检测与评价、建设项目安全评价等
北京轻工集团有限公司	海淀区天秀北路10号	82259019	100193	自有房屋出租；房地产经营开发建设项目；经贸部批准的其他商品进出口业务；物业服务管理等
北京惠鼎皮业有限公司	丰台区宋家庄顺八条3号	61624973	100079	皮革贸易、自有房地产经营
北京市印刷物资公司	丰台区东老庄75号	67256183	100071	印刷物资销售、普通货物运输、印刷机械维修、调试、货物进出口
北京华盾雪花塑料集团有限责任公司	丰台区黄土岗马家楼119号	83728283	100068	农膜、土工防渗材料、容器托盘、包装制品、塑料管材
北京隆晟华盾文化有限公司	丰台区马家楼119号		100068	文化交流、高端物业
北京金隅混凝土有限公司	丰台区卢沟桥城北路8号	83200034—708	100165	商品混凝土
北京京仪椿树整流器有限责任公司	丰台区三顷地甲3号	66175725	100040	污水处理、固废处理、军工等
北京隆达兴业科技开发有限公司	丰台区角门东里79号	67564829	100068	轻工产品检测
北京突破雪花电器设备有限公司	丰台区大红门久敬庄56号	52223661	100076	电气生产；五金加工等
北京印刷集团有限责任公司印刷一厂	丰台区马家堡路69号	67580969	100068	图书、期刊、数码印刷、包装产品、防伪印刷等
通达耐火技术股份有限公司	石景山区金顶北路69号金隅中央研究院	62914308	100043	生产服务于国民经济基础行业(建材、冶金、电力、石化等领域）的25个系列300余种耐火材料产品以及高品质均质耐火原料产品
北京首科兴业工程技术有限公司	石景山区八大处高科技园区西井路3号3号楼4345房间	88292034	100041	烟气脱硝工程；环保设备、备件、材料的经营
北京金隅水泥节能科技公司	房山区琉璃河车站前街1号	18611052085	102403	外加剂
北京金隅加气混凝土有限责任公司	房山区窦店镇亚新路16号	69256781	102402	蒸压加气混凝土砌块、板材
北京超羽纤维制品有限公司	房山区良乡工业开发区	65080450	102488	床上用品
北京金隅砂浆有限公司	房山区窦店镇亚新路17号	80307306	102403	砌筑砂浆、抹灰砂浆、地面砂浆、外墙保温粘结砂浆、外墙保温抹面砂浆、瓷砖粘结砂浆、盾构注浆料、喷射混凝土、粉刷石膏砂浆、自流平砂浆

（续表）

单位名称	办公地址	联系电话	邮政编码	主要产品
北京金隅琉水环保科技有限公司	房山区琉璃河车站前街1号	89382993	102403	水泥
北京金鹰铜业有限责任公司	通州区梨园镇小街村东	60526450	101101	技术开发等
北京诺飞新能源科技有限责任公司	通州区景盛北一街9号	60595121	101102	有色金属合金制品、低温焊料
北京银鹰铜业有限责任公司	通州区梨园镇小街村东	81528221	101101	有色金属材料、制品等
北京东光实业总公司	通州区张家湾镇通州工业开发区光华路16号A栋3层023号	61561473	101149	丙烯酸酯类、乳液、树脂产品
北京华腾橡塑乳胶制品有限公司	通州区光机电一体化基地兴光五街6号	81501488	101111	乳胶家用手套、工业手套、洁净手套、橡胶制品、钓鱼靴
北京瑞京乳胶制品有限公司	通州区光机电一体化基地兴光五街6号	81502529	101111	医用手套、检查手套、家用手套
北京宜刚鞋业有限公司	通州区光机电一体化基地兴光五街6号	81501429	101111	工业用橡胶鞋、时装橡胶鞋、特种性能橡胶鞋
华腾软科（北京）信息技术有限公司	通州区光机电一体化基地兴光五街6号	81508116	101111	软件产品、软件开发、硬件服务、网络维护
北京华腾东光科技发展有限公司	通州区张家湾镇通州工业开发区光华路16号A栋3层023号	61505749	101149	丙烯酸酯类、乳液、树脂产品
北京市北泡轻钢建材有限公司	通州区张家湾镇光华路8号	61565731	101113	承揽设计建造轻钢结构厂房、冷库等工程；聚苯乙烯泡沫塑料夹心板、压型钢板、保温门窗等
北京冀东海强混凝土有限公司	通州区台湖镇桑元村北300米	69505110	101111	商品混凝土
北京星月泡沫塑料有限责任公司	通州区张家湾镇光华路甲2号	61502388	101113	聚醚型软质聚氨酯泡沫塑料系列产品；聚酯型软质聚氨酯泡沫塑料系列产品
北京北泡商贸有限公司	通州区梨园镇刘老公庄	67612929	101101	销售建筑材料，化工原料等
北京恩布拉科雪花压缩机有限公司	顺义区天竺空港工业区B区裕华路29号	80482255	101318	冰箱压缩机
北京佳泰新材料有限公司	顺义区高丽营镇金马工业园6号	67662420	100078	双轴向布、帐篷、充气产品
北京恒坤混凝土有限公司	顺义区高丽营镇西马各庄村明华街90号	69492070	101318	商品混凝土
北京宝岛包装印刷有限公司	大兴区旧宫工业园富华街北东区甲19号	87971147	100076	纸制包装品
北京雪花电器集团公司	大兴区兴华大街三段1号	69241477	102600	电冰箱、洗衣机、冷冻箱等
北京燕阳新材料技术发展有限公司	大兴区瀛海工业区南二路2号	69276011	100076	聚氨酯软管、消防水带、软体油罐
北京雪莲羊绒有限公司	大兴区瀛海镇瀛海工业园区中路1号	69285267	100076	羊绒衫
北京化工厂	大兴区安定镇安定北街58号	80239216	102607	502胶、化学试剂、环保试剂、彩色胶粉
北京华腾化工有限公司	大兴区安定镇安定北街58号	80239296	102607	生产工业气体、仓储服务、物业管理、设备租赁、劳务服务等
北京化学试剂研究所有限责任公司	大兴区安定镇安定北街58号	80239006	102607	锂离子电池电解液、锂电池电解液、超净高纯试剂、高纯物质、新型扩散源、标准溶液及实验试剂和其他精细化学品
北京华腾天海环保科技有限公司	大兴区安定镇安定北街58号	80216557	102607	收集、储存、生产加工化工类、废溶剂、废试剂化学品等

（续表）

单位名称	办公地址	联系电话	邮政编码	主要产品
北京远东罗斯蒙特仪表有限公司	大兴区盛坊路 2 号	64513857	102600	罗斯蒙特系列压力、温度、流量、物位测量仪等
北京华医圣杰科技有限公司	大兴区生物医药基地天贵大街 101	50927088	102629	房间隔缺损封堵器、室间隔缺损封堵器、动脉导管未闭封堵器、卵圆孔未闭封堵器、派瑞林涂层房间隔缺损封堵器；以及与以上各种封堵器配套在先天结构性心脏病介入手术中使用的输送系统
北京蜜蜂堂生物医药股份有限公司	大兴区生物医药产业基地永旺路 28 号	56330861	102600	蜂蜜、蜂花粉、蜂王浆、蜂王浆冻干粉、蜂产品制品、保健食品
北京中瑞食品有限公司	大兴区黄村镇刘村二队村委会北 300 米	61263057	102600	猪白条肉、猪分割肉、猪副产品、猪肉礼盒、腊肠礼盒等
北京延锋北汽汽车内饰件有限公司	大兴区采育镇育英街 32 号	53257888	102606	汽车门板、汽车仪表板等内饰产品
北京和田汽车改装有限公司	大兴区庞各庄镇京开路庞各庄段 37 号	89280888	102601	电动多功能自动喷洒车、电动消防车、电动观光车、电动厢式运输车、电动自卸式垃圾车等
北京海纳川汽车部件股份有限公司北京分公司	采育经济开发区育英街 34 号	50952155	100062	北京奔驰转向管柱、制动踏板及车轮组装；北汽越野车车轮组装
北京雪莲羊绒有限公司	大兴区瀛海镇瀛海工业园区中路 1 号	69285188	100076	羊绒衫、羊绒裤、羊绒围巾、羊绒毯、羊绒手套等羊绒制品
北京宏达伟业汽车修理有限公司	大兴区清源路 40 号	69246185	102600	汽车修理
海信（北京）电器有限公司	大兴区清源路 38 号		102600	电冰箱
北京绿源塑料有限责任公司	大兴区清源路 32 号	69241781	102600	节水灌溉器材、微喷滴灌配套产品
北京中建宏福混凝土有限公司	大兴区黄村镇孙村原兴华砖厂院内 1 号	60296335	102628	商品混凝土
北京北仪创新真空技术有限责任公司	大兴区盛坊路仪器仪表基地盛坊路 2 号院	60251210	102600	真空应用，真空定制设备等
北京京仪北方仪器仪表有限公司	大兴区高米店盛坊路 2 号仪器仪表工业基地内	60257647	102600	单三相智能电能表、智能燃气表等
北京市纸箱厂	大兴区工业开发区锦兴路 18 号	61272119	102600	纸作、环保纸制品销售
北京海兴昌达皮件有限公司	昌平区科技园区超前路 6 号（北厂）北京海淀区花园北路 20 号（南厂）	89709417	100191	皮件生产
北京金隅北水环保科技有限公司	昌平区马池口镇北小营村东	13810413245	102202	水泥
北京北科麦思科自动化工程技术有限公司	昌平区振兴路 5 号	89715559	102200	主要提供冶金、机械、石化等行业全面的自动化解决方案，变频伺服及数控产品的开发，销售及应用
北京北石新材料技术开发公司	昌平区府学路 18 号	89733420	102200	石油勘探技术开发、技术服务
北京石大石工油气化工技术有限公司	昌平区府学路 18 号	69419241	102200	仪器仪表设备及石油专用软件技术开发技术
博奥生物集团有限公司	昌平区生命科学园路 18 号	80726868	102206	生产医疗器械Ⅲ类；销售第三类医疗器械；销售临床检验分析仪器、仪器仪表、机械设备、电子产品；工程和技术研究与试验发展；技术开发、技术服务及技术转让等
北京石大中油石油化工技术有限公司	昌平区中国石油大学（北京）院内（基础楼）	89733276	102200	生产真空系列用油、润滑油及添加剂
北京中石大乾泰超临界技术有限公司	昌平区富康路 18 号科技园 301 室	13901230736	102200	技术推广、技术服务销售化工产品．机器设备

（续表）

单位名称	办公地址	联系电话	邮政编码	主要产品
北京中石大节能科技发展责任公司	昌平区长陵镇泰胡路 2 号	13301371315	102213	技术开发、技术咨询、销售油田机械设备
北京中石大友辉能源科技有限公司	昌平区振兴路 18 号	58207410	102249	销售化工产品、机械设备、石油天然气技术开发、转让
北京易加三维科技有限公司	昌平区新元科技园 B 座 705	80734969	100023	工业级 3D 打印设备
中电智能卡有限责任公司	昌平区昌盛路 26 号	51508815	102200	接触式 IC 卡、非接触式模块封装
北京诺诚健华医药科技有限公司	昌平区生命园路 8 号院北大医疗产业园 8 号楼	66609999	100084	针对自身免疫性疾病和肿瘤疾病的靶向和免疫疗法
北京贝瑞和康医疗器械有限公司	昌平区科技园区生命园路 4 号院 5 号楼	53259188	102206	基因检测技术
北京盈科瑞创新医药股份有限公司	昌平区科技园区（中科云谷园）双营西路 79 号院 24 号楼	89720100	102200	吲哚美辛囊泡凝胶、盐酸特比萘芬囊泡凝胶、他扎罗汀囊泡凝胶等
北京诺禾致源科技股份有限公司	昌平区回龙观镇生命园路 29 号创新大厦	82837801	102206	基因组学产品和服务
北京科信美德生物医药科技有限公司	昌平区生命园路 20 号院 7 号 401 室	82673188	102206	G 蛋白偶联受体抗体药物共性技术平台
北京臻迪机器人有限公司	昌平区科技园区双营西路 79 号云谷园 33 号楼	89720094	102200	水下无人机、飞行无人机等
北京智行者科技有限公司	昌平区回龙观东大街 338 号创客广场 B416	80728832	102206	蜗必达—无人配送物流车
爱博诺德（北京）医疗科技有限公司	昌平区昌盛路 12 号院 12 号楼	60745730	102200	植入类眼科耗材、手术器械、手术设备、眼视光产品、眼科药品等系列产品
北京振东康远制药有限公司	昌平区流村镇流村工业园昌流路 3 号	56940667	102204	“朗迪”牌碳酸钙 D3 片（II）和碳酸钙 D3 颗粒等钙补充剂类药品
北京溢美四方软件技术有限公司	昌平区回龙观镇二拨子村北 1 号楼 3 层	80749540	102208	电表软件技术开发、通讯模块软件技术开发、通讯芯片设计、信息系统管理软件开发等
方得（北京）物联科技有限公司	昌平区回龙观镇北清路 1 号院珠江摩尔 6 号楼 2 单元 704	80146604	102206	嵌入式软件开发
北京乐普智慧医疗科技有限公司	昌平区科技园区超前路 37 号 7 幢 7–10	80120636	102200	凝血血脂分析仪、糖化血红蛋白分析仪等的研发生产
北京马尔贝拉科技发展有限公司	昌平区城北街道西关槐树巷甲 3 号 6 号楼 4 层 30 号	60711577	102200	可调分散直径的分散机
北京起源爱心生物科技有限公司	昌平区回龙观镇生命园路号 20 号院 8 幢 4 号区	56206193	102206	细胞存储技术服务
北京理工导航控制科技有限公司	昌平区沙河镇昌平路 97 号 7 幢 101 室	69731598	102206	自动控制、数据采集、信息处理系统和产品的技术开发
北京碧水源净水工程技术股份有限公司	昌平区回龙观镇生命园路 29 号 1 号楼 A–212 室	59420089	102206	农村饮水安全、村镇污水垃圾处理、市政供水、新概念环保产品等
北京中石大格林催化科技有限公	昌平区科技园区富康路 18 号	89733595	102200	技术开发、技术咨询、技术转让、销售化工产品、石油机械设备
北京京兰非织造布有限公司	平谷区马坊镇工业区西区 191 号	89965194	101204	无纺布
北京科兴源热电有限公司	平谷马坊工业开发区西区 189 号	60999728	101204	热力生产及供应
北京福田戴姆勒汽车有限公司	怀柔区红螺东路 21 号	60678738	101400	“福田欧曼”品牌中重卡产品

（续表）

单位名称	办公地址	联系电话	邮政编码	主要产品
北京碧水源膜科技有限公司	怀柔区雁栖经济开发区乐园南二街4号	60689200	101400	超/微滤膜
雷诺丽特朗活医药耗材（北京）有限公司	怀柔区雁栖经济开发区雁栖河西路3号	61669540	101407	新型药包装材料、输液膜及导管
北京东方红航天生物技术股份有限公司	怀柔区北房经纬工业区裕华路9号	61683671	101400	片剂、胶囊剂、口服液、粉剂等剂型的系列航天高科技保健食品
东明兴业科技股份有限公司	怀柔区雁栖经济开发区雁栖大街41号	61665518	101407	精密模具
北京御食园食品股份有限公司	怀柔区雁栖经济开发区乐园大街31号	61668198	101407	果脯系列、大小黑豆产品、冻干烤鸭、茯苓夹饼等休闲食品
北京红螺食品有限公司	怀柔区庙城镇郑重庄村631号	60692542	101401	果脯系列、羊羹、茯苓饼、烤鸭、老北京十三绝系列等休闲系列食品
北京博萨汽车配件有限公司	怀柔区雁栖经济开发区雁栖东二路43号	61668566–833	101407	汽车配件：围栏、轮罩、顶盖、侧围、蒙皮
北京金田麦国际食品有限公司	怀柔区雁栖经济开发区雁栖北二街12号	61668620	101407	水煮型速食面系列、水煮型速食米制品系列、速冻面系列、半干面系列、鲜切面系列
奥瑞金包装股份有限公司	怀柔区雁栖经济开发区乐园南一街7号	61666999	101407	食品包装用覆膜铁
北京福斯汽车电线有限公司	怀柔区雁栖经济开发区雁栖大街39号	61667841–804	101407	汽车电线
北京广振商工汽车部件有限公司	怀柔区杨宋镇凤翔开发区安平一园2号	61675334–222	101400	汽车车门玻璃升降器总成
北京红星股份有限公司	怀柔区红星路1号	51202573	101400	红星蓝瓶二锅头
北京世东凌云科技有限公司	怀柔区杨宋镇凤翔科技开发区二园11号	61677911	101400	主要产品为车身装饰材料及配件，主要生产三角板、防擦条、车门窗密封条、光亮饰条等车体内外装饰件
北京统一饮品有限公司	怀柔区开放路70号	89681966–601	101400	红茶、绿茶、阿萨姆、老坛酸菜牛肉面、小浣熊干脆面
红牛维他命饮料有限公司	怀柔区雁栖开发区88号	61669833	101407	红牛维他命系列饮料
玛氏食品（中国）有限公司	怀柔区雁栖北二街9号	61667410	101407	德芙、M&M’s、士力架、脆香米
有研粉末新材料（北京）有限公司	怀柔区雁栖南四街12号	61667638	101400	铜基粉末系列、锡基焊粉系列、铁基粉末系列、铝基粉末系列、特种丝材系列、粉末冶金制品系列
北京科高大北农饲料有限公司	怀柔区雁栖经济开发区北三街8号	61666666	101407	饲料
北京罗麦科技有限公司	怀柔区雁栖经济开发区雁栖大街16号	61669281	101400	蒜素片、番红素软胶囊
北京丘比食品有限公司	怀柔区雁栖开发区北一街3号	61668660–153	101407	沙拉酱、果酱
北京铜牛服装有限公司	密云区工业开发区科技路31号	51279898	101500	梭织服装
北京华腾新材料股份有限公司	中关村北大街123号	62551996	100084	聚氨脂粘合剂
北京市商标三厂	北京亦庄经济技术开发区经海二路11号	67376836	100076	塑料商标印刷
北方华创科技集团股份有限公司	北京经济技术开发区文昌大道8号	57840281	100176	半导体装备、真空装备、新能源锂电装备、精密元器件等
北京京仪仪器仪表研究总院有限公司	北京经济技术开发区兴业街2号	67816830	100176	机器视觉与人工智能基础平台、看板货物QR码全自动扫码系统、激光熔覆系统

（续表）

单位名称	办公地址	联系电话	邮政编码	主要产品
北京电控爱思开科技有限公司	北京经济技术开发区经海四路9号	59290901	102600	汽车用动力电池包
北京化学工业集团有限责任公司	北京经济技术开发区西环北路23号	67864201	100176	精细化工、化工装备、工业及民用气体、电子化学品、新能源、新材料、循环经济产业、环保产业
艾尼克斯电子（北京）有限公司	北京经济技术开发区科创二街9号新城工业园	67892929	100023	半导体、元器件所需要的专用材料

北京市政府相关部门通信指南

单位名称	地 址	网 址	邮 编	电 话
北京市经济和信息化局	通州区运河东大街57号院5号楼	http://jxj.beijing.gov.cn	101117	55578300
北京市发展和改革委员会	通州区运河东大街55号院	http://fgw.beijing.gov.cn	101160	55590088
北京市科学技术委员会	通州区运河东大街57号院1号楼	http://kw.beijing.gov.cn	100744	55577777
北京市财政局	通州区承安路3号院	http://czj.beijing.gov.cn	101160	55591724
北京市规划和自然资源委员会	通州区承安路1号院	http://ghzrzyw.beijing.gov.cn	101160	80858586
北京市城市管理委员会	西城区西单北大街80号	http://csglw.beijing.gov.cn	100032	66011988
北京市生态环境局	海淀区车公庄西路14号	http://sthjj.beijing.gov.cn	100048	68461267
北京市交通委员会	丰台区六里桥南里甲9号B座	http://jtw.beijing.gov.cn	100073	12328
北京市商务局	通州区运河东大街57号院5号楼	http://sw.beijing.gov.cn	101117	55579777
北京市卫生健康委员会	西城区枣林前街70号	https://wjw.beijing.gov.cn	100053	12320
北京市应急管理局	通州区运河东大街57号院4号楼	http://yjglj.beijing.gov.cn	101117	12350
北京市人民政府国有资产监督管理委员会	西城区枣林前街70号	http://gzw.beijing.gov.cn	100053	83970512
北京市统计局	西城区广安门南街36号	http://tjj.beijing.gov.cn	100054	83172556
北京市知识产权局	西城区德胜门东大街8号东联大厦2层	http://zscqj.beijing.gov.cn	100009	84080086
北京市东城区产业和投资促进局	东城区金宝街52号	http://www.bjdch.gov.cn	100005	65259078
北京市西城区发展和改革委员会	西直门内大街275号	www.bjxch.gov.cn	100035	82141179
北京市朝阳区发展和改革委员会	朝阳区百子湾西里303号	fagaiwei.bjchy.gov.cn	100124	65090600
北京市海淀区经济和信息化办公室	海淀区四季青路6号海淀招商大厦	www.zhsp.gov.cn	100195	88498231
北京市丰台区经济和信息化委员会	丰台镇文体路2号	www.bjft.gov.cn	100071	83656311
北京市石景山区经济和信息化委员会	石景山区石景山路18号	www.bjsjs.gov.cn	100043	88699891
北京市门头沟区经济和信息化委员会	门头沟区新桥南大街46号	www.bjmtg.gov.cn	102300	69864977
北京市房山区经济和信息化委员会	房山区长阳镇昊天北大街38号	jxw.bjfsh.gov.cn	102445	81312717
北京市通州区经济和信息化委员会	通州新华东街256号	jxw.bjtzh.gov.cn	101100	69546274
北京市顺义区经济和信息化委员会	顺义区建新西街3号	www.jxw.bjshy.gov.cn	101300	69441064

（续表）

单位名称	地 址	网 址	邮 编	电 话
北京市大兴区经济和信息化委员会	大兴区兴丰大街三段 138 号	www.bjdx.gov.cn	102600	69243537
北京市昌平区经济和信息化委员会	昌平区西环路 15 号	cpjxw.bjchp.gov.cn	102200	69742365
北京市平谷区科技和信息化局	平谷区府前西街 17 号社会服务中心 15 层	www.bjpg.gov.cn	101200	69988495
北京市怀柔区经济和信息化委员会	怀柔区青春路 42 号	www.bjhr.gov.cn	101400	69644413
北京市密云区经济和信息化局	密云区鼓楼东大街 8 号	www.bjmy.gov.cn	101500	69043060
北京市延庆区经济和信息化委员会	延庆区东外大街建业胡同 2 号	www.bjyq.gov.cn	102100	69103310
中关村科技园区管理委员会	海淀区阜成路 73 号裕惠大厦	www.zgc.gov.cn	100080	68709990
北京经济技术开发区管理委员会	北京经济技术开发区荣华中路 15 号博大大厦	www.bda.gov.cn	100176	67881207
北京市民政工业总公司	朝阳区华严北里 2 号	www.bjflqy.com.cn	100029	62012857
北京市工商联合会	东城区广渠门内白桥大街 22 号	www.bjgsl.org.cn	100062	67123591
北京校办产业管理中心	朝阳区安华西里一区 13 号楼	www.best-info.cn	100011	64022852
北京市产业经济研究中心	朝阳区工体北路 6 号凯富大厦 5 层	—	100027	85235624

北京市辖区内国有控股工业企业通信指南

单位名称	地 址	网 址	邮 编	电 话
北京电子控股有限责任公司	朝阳区三里屯西六街 6 号	www.behc.com.cn	100027	84545438
北京汽车集团有限公司	顺义区仁和镇双河大街 99 号	www.baicgroup.com.cn	101300	87664009
中车北京二七机车有限公司	丰台区长辛店杨公庄 1 号	www.27rail.com.cn	100072	83306001
中车北京南口机械有限公司	昌平区南口镇道北	www.crrcgc.cc/nk	102202	51013561
北京京城机电控股有限责任公司	朝阳区东三环中路 59 号京城机电大厦 18 层	www.jcmeh.com	100022	87707100
北京京仪集团有限责任公司	朝阳区建国路 93 号院 9 号楼 16-19 层	www.biichg.com	100022	58204466
中国北京同仁堂集团有限责任公司	东城区东兴隆街 52 号	www.tongrentang.com	100062	67015895
北京一轻控股集团有限责任公司	朝阳区广渠路 38 号	www.bjyq.com.cn	100022	87529807
北京时尚控股有限责任公司	东城区东单三条 33 号	www.bfhc.com.cn	100005	65127929
北京隆达轻工控股有限责任公司	西城区德胜门东滨河路 5 号	www.elongda.com	100120	82259651
北京工美集团有限责任公司	东城区王府井大街 200 号	www.gongmeigroup.com.cn	100005	65288866
中国石化集团北京燕山石油化工有限公司	房山区燕山岗南路 1 号	bypc.sinopec.com	102500	69346978
北京化学工业集团有限责任公司	北京经济技术开发区西环北路 23 号华腾发展大厦	www.bjhgjt.com.cn	100176	67864201
首钢总公司	石景山区石景山路厂东门	www.shougang.com.cn	100041	88291114
北京金隅集团有限责任公司	东城区北三环东路 36 号北京环球贸易中心 D 座	www.bbmg.com.cn	100013	66411587
国网北京市电力公司	西城区前门西大街 41 号	www.bj.sgcc.com.cn	100031	63128201

2019 **索引**

北京工业年鉴
BEIJING GONGYE NIANJIAN

说　明

本索引采取主题索引也称内容分析索引法编纂。主题词(标目)主要以《北京工业年鉴(2019)》版正文中出现的专业名词、名词性词组、地名、机构名、人名为主。

特载、大事记、工业数据、附录等栏目内容不在标引范围内。

本索引基本按汉语拼音音序排列,汉字打头的标目按首字的音序音调依次排列,首字相同时则以第二字排序,依次类推;以阿拉伯数字开头的主题词,排在最前面;以英文字母开头的主题词,列于其后。

本索引的文字部分为标目,标目之后的阿拉伯数字表示该标目所在正文中的页码(地址页),其后的小写英文字母(a、b)表示正文中的栏别(从左至右)。部分标目后面有若干个页码或栏别,则表示该标目均在这些地方出现。

A

B

C

D

E

F

G

H

J

K

L

M

N

P

Q

R

S

T

W

X

Y

Z